Claudia Solzbacher · Susanne Müller-Using · Inga Doll
Ressourcen stärken!
Individuelle Förderung als Herausforderung für die Grundschule

Claudia Solzbacher · Susanne Müller-Using · Inga Doll

Ressourcen stärken!

Individuelle Förderung als Herausforderung für die Grundschule

Bibliografische Information der Deutschen Nationalbibliothek

Die Deutsche Nationalbibliothek verzeichnet diese Publikation in der Deutschen Nationalbibliografie; detaillierte bibliografische Daten sind im Internet über http://dnb.d-nb.de abrufbar.

ISBN 978-3-556-06155-8

www.wolterskluwer.de
www.schulleitung.de

Alle Rechte vorbehalten.
© 2012 Wolters Kluwer Deutschland GmbH, Köln
Carl Link – eine Marke von Wolters Kluwer Deutschland GmbH.

Das Werk einschließlich aller seiner Teile ist urheberrechtlich geschützt.
Jede Nutzung in anderen als den gesetzlich zugelassenen Fällen bedarf der vorherigen schriftlichen Einwilligung des Verlages.
Hinweis zu § 52a UrhG: Weder das Werk noch seine Teile dürfen ohne eine solche Einwilligung eingescannt und in ein Netzwerk gestellt werden.
Dies gilt auch für Intranets von Schulen und sonstigen Bildungseinrichtungen.
Titelfoto: Angela von Brill
Satz: Satz-Offizin Hümmer GmbH, Waldbüttelbrunn
Umschlagkonzeption: Martina Busch, Grafikdesign, Fürstenfeldbruck
Druck: Wilhelm & Adam, Heusenstamm

Gedruckt auf säurefreiem, alterungsbeständigem und chlorfreiem Papier

Inhalt

Vorwort IX

I. **Jedem Kind gerecht werden! Zusammenfassung der nifbe-Studie zum Stand der individuellen Förderung in der Grundschule** 1

BIRGIT BEHRENSEN/MEIKE SAUERHERING/CLAUDIA SOLZBACHER
Ausgewählte Ergebnisse einer empirischen Studie zu Sichtweisen und Erfahrungen von Grundschullehrkräften zu individueller Förderung   3

II. **Perspektiven und Orientierungen** 17

CLAUDIA SOLZBACHER/CHRISTINA SCHWER/INGA DOLL
Individuelle Förderung als Begabungsförderung 19

THOMAS KÜNNE/JULIUS KUHL/HEIKO FRANKENBERG/SUSANNE VÖLKER
Die Bedeutung der individuellen Förderung in der Grundschule aus Sicht der Persönlichkeitspsychologie/PSI-Theorie 29

CHRISTINA SCHENZ
Schulische (Hoch-)Begabtenförderung in der Grundschule: Inklusiver Anspruch oder exklusives Vorrecht? 41

BEATE WISCHER
Individuelle Förderung als Herausforderung für Schulentwicklung – Schultheoretische Perspektiven zu Konzepten und Fallstricken ... 55

INES BOBAN/ANDREAS HINZ
Individuelle Förderung in der Grundschule? Spannungsfelder und Perspektiven im Kontext inklusiver Pädagogik und demokratischer Bildung 68

MICHAEL GASSE
Individuelle Förderung: ein Beitrag zur Unterrichts- und Schulentwicklung in Nordrhein-Westfalen 83

ARMIN LOHMANN
Gestaltung eines Schulkonzepts zur individuellen Förderung 102

III. **Gestaltung von Individueller Förderung in Unterrichtsprozessen – ressourcenorientiert und beziehungssensibel** 121

ULRIKE GRAF
»Du kannst etwas. Ich möchte es mit dir herausfinden.« Überlegungen zu einer ressourcenorientierten und beziehungssensiblen pädagogischen Diagnostik 123

INGRID KUNZE
Individuelle Förderung in einer inklusiven Schule:
Erfahrungen aus Südtirol 138

GERHILD BACHMANN
Forschendes Lernen im naturwissenschaftlichen Bereich als ressourcenorientierte Methode bei Grundschulkindern 152

UTA WAGENER
Individuelle Förderung und selbstreguliertes Lernen –
Wie viel Selbst passt in eine Klasse? 165

PETRA ESSER
Begabungsprofile erkennen und fördern:
begabungsgerechte Begleitung individueller Lernprozesse in einem individuellen Unterricht 179

JOHANNES BASTIAN/ARNO COMBE/EKKEHARD OSSOWSKI
Feedbackarbeit und Individualisierung: zum Wechselverhältnis zweier Lehr-Lern-Formen – auch in der Grundschule 194

LUTZ THOMAS
Bruchlose Schülerbiografien beim Übergang in Klasse 5 –
Lernbegleitung und Prozessdokumentation als Grundlage für individuelles Fördern 209

JÜRGEN BOCK
Unterstützende Elemente der PSI-Theorie im Beratungsprozess bei Underachievement 226

CORNELIA CREMER
Wege zum selbstgesteuerten Lernen – Lernlandkarten, Lerntagebücher, Kindersprechtage, Flurplakate 236

KRISTIN BLUME
Lernbriefe – individuell fördern durch Lob und Anerkennung 249

ULLA BOE NIELSEN/GERDA SØNDERGAARD
Individuelle Förderung in einer sicheren und herausfordernden
Schule: ein Beispiel aus der Feldborg-Schule in Dänemark 255

KARIN FORSLUND FRYKEDAL/ANJA THORSTEN
Individualisierung im schwedischen Schulkontext 261

IV. **Individuelle Förderung und Beziehungsgestaltung** 275

JULIUS KUHL/CLAUDIA SOLZBACHER
Selbstkompetenzförderung durch Beziehungsarbeit 277

SUSANNE VÖLKER/ CHRISTINA SCHWER
Lehrer/-innen-Schüler/-innen-Beziehungen und ihr Einfluss auf die
Entwicklung von Kindern: Was sagt die Forschung? 296

MICHAELA KRUSE-HEINE/ MIRIAM LOTZE
Vom Problemgespräch zum Dialog – Zusammenarbeit von Eltern
und Lehrkräften als wichtige Grundlage individueller Förderung .. 309

V. **Individuelle Förderung und Professionalisierung** 319

SUSANNE MÜLLER-USING
Individuelle Förderung und die Umsetzung des Rechts auf Bildung
in der Grundschule: Überlegungen zur pädagogischen Professionalisierung von Lehrkräften 321

INGA DOLL/FRANZISKA BIRKE-BUGIEL/MAGDALENA MENKE
»Selbst sicher lernen«: wie Fachkräfte aus Kita und Grundschule in
einem interdisziplinären Theorie-Praxis-Projekt zu wichtigen Reflexionen über ihr berufliches Selbstverständnis gelangen 334

GABRIELE LEIßING
Individuelle Lernentwicklung in der zweiten Phase der Lehrerausbildung 346

WIEBKE WARNECKE
(Inter)kulturelle Herausforderungen in der Schule –
individuelle Förderung braucht »Diversitykompetenz« 359

CLAUDIA HALFTER/FRANZ WESTER
Individualisierendes Lernen als Teamaufgabe in der Grundschule . 368

VI. Individuelle Förderung und die Gestaltung von Zeit-und Lernräumen 387

ULRIKE POPP
Individuelle Förderung an der verschränkten Ganztagsschule 389

MAGDALENA HOLLEN-SCHULTE/EKKEHARD OSSOWSKI
Kind und Raum: zum Zusammenhang von Lernraumgestaltung und individueller Förderung 402

Autorenverzeichnis 417

Vorwort

Ressourcen stärken! Individuelle Förderung als Herausforderung für die Grundschule

Die Idee zu diesem Buch entstand, nachdem wir in den Jahren 2009 und 2010 eine empirische Studie an niedersächsischen Grundschulen zu Positionen von Lehrkräften zur individuellen Förderung durchgeführt haben, an der sich über 700 Grundschullehrer und Grundschullehrerinnen aus dem gesamten Bundesland beteiligt haben. 699 der auf diesem Wege ausgefüllten quantitativen Online-Fragebögen sowie 41 vertiefende persönliche Interviews flossen in die Auswertung der Studie ein und wurden parallel zu dem Ihnen hier vorliegenden Buch veröffentlicht. Die Herausgeberinnen haben es sich zum Ziel gesetzt, auf die wichtigsten Ergebnisse der Studie durch weitere vertiefende Beiträge einzugehen, indem sowohl den Unsicherheiten als auch dem dort geäußerten professionellen Fortbildungsbedarf Rechnung getragen werden soll – soweit dies im Rahmen eines solchen Buches möglich ist.

Die Ergebnisse der Studie zeigen deutlich, dass Lehrerkräfte in der Grundschule dem Ansatz individueller Förderung mit viel Engagement begegnen und ein großes Interesse daran haben, die Grundschüler und Grundschülerinnen in ihrer Lernentwicklung und in ihrer individuellen Entfaltung bestmöglich zu fördern und zu unterstützen. Gleichzeitig sehen sich die Lehrerinnen und Lehrer aber auch in ihrem Praxisalltag vor große Herausforderungen gestellt.

So ergeben sich für sie ganz praktische Fragen, etwa nach konkreten Möglichkeiten eines konstruktiven Umgangs mit Heterogenität oder nach dem Umgang mit (damit verbundenen) Spannungsfeldern oder Dilemmata: Da fühlt man sich einerseits dem Recht auf Bildung eines jeden Kindes verpflichtet, aus dem der Anspruch auf individuelle Förderung in den Schulgesetzen und Erlassen abgeleitet wird und in denen darauf verwiesen wird, dass Bildung darauf gerichtet sein soll, die Persönlichkeit, die Begabung und die geistigen und körperlichen Fähigkeiten eines jeden Kindes voll zur Entfaltung zu bringen. Aber da findet andererseits genau diese Arbeit in einem selektiven Bildungssystem statt, das am Ende die Leistungsergebnisse sowohl des einzelnen Kindes als auch der Kinder einer Schule insgesamt (Output) wertet.

Pädagogisch betrachtet ist die damit verbundene grundsätzliche Herausforderung aber nicht ganz so neu wie es scheint. In der Schule musste das Verhältnis von Individualisierung auf der einen Seite sowie Selektion und Standardisierung auf der anderen Seite immer wieder neu austariert und in ein ausbalanciertes Verhältnis gebracht werden, welches den kindlichen Bedürfnissen sowie dem gesellschaftlichen Bildungsauftrag der Gegenwart gleichermaßen gerecht wird.

Vorwort

Ziel dieses Buches ist es, Grundschullehrkräften die aktuellen Herausforderungen in fünf thematischen Feldern näher zu bringen, die sich (nicht zuletzt durch unsere Studie) als theoretisch und praktisch relevant für individuelle Förderung erwiesen haben und die aus unserer Sicht einer tiefergehenden Reflexion bedürfen. Dabei ist es uns wichtig, den Blick offen zu halten und nach Ansätzen und Beispielen auch außerhalb Niedersachsens zu blicken, wie z.B. nach Nordrhein Westfalen, einem Bundesland, das im Bereich der individuellen Förderung bildungspolitisch als Vorreiter gilt. Aber auch in andere europäische Länder, z.B. nach Dänemark und Schweden, deren Schülerleistungen nicht selten auf eine gut entwickelte individuelle Förderung zurückgeführt werden, soll geschaut werden. Ebenso ist es uns wichtig, vielfältige, kritische und zum Teil auch kontroverse Meinungen zu Wort kommen zu lassen.

Im ersten Teil dieses Buches erfolgt unter der Frage »Jedem Kind gerecht werden?« eine Zusammenfassung unserer oben beschriebenen Studie zu Positionen von Grundschullehrkräften zur individuellen Förderung.

Daran anschließend widmet sich der zweite Teil dieses Buches unterschiedlichen Ebenen, die sich mit individueller Förderung befassen und zwar ausgewählten wissenschaftlichen, bildungspolitischen und schulleitenden Perspektiven. Alle Ebenen haben unterschiedliche Orientierungen und Schwerpunktsetzungen, die ein vielfältiges Bild auf das »Konstrukt« individuelle Förderung werfen.

Im dritten Teil steht die Gestaltung von Unterricht im Fokus. Dabei wird aus dem Blickwinkel der Ressourcenorientierung auf den Prozess der individuellen Förderung geschaut. Ferner werden einige Ansätze und Maßnahmen der Diagnostik, Förderung und der Leistungsrückmeldung näher beleuchtet.

Welche Bedeutung dabei das Thema »pädagogische Beziehung« in unterschiedlicher Hinsicht für die individuelle Förderung in der Grundschule hat, z.B. im Rahmen der Selbstkompetenzentwicklung von Schülern und Schülerinnen, der Individualisierung von Lernprozessen oder auch der Elternarbeit, wird im vierten Teil des Buches näher beleuchtet.

Da individuelle Förderung nicht ohne eine Professionalisierung von Lehrkräften stattfinden kann, geht es im fünften Teil um den Stellenwert bestimmter Lehrerkompetenzen für individuelle Förderung sowie darum, wie und wo man diese erwerben kann und sollte. Hierbei wird auch berücksichtigt, dass Professionalisierung immer wieder den Abgleich zwischen dem eigenen beruflichen Selbstverständnis und dem Umgang mit aktuellen gesellschaftlichen Anforderungen erfordert.

Im abschließenden sechsten Teil dieses Buches wird auf die Bedeutung »struktureller« Rahmenbedingungen für individuelle Förderung hingewiesen bzw. auf die Gestaltung von Zeit- und Lernräumen.

Unser Dank gilt den Autoren und Autorinnen aus Wissenschaft und Praxis, die mit ihren vielfältigen Perspektiven und praktischen Erfahrungen zum Gelingen dieses Buches beigetragen haben.

Claudia Solzbacher, Susanne Müller-Using und Inga Doll

Osnabrück, im Oktober 2011

I. Jedem Kind gerecht werden!
Zusammenfassung der nifbe-Studie zum Stand der
individuellen Förderung in der Grundschule

Ausgewählte Ergebnisse einer empirischen Studie zu Sichtweisen und Erfahrungen von Grundschullehrkräften zu individueller Förderung

BIRGIT BEHRENSEN/MEIKE SAUERHERING/CLAUDIA SOLZBACHER

Anlass und Aufbau der Untersuchung

Die aktuelle Debatte um individuelle Förderung ist von großem Optimismus getragen. Wer wagt schon, für eine Schule zu werben, in der allen das Gleiche geboten wird und in der die Anpassung des Einzelnen an dieses Angebot stärker gefordert wird? Im Gegensatz hierzu verspricht individuelle Förderung, dass die immer schon verschiedenen Lernbedürfnisse und Lernwege der Einzelnen respektiert werden. Dabei gerät allerdings schnell aus dem Blick, dass ein solches Konzept auch große Herausforderungen für die Praxis mit sich bringt und an Grenzen stoßen kann. Deshalb war es uns – der Forschungsstelle Begabungsförderung im niedersächsischen Institut für frühkindliche Bildung und Entwicklung (nifbe)[1] – wichtig, mehr über die aus ihren Erfahrungen gespeisten Positionen von Grundschullehrkräften zu erfahren. Wir taten dies u.a., um wichtige Informationen, insbesondere zu den Prozessen individueller Förderung, zu den hierfür relevanten Strukturen sowie zu den dahinter stehenden Orientierungen von Grundschullehrkräften, zu erhalten. Die darauf aufbauenden Analysen versprechen ein vertiefendes Verständnis über ein Feld, das bisher empirisch eher wenig erforscht und doch so zentral für gegenwärtige schulische Entwicklungen ist. Konkret interessierte uns daher, welche Positionen Grundschullehrkräfte in Niedersachsen zu den oben skizzierten Bereichen und Aspekten individueller Förderung einnehmen, welche pädagogischen Orientierungen sie dabei leiten und wie sie die Umsetzungsmöglichkeiten in Schule generell und in ihrer Schule im Besonderen einschätzen – sowohl im Hinblick auf ihre eigenen Kompetenzen und die ihrer Kolleginnen und Kollegen als auch im Hinblick auf die Rahmenbedingungen.

Dabei muss betont werden, dass uns nicht – wie im öffentlichen Diskurs häufig suggeriert – die Lehrerinnen und Lehrer als das eigentliche Problem bei der Einführung individueller Förderung oder auch anderer Veränderungen, wie etwa der Inklusion, erscheinen. Es ging uns nicht um das Auffinden oder Bewerten von »richtigen« gegenüber »falschen« Einstellungen, sondern vielmehr darum, Erfahrungen und Sichtweisen von Grundschullehrkräften zu individueller Förderung zu explizieren. Eine Personalisierung des Problems griffe in der Tat zu kurz: Es würde verkannt werden, dass die Gestaltung der Unterrichts- und

---

[1] Die Forschungsstelle Begabungsförderung ist Teil des 2007 gegründeten niedersächsischen Instituts für frühkindliche Bildung und Entwicklung (nifbe), in dem auf innovative Weise die interdisziplinäre Forschung mit der Praxis sowie Aus- und Weiterbildung im Elementar- und Primarbereich miteinander verbunden wird. Die Forschungsstelle befasst sich mit Fragen der Begabungsförderung sowohl in der Elementar- als auch in der Primarpädagogik.

Schulrealität nicht nur von den Lehrkräften abhängt und dass die Orientierung auf den einzelnen Lernenden nicht nur eine Frage des Wollens, sondern auch des Könnens ist (vgl. Kunze 2008). Individuelle Förderung führt zweifellos zu einer weiteren Steigerung der Komplexität pädagogischen Handelns. Diese ist durch vielfältige Spannungsverhältnisse und Handlungsdilemmata gekennzeichnet, zwischen denen professionelle Lehrkräfte eine Balance finden müssen (vgl. Kunze 2004, S. 435, Trautmann/Wischer 2011, 111 f.). Der Umgang mit diesen Spannungsverhältnissen als aktuelle professionelle Herausforderung einer jeden Lehrkraft liegt daher ebenso im Fokus unseres Interesses wie das Ziel, über die Aussagen der Lehrkräfte etwas über Gelingens- und Misslingensbedingungen auf der Micro-Macro- und Mesoebene (Fend 2006) von Schule zu erfahren.

Zur Beantwortung unserer aus diesen Überlegungen entstandenen Forschungsfragen haben wir ein mehrstufiges Erhebungsverfahren entwickelt. Mit einer niedersachsenweiten[2] quantitativen Befragung, an der mehr als 700 Lehrkräfte teilnahmen und einer daran anschließenden mehrstufigen persönlichen, qualitativen Befragung von Lehrkräften haben wir uns dabei den Schlüsselfiguren zugewandt, die maßgeblich verantwortlich sind für die Umsetzung der bildungspolitischen Vorgabe, individuell zu fördern. Dabei haben wir bewusst breit gefragt, um die Wahrnehmung von Praxis und die Erfahrungen mit Praxis erfassen zu können, die von den vor Ort gegebenen Umsetzungsmöglichkeiten, Traditionen, Selbstverständlichkeiten und Notwendigkeiten beherrscht werden (vgl. Solzbacher/Behrensen/Sauerhering/Schwer 2012).

Ergebnisse

Zielsetzungen individueller Förderung

Zunächst einmal ist festzustellen, dass individuelle Förderung in den Grundschulen Niedersachsens tatsächlich schon sehr weit verbreitet ist. So geben fast 90% der Befragten an, dass individuelle Förderung an der Schule, an der sie tätig sind, praktiziert wird. In den Antworten der Lehrkräfte zeigt sich, dass sie in der Mehrheit individuelle Förderung als konkrete Handlungen bzw. als Methoden verstehen, die dazu eingesetzt werden, jedes Kind gemäß seines Entwicklungs- und Leistungstandes zu unterstützen.

Die Zielsetzungen individueller Förderung werden von den Lehrkräften jedoch unterschiedlich konnotiert. Das am weitesten verbreitete Ziel von individueller Förderung ist die Unterstützung schwacher Schüler und Schülerinnen. Auch die Unterstützung der Schüler und Schülerinnen entsprechend ihrer Lernausgangslage wird von vielen als Zielsetzung gesehen, ebenso wie die Unterstützung starker Schüler und Schülerinnen. Dass individuelle Förderung zu einer

---
2 Die Befragung fand in Niedersachsen statt, da hier die Forschungsstelle Begabungsförderung angesiedelt ist. Die Ergebnisse weisen aber gleichwohl auf bundesweite Trends und Problemlagen hin.

Verbesserung der Lern- und Leistungsmotivation sowie zur Bildung der Persönlichkeit beitragen soll, wird dagegen nur von etwa zwei Drittel der Lehrkräfte als oberste Zielsetzung gesehen.

Große Übereinstimmung besteht unter den Lehrkräften darin, dass individuelle Förderung die Entwicklung von Kindern unterstützt, dass sie wichtig ist, um Defizite auszugleichen, und dass sie dem Recht des Kindes auf optimale Förderung entspringt. Betrachten wir aber die Ergebnisse auf der Prozessebene, so fällt auf, dass ca. 60% der Grundschullehrkräfte der Meinung sind, individuelle Förderung stelle unrealistische Ansprüche an Schule. Hier wird ein skeptischer Blick auf die Realisierbarkeit von individueller Förderung in Grundschulen deutlich.

Die verbleibenden 40% der Lehrkräfte sehen darin jedoch ein geringeres Problem. Die Planung und Organisation von Unterricht, die an den Zielen und Prozessen individueller Förderung ausgerichtet ist, bedeutet für sie nur auf den ersten Blick Mehrarbeit. Unsere Studie zeigt, dass Lehrkräfte, die ihren Unterricht auf Prinzipien der individuellen Förderung aufbauen, zwar genauer und differenzierter planen müssen, aber im Ergebnis oftmals schneller sind, da sie gezielt nach passendem Material und Inhalten für die Kinder suchen können. Ferner sind sie in der Unterrichtssituation selbst entlastet. Gelingt es, dass die Kinder bei einem entsprechend vorbereiteten Unterricht selbstorganisiert arbeiten, dann bleiben Zeiten und Energien frei für Feedback und Vertiefungen mit einzelnen Kindern. Die Belastung der Lehrkräfte in der Unterrichtssituation selbst, stellt sich bei einem nach den Prinzipien der individuellen Förderung geplanten Unterricht insgesamt als geringer dar. Weil die Angebote für die Kinder passender ausgewählt sind, muss die Lehrkraft im Unterricht weniger erklären, weniger Unterstützung bei Schwierigkeiten leisten und weniger Leerräume von schnelleren Kinder überbrücken helfen. Insgesamt entsteht weniger Unruhe.

Angewendete Methoden und Instrumente

Es ist nicht zu bestreiten, dass sich durch individuelle Förderung hohe Anforderungen an die Lehrkräfte ergeben. Die folgende Abbildung gibt einen Überblick über die verwendeten Instrumente, wobei allerdings zu berücksichtigen ist, dass unter den jeweiligen Bezeichnungen sich teilweise ganz unterschiedliche Anwendungsformen finden. Denn die in der Grundschulpraxis eingesetzten Instrumente werden von den Lehrkräften für ihre persönlichen pädagogischen Bedarfe und für die Gegebenheiten vor Ort weiterentwickelt, kombiniert oder selbst entwickelt:

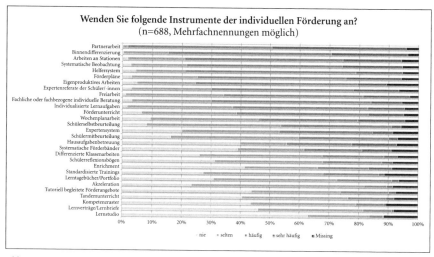

Abb. 1: Wenden Sie folgende Instrumente der individuellen Förderung an?

Wie zu sehen ist, sind die Methoden unterschiedlich stark verbreitet. Gerade Methoden, die für eine differenzierte, am einzelnen Kind orientierte Arbeit hilfreich sind, werden nur von vergleichsweise wenigen Lehrern und Lehrerinnen eingesetzt. Um individuelle Förderung in der Schule noch sicherer und umfänglicher betreiben zu können, formulieren viele einen Bedarf an speziellen Fortbildungen zur differenzierten Diagnostik und zu Methoden individueller Förderung. Vielerorts vorhandene ausgeprägte Kompetenzen in der freien Beobachtung von Kindern im Allgemeinen und Lernentwicklungen im Besonderen, könnten durch zusätzlich erworbene Kompetenzen differenziert und systematisiert werden und in gezielte Fördermaßnahmen überführt werden.

Betrachten wir die Praxis individueller Förderung, so fällt auf, dass die Grundschullehrkräfte sich stark darin unterscheiden, wie sie die Instrumente und Methoden einsetzen und wie viele zu ihrem Repertoire gehören. Es finden sich Lehrkräfte, die eher wenige Methoden einsetzen, und Lehrkräfte, die über eine Vielzahl unterschiedlichster Methoden und Instrumente der individuellen Förderung verfügen. In der Tendenz geht es zunächst darum, Wege zu finden, die Kinder in ihrer Lernentwicklung zu unterstützen. Nur bei einem Teil der Lehrkräfte scheint es gleichermaßen wichtig zu sein, Kinder vor anspruchsvolle Herausforderungen zu stellen und damit ihren jeweiligen Begabungen Rechnung zu tragen. Individuelle Förderung im Sinne einer Ausdifferenzierung von Heterogenität wird bisher nur von einem kleinen Teil der Lehrkräfte verfolgt. Vor diesem Hintergrund erstaunt es nicht, dass die Binnendifferenzierung zwar als eingesetzte Methode angegeben wird, tatsächlich aber die Partnerarbeit die am häufigsten praktizierte Methode ist. Besondere Begabungen von Schülern und Schülerinnen bzw. lernschnelle Schüler und Schülerinnen werden dabei oft zur Unterstützung langsamerer oder lernschwächerer Schüler und Schülerinnen herangezogen. Die begabten Kinder werden also gerne als »Hilfslehrer« eingesetzt, um leistungsschwächere Kinder zu unterstützen. Sowohl hinsichtlich des Einsatzes diagnostischer Verfahren als auch von Instrumenten der individuellen Förderung zeigt sich, dass die Chancen und Möglichkeiten einer individuellen Begabungsförderung im Sinne einer differenzierten Diagnostik und einer Formulierung individueller Leistungsziele und Lernwege noch nicht ausgeschöpft sind. Einige der Probleme werden sich bei der geplanten flächendeckenden Umsetzung der Inklusion noch verstärken.

Neben allem Reformeifer gibt es also widerstreitende Orientierungen, die auch bei aller Anstrengung von Lehrkräften nicht miteinander in Einklang gebracht werden können. Das eben genannte Dilemma von Fördern und Auslesen ist dafür nur ein Beispiel. Zwar gelingt es mit individueller Förderung besser als mit vielen anderen methodischen Ansätzen, Kindern durch differenzierte Lern- und Leistungsmöglichkeiten gerecht zu werden, aber das systemimmanente Problem einer Selektion bleibt. Die große Verantwortung, über die weitere Schullaufbahn des Kindes maßgeblich mitzuentscheiden – unter Umständen zu Zeitpunkten, die pädagogisch gar nicht opportun erscheinen – wird den Lehrkräften jedoch durch einen auf individuelle Förderung basierenden Unterricht nicht genommen.

Bei der Anwendung von Ansätzen und Materialien werden strukturelle und systemimmanente Dilemmata wirksam, wenn z.B. Lehrkräfte vor der Entscheidung stehen, die Leistungen der Kinder an der Individualnorm zu messen und gleichzeitig der Selektionsfunktion von Schule nachzukommen. Auch die Loslösung von der reinen Produktorientierung bei der Leistungsbewertung hin zur Dokumentation der individuellen Lernentwicklung von Kindern (Prozessorientierung) trägt dieses Dilemma in sich. Ein Ausweg kann auf schulischer Ebene nur bedingt gefunden werden. Die Entwicklung und Etablierung von differenzierten und dialogischen Feedback-Kulturen, wie sie bereits an einigen Schulen praktiziert wird, bietet zumindest eine geeignete Möglichkeit, Kinder bei der Entwicklung eines differenzierten Bildes vom eigenen Lernen und von eigenen Lernstrategien zu unterstützen. Die Ergebnisse unserer Online-Befragung zeigen, dass in vielen Schulen diese Feedbackkulturen noch nicht genutzt werden. Rückmeldungen an das Kind über seine Leistung oder seine schulische Entwicklung werden von der Mehrheit der Lehrkräfte vorwiegend über Klassenarbeiten und über Zeugnisse gegeben.

Notwendige Rahmenbedingungen

Die nachhaltige und umfassende Implementierung individueller Förderung in der Einzelschule erfordert (jenseits der Behebung grundsätzlicher Widersprüche) Abstimmungen im Kollegium, u.a. über die pädagogische Orientierung und die daraus folgenden Maßnahmen. Ein Ergebnis unserer Studie ist, dass Lehrkräfte die kollegiale Zusammenarbeit für das Gelingen individueller Förderung als wichtig erachten. Die Umsetzung der kollegialen Zusammenarbeit im schulischen Alltag bedarf flankierender Rahmenbedingungen. Viele der bildungspolitischen Maßnahmen der vergangenen Jahre weisen bereits in diese Richtung, so etwa die Aufforderungen zur Schulprogrammentwicklung. Damit diese bildungspolitischen Vorgaben in der Praxis der Einzelschule wirken, bedarf es aber einer stärkeren Einbeziehung der Lehrkräfte als gleichberechtigte Akteure. Es reicht nicht, Lehrerinnen und Lehrer lediglich als Ausführende innovativer Ideen zu betrachten. Vielmehr ist ihre verantwortliche Gestaltung gefordert, wie sie im Rahmen der Eigenständigkeit der Schulen angelegt ist. Jedoch wird das nicht durchgängig ermöglicht, denn gleichzeitig gibt es (Kontroll-)Maßnahmen, die diese Eigenständigkeit beschneiden. Daher verstehen Lehrkräfte administrative Vorgaben dieser Art mitunter auch nicht als Beitrag zur Schul- und Unterrichtsentwicklung. So zeigen unsere Ergebnisse, dass Maßnahmen wie die Schulinspektion und die Durchführung von Vergleichsarbeiten nicht als unterstützend, sondern lediglich als Kontrollinstrumente wirken. Daher werden sie auch hinsichtlich ihrer Bedeutung für individuelle Förderung negativ beurteilt. Die Funktion dieser Instrumente innerhalb eines Qualitäts-Kreislaufs ist offensichtlich nicht transparent genug, sodass die Chancen, die sie im Prinzip für die Qualitätsentwicklung der einzelnen Schule hätten, nicht ausreichend ausgeschöpft werden.

Das Nadelöhr für die Überführung der Ergebnisse externer Evaluationen in eine Verbesserung der individuellen Förderung ist die Schulentwicklung. In der einzelnen Schule müssen die Ergebnisse diskutiert werden, darauf aufbauende Maßnahmenkataloge ausgearbeitet werden und es muss eine Gremienkultur zur systematischen Förderung von Kindern etabliert werden. Eine solch umfassende Schulentwicklung scheint aber in vielen Schulen noch ausbaufähig zu sein.

Für diesen Ausbau braucht es Schulleitungen, die entsprechend ausgewählt und fortgebildet sind, denn ihnen kommt innerhalb der Qualitätsentwicklung in der Einzelschule eine zentrale Managementfunktion zu. Die für diesen Prozess bisher zur Verfügung gestellten zeitlichen Ressourcen und Freiheiten sind gerade im Grundschulbereich offensichtlich nicht hinreichend. Damit Schulleitungen die Qualitätsentwicklung hin zu mehr individueller Förderung vorantreiben können, brauchen sie Kollegen und Kolleginnen, die Verantwortung übernehmen – und die hierfür auch Kapazitäten frei haben. Es scheinen maßgeblich diese Ressourcen zu sein, die die Lehrkräfte ihrem persönlichen Ethos einer am Kind orientierten Pädagogik näher bringen können. So ausgestattet wird es möglich, dass Lehrkräfte individuelle Förderung nicht mehr – wie dies häufig noch der Fall ist – als aufoktroyierte Pflicht sehen. Damit könnte

Jedem Kind gerecht werden!

man bildungspolitische Forderungen und individuelle Orientierungen von Lehrkräften zum Wohl der Kinder und zur Berufszufriedenheit von Lehrkräften in Einklang bringen.

Die Lehrkräfte haben konkrete Vorstellungen, welche zusätzlichen Ressourcen bzw. bildungspolitischen Maßnahmen ihnen nützen würden:

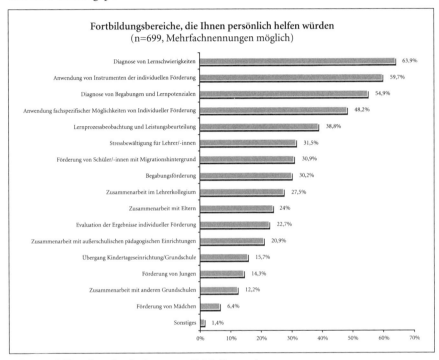

Abb. 2: Fortbildungsbereiche, die Ihnen persönlich helfen würden

Ganz vorne steht hier der Bedarf an Förderlehrkräften sowie an zeitlichen Ressourcen der Lehrkräfte für Tandemunterricht und für kollegiale Besprechungen. Letztlich bleibt die Personalausstattung eine wichtige Stellschraube für Qualität und Quantität individueller Förderung. Dabei geht es nicht um ein profanes »Mehr an Personal«, sondern um eine differenzierte Sicht auf die Vorteile von Doppelbesetzungen und den Einsatz von anders qualifiziertem Personal, wie Sozial- und Heilpädagogen. Wenn die Rahmenbedingungen stimmen, kann auch eine Öffnung von Regelgrundschulen für Kinder mit Behinderungen als Bereicherung für alle erfahren werden. Bei der Umsetzung von individueller Förderung können Grundschullehrkräfte von der Expertise von Förderschullehrkräften und Heilpädagoginnen profitieren, weil diese geübt darin sind, den Blick konsequent auf das einzelne Kind und seine Bedürfnisse zu richten. Eine Zusammenarbeit, bei der der Blick auf das Kind und dessen Entwicklung gerichtet ist – was wiederum Reflexion und Übung braucht –, erleichtert die Zusammenarbeit und verbessert die gegenseitige Anerkennung der Fachkräfte.

Was die Klassengröße angeht, kann aus den Aussagen der Lehrkräfte geschlussfolgert werden, dass im Prinzip weniger als 23 Kinder in Grundschulklassen sinnvoll sind, soll eine individuelle Förderung praktiziert werden, die mehr beinhaltet als gelegentliche Binnendifferenzierung oder Forder- und Förderkurse. Eines der Kernprobleme größerer Klassen ist die fehlende Zeit der Lehrkraft für das einzelne Kind. Ein weiteres Problem ist die mit der Anzahl der Kinder zunehmende Unruhe. Die in individueller Förderung geübten Lehrer und Lehrerinnen kommen hier zu einer wichtigen Erkenntnis: Je mehr Kinder in der Klasse sind, umso so wichtiger wird selbstorganisiertes Lernen. Hierfür werden entsprechende räumliche Möglichkeiten, etwa ein angeschlossener Gruppenraum, gebraucht. Damit selbstorganisiertes Lernen gelingt, müssen Lehrkräfte entsprechende Methoden beherrschen und vor allem brauchen sie Übung darin, den Kindern Verantwortung für eigene Lernentwicklung zu übertragen. Ein bewährter Weg hin zu einer solchen Unterrichtspraxis ist der kollegiale Austausch.

Damit deuten die Aussagen der Lehrerinnen und Lehrer auch auf die zentrale Bedeutung von Zeit hin. So herrscht Einigkeit darüber, dass individuelle Förderung einen bewussten und flexiblen Umgang mit Zeit und entsprechende strukturelle Rahmenbedingungen braucht. Die von vielen an unserer Studie beteiligten Lehrkräften geforderte flexiblere Zeitgestaltung liegt zum Teil in der Eigenverantwortung der Schulen und sollte hier konsequenter auf die Agenda gesetzt werden. Die Ausgestaltung der Schulen in Ganztagsschulen bietet weitere Potenziale. Die dadurch neu entstehenden Zeitressourcen sollten aber vor dem Hintergrund der Lernprozesse von Grundschülern und Grundschülerinnen nicht überfrachtet werden, sondern eher auch als Möglichkeit genutzt werden, Lern- und Arbeitsprozesse hier notwendig zu entschleunigen und da wo möglich qualitativ anspruchsvoller zu gestalten.

Die Bedeutung der Beziehungsarbeit

Beziehungen sind Grundlage für den Aufbau von Selbstkompetenz

Zeitliche Ressourcen sind den Lehrkräften auch wichtig für die Beziehungsarbeit: So steht individuelle Förderung in einem wechselseitigen Verhältnis mit der Förderung von Selbstkompetenz. Selbstkompetenzförderung wird somit von zwei Komponenten maßgeblich beeinflusst: von der Beziehungsgestaltung zwischen Pädagogin und Kind sowie durch die Gestaltung einer anregenden Lernumgebung. Diese beiden Bereiche sind im beruflichen Handeln nicht zu trennen.

Die Beziehung zu Grundschulkindern bedarf dabei der kontinuierlichen professionellen Reflexion. Beispielsweise ist zu berücksichtigen, dass auch bei den Selbstständigsten, Kontaktfreudigsten und Offensten unter den Kindern in diesem Alter die emotionalen Bedürfnisse nicht unterschätzt werden dürfen (vgl. Jungmann 2011, 25 f.; Holodynski 2006, 65). Dass Grundschullehrer und Grundschullehrerinnen sich den daraus resultierenden Bindungsbedürfnissen von Kindern nicht entziehen können (Jungmann 2011, 26), wissen die Lehrer und Lehrerinnen aus ihren Alltagserfahrungen:

> *»In der ersten Zeit ist das auf jeden Fall so, dass die Kinder eine Bezugsperson auch in der Schule brauchen. Die Kinder sind am Anfang – das fällt auch immer auf – sehr personenbezogen. Sie hängen an einem. [...] Die Lehrerin ist toll und sie macht alles richtig. Also, dass wir auch Fehler machen, müssen wir dann zugeben. Aber wir sind erst einmal ganz tolle Leute für die Kinder.«* (aus einem Interview mit einer Lehrerin im Rahmen der Studie)

Dabei gilt es, immer auch den besonderen Charakter pädagogischer Beziehungen im Rahmen von Schule zu reflektieren. So sind diese Beziehungen gekennzeichnet durch die institutionell festgelegten Rahmenbedingungen, die den Charakter schulischer Beziehungen als stark regelgeleitet, spezialisiert und zeitlich begrenzt definieren.

Beziehungen finden in Lerngruppen unter Zeitdruck statt und führen zu Fragen von Verteilungsgerechtigkeit

Zusätzlich gilt für die pädagogische Beziehung in der Schule, dass Lehrkräfte in der Regel mit einer Gruppe arbeiten, innerhalb derer die Bedürfnisse aller Kinder nach Kontakt und Lernen berücksichtigt werden müssen. Die besonderen individuellen Bedürfnisse einzelner Kinder müssen dem Gruppenkontext häufig untergeordnet werden. Ein Lehrer, eine Lehrerin muss daher immer wieder entscheiden, wie viel Aufmerksamkeit sie einzelnen Kindern entgegen bringen kann. Unser Material lässt erkennen, dass die Entscheidungen der einzelnen Lehrkräfte nicht nur äußerst unterschiedlich ausfallen, sondern dass hinter den Entscheidungen unterschiedliche Gerechtigkeitsvorstellungen[3] stehen, die wiederum eine jeweils andere Unterrichtsorganisation erfordern. Eine Sichtweise ist beispielsweise, *»den Schwächsten«* am Häufigsten Aufmerksamkeit entgegen zu bringen:

> *»Wenn ich ganz viele Kinder in der Klasse habe, dann wollen natürlich mehr Kinder auch etwas von mir zwischendurch. Und ich kann mich dann wirklich nur um die ganz Schwachen kümmern und nicht noch um die, die dazwischen sind.«* (aus einem Interview mit einer Lehrerin im Rahmen der Studie)

---

3 Zur Unterscheidung verschiedener Gerechtigkeitsideen (Bedarfs-, Verteilungs- und Leistungsgerechtigkeit) s. allgemein {Rawls 2008, 608}.

Lehrerinnenaufmerksamkeit wird hier als knappes Gut erlebt, das im Sinne einer Bedarfsgerechtigkeit aufgeteilt wird: Wer aus der Lehrerinnenperspektive Aufmerksamkeit am Nötigsten hat, bekommt sie. Wenn es um Aufmerksamkeit im Ganzen geht, dann rückt aber bei denjenigen, die das Gerechtigkeitsprinzip der »Bedarfsgerechtigkeit« vertreten, die schwache Schulleistung in den Vordergrund.

Ein anderes Gerechtigkeitsmodell ist das der »Leistungsgerechtigkeit«. Möglicherweise lässt sich die Idee der Leistungsgerechtigkeit wiederfinden in der Einschätzung »Individuelle Förderung muss vom Kind gewollt sein«, der 17% der an der Online-Befragung Teilnehmenden voll und ganz sowie 50,2% der Befragten eher zustimmen. Es lässt sich vorsichtig vermuten, dass die Leistungsgerechtigkeit mit zunehmendem Alter der Kinder stärker in den Vordergrund tritt. So haben bei einer ähnlich angelegten Online-Befragung von Lehrkräften der Sekundarstufen 90% geantwortet, dass individuelle Förderung vom Schüler/von der Schülerin gewollt sein muss (Solzbacher 2008, 34).

Eine dritte, für unsere Untersuchung relevantere Gerechtigkeitsvorstellung, die sich im Zusammenhang mit der Lehrerinnenaufmerksamkeit in der Grundschule findet, ist die der Verteilungsgerechtigkeit. Diese braucht eine entsprechend angelegte Unterrichtsgestaltung, sonst lässt sich Aufmerksamkeit nicht gerecht verteilen. So sagt eine Lehrerin auf die Frage, ob es ihr gelänge, alle Kinder ihrer Klasse gleichermaßen im Blick zu haben:

»*Das kann ich nicht leisten, weil ich nicht 29 Augen habe.*« (aus einem Interview mit einer Lehrerin im Rahmen der Studie)

Es folgt die Beschreibung eines Unterrichts, bei dem die Lehrerin sich bemüht, kontinuierlich alle Kinder gleichzeitig zu sehen, woran sie zwangsläufig scheitert. Ihr Resümee ist daher, dass sie ihre Aufmerksamkeit nicht gerecht verteilen kann. Im Gegensatz zu Lehrerinnen und Lehrern, die sich bei ihrer Aufmerksamkeitsverteilung an Gerechtigkeitsvorstellungen der Bedarfsgerechtigkeit oder auch der Leistungsgerechtigkeit orientieren, steht diese Lehrerin vor dem Problem, dass sie sich selbst kontinuierlich als ungerecht erlebt.

Wie der Anspruch einer Verteilungsgerechtigkeit im Hinblick auf die Lehrer/ -innenaufmerksamkeit mit Hilfe individueller Förderung in Form einer bewussten Beziehungsgestaltung aussehen kann, zeigt dagegen folgendes Zitat, das sich im Zusammenhang mit der Darstellung der an der Schule praktizierten Feedbackkultur zur Vergabe von Zeugnis-Noten in der dritten und vierten Klasse einer jahrgangsübergreifend arbeitenden Schule findet:

»*Die Zeugnisse sind individuell geschrieben als Berichts-Zeugnisse. Die Noten-Zeugnisse würden wir gerne nicht schreiben müssen, aber da haben wir leider keinen Einfluss. Was wir aber machen ist, dass wir mit den Kindern immer im Gespräch sind. [...] Zum einen machen wir das an dem Tag der Zeugnisausgabe* natürlich, wobei die Noten vorher schon mit den Kindern besprochen werden. Das Schöne bei dem altersgemischten Unterricht ist, dass wir mehr Zeit haben, uns um die Kinder zu kümmern, da die Schüler selbstständig mit Wochenplänen arbeiten und eben ganz genau wissen, was sie in welcher Stunde zu tun haben. So kann ich mir immer nacheinander Kinder herausnehmen und mit denen ins Gespräch gehen. Wir haben zwischen unseren Klassenräumen immer einen Gruppenraum. Da kann ich die Tür anlehnen, kann mit den Kindern da hinein gehen, kann mein Schild an der Tafel auf ›rot‹ drehen – dann wissen die Kinder, jetzt im Moment bin ich nicht zu sprechen sozusagen. So mache ich das auch bei der Rückgabe der Arbeiten. Ich gebe nie eine Arbeit allgemein zurück, sondern ich hole mir immer jedes Kind einzeln heraus, bespreche mit ihm die Arbeit und gucke dann, welche Note es gegeben hat. Also frage dann auch: ›Mensch, wieso hast du das so gerechnet? Kannst du mir das erklären?‹ Einfach, um mir noch einmal zu schauen, wie das Kind jetzt auf die Aufgabe reagiert und wie es in dieser besonderen Situation der Arbeit reagiert hat.« (aus einem Interview mit einer Lehrerin im Rahmen der Studie)

Gerade das Leistungsfeedback bedarf der Reflexion über Beziehungsgestaltung, denn ein unsensibles Feedback kann die Lehrerin-Schüler-Beziehung stark belasten (Solzbacher/Kuhl 2011). Interessant ist, dass die Lernfortschritte aller Kinder aus der Sicht der zuletzt zitierten Lehrerin grundsätzlich gleichermaßen wichtig erscheinen. In den durch entsprechende Unterrichtsstrukturen geschaffenen Freiräumen geht es daher um zweierlei: Zum einen wird die Notengebung kontextualisiert und somit für das einzelne Kind nachvollziehbar gemacht. Dies geschieht nicht irgendwann, sondern bereits vor Bekanntgabe der Note. Zum anderen nutzt die Lehrerin das Einzelgespräch, um Gedankengänge des Kindes nachzuvollziehen. Damit eröffnen sich für die Lehrerin Möglichkeiten, Kompetenzen und Wissensbestände der Kinder wahrzunehmen, die über die »*in dieser besonderen Situation der Arbeit*« erbrachte Leistung hinaus gehen und somit für die weitere individuelle Förderung genutzt werden können.

Grundlage für eine solche regelmäßige und intensive Zuwendung zum einzelnen Kind ist die Entlassung der Kinder in selbstständiges Arbeiten. Erst dann entstehen die Freiräume, die die hier zitierte Lehrerin so intensiv zu nutzen weiß. Daher lohnt sich ein Blick auf die Beziehung zwischen Lehrkräften und Kindern in Zusammenhang mit der Sicht der Lehrkraft auf die Eigenverantwortlichkeit bzw. Selbsttätigkeit der Kinder.

Nicht nur die Kinder müssen im Rahmen ihrer schulischen Sozialisation eigenverantwortliches Lernen erlernen, sondern auch Lehrer und Lehrerinnen stehen in diesem Lernprozess:

»*Das sind so kleine Sachen. [...] Dann sagt das Kind: ›Wie spät ist es denn?‹ Und, also wenn man die Uhr schon hatte, antworte ich dann oft noch: ›Ja, halb 12.‹ oder sowas. Und eigentlich ist es dann richtig zu sagen: ›Ja, guck, wo ist unsere*

Uhr. Da, guck drauf.‹ Also dieses Anleiten, um den eigenen Weg zu finden. [...] Im letzten [Schuljahr] habe ich ganz viel selber gemacht und habe die Kinder da so sitzen gehabt. Und habe mich wirklich abgehetzt, um alles hinzu kriegen. Und jetzt habe ich gelernt, dass man auch Kinder gut ›einspannen‹ kann. Sie sind stolz und ich schicke sie ständig auf die Reise. [Beispielsweise, wenn sie] keinen Fußball haben: Früher wäre ich hingegangen und hätte einen besorgt. Aber jetzt sage ich: ›Nein, du gehst jetzt zu Herrn XY, das ist unser Hausmeister.‹ Dann: ›Was fragst du den?‹ Und das sagt dann das Kind und ich sage: ›Ja, genau und schön höflich.‹ Also eigentlich will ich sagen, das passiert ständig so zwischen drin. Dieses, eigenständige Lernen oder die Anleitung zum selbstständigen Lernen.« (aus einem Interview mit einer Lehrerin im Rahmen der Studie)

In diesem Zitat wird deutlich, dass es viele kleine Gelegenheit sind, die es zu ergreifen gilt, will man die für das Lernen notwendige Eigenverantwortlichkeit der Kinder stärken.

Das Denken in Bildungsbiografien ist wesentlich für das Gelingen individueller Förderung

Individuelle Förderung bedeutet auch das Denken in Bildungsbiografien. Hierzu gehört der Blick vor die Grundschulzeit und auch darüber hinaus. Für individuelle Förderung im Sinne einer gelungenen Stabübergabe ist eine Begegnung »auf Augenhöhe« notwendig, sowohl im Hinblick der Aufnahme des Kindes aus der Kita als auch im Hinblick auf die Weitergabe des Kindes in die weiterführende Schule. Diese Begegnung auf Augenhöhe muss moderiert und durch strukturelle Maßnahmen unterstützt werden.

Wird die Gestaltung des Übergangs zwischen den Institutionen als gemeinsame Aufgabe aller daran beteiligten Akteure verstanden und werden die Kooperationsformen sowie die Intensität der Kooperation als Gradmesser für die individuelle Unterstützung des Kindes bei der Bewältigung dieser Aufgabe gesehen, lassen sich aus unserer Studie folgende Ergebnisse zusammenfassen: Der Übergang zwischen Kita und Grundschule wird durch viele Kooperationsformen gestaltet. Gesetzliche Bestimmungen bieten hier eine Basis. Vielerorts sind die Pädagoginnen und Pädagogen unterwegs, die tradierten Bildungsvorstellungen und die Diskrepanzen zwischen den Institutionen zu überwinden. Es ist aber jeweils stark von dem persönlichen Engagement der Lehrkräfte und Erzieherinnen abhängig, wie tiefgreifend die Zusammenarbeit sich gestaltet. Strukturelle Vorgaben sind eher selten.

Auffallend ist, dass die Intensität der Kooperationen zwischen Kita und Grundschule extreme Unterschiede aufweist. Entscheidend ist hier nicht die Anzahl oder die Art der Aktionen, die für die Kinder gestaltet werden, sondern die Frage, wie tiefgreifend das Wissen um und das Verständnis für die Arbeit der je anderen Institution ist. Haben die Kitas und die Grundschulen sich gegenseitig schätzen gelernt, gelingt es, den Übergang für die Kinder so zu gestalten, dass Kontinuitäten und Diskontinuitäten sich die Waage halten und der Übergang von den Kindern in der Regel gut gemeistert werden kann. Als wichtige Möglichkeit des Kennenlernens der jeweils anderen Profession und des Arbeitens auf Augenhöhe erweisen sich das Projekt Brückenjahr und die Sprachförderung für die angehenden Schulkinder. Diese können für eine gelungene individuelle Förderung deshalb hilfreich sein, weil man in ihnen z.b. geeignete und gemeinsame Diagnoseinstrumente und Förderkonzepte abstimmen kann. Insgesamt unterstützt diese Zusammenarbeit die Qualitätsentwicklung beider Institutionen.

In einem weiteren Feld, das für individuelle Förderung eine große Rolle spielt, ist Kooperation unbedingt notwendig: der Frage über die »richtige« Schulvorbereitung. Sie ist ein widersprüchliches und problembehaftetes Thema bei der Übergangsgestaltung, das unbedingt diskutiert werden muss, soll eine Stabübergabe zukünftig gelingen. Dies ist ein zentrales Ergebnis unserer Forschung. Entscheidend ist eine Verständigung darüber, was es zu fördern gilt. Nachdem dieser Dialog bildungspolitisch initiiert worden ist, muss er für eine flächendeckende Implementierung weiter unterstützt werden. Umso mehr wird das Auslaufen des Projektes Brückenjahr bedauert, für das Ressourcen zur Verfügung gestellt worden.

Hinsichtlich der Kooperation zwischen Grundschule und weiterführender Schule weist unsere Studie grundsätzlich aus, dass die Zusammenarbeit zwischen diesen Institutionen deutlich geringer ausgebaut ist als die zwischen Kita und Grundschule. Über die Schullaufbahnempfehlung hinaus sind Lernentwicklungsgespräche zwischen Grundschulen und weiterführenden Schulen zwar erlassen, führen jedoch selten zu einer intensiven Kooperation. Auch hier ist das Arbeiten auf Augenhöhe mitunter schwierig, weil die Kenntnis der jeweils anderen Curricula und der Institution insgesamt nicht hinreichend ist.

Insgesamt wird in unserer Studie deutlich, dass viele Instrumente initiiert sind, um individuelle Förderung in den Grundschulen zu verankern, dass eine Verstetigung und Vertiefung aber weiterer Unterstützung und hier insbesondere eine Beteiligung der Lehrkräfte selbst bedarf.

Literatur

Jungmann/Reichenbach (2011). Bindungstheorie und pädagogisches Handeln. Dortmund: Borgmann Media.
Kunze (2004). Konzepte von Deutschunterricht. Wiesbaden: VS Verlag für Sozialwissenschaften/Springer Fachmedien Wiesbaden GmbH.
Solzbacher (2008). Positionen von Lehrerinnen und Lehrern zur individuellen Förderung in der Sekundarstufe I – Ergebnisse einer empirischen Untersuchung. In Individuelle Förderung in der Sekundarstufe I und II, 27.

Solzbacher/Behrensen/Sauerhering/Schwer (2012). Jedem Kind gerecht werden? Erfahrungen und Sichtweisen von Grundschullehrkräften. Köln: Wolters Kluwer Deutschland.

Solzbacher/Kuhl (2012). Selbstkompetenzförderung durch Beziehungsarbeit. In Solzbacher/Müller-Using/Doll (Hrsg.) (2012). Ressourcen stärken! Individuelle Förderung als Herausforderung für die Grundschule. Köln: Wolters Kluwer Deutschland.

Trautmann/Wischer (2011). Heterogenität in der Schule. Wiesbaden: VS Verlag für Sozialwissenschaften/Springer Fachmedien Wiesbaden GmbH.

II. Perspektiven und Orientierungen

Individuelle Förderung als Begabungsförderung

Claudia Solzbacher/Christina Schwer/Inga Doll

Begabung, Begabungsentwicklung und individuelle Förderung

Die wissenschaftliche Literatur zu Begabungsforschung, die mittlerweile bereits auf das 100-jährige Bestehen dieser Forschungsrichtung verweist, zeigt, wie schwierig es ist, Begabungen und Begabungsentwicklung von Kindern (und Jugendlichen) zu beschreiben und empirisch zu erfassen: Die inhaltlichen Kontexte, in denen dabei die Begriffe »Begabung« und »Begabungsentwicklung« verwendet wurden und werden, unterscheiden sich in einigen Aspekten voneinander. Es wird deutlich, wie kompliziert es ist, wissenschaftliche Begriffe, die im inhaltlichen Zusammenhang mit Begabungsentwicklung stehen, zeitlich überdauernd und konsensfähig zu definieren und voneinander abzugrenzen. Das trifft nicht nur auf die Begriffe Begabung und Begabungsentwicklung zu, sondern u.a. auch auf das Verständnis von Hochbegabung, Intelligenz, Leistung, Talent und Begabungspotenzial.

Es zeigt sich beispielsweise, dass sowohl die möglichen thematischen Zusammenhänge, in denen der Begabungsbegriff vorkommt, als auch die Bedeutung von »Begabung« sehr vielfältig und unterschiedlich sein können: So besteht einerseits die Auffassung, dass eine (Hoch-)Begabung sich anhand überragender kognitiver Leistungsfähigkeit objektiv feststellen lässt, z.B. durch den Einsatz von Intelligenztests zur Ermittlung von Intelligenzquotienten (IQ), die auf die Anfänge der Begabungsforschung (Stern 1912; 1916; Terman 1916) zurückzuführen sind. Dieser Auffassung von Begabung steht ein anderes breiter angelegtes Verständnis gegenüber, nach dem mehrere verschiedene Begabungen das Begabungspotenzial einer Person bilden und wonach vermutlich deutlich mehr Personen – in Abhängigkeit von ihrer individuellen Entwicklung in einzelnen Begabungsbereichen – als (hoch-)begabt bezeichnet werden können. In diesem Sinne erweitert z.B. Gardner den Begriff der Intelligenz bewusst und subsumiert darunter mehrere weitere Fähigkeitsbereiche zur Charakterisierung von Begabungspotenzialen von Personen. Er verdeutlicht in seiner Theorie der multiplen Intelligenzen die Gleichwertigkeit aller Begabungen, indem er z.B. logisch-mathematische, räumliche, sprachliche, kinästhetische bzw. motorische, musikalische, interpersonale und intrapersonale Intelligenzen unterscheidet (vgl. Gardner 2005; 2008).

Nicht zuletzt durch die kontinuierliche wissenschaftliche Auseinandersetzung mit Themen um (Hoch-)Begabung sind in den vergangenen Jahrzehnten verschiedene (Hoch-)Begabungsmodelle z.B. von Heller (2001, 23 ff.), Mönks (1992), Renzulli (1986) und Gagne (2002) entwickelt worden. In diesem Zusammenhang ist festzustellen, dass neben der Orientierung an Intelligenzmessungen in jüngster Vergangenheit auch jene Auffassungen von Begabung in Fachkreisen deutlich an Akzeptanz gewonnen haben, die Begabung(en) als multidimensional beschreiben und neben den kognitiven Leistungen auch andere – z.b. musische, emotionale, motorische und soziale Fähigkeitsbereiche bei der Charakterisierung von Begabungspotenzialen mit einbeziehen (vgl. z.b. das Münchner Begabungsmodell nach Heller 2001).

Die Berücksichtigung der Vielfalt und der Einzigartigkeit von Begabungen sind inzwischen grundlegende Annahmen in der Begabungsforschung. Zudem besteht weitgehend Übereinstimmung darüber, dass alle Menschen Begabungen haben und dass Begabungen sich im Verlaufe des Lebens ausbilden, entwickeln und verschieben. Sofern ein Mensch die Möglichkeit dazu bekommt, kann er seine Begabungen in Leistungen umsetzen. Begabung wird dabei aber auch als die »Gesamtheit personaler (kognitiver, motivationaler) und soziokultureller Lern- und Leistungsvoraussetzungen (d.h. als Begabungspotenzial) definiert und Begabungsentwicklung kann so auch als fortschreitender Interaktionsprozess zwischen (personen-)internen Anlagefaktoren und externen Sozialisationsfaktoren verstanden« werden (Heller 2008, 8). Durch die Wechselwirkungen zwischen individuellem Potenzial und der Interaktion mit der (pädagogischen und sozialen) Umwelt ergibt sich die Möglichkeit, die Förderung von Begabungen als pädagogische Aufgabe aufzufassen und Begabungsförderung als Unterstützung bei der Begabungsentwicklung bzw. -entfaltung zu betrachten. Individuelle Förderung kristallisiert sich in diesem Kontext als eine mögliche Form von Begabungsförderung heraus, die – wenn sie qualitativ gut ausgeführt wird – für den Einzelnen und für Lerngruppen hoch bedeutsam und auch sehr erfolgreich bezogen auf Begabungsentwicklung sein kann. Im Kontext von Begabungsforschung und -förderung kann individuelle Förderung wie folgt definiert werden:

> *»Unter individueller (Früh-)Förderung werden alle Aktivitäten von Pädagoginnen und Pädagogen verstanden, die mit der Intention erfolgen, die Persönlichkeitsentwicklung und die Entfaltung der Fähigkeiten und Begabungen eines jeden Kindes zu unterstützen. Ausgangspunkt sind die Lebenswelt des Kindes, seine spezifischen Bedürfnisse und die Bewältigung seiner Entwicklungsaufgaben. Grundlegend sind die PädagogInnen-Kind-Beziehung und deren Reflexion. Individuelle Förderung orientiert sich an den Ressourcen des Kindes. Grundorientierung ist der Respekt vor Vielfalt (Diversity). Ziel ist die Umsetzung eines ganzheitlichen Bildungsanspruchs. Die Professionalität der Pädagoginnen und Pädagogen besteht darin, eine geeignete Lernumgebung zu arrangieren, die das Kind anregt, seine Entwicklung selbstständig zu gestalten«* (vgl. Solzbacher/Behrensen/Sauerhering 2011, 38 f.).

Bei individueller Förderung kommt der professionellen pädagogischen Beziehung besondere Bedeutung zu, da die Lehrerinnen und Lehrer in der Beziehung zu einzelnen Kindern oder zu einer Gruppe von Kindern entsprechend deren

Fähigkeiten und Interessen feinfühlig individuell geeignete Methoden und Instrumente für den Unterricht auswählen und einsetzen (vgl. Solzbacher/Behrensen/Sauerhering/Schwer 2012), wobei sich die Kinder durch die Lehrkräfte wertgeschätzt und angenommen fühlen sollen. Professionelle pädagogische Beziehungen zeichnen sich auch dadurch aus, dass sich Lehrerinnen und Lehrer darüber bewusst sind, dass ihre »Beziehung zum Kind« meist innerhalb eines vorgegebenen strukturellen und zeitlichen Rahmens und im Hinblick auf bestimmte Ziele verläuft, und dass die Reflexion des pädagogischen Handelns dabei ein Ausdruck von Qualität ist.

Gelungene Beziehungsarbeit, eine professionelle Beobachtungsfähigkeit und eine »anregende Lernumgebung« als Grundlagen für individuelle Förderung

Vor diesem Hintergrund arbeitet die Forschungsstelle Begabungsförderung des Niedersächsischen Instituts für frühkindliche Bildung und Entwicklung (nifbe) mit einem inklusiven Begabungsbegriff (vgl. Schwer/Doll et al. 2011). Dabei wird davon ausgegangen, dass jedes Kind Begabungen hat, die vielfältig und von Kind zu Kind unterschiedlich ausgeprägt sind. Jedes Kind verfügt demnach über ein individuelles Begabungspotenzial, das sich im Laufe der Zeit entwickelt, verändert und verschiebt. Der Prozess der Begabungsentfaltung ist daher als dynamisch anzunehmen.

Als Voraussetzung für Begabungsentwicklung und für individuelle Förderung kommt dabei – neben der kontinuierlichen Befriedigung der Grundbedürfnisse des Kindes nach Schlaf, Ernährung, Sicherheit und Liebe (vgl. Maslow 2008) – auch der Befriedigung der kindlichen Bindungsbedürfnisse eine große Bedeutung zu. In Anlehnung an die Bindungstheorie sind positiv verlaufende primäre und sekundäre Bindungsbeziehungen sowie die Feinfühligkeit der Bindungspersonen (d.h. eine gute Beziehungs- und Interaktionsqualität) wichtig für das tägliche Gelingen der sog. »Bindungs-Explorations-Balance« in der frühen Kindheit: Je sicherer sich ein Kind in seinen Beziehungen an relevante Bezugspersonen fühlt, desto entspannter kann es seine Umwelt explorieren (Ainsworth et al. 1978), was wiederum eine gute Voraussetzung für die Entwicklung von Begabungen darstellt (vgl. Völker/Schwer 2001; Schwer/Völker 2011).

Neben der Beziehungs- und Interaktionsqualität sind die Selbstkompetenz und das Gelingen des »Selbstzuganges« des Kindes wichtige Faktoren bei der Entfaltung von Begabungen. Dabei betrachten wir Selbstkompetenz als Grundlage von Lernkompetenz (vgl. Solzbacher/Behrensen/Sauerhering 2011) und gehen davon aus, dass ein selbstkompetentes Kind in der Lage ist, seine Entwicklungsaufgaben mit all seinen unterschiedlichen Facetten und Anforderungen zu meistern. Es kann sich z.B. mit seinen Leistungszielen identifizieren, sich selbst motivieren und auch schwierige Entwicklungsaufgaben bewältigen (Resilienz).

Das Wahrnehmen und Erkennen der eigenen Gefühle und Interessen bezeichnet man in diesem Zusammenhang als »Selbstzugang« bzw. als »Kontakt auf der Selbstebene« (Kuhl 2001; 2010). Kinder sollen lernen, diese Erkenntnisse aus der Selbstwahrnehmung zur eigenen Begabungs- und Persönlichkeitsentwicklung – über den Weg der Entwicklung von Selbstkompetenz – kontinuierlich und selbstständig zu nutzen (vgl. Beitrag Kuhl/Solzbacher in diesem Buch).

Dabei zielt die Begabungsforschung, die von mehreren Autoren im Zusammenhang mit Persönlichkeitspsychologie gesehen wird (z.B. von Fischer et al. 2008; Weigand 2008; Henseler 2008; Gebker/Kuhl 2008), nicht allein auf den Erwerb gesellschaftlich verwertbarer Leistung ab, sondern auch auf die Anerkennung der Persönlichkeit und Einzigartigkeit eines jeden Kindes. In dem Maß, in dem sich die Persönlichkeit eines Kindes entwickelt, entfalten sich auch seine Begabungen, da diese nicht losgelöst von der Persönlichkeit eines Kindes betrachtet werden können. Entsprechend ist es mit Blick auf die Elementar- und Primarpädagogik wichtig, dass Kinder im Alter von null bis zehn Jahren bei der Entwicklung ihrer individuellen Begabungen unterstützt werden. Denn gerade in diesem Alter sind Kinder noch nicht festgelegt auf bestimmte Begabungen (und deren vermeintlichen Nutzen für die Gesellschaft). Sie können in dieser Altersphase in verschiedenen Kontexten z.B. von Kita, Schule und in ihrer Freizeitgestaltung ihre Begabungen frei entdecken und entfalten. Ein breit angelegtes, dynamisches Verständnis von Begabung und Begabungsentwicklung erscheint uns in diesem Zusammenhang sinnvoll.

Wie bereits angedeutet, sind das Begabungspotenzial sowie die zur Verfügung stehenden Möglichkeiten und Bedingungen, in denen ein Kind aufwächst, entscheidend dafür welche Begabungen eines Kindes zur Entfaltung kommen können. Was bedeutet das aber nun für die pädagogisch Handelnden in der Grundschule und welche professionellen Anforderungen ergeben sich daraus?

Zunächst einmal benötigen Lehrkräfte sehr gute Beobachtungsfähigkeiten und einen unvoreingenommenen Blick auf das Kind und seine Umgebung, um dessen Besonderheiten, Emotionen, Interessen und Fähigkeiten wahrnehmen zu können. Daraus können Pädagoginnen und Pädagogen vielfältige Impulse und Informationen erhalten, die sie in ihre tägliche Arbeit sowie in den Kontakt mit einzelnen Kindern und Eltern zur Optimierung von Entwicklungs- und Lernbedingungen von Kindern mit einbeziehen können. Der kontinuierlichen Gestaltung der Lernumgebung kommt dabei besondere Bedeutung zu: Kinder erhalten darin vielfältige Anregungen und Möglichkeiten, sich selbst auszuprobieren, der eigenen Neugierde und den eigenen Interessen nachzugehen und sie weiter zu entwickeln und sich durch Selbsttätigkeit selbst bilden zu können. Die »Selbst-Bildung« schließt ein, dass Kinder in einer anregenden Lernumgebung wichtige soziale Erfahrungen mit anderen Personen machen, dass sie Sachverhalten nachspüren und erfahren können, wie Dinge oder Situationen auf sie selbst und auf andere Personen wirken können (vgl. Schäfer 1995). Eine anregende Lernumgebung beinhaltet daher nicht nur das Vorhandensein unterschiedlicher qualitativer (Spiel-)Materialien, sondern auch den Zugang zu alltäglichen, kulturellen und natürlichen Dingen, wie z.b. zu Musikstücken, -instrumenten, Werkzeugen und Kunstgegenständen sowie Gegenständen aus der Natur (vgl. Laewen et al. 2007), die den Kindern vielfältige sinnliche Erfahrungen und Möglichkeiten zur Auseinandersetzung bieten sollen.

Pädagoginnen und Pädagogen sind nach diesem Verständnis für das Kind bedeutsam, weil sie dabei für einige Zeit als »Lern- und Entwicklungsbegleiter« fungieren und dabei dem Kind Sicherheit und Unterstützung geben auf seinem Weg zu einem verantwortlichen Mitglied in der Gesellschaft. Die Begleitung eines Kindes bei seiner Persönlichkeitsentwicklung und beim Lernen beinhaltet als wichtige Komponente auch die Wertschätzung der Persönlichkeit des Kindes. Zudem bilden Ressourcenorientierung und ein von gegenseitigem Vertrauen geprägtes Handeln weitere pädagogische Grundlagen, damit die herausfordernden Lernumgebungen ihnen sowohl Freiheit als auch Orientierung zur Selbstentfaltung bieten können (vgl. Schwer/Doll et al. 2011, 53).

Weg und Ziel einer so verstandenen individuellen Förderung ist es also, jedes Kind in seiner gesamten Persönlichkeit – mit seinen Schwächen, Stärken und auch mit seinen biographischen Hintergründen – wahrzunehmen und in das Zentrum der pädagogischen Arbeit zu stellen (ebd., 54). Durch individuelle Förderung kann somit der Prozess der Begabungsentfaltung mit Bezug auf die Persönlichkeitsentwicklung unterstützt und begleitet werden. Ergänzend zu dieser Aufgabe darf jedoch ein weiteres wesentliches Ziel von Begabungsförderung nicht vergessen werden: die persönliche Lebenszufriedenheit des Einzelnen, die vermutlich auch als bedeutsam für die lebenslange Leistungsfähigkeit und das kontinuierliche Lernen von Individuen angesehen werden kann. Eine pädagogische Orientierungsqualität, die gekennzeichnet ist durch authentisches Interesse, Offenheit, Wertschätzung, Unvoreingenommenheit sowie der Freude am Reichtum der Persönlichkeit des Kindes in seiner Einzigartigkeit, ist dafür notwendige Voraussetzung und ethisches Postulat.

Dank neuerer Forschungen erhält dieses Postulat nun nicht mehr nur allein aus ethischen Gründen befürwortende Argumente, sondern auch vor dem Hintergrund empirischer psychologischer Forschungen und aus hirnbiologischen Untersuchungen (vgl. z.B. Kuhl/Künne/Aufhammer 2011). Eine wissenschaftlich fundierte Begründung dieses Postulates ist also heutzutage möglich und lässt im pädagogisch-gesellschaftlichen Diskurs kaum Alternativen zu der formulierten Forderung zu. Vor diesem Hintergrund postulieren wir Authentizität, Wertschätzung und Freude am Reichtum der Persönlichkeit, weil inzwischen anhand von empirischen Studien gezeigt werden kann, dass solche »Haltungsmerkmale« von Pädagoginnen und Pädagogen Selbstkompetenzen von Kindern fördern, wodurch Begabungsentfaltung positiv beeinflusst wird (vgl. Kuhl/Künne/Aufhammer 2011).

Von großer Bedeutung für die Begabungsförderung und für die Qualität von individueller Förderung wäre es, diese Erkenntnisse bei der Konzeptionierung und weiteren Etablierung von individueller Förderung in (Grund-)Schulen auch *methodenbasiert* zu integrieren.

Individuelle Förderung beruht auf einem »inklusiven« Begabungsbegriff

Seit einigen Jahren wird die individuelle Förderung der Schülerinnen und Schüler im Zusammenhang mit einer »Bildung für alle« sowohl national als auch international als ein Qualitätsindikator von Bildungsreformen verstanden (Solzbacher/Behrensen/Sauerhering 2011). Die individuelle Förderung aller Schülerinnen und Schüler ist mittlerweile in vielen Bundesländern durch Erlasse und Schulgesetze fester Bestandteil des Bildungsauftrages geworden. Zukünftig sollen die (in Deutschland anzahlmäßig weniger werdenden) Kinder und Jugendlichen so gut wie möglich gebildet und ausgebildet sein, und dabei geht es auch darum, die Umsetzung von Begabungspotenzialen in individuelle Leistung zu verbessern. In vielen Veröffentlichungen zu individueller Förderung wird in diesem Zusammenhang auch die optimale Entfaltung von Begabungen und die Nutzung von Chancen als Ziel formuliert (vgl. z.B. Klafki 2002; Bönsch 2004; Braun/Schmischke 2008). Offen bleibt dabei allerdings, wie diese hohen Ziele zu erreichen sind, denn allzu häufig »findet sich statt eines Blickes auf die Individualität doch eher einer auf (scheinbar) homogene Gruppen« (Solzbacher/Behrensen/Sauerhering 2011, 37) in der Schule.

Interessant ist in diesem Zusammenhang auch, dass es unter Grundschullehrkräften – zumindest unter den niedersächsischen, wie unsere Studie zu Positionen von Lehrkräften gezeigt hat – geteilte Meinungen darüber gibt, ob mit individueller Förderung ein Ausgleich *zu starker Leistungsunterschiede in Lerngruppen*, d.h. Homogenität angestrebt werden soll (oder nicht) (vgl. Solzbacher/Behrensen/Sauerhering/Schwer 2012). Mit Blick auf eine möglichst inklusive Begabungsförderung wäre diesbezüglich zu postulieren, dass alle Kinder – unabhängig von ihrem Leistungsniveau, das niedrig, durchschnittlich, hoch oder sehr hoch ausgeprägt sein kann – ein Recht auf individuelle Förderung in den verschiedenen Lern- und Entwicklungsbereichen entsprechend ihrer individuellen Lernvoraussetzungen haben, das möglichst auch in den Grundschulen umgesetzt werden sollte (ebd.).

Nicht im Widerspruch dazu steht das von Grundschullehrkräften auch vielfach beschriebene Faktum, dass sich im Grundschulunterricht vielerorts eine Aufteilung von Schülerinnen und Schülern in drei Leistungsgruppen in Abhängigkeit von ihrem Leistungsstand und ihrem Leistungsvermögen ergibt. Dabei stehen meist den »Leistungsschwachen« die »besonders Begabten« gegenüber, während das klassische »Leistungs-Mittelfeld« zwar er- und bekannt ist, in Bezug auf Förderung jedoch oft eher unberücksichtigt bleibt (vgl. Solzbacher/Behrensen/Sauerhering/Schwer 2012).

Pädagogen stehen nun vor der großen Herausforderung, alle Kinder – die über unterschiedliche Lern- und Leistungsvoraussetzungen verfügen – individuell zu fördern. Dabei kann jedoch kaum auf eine eindeutige Definition von individueller Förderung und Umsetzungshilfen (in Form von Methoden oder Instrumenten etc.) zurückgegriffen werden. Wissenschaftlich abgesicherte und evaluierte Konzeptionen zur individuellen Förderung stehen meist nicht zur Verfügung. Es ist deshalb nicht verwunderlich, dass Lehrkräfte das zur individuellen Förderung heranziehen, was aus ihrer Sicht für den eigenen Unterricht und für ihre Schule am geeignetsten erscheint. So fördern Lehrerinnen und Lehrer zumeist nach ihrem subjektiven Verständnis individuell. Die Qualität von individueller Förderung scheint vor diesem Hintergrund vielerorts extrem von einzelnen überdurchschnittlich engagierten Lehrer(-innen)-Persönlichkeiten abzuhängen. Zur nachhaltigeren Sicherung der Qualität von individueller Förderung wäre die zusätzliche methodenbasierte Verankerung von Qualitätsstandards in den nächsten Jahren dringend weiter voranzutreiben.

Zudem bringen die subjektiven pädagogischen Herangehensweisen bei individueller Förderung nicht selten einen zu einseitigen Blick auf die kindlichen Leistungen und die Leistungsvoraussetzungen mit sich – z.B. bei gezielten Trainings zur Vorbereitung auf vergleichende Tests. Dabei geraten oftmals wichtige Faktoren der Begabungsentfaltung wie die Persönlichkeitsentwicklung und die Entwicklung von Selbstkompetenz in den Hintergrund von individueller Förderung oder werden gar als »Bringschuld« der einzelnen Schülerinnen und Schüler betrachtet, die diese Kompetenzen in der frühen Sozialisation bereits erworben haben müssten, um überhaupt »beschulbar« zu sein« (vgl. Kunze/Solzbacher 2008).

Dabei geht es gerade im Kontext von individueller Förderung darum, Kindern vielfältige und nicht nur einseitig fachspezifische Herausforderungen zuzumuten, die sie aufgrund von Vertrauen in sich (d.h. mit Selbstkompetenz) und auch in ihre Lehrkraft, angehen und meistern können. Vor dem Hintergrund eines so interpretierbaren inklusiven Begabungsverständnisses scheint individuelle Förderung ein geeigneter Weg für Begabungsförderung zu sein: Die im Kontext von individueller Förderung verwendeten vielfältigen Methoden und Ansätze kommen den verschiedenen Interessen, Lerntempi und Strategien von Kindern meist entgegen. Die Pädagoginnen und Pädagogen müssen sich dabei nicht an einem theoretischen Mittelmaß im Sinne von Homogenität orientieren, da individuelle Förderung ein Nebeneinander verschiedener Angebote und Lernzieldefinitionen für unterschiedliche Lern- und Leistungsvoraussetzungen ermöglichen soll.

Wenn Begabungsförderung und individuelle Förderung nach diesem Verständnis integriert werden können, dann eröffnen sich vielfältige Möglichkeiten für Kinder, eine persönliche Bedeutsamkeit von Lerninhalten selbst zu erfahren, die eigene Lebenszufriedenheit zu steigern, die eigene Persönlichkeit zu entwickeln und mit Zuversicht auf spätere gesellschaftliche Leistungsherausforderungen zu blicken. Hierfür gilt es zukünftig vor allem die bildungspolitischen Rahmenbedingungen und Voraussetzungen zu schaffen (vgl. Trautmann/Wischer 2011).

Literatur

Ainsworth, M.D.S./Blehar, M.C./Waters, E./Wall, S. (1978). Patterns of attachment. A psychological study of strange situation. Hillsdale/NJ, USA: Lawrence Erlbaum Associates, Publishers.

Bönsch (2004). Intelligente Unterrichtsstrukturen. Eine Einführung in die Differenzierung. Baltmannsweiler: Schneider Verlag Hohengehren.

Bowlby (1969). Attachment and loss. Attachment. London: Hogarth (1).

Bowlby (1973). Attachement and loss. Separation, anxiety and anger. London: Hogarth (2).

Braun/Schmischke (2008). Kinder individuell fördern. Lernwege gestalten. Förderdiagnostik, Förderpläne, Förderkonzepte. Für die Klassen 1–4. Berlin: Cornelson Scriptor.

Fischer/Mönks/Westphal (Hrsg.) (2008). Individuelle Förderung: Begabungen entfalten – Persönlichkeit entwickeln. Allgemeine Forder- und Förderkonzepte. (Begabungsforschung 6). Berlin: LIT Verlag.

Gagne (2002). Understanding the complex choreography of talent development through DMGT-based analysis. In Heller/Mönks/Sternberg/Subotnik (Hrsg.). International handbook of giftedness and talent. Oxford/Amsterdam: Elsevier, 67–69.

Gardner (2005). Abschied vom IQ. Die Rahmen-Theorie der vielfachen Intelligenzen. Stuttgart: Klett-Cotta.

Gardner (2008). Intelligenzen. Die Vielfalt des menschlichen Geistes. Stuttgart: Klett-Cotta.

Gebker/Kuhl (2088). Gute Noten: Eine Frage sowohl der Begabung als auch der Persönlichkeit? In Fischer/Mönks/Westphal (Hrsg.). Individuelle Förderung: Begabungen entfalten – Persönlichkeit entwickeln. Allgemeine Forder- und Förderkonzepte. (Begabungsforschung 6). Berlin: LIT Verlag, 431–446.

Heller (2001). Hochbegabung im Kindes- und Jugendalter. Göttingen: Hogrefe.

Heller (2008). Von der Aktivierung der Begabungsreserven zur Hochbegabtenförderung. Forschungsergebnisse aus vier Dekaden. (Talentförderung – Expertiseentwicklung – Leistungsexzellenz, 2). Berlin: LIT Verlag.

Heller/Perleth (2007).Talentförderung und Hochbegabtenberatung in Deutschland. In Heller/Ziegler (Hrsg.). Begabt sein in Deutschland. (Talentförderung, Expertiseentwicklung, Leistungsexzellenz, 1). Berlin: LIT Verlag, 139–170.
Henseler (2008) Persönliche Kompetenzen erkennen und fördern. In Fischer/Mönks/Westphal (Hrsg.). Individuelle Förderung: Begabungen entfalten – Persönlichkeit entwickeln. Allgemeine Forder- und Förderkonzepte. (Begabungsforschung 6). Berlin: LIT Verlag, 423–430.
Klafki (2002). Schultheorie, Schulforschung und Schulentwicklung im politisch-gesellschaftlichen Kontext. Weinheim u.a.: Beltz.
Kuhl (2010). Lehrbuch der Persönlichkeitspsychologie. Motivation, Emotion und Selbststeuerung. Göttingen: Hogrefe.
Kuhl (2010). Motivation und Persönlichkeit. Interaktionen psychischer Systeme. Göttingen: Hogrefe.
Kuhl/Künne/Aufhammer (2011). Wer sich angenommen fühlt, lernt besser: Begabungsförderung und Selbstkompetenzen. In Kuhl/Müller-Using/Solzbacher/Warnecke (Hrsg.). Bildung braucht Beziehung. Selbstkompetenz stärken – Begabungen entfalten. Freiburg i.Br.: Herder, 15–27.
Kuhl/Müller-Using/Solzbacher/Warnecke (Hrsg.) (2011). Bildung braucht Beziehung. Selbstkompetenz stärken – Begabungen entfalten. Freiburg i.Br.: Herder Verlag.
Kunze/Solzbacher (2008). Individuelle Förderung in der Sekundarstufe I und II. Baltmannsweiler: Schneider Verlag Hohengehren.
Laewen/Andres (2007). Forscher, Künstler, Konstrukteure. Werkstattbuch zum Bildungsauftrag von Kindertageseinrichtungen. (Frühe Kindheit Pädagogische Ansätze). Berlin: Cornelsen Scriptor.
Maslow (2008). Motivation und Persönlichkeit. Reinbek: Rowohlt Verlag.
Mönks (1992). Ein interaktionales Modell der Hochbegabung. In Hany/Nickel (Hrsg.). Begabung und Hochbegabung. Theoretische Konzepte, empirische Befunde, praktische Konsequenzen. Bern: Huber, 17–22.
Renzulli (1986). The three-ring conception of giftedness: A developmental model for creative productivity. In Sternberg/Davidson (Hrsg.). Conceptions of giftedness. New York/NY, USA: Cambridge University Press.
Schäfer (1995). Bildungsprozesse im Kindesalter. Selbstbildung, Erfahrung und Lernen in der frühen Kindheit. (Grundlagentexte Pädagogik). Weinheim: Juventa Verlag.
Schwer/Doll/Behrensen/Kruse-Heine/Müller-Using/Sauerhering/Solzbacher/Warnecke (2011). Begabungsförderung als pädagogische Aufgabe: Grundlegungen zu einem inklusiven Begabungsbegriff. In Kuhl/Müller-Using/Solzbacher/Warnecke (Hrsg.). Bildung braucht Beziehung. Selbstkompetenz stärken – Begabungen entfalten. Freiburg i.Br.: Herder, 49–56.
Schwer/Völker (2011). Bindung und Begabungsentfaltung bei Kita-Kindern: Was sagt die Forschung? In Kuhl/Müller-Using/Solzbacher/Warnecke (IIrsg.).

Bildung braucht Beziehung. Selbstkompetenz stärken – Begabungen entfalten. Freiburg i.Br.: Herder, 59–70.

Solzbacher/Behrensen/Sauerhering (2011). Individuelle Förderung und Selbstkompetenzentwicklung aus pädagogischer Perspektive. In Kuhl/Müller-Using/Solzbacher/Warnecke (Hrsg.). Bildung braucht Beziehung. Selbstkompetenz stärken – Begabungen entfalten. Freiburg i.Br.: Herder, 35–48.

Solzbacher/Behrensen/Sauerhering/Schwer (2012). Jedem Kind gerecht werden? Sichtweisen und Erfahrungen von Grundschullehrkräften. Köln: Wolters Kluwer Deutschland.

Stern (1912). Die psychologischen Methoden der Intelligenzprüfung und deren Anwendung an Schulkindern. Leipzig: Johann Ambrosius Barth Verlag.

Stern (1916). Psychologische Begabungsforschung und Begabungsdiagnose. In Petersen (Hrsg.). Der Aufstieg der Begabten. Leipzig: Teubner Verlag, 105–120.

Terman (1916). The measurement of intelligence. An explanation of and a complete guide for the use of the Stanford Revision and Extension of »The Binet-Simon Intelligence Scale«. Boston/MA, USA: Houghton Mifflin Company.

Trautmann/Wischer (2011). Heterogenität in der Schule. Eine kritische Einführung. Wiesbaden: VS Verlag.

Völker/Schwer (2011). Bindung und Begabungsentfaltung: Analyse einer Szene aus dem Kita-Alltag. In Kuhl/Müller-Using/Solzbacher/Warnecke (Hrsg.). Bildung braucht Beziehung. Selbstkompetenz stärken – Begabungen entfalten. Freiburg i.Br.: Herder, 71–78.

Weigand (2008). Begabtenförderung und Persönlichkeitsbildung. In Fischer/Mönks/Westphal (Hrsg.). Individuelle Förderung: Begabungen entfalten – Persönlichkeit entwickeln. Allgemeine Forder- und Förderkonzepte. (Begabungsforschung, 6). Berlin: LIT Verlag, 394–408.

Die Bedeutung der individuellen Förderung in der Grundschule aus Sicht der Persönlichkeitspsychologie/PSI-Theorie

Thomas Künne/Julius Kuhl/Heiko Frankenberg/Susanne Völker

Die Lernentwicklung eines Kindes oder seine »Begabungsentfaltung« kann als Teil seiner Persönlichkeitsentwicklung verstanden werden. Was sagt die Persönlichkeitsforschung zum Thema »Individuelle Förderung«? Moderne Theorien der Persönlichkeitsentwicklung orientieren sich vor allem an den Erkenntnissenfortschritten, die in den letzten Jahrzehnten auf dem Gebiet der Hirnforschung gewonnen wurden (Hüther 2006; Kuhl/Hüther 2007). Eine fundamentale Aussage aus neurobiologischer Perspektive soll daher gleich an den Anfang unseres Kapitels gestellt werden: Das Gehirn entwickelt sich – wie alles Lebendige – als ein sich selbst konstruierendes und organisierendes System. Die Besonderheiten lebender Systeme wurden erstmals von Humberto Maturana in seinem Konzept der Autopoiesis beschrieben (1992). Selbstorganisation stellt ein ganz zentrales Funktionsmerkmal lebender Systeme dar, egal auf welcher Komplexitätsebene man sie betrachtet. Für das Gehirn des Menschen muss man daher annehmen, dass es »aus sich selbst heraus« am besten weiß, welche Informationen und welche Erfahrungen es wann für seine Entfaltung besonders benötigt. Nach außen sichtbar werden die Ergebnisse dieses Selbstorganisationsprozesses z.B. durch die Interessen und Eigeninitiativen eines Individuums. Es liegt auf der Hand, dass eine optimale Entwicklungsförderung genau hier ansetzen sollte. Ein Plädoyer für individuelle Förderung kann somit leicht aus der Neurobiologie abgeleitet werden. Spannend bleibt jedoch die Frage, wie sich normative Elemente mit individueller Förderung vereinbaren lassen und welche Erklärungsansätze die moderne Persönlichkeitspsychologie dazu bietet. Auch wenn Lernmethoden und -strategien immer weiter an individuelle kindliche Bedürfnisse angepasst werden, bleiben die Lernentwicklungsziele doch an basalen Normen ausgerichtet. Auch muss es Lehrpersonen aus praktischen Gründen möglich bleiben, Gruppen von Kindern im klassischen Frontalunterricht anzuleiten, was nicht nur eine Normierung der Lernziele, sondern bis zu einem gewissen Grad auch eine der zielführenden bzw. strukturierenden Methoden notwendig macht. Beantworten wollen wir die Frage, wie individuelle Förderung mit einer Normierung von Lernstrategien und -zielen vereinbart werden kann, vor dem Hintergrund der neurobiologisch fundierten Konzepte von Ich und Selbst, die Julius Kuhl in seiner Theorie der Persönlichkeits-System-Interaktionen beschreibt (Kuhl 2000; 2001; vgl. auch Beitrag von Kuhl/Solzbacher in diesem Buch).

Wenn wir individuelle Förderung mit der Persönlichkeitsentwicklung verbinden, so setzt dies einen Begabungsbegriff voraus, der Begabung als ein latentes Potenzial auffasst, dessen Entfaltung von bestimmten Entwicklungsbedingungen, gerade auch von den persönlichkeitsrelevanten abhängig ist. Der Begabungsbegriff hat seit der Antike eine enorme Entwicklung genommen, die von der Vorstellung einer von Gott (oder den Göttern) verliehenen Gabe bis hin zu einem stark an der messbaren Leistung orientierten Begriff von bereichsspezifischen Fähigkeiten reicht (Ziegler 2008). Durch seine von vielen Autoren postulierte Nähe zum Intelligenzbegriff wird Begabung heute auch oft mit einer (für klassische Intelligenztests nachgewiesenen) genetischen Disposition verknüpft. Auch die Abhängigkeit von Entwicklungs- und Lernbedingungen passt zu der genetischen Komponente der Intelligenz, die ganz analog auch der Anregung durch äußere Bedingungen bedarf, um sich zu entfalten (vgl. den Begriff der »Genexpression«). In der Motivations- und Persönlichkeitspsychologie ist die Vorstellung von Dispositionen, deren Verhaltenswirksamkeit von bestimmten Umgebungsbedingungen abhängt, theoretisch und empirisch gut begründet (Atkinson 1958; Carver/Scheier 2004; Heckhausen/Heckhausen 2006; Kuhl 2010; McClelland 1985). Auf die Begabung angewandt bedeutet dies, dass wir unter Begabung ein latentes Potenzial in einem bestimmten Leistungsbereich verstehen (z.B. schlussfolgerndes Denken, Musikalität, räumliches Vorstellungsvermögen), das durch jeweils bereichs-, kultur- und personenspezifische Entwicklungs- und Anregungsbedingungen mehr oder weniger gut zur Entfaltung kommt (vgl. das Münchner Hochbegabungsmodell von Heller/Perleth 2007). Wenn wir im Folgenden über individuelle Förderung reden, dann geht es uns neben der Förderung solcher Leistungsbereiche jedoch immer auch um die Förderung persönlicher Kompetenzen wie Leistungsmotivation, Selbstmotivierung, Selbstberuhigung, Planungsfähigkeit, Kreativität (»Selbstkompetenzen«), von denen die Umsetzung von Begabung in Leistung und damit die Begabungsentfaltung abhängt.

Wir haben hervorgehoben, dass das Gehirn des Menschen sich von Natur aus selbstorganisiert entwickelt. Seine Selbstorganisation zeigt sich im Bereich bewusst geleiteter innerer (Vorstellungen, Gedanken) und äußerer Handlungen in Form der sog. »persönlichen Kompetenzen«, d.h. Selbststeuerungs- oder Selbstkompetenzen, die mit Hilfe psychologischer Diagnostik erfasst werden können (z.B.Kuhl/Henseler 2003). Selbstkompetenzen, die entscheidend dafür verantwortlich sind, ob Kinder ihre Lernmöglichkeiten umsetzen können (Kuhl 2004; Kuhl/Baumann/Kazén 2007; Künne 2008), entwickeln sich im Kontext emotionaler Beziehungen zu relevanten Bezugspersonen, aber auch in Beziehungen zu Gleichaltrigen in einem Prozess, der sich als Übergang von einer Fremd- zur Selbstregulation beschreiben lässt (z.B. Kuhl/Völker 1998) zur Systemkonditionierungshypothese; vgl. auch Kuhl/Solzbacher in diesem Buch). Kinder erproben, festigen und erweitern ihre Selbstkompetenzen, indem sie an gut regulierten Interaktionsprozessen teilhaben. Hier spielen neben den familiären vor allem professionelle pädagogische Beziehungen eine wichtige Rolle – besonders auch noch im Grundschulalter, wo zum ersten Mal im Leben ganz explizit normative Elemente Einzug in die Welt des Kindes erhalten und dezidiert

Selbstkompetenzen eingefordert bzw. in Teilen erwartet werden. Dieser Altersbereich ist auch deshalb so interessant, da sich die für die bewusste Verhaltenssteuerung zuständigen Hirnstrukturen (präfrontaler Cortex, Kuhl 2001; 2010) vor allem in der mittleren Kindheit (und darauf aufbauend im Jugendalter) entwickeln (Ritz-Schulte 2008). Das bedeutet, dass zu diesem Zeitpunkt der Prozess der Entwicklung noch positiv beeinflusst werden kann: Hier bietet die Grundschule mit ihrer Kombination aus normativen Pflichtteilen und spielerischen Komponenten eine gute Ausgangsbasis (Niesel/Griebel/Netta 2008).

Der Entwicklungsstand von Selbstkompetenzen eines Kindes trägt entscheidend dazu bei, welche Methoden- und Kontextbedingungen für sein individuelles Lernen optimal sind. Ein Beispiel ist der Profit, den Kinder in Abhängigkeit von bereits – in ihrem jeweiligen kulturellen Kontext – erworbenen Selbstkompetenzen aus den vielfältigen interaktiven Lernmöglichkeiten in Gruppen ziehen können. Je jünger Kinder sind und/oder je entwicklungsverzögerter, umso stärker sind sie zur Umsetzung ihres Begabungspotenzials von einer feinfühligen pädagogischen Beziehungsregulation, Lernstrukturierung und Lernassistenz abhängig, von einer Unterstützung also, die nur in kleinen Gruppen gewährt werden kann oder sogar eine dyadische Lernsituationen erfordert. Umgekehrt können Kinder, die bereits über gute Selbststeuerungskompetenzen verfügen, sowohl selbstorganisiert arbeiten – viele Methoden individueller Förderung erfordern dieses – als auch von Frontalunterricht profitieren, der das Prinzip individueller Förderung mit normierten Methoden kombiniert.

Das sich entwickelnde Gehirn eines Kindes braucht auf einer sicheren Beziehungsbasis zu vertrauten Bezugspersonen Regulationserfahrungen, die sowohl an seinen ganz individuellen Eigenheiten als auch an kulturell und gesellschaftlich vorgegebene Normen und Strukturen des gemeinschaftlichen Lebens ausgerichtet sind. Lüpertz (2011) beschreibt das Zusammenspiel zwischen individuell ausgerichteten und normativen Elementen als »Eltern-Kind-Beziehungswaage« (übertragbar auch als »Erzieher(in)- oder Lehrer(in)-Kind-Beziehungswaage«) mit den Gewichten *Investieren* (Nähe herstellen) als Beziehungsaspekt und *Autorität* (Verantwortung übernehmen) als normativer Aspekt. Diese Hilfen sollten immer direkt an den aktuellen Bedürfnissen des Kindes ansetzen, damit sie optimal wirken (Kuhl/Künne/Aufhammer 2011; Strehlau/Künne 2011). Eine Unterstützung zum falschen Zeitpunkt oder an den eigentlichen Bedürfnissen vorbei sorgt nicht für eine Selbstkompetenz unterstützende Regulationserfahrung, z.B. weil es vielleicht aus Sicht des Kindes gar nichts zu regulieren gab (Kuhl 2011). So kann ein Kind, welches am Schreibtisch sitzt und die Hausaufgaben macht, mit leerem Blick aus dem Fenster schauen. Die Eltern haben dann vielleicht das Gefühl »unser Kind kommt alleine nicht weiter« und sprechen dem Kind Mut zu. Dieses war aber gerade dabei, über die Aufgabe nachzudenken und fühlt sich unter Umständen sogar gestört von der Intervention der Eltern.

Aufmerksame Eltern, haben meist ein gutes Gespür dafür, wann ihr Kind wirklich Ermutigung oder Aufmunterung benötigt und wann nicht.

Welche Prozesse spielen nun aus persönlichkeitspsychologischer Sicht eine Rolle im Themenfeld »Individuelle Förderung«? Wir haben oben bereits die Begriffe Ich und Selbst verwendet und in Bezug gesetzt zu individueller Förderung und normativen Anforderungen. Mit diesen beiden Begriffen werden in der Theorie der Persönlichkeits-System-Interaktionen (PSI-Theorie, Kuhl 2000; 2001) zwei miteinander in Beziehung stehende neurophysiologisch begründbare psychische Systeme bezeichnet, die auf unterschiedlichen Funktionsprinzipien basieren: Das Selbst (auch: Extensionsgedächtnis) ist ein weitreichender Gedächtnisspeicher für persönlich relevante Erfahrungen, eigene Motivationslagen, Bedürfnisse, Gefühle und emotionale Momente – gerade mit persönlich wichtigen Menschen. Das Ich (auch: Intentionsgedächtnis) ist ein Speicher für Dinge, die man noch tun will, wie bewusste Ziele, Vorhaben und Pläne. Die Informationsverarbeitung des Ich-Systems erfolgt sequentiell: Dieses System funktioniert nach dem Prinzip »Schritt-für-Schritt« und bedenkt dabei immer nur den aktuellen Schritt plus den nächstfolgenden. Das Selbst hingegen arbeitet parallel und berücksichtigt nahezu alle verfügbaren Informationen gleichzeitig. Während die Operationen des Ich bewusst ablaufen, wird von denen des Selbst meist nur das Ergebnis der enormen Parallelverarbeitung bewusst, z.B. als ein Bauchgefühl oder als die Lösung eines Problems, die einem scheinbar plötzlich einfällt.

Ideal wäre es aus Sicht der PSI-Theorie, wenn durch pädagogisches Handeln in ausgewogener und integrierter Weise immer beide psychischen Systeme eines Kindes angesprochen würden. Ganz wichtig für die Entwicklung von Selbstkompetenzen und damit für die Begabungsentfaltung eines Kindes wäre auch, dass das Ich niemals seine Anbindung an das Selbst verliert, was bei einer stark an Leistung und Konkurrenz ausgerichteten Pädagogik leicht passieren kann. Die beiden psychischen Systeme werden in verschiedenen Lernkontexten unterschiedlich stark angesprochen. Wir vermuten, dass das Ich-System eines Kindes vor allem durch normorientiertes pädagogisches Handeln aktiviert und gefördert wird, während individuelle Förderelemente schwerpunktmäßig das Selbst des Kindes stärken. Wir werden das weiter unten noch detailliert begründen.

Vor allem die funktionale Unterscheidung zwischen Ich und Selbst spricht dafür, die beiden psychischen Systeme als Zielorte einer mehr normativ oder individuell ausgerichteten pädagogischen Förderung zu sehen: Das Ich kann Kategorien wie *richtig* und *falsch*, *gut* und *schlecht* unterscheiden, verfügt also über eine wichtige Kompetenz für den normorientierten Bewertungsbereich. Das Selbst hingegen kann die feinen Zwischentöne wahrnehmen – es kann individuelle Fortschritte, Tagesformen, Gemütslagen und neue Inhalte integrieren und mit bestehenden Wissensbeständen in Beziehung setzen und – das ist sehr wichtig:

Es weiß aus der Zusammenschau aller Erfahrungen des Individuums, von welchen Lerninhalten und -schritten es als nächstes am meisten profitieren würde und kann Rückmeldungen optimal in vorhandene Wissensbestände integrieren.

Die Kompetenzen des Selbst sind neben denen des Ich nicht nur im Kontext einer individuellen Förderung sondern auch im herkömmlichen Schulalltag von großer Bedeutung: Wie einige unserer Untersuchungen (z.B.Kuhl/Baumann/Kazén 2007; Künne 2008; Frankenberg 2010) zeigen konnten, ist gerade sogar eine für ausgeprägte Selbst-Aktivität typische integrative Herangehensweise an Schule, Lernen und Wissen oder allgemein gesagt an Leistungsthematiken ein wichtiger Prädiktor für gute Schulleistungen und erhöhtes Wohlbefinden in der Schule. Als »integrativ« ist in diesem Fall die Fähigkeit anzusehen, die es einem ermöglicht, Dinge in der Form eines »Sowohl-als-auch« wahrzunehmen und zu akzeptieren, was eine zentrale Kompetenz des parallel arbeitenden Selbst ist. Das sequentielle Funktionsprinzip des Ich hingegen kennt nur ein streng kategoriales »Entweder-oder«. Ein eventueller, kleiner Misserfolg wird nach dem Entweder-oder-Prinzip entweder völlig heruntergespielt oder als völliges Versagen durch das Individuum interpretiert (Entweder: »Ich bin Alleskönner und der Misserfolg war einfach Zufall« oder: »Ich bin totaler Versager«). Nach dem Sowohl-als-auch-Prinzip (des Selbst) wird beides gleichzeitig erlebbar, und zwar in abgemilderter Form: »Einerseits zeigt mir der Misserfolg, dass ich nicht alles kann, aber ich habe schon oft Misserfolge dazu genutzt, etwas Neues zu lernen«. Durch die höhere Differenzierungsfähigkeit führt die stärkere Nutzung des Selbst auch zu einer stärkeren emotionalen Beteiligung des Schülers, der hierdurch Motivation schöpft und persönliche Relevanz und Neugier spürt. Das führt dazu, dass er sich sorgfältiger mit dem neuen Stoff auseinandersetzt, tiefenverarbeitende Lernstrategien nutzt (man könnte auch von metakognitiven Strategien sprechen) und dadurch bessere Noten erzielt (Künne 2008).

Wie oben bereits angedeutet, sollte individuelle Förderung aus Sicht der PSI-Theorie immer auch normorientierte pädagogische Elemente beinhalten, um eine ausgewogene Unterstützung und ein Zusammenspiel von Ich und Selbst des Kindes zu stärken. Auch wenn das Ich mit seinem kategorischen Entweder-oder-Prinzip dort, wo es auf Lernmotivation und Prozessorientierung ankommt (»Der Weg ist das Ziel«), weniger hilfreich ist als das Selbst, so leistet das Ich immer dann einen wichtigen Beitrag, wenn es auf Genauigkeit und klare Regeln ankommt oder wenn es darum geht, eigene Leistungen realistisch einzuschätzen. Die Verbindung von persönlichen Interessen, Motivationen und Emotionen mit den normativen Anforderungen durch Schule und Gesellschaft – auch das sich darauf Einlassen – führt zu einem Mehrgewinn für den einzelnen Schüler und für die Klasse. Individuelle Förderung in diesem Sinne versucht also, individuelle Bedürfnisse (psychologisch beschreibbar durch das Selbst) mit logischen Wissensentitäten und normativen gesellschaftlichen Regeln und Anforderungen in Beziehung zu setzen.

Pädagogischer Fokus	Aktiviertes psychisches System
Normative Anforderungen, Regeln, Erwartungen	Ich – Intentionsgedächtnis, sequentielle Informationsverarbeitung (bewusst und sprachnah)
Individuelle Lernentwicklung, persönliche Interessen, Motivationen, Emotionen	Selbst – Extensionsgedächtnis, parallele Informationsverarbeitung (teilweise bewusst und gefühlsnah)

Tab. 1: *Pädagogischer Fokus des Ich und des Selbst*

Wir schauen uns im Folgenden noch einmal weiterführend die Charakteristika der beiden psychischen Systeme Ich und Selbst an und stellen dar, warum gerade das *In-Beziehung-setzen* der beiden Systeme so wichtig ist (Kuhl 2011).

Das Ich ist im Grunde durch seine funktionale Beschaffenheit für normative Beeinflussung prädisponiert, da es nicht auf persönlichen Erfahrungen und Bedürfnissen fußt, sondern kategorisiert und nicht prüft, ob eine Aufgabe, ein Plan oder eine Vorgabe mit den Entwicklungszielen der ganzen Person übereinstimmt. Regt man in einem Experiment durch motorische Aktivierung (z.B. durch Drücken eines Balles mit der rechten Hand) die linke Hirnhemisphäre an, in der das Ich funktionell angesiedelt ist (Kuhl 2001), so verwechseln Probanden eigene und fremde Arbeitsaufträge häufiger, als wenn man die rechte Hemisphäre aktiviert, in der das Selbst angesiedelt wird (Baumann/Kuhl/Kazén 2005). Die Autoren sprechen dabei von »falschen Selbstzuschreibungen«. Versucht man also durch normorientierte pädagogische Instruktionen oder durch in der Gesellschaft als gut und richtig angesehene nicht individualisierte Arbeits- und Lernstrategien ein Kind zu fördern, so wird man vermutlich eher das »Ich« des Kindes anregen, da man die persönlichen Anteile vernachlässigt. Das Kind wird sich womöglich vornehmen, diese Vorgaben oder Methoden umzusetzen oder auch auszuprobieren, es wird sie aber wahrscheinlich nur bedingt in die Tat umsetzen, da ihm die vordergründig linkshemisphärische Anregung durch direkte Instruktionen die ganzheitliche Identifikation mit den Inhalten erschwert (direkte verbale Instruktionen erreichen schon deshalb mehr die linke Hemisphäre, weil die direkten Aspekte von Sprachverstehen und Sprachproduktion bei den meisten Menschen in der linken Hemisphäre angesiedelt sind).

Eine Berücksichtigung individueller Lernbedingungen und damit des Selbst bei Vorgaben und Regeln kann den Austausch zwischen den beiden Systemen fördern und damit die Umsetzung von Zielen und Vorhaben erleichtern, da die ganze Person mit ihren Bedürfnissen und ihrer Motivation eingebunden wird. Ein wissenschaftlicher Befund illustriert diesen Zusammenhang: Oettingen/Pak/Schnetter (2001) haben untersucht, wann Menschen ihre Ziele häufiger umsetzen. Dabei fanden sie heraus, dass gerade dann die meisten Ziele umgesetzt wurden, wenn man in seiner Fantasie zwischen dem guten Gefühl, sein Ziel erledigt zu haben, und der Frustration bei dem Gedanken an die unangenehmen Schritte und Schwierigkeiten auf dem Weg dahin, alterniert. Wir würden wieder sagen, man setzt die beiden Systeme in Beziehung: also das Ich, welches einfach und nüchtern feststellt, was noch zu tun ist und dabei die Frustration spürbar macht und auf der anderen Seite das Selbst, welches das erreichte Ziel und die einhergehende Freude über den Erfolg als persönliche Erfahrung speichert.

Aber welchen Unterschied macht – funktional gesprochen – die Beteiligung des Selbst, wie kann sie im Grundschulalter gefördert werden und welche Bedeutungen haben dabei pädagogische Beziehungen? An diesen Stellen kommen die oben schon erwähnten Selbstkompetenzen ins Spiel, die wir, wie der Name schon sagt, als wichtige Kompetenzen des Selbst ansehen, die für die Begabungsentfaltung unverzichtbar sind (Künne/Sauerhering/Strehlau 2011; Kuhl/Solzbacher in diesem Buch). Über neuronale Verbindungen (oder auch Transmitterbahnen) kann der präfrontale Kortex der rechten Hemisphäre Einfluss auf das emotionale und motivationale Geschehen einer Person erlangen (Kuhl 2001; 2010). Gelingt es nun im Laufe der lebensgeschichtlichen Entwicklung, diese Verbindungen zu knüpfen, vor allem über die o.g. Regulationserfahrungen, kann der Prozess von der Fremd- zur Selbstregulation voranschreiten, bis das Individuum als selbstkompetentes Wesen aktiv sein Leben selbst gestaltet (Kuhl 2011). Im Grundschulalter befinden wir uns an einer wichtigen Schnittstelle: Die eher individuell geprägte und stärker auf das Selbst orientierte Umgebung der Kindertagesstätten mit weitreichendem Spielangebot, höherem Personalschlüssel pro Kind und anregenden Umwelten wandelt sich zu der vermehrt normorientierten Welt der Schule mit Gruppenunterricht, Noten, sozialen Vergleiche und vermehrten leistungsorientierten Sorgen der Eltern um die Zukunft des Kindes. Dieser Übergang bietet neben den bekannten Risiken (z.B. Petermann/Natzke/Gerken/Walter 2006; Daseking/Oldenhage/Petermann 2008 und weitere) auch viele Ansätze zur individuellen Förderung und dem Aufbau von Selbstkompetenz. Denn nach den Annahmen der PSI-Theorie (Kuhl 2000; 2001) entwickelt sich Selbstkompetenz gerade dann, wenn diese herausgefordert wird und beide psychischen Systeme – Ich und Selbst – aktiv beteiligt werden. Neurobiologisch würde dann z.B. Folgendes geschehen: Wenn eine normative Herausforderung – z.B. eine Leistungsanforderung – auf ein Grundschulkind trifft *und* Emotionen aktiviert, erhöht letzteres die Wahrscheinlichkeit, dass der rechte präfrontale Kortex mit dem Selbst aktiviert wird, sodass – unter günstigen Bedingungen – die durch die normative Forderung angeregten Emotionen (z.B. Versagensangst oder Unlust) gegenreguliert werden können. Wenn dieses einem Kind im Kontext eines unterstützenden pädagogischen Umfeldes gelingt, wird die Verbindung zwischen dem Ich, das die Forderungen versteht und befolgt oder ablehnt und dem Selbst, das die mit den Forderungen verbundenen emotionalen Schwierigkeiten reguliert (z.B. durch Selbstberuhigung bzw. Selbstmotivierung), gestärkt. Damit würde sich auch ein weiterer Schritt in Richtung Selbstregulation ergeben: Das Selbst hätte eine Verbindung zum emotionalen

Geschehen hergestellt und erfahren, wie Regulation stattfindet und diese gelungene Regulation dauerhaft als persönliche Erfahrung gespeichert.

An dieser Stelle kommt dem »In-Beziehung-Setzen« eine weitere besondere Bedeutung zu, denn viele – wenn nicht die meisten – Regulationserfahrungen macht der Mensch in Beziehung zu anderen, gerade als Säugling und Kind. Die Rolle der Beziehung – gerade der pädagogischen Beziehung – wird in dem Beitrag über Selbstkompetenzförderung von Kuhl und Solzbacher in diesem Buch näher betrachtet und in einen pädagogischen Kontext eingebettet. Wir richten in diesem Kapitel den Fokus stärker auf die psychologisch-funktionale Bedeutung von Anforderungen und normativen Erwartungen und legen genauer dar, wie unterschiedlich diese Herausforderungen vom Individuum verarbeitet werden können, je nachdem welche psychischen Systeme beteiligt werden. Welche Systeme dabei aktiviert oder gar gehemmt werden, hängt in frühen Stadien der Persönlichkeitsentwicklung natürlich maßgeblich von der Umwelt und den Bezugspersonen ab. So zeigt z.B. Manfred Holodynski (2006) in einer Untersuchung, dass Vorschulkinder nur dann in einer experimentellen Bedingung leistungsthematisches Verhalten zeigten, wenn ein Erwachsener anwesend war und die Kinder die vorgegebene Aufgabe nicht alleine bearbeiteten. Unter leistungsthematischem Handeln versteht der Autor in Anlehnung an Heckhausen (1974) Handlungen, die auf einen Tüchtigkeitsmaßstab bezogen werden, der als verbindlich wahrgenommen wird und zu einem Erfolg oder Misserfolg führen kann. In unserem Sinne entspricht dem Vergleich mit dem Tüchtigkeits- oder Gütemaßstab das normative Handlungsergebnis, dem eine klare Kategorie wie richtig und falsch bzw. gut oder weniger gut zugrunde liegt. Solche direkten (bewussten) Vergleiche eines Handlungsergebnisses mit einem normativen Maßstab sind typisch für das »Ich« mit seinem engen Aufmerksamkeitsfokus auf das, was für das aktuelle Handeln gerade relevant ist. In der genannten Untersuchung zeigten die Vorschulkinder erste Anzeichen eines solchen Verhaltens (z.B. Stolz- oder Schamreaktionen) in Anwesenheit eines Erwachsenen. Folglich scheint es so zu sein, dass kleine Kinder erst durch äußere Einflüsse, dieses leistungsthematische im weitesten Sinne normative Verhalten zeigen. Das Besondere dabei ist die Tatsache, dass dieses Verhalten durch Bezugspersonen wie Eltern, Erzieher/-innen oder Lehrer/-innen ausgelöst wird und damit inhärent eine Beziehungsthematik enthält.

In der Bindungstheorie (zusammenfassend Ahnert 2011) wird beschrieben, dass ein Kind erst nach erfolgreicher Befriedigung des Bindungsmotivs (Sicherheit, Schutz, Vertrautheit) beginnt zu explorieren (d.h. neugierig ist, den Raum erkundet, etc.). Bezogen auf die Konfrontation mit normorientierten Leistungsanforderungen im Grundschulalter würde das heißen, dass die Begleitung durch eine vertrauensvolle Bezugsperson dem Kind Sicherheit gibt und somit die Aktivierung des Selbst ermöglicht, während nahezu gleichzeitig der normative Anspruch an das Kind deutlich wird und das Ich mit seinen Funktionen herausfordert. Lüpertz beschreibt dies in ihrem Buch aus einer lerntheoretischen Perspektive wie folgt: »Kinder lernen nicht für die Schule, nicht für sich und auch nicht fürs Leben. Arbeitsaufträge (Schule oder zu Hause) erledigen Kinder (unter zwölf Jahren) grundsätzlich, weil sie Erwachsenen gefallen und Anerkennung erhalten möchten – oder weil sie diese Gefühle bereits mit jener Tätigkeit in Verbindung bringen.« (Lüpertz 2011, 58). In unserer westlichen, eher an Autonomie orientierten Welt (vgl. Kuhl/Keller 2008) wird nun versucht, die gute Beziehung – das Selbst – und den normativen Anspruch – das Ich – zeitlich zu entkoppeln, d.h., die Beziehung wird in Teilen dafür genutzt, dem Kind Herausforderungen zu zumuten (es will ja gefallen und wünscht sich Anerkennung) und es schrittweise länger mit der einhergehenden (psychischen) Anstrengung alleine zu lassen, um es später mit der gewünschten Anerkennung zu belohnen.

Über diesen Weg lernen Kinder in unserem Kulturkreis instrumentelles, zweckrationales und leistungsorientiertes Verhalten, da hier beide besprochenen Systeme (d.h. das Ich und das Selbst) in abgestimmter Relation auf einander bezogen werden (Kuhl/Keller 2008). In diesem Vorgehen steckt zum einen der große Vorteil, dass beide psychischen Systeme aktiviert werden und lernen, immer größere Spannungen (wie Frustrationstoleranz oder Belohnungsaufschub) auszuhalten und sie mit positiven Erfahrungen, insbesondere gelungenen Regulationserfahrungen zu verknüpfen. Das funktioniert gerade dann, wenn die Bezugsperson gut in der Lage ist, Erfolge, Misserfolge, Handlungen, Verhalten, etc. dem Kind so sprachlich zurückzumelden, dass sowohl Selbst als auch Ich mit der gleichen Information konfrontiert werden. Dazu sollte das Feedback neben den ans Ich gerichteten Sachinformationen und dem Ergebnis einer Handlung auch die das Selbst beteiligenden Bedürfnisse des Kindes berücksichtigen. Dies beinhaltet allerdings ein hohes Maß an Einfühlungsvermögen und Sensitivität für die kindlichen Befindlichkeiten, Fähigkeiten und selbstregulatorischen Möglichkeiten, über die das Kind verfügt oder auch noch nicht.

Fehlendes Einfühlungsvermögen ist vor allem deshalb nachteilig, weil sich das Kind im normativen Bereich zurechtfinden muss, ohne dass es verlässliche Rückmeldungen auf einer emotionalen Beziehungsebene erhält. Das führt dazu, dass Selbst (Gefühl) und Ich (sprachlich vermittelte Information) voneinander abweichende Inhalte verarbeiten (z.B. »Ich habe keine Lust zu dieser Aufgabe« und »Ich muss die Aufgabe machen«) und es zu keiner Synchronisation der beiden Systeme kommt (Kuhl 2011). Diese Synchronisation, man könnte auch von einer Art Eichung sprechen, ist sehr bedeutsam für die Entwicklung selbstregulatorischer Fähigkeiten, da erst dann, wenn beide Systeme über die gleichen Informationen verfügen, der koordinierte Einsatz von Ich- und Selbst-Funktionen erfolgen kann und sich die oben beschriebene neuronale Verbindung von präfrontalen Arealen des Gehirns hin zu den emotionsauslösenden Bereichen etablieren kann. Die Stärkung dieser Verbindung zwischen der (präfrontalen) Repräsentation eines Ziels und den Hirnregionen, die für seine emotionale Unterstützung relevant sind, bildet die Grundlage für die Entwicklung selbstregulatorischer Kompetenzen wie Frustrationstoleranz, Selbstmotivierung und Selbstberuhigung (Kuhl 2001). Aus einer pädagogischen Perspektive heraus spricht Michael Felten von einer »feinfühligen Bindungsbildung« (2010, 20) und meint damit das pädagogische Handeln von Lehrern/Lehrerinnen, die mutig Erwartungen einfordern, die Kinder herausfordern (also das Ich aktiv fordern) und die Schüler/-innen bei der Entwicklung ihrer selbstregulatorischen Fähigkeiten unterstützen und als feste Beziehungspartner zur Verfügung stehen (das Selbst nicht vergessen). Er spricht auch von einer »Hinwendung zum Pädagogischen – zu Führungsfreude ebenso wie zu Einfühlsamkeit« (2010, 19) und benennt damit beide hier besprochenen psychischen Systeme und die Erfahrung von gelungenen Regulationen in pädagogischen Beziehungen.

Literatur

Ahnert (2011). Wieviel Mutter braucht ein Kind? Bindung – Bildung – Betreuung: öffentlich und privat. Heidelberg: Spektrum Akademischer Verlag.

Atkinson (1958). Motives in fantasy, action, and society. Princeton/NJ, USA: Van Nostrand.

Baumann/Kuhl/Kazén (2005) Hemispheric activation and self-infiltration: Testing a neuropsychological model of internalization. In Motivation and Emotion 29/2005, 135–163.

Carver/Scheier (2004). Perspectives on personality. Boston/MA: Allyn & Bacon.

Daseking/Oldenhage/Petermann (2008). Der Übergang vom Kindergarten in die Grundschule – eine Bestandsaufnahme. In Psychologie in Erziehung und Unterricht 2/2008, 84–99.

Felten (2010). Auf die Lehrer kommt es an! Für eine Rückkehr der Pädagogik in die Schule. Gütersloh: Gütersloher Verlagshaus.

Frankenberg (2010). Der Zusammenhang von Beziehungsverarbeitung und Leistungsmotivation im Hinblick auf Schulleistungen und Lehrereinschätzungen (unveröffentlichte Diplomarbeit). Osnabrück: Universität Osnabrück.

Heller/Perleth (2007). Münchner Hochbegabungstestbatterie für die Primarstufe (MHBT-P). Göttingen: Hogrefe.

Holodynski (2006). Die Entwicklung der Leistungsmotivation im Vorschulalter. Soziale Bewertungen und ihre Auswirkungen auf Stolz-, Scham- und Ausdauerreaktionen. In Zeitschrift für Entwicklungspsychologie und pädagogische Psychologie 38, 2–17.

Hüther (2006). Bedienungsanleitung für ein menschliches Gehirn. Göttingen: Vandenhoeck & Ruprecht.

Künne (2008). Umsetzungsformen des Leistungsmotivs als Prädiktoren für Schulleistung und Wohlbefinden: eine empirische Untersuchung zur gruppenspezifischen Begabungsförderung. Saarbrücken: Verlag Dr. Müller (vdm).

Künne/Sauerhering/Strehlau (2011). Selbstkompetenzförderung als Basis frühkindlichen Lernens. Ein (weiterer) Anspruch an die elementarpädagogische Praxis!? Internetfundstelle: http://www.kindergartenpaedagogik.de/2208.html [21.9.2011].

Kuhl (2000). A Functional -design approach to motivation and self-regulation: The dynamics of personality systems interactions. In Boekaerts/Pintrich/Zeidner (Hrsg.). Handbook of self-regulation. New York/NY, USA: Academic Press.

Kuhl (2001). Motivation und Persönlichkeit. Göttingen: Hogrefe.

Kuhl (2010). Lehrbuch der Persönlichkeitspsychologie: Motivation, Emotion, Selbstregulation, Göttingen: Hogrefe.

Kuhl (2011). Adaptive and Maladaptive Pathways of Self-Development: Mental Health and Interactions Among Personality Systems. In Psychologia Rozwojowa (Polish Journal of Developmental Psychology), Heft 16, im Druck 2011.

Kuhl/Baumann/Kazén (2007). Which goals make good grades – and why? Motivation, intelligence, and teachers' assesment of giftedness. In Academic Exchange Quarterly. Heft 11, 2007, 192–196.

Kuhl/Henseler (2006). Entwicklungsorientiertes Scanning (EOS). In Rosenstiel/Erpenbeck (Hrsg.). Handbuch der Kompetenzmessung. Heidelberg: Spektrum Akademischer Verlag.

Kuhl/Hüther (2007). Das Selbst, das Gehirn und der freie Wille: Kann man Selbststeuerung auch ohne Willensfreiheit trainieren? In Pädagogik Heft 11/2007, 36–41.

Kuhl/Keller (2008). Affect-Regulation, Self-Development and Parenting: A Functional-Design Approach To Cross Cultural Differences. In Sorrentin/Yamaguch (Hrsg.). Handbook of Motivation and Cognition Across Cultures. San Diego, Burlington, London, Amsterdam: Academic Press.

Kuhl/Künne/Aufhammer (2011). Wer sich angenommen fühlt, lernt besser: Begabungsförderung und Selbstkompetenzen. In Kuhl/Müller-Using/Solzbacher/Warnecke (Hrsg.). Bildung braucht Beziehung. Selbstkompetenzen stärken – Begabungen entfalten. Freiburg i.Br., Basel, Wien: Herder.

Kuhl/Völker (1998). Entwicklung und Persönlichkeit. In Keller (Hrsg.). Lehrbuch der Entwicklungspsychologie. Bern: Huber, 207–240.

Lüpertz (2011). Alles über Ihr Kind. 50 wertvolle Grundregeln zur Erziehung. Tübingen: dgvt Verlag.

Maturana (1992). Tree of Knowledge: Biological Roots of Human Understanding. Boston/MA, USA: Shambhala Publications.

McClelland (1985). Human motivation. Glenview/IL, USA: Scott, Foresman & Co.

Niesel/Griebel/Netta (2008). Nach Kita kommt die Schule. Mit Kindern den Übergang schaffen. Freiburg i.Br., Basel, Wien: Herder.

Oettingen/Pak/Schnetter (2001). Self-regulation of goal-setting: Turning free fantasies about the future in binding goals. In Journal of Personality and Social Psychology. 80 pp., 736–753.

Petermann/Natzke/Gerken/Walter (2006). Verhaltenstraining für Schulanfänger. Ein Programm zur Förderung sozialer und emotionaler Kompetenzen. Göttingen: Hogrefe.

Ritz-Schulte (2008). Chaos im Gehirn: Risikoreiches Verhalten von Jugendlichen. In Verhaltenstherapie mit Kindern & Jugendlichen Heft 4/2008, 15–24.

Strehlau/Künne (2011). Wollen und Wollen-Können. In Kuhl/Müller-Using/Solzbacher/Warnecke (Hrsg.). Bildung braucht Beziehung. Selbstkompetenzen stärken – Begabungen entfalten. Freiburg i.Br., Basel, Wien: Herder.

Ziegler (2008). Hochbegabung. München: Ernst Reinhardt Verlag.

Schulische (Hoch-)Begabtenförderung in der Grundschule: Inklusiver Anspruch oder exklusives Vorrecht?

Christina Schenz

Die Förderung besonders begabter Kinder ist im deutschsprachigen Raum ein aktuelles Thema. Mit den Worten Ernst Hanys sprießen »Förderangebote für begabte bzw. hochbegabte Kinder und Jugendliche [...] zur Zeit wie Pilze aus dem feuchtwarmen Boden« (Hany 2011, 12 f.).

In der Tat verhält es sich so, dass sich das Angebot von Akademien, Labors, Spezialkursen, Spezialschulen und sogar Universitäten mit speziellen Angeboten für hochbegabte Schülerinnen und Schüler in den letzten Jahren in Deutschland beobachtbar in der von Hany angedeuteten Weise erweitert hat und der Trend, dank zahlreicher Ergebnisse aus den Leistungsvergleichen von Schülerinnen und Schülern in internationalen Studien wie PISA und TIMMS unvermindert anhält. Allen voran hat die Bildungspolitik die »Zeichen der Zeit« erkannt: Mit »einem notwendigen Beitrag zur Förderung von Chancengleichheit in Schulen« (Grundsatzposition der Länder zur begabungsgerechten Förderung aus dem Beschluss der KMK vom 10.1.2009) haben sich Bundesregierung und Länder schulische Begabtenförderung als zentrale Aufgabe gestellt.

Es ist damit unstrittig, *dass* Kinder und Jugendliche gemäß ihren Begabungen an Schulen gefördert werden sollen. Diesen Umstand muss man, besonders für die Grundschule, zunächst befriedigt zur Kenntnis nehmen, denn er stellt eine wesentliche bildungspolitische Verbesserung in der Anerkenntnis schulischer Begabtenförderung der letzten Jahrzehnte dar (vgl. Oppermann 1990, 154 f.).

All diese Übereinkünfte im Rahmen und Anspruch schulischer Begabtenförderung sollten uns aber nicht darüber hinwegtäuschen, dass es in der Frage der gelingenden Praxis noch viele Risse und Brüche gibt. So ist beispielsweise unklar, mit welchen *Zielsetzungen* und in welchem *strukturellen Rahmen* schulische (Hoch-)Begabtenförderung eingebettet sein soll. Damit zusammenhängend muss man sich auch die Frage stellen, ob für diese Ziele besondere *Kompetenzen der Lehrkräfte* vonnöten sind, damit sie all die Begabungen und Entwicklungsprozesse der Kinder und Jugendlichen in der angesprochenen Art und in jeweils individueller Weise fördern können.

Der vorliegende Beitrag versucht diesen Fragestellungen in folgender Weise nachzugehen:

Der erste Schritt soll einen Überblick darüber verschaffen, welche Ziele mit der Förderung von (Hoch-)Begabungen in einer öffentlichen Schule gemeint sein könnten, die dem *gesellschaftlichen Auftrag* von Schule einerseits nachkommen und den Interessen des Einzelnen andererseits entsprechen.

Der zweite Schritt hängt ganz eng mit dem ersten zusammen und wird sich mit der Frage *pädagogischer Ziele* in der (Hoch-)Begabtenförderung auseinandersetzen. Genauer gesagt: Wie lassen sich gesellschaftliche Erwartungen an eine (Hoch-)Begabtenförderung unter den Prämissen pädagogischen Handelns legitimieren? Gerade im Hinblick auf die Selektion zur Ermöglichung (oder dem Ausschluss) bestimmter Bildungswege muss die Frage exklusiver Hochbegabungsförderung oder inklusiver Begabungsförderung neu gestellt werden. Ich möchte diese Frage aus bildungstheoretischer Perspektive beleuchten, in der Hoffnung, damit unnötige Gräben zwischen (vermeintlich) unterschiedlichen Ansprüchen in der »Hoch- und Tiefbegabungsförderung« zu überwinden[4].

In diesem Kontext lässt sich, drittens, der schulische und unterrichtliche Rahmen individueller Förderung von (Hoch-)Begabungen relativ klar skizzieren und führt uns schließlich zur Beantwortung dafür notwendiger Kompetenzen von Lehrkräften, die diesen (pädagogischen) Ansprüchen begegnen.

Begabungsförderung und die Grundschule als gemeinsame Schule

Gegen Ende des Zweiten Weltkriegs zeichneten sich in Deutschland mit der Weimarer Republik sozialstaatliche und demokratische Elemente eines öffentlichen Schulwesens ab, die mit Artikel 146 der Verfassung vom 11. August 1919 festlegte: »Das öffentliche Schulwesen ist organisch auszugestalten. Auf einer für alle gemeinsamen Grundschule baut sich das mittlere und höhere Schulwesen auf ...« (Scheibe 1974, 50).

Mit diesen Regelungen sollte sichergestellt werden, dass die gemeinsame Grundschule als verpflichtende Schule prinzipiell für alle Kinder offen ist und auch ärmeren Familien den Zugang zu weiterführenden Schulen ermöglicht. Damit waren Weichenstellungen in der schulischen Förderung gestellt, die nicht mehr nach Stand und Herkunft der Familien, sondern nach den Begabungen und dem Bildungsstand der Kinder differenzieren sollten. Ausgenommen von dieser Regelung waren (und sind teilweise heute noch) behinderte und kranke Kinder. Die Zielsetzungen einer gemeinsamen Grundschule bezogen sich vor allem auf sozialistisch begründete und bürgerlich-demokratische Argumentationen hinsichtlich der Partizipationsmöglichkeit aller Menschen und der dafür notwendigen Bildungsgerechtigkeit in einer Gesellschaft (vgl. Scheibe, 51).

Die Beibehaltung der Dreigliedrigkeit des Schulwesens nach der Grundschule spiegelt die partei- und standespolitischen Abwehrhaltungen aus konservativpolitischen und all jenen gesellschaftlichen Kreisen der damaligen Zeit wider,

---

4 Man möge mir dieses Sprachspiel verzeihen, es zielt nicht auf die Abwertung von Hochbegabten oder Menschen mit geringer getesteten Begabungen, ganz im Gegenteil. Aber es drückt die Relativität eines bestimmten »Begabungsgrades« für die Ansprüche in der pädagogischen Förderung aus. Denn deren Fokus liegt nicht auf dem messbaren »Effekt« einer Begabung, sondern auf der Befähigung eines Menschen zur mitverantwortlichen Gestaltung seiner Begabungen – dies ist aber unabhängig vom Intelligenzgrad eines Menschen, sondern besteht prinzipiell.

die den progressiven Elementen der Primarstufe bis heute nachhaltig Widerstand leisten (vgl. Wittenbruch 2000, 26). Einher geht mit dieser Selektion nach wie vor die Idee einer begabungsgerechten Schule, die ihre homogene Schülerschaft begabungsadäquat fördern und fordern kann. Dem zugrunde liegt die Vorstellung eines statischen Begabungsmodells, in dem menschliche Begabungen qua Geburt vorliegen und sich im Laufe der Zeit von selbst entfalten. Es gilt hier in konsequenter Weise, die »richtige« Schule für jeden zu finden, mit der Annahme, dass in dieser das »Gegebene« adäquat gefördert werden kann.

Doch spätestens seit den 1960er-Jahren anerkennt man mit Heinrich Roth (1952) in breitem wissenschaftlichem Diskurs die Entwicklung und Veränderbarkeit menschlicher Begabungen in einem prozessualem Sinne. Die Entfaltung von Begabungen ist in diesem Verständnis ein, in einem von vielen Faktoren, abhängiges, Wechselspiel: »*Begabung ist in einer Hinsicht Anlage, Reifung, Selbstentfaltung, in anderer Hinsicht ist aber ihre Entfaltung wesentlich abhängig von der Gesamtpersönlichkeit, ihrem Energieüberschuss, ihrer sozialen Sicherheit und Geborgenheit, der Erfüllung ihrer Ansprechbarkeit mit wertvollen Erlebnissen, der sorgfältig geplanten Verwandlung ihres Tätigkeitsdranges in Gestaltungskraft*« (Roth 1952, 406).

In der Folge hat der »dynamische Begabungsbegriff«, wie ihn Roth (1966) prägte, Ausdifferenzierungen in verschiedene Richtungen erfahren und spiegelt sich aktuell in multivarianten Begabungskonzepten[5] sowie ökosystemische Ansätzen, wie sie Hany/Nickel (1992) erstmals formuliert haben, prominent wider.

Gemeinsam ist all diesen Konzepten die Erkenntnis, dass Begabungen keine feststehende Größe darstellen oder einen linearen Entwicklungsverlauf verfolgen, sondern in hohem Maße vom Anregungsgehalt der Umwelt und den Bedingungen der Lernumgebung abhängen (vgl. Schenz, A. 2011). Im Umkehrschluss heißt dies für segregierende Schulen, dass die Forderung nach einer vorausgewählten und möglichst homogenen Schülerschaft (die nach vorgegebenen Begabungen eine bestimmte Schülerschaft »bedienen« sollte) nicht nur eine Fiktion, was die Annahme einer homogenen Leistungsgruppe anbelangt, darstellt (vgl. Werning 2009, 3), sondern im Hinblick auf die Förderung von (Hoch-)Begabungen, auch falsch ist (vgl. Schenz, C. 2011).

Ohne Zweifel bietet damit die Grundschule als eine zentrale gesellschaftliche Teilöffentlichkeit ein reiches Chancenpotenzial für Begabungsförderung, da sie als gemeinsame Schule verschiedene Interessen ansprechen und in ihren jeweiligen Weltbezügen aufgreifen kann. Diese Möglichkeiten gilt es schon alleine deshalb zu nutzen, weil es zum originären Bildungs- und Erziehungsauftrag der Schule gehört, Menschen vor dem Hintergrund einer sich ständig veränderten

---

5 Eine gute Übersicht dazu gibt Ziegler 2008.

Gesellschaft in zukunftsorientierter Perspektive in den Grundfähigkeiten »Selbstbestimmung, Mitbestimmung und Solidarität« (Klafki 1999, 7) zu fördern.

Die Aufgabe der Grundschule ist deshalb auch im Rahmen schulischer (Hoch-)Begabtenförderung in der Argumentationslinie einer gemeinsamen Schule zu verstehen, die zur Ermöglichung einer grundlegenden Bildung junger Menschen zu gestalten ist und die auch daraufhin ausgerichtet ist, Kinder mit besonderen Begabungen für den (mit)verantwortlichen Umgang in einer demokratischen Gesellschaft vorzubereiten. Sie bietet explizit und implizit Raum für eine Erziehung, welche die zukünftigen Fragen der Gesellschaft aufgreift und die Kinder darauf vorbereitet, als verantwortungsvolle Bürger gerade auch mit ihren Begabungen eine Gesellschaft (mit)zugestalten und zu verantworten.

Begabungsförderung und die »Pädagogik der Vielfalt«

Die bisherigen Ausführungen haben gezeigt, dass schulische Begabungsförderung in einer gemeinsamen Schule kein Aufheben von Unterschieden meint, sondern zunächst vor dem Anspruch zur Unterstützung der jeweils *eigenen* Möglichkeiten steht: Der Umgang mit »Heterogenität« wurzelt zentral in dem von Annedore Prengel (1993) vorgeschlagenen Konzept der »Pädagogik der Vielfalt«. Auch wenn sich dieser Ansatz in den letzten Jahren ausdifferenziert hat, gilt er nach wie vor als zentrale Grundlage für eine Pädagogik, die sich an der Heterogenität der Schülerinnen und Schüler orientiert.

Das Konzept einer solchen Schule der Vielfalt kommt nicht umhin, Normen zu nennen, an denen sich die Unterstützung von Bildungsprozessen von Kindern und Jugendlichen auszurichten hat. Prengel nennt klare Prämissen (vgl. Prengel 1993), die für die Frage der schulischen Begabungsförderung folgendermaßen interpretiert werden können:

- »Jeder Mensch hat Anspruch auf Anerkennung in der Schule«. Die Anerkennung der Person impliziert damit auch die Förderung seiner individuellen Begabungen – unabhängig vom »Ausprägungsgrad« (z.B. ab IQ 130), da im Anspruch der schulischen Unterstützung, Begabungen nicht erst ihre Anerkennung finden, wenn sie eine bestimmte Qualität oder normierte Größe erreicht haben bzw. bereits sichtbar vorliegen.

- »Die Lebens- und Bildungschancen der Heranwachsenden sollten so weit wie möglich nicht von den Zufällen ihrer Herkunft abhängen. Dies zu erreichen ist eine zentrale Aufgabe von öffentlichen Erziehungs- und Bildungseinrichtungen«. Schulische Begabungsförderung untersteht damit einem egalitären Anspruch individueller Bildungsprozesse – wohlweislich nicht der Egalität individueller Entwicklungsziele, sprich: Die Schule sorgt dafür, dass sich Kinder unterschiedlich entwickeln, aber sie trägt auch Sorge, dass diese Möglichkeit prinzipiell jedem offen steht.

- »Allen Heranwachsenden soll mit Unterstützung durch Bildung und Erziehung ermöglicht werden, diejenigen Kenntnisse und Fähigkeiten zu erwerben, die sie zur Bewältigung ihres Lebens in der heterogenen Gesellschaft benötigen«. Begabungsförderung meint in diesem Sinne die Vorbereitung und Unterstützung in der erfolgreichen Ausgestaltung selbstbestimmter Lebenswege in einer pluralistischen Gesellschaft.

Im Sinne einer Pädagogik der Vielfalt werden Benachteiligte oder besonders Begabte nicht gefördert, damit sie einer von außen herangetragenen Norm genügen, sondern sich individuell entwickeln können (vgl. Heitger 1987). Begabungsförderung ist in diesem Verständnis keine Nachhilfe oder Leistungskurs, die dem Menschen dazu verhilft vorgegebenen Ansprüchen gerecht zu werden, sondern die *eigenen Begabungen* im Sinne einer »gelungenen« Persönlichkeitsentwicklung auszuschöpfen. Dieser Anspruch gilt gleichermaßen für *alle* Menschen und somit sowohl für jene mit Behinderung wie auch für hochbegabte, die sich später in einer Gesellschaft mit ihren Begabungen oder Behinderungen auch einbringen können sollten – dies hängt aber weniger von der »Quantität« der Begabung (z.B. Höhe des IQs) ab, als vielmehr von der Fähigkeit, sich mit seinen Qualitäten in einer Gesellschaft einbringen zu können.

Damit dieser Umgang mit Vielfalt gelingen kann, bedarf es unterrichtlicher und handlungsleitender Kompetenzen der Lehrkraft, die Prediger (2004, 92 f.) in Leitideen für den produktiven unterrichtlichen Umgang mit Heterogenität folgendermaßen zusammenfasst:

- »vielfältige Zugänge und Lernwege ermöglichen« (im Sinne einer offenen Wahl von Raum, Zeit und Arbeitsstrukturen)
- »differenzierende und individualisierende Angebote« stellen (z.B. durch offene und geschlossene Differenzierung)
- »Methodenvielfalt« (im Sinne einer Herangehensweise an Inhalte)
- »gezielte Herstellung von Heterogenität« durch Inklusion (im Sinne einer demokratischen Erziehung)
- »pädagogisch-strukturierter Umgang mit Unterschieden«
- »Eigenverantwortung an die Lernenden abgeben«
- »Einsatz pädagogisch-orientierter Diagnostik im Unterricht«
- »verändertes Leistungs- und Bewertungsverständnis«

Begabungsförderung als grundsätzlicher Anspruch professionellen Handelns

Eine zentrale Voraussetzung für diesen produktiven Umgang mit heterogenen Lerngruppen – welche ja die Förderung besonders begabter Schülerinnen und Schüler mit einschließt – besteht darin, unterschiedliche Lerner/-innen-Bedürfnisse überhaupt wahrzunehmen und zielt somit zunächst auf die Kompetenzen von Lehrerinnen und Lehrern, Heterogenität zu erkennen und damit umgehen zu können. Der Umgang mit Vielfalt wird in zahlreichen aktuellen Beiträgen (z.b.Bräu/Schwerdt 2005, 34) zumeist aus einer pädagogisch-normativen Perspektive ganz grundsätzlich von der Individualität des einzelnen Kindes aus gedacht, mit dem Ergebnis, dass Heterogenität in nahezu unendlich vielen Dimensionen beschrieben wird (vgl. Wischer 2010, 26). Dadurch können lange und kaum noch überschaubare Listen von Merkmalen oder Bedingungsfaktoren des Lern- und Leistungsverhaltens entstehen wie beispielsweise:

- Leistungsfähigkeit und Intelligenz
- Persönlichkeitsfaktoren (z.b. Motivation, Prüfungsangst)
- Interesse
- Alter
- Geschlecht
- sozialer, familiärer, ökonomischer und kultureller Hintergrund
- biografische Erfahrungen
- Lernstil
- psychische und physische Konstitution
- Sprachkompetenz
- Migrations- und Bildungshintergrund
- Interessen, Begabungen und motivationale Orientierungen
- Selbstwirksamkeitsüberzeugungen und Ähnliches mehr.

Die Fülle solcher Listen, die hier längst nicht vollständig angedeutet ist, verweist auf die anfangs erwähnte hohe Individualität menschlichen Lernens und der Entwicklung von Begabungen. Die Menge der daraus abzuleitenden und höchst individuellen Förderansprüche führt bei so mancher Lehrkraft zur resignierten Feststellung, dass das wohl »nur im Einzelunterricht möglich ist« oder gar als »idealistische Schönfärberei« abgetan wird.

Das ist verständlich, denn erstens ist Unterrichten ein (absichtliches und planvolles) Gruppengeschehen und kann nicht einfach durch Einzelförderungen ersetzt werden. Zweitens erscheint das pädagogische Alltagsgeschäft widerständig, wenn man lehrplangemäß einerseits ein »Klassenziel« erreichen muss, dafür aber andererseits individuelle Förderung leisten soll, zumal die Leistungsprofile der Kinder und Jugendlichen meist in jeder Klasse eine sehr hohe Spannweite aufweisen. Ganz abgesehen davon, würde auch der »sortierteste« Einzelunterricht noch nichts über seine pädagogische Qualität aussagen, solange nicht geklärt ist, welche Zielsetzungen damit verbunden sind. Die exemplarische Darstellung zeigt, dass die Vereinbarkeit von Prinzip und Fall pädagogische Konzepte auf eine harte Probe stellen, wollen sie in der Praxis überzeugen.

Es muss also gelingen, hinter dem Anspruch einer fallbezogenen Begabungsförderung etwas Grundsätzliches und Gemeinsames im pädagogischen Handeln erkennbar zu machen. Dies solcher Art, dass einerseits aus gemeinsamen Prämissen auch Orientierungslinien für den jeweiligen Fall ableitbar sind (vgl.

Schenz/Esser 2011, 142). Dieser Anspruch ist wechselseitig, denn gleichzeitig wird erkennbar sein, dass der besondere Umgang mit (hoch)begabten Kindern auch bestimmten pädagogischen Grundsätzen folgt: Damit kann der »Kreis« zwischen Grundsatz und Fall immer wieder neu geschlossen werden.

Kernkompetenzen pädagogischen Handelns im Umgang mit Heterogenität und in der Förderung individueller Begabungen[6]

Die Anforderungen an Lehrkräfte im Umgang mit Heterogenität sind mannigfaltig: Sie müssen sich einerseits in die Lage versetzen können, die besonderen Bedürfnisse der ihnen anvertrauten Schülerinnen und Schüler nicht nur zu erkennen, sondern sie auch – ihren jeweiligen Begabungen und Bedürfnissen entsprechend – zu fördern und dementsprechende Freiräume für die unterschiedlichen individuellen Entwicklungsprozesse zu schaffen. Beck und Mitautoren, die hier von adaptiver Lehrkompetenz sprechen, differenzieren dafür vier Kompetenzbereiche, die als Kernbereiche professionellen Handelns in pädagogischen Handlungsfeldern zu bezeichnen sind:

- »reichhaltiges, flexibel nutzbares eigenes *Sachwissen,* in dem sich die Lehrperson leicht und rasch bewegen kann *(Sachkompetenz);*
- die Fähigkeit, bezogen auf den jeweiligen Unterrichtsgegenstand die Lernenden bezüglich ihrer Lernvoraussetzungen und -bedingungen (Vorwissen, Lernweisen, Lerntempo, Lernschwächen usw.) sowie ihrer Lernergebnisse einschätzen zu können *(diagnostische Kompetenz);*
- reichhaltiges methodisch-didaktisches Wissen und Können, wozu auch gehört, dass die Lehrperson die Vor- und Nachteile der einsetzbaren didaktischen Möglichkeiten und die Bedingungen kennt, unter denen diese Erfolg versprechend eingesetzt werden können *(didaktische Kompetenz)* sowie
- die Fähigkeit, eine Klasse so zu führen, dass sich die Lernenden – als Grundvoraussetzung für Lernfortschritt und Lernerfolg – aktiv, anhaltend und ohne ein Zuviel an störenden Nebenaktivitäten (hohe Time-on-task-Werte) mit dem Unterrichtsgegenstand auseinandersetzen können (*Klassenführungskompetenz)*« (vgl. Beck et al. 2008, 41).

Darüber hinaus haben Schröer und Christ (2006) in einer Studie zahlreiche Untersuchungen aus der Begabungsforschung zu der Frage nach besonderen Qualifikationsmerkmalen von Lehrkräften im Blick auf die Förderung besonders und hochbegabter Schülerinnen und Schüler verglichen. In den Ergebnissen kristallisieren sich drei hauptsächliche Ebenen heraus, auf denen diese Qualifikationen gesehen werden (vgl. auch Tischler/Vialle 2005): die Ebene persönlich-sozialer Kompetenzen, die Ebene fachspezifischer Kompetenzen und die Ebene methodisch-didaktischer Kompetenzen:

---
6 vgl. Schenz/Esser 2011

Ebene fachspezifischer Kompetenzen

Ein fundiertes, breites und aktuelles Fachwissen der Lehrkraft stellt eine wesentliche und grundsätzliche Größe für einen qualitativ hochwertigen Unterricht dar – und das nicht erst in der weiterführenden Schule. Was generell gilt, kann im Kontext der Förderung besonders begabter Kinder und Jugendlicher besondere Bedeutung annehmen. Bei der Fachexpertise der Lehrkraft geht es jedoch nicht um diesen quantitativen Aspekt, also »mehr« zu wissen als die Schülerin oder der Schüler, sondern um die fachliche Sicherheit, die ihm ermöglicht, methodisch-didaktisch flexibel auf nicht planbare Anforderungen einzugehen, indem sie/er beispielsweise gemeinsam mit den Schülerinnen und Schülern Problemlösestrategien entwickelt oder sie selbst entwickeln lässt.

Ebene persönlich-sozialer Kompetenzen

Auf die speziellen Bedürfnisse, die besondere Begabungen sowohl hinsichtlich intellektueller Herausforderungen wie auch emotionaler Zuwendung mit sich bringen können, sollte die Lehrkraft im Sinne einer ganzheitlichen Persönlichkeitsentwicklung eingehen können. Es geht deshalb vor allem darum, Verständnis für die Sichtweise und Situation eines Schülers oder einer Schülerin zu entwickeln und Interesse an der ganzen Person zu zeigen. Die Basis des Prozesses, die besonderen Fähigkeiten wie auch die Unterstützungsbedürfnisse der Schülerin bzw. des Schülers zu erkennen, ist als das zu entwickelnde und durchgängig aufrecht zu erhaltende dialogische Prinzip zu verstehen (vgl. Schenz 2004, 5 f.).

Ebene methodisch-didaktischer Kompetenzen

Auf der fachdidaktischen Ebene sollte eine Lehrkraft über vertiefte Kenntnisse zu Didaktik und Methodik schulischer und außerschulischer Begabungs- und Begabtenförderung sowie die Fähigkeit verfügen, auf dieser Grundlage geeignete Lernumgebungen für hochbegabte Schülerinnen und Schüler zu entwickeln. Unmittelbar damit verbunden ist eine dialogisch-diagnostische Kompetenz, denn erst durch die detaillierte Erfassung der Lernausgangslage eines hochbegabten Kindes, verbunden mit eventuellen speziellen Entwicklungsbedürfnissen, können Lernangebote entwickelt und die Nutzung von Lernfreiräumen in ihrem Wert erkannt und in einem umfassenden Bildungsprozess integriert werden.

Die damit angesprochenen Fähigkeiten betreffen die zentralen Kernbereiche des Lehrer(-innen-)handelns, sind aber gleichzeitig sehr voraussetzungsreich für die Förderung von besonderen Begabungen. Denn während sich das notwendige Sachwissen noch überwiegend im Studium erwerben lässt, entstehen die anderen Kompetenzen erst im Verlauf eines langjährigen praktischen Entwicklungsprozesses und sind in vielen Fällen von den Rahmenbedingungen der jeweiligen Schule abhängig. (vgl. Schenz/Weigand 2009a, 50 und Schenz 2009b, 28).

Ein angemessener Umgang mit Heterogenität ist damit keineswegs ein rein technisches Problem, sondern hängt – darauf wird auch in den aktuellen Diskussionen immer wieder hingewiesen, eng mit grundlegenden subjektiven Überzeugungen und Einstellungen zusammen (z.B. Graumann 2002, 12). Solange Lehrkräfte Heterogenität als ein grundsätzliches Problem und nicht als Normalfall oder sogar als Bereicherung betrachten, wird sich auch im Unterricht nur wenig ändern, weil das Bemühen um vermeintlich homogene Gruppen unweigerlich zur Selektion führen muss.

An die Lehrkräfte in der Grundschule als »gemeinsame Schule« werden dabei besondere Aufgaben gestellt: Sollen sie einerseits im Unterricht alle Begabungen der Kinder fördern, sind sie durch die anschließende Zuweisung zu einer Selektion an weiterführende Schulen gebunden. Die prinzipielle Förderung der Begabungen erfährt damit durch die systemische Selektion in deutschsprachigen Schulsystemen nach der vierten Schulstufe eine (unnötige) Erschwernis, die sowohl im Gegensatz zu internationalen Entwicklungen steht (vgl. Salamanca-Erklärung 1994, UN Behindertenkonvention 2006) als auch im Hinblick auf zahlreiche Vergleichsstudien wie PISA und TiMMs (vgl. Werning 2009) nicht mehr zu rechtfertigen ist. Entscheidend ist deshalb im Umgang mit Heterogenität die Professionalität von Lehrkräften, die im Spannungsfeld zwischen selektivem Rahmen und pädagogischen Zielsetzungen im Sinne der Kinder und Jugendlichen tagtäglich agieren müssen.

Versuchte man ein dementsprechendes Curriculum für die Lehrer(-innen-)bildung mit Blick auf Begabungsförderung in Unterricht und Schule zu fassen, ließen sich folgende zentrale Forderungen aufstellen (vgl. Schenz/Esser 2011):

- Kompetenzen und Qualifikationen beschreiben,
- Kenntnis und Anerkenntnis der Heterogenität in Schulklassen im Hinblick (auch) auf Begabungsvielfalt erwerben,
- Reflexionsmöglichkeiten subjektiver Begabungstheorien nutzen können,
- Kenntnisse über die Möglichkeiten pädagogischer Diagnostik, über mögliche Erkennungsmerkmale sowie über mögliche Zusammenhänge zwischen besonderen Begabungen und Interessen und verschiedenen Entwicklungsbereichen von Kindern und Jugendlichen erwerben,
- Kenntnisse zu Gestaltungsmöglichkeiten begabungsfördernden Unterrichts, sowie
- Fähigkeiten zur Entwicklung einer begabungsfördernden Schule entwickeln.

Christina Schenz

Besonderes und Allgemeines in der pädagogischen (Hoch-)Begabtenförderung

Wie man in der Gegenüberstellung der (allgemeinen) Kernkompetenzen und der besonderen Kompetenzen von Lehrkräften im Umgang mit (Hoch-)Begabungen erkennen kann, »treffen« sich diese an vielen Punkten und lassen sich vor allem in einem Aspekt zusammenfassen: Es geht – wie in anderen Bereichen der pädagogischen Arbeit – immer um die Selbstständigkeit und die Fähigkeit zur Selbstverantwortlichkeit im Umgang mit den eigenen Stärken und Schwächen, Begabungen und besonderen Bedürfnissen. Dies bedarf mit Blick auf die Förderung besonders begabter Schülerinnen und Schüler in manchen Bereichen aber zusätzlichen Know-hows.

Begabungsförderung beginnt in diesem Sinne mit der Wahrnehmung von Unterschieden zwischen Kindern und Jugendlichen, aber zielt ebenso auf gemeinsame Erfahrungen und die Einbindung aller Individuen in die Gemeinschaft. Begabungsfördernde Einrichtungen respektieren und schätzen diese Unterschiede einerseits, weil sie von der Vielfalt und Heterogenität als selbstverständliche Grundlage in pädagogischen Handlungsfeldern ausgehen. Sie betonen andererseits auch die soziale und personale Dimension der Verantwortung.

Für den Umgang mit den Begabungen von Menschen gewendet heißt dies: Der Unterricht muss *stets* die individuellen Besonderheiten berücksichtigen, zu denen selbstverständlich auch unterschiedliche Begabungsniveaus gehören. Begabungsförderung ist damit eine prinzipielle Haltung, die ausnahmslos für jedes pädagogische Handeln gilt. Von der Vielfalt menschlicher Begabungen ausgehend stellt sich daher nicht die Frage, *ob* jemand oder *wer* einen Anspruch auf besondere Förderung hat, sondern vielmehr, wie Menschen in der Schule lernen können, ihre Begabungen in einer Gesellschaft einzubringen und wie sie diese in ihrem weiteren Leben sinnstiftend und selbstständig ausgestalten können (vgl. Schenz, A. 2011).

Aufgrund dieser bildungstheoretischen Ansprüche drängt sich ein gleichberechtigter Umgang mit Vielfalt auf. Die Anerkennung des Anders-Seins und die »Gleichberechtigung der Verschiedenen« (Adorno 1972, 6) ist aber nicht nur eine pädagogisch-personale, sondern auch eine gesellschaftspolitische Herausforderung und stellt eine wesentliche Grundlage für den Umgang mit Heterogenität in demokratisch geführten Schulen dar.

Jedes Kind, jeder Jugendliche darf »ohne Angst verschieden sein« (Adorno 1972, 6) und Gemeinsamkeit erfahren. Deshalb ist eine der großen pädagogischen Herausforderungen unserer Zeit, den inklusiven und gleichzeitig individualisierenden Umgang mit Vielfalt im System Schule und im Unterricht in eine pädagogisch reflektierte Schulkultur zu überführen.

Der Fokus einer pädagogischen Begabungsförderung liegt daher in der Suche nach Antworten, wie Kinder und Jugendliche mit ihren Begabungen ihr Leben sinnvoll gestalten können. Eine Gestaltung eines sinnvollen Lebens ist aber nur in Beziehung zu der Gesellschaft, in der diese Menschen leben, denkbar (vgl. Schenz, A. 2011). Damit wird klar, dass auch (Hoch-)Begabtenförderung alle angeht und nicht an einige Spezialist/-innen oder an spezialisierte Schulen allein delegiert werden darf. (Hoch-)Begabtenförderung gehört in diesem Verständnis in jeden Unterricht, in jede Schule. Die Schule als »Pädagogische Einheit« ist für Begabungsförderung verantwortlich (vgl. Stadelmann 2008, 1).

Begabungsförderung als inklusiver Anspruch und exklusives Vorrecht

Wenn wir versuchen, die Quantität von Begabungen als Voraussetzung für bestimmte schulische Förderangebote – beginnend mit selektiven Systemen über besondere Schulen zu besonderen Förderangeboten – zu setzen, müssen wir dies im Hinblick auf die eingangs gestellte Frage im Hinblick auf ein exklusives Vorrecht einer bestimmten Gruppe klar verneinen: Schulische (Hoch-)Begabtenförderung im hier dargestellten Sinne kann in einer demokratisch orientierten und pluralistisch-inklusiven Gesellschaft kein Vorrecht bestimmter Gruppen sein, sondern stellt im Rahmen der schulischen Unterstützung einen prinzipiellen Anspruch dar. Damit ist die Förderung von Begabungen im Rahmen der Bildungsprozesse junger Menschen auch nicht adressatenspezifisch und nicht nach Intelligenzgraden oder Bildungserwartungen zu unterscheiden, sondern sollte jedem Menschen in dieser Gesellschaft gleichermaßen zugesichert werden.

Wenn wir aber die Frage schulischer (Hoch-)Begabtenförderung im Hinblick auf die Qualität der individuellen Ausgestaltung stellen, dann ergibt sich ein gänzlich anderes Bild: Schulische Begabungsförderung ist offen für viele und unterschiedliche Wege innerhalb einer demokratischen Gesellschaft und bedarf keiner curricularer Vorgaben oder systemischer Zielsetzungen: Sie richtet sich nach den jeweiligen Möglichkeiten und Bedürfnissen des Kindes. Damit ist Begabungsförderung exklusives Vorrecht – und zwar für jedes Kind im Hinblick auf seine besonderen Bedürfnisse. In diesem Sinne geht es in einer gemeinsamen Schule nicht um »Gleichmacherei« und der Erreichung einheitlicher Ziele, sondern ist es vielmehr erklärtes Ziel einer pädagogisch-argumentierten Begabungsförderung, dass die Unterschiedlichkeit der Begabungen erhalten bleibt – und damit auch Unterschiede in Leistung und Entwicklung gewünscht sind. Der Unterschied zu segregativen Systemen liegt nun darin, dass ein demokratisch-inklusives System, wie es mit einer Pädagogik der Vielfalt umrissen wurde, Unterschiede in der Entwicklung von Begabungen nicht selbst herstellt oder verhindert, sondern diese unterstützt und dafür einen gemeinsamen Rahmen bereit hält, der eine pluralistische Gesellschaft auch in Schulen sichtbar werden lässt.

Literatur

Adorno (1972). Erziehung zur Mündigkeit. Frankfurt a.M.: Suhrkamp.
Beck/Baer/Guldimann/Bischof/Brühwiler/Müller (Hrsg.) (2008). Adaptive Lehrkompetenz. Analyse und Struktur, Veränderbarkeit und Wirkungen handlungssteuernden Lehrerwissens. Münster: Waxmann.
Bräu/Schwerdt (Hrsg.) (2005). Heterogenität als Chance. Vom produktiven Umgang mit Gleichheit und Differenz in der Schule. Münster: LIT Verlag.
Graumann (2002). Gemeinsamer Unterricht in heterogenen Gruppen. Von lernbehindert bis hochbegabt. Bad Heilbrunn: Klinkhardt.
Hany (2011). Begabung und Leistung in der Schule. Tagungsbeitrag. Internetfundstelle: http://www.bildung-und-begabung.de [Stand: 22.7.2011].
Hany/Nickel (1992). Begabung und Hochbegabung. Theoretische Konzepte, empirische Befunde, praktische Konsequenzen. Bern: Huber.
Heitger (1987). Das Prinzip der Bildsamkeit und die Tugend der Hoffnung. In Hintz/Rekus (Hrsg.) (1987). Zum Beispiel Schule: Beiträge zur pädagogischen BeSINNung. Hildesheim, 83–94.
Klafki (1995). Schulpolitische und pädagogische Schulgestaltung im Spannungsfeld konkurrierender Prinzipien. Überlegungen zu einem Kapitel der Schultheorie. In Bildungsreform und Vergleichende Erziehungswissenschaften (1995). Münster: Waxmann, 5–29.
Klafki (1999). Ethik und mehr. Braucht eine gute Schule ein neues Schulfach, das Fragen, der Lebensgestaltung, der Ethik und der Religion integrativ miteinander vermittelt? Schulmagazin 5–10/14/7–8 1999, 4–9.
Klafki/Stöcker (1976). Innere Differenzierung des Unterrichts. In Zeitschrift für Pädagogik Heft 22/1976, 497–523.
Oppermann (1990). Förderung hochbegabter Schüler ist Aufgabe aller Schulformen. In Wagner (Hrsg.). Begabungsforschung und Begabtenförderung in Deutschland 1980–1990–2000. Bad Honnef: Verlag K.H. Bock, 154–157.
Prediger (2004). Heterogenität macht Schule – Herausforderungen und Chancen. In Sailer u.a. (Hrsg.). Jahrbuch 2004. Schulbegleitforschung Bremen, Landesinstitut für Schule, 90–97.
Prengel (1993). Pädagogik der Vielfalt. Verschiedenheit und Gleichberechtigung in interkultureller, feministischer und integrativer Pädagogik. Opladen: Leske + Budrich.
Reich (2006). Konstruktivistische Didaktik. Weinheim: Beltz.
Roth (1952). Begabung und Begaben. Die Sammlung 7, 395–407. Wiederabdruck in Ballauff/Hettwer (Hrsg.) (1967). Begabungsförderung und Schule. Darmstadt: Wissenschaftliche Buchgesellschaft, 18–36.
Scheibe (Hrsg.) (1974). Zur Geschichte der Volksschule. Bd. II. Bad Heilbronn: Klinkhardt.
Schenz, A. (2011). Erziehung und Begabung als gesellschaftlich bedingte Prozesse. In Schenz, C./Rosebrock/Soff (Hrsg.). Von der Begabtenförderung zur Be-

gabungsgestaltung. Vom kreativen Umgang mit Begabungen in der Mathematik, Münster: LIT Verlag, 34–44.

Schenz, C. (2004). Hochbegabtenförderung als Arbeitsfeld der Sonderpädagogik. In Heilpädagogik online [http://heilpaedagogik-online.com]. 01/01/2004, 3–25.

Schenz, C. (2009). Begabungsförderung tut allen gut: Inklusive Schulentwicklungskonzepte einer pädagogischen Förderkultur. In kpb-Karlsruher pädagogische Beiträge 72/2009, 27–37.

Schenz, C. (2011). Von der Begabungsförderung zur Begabungsgestaltung: Pädagogisches Handeln im Spannungsfeld von Bildung und Erziehung. In Schenz, C./Rosebrock/Soff (Hrsg.). Von der Begabtenförderung zur Begabungsgestaltung. Vom kreativen Umgang mit Begabungen in der Mathematik, Münster: LIT Verlag, 45–72.

Schenz, C./Esser (2011). Kompetenzen von Lehrerinnen und Lehrern in der schulischen Begabungsförderung. In Steenbuck/Quitmann/Esser (Hrsg.). Inklusive Begabtenförderung in der Grundschule. Konzepte und Praxisbeispiele zur Schulentwicklung Weinheim: Beltz, 78–92.

Schenz, C./Rosebrock/Soff (Hrsg.) (2011). Von der Begabtenförderung zur Begabungsgestaltung. Vom kreativen Umgang mit Begabungen in der Mathematik. Münster: LIT Verlag.

Schenz, C./Weigand (2009). Inklusive Begabungsförderung als Schulentwicklung. In news & science Nr. 23/Ausgabe 3/2009, 49–52.

Schröer/Christ (2006). Eigenschaften »guter Lehrer« für hochbegabte Schüler. In Gesamtbericht der Evaluation am Landesgymnasium Sankt Afra zu Meißen (unveröffentlicht).

Sekretariat der ständigen Konferenz der Kultusminister der Länder in der Bundesrepublik Deutschland (2009). 328. Plenarsitzung der Kultusministerkonferenz vom 10.12.2009.

Stadelmann (2006). Begabungsförderung und Schulentwicklung. Erkennungsmerkmale einer begabungsfördernden Schule. In news & science. Begabtenförderung und Begabungsforschung Nr. 14/2006, 19–23.

Unesco (Hrsg.) (1994). Salamanca-Erklärung und der Aktionsrahmen zur Pädagogik für besondere Bedürfnisse, Internetfundstelle: http://bidok.uibk.ac.at/library/unesco-salamanca.html [1.7.2011].

United Nations (2006). Convention on the Rights of Persons with Disabilities, Internetfundstelle: http://www.un.org/disabilities/convention/convention-full.shtml [7.7.2011].

Werning (2006). Lern- und Entwicklungsprozesse fördern. Pädagogische Beobachtung im Alltag. In Becker (Hrsg.). Diagnostizieren und Fördern. Stärken entdecken – Können entwickeln. Seelze: Friedrich-Jahresheft.

Wischer (2010). Alles eine Frage der richtigen Einstellung? Pädagogisches Ethos und die Widersprüche des Lehrerhandelns. In Feindt/Klaffke/Röbe/Rothland/Terhart/Tillmann (Hrsg.). Lehrerarbeit – Lehrer sein. Seelze: Friedrich Jahresheft 2010, 26–29.

Wittenbruch (2000). Europa – eine Lektion für die Schule. Münster: Aschendorff.

Vialle/Tischler (2005). Teachers of the Gifted: A Comparison of Student's Perspectives in Australia, Austria and the United States. In Gifted Education International 19/2005, 173–181.

Ziegler (2008). Hochbegabung. München: Ernst Reinhardt, 45–58.

Individuelle Förderung als Herausforderung für Schulentwicklung – Schultheoretische Perspektiven zu Konzepten und Fallstricken

Beate Wischer

Schule im Spannungsfeld von Normierung und Individualisierung

Dass Schule dem einzelnen Lerner in seinen Besonderheiten gerecht werden soll, ist als Forderung nicht neu. Entsprechende Reformbestrebungen gehören zur Geschichte der modernen Schule und sind gleichsam ein Dauerbrenner in der schulkritischen und -programmatischen Literatur. Dies kann auch nicht überraschen, denn man arbeitet sich analytisch betrachtet an einem strukturellen Dilemma institutionell organisierter Lern- und Erziehungsprozesse ab:

Auf der einen Seite ist unstrittig, dass sich Schülerinnen und Schüler in ihren Ausgangslagen und den daraus resultierenden Ansprüchen an Unterstützung und Förderung erheblich unterscheiden. Und es gibt etliche, nahezu zwingende Argumente dafür, dass diese Heterogenität nicht ignoriert werden darf, wenn Bildungs- und Erziehungsprozesse erfolgreich gestaltet werden sollen. Dies proklamieren nicht nur (reform-)pädagogische Postulate einer »Pädagogik vom Kinde aus« seit je her. Argumentative Unterstützung gibt es dafür z.B. auch aus der Lerntheorie, der empirischen Unterrichts- und Bildungsforschung oder auch aus demokratietheoretisch-soziologischen Gerechtigkeitsdiskursen, wie hier nur schlaglichtartig angedeutet werden kann (vgl. Trautmann/Wischer 2011, 28 ff.):

- So modellieren konstruktivistische und neurobiologisch basierte Theorien Lernen ausdrücklich als einen aktiven, von den individuellen Vorerfahrungen geprägten Prozess, was am »imaginären Durchschnittsschüler« ausgerichtete Instruktionen bzw. ein Lernen im Gleichschritt als wenig aussichtsreich erscheinen lässt.
- Dem entsprechen Ergebnisse der empirischen Lehr-Lern-Forschung, die schon seit Jahrzehnten auf die Notwendigkeit einer adaptiven – d.h., an die unterschiedlichen Lernausgangslagen der Lernenden angepassten – Unterrichtsgestaltung verweisen.
- Und nicht zuletzt haben die ernüchternden Ergebnisse der internationalen Leistungsvergleichsstudien – allen voran PISA 2000 – den unzureichenden Umgang mit Schülerheterogenität speziell im deutschen Schulsystem herausgestellt und hier die aktuelle Debatte dann auch um Chancengleichheit und Bildungsgerechtigkeit erneut entfacht.

Auf der anderen Seite ist aber ebenso unstrittig, dass individuelle Förderung in der Schule nur schwer zu realisieren ist. Darauf verweisen nicht nur die immer wieder eingebrachten Forderungen. Man kann aus einer schul- und organisationstheoretischen Perspektive sogar zugespitzt argumentieren, dass »Einzelfallbehandlung« – im Sinne einer Berücksichtigung von Individualinteressen – in der Schule als einer Institution zur »Organisation von Massenlernprozessen« (Herrlitz 1994) weder vorgesehen noch in letzter Konsequenz auch überhaupt möglich sein dürfte:

- In der modernen Schule findet Lernen – anders als im alten Hauslehrermodell – nicht als Einzelunterricht, sondern im Gruppenkontext statt. Das bedeutet: Lernprozesse können zwar nur in den individuellen Schülerköpfen stattfinden, als Referenz für die Gestaltung entsprechender Lehr-Lern-Prozesse (die dann individuelle Lernprozesse anregen sollen) fungiert aber im Regelfall die Gruppe und nicht das Individuum.
- Organisationen zeichnen sich gemeinhin dadurch aus, dass sie vom Einzelfall bzw. von den konkreten Subjekten abstrahieren und stattdessen »eine Vielzahl von individuellen Bedürfnissen, Wünschen oder Problemlagen bündeln und typisieren und dann nach dem demselben Schema abarbeiten« (Preisendörfer 2008, 161). Sonderwünsche oder -fälle sprengen die eingespielten Routinen und produzieren einen höheren Aufwand, so dass auch bei Sonderfällen eher versucht wird, »diese im Rahmen der gängigen Routinen (mehr oder weniger angemessen) als Standardfälle zu prozedieren« (ebd.).
- Schließlich – um noch ein aus der klassischen Schultheorie (vgl. Fend 1980) bekanntes Argument zu bemühen – besitzt das Bildungssystem nicht nur eine komplexe (und eigensinnige) Organisationsdynamik, sondern es sind auch unterschiedliche Funktionen und Aufgaben zu erfüllen, die neben pädagogische Zielstellungen treten und zur Barriere für individuelle Förderung werden können.

Diese knappe Problemskizze kann auch einfach auf den Punkt gebracht werden: Individuelle Förderung als Auftrag für die Schule lässt sich sehr gut begründet proklamieren, ist aber alles andere als einfach umsetzbar.

Mein Beitrag versucht ausgehend von diesem Spannungsfeld die Herausforderungen von individueller Förderung aus einer schul- und organisationstheoretischen Perspektive genauer auszuloten. In Anlehnung an die aktuellen administrativen Vorgaben, die den Auftrag für individuelle Förderung explizit an die Einzelschule (und eben nicht an die einzelne Lehrkraft) adressieren, werde ich diese Ebene in den Vordergrund stellen. Dabei soll einmal argumentiert werden, dass die Einzelschule durchaus eine viel versprechende Gestaltungsebene ist, um sich der Idee einer passgenaueren Förderung zumindest anzunähern (Abschnitt 2). Meine Aufmerksamkeit gilt jedoch besonders den damit verbundenen Fallstricken: Schulentwicklung ist nicht nur an sich schon ein ambitioniertes Vorhaben. Entscheidend ist, dass sich viele Differenzen zwischen der Funktionslogik der Organisation Schule und den Interessen und Bedürfnissen der einzelnen Subjekte nicht einfach aufheben lassen. Ziel meiner Ausführungen ist es, für die Gestaltung der Einzelschule Reflexionsangebote bereitzustellen, mit denen sich die tatsächlich verfügbaren Handlungs- und Gestaltungsräume jenseits der überschwänglichen Reformrhetorik differenzierter einschätzen lassen sollen.

Individuelle Förderung als Auftrag an die Einzelschule

Empfehlungen und Programme für individuelle Förderung – darauf wurde einleitend aufmerksam gemacht – lassen sich bis weit in die Reformpädagogik des letzten Jahrhunderts zurückverfolgen. In der Erziehungswissenschaft und der Bildungspolitik avancierten Fragen von individueller Förderung, wenn auch oft nicht unter diesem Terminus, in den 1970er-Jahren im Zuge der Bildungsreform zu einem Reformthema erstens Ranges (vgl. Hanke/Hein 2008). Ohne auf die damals in der Diskussion stehenden Konzepte und Überlegungen im Einzelnen einzugehen, lassen sich die aktuellen Reformprogramme im historischen Vergleich etwa so charakterisieren:

- Anders als noch in den 1970er-Jahren setzen derzeitige Überlegungen weder vorrangig bei der *Schulstruktur*, also der Schulsystemebene an, noch wird allein die *Unterrichtsebene* und damit das didaktisch-methodische Handeln der einzelnen Lehrkräfte in den Blick genommen. Adressiert wird die Einzelschule als pädagogische Handlungs- und Gestaltungseinheit: Individuelle Förderung soll – in der Logik der Schulentwicklungsideen der 1990er-Jahre – in den Kontext einer systematischen und zielgerichteten Entwicklungsstrategie der Schule als Ganzes aufgenommen werden, um darüber nachhaltig eine auf individuelle Schülerbedürfnisse abgestimmte Förderpraxis zu etablieren.
- Als eine andere Neuerung kommen Instrumente sog. Output-Steuerung hinzu, mit denen Schulen in den letzten Jahren ganz grundsätzlich konfrontiert sind. Prominentes Beispiel dafür sind die Bildungsstandards, die durch zentrale Testinstrumente (z.B. Vergleichsarbeiten – »VERA«) überprüft werden. Speziell für individuelle Förderung finden sich entsprechende Kriterien (z.B. Entwicklung eines Förderkonzepts, differenzierte Lernkultur) oft als Qualitätsstandards für gute Schule, die wiederum Grundlage für externe Evaluationen (durch Inspektionsverfahren) sind.

Mit Blick auf die ernüchternden Erfahrungen der 1970er-Jahre, und im Anschluss an schultheoretische Überlegungen und empirische Befunde zu den Gestaltungsspielräumen im Bildungssystem (vgl. Fend 2008), scheint damit durchaus ein erfolgversprechender Strategiewechsel eingeschlagen worden zu sein, um die Programmideen nun endlich breiter in die Fläche zu bringen: Die Schulstruktur stellt zwar (wie andere externe Vorgaben) einen zentralen Rahmen dar, sie legt aber viele Aspekte der konkreten Ausgestaltung des Schulehaltens (wie jahrgangsübergreifendes Lernen oder die Rhythmisierung des Schulalltags) noch nicht fest. Und auch Versuche individuelle Förderung allein auf der Unterrichtsebene zu installieren (und in die Verantwortung der einzelne Lehrkraft zu stellen), greifen deutlich zu kurz, weil die zur Verfügung stehende (und durch Lehrplanvorgaben strukturierte) Unterrichtszeit kaum ausreicht, um auf spezielle Förderbedürfnisse angemessen eingehen zu können, und weil die didaktisch-methodischen Handlungsmöglichkeiten durch die Rahmenbedingungen vor Ort natürlich auch erheblich beeinflusst und dann auch begrenzt werden.

Doch welche Optionen für individuelle Förderung lassen sich im Kontext von Schulentwicklung identifizieren? Und welche Herausforderungen verbinden sich damit?

Gestaltungsoptionen im Kontext der Einzelschule

Im Prinzip spielen zwei Kernideen für die Einzelschulentwicklung auch für die Implementation einer heterogenitätssensiblen Förderkultur eine zentrale Rolle: Es ist dies erstens die Idee, dass es keine für alle verbindlichen Patentrezepte geben kann, sondern jede Schule für sich spezifische Lösungen finden soll und muss, die zu ihrem bisherigen Profil, ihrer Schülerschaft und den regionalen und lokalen Besonderheiten passen. Die zweite Idee verweist auf Schulentwicklung als einen komplexen Prozess, der Unterrichts-, Personal-, und Organisationsentwicklung, also unterschiedliche Bereiche, systematisch und gezielt miteinander verbindet. Beide Ideen sind für die Programme für individuelle Förderung folgenreich:

Einmal kann plausibel werden, dass die Instrumentarien für individuelle Förderung überaus vielschichtig angelegt sind bzw. sein müssen: Individuelle Förderung als Schulentwicklungsaufgabe zu fassen bedeutet, dass die notwendigen Verfahren, Instrumente, Angebote und Aktivitäten auf unterschiedlichen Ebenen und Handlungsfeldern von Schule ansetzen müssen.

Gleichzeitig lässt sich aber dazu kaum eine verbindliche (und klar umrissene) Konzeptvorgabe machen, weil nur die Akteure vor Ort über das Kontextwissen verfügen, das für eine schulspezifische Abstimmung und Koordination erforderlich ist.

Unter diesen Vorzeichen wird die Entwicklung einer eigenen schulischen Förderkultur zu einem überaus anspruchsvollen Vorhaben. Denn auf der Programmebene können zwar weit gespannte und vielfältige Empfehlungen ausgesprochen werden, jede Schule muss daraus aber am Ende selbst ein eigenes Konzept entwickeln. Best-practice-Konzepte von Schulen, die bereits über eine kohärente und erfolgreiche Förderpraxis verfügen (vgl. Beispiele in Fauser/Prenzel/Schratz 2009), sind nicht umstandslos auf die eigene Schule übertragbar, weil hinter jeder Schule – und so auch hinter jeder Förderstrategie – spezifische Konstellationen und eine eigene Entwicklungsgeschichte stehen. Um die daraus resultierenden Anforderungen zu schärfen, ist es hilfreich für Fragen der Entwicklung der eigenen Schule zwischen einzelnen *Bausteinen* für individuelle Förderung und grundlegenderen *Strategien* zu unterscheiden.

Bausteine und Strategien für individuelle Förderung

Betrachtet man administrative Vorgaben, praxeologische Empfehlungen, aber auch die von den Schulen selbst ausgewiesenen Förderkonzepte (vgl. Hegel 2011; Haenisch 2010), so trifft man in der Regel auf lange Listen von Maßnahmen, Verfahren, Aktivitäten und Instrumenten. Es handelt sich hier zunächst um einzelne *Bausteine*, die nicht nur überaus zahlreich sind, sondern auch ein breites und heterogenes Spektrum abstecken: AG-Angebote im musisch-künstlerischen Bereich, Kompetenztrainings, Angleichungsförderung, Streitschlichterprogramme, Berufsberatung und Profilklassen gehören ebenso dazu wie kooperatives und tutorielles Lernen, Freiarbeit, Hausaufgabenbetreuung, Entwicklungsberichte, Lernbüros, Drehtürmodelle, Sprachförderung oder Jungen-Mädchen-Konferenzen – um nur einige zu nennen.

Nun soll nicht in Zweifel gezogen werden, dass jeder dieser Bausteine »irgendwie« mit individueller Förderung in Zusammenhang gebracht werden kann. Zum einen ist die Förderthematik an sich in der Tat sehr komplex (vgl. Arnold/Graumann/Rakhkochkine 2008): Förderung kann z.B.

- auf vielfältige Bereiche gerichtet sein (kognitive Fähigkeiten, sprachliche Entwicklung, soziale Kompetenzen, Lernstrategien, fachspezifische Kenntnisse, motivationale Aspekte etc.);
- bei zahlreichen Schülermerkmalen bzw. -gruppen ansetzen (z.B. Leistungsschwache, Hochbegabte, Mädchen und Jungen);
- diverse Ziele verfolgen (z.B. Fördern oder Fordern);
- auf unterschiedliche Weise (optional oder verbindlich; temporär oder dauerhaft) stattfinden, und
- auf verschiedenen Ebenen verankert sein (z.B. im Unterricht oder im außerunterrichtlichen Bereich).

Zum anderen kommen ja noch Aspekte hinzu, die sich nicht unmittelbar auf Förderung beziehen, aber die dafür notwendigen strukturellen Bedingungen betreffen (z.B. Zeitstrukturen oder Lehrerkooperation). Gleichwohl dürfte auf der Hand liegen, dass eine Auflistung bzw. dann auch bloße Übernahme möglichst vieler solcher Bausteine in ein eigenes Konzept nur wenig zielführend ist. Man wird dabei nicht nur an Ressourcen- bzw. Kapazitätsgrenzen stoßen, sondern dies würde auch der zugrunde liegenden Idee der Entwicklung einer in sich stimmigen, und zur Schülerschaft wie auch zur schuleigenen Situation passenden Förderkonzeption entgegenstehen. Hilfreicher in den Blick zu nehmen wären deshalb Fragen nach den *Strategien* für individuelle Förderung. Darin können einzelne Bausteine am Ende durchaus aufgenommen sein; für eine nachhaltige Verankerung von mehr individueller Förderung in der Einzelschule sind Strategien aber in erster Linie sinnvoll nur über die klassischen Schulentwicklungsschritte zu beschreiben: Ein Kollegium müsste sich zunächst über die Ziele und die eigene Auffassung von individueller Förderung verständigen, dazu ein gemeinsames Leitbild (mit Schwerpunktsetzungen) entwickeln, die bisherige Förderpraxis in ihren Stärken und Schwächen analysieren, um darauf aufbauend systematische Schritte einer Optimierung zu unternehmen (vgl. Kunze/Solzbacher 2008). Dass hierbei dann eher kleine Schritte und überschaubare Veränderungen ratsam erscheinen, kann deutlich werden, wenn man sich etwas ausführlicher ausgewählten Fallstricken zuwendet.

Probleme und programmatische Fallstricke

Es gibt noch kaum empirische Untersuchungen, die einen Einblick in den Ablauf, die Bedingungen, die Probleme oder gar die Erfolge von Entwicklungsprozessen von Schulen speziell im Bereich individueller Förderung geben können. Studien zur Verbreitung bzw. Implementation von einzelnen Bausteinen für individuelle Förderung (z.B. Solzbacher 2008; Hegel 2011; Solzbacher u.a. 2012) sprechen dafür, dass von einer flächendeckenden Verankerung der Reformideen noch kaum die Rede sein kann. Das liegt allerdings, wie dies programmatische Texte schnell suggerieren, keineswegs allein an den reformunwilligen Akteuren. Und auch eine Veränderung struktureller Rahmenbedingungen – sogar im Sinne einer höheren Ressourcenausstattung – könnte nicht alle Probleme beheben. Zu berücksichtigen sind vielmehr auch konstitutive Widersprüche, die das Feld organisierter Bildungs- und Erziehungsprozesse ganz grundsätzlich prägen und so auch für Konzepte individueller Förderung virulent werden.

Komplexitätsbewältigung

Ein zentraler Problembereich berührt Komplexitätsfragen und dies in vielfacher Hinsicht. Mit Blick auf die Funktions- und Handlungslogik von Organisationen lässt sich nämlich argumentieren, dass viele Formen der Missachtung individueller Schülerbedürfnisse daraus resultieren, dass organisationales Handeln auf eine Reduzierung von Komplexität angelegt ist. In organisationstheoretischer Lesart – dies wurde als Spannungsfeld einleitend markiert – geht es in der Schule so etwa um die möglichst effektive Organisation von Massenlernprozessen: Es sind große Schülerströme zu kanalisieren, Laufbahnen zu strukturieren und Übergänge und Gruppenzugehörigkeiten verbindlich zu regeln, was Strategien der Vereinheitlichung und Normierung voraussetzt oder zumindest nahe legt. Formen von individueller Förderung korrespondieren im Prinzip eher mit der Handlungslogik des alten Hauslehrermodells (oder privater Lernangebote) und beinhalten im Kern eine erhebliche Steigerung von Komplexität. Dies beginnt schon mit der Forderung, den Blick statt auf Schülergruppen resp. einen »imaginären Durchschnittsschüler« auf die vielen Schülersubjekte zu richten, was schnell an Kapazitätsgrenzen führt. Komplexitätsprobleme stellen sich aber auch ein im Hinblick auf die Auswahl, Abstimmung und Koordination von Förderinstrumenten und Schulentwicklungsgprozessen. Ich greife beide Aspekte nur exemplarisch heraus (vgl. für weitere Probleme Trautmann/Wischer 2011).

Kriterien und Schülergruppen: Individuelle Förderung – das steckt schon im Begriff – soll idealtypisch beim einzelnen Subjekt ansetzen, also dessen individuelle Ausgangslage berücksichtigen. Komplexitätsprobleme stellen sich hier bereits bei der Feststellung (der Diagnose) dieser Ausgangslage ein, weil dazu zahlreiche (und beliebig erweiterbare) Kriterien – wie Leistungsfähigkeit, fachspezifisches Vorwissen, sozialer Hintergrund oder Lernkompetenzen – in Anschlag gebracht werden können, die überdies noch jeweils individuell kombiniert auftreten. Dahinter steckt ein grundsätzliches Dilemma des Heterogenitätsthemas. Einerseits ist es durchaus folgerichtig, nicht auf einzelne Dimensionen, und damit auch Schülergruppen zu fokussieren: Die Wahrnehmung resp. Berücksichtigung einzelner Dimensionen birgt immer die Gefahr der Dramatisierung von Unterschieden mit problematischen Folgen (Normalitätserwartungen, Typisierungen oder sogar Stigmatisierung). Andererseits wäre es völlig illusorisch davon auszugehen, dass sich aus dem Denken und Handeln jedwede überindividuelle Musterbildungen, Kategorisierungen und Klassifizierungen verbannen lassen: So setzt ja z.B. gezielte Förderung die Festlegung ausgewählter Förderkriterien geradezu voraus. Und Schule als Organisation ist zur Prozessierung großer Zahlen auf Ein- und Verteilungsmodi ihrer Klienten (z.B. auf spezielle Förderangebote) angewiesen. Kurz: Trotz guter Argumente lassen sich gruppenbezogene Differenzierung und eine Auswahl und Priorisierung entsprechender Differenzierungskriterien also kaum individualisierend auflösen.

Maßnahmen und Konzepte: Das zweite Beispiel setzt bei der fehlenden Abgrenzung und Systematisierung von Maßnahmen für individuelle Förderung an. Die Schwierigkeiten liegen – so könnte man die dazu bereits formulierten Überlegungen zusammenfassen – ja nicht in einem Mangel an Optionen, sondern eher in einem Überangebot. Die Vielfalt an Optionen bzw. Bausteinen kann nicht nur an sich schon zur Komplexitätsfalle werden, in der man sich schnell verlieren kann. Auch die Notwendigkeit einer gezielten Schulentwicklung im Sinne einer in sich stimmigen Strategie für Förderung beinhaltet zusätzliche, dann auch komplexe Anforderungen: Viele Einzelakteure (im Kollegium im engeren Sinne, aber auch z.B. Erzieher/-innen oder zusätzliche Partner) müssen »unter einen Hut gebracht« werden (Stichwort Schulethos), eine Vielzahl von Aktivitäten muss koordiniert werden (Stichwort: Komplexitätsmanagement), und es muss über die Einrichtung zahlreicher Einzelaktivitäten ein Gesamtkonzept entwickelt (Stichwort: Passung) und auch praktiziert werden (Stichwort: Persistenz).

Zielkonflikte

Programme für individuelle Förderung sind nicht nur auf der operativen Ebene komplex und mit organisationalen Funktions- und Strukturlogiken nur schwer zu vereinbaren. Mit der schulischen Förderthematik gehen auch widersprüchliche Ziele und Dilemmata einher. Auch dies kann nur exemplarisch angedeutet werden (vgl. Wischer 2011; Trautmann/Wischer 2011).

Ein Grund für viele Zielkonflikte ist zunächst der schlichten Tatsache geschuldet, dass Ressourcen für Förderung im weiteren Sinne (Personal, Ausstattung, aber auch die individuelle Lernzeit von Schülern) begrenzt sind, was zu Auswahlentscheidungen zwingt: Es müssen auf unterschiedlichen Ebenen immer wieder Prioritäten gesetzt werden, wofür diese Ressourcen verwendet werden und – ebenso wichtig! – worauf stattdessen verzichtet werden kann bzw. muss. Das Problem ist aus der alltäglichen Unterrichtspraxis bekannt, gilt aber auch für die Ausgestaltung des schuleigenen Förderkonzepts: Soll in zusätzliche Sprachförderstunden investiert werden oder eher in ein Hochbegabtenprogramm? Spätestens bei solchen Konkretisierungen lässt sich erahnen, dass sich der hohe Konsens, der sich auf der Postulatebene noch schnell erzielen lässt, ebenso schnell wieder auflösen kann.

Ein großer Bereich von Zielkonflikten steht im Zusammenhang mit den multiplen und widersprüchlichen Funktionen und Aufgaben der Schule als einer gesellschaftlichen Institution. So wird mit Förderpostulaten nur *ein* schulischer Auftrag aufgegriffen, dem aber etwa die gesellschaftliche Allokations- und Selektionsfunktion gegenübersteht. Die daraus resultierende Antinomie (Fördern vs. Auslesen) entfaltet nicht nur Dynamik auf der Ebene des Unterrichts bzw. für das individuelle Lehrerhandeln, sondern produziert auch Zielkonflikte bei der Installation von Förderelementen. Da die Gegenstände schulischen Lernens eben nicht gleichwertig sind, sondern unter Allokationsaspekten einen unterschiedlichen Tauschwert besitzen (z.B. bei der Übergangsempfehlung nach der Grundschule), wird etwa für alle Formen von Spezialförderung und Individualisierung von Lernprozessen die Frage virulent, welche weiteren Anschlussmöglichkeiten sich dadurch eröffnen (und verschließen!). Individuelle Förderung im Sinne von Spezialisierung steht damit im Konflikt mit Ansprüchen der Durchlässigkeit von Bildungsgängen – ein Problem, das besonders (aber nicht nur!) bei Formen äußerer Differenzierung auftritt.

Ein anderer Problemkomplex berührt gruppenbezogene Zielkonflikte und auch soziale Gerechtigkeitsfragen, die auf der Programmebene doch merkwürdig unklar bleiben. Das Problem steckt hier gewissermaßen schon im Terminus »individuelle Förderung« selbst; denn als Referenz für Förderung rückt damit der einzelne Schüler (das Individuum) in den Vordergrund – und als primäres Förderziel stellt sich schnell die Idee einer optimalen Entfaltung des Einzelnen ein. Solche Zielstellungen – dies ist Teil des Problems – gehören zwar zum gängigen Credo pädagogischer Rhetorik und versprechen schnell ungeteilte Zustimmung. Ausgeblendet wird jedoch, dass auf den einzelnen Lerner bezogene Zielkriterien mit Ansprüchen konfligieren, die die Verteilung von Merkmalen, d.h. Differenzen zwischen den Schülern betreffen. So ist z.B. die Grundschule auch dem Grundsatz der Chancengerechtigkeit verpflichtet, was im Kern zu einem Zielkonflikt zwischen dem Anspruch der optimalen Leistungsentwicklung (»excellence«) und dem mit Chancengerechtigkeit auch verbundenen Disparitätenausgleich (»equality«) führt: Richtet sich schulische Förderung primär auf die optimale Förderung des Einzelnen, dann nimmt man in Kauf, dass unterschiedliche (auch herkunftsbedingte) Ausgangsvoraussetzungen erhalten bzw. sogar vergrößert werden. Ausgleich kann – darauf weist z.B. Ditton (2010, 65) hin – konsequent gedacht folglich nur dann erreicht werden, »wenn Lernende gezielt ungleiche Förderung erhalten« bzw. noch zugespitzter: »wenn schwächere oder benachteiligte Schülerinnen und Schüler mehr und die anderen weniger Förderung erhielten«. Anders – und zwar als Herausforderung für die Einzelschule formuliert: Nicht nur auf operativer Ebene bleibt ein großer Spielraum für individuelle Förderung, sondern auch die Ziele selbst sind keineswegs klar: Ob man individuelle Förderung z.B. als gleichmäßige Förderung für alle Gruppen (jeder erhält das *gleiche* Maß an Förderung) oder im Sinne einer unterscheidenden Gerechtigkeit (jeder erhält ein *faires*, d.h. ein unterschiedliches Maß) interpretieren will, dürfte im Einzelnen viel Sprengstoff für Kontroversen bieten; die Gestaltung eines schuleigenen Förderkonzepts hängt aber gerade davon ganz entscheidend ab.

Individuelle Förderung im Kontext neuerer Steuerungsstrategien

Bis hierhin stellt sich individuelle Förderung als ein anspruchsvoller Reformauftrag für die Einzelschule dar, der auf programmatisch-konzeptioneller Ebene doch sehr vage bleibt – und in gewisser Weise auch bleiben muss. Für die Akteure vor Ort eröffnet sich dadurch in Bezug auf die Ziele und Maßnahmen ein hoher Interpretationsspielraum dafür, wie sie individuelle Förderung an der eigenen Schule umsetzen wollen. Die bisherigen Ausführungen sollten schon für etliche Fallstricke sensibilisiert haben. Das Spektrum bliebe aber unvollständig, wenn nicht noch einbezogen würde, dass die Schulen bei der Bearbeitung der Förderthematik einem besonders hohen normativen Druck ausgesetzt sind. Individuelle Förderung ist nicht nur per se schon eine (vom »pädagogischen Establishment«, aber auch von Eltern) proklamierte Idee, der man sich kaum entziehen kann. Sie wird den Schulen durch administrative Erlasse nun auch ausdrücklich »verordnet«, wobei – über Instrumente sog. neuer Steuerung – noch sichergestellt werden soll, dass den Vorgaben auch tatsächlich entsprochen wird.

Hier ist natürlich einerseits gut vorstellbar, dass dadurch die intendierten Reformprozesse tatsächlich angestoßen oder beschleunigt werden. Anders als normative Appelle stellen administrative Vorgaben und deren Einbindung in Überprüfungsprozesse eine doch stärker verankerte Umwelterwartung dar, die zur Auseinandersetzung mit der Thematik wie auch zum Finden neuer Lösungen zwingt oder zumindest anregen kann: Schulen bewegen sich demnach in die richtige Richtung, engagieren sich und tragen zur Qualitätsentwicklung im Sinne einer individuelleren Förderkultur bei.

Erkenntnisse zur Funktions- und Handlungslogik von Organisationen legen allerdings auch weniger optimistische Lesarten nahe. Grundsätzlich gilt nämlich, dass sich das Handeln der Akteure vor Ort von außen nicht einfach steuern lässt. Vorgaben – so auch zu individueller Förderung – werden von den Akteuren (Lehrern/Lehrerinnen, der Schule) interpretiert und an die eigenen Handlungsbedingungen adaptiert, und genau hier kommt ein hoher »Eigensinn« – kommen vielfältige Motive und Kalküle ins Spiel, die mit hehren pädagogischen Zielen oder vordergründig rationalen Entscheidungen nicht viel zu tun haben müssen. Ohne auf die jeweils theoretisch unterlegten Perspektiven im Einzelnen einzugehen, seien einige mögliche Varianten und Fallstricke im Umgang mit Fördervorgaben schlaglichtartig skizziert, um damit eine kritische Reflexionsfolie zur Überprüfung der eigenen Strategien bereitzustellen.

Nichts tun bzw. nur so tun als ob: Mit Blick auf die weit gefassten, beliebig steigerbaren Vorgaben für individuelle Förderung kann es – um den Vorgaben zu genügen – durchaus ausreichend sein, sich in der Außendarstellung (der »Talk-Ebene«) als willig und innovationsbereit zu präsentieren, in der konkreten Praxis (der »Activity-Ebene) aber alles beim Alten zu lassen. Dies könnte etwa so aussehen, dass man alle Aktivitäten der Schule irgendwie als individuelle Förderung deklariert und/oder ein Förderkonzept (ähnlich wie ein Schulprogramm) von Einzelpersonen geschrieben wird, ohne dass dazu Abstimmungs- und Entwicklungsprozesse im Kollegium stattgefunden haben bzw. zukünftig stattfinden müssen.

»Kalkulierte Anpassung«: Anstatt sich auf eigene Ziele, den eigenen schulgeschichtlichen Kontext zu besinnen, kann sich der Aufmerksamkeitsfokus der Entwicklungsarbeit vor allem auf solche Aktivitäten verschieben, für die es entweder überprüfbare Kriterien im Rahmen der externen Evaluationen gibt oder die besonders leicht umsetzbar sind. Ein gutes Beispiel dafür wäre die Auslagerung von Förderangeboten in den außerunterrichtlichen Bereich, die an vielen Schulen zu beobachten ist (vgl. Haenisch 2010). Zwar gibt es auch Qualitätskriterien für individuelle Förderung im Unterricht; eine systematische (d.h. auch für alle verbindliche) Unterrichtsentwicklung ist aber oft eine neuralgische Schwachstelle – mithin eine Tabuzone – schulischer Entwicklungsarbeit. Breit installierte Förderangebote im außerunterrichtlichen Bereich können so etwa durchaus zur Alibifunktion für den einzelnen Lehrer werden, lassen sich Herausforderungen von individuellen Lernerbedürfnissen dadurch doch gut begründet aus dem eigenen Unterricht »herausdelegieren«.

»Mimetische Prozesse und Imitation«: Neo-institutionalistische Ansätze der Organisationssoziologie (vgl. Koch/Schemmann 2009) machen darauf aufmerksam, dass Innovationskonzepte oft einen »Siegeszug« antreten können, ohne dass ein Erfolgsnachweis tatsächlich vorhanden ist. Verantwortlich gemacht wird dafür eine Tendenz zur Orientierung an »Trendsetter-Organisationen« bzw. – im Kontext der »Best-practice«-Euphorie im Bildungssystem – zur Übernahme (Imitation) von als erfolgreich bewerteten Konzepten. Hinter solchen »mimetischen Prozessen« stecken aber dann zumeist weniger reale Überzeugungen oder ein realer Nutzen, sondern es geht um Legitimitätsaufbau: Man will sich – dies gilt auch für die Bildungspolitik, wo sich doch auffallend ähnliche Vorgaben für individuelle Förderung in den einzelnen Bundesländern erstaunlich schnell verbreitet haben – als innovativ und auf der Höhe der Zeit präsentieren. Die besondere Pointe: Durch mimetische Prozesse wird die rasante Verbreitung eines Konzeptes am Ende selbst zum Erfolgsgarant, ohne dass es dazu noch eines weiteren Nachweises (und eigener Reflexionen) bedarf – was alle machen, kann ja nicht falsch sein!

»Gezielte Schülerrekrutierung«: Die Profilierung eines eigenen Förderkonzepts kann auch genutzt werden, um spezifische Schülerschaften anzusprechen bzw. eben eher außen vor zu lassen. Die Referenz für Fördermaßnahmen wären hierbei weniger die bereits an einer Schule vorhandenen Schüler, sondern im Vordergrund stünden Strategien der Schülerrekrutierung. So kann man etwa – sofern man mit anderen Grundschulen im regionalen Umfeld um Schüler konkurriert, was ja oft der Fall ist – im Schwerpunkt auf solche Förderelemente setzen, die bevorzugt leistungsstarke Schüler (bzw. deren Eltern!) ansprechen. Beispiele dafür wären etwa Schwerpunktsetzungen im naturwissenschaftlichen Bereich oder Konzepte der Begabtenförderung. Als durchaus problematisch könnte sich hingegen eine besondere Berücksichtigung »benachteiligter« Schülergruppen gestalten, wenn an einer Schule, die für gute Förderung dieser Klientel bekannt ist, nun immer mehr »Problemfälle« angemeldet werden und die Attraktivität der Schule gleichzeitig für eine breite Elternschaft sinkt.

Fazit

Um zwei Missverständnissen vorzubeugen: Individuelle Förderung ist erstens eine gut begründbare Forderung, auch wenn der Terminus selbst m.E. für den damit bezeichneten Auftrag schlecht geeignet ist und eher als programmatische Nebelbombe fungieren dürfte: Folgt man meinen Überlegungen, dann werden etwa der organisatorische Kontext schulischen Lernens, der Einzelfallbehandlung nicht vorsieht, die grundsätzlichen Probleme einer Bestimmung von »Individualitäten« und darauf abgestimmter Fördermaßnahmen sowie – durch Ausblendung von interindividuellen Zielkriterien – auch soziale Gerechtigkeitsfragen vernebelt. Sinnvoller könnte es – auch für die eigene Schulentwicklung – sein, von »adaptiven Förderstrategien« zu sprechen. Damit würde zum einen

»Passung« als Kriterium für Förderung explizit hervorgehoben, was die Beliebigkeit von Fördermaßnahmen eingrenzen kann. Gleichzeitig wird man der schulischen Realität damit auch deutlich besser gerecht werden können, weil Adaptivität in vielen Bereichen realistischerweise nur »gruppenadaptiv« umsetzbar sein wird.

Zum Zweiten gibt es zweifellos Spielräume für bessere Praxis. Solche Spielräume auf der Ebene der Einzelschule zu suchen und zu nutzen – mithin Schulentwicklung an (adaptiver) Förderung zu orientieren, ist eine durchaus sinnvolle Strategie. Es gibt aber – und dies habe ich zu zeigen versucht – auch Anlass und gute Gründe für kritische Untertöne. Diese richten sich aber weniger auf die konkrete Praxis, sondern auf die mit individueller Förderung verbundene Reformrhetorik. Hohe Erwartungen und euphorisch angepriesene Konzeptideen dürften nämlich befördern, was ich im letzten Abschnitt angedeutet habe: ein Auseinanderdriften von idealisierender Programmatik und realer Praxis. Und es dürfte verhindert werden, was dieser Beitrag anregen sollte: Eine Reflexion auch von Grenzen, Problemen und unerwünschten Nebenwirkungen, um darüber die eigenen Gestaltungs- und Handlungsmöglichkeiten auszuloten.

Literatur

Arnold/Graumann/Rakhkochkine (Hrsg.) (2008). Handbuch Förderung. Weinheim: Beltz.
Ditton (2010). Wie viel Ungleichheit durch Bildung verträgt eine Demokratie? In Zeitschrift für Pädagogik 56. Jg. 1/2010, 53–68.
Fauser/Prenzel/Schratz (Hrsg.) (2009). Was für Schulen! Wie gute Schule gemacht wird – Werkzeuge exzellenter Praxis. Seelze-Velber: Klett/Kallmeyer.
Fend (1980). Theorie der Schule. München: Urban & Schwarzenberg.
Fend (2008). Schule gestalten. Systemsteuerung, Schulentwicklung und Unterrichtsqualität. Wiesbaden: VS-Verlag.
Haenisch (2010). Individuelle Förderung in der Praxis. Eine Zwischenbilanz der Umsetzung in ausgewählten Schulen. In SchulVerwaltung NRW Heft 10/2010.
Hanke/Hein (2008). Fördern in der Allgemeinen Schule. In Arnold/Graumann/Rakhkochkine (Hrsg.). Handbuch Förderung. Weinheim: Beltz, 390–399.
Hegel (2011). Individuelle Förderung an Schulen (unveröffentlichtes Manuskript). Universität Siegen.
Herrlitz (1994). Lob der Institution Schule. In Gropengießer u.a. (Hrsg.). Schule. Zwischen Routine und Reform. Seelze: Friedrichverlag, 28–30.
Koch/Schemmann (Hrsg.) (2009). Neo-Institutionalismus in der Erziehungswissenschaft. Grundlegende Texte und empirische Studien. Wiesbaden: VS-Verlag.
Kunze/Solzbacher (Hrsg.) (2008). Individuelle Förderung in der Sekundarstufe I und II. Baltmannsweiler: Schneider Verlag Hohengehren.

Preisendörfer (2008). Organisationssoziologie. Grundlagen, Theorien und Problemstellungen. Wiesbaden: VS-Verlag.

Solzbacher (2008). Individuelle Förderung in der Schule – Eine empirische Untersuchung zu Positionen von Lehrerinnen und Lehrern zur individuellen Förderung in der Sekundarstufe I. In Kunze/Solzbacher (Hrsg.). Individuelle Förderung in der Sekundarstufe I und II. Baltmannsweiler: Schneider Verlag Hohengehren, 139–143.

Solzbacher/Behrensen/Sauerhering/Schwer (2012). Jedem Kind gerecht werden? Sichtweisen und Erfahrungen von Grundschullehrkräften. Köln: Wolters Kluwer Deutschland.

Trautmann/Wischer (2011). Heterogenität in der Schule. Eine kritische Einführung. Wiesbaden: VS-Verlag.

Wischer (2010). Zielerreichung für alle? Überlegungen zu Möglichkeiten und Grenzen schulischer Fördermaßnahmen. In Schilmöller/Fischer (Hrsg.). Heterogenität als Herausforderung für schulisches Lernen. Münstersche Gespräche zur Pädagogik. Heft 27. Münster: Aschendorff, 65–82.

Individuelle Förderung in der Grundschule? Spannungsfelder und Perspektiven im Kontext inklusiver Pädagogik und demokratischer Bildung

INES BOBAN/ANDREAS HINZ

Im folgenden Text wird bewusst gegen den Strich gebürstet: Individuelle Förderung ist ein Begriff, bei dem viel Zustimmung erwartet wird, da es hierzu eigentlich keine Bedenken geben kann. Hier soll er von verschiedenen Perspektiven aus jedoch kritisch beleuchtet werden. Zunächst wird von seinen beiden Teilen ausgegangen: »individuell« und »Förderung«. Im zweiten Schritt wird in einem Exkurs individuelle Förderung in den Zusammenhang der Kooperation von Schul- und Sonderpädagogik gebracht. Im dritten Abschnitt wird die Kernfrage erörtert, von welchen Bedingungen und Vorstellungen des Lernens eigentlich ausgegangen wird. Im vierten Teil wird eine alternative Vorstellung, nämlich die Möglichkeit zu individuellem Lernen mit Unterstützung als zentralem Aspekt inklusiver Pädagogik aufgezeigt und im fünften Abschnitt wird das pluralistische Lernen als Kernstück demokratischer Bildung ausgelotet. Den Abschluss bildet ein kurzes Fazit.

Reflexiver Zugang zum Thema

»Individuelle Förderung« – was sollte dagegen sprechen, dass die Individualität von Schülern und Schülerinnen Aufmerksamkeit bei Lehrern und Lehrerinnen erhält und diese entsprechend agieren? Aktuell finden sich aber zwei Entwicklungslinien, die in entgegengesetzte Richtungen laufen: Während individuelle Förderung in der Schulpädagogik zunehmend als Grundprinzip für alle Schüler/-innen wahrgenommen und nicht mehr nur für diejenigen als notwendig angesehen wird, die der Gaußschen Normalverteilung folgend über »sehr große« oder »sehr geringe« Fähigkeiten verfügen, ist die Sonderpädagogik dabei, sich von ihr mehr oder weniger zu verabschieden. So wird in der jüngsten Empfehlung der Kultusministerkonferenz zur »Inklusiven Schule« Förderung als Begriff kaum noch verwendet (vgl. KMK 2010), während sie in der vorherigen Empfehlung noch der disziplinär legitimierende zentrale Begriff der Sonderpädagogik zu sein schien (vgl. KMK 1994). Offensichtlich handelt es sich hier um gleichzeitige, asynchrone Entwicklungstendenzen. Ihre gemeinsame Logik könnte darin bestehen, dass sie eine zentrale Pendelbewegung in der Pädagogik wiedergeben: die zwischen Individualität und Kollektivität. Als Gegenbewegung zur Betonung des Kollektiven im Frontalunterricht erscheint der Blick auf das »Individuelle« aus der einen Sicht vielleicht hoch bedeutsam, aus einer anderen auch überfordernd – und aus wiederum einer anderen Sicht als Gefahr, Aspekte des kooperativen Weltaneignens zu vergessen und so einer »Überindividualisierung« und wenig hilfreichen Vereinzelung Vorschub zu leisten.

Doch nicht nur die Frage von Individualität und Kollektivität ist hier angesprochen, sondern auch die Frage, was »Förderung« konkret meint. Immerhin wurden Sonderschulen in Förderschulen umbenannt, aus der »Sonderschulbedürftigkeit« wurde der »sonderpädagogische Förderbedarf«, dem in allgemeinen oder Förderschulen entsprochen werden kann. Semantisch erscheint Förderung eher problematisch, denn Schüler/-innen fördern sich nicht selbst, sondern werden offenbar selbst passiv von einem aktiven Anderen gefördert. Ob sich dahinter ein sensibler Prozess des Begleitens durch Erwachsene verbirgt oder ein rigides Förderprogramm, womöglich von einer Software vorgegeben oder per Internet transportiert, ist dabei die Frage. Naheliegend ist, dass die Förderung zielgerichtet von Punkt A zu Punkt B führen soll und dass der Förderer weiß, wo für das Objekt seiner Förderung die Punkte A und B liegen und wie er es vom einen zum anderen bringt (vgl. hierzu ausführlicher Boban/Hinz 2000). So provozierend diese Überlegungen sein mögen – sie sind im Kontext der höchst widersprüchlichen Integrationsentwicklung angestoßen worden. Der Ausspruch der Mutter eines Kindes mit elementaren Unterstützungsbedarfen (alt und defizitorientiert ausgedrückt: mit schwerer Mehrfachbehinderung) bringt es auf den Punkt: »Merkwürdig, die meisten Kinder lernen – meins muss immer ›gefördert werden‹!« Hier wird die tradierte Alltagstheorie von zwei klar abgrenzbaren Gruppen – »Behinderte« und »Nichtbehinderte« – weitergeführt und »Förderbedürftigkeit« zum Stigma. Darüber hinaus ist auffällig, dass Förderbedarf, zumal sonderpädagogischer, von den rechtlichen Bestimmungen her immer nur den entsprechenden Schülern/Schülerinnen zugeschrieben wird, nie aber Lehrern/Lehrerinnen aufgrund mangelhafter Lehrerbildung, Schulämtern wegen zu geringer Ausstattungen oder Kultusministerien mit der Begründung behindernder Schulgesetze oder Druck erzeugender Versetzungsbestimmungen. Dem sozialen Modell entsprechend ist Behinderung in einer unzureichenden Passung von Lernvoraussetzungen und Lerngelegenheiten begründet – und da spielen unter Umständen die individuellen Bedingungen von Schülern/Schülerinnen eine untergeordnete und das konkrete Umfeld eine bedeutendere Rolle. Aber was heißt dann individuelle Förderung?

Exkurs: Sonderpädagogische Förderung als Serviceleistung für das Bildungssystem

Die lange Tradition der wechselseitigen Ergänzung von Schulpädagogik und Sonderpädagogik hat Helmut Reiser (1998) auf systemtheoretischer Basis untersucht. Er unterscheidet drei Formen einer »Serviceleistung«, die die Sonderpädagogik für das Bildungssystem erbringt. Diese Systematik bildet unterschiedliche konzeptionelle Zugänge und organisatorische Rahmenbedingungen sonderpädagogischer Förderung ab (vgl. Boban/Hinz 2008b):

- Die »organisatorisch separierte Serviceleistung« der Sonderpädagogik in Förderschulen entlastet das allgemeine Bildungssystem von jenen Schülern/Schülerinnen, die die allgemeine Schule als übergroße Belastung empfindet und die Komplexität ihrer Aufgaben weiter zu erhöhen drohen. Nichtbehinderte Schüler/-innen besuchen die allgemeine Schule, Sonderschüler/-innen Sonderschulen – und dort werden sie gefördert. Dieses segregierte System ist als »doppelte Entsorgung« bezeichnet worden – der allgemeinen Schule wird die Sorge für spezifische Schüler/-innen abgenommen und sie sind nicht mehr in allgemeinen Schulen sichtbar.

- Die »personalisierte additive Serviceleistung« der Sonderpädagogik findet dagegen in der allgemeinen Schule statt: Spezifische Schüler/-innen (mit diagnostiziertem Förderbedarf) werden dort gezielt individuell gefördert. Sonderpädagogen/Sonderpädagoginnen sind individuell für sie zuständig, arbeiten häufig während ihrer wenigen Stunden der Anwesenheit außerhalb der Klasse, günstigenfalls kommt es zu Absprachen und Kooperation zwischen beiden Lehrern/Lehrerinnen. Problematisch können hier mehrere Aspekte sein: Die Zuständigkeit für die individuell zu fördernden Schüler/-innen kann unter Umständen an die partiell anwesenden Spezialisten/Spezialistinnen delegiert werden. Fördern die Spezialisten/Spezialistinnen dann »ihre Kinder« so weit, dass sie den Anschluss an den Stand der Klasse finden, gibt es sicher andere, die nun als besonders förderbedürftig erscheinen. Förderung kann hier als kompensatorische Unterstützung zur Wiedergewinnung des Anschlusses an das allgemeine Niveau erscheinen.
- Die »institutionalisierte systembezogene Serviceleistung« der Sonderpädagogik unterstützt das ganze System, etwa eine Grundschule (und nicht primär einzelne Schüler/-innen); zudem arbeitet sie im Rahmen einer strukturell verankerten Kooperation mit einem gemeinsamen Auftrag. Es findet eine deutliche Schwerpunktverschiebung hin zur Beratung (mit) der Schulpädagogik, einer gemeinsamen Verantwortung und zur Arbeit im Team statt; letzteres wird dadurch erleichtert, dass Sonderpädagogen/Sonderpädagoginnen durch ihre Zuweisung zur allgemeinen Schule kontinuierlich oder zumindest mit deutlich höheren Stundenanteilen anwesend sind.

Die drei Serviceleistungen – zugegebenermaßen eher von der sonderpädagogischen und weniger von der schulpädagogischen Seite beschrieben – könnten mit zentralen Begriffen verbunden werden: mit Segregation, mit Integration und mit Inklusion (vgl. Boban/Hinz 2008b). Die Bedeutung für dieses Thema liegt darin, dass mit der Orientierung an inklusiven Prinzipien implizit Abstand genommen wird von einer exklusiven individuellen Förderung bestimmter Kinder durch bestimmte Erwachsene. Dies könnte auch einen Hintergrund für die veränderten Akzente in der Empfehlung der KMK (2010) zur inklusiven Schule bilden.

Die Kernfrage: Bedingungen und Möglichkeiten des Lernens

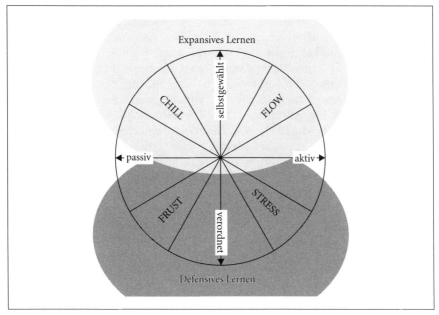

Abb. 3: Lernbedingungen und ihre tendenziellen Folgen

Schulen geraten mit dem Anspruch individuellen Lernens unweigerlich in Spannungen, denn Standards, vorgegebene Curricula und Vergleichsarbeiten u.ä. führen stets zu der Gefahr, individuelle Förderung zu kompensatorischer Nachhilfe gerinnen zu lassen. Bleibt es bei einer chronischen Fehlforderung von zwar gut unterrichteten Schülern/Schülerinnen, die aber dennoch oder gerade deshalb wenig lernen, indem unabhängig von deren eigenen Interessen und Fragen und unverknüpft mit deren Fähigkeiten Anforderungen formuliert werden, wird Schule bei vielen beteiligten Individuen Langeweile, Frustration, Ängste und Stress erzeugen. Dies hängt wesentlich von zwei Faktoren ab, wie Abbildung 3 zeigt: zum einen davon wie aktiv oder passiv und zum anderen wie vorgegeben oder selbstgewählt gelernt werden kann. Hier finden sich folgende dominierende Tendenzen, die jedoch in der Realität immer auch Anteile des je anderen enthalten: Besteht Aktivität vorwiegend aus dem Erfüllen verordneter Aufgaben, entsteht Stress; dominiert hingegen passives Stillsitzen und Zuhören, entsteht Frust. Häufig kommt es zu beidem bei verschiedenen Schülern/Schülerinnen gleichzeitig, weil Lehrer/-innen in einem im Wesentlichen durch sie gesteuerten Unterricht in die schwierige Motor-Brems-Dynamik geraten, bei der sie einige Schüler/-innen anschieben und andere verlangsamen müssen. Der hohe Grad an Stress für Lehrer/-innen entsteht letztlich dadurch, dass sie alle Schüler/-innen in einem Modus »defensiv begründeten Lernens« (Holzkamp 1992, 9) halten müssen, der von curricularer und/oder persönlicher Fremdbestimmung geprägt ist. Bei diesem lernen Schüler/-innen als »heimlichen Lehrplan«, dass ihre Fragen und Interessen, aber auch ihre individuellen Fähigkeiten und Stärken nicht zum Tragen kommen, sondern es vielmehr darauf ankommt, die Lehrer/-innen mit ihren Aufgabenstellungen zufriedenzustellen. Wie Holzkamp (ebd.) schreibt, zielt dieses außengesteuerte und sachentbundene Lernen lediglich auf die Abwehr von möglichen Bestrafungen; vor allem geht es »um die Abrechenbarkeit des Lernerfolgs bei den jeweiligen Kontrollinstanzen« (ebd., 1995, 193). Rosenberg, der Nestor der Gewaltfreien Kommunikation, fasst diese defensive Grundsituation drastisch zusammen: »In den regulären Schulen, in denen ich oft arbeite, sind Lehrer wie Milchflaschen und die Schüler wie leere Gläser, die in einer Reihe aufgestellt sind. Unterrichten ist: die Milch in die Gläser gießen. Wenn die Prüfung kommt, dann schütten die Gläser die Milch wieder in die Milchflasche, und am Ende haben wir 30 leere Gläser und eine Milchflasche voll mit ausgekotzter Milch« (2004, 122).

Bei selbstbestimmtem Lernen kann es bei großem Aktivitätsgrad zum Agieren im »Flow-Kanal« kommen (Burow 2011, 64), also dem intensiven Eintauchen in die Auseinandersetzung mit einer Sache, bei geringer Aktivitäten entstehen Tendenzen zum »Chill«, also dem entspannten ›Abhängen‹ beim Lernen, während dessen nach Aussagen der Hirnforschung Erarbeitetes weiter verarbeitet werden kann – und aus beidem besteht Lernen. Hier werden Möglichkeitsräume »expansiv begründeten Lernens« (Holzkamp 1995,191) geschaffen, d.h. es geht um das »Lernen, um mit der mit dem Eindringen in den Gegenstand erreichbaren Erweiterung der Verfügung/Lebensqualität willen« (ebd.). In solchen Möglichkeitsräumen verliert individuelle Förderung ihren Bezugsrahmen: Wenn alle Schüler/-innen an selbstgewählten Themen mit einem selbst definierten Kontinuum von Passiv-und-Aktivsein lernen, stellt sich die Notwendigkeit nicht mehr, dass einzelne innerhalb eines kollektiven Rahmens gefördert werden müssten. Was alle stattdessen bei ihren individuellen Vorhaben brauchen, ist Lernbegleitung durch aufmerksame und (be-)stärkende Erwachsene, und dies in individuell unterschiedlichem Ausmaß und zu verschiedenen Zeitpunkten ihrer Lernprozesse. Dazu gehört dann eine Fragehaltung, die eher auf das »was tust du gern?« fokussiert als auf das »was kannst du gut?« – und schon gar nicht »Was kannst du alles noch nicht und wobei ist Förderung angesagt?« Für die Lehrerrolle stellt sich dann nicht mehr das Dilemma der Motor-Brems-Dynamik, sie lässt sich eher als zeitweilig eingeladener Beifahrer, vielleicht als lernbezogener Stauberater und als pädagogischer Tankwart beschreiben. Oder mit Rosenberg gesagt: »Reiseveranstalter bieten dir verschiedene Reiseziele an, sie können dir auch etwas empfehlen oder dich beraten, aber sie sagen dir nicht, wo du hinfahren sollst. Reiseveranstalter erwarten von ihren Kunden weder, dass sie alle zusammen fahren, noch, dass sie alle an den gleichen Ort fahren. Und: Reiseveranstalter vermitteln die Reise und kümmern sich um das Organisatorische, aber sie fahren nicht mit« (2004, 120 f.).

Erst mit Möglichkeitsräumen für expansives Lernen entstehen Chancen dafür, dass Schüler/-innen sich als aktive, selbstwirksame Individuen innerhalb einer kreativen Gruppe erleben. ›Flow-Qualität‹ des Arbeitens – und vermutlich auch der ›Chill-Modus‹ des Verarbeitens – bedarf der Inspiration des gemeinsamen Denkens und einer dialogischen Qualität von Beziehung: »Kreativität gibt es nur im Plural«, fasst Burow (1999) zusammen und konstatiert für viele Aspekte der bisherigen Logik des Lehrens und Förderns eine »Individualisierungsfalle« (ebd.). Dies zu erkennen bedeutet, die »Spielregeln« für alle zu ändern, statt – wie bisher oft mit einem spezifischen Verständnis von Integration mit einem Förderansatz geschehen – einige dabei besonders (individuell, sonderpädagogisch, begabungsentsprechend) zu unterstützen, um am für alle schwierigen, weil defensiven »Spiel« besser teilnehmen zu können.

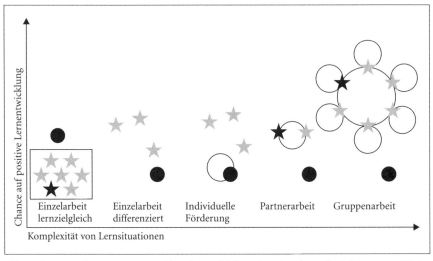

Abb. 4: *Chancen auf positive Lernentwicklung in verschiedenen Lernsituationen (in Anlehnung an O'Brien, Pearpoint & Kahn 2010)*

In welchem Ausmaß es zu expansiv begründeten Lernprozessen kommen kann, hängt u.a. auch von den Konstellationen ab, in denen gelernt wird. Hier können anregende Überlegungen zu positiven Veränderungsprozessen aus der Organisationsentwicklung adaptiert werden (vgl. Abbildung 4). Die Sterne symbolisieren Schüler/-innen, ein(e) Lehrer/-in wird durch einen schwarzen Punkt dargestellt, mit dem schwarzen Stern werden die individuelle Situation und das entsprechende Potenzial einer jungen lernenden Person bezeichnet.

Verschiedene Lernsituationen enthalten unterschiedliche Entwicklungspotenziale: Wird vor allem allein gelernt, bleibt das Anregungspotenzial gering – dies hängt zudem davon ab, ob für alle Schüler/-innen die gleichen Aufgaben verordnet werden oder auch unterschiedliche oder selbst gewählte Vorhaben möglich sind. Die Variante individueller Förderung bezeichnet eine spezifische Situation der Partnerarbeit, bei der ein Erwachsener den Partner dieses Kindes mit der stärksten Interaktion bildet. Gleichwohl zeigt sich häufig, dass kooperierende Kinder mehr voneinander lernen als von kooperierenden Erwachsenen. Das in der Abbildung höchste Potenzial liegt bei der Gruppenarbeit, bei der auch die Hintergründe und Erfahrungen aller Beteiligten einen Einfluss haben – wie weit dies zum Tragen kommen kann, hängt von deren Arrangement ab, von eng oder weit gefassten inhaltlichen und methodischen Vorgaben. Dass das Potenzial für positive Lernentwicklungen und die Komplexität von Lernsituationen damit noch nicht erschöpft sind, deuten beide über die Formen hinausweisenden Pfeile an.

Mit dieser schematischen Übersicht soll jedoch keine Hierarchie von Lernsituationen aufgestellt werden. Alle Konstellationen der Abbildung 4 in Balance zu erfahren und leben zu können, ergibt die soziale Ästhetik (vgl. Eckmann 2008) als in sich förderliche Grundgestalt. Die Anerkennung der dialektischen Notwendigkeit des sich existenziell »Richtig«-Fühlen-Könnens (vgl. Liedloff 2006) beim individuellen Prozess des Lernens im Kontext mit anderen Menschen, die immer als Modell, als Reibungsfläche und als Zeuge am jeweiligen Lernprozess teilnehmen oder auch teilgeben können, ist die Basis der Bereitstellung pädagogischer Möglichkeitsräume für expansiv begründetes Lernen.

So groß ist die Herausforderung eigentlich – weitaus größer also, als »nur« über Formen der Individualisierung nachzusinnen: »Lernfreude und Schulglück«, so Burow (2011), sind im Sinne einer »Positiven Pädagogik« (ebd.) nur mit einem veränderten Verständnis des Auftrags von Schule vereinbar – weg von Selektion und Verteilungskonkurrenz mit der Drohung von Exklusion. Burow stellt einen anderen Bezug zur Förderung dagegen: »Inklusion – so heißt das neue Schlüsselwort einer Pädagogik, die endlich auf die gleichberechtigte Förderung aller« Schüler/-innen setzt mit dem Ziel »einer Schule für alle« (ebd., 207). Interessant ist hierbei, dass Burow den Begriff der Förderung quasi demokratisieren will – es stellt sich allerdings die Frage, ob er überhaupt noch angemessen ist vor dem Hintergrund defensiv bzw. expansiv begründeter Lernmöglichkeiten. Das könnte dann auch »zeitweilige Unterstützung« oder »Begleitung« sein. Wie dies konkret aussehen kann, wird im Folgenden anhand des Index' für Inklusion aufgezeigt, einem Material zur Inspiration und Selbstevaluation von Schulen auf dem Weg zu Inklusion.

Der Index für Inklusion und die Dialektik individueller Unterstützung und gemeinsamen Lernens

Es gibt nicht das eine Modell und den einen einzig passenden Ansatz – dennoch haben inklusive Schulwirklichkeiten ähnliche Merkmale, Werte und Grundüberzeugungen. Diese finden sich auch im Index für Inklusion (vgl. Booth/Ainscow 2002, Boban/Hinz 2003). Er zeigt Schlüsselelemente einer inklusiven, allen Heterogenitätsaspekten positiv Rechnung tragenden Pädagogik auf (vgl. Boban/Hinz 2008a) und es erweisen sich Konzepte wie die Gewaltfreie Kommunikation (Rosenberg 2004), das Kooperative Lernen in Gruppen (Green/Green 2006) oder auch die Democratic Education (Hecht 2002; 2010) – von der wird noch die Rede sein – als passend und anregend.

Der Index für Inklusion unterstützt Schulen, die sich, dem gegliederten Schulsystem und anderen gesellschaftlichen Segregationstendenzen zum Trotz, als inklusive Gemeinschaft verstehen, die Vielfalt und Verschiedenheit der Menschen willkommen heißen und anerkennend durch eine entsprechende Praxis Rechnung tragen wollen. Der Abbau von »Barrieren für das Lernen und die Teilhabe« für alle Beteiligten ist die zentrale Zielsetzung des Index – so schon sein Untertitel. Eine an diesem Leitziel orientierte kontinuierliche inklusive Schulentwicklung mit diesem in 40 Sprachen vorliegenden Material erfolgt stets mit möglichst vielen am Schulleben beteiligten Menschen, setzt also auf deren Partizipation und bildet somit ein Gegengewicht gegen die verbreiteten externen Leistungsmessungen, die die Qualität von Schule letztlich doch über die Qualität von Schülerleistungen messen. Entscheidend ist beim Index die Entwicklung einer dialogischen Qualität in der Schulgemeinschaft (vgl. Boban/Hinz 2004, Hartkemeyer/Hartkemeyer 2005).

Zur Steigerung inklusiver Qualität regt der Index für Inklusion drei Dimensionen als Entwicklungsbereiche an (vgl. Boban/Hinz 2003):

- Als Basis wird angestrebt, *inklusive Kulturen* zu schaffen, in denen jedem Individuum die volle Teilhabe am Gemeinschaftsleben möglich ist und Werte – wie die höchstmögliche Entfaltung der Begabungen – durch Wertschätzung aktiv erfahren werden. Es gilt also aktiv eine Gemeinschaft mit gemeinsamen Zielen und Grundüberzeugungen zu bilden und inklusive Werte als Basis gemeinsamen Handelns zu verankern.
- Darauf aufbauend werden *inklusive Strukturen* etabliert, die ein vielfältiges Lernen für alle entwickeln helfen, indem Unterstützung für die unterschiedlichsten Bedarfe organisiert wird. Hierzu gehört zum einen, eine Schule für alle Schüler/-innen zu entwickeln, die sich in dieser Schule entfalten und an ihr teilhaben können, und zum anderen vielfältige Formen der Unterstützung von Vielfalt zu entwickeln.

- Hiermit verbunden ist die Entwicklung *inklusiver Praktiken*, in denen das Lernen vielfältig orchestriert wird und die je notwendigen Ressourcen mobilisiert werden.

Diese drei Dimensionen werden im Index für Inklusion weiter ausdifferenziert: in sechs Bereiche, 44 Indikatoren und 560 Fragen, die als großes Buffet das gemeinsame Nachdenken über die aktuelle Situation und mögliche nächste Schritte anregen sollen. Viele dieser Fragen im Index für Inklusion betreffen individuelle Interessen, Bedürfnisse und Bedarfe und Möglichkeiten ihnen zu entsprechen, so etwa (Boban/Hinz 2003):

- Vermeiden die Mitarbeiter/-innen es, Schüler und Schülerinnen aufgrund ihres gegenwärtigen Leistungsstandes festgelegte Fähigkeiten zuzuschreiben? (ebd., 60)
- Werden alle Unterstützungssysteme mit einer Strategie koordiniert, die auf verbesserte Fähigkeiten der Schule zielt, der Vielfalt zu entsprechen? (ebd., 72)
- Wird die Anwesenheit zusätzlicher Erwachsener dazu genutzt, Inhalte und Unterrichtsformen so zu verändern, dass das Lernen und die Teilhabe für alle Schüler/-innen verbessert werden? (ebd., 82)
- Werden die Schüler/-innen darin einbezogen, Wege zur Überwindung eigener Lernschwierigkeiten oder der von anderen zu finden? (ebd., 84)
- Gibt es Gelegenheiten zu gegenseitiger Unterstützung von Schülern/Schülerinnen unterschiedlicher Jahrgänge, ggf. auch als Unterstützung älterer durch jüngere? (ebd., 92) und
- Prüfen die Lehrer/-innen Möglichkeiten, den Bedarf an individueller Unterstützung bei Schülern/Schülerinnen zu reduzieren? (C.1.1, Frage 10; ebd., 81)

Hier wird auch konkret deutlich, dass eine Inklusive-Perspektive nicht in der Ausweitung von Förderung von bisher als »förderbedürftig« stigmatisierten auf alle Schüler/-innen Demokratisierung von Förderung im obigen Sinne Burows liegt, sondern vielmehr darin, die vorhandene oder noch steigerbare Heterogenität der Lerngruppe mit der entsprechenden Orchestrierung von Lernprozessen als »kreatives Feld« (Burow) expansiv produktiv zu machen. Dies schließt auch die Verminderung individueller Unterstützung als Reflexionsanstoß ein.

»Democratic Education« als Beispiel für das Eröffnen von Möglichkeitsräumen für individuelles und gemeinsames Lernen für alle

Wenn es darum geht, Möglichkeitsräume für expansiv begründetes Lernen zu schaffen, bietet sich das Konzept demokratischer Bildung an. Ausgehend von einer dialogischen Beziehung zwischen Kindern und Erwachsenen, die auf »Gleichwürdigkeit« basiert (vgl. Juul/Jensen 2004), organisieren sich weltweit immer mehr Schulen als demokratische Gemeinschaft mit Schulparlament, Justizkomitees etc. und ermöglichen pluralistisches Lernen, das allen Schüler/

Schülerinnen die freie Wahl ihres bevorzugten Lerngegenstands überlässt und bei einer Altersmischung von drei bis 18 Jahren Programme und Material für selbstorganisiertes Lernen bereitstellt. Während die ersten Elemente schnell einzuleuchten scheinen, ist die Freiheit des Curriculums, die freie Wahl des »Was und Wie des Lernens« für viele die Provokation schlechthin, so Hecht (2002; 2010), Gründer der ersten demokratischen Schule in Israel. Diese Wahlfreiheit führt aber in der Regel nicht dazu, allein einer Sache nachzugehen, sondern gemeinsam mit Partnern/Partnerinnen in Lerntandems oder kleinen Gruppen im Austausch mit anderen Erfahrungen zu suchen und sich Wissen anzueigen – quasi also expansiv begründetes Lernen in Reinkultur zu praktizieren.

Pluralistisches Lernen: Herzstück demokratischer Bildung, Pulsschlag auch für inklusive Pädagogik

In demokratischen Schulen gibt es eher selten didaktische Materialien, Schulbücher und festgelegte Curricula. Stundenpläne werden ausgehandelt, auf Noten und Abschlüsse wird meist ganz verzichtet und Lehrer/-innen haben die Rolle von Lernbegleitern/Lernbegleiterinnen. Sie stehen auf Anfrage der Lernenden zur Verfügung und werden von den Schülern/Schülerinnen als Mentoren/Mentorinnen für wöchentliche Dialoge gewählt.

Pluralistisches Lernen berücksichtigt die Einmaligkeit jeder Person und basiert auf der Überzeugung des für alle Menschen geltenden Rechts, diese Einmaligkeit auch ausdrücken zu können (Hecht 2010, 90). Diesen Personen, die je Individuen sind, deren Beiträge zur Welt immer einmalig sind, will pluralistisches Lernen Rechnung tragen.

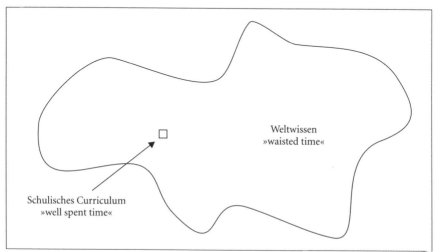

Abb. 5: Weltwissen und Schulwissen (nach Hecht 2010, 99)

Demgegenüber ist die Grundsituation in tradierten Bildungssystemen anders gekennzeichnet (vgl. Abbildung 5): Während die Wolke das gesamte Weltwissen in seiner Komplexität repräsentiert, symbolisiert das kleine Quadrat das Wissen, das als obligatorisches Curriculum in Schulen gelehrt wird. Nur die Hinwendung zur gleichen Zeit, zum gleichen Thema und womöglich auf die gleiche Weise gilt als »sinnvoll verbrachte Zeit« – alles andere wird als Zeitverschwendung eingestuft. Also versuchen die meisten Schüler/-innen, sich selbst und die eigenen Erkenntnisinteressen und Bedürfnisse, eigene Fragen und Neugier im Blick zu behalten und sich dennoch gleichzeitig an das große Ganze anzupassen. Nicht selten führt dies dazu, dass die Assimilation zum Verlust sowohl der eigenen wie der Wahrnehmung anderer führt (vgl. Hecht 2002, 5).

Innerhalb des Quadrats wird erwartet, dass sich alle an die Vorgaben halten und dem je geforderten Format anpassen, was in der Gaußschen Normalverteilungskurve mündet: Kinder werden anhand eines Kriteriums klassifiziert und zählen dann zu den (hoch)begabten, durchschnittlichen oder schwachen Schülern (vgl. Hecht 2010, 104). Demgegenüber sehen Vertreter/-innen demokratischer Bildung bei jedem Menschen Bereiche, in denen er (hoch)begabt, durchschnittlich und schwach ist. Der Erfolg des tradierten Systems liegt darin, »Squaristics« (2002, 6) also »Quadratist/-innen« zu erzeugen, die ihre Lernerfolge nach den Kriterien des Quadrats bewerten. Nur dort können sie einschätzen, ob sie einen Wissenszuwachs haben und von welcher Qualität ihr Können ist – aber nur bezogen auf das dort relevante, defensiv begründete Faktenwissen. Die Wissensautoritäten, so Hecht, verabreichen didaktisch aufbereitetes Material Häppchen für Häppchen und verfüttern den Stoff an die Wissenshungrigen, so dass sie satt und von Nichtwissenden zu Wissenden werden. Beim linearen Lernen wird u.a. gelernt (vgl. Hecht 2010, 155 f.),

- dass es »korrektes« Wissen gibt, das sich in den Händen bestimmter Koryphäen und Autoritäten befindet,
- dass persönliche Interessen irrelevant sind für das eigene Lernen,
- dass der je eigene Start- und Standpunkt keine Bedeutung hat, da die Entscheidung, was und wie gelernt wird, bei eigens dafür ausgebildeten, also sehr kompetenten Menschen liegt,
- dass jegliche Entdeckung, die nicht zum quadratförmigen Wissen passt, als »falsch« und »Fehler« bezeichnet wird,
- dass erwartet wird, Fehler zu vermeiden, da sie wichtige Punkte kosten und
- dass es sehr wichtig ist zu beweisen, die »richtige Antwort« zu haben.

Individuelle Förderung im Kontext inklusiver Pädagogik und demokratischer Bildung

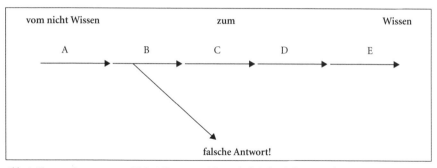

Abb. 6: *Lineares Lernen – vom Nicht-Wissen zum Wissen (vgl. Boban/Hinz 2008c)*

Wenn falsche Antworten vom Pfad der Linearität wegführen und bei jeder unerwarteten Antwort Warnlampen anspringen, wird »Monodenken« genährt. Diese Charakterisierung einer Kultur des defensiv begründeten Lernens ruft dann geradezu nach Formen der »Hilfe und Ergänzung« wie »Nachhilfe« oder anderen individuellen Strategien der Unterstützung zur Anpassung. Individuelles Fördern ist relativ leicht, wenn es in die lineare Dynamik einzufügen ist, denn es folgt der gleichen linearen Logik.

Schwierig ist es hingegen, wenn der Flow-Modus – wie beim Pluralistischen Lernen – in ein spiralförmiges Kreisen einmündet, und es ist auch fraglich, ob dabei überhaupt ein Bedarf an Förderung empfunden wird (vgl. Abb. 7). Die Hinwendung zu dem je eigenen Interesse ist jedoch nicht so einfach, wie es den Anschein hat, denn echtes Interesse und ernsthafte Hinwendungsbereitschaft sind oft verschüttet oder durch eine Flut an Eindrücken und Informationen gestört.

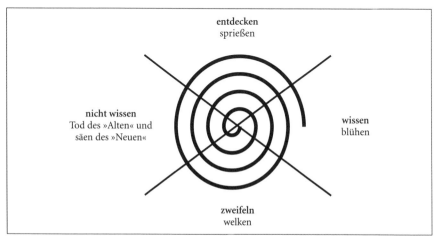

Abb. 7: *Pluralistisches Lernen als Spiralprozess (nach Hecht 2002, 14, vgl. Boban/Hinz 2008c)*

Wenn vertiefendes, selbst gesteuertes, freies Lernen im unendlichen Feld des Weltwissens, im Modus der »Zeitverschwendung« stattfindet, lässt sich dieses pluralistische Lernen mit dem Bild der Spirale und vier ständig wieder auftauchenden Bereichen darstellen: Sie beginnt in der »not-knowing-area«, dem Moment des bewussten Nichtwissens, erste Suchbewegungen führen in die »discovery-area«, das Feld der Entdeckungen; neue Erkenntnisse fügen sich zusammen und führen zum Abschnitt der »knowing-areas«, des Wissens, bis neue Informationen zu Irritationen in der »doubt-area« führen. Nun trüben Zweifel alte Klarheiten, Sicher-zu-wissen-Geglaubtes stirbt und neue Samenkörner anderer Ideen werden ausgesät, die mit neuen Zutaten und vertiefter Hinwendung zu sprießen beginnen, Blüten und Früchte des Wissens tragen, bis auch sie welken und vergehen (vgl. Hecht 2010, 121–136). Damit nimmt Hecht die alte Idee des hermeneutischen Zirkels für das Lernen in der Schule auf, der für die forschende Annäherung an einen Gegenstand steht.

Zwei Momente sind dabei bedeutsam: Zum einen ist diese zirkuläre Reise mit diversen Gefahren steckenzubleiben und Untiefen verbunden, auch Pannen und Leerlauf sind wahrscheinlich (vgl. Boban/Hinz 2008c). Daher sind in manchen Phasen Lernbegleiter/-innen hilfreich, während sie in anderen – Erfahrungen demokratischer Schulen zufolge – eher als störend empfunden werden. In den Phasen des Entdeckens und des Wissens, in denen am häufigsten der Flow entsteht, werden Lehrende selten gebraucht, zuweilen sogar um Rückzug gebeten. In den beiden Phasen des Zweifels und des Nicht-Wissens hingegen werden Zeugen benötigt, die empathisch zuhören und Impulse reflektieren können, also als Resonanzkörper zur Verfügung stehen. Dies schafft die Herausforderung für Lernbegleiter/-innen, bei hoher Präsenz und entsprechender Qualifikation in Fragen des Lernens und seinen Unterstützungsmöglichkeiten eine möglichst große Zurückhaltung zu pflegen. In diesen Möglichkeitsräumen expansiv begründeten Lernens wird also etwas anderes gebraucht als mit individueller Förderung bereitgestellt werden kann. Ziel der Freiheit im pluralistischen Lernen ist es, Menschen und ihr Lernen so zu stärken, dass sie an sich und ihre (Erkenntnis-)Möglichkeiten glauben. Hecht sieht es als Beleg für den Erfolg des pluralistischen Lernens, wenn eine Person in der tätigen Auseinandersetzung mit der Welt lernend die eigene Einmaligkeit erfährt. Und wenn sie sich durch die Geburt der eigenen Ideen selbst als erkennend und gestaltend erfährt, wird ihr zugleich die Einmaligkeit der anderen Individuen und deren Kreativität bewusst.

Fazit

Wie der Ansatz der demokratischen Bildung mit seinen deutlichen Synergien mit inklusiver Pädagogik zeigt (vgl. Boban/Kruschel/Wetzel 2012), ist es möglich, sich aus der »Individualisierungsfalle« (Burow 1999) zu befreien und Gemeinschaften als kreative Felder so zu gestalten, dass sie im Stil einer »Session« miteinander »swingen und jammen«. Indem Schulen als kreative Felder individuelle Unterschiede positiv (be)achten und Vielfalt synergetisch nutzen, können »originelle Individuen und Teams, Menschen, Ideen und Projekte ... sich selbst und die Gesellschaft bereichern« (Burow 2011, 235). Damit verspricht Schule einzelnen Personen deutlich mehr individuell gerecht zu werden, sie tut dies aber nicht, indem sie durch individuelle Förderung Probleme beim Mithalten mit dem Klassenniveau kompensatorisch zu lösen versucht oder die je individuellen und doch defensiv bleibenden, weil vorgegebenen Aufgaben abarbeiten lässt, sondern indem sie Möglichkeitsräume schafft, in denen alle Beteiligten expansiv und pluralistisch in jeweiligen »areas of strength« und »areas of growth« (Hecht 2010, 113) ihren Neigungen und Interessen nachgehen können. Das wird häufig kooperativ geschehen. Dieses dürfte gleichzeitig auch ein Beitrag zum Aufbau von »areas of strength« und »areas of growth« bei Lehrern und Lehrerinnen sein.

Literatur

Boban/Hinz (2000). Förderpläne – für integrative Erziehung überflüssig!? Aber was dann?? In: Mutzeck (Hrsg.). Förderplanung. Grundlagen – Methoden – Alternativen. Weinheim: Deutscher Studien Verlag, 131–144.
Boban/Hinz (Hrsg.) (2003). Index für Inklusion. Lernen und Teilhabe in Schulen der Vielfalt entwickeln. Halle (Saale): Universität.
Boban/Hinz (Hrsg.) (2004). Gemeinsamer Unterricht im Dialog. Vorstellungen nach 25 Jahren Integrationsentwicklung. Weinheim, Basel, Berlin: Beltz.
Boban/Hinz (2008a). Schlüsselelemente inklusiver Pädagogik – Orientierungen zur Beantwortung der Fragen des Index für Inklusion. In Knauder/Feiner/Schaupp (Hrsg.). Jede/r ist willkommen! Die inklusive Schule – theoretische Perspektiven und praktische Beispiele. Graz: Leykam, 53–65.
Boban/Hinz (2008b). Sonderpädagogische Förderung in der Allgemeinen Schule (Integration) und in Sonderschulen. In Arnold/Graumann/Rakhkochkine (Hrsg.). Handbuch Förderung. Grundlagen, Bereiche und Methoden der individuellen Förderung von Schülern. Weinheim, Basel: Beltz, 410–419.
Boban/Hinz (2008c). »The inclusive classroom« – Didaktik im Spannungsfeld von Lernprozesssteuerung und Freiheitsberaubung. In Ziemen (Hrsg.) Reflexive Didaktik – Annäherungen an eine Schule für alle. Oberhausen: Althena, 71–98.
Boban/Kruschel/Wetzel (2012). The Marriage of Inclusive and Democratic Education. In Seitz et al. (Hrsg.). Inklusiv gleich gerecht? Inklusion und Bildungsgerechtigkeit. Bad Heilbrunn: Klinkhardt (in Vorbereitung).
Booth/Ainscow (Hrsg.) (2002). Index for Inclusion. Developing Learning and Participation in Schools. Bristol: CSIE.
Burow (1999). Die Individualisierungsfalle. Kreativität gibt es nur im Plural. Stuttgart: Klett-Cotta.

Burow (2011). Positive Pädagogik. Sieben Wege zu Lernfreude und Schulglück. Weinheim, Basel: Beltz.

Eckmann (2008). Sozialästhetik – Lernen im Begegnungsfeld von Nähe und Freiheit. In Beiträge zur Sozialästhetik (Hrsg.). Bd. 5. Bochum, Freiburg i.Br.: Projekt.

Green, N./Green, K.(2006). Kooperatives Lernen im Klassenraum und im Kollegium. Das Trainingsbuch. Seelze: Kallmeyer.

Hartkemeyer, J.F./Hartkemeyer, M. (2005). Die Kunst des Dialogs – kreative Kommunikation entdecken. Erfahrungen, Anregungen, Übungen. Stuttgart: Klett-Cotta.

Hecht (2002). Pluralistic Learning as the Core of Democratic Education. Internetfundstelle: http://www.democratic.co.il/uploads/english/articles/PluralisticLearningIDEC2002.pdf.

Hecht (2010). Democratic Education. A Beginning of a Story. Tel Aviv, Israel: Innovation Culture.

Holzkamp (1992). Die Fiktion administrativer Planbarkeit schulischer Lernprozesse. Internetfundstelle: http://www2.ibw.uni-heidelberg.de/~gerstner/holzkampLernfiktion.pdf.

Holzkamp (1995). Lernen. Subjektwissenschaftliche Grundlegung. Frankfurt a.M.: Campus.

Juul/Jensen (2004). Von Gehorsam zur Verantwortung. Für eine neue Erziehungskultur. Weinheim, Basel: Beltz.

KMK (1994). Empfehlungen zur sonderpädagogischen Förderung in Schulen der Bundesrepublik Deutschland. Beschluss der Kultusministerkonferenz vom 6.5.1994. Bonn.

KMK (2010). Inklusive Bildung von Kindern und Jugendlichen mit Behinderungen in Schulen. Internetfundstelle: http://www.kmk.org/fileadmin/pdf/Bildung/AllgBildung/Anhoerungstext-Entwurf-2010–12–03–205-AK.pdf.

Liedloff (2006). Auf der Suche nach dem verlorenen Glück. Gegen die Zerstörung unserer Glücksfähigkeit in der frühen Kindheit. München: Beck.

O'Brien/Pearpoint/Kahn (2010). The PATH & MAPS Handbook. Person-Centered Ways to Build Community. Toronto, Kanada: Inclusion Press.

Reiser (1998). Sonderpädagogik als Serviceleistung? In Zeitschrift für Heilpädagogik 49, 46–54.

Rosenberg (2004). Erziehung, die das Leben bereichert. Gewaltfreie Kommunikation im Schulalltag. Paderborn: Junfermann.

Individuelle Förderung: ein Beitrag zur Unterrichts- und Schulentwicklung in Nordrhein-Westfalen

Michael Gasse

Das Schulgesetz in Nordrhein-Westfalen gibt der individuellen Förderung einen besonderen Stellenwert. So heißt es in § 1 Abs. 1 Schulgesetz *»Jeder junge Mensch hat ... ein Recht auf ... individuelle Förderung«.* Der Gesetzgeber hat sich damit von dem Leitgedanken tragen lassen, dass in der individuellen Förderung der Schlüssel dafür liegt, allen Kindern und Jugendlichen mit ihren Potenzialen gerecht zu werden. Für das Ministerium für Schule und Weiterbildung in Nordrhein Westfalen liegt in der individuellen Förderung zugleich eine Chance zur Verbesserung von Chancengleichheit, sozialer Gerechtigkeit und Leistungsfähigkeit des Schulsystems in NRW.

Wir wissen, dass sich durch diese normative Basis zur individuellen Förderung bzw. durch entsprechende politische Leitentscheidungen die Unterrichtswirklichkeit nicht automatisch im Sinne dieser Zielperspektiven verändert. So verweisen z.B. internationale Leistungsvergleiche wie PISA darauf, dass Schülerinnen und Schüler in kaum einem Land öfter sitzenbleiben als in Deutschland. 23,1% aller 15-Jährigen haben die Erfahrung gemacht, ein Schuljahr wiederholen zu müssen (vgl. Klemm 2009, 5). Dass die individuelle Förderung noch nicht in dem gewünschten Maße in den Klassenzimmern angekommen ist, zeigt auch die Feststellung, dass Deutschland bei PISA 2006 weiterhin zu den Ländern zählt, die bei einem relativ hohen Leistungsniveau gleichzeitig eine große Leistungsheterogenität aufweisen (vgl. Prenzel u.a. PISA 2006, 5).

Von diesen Erkenntnissen ausgehend hat das im Schulministerium Nordrhein-Westfalen zuständige Referat Projekte aufgelegt, die bei einer gelingenden Praxis individueller Förderung ansetzen. Sie sollen helfen, erfolgreiche Konzepte individueller Förderung und ihre Gelingensbedingungen zu identifizieren, zu systematisieren und über ihre Veröffentlichung bzw. eine darauf bezogene systematische Kooperation von Schulen schrittweise in die Fläche zu bringen.

Dieser Beitrag soll einen Einblick in die konzeptionellen Grundgedanken geben, die zu den bereits erwähnten schulischen Projekten der individuellen Förderung führten. Im Rahmen dessen werden zugleich Hinweise gegeben, inwieweit eine so verstandene individuelle Förderung auch Beiträge zu einer an Standards- und Kompetenzen-orientierten Unterrichtsentwicklung leisten kann. Die Vernetzung der Schulen spielt in diesem Konzept eine zentrale Rolle. So wird davon ausgegangen, dass die schulische Vernetzung die kollegiale Kooperation in Schulen und zwischen Schulen fördert und als wichtige Ressource auch die Unterrichts- und Schulentwicklung unterstützt sowie Lern- und Innovationsprozesse in Gang bringt, die sich positiv auf Lernen, Leistung und Engagement der an Schule beteiligten Gruppen auswirken (vgl. Berkemeyer 2010).

Anlässe zur individuellen Förderung von Schülerinnen und Schülern

Mit den Ergebnissen der PISA-Studie 2001 war ein erster massiver Anstoß für alle Bundesländer gesetzt, »individuelle Förderung« in den Fokus bildungspolitscher Überlegungen zu rücken. So las sich die Zusammenstellung der in der von Artelt, Baumert u.a. 2001 vorgelegten Zusammenfassung der Ergebnisse der PISA-Studie 2000 doch eher ernüchternd:

- Mit fast 23% ist der Anteil schwacher und schwächster Leser unter den 15-Jährigen ungewöhnlich groß. Fast die Hälfte der deutschen 15-Jährigen liest nicht gerne. Vor allem beim Reflektieren und Bewerten von Texten schneiden deutsche Schüler im internationalen Vergleich unterdurchschnittlich ab (PISA 2000, 16).
- Knapp 25% der 15-Jährigen müssen laut PISA-Bericht zur Risikogruppe derjenigen gerechnet werden, deren Mathematikkenntnisse nur bedingt für eine erfolgreiche Berufsausbildung genügen (PISA 2000, 23).
- Insbesondere bei den naturwissenschaftlichen Leistungen weist Deutschland mit einer kleinen Spitzengruppe von etwa 3% und einer großen Problemgruppe von etwa 26% der 15-Jährigen eine breite Streuung auf. Das PISA-Konsortium folgert, dass es in Deutschland nicht wie in anderen Ländern gelingt, schwache Schüler und ebenso besonders begabte Schüler ausreichend zu fördern (PISA 2000, 29 f.).
- Die Abhängigkeit von sozialer Herkunft und Kompetenzerwerb ist in Deutschland besonders ausgeprägt: In keinem der insgesamt 32 PISA-Länder sind die Unterschiede in der Lesekompetenz zwischen Jugendlichen aus höheren und niedrigeren Sozialschichten (Kinder aus bildungsfernen Familien bzw. mit Migrationshintergrund) so groß wie in Deutschland (PISA 2000, 41).

Neben diesen PISA-Ergebnissen wurden auch in weiteren Studien seit 2000 deutlich, dass unser Schulsystem zu wenig dazu beiträgt, die Potenziale aller Schülerinnen und Schüler zur Entfaltung zu bringen bzw. dass zu viele Schülerinnen und Schüler verloren gehen. Wie oben erwähnt sind 23,1% aller 15-jährigen Schülerinnen und Schüler in ihrer Schulzeit mindestens einmal sitzengeblieben. Allein im Schuljahr 2006/2007 betrug die Nichtversetztenquote laut Bildungsberichterstattung 2010 bundesweit in der Sekundarstufe I 2,2% und betraf ca. 184.000 Schülerinnen und Schüler (vgl. Bildung in Deutschland 2010, 66). Darüber hinaus verlassen »... Jahr für Jahr rund 150.000 junge Erwachsene das Bildungs- und Ausbildungssystem ohne einen Abschluss. ... Hochgerechnet auf die Altersgruppe der 25- bis 34-Jährigen sind das mehr als 1,5 Millionen Menschen ...« (Allmendinger u.a. 2011, 6).

Damit sind nur einige Anlässe genannt, in schulischer Praxis stärker eine individuelle Förderung zu verankern. Hierzu wurden auf verschiedenen Ebenen Initiativen ergriffen.

Initiativen zur individuellen Förderung auf unterschiedlichen Ebenen – ein Überblick

Die oben skizzierten Ergebnisse aus PISA und anderen Studien beschreiben grundlegenden Entwicklungsbedarf, auf den die Bildungspolitik mit vielfältigen Aktivitäten auf unterschiedlichen Ebenen reagierte, z.B.:

Auf der Ebene der Kultusministerkonferenz (KMK)

Der Beschluss der KMK nach PISA 2003 sieht verschiedene gemeinsame Projekte der Länder zur Qualitätssicherung in Schulen vor, die Lehrerinnen und Lehrer in der Unterrichtsentwicklung (FORMAT), in der Lese- und Sprachförderung (Pro Lesen, FÖRMIG) bzw. im Umgang mit Heterogenität und der Weiterentwicklung diagnostischer Kompetenzen (UDiKom) unterstützen sollten (PISA 2003).

Auf der Ebene einzelner Bundesländer

Auch in anderen Bundesländern wurden Maßnahmen entwickelt, die individuelle Förderung stärker in den Focus schulischer Entwicklungsarbeit zu rücken (vgl. http://wikis.zum.de/vielfalt-lernen/index.php?title=Hauptseite). Diese Initiativen und Maßnahmen gehen von unterschiedlichen Voraussetzungen in den Ländern aus, verfolgen je eigene Ansätze und setzen unterschiedliche Schwerpunkte:

- *Begriffliche Umschreibungen* als Orientierung und Arbeitsgrundlage, mit dem Ziel der Grundlegung methodischer Zugänge wissenschaftlicher Untersuchungen schulischer Praxis und damit verbundener Analysen, Systematisierungen und Rückmeldungen (vgl. Kunze/Solzbacher 2008; Meyer 2004; Helmke 2009) bzw. dem bildungspolitischen Ziel der Sicherung eines gemeinsamen Verständnisses für Interventionen und Orientierung schulischer Praxis
- *Normierende Vorgaben*, die im Schulgesetz und in Verwaltungsvorschriften niedergelegt sind, z.B. der hessische Referenzrahmen für Schul- und Unterrichtsqualität bzw. die Bereiche und Merkmale guten Unterrichts und geeigneter individueller Förderung, wie sie in den Qualitätstableaus von Schulinspektion oder Qualitätsanalyse zu finden sind
- *Handreichungen* zur schulischen Praxis individueller Förderung oder Förderdiagnostik, wie sie in Bayern, Niedersachsen, Sachsen, Brandenburg, Schleswig-Holstein oder Hamburg entwickelt wurden oder das Programm »Individuelle Förderung: Beobachten – Beschreiben – Bewerten – Begleiten«, das in Baden-Württemberg als Grundlage und Impuls von Unterrichtsentwicklung entwickelt wurde

In Nordrhein-Westfalen wurden diese Initiativen zum Teil aufgegriffen. Entscheidendes Merkmal des weiteren Weges in NRW war aber, diese Ansätze und den Grundgedanken der individuellen Förderung über zentrale Projekte an die schulische Praxis heranzutragen.

Grundüberlegungen und zentrale Projekte der individuellen Förderung in Nordrhein-Westfalen

In einer geeigneten individuellen Förderung aller Schülerinnen und Schüler liegt für das Schulministerium in Nordrhein-Westfalen eine Chance zur Verbesserung von Chancengleichheit, sozialer Gerechtigkeit und Leistungsfähigkeit des Schulsystems. Da sich durch diese Zielperspektive die Unterrichtswirklichkeit nicht automatisch in diesem Sinne verändert, stellt sich die Frage nach den strategischen Leitentscheidungen der Administration, durch die die individuelle Förderung im Unterricht aller Schulen Wirklichkeit wird.

Wir wissen aufgrund der Erkenntnisse aus Veränderungsmanagement und Organisationsentwicklung, dass »Top-down-Modelle« in der Regel nicht funktionieren; erst recht nicht, wenn es sich um die Steuerung lose gekoppelter Systeme wie Schulen handelt. Auch »Bottom-up-Prozesse« stehen in der Gefahr, einen »Flickenteppich« verschiedener Lösungen zu erzeugen. Für die Bildungspolitik eines Landes ist es von ausschlaggebender Bedeutung, einen Ansatz zu entwickeln, der die tiefen Einblicke der Praxis mit dem Überblick der Spitze verbindet.

Um das Letztgenannte zu erfüllen, musste vom zuständigen Fachreferat im Schulministerium eine eigene Vorgehensweise entwickelt werden, die nicht vom grünen Tisch her dachte, sondern an die in Schulen in Nordrhein-Westfalen vorhandenen Beispiele (mehrheitlich sporadisch praktizierter) gelingender individueller Förderung anknüpfte. Solche Beispiele wurden gesichtet, systematisiert und anderen Schulen als Orientierung angeboten. Dafür wurde eine Matrix entwickelt, die Handlungsfelder und Zielgruppen der individuellen Förderung unterscheidet und zueinander in Beziehung setzt.

Individuelle Förderung: ein Beitrag zur Unterrichts- und Schulentwicklung in NRW

Handlungs-felder / Zielgruppen	Grundlagen schaffen/Beobachtungskompetenz stärken	Mit Vielfalt umgehen/Stärken stärken – *Unterschiedlichkeit als Chance nutzen*			Übergänge begleiten – Lernbiografien bruchlos gestalten	Wirksamkeit prüfen – Förderung über Strukturen sichern
		über Formen innerer Differenzierung	über Formen äußerer Differenzierung	über Lernbegleitung und Beratung		
Schüler/Schülerin	z.B. Wahrnehmung und Ursachenerklärung trennen, Lernentwicklung dokumentieren, Schulsprache, Lese- und Rechtschreib-, bzw. Lernkompetenzen fördern	z.B. individuelle Aufgaben, Themen, Lernzeit, Material	z.B. Drehtür individuell nutzen, Selbstlernzentren	z.B. auf eigene Lösungen neugierig machen	z.B. individuell beraten, intern/extern	Lernzuwachs dokumentieren
Lerngruppe	z.B. Lernstand erheben, Interessenschwerpunkte ermitteln	z.B. arbeitsteilige Gruppenarbeit, Portfolioarbeit	z.B. Förderband nutzen, unterschiedliche Gruppenzusammensetzungen	z.B. Förder-Konferenzen durchführen, Einzelfallberatung	z.B. Begrüßungstage durchführen, Austausch zwischen Beteiligten (Schulen, Eltern, Schüler, Betriebe, etc.)	Ergebnisse von Lernstandserhebungen analysieren
Schule als System	z.B. Festlegung von Basiskompetenzen (Lern-, Arbeits-, Sozialverhalten, fachliche Standards) Fortbildung zur individuellen Förderung organisieren	z.B. Projekttage für Jahrgangstufen, Paten	z.B. Lernstudio	z.B. Schülersprechtage etablieren, Einzelfallberatung	z.B. Berufspraktika, Uni-Schnuppertage	Analyse der Zahlen von Nichtversetzung, blaue Briefe, Vermittlungsquoten, Qualitätssicherung

Abb. 8: Matrix zu Handlungsfeldern und Zielgruppen der individuellen Förderung

Diese in Abbildung 8 abgebildete Matrix ist im kritischen Dialog mit Schulpraktikern und Wissenschaftlern entstanden und war bis 2010 eine zentrale Grundlage des »Rahmenkonzepts Individuelle Förderung Nordrhein-Westfalen«. Sie wurde in http://www.chancen-nrw.de veröffentlicht (vgl. http://www.chancen-nrw.de/cms/front_content.php?idcat=219) und eröffnete Schulen die Möglichkeit, ihre eigene schulische Praxis in ihrer Bedeutung für die individuelle Förderung zu reflektieren, Einzelaktivitäten in diese Systematik einzubringen und schulische Praxis in diesem integrierenden Gesamtzusammenhang weiter zu entwickeln. Damit bekamen schulische Beispiele zur individuellen Förderung auch eine landesweit gültige Struktur, die der weiteren Verständigung diente und Basis für die Projekte der individuellen Förderung in NRW wurde.

Im Projekt »Gütesiegel Individuelle Förderung« wurde diese Struktur zur Grundlage einer schulischen Standortbestimmung, die im Rahmen von Gesprächen mit Experten zur Formulierung von schulischen Stärken und Entwicklungsbedarf im Bereich ihrer Praxis der individuellen Förderung führte. Je nach Ausprägung dieser Praxis wurde Schulen, die eine solche Standortbestimmung vorgenommen hatten und zentrale Bausteine einer gelingenden individuellen Förderung erfolgreich praktizierten, verantwortet durch das Schulministerium, für drei Jahre das »Gütesiegel Individuelle Förderung« verliehen. Diese Schulen wurden mit ihrem Profil, ihren Konzepten und Fördermaterialien über http://www.chancen-nrw.de bekannt gemacht. Es war vorgesehen, mit den ausgezeichneten Schulen den Entwicklungsstand ihrer Praxis der individuellen Förderung im Sinne eines »Peer Reviews« nach drei Jahren mit dem Ziel zu reflektieren, bei positivem Verlauf das »Gütesiegel Individuelle Förderung« zu verlängern.

Neben diesem Projekt, dem ein integrierenden Ansatz zugrunde liegt, der Schulen motivierte, ihre »Schätze der individuellen Förderung« zu heben und für ihre Weiterentwicklung zu nutzen, wurde ein zweites Projekt gemeinsam mit wichtigen Lehrerorganisationen entwickelt. Die Initiative »*Komm mit! – Fördern statt Sitzenbleiben*«. Sie führte Schulen zusammen, die sich dafür entschieden hatten, die Zahl ihrer Sitzenbleiber durch gezielte Förderung zu reduzieren. Für die Projektlaufzeit erhielten diese Schulen 0,3 Stellenanteile als Anschub und eine wissenschaftliche Begleitung, die es ihnen ermöglichte, Förderung datenbasiert zu entwickeln und zu steuern, und sie auf diesem Weg beratend unterstützt. Die wissenschaftliche Begleitung wurde zunächst durch Prof. Dr. Reiner Peek, Universität Köln, wahrgenommen, der Ausrichtung und Konzept des Projektes und der wissenschaftlichen Begleitung mitgeprägt hat. Nach seinem plötzlichen und viel zu frühen Tod wurde diese Arbeit von Prof. Dr. Andreas Helmke und seiner Arbeitsgruppe der Universität Koblenz-Landau weitergeführt. In der Entwicklung ihrer Konzepte zur individuellen Förderung haben die Schulen konzeptionelle Freiheit. Wie die Schulen der Initiative Gütesiegel wurden die *Komm-mit!*-Schulen zu einem regelmäßigen Austausch in den Regionen eingeladen.

Für die Umsetzung beider Initiativen waren folgende Merkmale kennzeichnend:

- Anerkennung und erkennbare Wertschätzung schulischer Praxis, die in Verantwortung der Schulen kontinuierlich weiter entwickelt wird

- Recherche, Systematisierung, Darstellung und Kommunikation gelingender Praxis und damit verbunden – gemeinsam mit Schulen – die weitere Konkretisierung der Leitvorstellungen zu einer schulischen Praxis, die dem pädagogischen Grundprinzip der individuellen Förderung gerecht wird
- systematische Anbahnung und Unterstützung des fachlichen Austauschs und der Kooperation von Schulen in den Regionen mit dem Ziel der schrittweisen Entwicklung professioneller Lerngemeinschaften in Schule und zwischen Schulen
- Anregung und Unterstützung datenbasierter Förderung

Der Weg schulische Praxis aufzugreifen und zu systematisieren unterscheidet sich in beiden Initiativen. Steht im »*Gütesiegel*« die Arbeit an einem schulischen Konzept individueller Förderung im Vordergrund – Schulen »heben« ihre Schätze individueller Förderung für die Weiterentwicklung ihrer (Unterrichts-)praxis –, setzt »Komm mit!« bei einer speziellen Zielsetzung der Schulen (Reduzierung der Zahl der Sitzenbleiber«) an.

Beide schulpraktischen Ansätze sind aber mit Grundüberlegungen verbunden, die in der Entwicklung schulischer Praxis individueller Förderung generell zu bedenken sind:

- das *Verständnis für grundlegende Vorstellungen*, die in Schule bzw. in Schulen für schulische Praxis leitend sind. So gilt es zu verstehen, welche mentalen Modelle und subjektiven Theorien schulische Praxis leiten und Gelingensbedingungen systematisch in den Blick zu nehmen, die Lehrerinnen und Lehrer veranlassen, sich hier neu zu orientieren und sich Hilfe von außen dabei zu holen,
- ein *Leitbild zur individuellen Förderung*, demzufolge jeder Schülerin und jedem Schüler im Kontext einer Lerngruppe die Chance gegeben wird, ihr bzw. sein motorisches, kognitives, emotionales und soziales Potential umfassend zu entwickeln (vgl. Meyer 2004). Dieses Leitbild nimmt Schülerinnen und Schüler ganzheitlich wahr, macht sich pädagogische ebenso wie fachliche Grundsätze (Standard- und Kompetenzorientierung als Kerne einer individuellen Förderung im Fachunterricht) zu eigen und bietet Kategorien an, bestehende schulische Praxis zu systematisieren und gezielt weiter zu entwickeln
- die Identifikation von *Hindernissen und Barrieren* für eine solche Entwicklung und die Entwicklung von Strategien, diese zu überwinden
- die systematische Anregung und Unterstützung *kollegialer Kooperation und der Vernetzung* von Schulen als Strukturmerkmale eines gelenkten »Bottom-up-Prozesses«
- die systematische *Betrachtung von Wirkungen und Erfahrungen* auf diesem Weg, ihre Auswertung und Nutzung für nächste Schritte im System

Michael Gasse

Ansatzpunkte – mentale Modelle zur Praxis individueller Förderung

Ein wesentlicher Faktor für die Ausprägung von Unterrichtspraxis sind subjektive Theorien (»Beliefs«) von Lehrkräften wie Bilder und Leitvorstellungen von funktionierendem Unterricht, die in der Ausbildung bzw. in schulischer Praxis gewachsen sind, implizit tradiert werden und die alltägliche Praxis anleiten. Sie sind plausibel, gelten als bewährt und vermitteln Kontrolle und Handlungssicherheit. Ihr Funktionieren oder Nicht-Funktionieren entscheidet letztlich über die Veränderung schulischer Praxis.

Im Feld der individuellen Förderung begründen solche subjektiven Theorien einen der häufigsten Einwände, nämlich die Feststellung, dass in Lerngruppen von mehr als 30 Schülerinnen und Schülern eine individuelle Betreuung nicht mehr leistbar sei. Dieser Einwand geht vermutlich auf eine Unterscheidung zurück, die historisch in der Entwicklung vom Hauslehrerprinzip hin zum Unterricht in großen Lerngruppen gewachsen ist (vgl. Weigand 2007 und 2011). Um möglichst vielen Menschen Bildung zu vermitteln, bräuchte es andere Wege als den »Privatunterricht«. Individuelle Förderung und Betreuung, wie sie ein Hauslehrer leistet, könne in großen Lerngruppen nicht mehr erfolgen. Lernerfolg würde dadurch gewährleistet, dass homogene Lerngruppen geschaffen und sozusagen im »Gleichschritt« unterrichtet werden. Selektion, Aussortieren oder Formen äußerer Differenzierung (Nachhilfe) trügen dazu bei, indem sie die Homogenität der Lerngruppe sicherten. In dieser Sichtweise nehmen unterrichtliche Lernangebote und Unterrichtsführung einen imaginären Durchschnittsschüler in den Blick. Förderung wird zum außerunterrichtlichen Bemühen, für einzelne Schülerinnen und Schüler über Sondermaßnahmen (äußere Differenzierung) den Anschluss an die Lerngruppe wieder herzustellen (vgl. Trautmann/Wischer 2011).

Individuelles Lernen geht in diesem Verständnis von Schule unter, die inhaltsgleich, zeitgleich, mit gleichen fachlich gegründeten Erklärungs-, Erarbeitungs- und Übungsmustern gleichen Lernfortschritt erreichen will. Individuelle Förderung ist auf der Grundlage dieser Vorstellungen nicht umsetzbar.

Auf der anderen Seite prägt unsere Gesellschaft eine zunehmende Individualisierung. Neben der gesellschaftlichen Durchsetzung individualisierter Biografien erhöht auch die lerntheoretische Erkenntnis, dass Lernen als individueller Prozess verstanden werden muss, den Druck auf Schulen und ihre Kollegien, Individualisierung auch im Unterricht umzusetzen.

Dies ist ein schwieriger und auch schmerzhafter Prozess, der nur gelingen kann, wenn Kollegien ihre eigenen subjektiven Theorien zu Unterricht reflektieren und sich gemeinsam öffnen. Dies ist aber auch ein Prozess, der behutsam und langsam gesteuert und in der skizzierten Weise als Zusammenwirken von

Beispielen gelingender schulischer Praxis und systematischer bedarfsgerechter Unterstützung durch die Schulaufsicht gelingen kann.

Abgesichert werden muss dieser Prozess durch ein bildungspolitisch angeregtes Leitbild, das individuelle Förderung zum pädagogischen Grundprinzip jeden Unterrichts macht, wie es im Schulgesetz in NRW verankert ist.

Das Leitbild der individuellen Förderung

Individuelle Förderung umspannt nach dem in das Schulgesetz eingeflossenen Leitbild einen weiten Bogen schulischer Praxis. Wie sie als schulische Aufgabe jeweils wahrgenommen wird, konkretisiert sich in den jeweiligen Settings der eigenverantwortlichen Schulen in NRW.

In Nordrhein Westfalen ist abgeleitet von diesem Leitbild ein Leitfaden für Schulen als orientierender Rahmen für Schulpraxis entwickelt worden (vgl. http://www.chancen-nrw.de/cms/front_content.php?idcat=219), der in einer mehrjährigen Begleitung der Schul- und Unterrichtsentwicklung von landesweit 450 Schulen aller Schulformen kontinuierlich weiterentwickelt wurde. Gelingende schulische Praxis individueller Förderung wird hier mit Hilfe der Unterscheidung von fünf Merkmalsbereichen beschrieben:

1. Sie zeichnet sich dadurch aus, dass sie vom Schüler aus denkt und sein Lernen und seinen individuellen Kompetenzzuwachs in den Vordergrund rückt. Mit dem Ansatz von dem aus zu denken, was ein Schüler/eine Schülerin am Ende des Lernprozesses mehr können soll, ist verbunden, die Selbstständigkeit im Lernen, die für das Lernen wichtigen sozialen und kooperativen Bezüge, die Potenziale und Stärken zum Ansatzpunkt für Lernarrangements, Feedback und Lernbegleitung zu machen (*Perspektivwechsel*).
2. Förderung ist systematisch angelegt. Hierzu gehört, dass Lehr- und Lernangebote diagnostisch fundiert sind und über systematische Beobachtung, Schüler-Lehrergespräche, diagnostische Aufgabenstellungen und spezifische Tests zu Lernstand und Lernprozessmerkmalen des einzelnen Schülers geeignete Förderung ermöglichen. Förderung wird dann auf ihre Wirksamkeit hin überprüft und die Eignung der Förderung bzw. die Passung der Lernangebote wird auch unter Berücksichtigung wissenschaftliche Befunde (vgl. Hattie-Studie 2011) in den Blick genommen. Schulische Arbeit wird zunehmend auch empirisch fundiert. Schulische Leistungsergebnisse, Wiederholerquoten, Springerquoten, Wettbewerbs- und Akademieteilnahmen, Frühstudien, Vermittlungs- und Abschlussquoten, schulische Ergebnisse von Lernstandserhebungen und zentralen Prüfungen werden systematisch in den Blick genommen und für die Weiterentwicklung von Unterricht und schulischer Praxis genutzt (evidenzbasierte Schul- und Unterrichtsentwicklung). Beratung, Lernbegleitung und Feedback verändern sich. Potenziale werden zum Ansatzpunkt der Unterstützung, der individuell nächste Lernschritt im Rahmen

des Kompetenzrasters fachlichen Lernens zum grundlegenden Bestandteil einer an individuellen Stärken orientierten Rückmeldung, transparente Kriterien der Leistungsfeststellung und -beurteilung kennzeichnen ein schulisches Konzept der Leistungsbeurteilung, in deren Rahmen die Perspektive des Lerners systematisch eingebunden bzw. eingeholt wird (*systematische Förderung*).

Im Rahmen der Empfehlungen der Bildungskonferenz wurde dieser Bereich der systematischen Förderung näher beleuchtet: Ausgehend von der Individualität der Lern- und Bildungsprozesse, werden folgende Merkmale hervorgehoben:

- das grundlegende Prinzip der *Passung* zwischen Lernangeboten und individuellen Lernvoraussetzungen (die Schwierigkeit unterrichtlicher Aufgaben und Anforderungen liegt in einer optimalen Zone zwischen Unterforderung und Überforderung, unterrichtliche Angebote knüpfen an individuellen Kenntnissen, Interessen, Präferenzen sowie an der kulturellen, sprachlichen und ethnischen Identität der Schülerinnen und Schüler an)
- die gezielte Anpassung der Unterrichtsplanung und -gestaltung an die diagnostizierten Lernvoraussetzungen der Schülerinnen und Schüler (*Makro-Adaptation*) und das »mikro-adaptive« Handeln in konkreten Lehr-Lern-Situationen (spontanes Erfassen von Lernständen und -hindernissen und dementsprechenden individualisierten Fragen, Anregungen, Arbeitsaufträgen)
- *fachliche Kompetenzen* (im Sinne der Bildungsstandards und vorliegender Curricula) und lernrelevante personale und soziale Voraussetzungen (Motive, Emotionen, Affekte und Orientierungen (z.B. Förderung der Lernmotivation und Vermeidung von Schulmüdigkeit) sind Gegenstand der Förderung
- das Ausmaß (die Quantität) der Differenzierung und viel mehr die Qualität der Differenzierung (Passung, Timing, Dosierung), die Unterrichtsführung (mit Engagement, überzeugend, gut strukturiert, individuell kognitiv aktivierend, individuell motivierend und individuell unterstützend) als *Qualitätsmerkmale* individueller Förderung
- die Kombination mit *fachübergreifenden Merkmalen der Unterrichtsqualität* mit dem Komplex »Individuelle Förderung« (vgl. Helmke 2011)

3. Individuelle Förderung wird schrittweise zum zentralen pädagogischen Grundprinzip schulischer Praxis, indem sie
   - einen an Standards und Kompetenzen orientierten Fachunterricht prägt,
   - schulische Maßnahmen einer äußeren Differenzierung, die Unterricht anreichern, ergänzen und vertiefen bzw. darauf angelegt sind, Anschluss zu sichern bzw. wieder herzustellen, eng mit dem Fachunterricht verknüpft und

- schrittweise in einem integrierenden schulischen Förderkonzept zusammenführt. Dies wird z.b. durch einen kontinuierlichen kollegialen Austausch gesichert, der auch zur Folge hat, dass positive Lehrerfahrungen aus allen Bereichen systematisch aufgegriffen und für Weiterentwicklung genutzt werden (*integrierendes Förderkonzept*).
4. Individuelle Förderung zeichnet sich dadurch aus, dass sie intern auf einer kontinuierlichen, strukturell abgesicherten kollegialen Kooperation (z.B. Fachgruppen, Steuergruppen, Bildungsgang- oder Jahrgangsstufenteams) beruht und die Zusammenarbeit mit den Eltern breit gründet, die Zusammenarbeit mit anderen Schulen z.b. in fachlichen Netzwerken sucht, und mit allen Akteuren im Umfeld der Schule systematisch gestaltet. Dadurch kann sie krisenhafte Lernverläufe oder Übergänge so gestalten, dass individuelles Scheitern verhindert wird, und sich für die betroffenen Schülerinnen und Schüler neue Wege ergeben (*Kooperation*).
5. Schule stößt in in der Betrachtung ihrer Ergebnisse, durch die in systematischer Förderung angelegte Selbstevaluation und durch die regelmäßige Einbindung einer Außensicht (externe Evaluation/critical friends) gezielt Veränderungsprozesse an. Dies verfolgt sie auch mit dem Blick dafür, dass die Gestaltung von Lehr- und Lernangeboten bzw. von individueller Förderung sich mit jedem Schüler, jeder Schülerin neu stellt *(Entwicklungsoffenheit)*.

Barrieren und Hindernisse für ein solches Verständnis individueller Förderung

Über die oben skizzierten subjektiven Theorien hinaus hat Oelkers in seiner Expertise »*Barrieren für individuelle Förderung im Bildungssystem und ihre Bearbeitung*« (Oelkers 2010) Faktoren benannt, die einer Unterrichts- und Schulentwicklung im Sinne der skizzierten Leitidee der individuellen Förderung entgegen stehen. Er führt insgesamt 30 Faktoren auf, die auf den verschiedenen Ebenen von Schul- und Unterrichtsentwicklung wirksam sein können, die in der Steuerung auf verschiedenen Ebenen zu berücksichtigen sind. Die Unterscheidung von Hindernissen geht von den Akteuren der verschiedenen Ebenen (Oelkers/Reusser 2008) aus und fragt, was sie daran hindert, Schülerinnen und Schüler individuell zu fördern oder eine solche Praxis auf den Weg zu bringen (vgl. Oelkers 2010). Mögliche Barrieren und Hindernisse[7], individuelle Förderung umzusetzen sind nach Oelkers auf den Ebenen »Schule und Unterricht«, »Region« oder »Land« z.B. die »geringe Kommunikation und Intransparenz über die inneren Abläufe der Schule«, »keine Zielsteuerung durch verantwortliche Schulleitung«, »keine oder nur zufällig gewählte proaktive Rolle von Schülerinnen und Schü-

---

7 Die Aufzählung ist einer Liste entnommen, die den Ergebnissen des Expertenworkshops im Rahmen des Bertelsmann-Projektes »Heterogenität und Bildung« entspricht und von Oelkers mit Befunden aus der Literatur ergänzt wurde.

lern«, »keine gezielte Personalentwicklung bei Lehrkräften«, »keine Verknüpfung der Einzelschulen in regionalen oder kommunalen Netzwerken«, »kein Lernen von und mit Best-Practice der Förderung«, »keine Bearbeitung der Schnittstellen im Schulsystem«, »keine Bearbeitung von Risikoschulen«, »keine ausgeprägte Förderorientierung in der Ausbildung von Lehrerinnen und Lehrern«, »keine oder zu geringe Veränderungen der Steuerungstechnik in den Ministerien« bzw. »keine spürbare Reduktion der Belastungen bei den Lehrkräften« etc.

In einer ausführlichen Darstellung im Rahmen seiner Expertise zeigt Oelkers für alle von ihm identifizierten Barrieren Handlungsmöglichkeiten auf (Oelkers 2010). Zusammenfassend regt er mit Blick auf die aus seiner Sicht entscheidenden Barrieren an,

- das Thema individuelle Förderung sichtbar zu machen und die Notwendigkeit, sich hier zu engagieren, gut zu begründen,
- die Weiterbildung der Lehrkräfte zu einem Schwerpunkt zu machen,
- Schulen als selbstständige Einheiten stärker in einen Austausch miteinander zu bringen, so dass sie voneinander lernen können,
- Schulleitungen für ihre Rolle in diesem Prozess besonders zu qualifizieren,
- Eltern als unverzichtbare Partner in Schul- und Unterrichtsentwicklung systematisch und umfassend einzubeziehen,
- die externe Evaluation und die Interpretation ihrer Daten in den Prozess der Schul-und Unterrichtsentwicklung zur individuellen Förderung fest einzubeziehen und
- die Regionen und in ihnen die Zusammenarbeit der Schulen zu stärken. So stellt er fest: »*Die auf der Ebene der Region auszumachenden Bildungsbarrieren können im Wesentlichen durch organisierten Austausch und Lernen von den besten Lösungen bearbeitet werden*« (vgl. Oelkers 2010).

Kollegiale Kooperation und Vernetzung als zentrale Strategie zur Implementierung

Im Rahmen der oben skizzierten Initiativen »*Gütesiegel Individuelle Förderung*« und »*Komm mit! – Fördern statt sitzen bleiben*« wurden Schulen, die sich auf den Weg einer systematischen Weiterentwicklung ihrer Praxis der individuellen Förderung begeben hatten bzw. begeben wollten, in einen kontinuierlichen regionalen Austausch gebracht.

In beiden Projekten entwickelte sich ein Prozess, in dem Schulen eine themengebundene und regional geprägte Zusammenarbeit begannen, die sie bis heute weiterführen. Schulaufsicht und Schulministerium begleiteten diesen Prozess, unterstützt durch eine wissenschaftliche Begleitung.

Im Laufe der Zeit ist in beiden Initiativen eine breit gefächerte Praxis des Austauschs und der Kooperation beobachtbar, die auch Anschluss an weitere Unterstützungsstrukturen genommen hat. Dabei sind in den Regionen eigene Formate schulischer Zusammenarbeit entstanden, die von »Praxistagen« über gemeinsame Entwicklungsarbeit (z.b. Unterrichtsmaterialien, Konzepte, Förderpraktiken) bis hin zu Hospitationstagen reichen, die auch schulformübergreifend umgesetzt wurden.

Die Anlässe und Themen der Kooperation unterschieden sich dabei entsprechend der Ausrichtung der Projekte: auf der einen Seite die Initiative »*Gütesiegel*«, die bei einer Selbstvergewisserung schulischer Praxis ansetzt (»*Schulen heben ihre Schätze der individuellen Förderung*«) und ihre Systematisierung und Weiterentwicklung als Element kontinuierliche Schulprogrammarbeit unterstützt. Auf der anderen Seite entwickelte sich die Initiative »*Komm mit!*«, die bei der konkreten schulischen Zielsetzung der Reduzierung der Sitzenbleiber-Quoten ansetzt und den Schulen die Möglichkeit bietet Förderung datenbasiert zu gründen, was verbunden mit einer funktionsgerechten Wahrnehmung schulischer Daten für viele Schulen, wie sich im Laufe des Projektes herausstellte, ein wichtiger Entwicklungsschritt war.

Mit dem »*Komm mit!-Fördermonitoring*« steht den Schulen ein Instrument zur Verfügung, mit dessen Hilfe sie die Ausprägung und Auswirkung ihrer Förderinitiativen in ihrer Entwicklung und im Vergleich mit anderen Schulen analysieren können. Hierzu ermöglicht ihnen das Monitoring eine regelmäßige Betrachtung der Leistungsentwicklung der Schülerinnen und Schüler (Notenspiegel, Nichtversetztenquote und auf freiwilliger Basis Schulleistungsdaten) und eine Charakterisierung ihrer schulischen Förderung. Erst der wiederholte kollegiale Austausch in Regionaltagungen, die gemeinsame Diskussion schulischer Beispiele mit der wissenschaftlichen Begleitung unter der Leitung von Prof. Dr. Andreas Helmke trug dazu bei, dass dieses Instrument inzwischen von mehr als 93% der Schulen kontinuierlich genutzt wird und Schulen damit tatsächlich in einen Prozess datenbasierter Förderung eingestiegen sind.

Betrachtung von Wirkungen und Erfahrungen

Neben der Veränderung schulischer Praxis, die sich aus den Ergebnissen der wissenschaftlichen Begleitung ebenso ablesen lässt, wie aus den vielfältigen Präsentationen und Einblicken in schulische Praxis, die die Regionaltagungen ermöglichen, war ein wichtiges Ergebnis beider Initiativen die Mobilisierung der Schulen. Sie ist in der kontinuierlichen Zunahme der Zahl beteiligter Schulen dokumentiert. So finden sich im Rahmen der Initiative »*Gütesiegel*« bis heute 450 Schulen, die sich auf alle Schulamtsbezirke in NRW verteilen. In der Initiative »*Komm mit!*« wuchs die Zahl der Schulen seit 2009 von zunächst 350 auf inzwischen 730 Schulen (der Sekundarstufe I und Berufskollegs) an.

Eine Mobilisierung ist aber nicht nur an Zahlen ablesbar. Sie ist ebenso an der regelmäßigen Nutzung der Möglichkeit des kontinuierlichen Austauschs zu erkennen. Nahezu alle Schulen nutzten die Möglichkeit des regionalen Austauschs, der auch die Teilnahme weiterer an den Initiativen interessierter Schulen zulässt. Regional durchgeführte Evaluationen machen darüber hinaus deutlich, dass die Schulen die Möglichkeit zum Austausch und die weiteren Unterstützungsmaßnahmen (von außen unterstütze Bestandsaufnahme, eine damit verbundene Systematisierung ihrer Praxis) als hilfreich wahrnahmen und das so gestützte Engagement für eine Praxis individueller Förderung nicht als Belastung erlebt wurde.

Um aber weiterführend den Erfolg dieses Vorgehens zur Unterstützung schulischer Unterrichts- und Schulentwicklung einschätzen zu können, bedarf es über den Fokus auf die Projektarbeit hinaus (Engagement und Mitarbeit der Schulen in regionalen Netzwerken, von den Schulen erhobene Daten zu Effekten ihrer Förderpraxis) einer systematischen Betrachtung aller relevanten Daten zur Schul- und Unterrichtsentwicklung.

Auf der Ebene der Schule geht es hier um eine gezielte Betrachtung eigener schulischer Leistungsdaten (Ergebnisse von Lernstandserhebungen und zentralen Prüfungen), der Rückmeldung durch die Qualitätsanalyse und eine zunehmende Praxis schulischer Selbstevaluation. Hierzu zählen die Instrumente der QA, die Schulen zur Selbstevaluation nutzen können oder aber das »*Komm mit!-Fördermonitoring*«, das die Betrachtung von Tendenzen und Effekten schulischer Förderung ermöglicht.

Auf Landesebene lassen sich weiterhin die Ergebnisse der großen nationalen internationalen Schulleistungsstudien für eine Praxis individueller Förderung nutzen. Darüber hinaus geben auch die Daten Aufschluss, die landesweit vor dem Hintergrund der Initiativen zur Unterrichtsentwicklung und individuellen Förderung erhoben werden, z.B. der Qualitätsbericht der QA sowie Ergebnisse von Lernstandserhebungen und zentralen Prüfungen.

Ausblick

Für die Weiterentwicklung der Projekte der individuellen Förderung und der mit den Projekten verbundenen gelenkten »Bottom-up-Strategie« wurde mit der Bildungskonferenz NRW »*Zusammen Schule machen für Nordrhein-Westfalen*« eine neue Grundlage geschaffen. Unter Beteiligung von über 120 Vertreterinnen und Vertretern aus rund 50 Verbänden, Institutionen und im Landtag vertretenen Parteien wurden Empfehlungen zur Weiterentwicklung des Schulsystems in NRW erarbeitet und am 20.5.2011 dem Landtag NRW übergeben.

Die Empfehlungen zur »*Individuelle Förderung: von der Qualitätsanalyse bis zur systematischen Unterrichtsentwicklung und Lehrerfortbildung*« heben eine standard- und kompetenzorientierte Unterrichtsentwicklung und den Unterricht selbst als zentrale Elemente und Bezüge einer umfassend und ganzheitlich verstandenen individuellen Förderung hervor. Individuelle Förderung wird als pädagogisches Grundprinzip verstanden, das für alle Schulen bindend ist. Vor diesem Hintergrund werden insgesamt neun Empfehlungen formuliert (vgl. http://www.schulministerium.nrw.de/BP/Bildungskonferenz/Empfehlungen/ Empfehlungen_Individuelle_Foerderung_110517_NEU_.pdf), die neben einer Verbesserung der Rahmenbedingungen für individuelle Förderung auch eine praxisnahe und beteiligungsorientierte Umsetzung anraten. Vier Empfehlungen setzen für die Weiterentwicklung der individuellen Förderung und ihrer Projekte besondere inhaltliche Akzente:

1. Mit Blick auf die *Weiterbildung von Schulen und Lehrkräften* wird die Gestaltung und Durchführung eines Programms zur Weiterqualifizierung im Hinblick auf individuelle Förderung und systematische Unterrichtsentwicklung empfohlen, das alle Systemebenen einbindet und sich an Schulleitungen, Multiplikatoren und Lehrerinnen und Lehrer richtet. Sie soll praxisorientiert und bedarfsgerecht sein und über Formen einer längeren Begleitung der Schulen die Nachhaltigkeit der Veränderung schulischer Praxis sichern.
2. Da Lernen als dialogischer Prozess und Verhaltensänderung nicht ohne Feedback gelingen kann, fordert die Bildungskonferenz eine *ausdifferenzierte Feedbackkultur* als konstitutives Element der pädagogischen Arbeit an allen Schulen. Aspekte der Feedbackkultur sind z.B. eine an Stärken und Ressourcen orientierte Gestaltung von Lernbegleitung und -beratung, Lernstandsfeststellungen und Leistungsrückmeldung, die auch die Schülerperspektive mit einschließen sowie kollegiale Rückmeldung, die professionell im Rahmen von Unterrichtshospitationen oder als Rückmeldung zur Schulentwicklung aufgegriffen und verarbeitet wird.
3. Eltern sollen als entscheidende Partner in der Umsetzung des schulischen Bildungs- und Erziehungsauftrags systematisch in die Schulpraxis einbezogen werden. Eine so verstandene *Elternzusammenarbeit* geht über die formal geregelte schulgesetzliche Mitwirkung hinaus und sucht neue schulpraktisch erfolgreiche Formen der Einbindung und Zusammenarbeit, die weiterentwickelt und breiter genutzt werden sollen. Hierzu zählen die Vernetzung der Akteure in den Bildungsregionen, schulische Bildungsangebote für Eltern, neue Formen der Mitwirkung im Unterricht, Aktivitäten, die Schulen als Lebensraum und Stadtteilzentrum darstellen oder aber auch Formen einer aufsuchenden Zusammenarbeit.
4. Last but not least gibt es die Empfehlung, stärker auf *kollegiale Kooperation und Vernetzung* zu setzen. Wie wissenschaftliche Studien in diesem Bereich belegen, trägt kollegiale Kooperation wesentlich zur Aufnahme und Verarbeitung relevanten Wissens in Schulen bei, das eine Weiterentwicklung und Erneuerung schulischer Praxis ermöglicht (vgl. Berkemeyer/Bos 2010, 224 f.).

Kollegiale Kooperation in Schule und zwischen Schulen wirkt sich darüber hinaus auf verschiedenen Ebenen der Schulentwicklung aus. Sie kann zu einer zunehmenden Professionalisierung der Lehrkräfte und zu Veränderungen des

Unterrichts (mehr Schüleraktivierung und -beteiligung, individualisierende Differenzierung im Unterricht, dialogische Leistungsbewertung, Nutzung von Schüler-Feedback, lebensnähere Aufgabenstellung, etc., vgl. Horstkemper/Killus 2008, 22) führen, die auch von Schülerinnen und Schülern so wahrgenommen werden. Auch waren für Schulen des Netzwerks im Vergleich zum Projektstart bessere Lernleistungen der Schülerinnen und Schüler zu beobachten (Berkemeyer 2011). Eine systematische Vernetzung von Schulen fördert diese Kooperation und die damit verbundenen Effekte. Dies konnte in allen wissenschaftlich begleiteten schulischen Netzwerken (Sinus Transfer, Reformzeit, Chemie im Kontext oder in NRW »Schulen im Team«) nachgewiesen werden.

Vernetzung ist aber nicht per se wirksam. Ihre Effekte und die Effekte einer kollegialen Kooperation hängen wesentlich von der Gestaltung eines Netzwerkmanagements ab (vgl. Sydow 2010, 38 f.). Wichtige Größen sind:

- *Rahmen und Kick off* des Netzwerks: Für das Gelingen eines Netzwerks ist der Start entscheidend, der die Motivation zur Mitarbeit und die Identifikation mit dem Netzwerk stärken muss (vgl. Sydow 2010, 40 f.; Howald 2010, 140 f.; Seitz 2011, 33).
- *Anlässe und Verbindlichkeit*: Alle bisher praktizierten schulischen Netzwerke zeigen, dass es geeigneter Themen bedarf, um die Kooperation zwischen den Schulen und in den Schulen anzustoßen. Zur Verbindlichkeit der Zusammenarbeit erscheint ein schulisches Commitment unverzichtbar. Es kann z.B. auch eine Selbstverpflichtung zur Mitarbeit der Schule beinhalten, zu der auch die Erarbeitung eines schulischen Profils zählt, das die Schule in die Kooperation mit anderen einbringt. Diese Erarbeitung kann auch durch Schulleitungen anderer Netzwerkschulen unterstützt werden, die die schulische Standortbestimmung als »Critical Friends« begleiten. Zu der Selbstverpflichtung der Schulen könnte z.B. auch zählen, als Schule des Netzwerks Förderung datenbasiert zu entwickeln und zu praktizieren.
- *Struktur des Netzwerks:* Für das Gelingen und die Nachhaltigkeit der Zusammenarbeit sind Strukturmerkmale ausschlaggebend, die die Dichte und Größe des Netzwerks, die Kompetenzverteilung im Netzwerk, die Einbindung externer Partner, die räumliche Nähe und inhaltliche Schwerpunkte beschreiben, die aber auch die Freiwilligkeit und Freiheitsgrade der Zusammenarbeit sichern (Berkemeyer 2011).
- *Koordinierende Unterstützung und Begleitung:* Von »Sinus-Transfer« bis zu »Schulen im Team« belegen alle wissenschaftlich begleiteten schulischen Netzwerke, dass der Mehrwert schulischer Netzwerke auch in der Steuerung des Systems (Kostenersparnis und vergleichsweise hoher Wirkungsgrad im Transfer von Innovation) erst über nachhaltige Unterstützung und Begleitung der Schulen gesichert werden kann.

Literatur

Allmendinger/Giesecke/Oberschachtsiek (2011). Unzureichende Bildung: Folgekosten für die öffentlichen Haushalte. Eine Studie des Wissenschaftszentrum Berlin für Sozialforschung im Auftrag der Bertelsmann Stiftung. Gütersloh: Bertelsmann Stiftung.

Altrichter/Maag-Merki (2010). Handbuch neue Steuerung im Schulsystem. Wiesbaden: VS Verlag für Sozialwissenschaften.

Artelt/Baumert/Klieme/Neubrand/Prenzel/Schiefele/Schneider/Schümer/Stanat/Tillmann/ Weiß (Hrsg.) (2001). PISA 2000: Zusammenfassung zentraler Befunde, Schülerleistungen im internationalen Vergleich. Berlin.

Barber/Chijioke/Mourshed (2010). How the World's most improved school system getting better. Internetfundstelle: http://www.learningteacher.eu/sites/learningteacher.eu/files/how-the-worlds-most-improved-school-systems-keep-getting-better_download-version_final.pdf.

Berkemeyer (2011). Mit Netzwerken Kita, Schule und Unterricht entwickeln, Theorie, Forschung und Erfahrungen aus Netzwerkprojekten. Vortrag v. 14.9.2011 im Rahmen des KargFachforums 2011 in Plön.

Berkemeyer/Bos/Kuper (2010). Schulreform durch Vernetzung: Interdisziplinäre Betrachtungen. Münster: Waxmann.

Berkemeyer/Bos/Manitius/Müthing (Hrsg.) (2008). Unterrichtsentwicklung in Netzwerken. Konzeptionen, Befunde, Perspektiven. Münster: Waxmann.

Berkemeyer/Järvinen/van Ophuysen (2010). Wissenskonversion in schulischen Netzwerken – Eine inhaltsanalytische Untersuchung zur Rekonstruktion von Lernprozessen. In Journal for Educational Research Online (Journal für Bildungsforschung Online) Volume 2/2010. No.1, 168–192.

Berkemeyer/Kuper/Manitius/Müthing (Hrsg.) (2009). Schulische Vernetzung: Eine Übersicht zu aktuellen Netzwerkprojekten. Münster: Waxmann.

BMBF (2010). KMK: Bildung in Deutschland 2010. Ein indikatorengestützter Bericht mit einer Analyse zu Perspektiven des Bildungswesens im demografischen Wandel. Gütersloh.

Bertelsmann Stiftung (2002). Wir brauchen eine andere Schule. Konsequenzen aus PISA. Positionen der Bertelsmann Stiftung. Gütersloh.

Bolle/Weigand (2007). Johann Friedrich Herbart 1806–2006: 200 Jahre Allgemeine Pädagogik. In Wirkungsgeschichtliche Impulse 2007. Münster.

Brägger/Posse/Israel (2008). Bildung und Gesundheit, Argumente für eine gute und gesunde Schule, Bern: hep verlag ag.

Fullan/Senge (2010). All Systems Go: The Change Imperative for Whole System Reform. Thousands Oaks/CA, USA: Corvin.

Hameyer (2010). Individualisierung was sonst. In Journal für Schulentwicklung 14. Jg. 3/2010, 5–7.

Helmke (2009). Unterrichtsqualität und Lehrerprofessionalität. Seelze-Velber: Kallmeyer.

Helmke (2010). Umschreibung und Erläuterung individueller Förderung. Definition und Merkmale. In Empfehlungen der Bildungskonferenz »Zusammen Schule machen für Nordrhein-Westfalen«. AG 1: »Individuelle Förderung: von der Qualitätsanalyse bis zur systematischen Unterrichtsentwicklung und Lehrerfortbildung«. Internetfundstelle: http://www.schulministerium.nrw.de/BP/Bildungskonferenz/index.html.

Horstkemper/Killus/Gottmann (2009). Reformzeit – Schulentwicklung in Partnerschaft. Ein Programm der Robert Bosch Stiftung und der Deutschen Kinder- und Jugendstiftung. Abschlussbericht zur ersten Phase der Programmarbeit. Potsdam 2009.

Howaldt (2010). Innovation im Netz, Anforderungen an ein professionelles Netzwerkmanagement in Innovationsnetzwerken. In Berkemeyer/Bos/Kuper (Hrsg.). Schulreform durch Vernetzung: Interdisziplinäre Betrachtungen. Münster: Waxmann, 130–150.

Klemm (2009): Klassenwiederholungen – teuer und unwirksam. Eine Studie zu den Ausgaben für Klassenwiederholungen in Deutschland. Gütersloh.

Köller (2011). What works best?: Hatties Synthese der empirischen Forschung zur Unterrichtsqualität. Vortrag v. 30.6.2011 im Rahmen der 13. EMSE-Tagung in Kiel.

Kunze/Solzbacher (Hrsg.) (2008). Individuelle Förderung in der Sekundarstufe I und II. Baltmannsweiler: Schneider Verlag Hohengehren.

Meyer (2004). Was ist guter Unterricht. Berlin: Cornelsen Skriptum.

Oelkers (2009). »Barrieren für individuelle Förderung im Bildungssystem und ihre Bearbeitung«. Gütersloh: Bertelsmann.

Oelkers/Reusser (2008). Expertise »Qualität entwickeln – Standards sichern – mit Differenz umgehen«. Berlin: Bundesministerium für Bildung und Technologie.

Paradies/Muster-Wäbs (2010). »Individualisierung was sonst«. In Journal für Schulentwicklung 14. Jg. 3/2010, 8 ff.

PISA-Konsortium Deutschland (Hrsg.) (2006). PISA 2003: Untersuchungen zur Kompetenzentwicklung im Verlauf eines Schuljahres. Münster: Waxmann.

PISA-Konsortium Deutschland (2007). PISA 2006. Die Ergebnisse der dritten internationalen Vergleichsstudie. Münster: Waxmann.

Prenzel (2007). Ergebnisse des Ländervergleichs bei PISA 2006 im Überblick. In PISA-Konsortium Deutschland (Hrsg.). Die Ergebnisse der dritten internationalen Vergleichsstudie, Münster: Waxmann, 15–30.

Rolff (2010). Führung, Steuerung, Management. Seelze: Klett-Kallmeyer.

Rürup (2011). Innovation im Bildungswesen: Begriffliche Annäherung an das Neue. In Die Deutsche Schule 103. Jg. 2011 Heft 1, 9–23.

Schorlemmer (2009). Individuelle Förderung – roter Faden im Schulalltag, Teamorientierung als gelebte Unterrichtskultur. In Schule NRW Heft 9/2009, 231 ff.

Schratz (1991). Das Team als sich selbst entwickelnde Organisation. In Pädagogisches Institut Tirol (Hrsg.). Schulen machen Schule – Regionale Schulentwicklung: Erfahrungen – Probleme – Perspektiven. Innsbruck: Österreichischer Studienverlag, 48–57.

Schratz (2010). Schulleitung als Leadership. In Rolff (Hrsg.). Führung, Steuerung, Management. Seelze: Klett-Kallmeyer, 58–78.

Schratz/Burow (2009). Die Weisheit der Vielen nutzen: Verfahren der Großgruppenmoderation als Instrumente effektiver Schulentwicklung. In Journal für Schulentwicklung 13/2009 1, 4–15.

Schratz/Fauser/Prenzel (2010). Von den Besten lernen? Was exzellente Schulen für ihre Entwicklung tun. In Organisationsentwicklung 29/2010. 1, 13–20.

Schratz/Schley (2007). Transformationale Führung braucht Leadership. In Journal für Schulentwicklung 11/2007. 1, 4–11.

Schratz/Westfall-Greiter/Priebe (2010). Schulqualität sichern und weiterentwickeln. Seelze: Klett-Kallmeyer.

Seitz (2011). Schulische Netzwerke. Antrieb schulischer Entwicklung? In schulmanagement Heft 4/2011, 33 ff.

Sydow (2010).Vernetzung von Schulen? Betriebswirtschaftliche Erkenntnisse zum Netzwerkmanagement. In Berkemeyer/Bos/Kuper (Hrsg.). Schulreform durch Vernetzung: Interdisziplinäre Betrachtungen. Münster: Waxmann, 33–48.

Trautmann/Wischer (2011). Heterogenität in der Schule. Wiesbaden: VS-Verlag.

Weigand (2011). Hochbegabtenförderung – Klärung begrifflicher Grundlagen für schulische Praxis. Vortrag zur dritten landesweiten Tagung des Netzwerks Hochbegabtenförderung NRW v. 23.2.2011. Internetfundstelle: http://www.chancen-nrw.de/cms/front_content.php?idcat=279.

Gestaltung eines Schulkonzepts zur individuellen Förderung

ARMIN LOHMANN

Welchen Platz hat die individuelle Förderung in den Köpfen der Handelnden?

Für die Grundschulleiterinnen und Grundschulleiter ist die individuelle Förderung längst Standard. Nur stellen sich die Fragen:

- Was bedeutet das für die Einzelschule?
- Welche Folgen hat das für den Unterricht? Wird die individuelle Förderung systematisch oder möglicherweise nur punktuell umgesetzt?
- Wie steht es mit der professionellen Einstellung zur Heterogenität (Tillmann/Wischer 2006), auf die Grundschullehrkräfte in ihrer Ausbildung orientiert worden sind?

Empirische Erhebungen zeigen, dass die online befragten Lehrkräfte die individuelle Förderung als pädagogische Notwendigkeit anerkennen (vgl. Solzbacher/Kunze 2008 sowie Solzbacher et al. 2012). Sogar knapp zwei Drittel der Gymnasial- und Hauptschullehrerinnen und -lehrer betonen, dass »die individuelle Förderung heute eine größere Rolle im Unterricht spielt« (Solzbacher 2008, 28). Schulleiterinnen und Schulleiter fragen sich vermutlich, wie man sich die Umsetzung im täglichen Unterricht vorstellen muss? Geschieht dieses in der individuellen Verantwortung der Lehrkräfte oder muss sie systematisch in der Schule abgestimmt sein? Hat dieses Konzept in den Köpfen der Mitarbeiterinnen und Mitarbeiter, der Eltern, der Verantwortlichen beim Schulträger einen Platz, der sich in der Schulkonzeption im Schulprofil widerspiegelt? Welche professionelle Grundauffassung verbirgt sich hinter der individuellen Förderung und der damit verbundenen Anerkennung von Heterogenität? Handelt es sich um eine fachlich bezogene Beratung oder um eine binnendifferenzierende Förderung oder gar um eine Maßnahme zur Persönlichkeitsentwicklung, die dann alle Lehrkräfte betrifft und deshalb nicht gelegentlich, sondern systematisch anzubieten ist?

Unstrittig ist für die online befragten Lehrkräfte, dass die individuelle Förderung das »Ziel von individuellem Unterricht« voraussetzt, dessen Operationalisierung eine »andere Haltung gegenüber den Schülerinnen und Schülern« sowie eine »veränderte Lernkultur« erfordert (Solzbacher/Kunze 2008). So stellt sich eine weitere Frage: Wie wird dieser pädagogische Anspruch erfüllt? Von jeder Lehrkraft einzeln oder im Team? Gibt es dazu pädagogische Leitlinien, die großen Einfluss auf das Schul- und Lernklima haben?

All diese Fragen zur individuellen Förderung haben etwas Gemeinsames: Sie berühren sowohl die professionelle Haltung der Lehrerinnen und Lehrer als auch die der Schulleiterinnen und Schulleiter. Hierbei geht es darum, grundsätzlich zu klären, wie Mitarbeiterinnen und Mitarbeiter mit der Unterschiedlichkeit der Kinder und der daraus zu folgernden Kompetenzorientierung einschließlich der Gestaltung der individuellen Förderung in ihrer Schule umgehen. Gibt es eine Konferenzkultur, in der Grundsätze, Fragen und Formen zur Diagnostik, zum selbstgesteuerten Lernen reflektiert und eine begleitende Methodik, Angebote zur Zusammenarbeit, Materialaustausch, Fortbildung und Weiterqualifizierung zur Unterstützung festgelegt werden?

Ich hatte das Glück in den letzten Jahren an Grund- und Sekundarschulen vornehmlich in Brennpunktvierteln im In- und Ausland hospitieren zu dürfen[8]. Mich interessierten an den besuchten Schulen vor allem die »andere Haltung« der Lehrerinnen und Lehrer sowie die »Einstellungen« der Schulleitungen zu ihren Schülerinnen und Schülern. Besonders neugierig machten mich die Umsetzung der individuellen Förderung und die Gestaltung des Lernklimas. Vor dem Hintergrund dieser Beobachtungen ist m.E. erwähnenswert, dass meine vielfältigen Erfahrungen als ehemaliger Schulleiter, Ausbilder für Trainerinnen und Trainer zur Schulleitungsqualifizierung, Schulentwicklungsberatung und Schulinspektion sich mit den Prozessentwicklungen solcher Schulen, die diese Fragen für sich bereits beantwortet haben, decken und in nachstehende Beurteilung einfließen.

Bei meinen Beobachtungen an diesen Schulen ist auffällig, dass jedes Kind als Persönlichkeit – trotz unterschiedlichster Rahmenbedingungen – wahrgenommen wurde. Bereits in der Ansprache zum Beginn eines normalen Schulalltags, aber auch in der Begegnung der Kinder untereinander, habe ich Respekt wahrgenommen. Abfällige Verallgemeinerungen habe ich trotz großer Vielfalt nirgends registrieren müssen. Diese Feststellung korrespondiert auch mit den vielfältigen Exponaten in den Lernräumen sowie in den Fluren der Schulhäuser. Den Kindern wird trotz unterschiedlicher Hautfarbe signalisiert: »Ich bin eine Kanadiern.« »Ich bin ein Niederländer.« Kurz: »Ich werde gesehen!« Egal, ob ich im Westen oder Osten Kanadas, in Berlin-Kreuzberg oder Prenzlauer-Berg, in Bozen, in Stralsund oder im Emsland die Schule besuche.

Die Schulleiterinnen und Schulleiter berichten mir, dass sie in nationalen Vergleichstests die »Anschlussfähigkeit ihrer Schülerinnen und Schüler an weiterführende Schulstufen erreicht haben.« Zurück gelassen wird keiner! Das ist für sie eine große Selbstverständlichkeit. Weiterhin fällt mir auf, dass die Lehrerinnen und Lehrer in der Unterrichtsmoderation häufig umschalten, wenn sie merken, dass sich einige Kinder oder Jugendliche nicht angesprochen fühlen, sondern in Langeweile abzudriften drohen. Dann »verändern die Lehrerinnen und Lehrer die Organisation und Methodik ihres lehrerzentrierten Unterrichts«

---

8 Dieser Einschätzung liegen Hospitationsbesuche in Berlin, Bozen, Braunschweig, Bremen, Cottbus, Utrecht, Hall i. Tirol, Hannover, Linz, München, Meppen, Rom, Stralsund und auch Toronto zu Grunde.

– bescheinigen niedersächsische Inspektionsteams knapp 60% der besuchten Lehrkräfte an zwei Dritteln aller besuchten allgemeinbildenden Schulen (NSchI – Periodischer Bericht 2008 sowie Lohmann Wirksamkeitsstudie 2011, 291, 322).

In den Lehrerzimmern habe ich während der Pausen immer wieder danach gefragt, wieso es den Lehrerinnen und Lehrern gelingt, eine solche Grundstimmung aufzubauen. Die Antwort sowohl in Toronto, in Utrecht oder auch in Hannover-Vahrenwald lässt sich so zusammenfassen:

Wir nutzen jede Gelegenheit, die sich bietet, miteinander positiv umzugehen. Das gilt auch für die Auseinandersetzung über unterschiedliche Auffassungen. Wollen wir erfolgreich wirken, müssen wir in unserer Kooperation, in unserer Teamarbeit vorbildlich sein. Wir können nicht erwarten, dass unsere Schülerinnen und Schüler Zusammenarbeit von selbst lernen. Wir müssen es ihnen vorleben.

Diese Wahrnehmungen lassen mehrere Schlussfolgerungen zu:

- In diesen Schulen ist die individuelle Förderung Prinzip. Sie geht nicht in einem Patchwork-Konzept auf, in dem einzelne Lehrerinnen und Lehrer von Fall zu Fall entscheiden, sondern sie ist in ein Konzept eingebunden, das für alle Lehrkräfte gilt.
- Die Schulleitung hat die pädagogischen Grundsätze und Wertvorstellungen geklärt, die dann in einen organisatorischen Kontext strukturell eingebunden sind (vgl. Solzbacher et al. 2012).
- Die Schulleitung erwartet von den Lehrkräften Loyalität in der alltäglichen Umsetzung.
- Die Schule macht die Ergebnisse von Überprüfungstests als auch Selbst-Evaluationsergebnisse zur Basis von Weiterentwicklung.
- Teamarbeit ist im Lehrerkollegium verankert und wird von Lehrerinnen und Lehrern vorgelebt. Hierzu gehört auch, dass sie regelmäßig ihre Unterrichtserfahrungen reflektieren und ggf. in gemeinsamen Qualifizierungskursen der Gegebenheit anpassen.

So stellt sich die Frage, ob es sich um Vorzeigemodelle von schulischen Einzelwerken handelt, vielleicht sogar um Reformschulen, die sich von »alltäglichen Schulen« abheben? Sind es Merkmale, die sich nur zufällig über nationale Grenzen hinweg gleichen? Sowohl der »Ratgeber Bildung« in »Die beste Schule für mein Kind« (Stern, Ratgeber Nr. 1/2010), herausgeben in Kooperation mit der Jury des Deutschen Schulpreises, als auch in der Feldstudie zu »Qualität an Schule und von Unterricht durch Führung?« (Lohmann Wirksamkeitsstudie 2011, 427) wird belegt, dass es vielfältige Konzepte und Motive gibt. Besonders Schulleiterinnen und Schulleiter von »qualitätsbewussten, aktiven Schulen« (ebd., 323) achten darauf, dass

- die pädagogischen Wertvorstellungen im Kontext von individueller Förderung und professioneller Einstellung der Lehrerinnen und Lehrer geklärt werden und die gefassten Grundsätze systematisch in eine Gesamtkonzeption eingebunden sind. (ebd., 422, 455),
- individuelle Förderung keine vereinzelte Projektinitiative, sondern eine von der Schulleitung initiierte Schulentwicklung ist, in der Unterrichtsentwicklung und Personalförderung als wesentliche Bausteine eingebettet sind (ebd., 457),
- die Schule sich als eine lernfähige Organisation begreift, indem sie in regelmäßigen Zeitabständen vereinbarte Ziele evaluativ überprüft und »für die Weiterentwicklung einer anspruchsvollen Lernkultur nutzt« (ebd., 458–464 sowie Lohmann/Rolff 2007),
- Strukturen geschaffen werden, die die systematische Förderung wie die Teamarbeit in der Schulorganisation etablieren (ebd., 466, 480).

Aus diesen vier Aspekten kann geschlussfolgert werden, dass der Individualitätsanspruch nicht zugleich individuelle Lösungen verlangt, weil er sonst den Zwiespalt der Lehrkräfte zwischen Einzelförderung und dem Erreichen eines gemeinsamen Lern-Niveaus bei engen curricularen Vorgaben in überfüllten Klassen verstärkt. Im Gegensatz zu den Erfahrungen der online befragten Lehrkräfte (vgl. Solzbacher/Kunze 2008 und Solzbacher et al. 2012) sollten nicht die Lehrerinnen und Lehrer die Umsetzung einzeln verantworten. Vielmehr sind die Schulen als Ganzes gefordert, die individuelle Förderung in einen Zusammenhang der Schulentwicklung zu stellen.

Das heißt umgekehrt, dass die Realisierung dieser pädagogischen Anspruchshaltung zum Scheitern verurteilt ist, wenn Lehrerinnen und Lehrer von der Schule bzw. der Schulleitung in der Umsetzung allein gelassen werden. Kein Wunder, dass ca. 90% der befragten Lehrkräfte sich hierbei überfordert fühlen (vgl. Solzbacher/Kunze 2008). Schließlich führt diese Überforderung zur Desorientierung und nachlassendem Engagement. Die Lehrkräfte müssen sich zwischen der vom Gesetzgeber eingeräumten pädagogische Selbstgestaltung und der curricularen Planerfüllung entscheiden. Nicht zuletzt deshalb werden von der Kultusbehörde primär bessere Rahmenbedingungen eingefordert.

Wo also muss die individuelle Förderung verankert sein, damit das pädagogische Handeln der Lehrkräfte sich darauf beziehen kann? Solange diese Frage von der Schulleitung nicht dezidiert beantwortet ist, offenbart sie für ihre Lehrerinnen und Lehrer nicht nur das oben skizzierte Dilemma, sondern zugleich eine Führungsschwäche des Leitungsteams: Dieses hat versäumt, sowohl das Grundverständnis als auch die an der Schule notwendigen Leitlinien für die individuellen Förderung zu klären und ihr im Schulalltag genügend Platz einzuräumen. Wie ihr das gelingen kann und welche Implementierungsschritte sie zu beachten hat, versuche ich in den folgenden Kapiteln zu klären.

Architektonisches Gesamtverständnis klären

Individuelle Förderung setzt in erster Linie auf eine kompetenzorientierte Unterrichts- und Schulentwicklung. Demnach ist der Kompetenzerwerb Grundlage des Unterrichts und somit auch der Fördermaßnahmen. Folglich sind die Vermittlung der Lehrinhalte, die Methoden sowie Anregungen zum selbstständigen Lernen nur unterstützende Hilfsmaßnahmen zum Kompetenzerwerb. Daraus folgt, dass Fördermaßnahmen Unterrichtsangebote sind, die den Kompetenzerwerb als einen aktiven individuellen Lernprozess unterstützen sollen. Lersch spricht von »prozeduralem Wissenserwerb«, der sich von der Anwendung technischem Wissens (»totes Wissen«) deutlich abhebt (Lersch 2010 und 2011). Das erfordert unterschiedliche Variationen von Lernarrangements sowohl im Unterricht als auch in der Organisation des Unterrichts. Wesentlich ist, dass diese didaktischen Entscheidungen für den Einzelunterricht mit den schulischen Maßnahmen übereinstimmen. Folgt man diesem Grundverständnis, geht es nicht um einzelne Fördermaßnahmen, auch nicht um die Addition einzelner Lehr- und Lerninhalte sondern um ein architektonisches Gesamtgefüge für die einzelne Schule. In diesem Kontext ist zu klären:

- Auf welcher diagnostischen Basis treffen die Lehrkräfte die Entscheidungen für einen Förderbedarf?
- An welchen bereits in der Schule abgestimmten Kompetenzrastern orientieren sich die Lehrkräfte?
- Mit wem wird die Umsetzung des Förderbedarfs abgestimmt – mit dem Klassenkollegium, mit dem Jahrgangsteam?
- Wie wird der Operationalisierungsprozess der Fördermaßnahmen im Schulalltag koordiniert?
- Wie werden Fördermaßnahmen überprüft und in die inhaltliche curriculare Unterrichtsplanung integriert?

Die damit verbundene notwendige didaktische Klärung geht von gewissen Voraussetzungen aus, die seitens der Schulführung vorher herzustellen sind. Hierzu gehören bei einer »effektiven, aktiven und qualitätsbewussten Schule« (Lohmann Wirksamkeitsstudie 2011, 323), die Übernahmebereitschaft von Verantwortung für die Lern- und Leistungsentwicklung. Diese Klärung berührt sowohl das professionelle Handeln der einzelnen Lehrkräfte als auch der Klassen- bzw. Lehrerteams, letztlich der gesamten Schule. Sie wird von der Schulführung organisiert; an niedersächsischen Schulen ist vom Gesetzgeber in diesem Zusammenhang die »Qualitätsverantwortung« (NSchG § 43) für Schulleiterinnen und Schulleiter festgeschrieben worden. Schratz spricht von »einem Musterwechsel in der Schulkultur, der eben das Lernen aller Beteiligten in den Mittelpunkt der Unterrichts- und Schulentwicklung stellt« (Schratz, Interview 2011, 14). Dieser Umbau gelingt nur dann, wenn die Schulleitung die Kooperations- und Verantwortungsbereiche aller Beteiligten geklärt hat (siehe Abbildung 9, Lohmann/

Minderop 2008, 74), zu denen eine Letztverantwortung z.B. auch für den Erfolg von individuellen Fördermaßnahmen gehört. Die Kunst des Führens besteht nun darin, ein effektvolles Zusammenwirken der vielfältigen Antriebskräfte herzustellen, die den Schulalltag in seinen Abläufen beeinflussen. Es sind Strukturen zu schaffen, die die Festlegung der Verantwortungsbereiche regeln. Damit gestaltet die Führung einen Rahmen, die der Interaktion zwischen Schulleitung und Lehrkräften Freiräume ermöglicht und/oder Begrenzungen aufzeigt. Die Schulleitung muss einschätzen, wie weit sie dabei gehen darf. Letztlich hat sie die Gesamtverantwortung, d.h. sie gestaltet eine Architektur in der durch Delegation von Aufgaben zur individuellen Förderung diese im Sinne einer Gesamtsteuerung wieder »*zusammengeführt werden*«. Rolff beschreibt dieses Führungsmodell als »*Konfluente Schulleitung*« (Rolff 2010, 38 ff.).

Abb. 9: Verantwortungszuständigkeiten

Für das Führungshandeln der Schulleitung ist eine Kohärenz zwischen den pädagogischen Wertvorstellungen, den Leitlinien zum Gesamtkonzept der Schule und zum professionellen Handeln der Lehrkräfte bedeutungsvoll (Lohmann Wirksamkeitsstudie 2011, 453–468): »Im Fokus der Förderung steht die Persönlichkeit der Schülerinnen und Schüler; deren Selbstbewusstsein; deren Selbstwertgefühl und Motivation soll gesteigert werden und verfestigt werden. Ziel ist es, dass sich die Schülerinnen und Schüler wohlfühlen, zufrieden sind (sowohl im Klassenverband, im Unterrichtsgeschehen als mit sich selbst als Mensch) und dass sie Erfolgserlebnisse haben« (Solzbacher 2008, 40). Zur Klärung gehört ein diskursiver Prozess, der von der Schulleitung letztlich zu einem Konsens geführt wird:

Welchen Platz hat die individuelle Förderung im

- ethischen Bild für ein professionelles Lehrerhandeln,
- Leitbild/in Leitlinien der Schule,
- Kompetenzerwerb,
- Einzelunterricht,
- Fachcurriculum und
- Schulcurriculum?

Erst nach diesem Klärungsprozess können Strukturen für Kooperation und Umsetzung geschaffen werden. Zur Klärung des Kompetenzerwerbs empfiehlt sich, auf der Basis der von Solzbacher entwickelten Typisierungen eine Grundsatzdebatte in Klassenkollegien oder Jahrgangsteams *zu beginnen*. (Abbildung 10: Leistungs-Typ, Persönlichkeits-Typ, Misch-Typ). Die beschriebenen Idealtypen ermöglichen einen Diskurs darüber, welche grundlegende Bestimmung die individuelle Förderung an der Schule haben soll. Auch wenn diese »Typen« für die Sekundarstufe I ausgemacht wurden, so können die Ergebnisse einer solchen Auseinandersetzung auch in Grundschulen Basis für den nächsten Schritt sein: Vorschläge für ethische als auch pädagogische Grundsätze für die genannten Ebenen sind abzuleiten und hierzu Arbeitsaufträge im Kollegium zu vergeben, die in der Steuergruppe, im Klassenlehrerteam oder im Fachbereich abgearbeitet werden. Letztlich dienen sie als Einigungsvorlage für die Gesamt- oder Lehrerkonferenz.

Welche Bedeutung die individuelle Förderung haben kann, soll im Folgenden anhand von drei Einstellungen – auf der Grundlage der Solzbacher/Kunze-Studie online befragter Lehrerinnen und Lehrer in »Lehrer-Typen« zusammengefasst worden. Sie stellen laut Solzbacher »Idealtypen« dar, deren Auffassung die schulinterne Schulentwicklung maßgeblich beeinflussen kann. Eine Diskussion über die Einstellung und Haltung dieser drei Typen kann zur Klärung einer Grundeinstellung zur individuellen Förderung im Lehrerkollegium führen. Es wird empfohlen einen Diskurs in Kleinengruppen unter dem Aspekt zu führen, welche Grundauffassung die Schule einnehmen soll. In einem zweiten Schritt sind die damit verbunden Rahmenbedingungen von den Einzelgruppen zu benennen. Die Ergebnisse werden im Konferenzplenum vorgestellt:

a) **Der Leistungs-Typ**

Der Leistungstyp ist dadurch gekennzeichnet, dass er bei den verschiedenen Aspekten/Beschreibungen von individueller Förderung auf die rein schulische Leistung fokussiert ist. Die Notwendigkeit und das Ausmaß der Förderung unterscheiden sich dementsprechend durch das individuelle Leistungsniveau der einzelnen Schüler und Schülerinnen; deren Stärken und Schwächen und deren Lernprobleme sind ausschlaggebend für Förderung. Soziale und emotionale Auffälligkeiten oder Begabungen werden hierbei kaum berücksichtigt.

Analog bedeutet Fördern für diesen Typ, den unterschiedlichen Leistungsniveaus mit unterschiedlichen Anforderungen und Aufgaben zu begegnen, um den Schülern und Schülerinnen jeweils passende Möglichkeiten, passende Räume, Bedingungen, Voraussetzungen für ihr Lernen und das Erreichen der Leistungsziele zu schaffen.

Die meisten Lehrer dieses Typus haben jedoch weniger den einzelnen Schüler bzw. die einzelne Schülerin im Blick, sondern fokussieren auf Gruppen von Schülerinnen und Schülern. Diese Gruppen ergeben sich aufgrund des Leistungsstands und der -fähigkeit, d.h. gefördert werden hier dann die Gruppe der Leistungsstarken und die Gruppe der Leistungsschwachen. Begründet wird dies mit dem Verweis auf die allen Schulen zugrunde liegenden Strukturen, durch die eine 1:1-Betreuung nicht möglich sei. Die Möglichkeit für individuelle Förderung erschöpfe sich darin, innerhalb der großen Klassen kleinere Untergruppen zu bilden und diesen in ihren Unterschieden wie oben beschrieben gerecht zu werden. Diese Lehrer und Lehrerinnen sagen tendenziell, dass individuelle Förderung eigentlich nicht möglich sei bzw. nicht zum System Schule passe und dass sie selbst auch keine individuelle Förderung durchführen.

Als Ziele dieser Lehrkräfte werden folgende deutlich: Zum einen wird davon gesprochen, die Leistungsstarken zusätzlich zu fordern, ihre besonderen Fähigkeiten und Begabungen zu vertiefen und zu verstärken, und die Leistungsschwachen zu fördern, d.h. deren Defizite zu verringern. Damit soll gleichzeitig eine Überforderung der Leistungsschwachen und eine Unterforderung der Leistungsstarken vermieden werden.

Zum anderen wird betont, dass das Leistungsniveau, d.h. der Wissensstand, nicht zu weit auseinandergehen darf und in der Klasse ein gemeinsames Lernniveau erreicht und erhalten werden müsse. Dies bedeute dann, dass die leistungsschwachen Schüler zumindest auf das Mittelmaß gebracht bzw. die Grundlagen vermittelt bekommen sollen und die Leistungsstarken nur vertiefend und nicht vorgreifend arbeiten sollen. Insgesamt scheint der Fokus bei den Zielen von individueller Förderung eher auf den leistungsschwachen Schülern zu liegen.

Die Lehrkräfte dieses Typs geben als eigene Motive an, Sitzenbleiben bei den Schülern und Schülerinnen vermeiden zu wollen, eine differenzierte Leistungseinschätzung zu ermöglichen oder aber auch Lernwille und -motivation bei den Schülern und Schülerinnen zu wecken.

b) Der Persönlichkeits-Typ

Dieser Idealtypus fokussiert in seiner Definition, seiner Beschreibung der Ziele und der Zielgruppe von individueller Förderung auf das Individuum und die Persönlichkeit der Schüler.

Individuelle Förderung wird von diesen Lehrkräften mit einem bestimmten Menschenbild assoziiert: Die Würde der Person oder die Menschenwürde bedeuten für sie, jeden einzelnen Schüler in seiner Individualität und seiner Persönlichkeit wahrzunehmen, anzuerkennen und ihm gerecht zu werden. Die Schüler und Schülerinnen sollen als ganze Personen, der Mensch soll als Ganzes wahrgenommen und betrachtet werden. Hierbei sollen auch die je individuellen Stärken und Schwächen der einzelnen Schüler beachtet und wahrgenommen werden. Somit geht es hierbei nicht wie beim Leistungstyp so deutlich um ausschließlich leistungsbezogene, sondern eher um persönlichkeitsbezogene Stärken und Schwächen.

Passend dazu sieht dieser Typ auch nicht bestimmte Schüler(gruppen) als Zielgruppe für individuelle Förderung: Für ihn gehört jeder einzelne Schüler zur Zielgruppe von individueller Förderung. Diese Lehrer und Lehrerinnen betonen, dass keine Auswahl getroffen werden darf, sondern dass jeder Schüler aufgrund seines Menschseins den Anspruch und das Recht auf individuelle Förderung hat.

Das Ziel individueller Förderung besteht damit auch nicht in der Förderung von Leistung, dem Abbau von Leistungsdefiziten oder Lernschwierigkeiten. Im Fokus der Förderung liegt die Persönlichkeit der Schüler und Schülerinnen; deren Selbstbewusstsein, deren Selbstwertgefühl und Motivation sollen gesteigert und verfestigt werden. Ziel ist es, dass die Schüler sich wohlfühlen, zufrieden sind (sowohl im Klassenverbund, im Unterrichtsgeschehen als auch mit sich selbst als Mensch) und dass sie Erfolgserlebnisse haben.

c) Der Misch-Typ

Dieser Typ ist in seinen Aussagen zu den einzelnen Aspekten (Definition, Ziele und Zielgruppe, Umsetzung von individueller Förderung) wechselhaft, d.h. fokussiert teilweise den Leistungsgedanken, teilweise eher den Persönlichkeitsaspekt.

Als Zielgruppe gelten hier besonders Schüler, die im Vergleich zu ihren Klassenkameraden leistungsschwach sind und/oder sonstige Probleme haben; hier werden insbesondere familiäre, persönliche/individuelle Schwierigkeiten und Auffälligkeiten im (Sozial-)Verhalten genannt.

Auch die Ziele der individuellen Förderung, die von diesem Typ beschrieben werden, stellen eine Mischung aus verschiedenen Aspekten dar. Häufig wird

> von diesen Lehrern als Ziel genannt, »*das Maximum aus den Schülern herauszuholen*«; ob damit Leistung und/oder Persönlichkeitsentwicklung gemeint ist, bleibt undefiniert.
> Von den Lehrkräften dieses Typs wird die Zusammenarbeit der Schüler und Schülerinnen im Unterrichtsgeschehen favorisiert, d.h., in leistungsheterogenen Lerngruppen sollen die Schüler sich gegenseitig unterstützen und helfen. Hiermit werden sowohl Ziele des Leistungsgedankens (gleiches Lernpensum erreichen, Starke fordern und Schwache fördern), als auch der Persönlichkeitsförderung verbunden (soziale Kompetenzen, Selbstständigkeit, Motivation).
> Nicht selten werden von diesem Typus auch Ziele von individueller Förderung benannt, die außerhalb der Schule liegen. Teilweise sollen die Schüler durch individuelle Förderung optimal auf Ausbildung und Beruf (die Auswahl eines Berufs, das Verhalten im Vorstellungsgespräch etc.) vorbereitet werden; besonders soll ihnen durch individuelle Förderung ermöglicht werden, als mündige Bürger nach der Schule in der Gesellschaft leben zu können.«

Abb. 10: *Verschiedene Lehrer-Typen (Solzbacher 2008, 39–41).*

Vom Zukunftsbild her denken

Grundsätzlich prüft die Schulführung die Vorschläge auf Veränderungskonsequenzen und im Zusammenhang der Entwicklung des Unterrichts. Hierbei untersucht sie die möglichen Auswirkungen auf ein verändertes professionelles Handeln und auf die damit verbundenen schulischen Strukturen. Die Schulführung klärt mit dem Kollegium den Stellenwert, den die individuelle Förderung im Schulalltag haben soll. Zu beantworten sind u.a. folgende Fragen:

- *Bedeutung*: Welchen Platz hat die individuelle Förderung im Unterricht unserer Schule?
- *Diagnoseverfahren*: Welche Diagnoseverfahren sind für unsere Schülerinnen und Schüler geeignet? Wie werden sie eingesetzt, ausgewertet und mit den in der Schule gültigen Kompetenzrastern abgeglichen?
- *Methoden/Instrumente*: Welche Angebote sind im Sinne der Stärkung eines selbstständigen Lernprozesses schulcurricular anzubieten? Werden z.B. Lernverträge, Lerntagebücher oder Portfolios verbindlich eingeführt? Gibt es z.B. Partner- und Gruppenlernen nach dem Master- bzw. Chefprinzip? Gelten diese Methoden nur im Unterricht einzelner Lehrkräfte oder für das Klassenlehrerkollegium in allen Jahrgansstufen?
- *Medienzugang für selbstständiges Lernen*: Welche Nachschlagewerke, Materialien und Projektapparate sind in der Bibliothek/Mediathek im schuleigenen Lernserver einzustellen? Wer übernimmt die Zuarbeit für das Team? Welche Verantwortungsbereiche sind im Lehrerteam zu klären? Welchen Stand will

das Team am Ende eines Viertel-, Halb- und ganzen Jahres erreicht haben? Werden diese Ziele überprüft?
- *Reflexion und Feedback*: Wird die Lernentwicklung regelmäßig beobachtet, ausgewertet und dem Lehrerteam sowie den zu fördernden Schülerinnen und Schülern zurückgemeldet?
- *Übung und Festigung*: Sollen Lern- und Geschichtsfriese zur Festigung der Lernprozesse eine Übersicht über Lernzeiträume bieten? Werden Zeiträume hierfür berücksichtigt? Werden für Schülerinnen und Schüler Zeitmanagementkurse zur selbstständigen Planung der eigenen Zeit eingerichtet?
- *Erfahrungsaustausch und Weiterqualifizierung*: Können alle eingebundenen Lehrkräfte mit diesen Angeboten zielgerecht umgehen? Bedarf es hierzu Fortbildung und Hospitationsangebote? Wer sind die die »Multiplikatoren« bzw. »Vervielfältiger des Konzepts«? Welche Qualifizierungsunterstützung wird ihnen von der Schule eingeräumt? Welche Fortbildungen zum Einsatz von Methoden und Instrumenten sind notwendig? Wie betreut und unterstützt die Schulleitung die Multiplikatoren bei der Umsetzung?
- *Evaluation und Zielfindung*: Werden die Ziele und Prozessumsetzungen evaluiert, um daraus Schlüsse ziehen zu können, ob z.B. die Umsetzung des Konzepts zu anstrengend ist, ob es Erfolg hat, wo Zuständigkeiten und Verantwortungsbereiche stärker zu klären sind?
- *Schulprogramm, Schulcurriculum*: Sind die Entscheidungen ins Schulprogramm, Fach- und Schulcurriculum eingebunden?
- *Strukturen*: Welche Strukturen werden in der Schule eingerichtet (Klassenkollegium, Team, Förderung im Kontext des Schulcurriculums, Einsatz von Diagnoseverfahren, Vereinbarungen von Zielen für die Lerngruppe und für das Lehrerteam, feste Auswertungstermine für das Team, Beratungszeiten für Schülerinnen und Schüler sowie Erziehungsberechtigte)?
- *Organisation*: Sollen Lernleisten für selbstständiges, freies Arbeiten im Stundenplan eingerichtet werden? Gibt es einen Jour fixe zum Erfahrungs- und Materialaustausch für die Lehrerteams? Wird z.B. eine Schülersprechstunde für individuelle Beratung eingeführt? Welche Beratungsangebote erhalten Erziehungsberechtigte?

Entscheidend ist, dass Schulleiterinnen und Schulleiter diese Fragen für einen realisierbaren Umsetzungsprozess mit ihrem Schulleitungsteam und Steuergruppe klären. Dabei müssen sie einschätzen können, ob ein solcher Prozess ein oder sogar zwei Schuljahre dauert. Das heißt, die Schulleitung *denkt*, wie es Scharmer in der U-Theorie fordert (Scharmer 2010) *vom Ende her*. Von der angestrebten Vision, folglich vom Endzustand her entwickelt, zerlegt sie den Prozess in einzelne Phasen bzw. Schritte und prüft, ob die angestrebte Verwirklichung das Kollegium überfordert. Auf diese Weise können Schulleiterinnen und Schulleiter die Realisierungschancen eines solchen Gesamtkonzepts besser einschätzen. Vielleicht kommen sie dabei zu dem Ergebnis, zunächst in einer pädagogischen Tagung mit einer Fortbildung *zu beginnen* oder eine *Aufbau- und Erprobungsphase vorzuschalten* und in einem »*Inselversuch – das Ausprobieren in einem geschützten Raum*« (Lohmann/Minderop 2008, S. 226) Lösungsperspektiven zu entwickeln. Diese werden gemeinsam evaluiert, um dann gezielt nachzusteuern zu können. Das heißt, die Führung entwickelt ein *Zukunftsbild von* einer *dynamischen Unterrichts- und Schulentwicklung* bei der Einführung der individuellen Förderung in das Schulcurriculum.

Das Erkannte implementieren

Der vorausgegangene Diskurs ist Grundlage für die schulleitungsinterne Klärung des Zukunftsbildes. Nun folgt der dritte Schritt der Zielklärung über

- den Einsatz von Verfahren, Methoden, Instrumenten, Reflexionsphasen,
- die zu schaffenden organisatorischen Strukturen und
- evaluierbaren Förderziele.

Die Schulleitung führt hierzu den *Konsens* herbei. Er ist Basis für die künftige Arbeit. Die Beschlüsse werden im Schulprogramm für die Schulgemeinde und das Kollegium veröffentlicht (Homepage). Die Verantwortungen einzelner Lehrkräfte für die Umsetzung werden dokumentiert, so dass die Multiplikatoren, das sind die Team- und Fachbereichsverantwortlichen ein Mandat haben, die Lehrerinnen und Lehrer in die Weiterentwicklung einzubinden.

Aufgrund des allgemeinen hohen Belastungsempfindens der Lehrerinnen und Lehrer (vgl. Solzbacher 2008), hat sich an reformorientierten Schulen der Start bzw. die Einführung durch sog. Projekt- bzw. Werkstatt-Tage bewährt, an denen der normale Stundenplan außer Kraft gesetzt wird. In dieser Erprobungsphase, werden Erfahrungen unter dem Aspekt in jahrgangsübergreifenden Lehrergruppen ausgetauscht und ausgewertet, um gemeinsam Routinen zu entwickeln. In diesem Erfahrungsaustausch werden die Lehrerinnen und Lehrer bewusst so ins Gespräch gebracht, dass sowohl Innovationsfreudige als auch Routiniers zu einem Austausch gelangen. Entscheidend ist es in dieser Phase, die Unsicherheiten und die Skepsis ernst zu nehmen. Können sie nicht ausgeräumt werden, kümmert sich die Schulleitung um Klärung, damit das bisher erreichte Verständigungsklima gepflegt wird.

Erst danach beginnt die programmatische Umsetzung. Regelmäßig, zunächst alle vier Wochen, tagen Teams und werten erzielte Ergebnisse und Erfahrungen aus. Die Schulleitung fasst sie für das Kollegium zusammen, so dass jede einzelne Lehrkraft den Stand des Entwicklungsprozesses erkennen kann. Entscheidend ist in diesem Prozess, dass die Schulleitung darauf achtet, Unterstützung anzubieten: Es werden Fortbildungsangebote für Lehrerteams organisiert, Experten zur Bewertung der neuen Praxis in die Schule eingeladen und Schulnetze gebildet, um Lehrergruppen untereinander in einen Erfahrungsaustausch zu bringen.

Weiterhin schafft die Schulleitung zeitliche und organisatorische Rahmenbedingungen, z.B. durch gemeinsame Übungs- und Festigungsphasen im Stundenplan, Entlastungsphasen für einzelne Lehrergruppen zur Erstellung von Arbeitsmaterialien, und teamgebundene Personaleinsätze. Mögliche Einwände, dass Schulleitungen aufgrund von Rahmenvorgaben diese Strukturveränderungen organisatorisch nicht vornehmen dürfen, weil sie sich dann nicht an die Stundentafel halten, gelten an eigenverantwortlichen bzw. selbstständigen Schulen nicht mehr. Ihnen ist bereits eine Ergebnis- und Qualitätsverantwortung eingeräumt worden. Es liegt in der freien Verantwortung der Schulleiterinnen und Schulleiter auf der Basis des getroffenen Konsenses darüber zu befinden. Voraussetzung ist, dass dieser Beschluss im Schulprogramm mit überprüfbaren Zielen dokumentiert ist. In der »Wirksamkeitsstudie zum Schulleitungshandeln an den Projektschulen der Bildungsregion Emsland in Niedersachsen« ist nachgewiesen, dass die eigenverantwortliche Nutzung von Gestaltungsspielräumen die Schulqualität effektiv gesteigert hat. Die Schulerfolge haben sich an diesen Schulen innerhalb von vier Entwicklungsjahren nicht nur signifikant, sondern deutlich verbessert (vgl. Lohmann Wirksamkeitsstudie 2011).

Erhebt diese Prozessentwicklung den Anspruch von Schulentwicklung, kann erfahrungsgemäß nicht erwartet werden, dass das Konzept zur individuellen Förderung bereits nach einem Schuljahr implementiert ist. Insofern muss die Schulleitung »*spüren*« (Scharmer spricht von »*Presencing*«, Scharmer 2009, 380), wann der Zeitpunkt gekommen ist, die schuleigenen Arbeitspläne in diesen Prozess immer stärker einzubinden und miteinander zu verzahnen, sodass die Umsetzung des Konzepts sich mit der Unterrichts- und Schulentwicklung verzahnt. Empfehlenswert ist es, nach einem Jahr eine Zwischenbilanz mittels standardisierter Selbst-Evaluation zu ziehen und nötigenfalls nachzusteuern. Die Schulleitung achtet auf einen regelmäßigen Erfahrungsaustausch unter den Lehrerteams und Fachschaften, optimiert die Alltagsorganisation und bietet Hospitationen an, so dass sich allmählich eine neue Kultur professionellen Reflektierens und Handelns in der Schule etabliert. Dies ist nach den vorliegenden Ergebnissen der erwähnten Wirksamkeitsstudie entscheidend für eine Verbesserung der Unterrichts- und Schulqualität (vgl. Lohmann Wirksamkeitsstudie 2011, S. 460 ff.). Es empfiehlt sich, immer wieder Fortbildungs- oder Werkstatt-Tage einzurichten, um die Weiterentwicklung zu festigen. Die inzwischen entwickelten Materialien werden ausgetauscht. Sie fügen sich wie einzelne Puzzleteile zu einem Ganzen, so dass sich allmählich ein Gesamtbild der individuellen Förderung entwickelt.

Nach zwei Jahren wird in einer Klausur Bilanz gezogen: Die vereinbarten Ziele werden bis hin zu ihrer Wirkung auf das Image der Schule überprüft. Sie dokumentieren ihre Glaubwürdigkeit: Wie ernst nimmt die Schule ihre Schülerinnen und Schüler?

Der sich dann einstellende Erfolg gebietet es, diesen Arbeitsprozess gemeinsam zu feiern. Schulleiterinnen und Schulleiter betonen in diesen Phasen nicht nur den hohen Stellenwert der individuellen Förderung als wesentlichen Beitrag zu einer qualitativen Unterrichtsentwicklung, sie achten in den Gremien, bei der Schulaufsicht und in der Öffentlichkeit darauf, dass dieser gelungene Arbeitsprozess eine Wertschätzung erfährt.

Für kleinere Systeme gilt: Gute Lösungen finden sich oft jenseits des Schultors

Spätestens an dieser Stelle werden Leiterinnen und -leiter von Grundschulen einwenden: »Wie sollen wir diese Ansprüche umsetzen? Dafür sind wir eine viel zu kleine Organisation!« Eine Gegenfrage muss erlaubt sein: Warum sollen sich z.b. Grundschulen von Lösungen ausschließen, nur weil sie ein kleines System sind? Jenseits des eigenen Schultores gibt es oft kreative Lösungen, die man selbst nicht geahnt hat. In Südtirol haben sich z.B. zu Beginn des 21. Jahrhunderts Schulsprengel zu einem Verbund zusammengeschlossen, um gemeinsam Lösungen zu suchen. In Ontario (Kanada) haben sich auf dem Land Primary Schools in Verbünden dieser Implementationsarbeit gestellt, sie skypen und tauschen sogar per Internetanschluss die Medien untereinander aus, korrigieren zu verabredeten Zeiten gemeinsam vor dem Bildschirm, weil sie in die Unterlagen Einsicht erhalten. Diese Form der Kooperation realisieren sie über größere Entfernungen von knapp 60 Meilen der einzelnen Schulstandorte und erlauben sich nur Treffen in größeren Zeitabständen, aber dann ganztägig.

Gemeinsame Aktivitäten wie Hospitationsbesuche oder Qualifizierung von Fachkollegien zur individuellen Förderung fördern nicht nur den Aufbau der Kommunikation, sondern helfen, eine Verbundstruktur entstehen zu lassen und zu pflegen (Lohmann/Minderop 2008, 208). Bei Hospitationsbesuchen in den Partnerschulen lernen Lehrerinnen und Lehrer die Kompetenzen der anderen kennen. Sie bewegen sich quasi wie Kundschafter bzw. Scouts durch die Partnerschule, um Wege zu erkunden, wie sie individuelle Förderung mit dem Schulcurriculum verbinden können. So sehen sie Beispiele vom »Servicelernen« – gemeint sind »Helfersysteme unter Beteiligung von Schülerinnen und Schülern« in denen sie ihre Mitschülerinnen und -schüler unterstützen, zugleich Selbstkompetenzen erwerben (vgl. Sliwka 2003). Andere Beispiele sind »Aktivpausen«, »gesunde Ernährung«, »Aufsichtsführung durch Schülerinnen und Schüler«, »Steuergruppenarbeit«, die die Partnerschulen in ihre Alltagspraxis pragmatisch einführen können. Vor allem können sie sich rasch vergewissern, mit wem man sich zur Lösung seiner eigenen Probleme enger verbinden kann. Damit ist kein pädagogischer Schultourismus gemeint, sondern die Exkursion und die gemeinsame Konferenzarbeit ist mit einer Rückmeldung an die besuchte Schule verbunden, indem die Scouts erklären, was sie gelernt haben, welche ihrer Umsetzungspläne für sie realistisch sind, worüber die besuchte Schule nachdenken sollte und auf welchem guten Weg sie sich befindet. So entsteht ein Austausch, der sich zu gemeinsame Fortbildungen steigern kann. Die zusammengelegten Qualifizierungsangebote verschiedener Schulen mindern die Kosten und bieten Gelegenheit eines effizienten Erfahrungsaustausches. Deshalb sollten solche Fortbildungstreffen grundsätzlich mit Vereinbarungen für die nächsten Umsetzungsschritte enden, damit die Verbundpartner nicht nur in die eigenen, sondern auch in die Gestaltungsfortschritte und Lernprozesse der Kooperationsschule verwickelt werden.

Insofern entdecken Schulleiterinnen und Schulleiter die Verbundarbeit nicht nur als eine Ressource der Kooperationspflege zu strategischen Partnerschaft, um an Mittel, Finanzen, Sponsoring leichter zu kommen, sondern als eine kreative Möglichkeit, ihre innere Schulentwicklung gezielter umsetzen zu können. Das gilt auch für die Umsetzung der individuellen Förderung. Deshalb versuchen kleinere Schulen mit ihren Kolleginnen und Kollegen zu klären, welchen Beitrag der Schulverbund zur inneren Schulentwicklung beitragen kann:

- Welche Ziele und Schwerpunkte sind aus der Sicht des Kooperationsverbundes für eine gemeinsame Schulentwicklung im kommenden Jahr besonders wichtig?
- Welche Beiträge können Verbundpartner für die gemeinsamen Schulentwicklungsziele und -vorhaben leisten?
- Welche Erwartungen haben die Verbundpartner an die anderen Lehrerkollegien, an die gemeinsame Steuergruppe des Verbundes im Hinblick auf die Schulentwicklungsziele?

So entstehen Lerngemeinschaften, die immer wieder in der Lage sind gemeinsam die Prozesse zu reflektieren und voneinander zu lernen und zu profitieren.

In der Bildungsregion Emsland haben sich z.B. mehrere kleiner Schulen zusammengeschlossen und eine Arbeitsteilung bei der Erstellung und Implementation von Kerncurricula vereinbart. Dort arbeiten einzelne Grundschulen für andere Partner im Verbund (Hohnschopp 2007, 262). Sie haben sogar ihre Entlastungsstunden in einen Topf getan und verteilen ihn gemeinsam. Selbst die Vertretungen, die Ressourcen, ja sogar gemeinsame Sport- und Projekttage realisieren sie, indem sie sich aus der Beengtheit ihrer kleinen Schulorganisation befreien. Dem Einwand, das dürfen sie doch gar nicht, ist nur zu entgegen, sie sollten diese Kooperation, die Vernetzung untereinander abstimmen, das Konzept und sein Ziel in den Schulvorständen bzw. Schulkonferenzen beschließen, möglichst Kooperationsverträge vereinbaren und sich dann die Zeiten nehmen, die sie für die Umsetzung benötigen. Erfahrungsgemäß trifft sich dann für einen Tag eine Fachgruppe oder eine im Schulverbund eingerichtete Steuergruppe zur selbst organisierten Seminar- und Konzeptarbeit, während sie in ihrer Abwesenheit von Kolleginnen und Kollegen vertreten wird. Die Ergebnisse einer solchen Kooperation im Emsland sprechen für sich. Dort sind die Schulergebnisse und

Evaluationsbewertungen der Inspektionsteams eindeutig positiv. So ist auch die Zustimmung der Eltern ungebrochen gut. Auch hier gilt der von Scharmer gesetzte Anspruch, das Umsetzungskonzept vom Endzustand her zu denken.

Die Führungskunst: Vertrauen in den Gelingensprozess herstellen

Die Unterrichtsgewohnheiten von Lehrerinnen und Lehrern sind wirkmächtig. Sie sind die »natürlichen« Gegner in der Umsetzung neuer Förderkonzepte. Oft verführen sie zum *Rückfall* in alte Verhaltensmuster. »*Um alte Muster zu verlassen, sind neue Perspektiven notwendig*« (Schratz 2010, 67). Das weiß die Schulführung. Ihre Führungskunst im Implementationsprozess besteht nun darin, die prägenden Routinen aufzubrechen und die Lehrerinnen und Lehrer für ein *Wollen zur Veränderung* für eine *zukunftsorientierte Praxis* zu gewinnen.

In den empirischen Erhebungen der emsländischen Schulen wird belegt, dass sich erst im Laufe eines vierjährigen Entwicklungsprozesses wesentliche Reformveränderungen eingestellt haben, weil die Prozesse offen gestaltet und regelmäßig reflektiert worden sind (Lohmann Wirksamkeitsstudie 2011, 479). Darüber hinaus wurde Zeit – ein langer Atem – für den Veränderungsprozess eingeräumt. Die Projektschulen haben sich in dieser Zeit zu Schulverbünden und Netzwerken zusammengeschlossen, um voneinander zu lernen. Sie haben in Lerngemeinschaften ihre Probleme im Umsetzungsprozess untereinander ausgetauscht. Auf diese Weise haben sie kollektive Lösungsansätze entdeckt, die sie an das jeweilige Schulprofil spezifisch angepasst haben. Diese Erkenntnis eignet sich auch für das Changemanagement des Förderkonzepts. Entscheidend ist die Reflexion sowie der offene Dialog, in dem nicht Routinen, tradiertes Verhalten bewertet, sondern danach gesucht wird, wie alte Verhaltensmuster aufgebrochen werden können. Hierbei geht es für die Schulführung um rücksichtsvolle menschliche Beobachtung, um einfühlsame Rückmeldung. Eine Frage der Haltung: Schulleiterinnen und Schulleiter *opfern* in solchen Klärungsprozessen nicht ihre Zeit, sie *nehmen* sich die Zeit für ein verständnisvolles Gespräch. Sie arbeiten im Dialog mit ihren Kolleginnen oder Kollegen gemeinsam das mögliche Potenzial heraus, das die Veränderung stützen kann. Sie suchen im Gespräch nach aussichtsreichen Lösungen, bieten Hospitation und Coaching, vermitteln auf diese Weise *Zutrauen* und *Vertrauen in den Gelingensprozess*. Es ist die *Wertschätzung*, die das begleitende Coaching ausmacht. Sie ist der Grundstoff der Kommunikation und Zusammenarbeit zwischen Schulführung und Lehrkräften.

Vertrauen ist etwas Persönliches und eng mit Glaubwürdigkeit und Empathie (Einfühlungsvermögen) gekoppelt. Es ist der wesentliche Faktor von aufrechter Wahrnehmung und Wertschätzung, um Mitarbeiter/-innen in einen offenen Dialog einzubinden, sie in einen Veränderungsprozess mitnehmen zu können. (Stöger 1996, 206–209). Daraus lässt sich eine Antriebsenergie gewinnen, die

Schulleiterinnen und Schulleiter z.B. in der Lerngemeinschaft eines Netzwerkes, im Schulverbund oder Lehrerinnen und Lehrer im Team selbst erfahren. Eine solche Energie speist die eigene Team-Mission. Sie trägt zum Durchbruch des neuen Förderkonzepts bei. Mit diesem *Gelingensgeist* entwickelt sich auch in den Lehrerteams Potenzial, die die Veränderung gruppendynamisch voranbringt (Green/Green 2005, 51). Das Team bricht zu einer *neuen Praxis, in eine neue Welt des Lernens und Förderns* auf, die bewusst gewollt wird. Die damit eng verbundene Gruppendynamik anzuerkennen und zu fördern, ist die besondere Führungskunst in diesem Veränderungsprozess. Insofern nutzt die Schulleitung eine Sprache der Zuversicht, des Vertrauens zur Stärkung des Teamgeistes, damit sich der Prozess eigenverantwortlich trägt. Das ist eine wesentliche Gelingensbedingung, das ist die eigentliche Führungskunst!

Literatur

Green/Green (2005). Kooperatives Lernen im Klassenraum und im Kollegium. Seelze: Klett Kallmeyer.
Lersch (2010). Didaktik und Praxis kompetenzfördernden Unterrichts. Internetfundstelle: http://www.schulpaedagogik-heute.de [1/2010]. Wowie Begleittexte zum hessischen Kerncurriculum. Internetfundstelle: http://www.iqhessen.de [4. 8. 2011].
Lersch (2011). Das Neue am Kompetenzbegriff Lernende Schule 54/2011, 36.
Lersch (2011). Das Schulcurriculum Lernende Schule 54/2011, 9–11.
Lohmann (2011). Dissertation: Qualität an Schule und von Unterricht durch Führung? Wirksamkeitsstudie zum Schulleitungshandeln an den Projektschulen der Bildungsregion Emsland in Niedersachsen (2005–2009). Universität Innsbruck.
Lohmann/Minderop (2008). Führungsverantwortung der Schulleitung. Köln: Link Luchterhand, 72–83.
Lohmann/Rolff (2007). Qualitätsentwicklung in Netzwerken. In Solzbacher/Minderop (Hrsg.). Bildungsnetzwerke und Regionale Bildungslandschaften. Köln:Link Luchterhand, 61–69.
NSchI (2008). Periodischer Bericht 2008/2009, Bewertung der Qualitätskriterien 4 und 5, Lehrerhandeln im Unterricht: Stimmigkeit der Differenzierung (Kapitel 2.3.3, 18) und Unterstützung eines aktiven Lernprozesses (Kapitel 2.3.4, 19). Bad Iburg.
Rolff (2010). Führung, Steuerung, Management. Seelze: Klett Kallmeyer.
Scharmer(2009). Theorie U – Von der Zukunft her führen, Presencing als soziale Technik. Heidelberg: Carl-Auer-Verlag.
Schratz (2010). Schulleitung als Leadership. In Rolff (Hrsg.). Führung, Steuerung, Management. Seelze: Klett Kallmeyer.
Schratz (2011). Interview 2011 mit Botho Priebe. In Lernende Schule 54/2011, 12–15.

Sliwka (2003). Service Learning – Verantwortung lernen in Schule und Gemeinde und in unserer Schule – Fort- und Weiterbildungsmodell Soziale Schulqualität. Göttingen: Institut für berufliche Weiterbildung.

Solzbacher (2008). Positionen von Lehrerinnen und Lehrern zur individuellen Förderung in der Sekundarstufe I – Ergebnisse einer empirischen Untersuchung. In Solzbacher/Kunze (Hrsg.). Individuelle Förderung in der Sekundarstufe I und II. Baltmannsweiler: Schneider Verlag Hohengehren.

Solzbacher/Behrensen/Sauerhering/Schwer (2012). Jedem Kind gerecht werden? Sichtweisen und Erfahrungen von Grundschullehrkräften: Köln: Wolters Kluwer Deutschland.

Solzbacher/Kunze (Hrsg.) (2008). Individuelle Förderung in der Sekundarstufe I und II. Baltmannsweiler: Schneider Verlag Hohengehren.

Stern (2010). stern.Ratgeber Nr. 1/2010 in Kooperation mit der Jury des Deutschen Schulpreises. Hamburg: Gruner + Jahr, Redaktion der Wochenzeitschrift stern, Politik und Wirtschaft.

Tillmann/Wischer (2006). Heterogenität in der Schule. Forschungsstand und Konsequenzen. In Pädagogik 3/06, 44–48.

Stöger (1996). Martin Buber, der Pädagoge des Dialogs. Tirol: Savaria University Press (szombathely), Pädagogische Akademie Stams.

III. Gestaltung von Individueller Förderung in Unterrichtsprozessen – ressourcenorientiert und beziehungssensibel

»Du kannst etwas. Ich möchte es mit dir herausfinden.« Überlegungen zu einer ressourcenorientierten und beziehungssensiblen pädagogischen Diagnostik

Ulrike Graf

1. Vision

Stellen Sie sich einen Menschen vor, der in einen Spiegel schaut und dabei realisiert, welche Fähigkeiten er hat, sich daran freuen kann, gleichzeitig um die Bereiche weniger ausgeprägten Könnens weiß und sie in sein Selbstbild integrieren kann, einen Bereich kennt, in dem er sich aktuell weiterentwickeln möchte, und in allem seinen Selbstwert spürt. Was kann eine Diagnostik im Bereich der grundlegenden Bildung der Primarstufe dazu beitragen, dass ein Kind diese differenzierte Kompetenzwahrnehmung unter Aktivierung der Selbstachtung ausprägt? Sie gehört neben dem Recht auf ein Qualifikationsangebot der Gesellschaft zum Kanon des Erziehungs- und Bildungsauftrags.[9]

2. Gedankengang

Zunächst erfolgt eine Definition pädagogischer Diagnostik, um dann deren Begründungszusammenhänge zu entfalten. Danach werden diagnostische Gegenstandsbereiche aufgefächert. Der Hauptteil bespricht Prinzipien einer als ressourcenorientiert und beziehungssensibel qualifizierten pädagogischen Diagnostik. Ein Katalog von Leitfragen schlägt die Brücke zu konkretem diagnostischen Planen und Handeln im Unterricht.

3. Definition pädagogischer Diagnostik

Pädagogische Diagnostik zählt zu den Grundkompetenzen professioneller Lernbegleitung. Sie basiert die Gestaltung systematischer Lehr-Lern-Situationen in institutionellen Bildungskontexten (Standards für die Lehrerbildung 2004; Gemeinsamer Rahmen 2004; Qualifikationsrahmen Frühpädagogik 2008). Pädagogische Diagnostik dient der Optimierung individuellen Lernens und übernimmt im Rahmen der Qualifikations- bzw. Selektionsfunktion des Bildungssystems gesellschaftliche Steuerungsfunktion, wie beispielsweise Inkenkamp und Lissmann definieren:

> »Pädagogische Diagnostik umfasst alle diagnostischen Tätigkeiten, durch die bei einzelnen Lernenden und den in einer Gruppe Lernenden Voraussetzungen und Bedingungen planmäßiger Lehr- und Lernprozesse ermittelt, Lernprozesse

---

[9] Die Deutlichkeit der Formulierung in den rechtlichen Vorgaben auf Bundes- und Länderebene variiert. Eine sehr konkrete Aussage machen z.B. die Pädagogischen Leitideen Bremens (2004, 5): »Die Herausbildung eines differenzierten Selbstkonzepts mit positivem Selbstwertgefühl ist von besonderer Bedeutung.«

analysiert und Lernergebnisse festgestellt werden, um individuelles Lernen zu optimieren. Zur Pädagogischen Diagnostik gehören ferner die diagnostischen Tätigkeiten, die die Zuweisung zu Lerngruppen oder zu individuellen Förderungsprogrammen ermöglichen, wobei die mehr gesellschaftlich verankerten Aufgaben die Steuerung des Bildungsnachwuchses oder die Erteilung von Qualifikationen zum Ziel haben.« (Ingenkamp/Lissmann 2008, 13; vgl. auch Schuck 2008; Horstkemper 2006; Kretschmann 2004)

Kretschmann rechnet auch die Schulentwicklung zur pädagogischen Diagnostik, wenn es um die »Effizienz« und den »Optimierungsbedarf« (2004, 180) der Systeme geht, die verantwortlich dafür sind, entwicklungs- und lernförderliche Umwelten zu ermöglichen (vgl. Schuck 2008, 106).

Ressourcenorientierung ist in dieser Definition als Zukunftsaspekt enthalten, nämlich Ermöglichung erfolgreichen individuellen Lernens aufgrund diagnosebasierter Förderung.[10] Was aber bedeutet Ressourcenorientierung als *Prinzip* pädagogischer Diagnostik? Wie kann den Ressourcen des Kindes, der Kontexte (Familie, Lerngruppe, Institution) sowie denen der Lehrkraft zur Geltung verholfen werden? Ressourcenorientierung ist in der diagnostischen Intention, im Prozess der Erhebung[11] und in der Kommunikation der Ergebnisse gefragt. Erste Hinweise bieten verschiedene Begründungslinien für pädagogische Diagnostik (vgl. Begründungslinien pädagogischer Diagnostik).

Ebenso werden in den Begründungslinien Aspekte der *Beziehungssensibilität* angesprochen. Dieses Qualitätsmerkmal realisiert, dass pädagogische Diagnostik immer im Feld pädagogischer Beziehungen stattfindet. Eine Diagnose stellt Können und (Noch-)Nicht-Können eines Kindes zur Debatte, wodurch die Person immer in gewisser Weise »auf dem Spiel« steht. Diagnostisches Handeln als Teil der professionellen Beziehungsgestaltung muss deshalb darauf bedacht sein, die Anforderungen des Bildungs- und Erziehungsauftrags unter Berücksichtigung des pädagogischen Bezugs aufrechtzuerhalten. Dieser ist um des Kindes willen zu gestalten (Nohl 1988, 169; Buber 1984, 283, 292), soll von der Bejahrung des Kindes getragen sein und hat der Persönlichkeitsförderung inklusive der Lernentwicklung zu dienen. Es käme also darauf an, sich zu vergegenwärtigen, ob das diagnostische Handeln das Kind um seiner selbst willen betrachtet; oder ob es auf »Humankapital« einer bodenschatzarmen Gesellschaft reduziert wird, wie es ökonomisierende Diskurslinien der Bildungspolitik mitunter nahezulegen scheinen; ebenso kann gefragt werden, ob das Kind mit seinen Leistungen als Faktor der nächsten (inter-)nationalen Vergleichsstudie behandelt wird.

---

10 Wie die Validität der institutionellen Steuerungsfunktion in Form der Zuweisung zu verschiedenen Schularten eingeschätzt werden muss, ist eine Diskussion, die an anderen Stellen geführt wird.
11 Der Artikel rekurriert ausschließlich auf unterrichtsbegleitende pädagogische Diagnostik im Sinne einer »Alltagsdiagnostik« (vgl. Horstkemper 2006, 4).

In den für institutionelles Bildungshandeln einschlägigen Quellen lassen sich vier große Begründungslinien ausmachen.

Begründungslinien pädagogischer Diagnostik

(Menschen-)Rechtliche Begründung

Jedes Kind hat das Recht auf Bildung unter dem Anspruch zunehmend zu verwirklichender Chancengleichheit (Übereinkommen über die Rechte des Kindes 1989, Art. 28[12]). Das Bildungsrecht bezieht sich auf individueller Ebene auf die Persönlichkeitsentwicklung, auf sozialer Ebene auf das Interesse der demokratischen Gesellschaft an partizipationsfähigen Mitgliedern und auf strukturfunktionalistischer Ebene auf die Zuweisung von Status nach dem Leistungsprinzip, das rechtlich unabhängig von Herkunft und Stand gelten soll.

Quer zum individuellen wie sozialen Recht liegt das Recht auf Lebenszeit: Individuell hat ein Kind Anspruch auf Vermeidung biografischer Risikoverläufe; sozial gesehen sind die Kosten gering zu halten, die vermeidbar lange Qualifikationszeiten verursachen.

Soziologisch-institutionelle Begründung

Diagnostik ergibt sich aus der Qualifikationsfunktion der Schule und dem Recht des Kindes auf das Erreichen der ausgewiesenen Regelstandards, über die zu verfügen gesellschaftliche Teilhabe in einem lebensförderlichen Maß garantieren soll. Da wir – gesellschaftlich gesehen – in einem Beziehungsgefüge von Sach- und Sozialwelt leben, müssen die Mitglieder der Gesellschaft befähigt werden, deren Gesetzmäßigkeiten, Ansprüche und Funktionsweisen zu kennen sowie ihnen gemäß – individuell wie politisch – handeln zu können. Diese Handlungsfähigkeit als gesellschaftliche Partizipation zu ermöglichen, ist deshalb Ziel allgemeiner institutioneller Bildung. Regelstandards anzustreben bedarf systematischer Lernbegleitung, zu deren Qualitätssicherung es gehört, diagnosebasiert zu arbeiten.

Lehr-Lern-theoretische Begründung

Lernen geschieht vernetzt und komplex – auch bei systematischer Gestaltung intentionaler Lernkontexte. Gleichzeitig gibt es domänenspezifische Sachlogiken, die zu kennen für die Gestaltung systematischer Lernkontexte und die Diagnostik von Lernständen und -prozessen relevant sind. Denn ein Mensch kann nur auf der Basis der »Zone der aktuellen Entwicklung« die »Zone der nächsten Entwicklung« (Wygotski 1979, 236 f.) erreichen. So muss z.B. die Addition als Operation verstanden worden sein, damit die Multiplikation erschlossen (nicht auswendig gelernt) werden kann.

---

12 Auf die Kinderrechtskonvention aufbauend äußern sich die Landesverfassungen bzw. Schulgesetze der Bundesrepublik unterschiedlich explizit zur Chancengleichheit.

Professionalisierungsbegründung

Die Begleitung eines Kindes auf seinem Bildungs- und Qualifikationsweg erfordert Diagnose, um domänenspezifisch die gesicherte Ausgangsbasis zu kennen bzw. anzuerkennen. Von ihr aus kann der Weg bis zu den Regelstandards weiter beschritten werden. Entsprechend weist die Kultusministerkonferenz diagnostische Fähigkeiten als Teilbereich professioneller Lehr-Lern-Tätigkeit aus, die in allen Phasen der Lehrerbildung vermittelt und aufrecht erhalten werden soll (Standards 2004). Aus den Begründungslinien ergibt sich: Ein schulpflichtiges Kind hat ein Recht auf diagnosekompetente Lehrkräfte.

Gegenstandsbereiche pädagogischer Diagnostik

Pädagogische Diagnostik in institutionellen Bildungskontexten rückt »das einzelne Individuum mit seinen Fähigkeiten, Kompetenzen, Einstellungen und Motivationen einschließlich seiner sozialen Beziehungen« (Horstkemper 2006, 5) in den Mittelpunkt. Die Diagnosebereiche sind in verschiedenen Zu- bzw. Über- und Unterordnungen denkbar. Im Folgenden wird eine Differenzierung vorgenommen nach (a) *Inhaltsbereichen*, (b) *Interaktionsmustern von Individuum und Umwelt* und (c) *subjektiven Verarbeitungsebenen* sowie (d) den *intraindividuellen Interdependenzen* zwischen den Bereichen.

(a) Als *Inhaltsbereiche* pädagogischer Diagnostik werden folgende Entwicklungs- und Verhaltensbereiche (in unterschiedlichen Zu- bzw. Unterordnungen) benannt: Motorik, Wahrnehmung (zum Teil unter Kognition gefasst), Psychomotorik, Kognition (Aufmerksamkeit, Konzentration), emotionales Erleben und Verarbeiten, soziales Verhalten und Sprache (Kretschmann 2004; Arnold 2008, Ingenkamp/Lissmann 2008; Horstkemper 2006). Schulfachlich zählen zu den Inhaltsbereichen: fachgebundenes Wissen und sachstrukturell beschreibbare Strategien bzw. Niveaustufen (z.B. im Schriftspracherwerb, in den Lesestrategien, in Zählzahlerwerb).

(b) Unter ökosystemisch-konstruktivistischer Perspektive sind die *Muster der Interaktion von Individuum und Umweltnutzung* diagnostisch interessant. Denn die Inhaltsbereiche entwickeln sich immer in Interdependenz von Individuum und Umwelt, genauer gesagt werden die Umweltbedingungen qua Nutzung durch das Individuum für dessen Entwicklung wirksam. Eine Generierung von Umweltfaktoren durch das Individuum ist dabei mitgedacht. Verschiedene Beobachtungs- und Diagnosekonzepte, vornehmlich aus dem Elementarbereich, beschreiben in Form von *Aktivitätsmustern* Strukturen der Umweltaneignung und -nutzung durch das Individuum (Leu 2006, 237 f.). Beispielhaft sei verwiesen auf folgende Aktivitätsmuster: *Engagiertheit* (Laevers 1997), *Themen der Kinder* (Andres 2005) oder *Lerndispositionen* im Rahmen der Bildungs- und Lerngeschichten (Carr 2001, 23; Leu u.a. 2007, 49 f.). Diese Aktivitätsmuster lassen sich auch grundschulpädagogisch und -didaktisch nutzen (vgl. für die Lerndispositionen dazu Graf 2010).

(c) Als *subjektive Verarbeitungsebenen* in den Prozessen der Weltbegegnung gelten Motivation, Kausalattribuierungen und die Trias Selbstkonzept – Selbstwertgefühl – Selbstwirksamkeit. Diese Faktoren sind von Bedeutung, weil sie – einzeln und in ihren intraindividuellen Interdependenzen – Lernprozesse modellieren. Beispiel: Ein Kind mit dem Selbstkonzept-Aspekt, Knobelaufgaben in Mathematik gut lösen zu können, begleitet von der Selbstwirksamkeitserwartung, die aktuell anstehende Aufgabe zu einem Ergebnis zu bringen, eventuell gestützt durch Hilfsstrategien, auf die es zurückgreifen kann, wird sich einer Knobelaufgabe mit größerer Motivation stellen, Misserfolge bei Teilschritten auf ungünstige Strategien zurückführen und die Aufgabe mit höherer Motivation weiter zu lösen versuchen als ein Kind, das von sich glaubt, bei Knobelaufgaben immer Pech zu haben. Damit ungünstige Selbstkonzepte, Attribuierungen, negative Selbstwertgefühle und Selbstwirksamkeitserwartungen nicht zur Hürde für Lernchancen werden, müssen sie diagnostisch in den Blick gerückt werden.

(d) *Intraindividuelle Interdependenzen*

Zwischen fachlichem Leisten, subjektiven Verarbeitungsebenen und emotional-motivationalen Voraussetzungen werden Korrelationen beschrieben. Ein Beispiel ist der Zusammenhang von Selbstkonzept und erbrachter Leistung: Der *Self-enhancement-Ansatz* geht von der Beeinflussung innerer Verarbeitungen auf die fachliche Leistung aus (»Ich kann gut rechnen.« führt zu guten Ergebnissen in Mathematik), während der *Skill-development-Ansatz* den Einfluss der erbrachten Leistung auf das Selbstkonzept beschreibt (»Ich war in Mathematik erfolgreich, also kann ich gut rechnen.«). Während der Skill-development-Ansatz deutlicher belegt ist, scheint der Self-enhancement-Ansatz an Übergängen wirksamer zu sein (vgl. Martschinke 2008, 306).

Für alle Bereiche gilt: Lehrkräfte brauchen das nötige Wissen in den genannten Gebieten, um diagnostisch relevante Aspekte in beobachteten Äußerungsformen bzw. Produkten der Kinder erkennen zu können. Sie müssen weiterhin die Ergebnisse im Hinblick auf deren Entwicklungsrelevanz in »Schutzfaktoren« und »Entwicklungsrisiken« (Kretschmann 2004, 186; vgl. Leu 2006, 236) einordnen können, um weder Risikowissen zu übersehen noch Lern- und damit Lebenszeit der Kinder unnötig zu beanspruchen.

Prinzipien einer ressourcenorientierten und beziehungssensiblen pädagogischen Diagnostik

Eine ressourcenorientierte und beziehungssensible pädagogische Diagnostik setzt Prämissen. Sie möchte den Defizitblick überwinden, der sein Hauptaugenmerk in Beobachtung, Dokumentation und Kommunikation auf das (noch) nicht Gekonnte fokussiert. So sehr im Bereich von Risikowissen (Noch-)Nicht-Können im Dienst der Förderung thematisiert werden muss, ist eine ressourcenorientierte Perspektive geboten: *psychologisch* aus Gründen des Aufbaus positiver Selbstkonzept-, Selbstwert- und Selbstwirksamkeitserwartungen; *pädagogisch* aus humanen Gründen des Respekts vor dem Können eines Menschen und im Hinblick auf den pädagogischen Bezug, der das Kind in seinen Potenzialen sieht; *diagnostisch* aus Gründen der subjektiven Wahrnehmungsfolie, die die Alltagsbeobachtungen der Lehrkraft durch deren Vor-Erwartungen prägen. Der Mensch sieht, was er weiß. Also ist er als pädagogische Fachkraft verpflichtet, sich – auch mental – immer wieder um das Können des einzelnen Kindes zu kümmern. Diese Aspekte finden in den hier zusammengestellten Prinzipien einer ressourcenorientierten und beziehungssensiblen pädagogischen Diagnostik Beachtung.

Die *Ressourcenorientierung* knüpft an die Salutogenese (Antonovsky 1997), die Positive Psychologie (Seligman 2010) und die Resilienz-Forschung (Werner 2006, Wustmann 2004; 2005) an, Forschungstraditionen, die seit den 1970er-Jahren begründet wurden und in der letzten Dekade im deutschsprachigen Raum zunehmende Rezeption fanden. Ihr Verdienst ist es, einen Paradigmenwechsel eingeleitet zu haben. Waren Humanmedizin und Psychologie lange hauptsächlich an der Analyse der defizitären Symptome interessiert, rücken die benannten Forschungsrichtungen die Faktoren in den Blick, die die je untersuchen Menschen lebensbiografisch gesund machten, aus denen sie entwicklungsförderliche Impulse ziehen konnten und die sie bei problematischen Kontextbedingungen schützten.

Auch die Pädagogik im elementar- und schulpädagogischen Bereich hat die salutogenetische Orientierung aufgenommen. Von der Groeben erwähnte sie Ende der 90er-Jahre[13] und der Elementarbereich ist ihr seit je mit seinem Schwerpunkt der am individuellen Entwicklungsstand des Kindes orientierten Begleitung nahe; Schuleingangsdiagnostik als Erhebung der Lernausgangslage ohne selektierende Konsequenzen, sondern mit dem Konzept der Kindfähigkeit der Schule, ist der salutogenetischen Orientierung ebenso gefolgt wie Ansätze der Kompetenz- bzw. Ressourcenbasierung (z.B. Dehn 1994[14]). Kretschmann betont mit seinem Begriff der »Pädagnostik«, dass Diagnostik im schulischen Bereich sich immer der pädagogischen Anliegen bewusst sein muss; auch in die Lehrerbildung hat die Kompetenzorientierung als Grundhaltung und Handlungswissen der Studenten/Studentinnen Eingang gefunden (Graf 2006).

---

13 anlässlich ihrer Rede zur Verleihung der Ehrendoktorwürde durch die Fakultät für Pädagogik der Universität Bielefeld am 21.10.1998 (unveröffentlichtes Manuskript)
14 Dehns kompetenzorientierte Fragen, angeführt von »Was kann das Kind schon?« (1994, 21), sind im Rahmen des Schriftspracherwerbs formuliert; eine Anwendung auf Kontexte anderer Lerndomänen findet sich bei Graf 2006, 153 f.

Als *Leitprinzip* einer salutogenetischen Orientierung gilt das Verständnis eines Fähigkeiten-Defizit-Kontinuums (in Analogie zum Gesundheits-Krankheits-Kontinuum bei Antonovsky 1997, 29). Jeder Mensch hat immer *zugleich* Stärken und Schwächen. Es geht stets um die Frage, an welcher Stelle dieses Kontinuums gerade diagnostische Erhebungen, gezielte Beobachtungen, unwillkürliche Wahrnehmungen – auch diese, denn sie sind vom Mechanismus der selektiven Wahrnehmung gesteuert – stattfinden. Sich des Ortes auf dem Kontinuum bewusst zu sein, ermöglicht es sowohl Lehrkraft wie Kind und Eltern, auch die jeweils anderen Faktoren des Kontinuums zu beachten. Risikofaktoren sind dabei gemeinsam mit den Schutzfaktoren und persönlichen wie kontextgebundenen Ressourcen zu thematisieren. Kind, Eltern und Kollegen/Kolleginnen gewinnen dadurch einen Wahrnehmungsfokus, der sie in der Alltagsbegleitung des Kindes verstärkt auf dessen Ressourcen aufmerksam macht. Wie aus der psychologischen Forschung bekannt, wirkt diese Aufmerksamkeit auf die weitere selektive Wahrnehmung und Kommunikationsinhalte: Es entsteht ein Sog der positiven Wahrnehmung.

Zwischenfazit: Eine *ressourcentorientierte* und *salutogenetische* statt einer defizitorientierten und pathogenen pädagogischen Diagnostik befähigt die Lehrkraft zu der positiven Einstellung jedem (noch so schwachen) Kind gegenüber:

»Du kannst etwas. Ich möchte es mit Dir herausfinden.«

Unter dem Aspekt der *Beziehungssensibilität* (vgl. auch Kuhl u.a. 2011), die der gedeihlichen Entwicklung des Kindes als Gesamtpersönlichkeit dient und seine Selbstdeutungen wie Befindlichkeiten im Lernprozess berücksichtigt, kann das individuelle Können herausgearbeitet und in der Kommunikation unter allen relevanten Beteiligten lebendig gehalten sowie stets aktualisiert werden.

Diese Leitprinzipien im Blick kann eine Diagnostik von Präventionsfaktoren und eine Interventionsdiagnostik unterschieden werden.

Die *Diagnostik von Präventionsfaktoren* richtet den Blick auf Schutzfaktoren, die generalisierte Haltungen bzw. stabile Umweltfaktoren beschreiben und Kinder für konkrete Problemsituationen widerstandsfähig machen. Wustmann benennt im Kontext der Resilienz als personale (kindbezogene) Ressourcen: Problemlösefähigkeiten, hohe Sozialkompetenzen, Fähigkeit zur Selbstregulation, positives Selbstkonzept, aktives und flexibles Bewältigungsverhalten, internale Kontrollüberzeugung, Selbstwirksamkeitsüberzeugungen und Optimismus; als Schutzfaktoren der Umwelt gelten: kompetente und fürsorgliche Erwachsene außerhalb der Familie, positive Peer-Kontakte und Freundschaftsbeziehungen, positive Erfahrungen in den Bildungseinrichtungen und Ressourcen auf kommunaler Ebene (Wustmann 2005; 2004, 44 ff.). Auch wenn die Resilienz keine Kausalität beschreibt, sondern ein Wahrscheinlichkeitskonzept (Wustmann 2005; 2004, 36) darstellt, wird eine ressourcenorientierte pädagogische Diagnostik daran interessiert sein, die Schutzfaktoren ausfindig zu machen, um mit den Betroffenen auf diese Ressourcen zurückgreifen zu können bzw. die Ausbildung der Schutzfaktoren im Bereich der Förderung weiter zu ermöglichen. Auch die Salutogenese verweist auf Schutzfaktoren, »generalisierte Widerstandsressourcen« genannt. Dazu zählen z.B. Fitness, soziale Unterstützung, Gesundheitswissen und die Lebensweise (Antonovsky 1997, 200).

Für die *Interventionsdiagnostik*, die bei Problemen im Bereich von Lernergebnissen bzw. -prozessen vonnöten ist, machen folgende Prinzipien von Erhebung, Dokumentation und Kommunikation die Diagnostik zu einer ressourcenorientierten und beziehungssensiblen:

(a) *Priorität des Könnens*: Es gibt Lehrkräfte, die suchen den ersten individuellen Elternkontakt, um einen Lernfortschritt des Kindes zu thematisieren. Immer noch verdient diese Selbstverständlichkeit weit größere Verbreitung, denn sie setzt in der individuellen Elternarbeit im Sinne der Elternpartnerschaft richtige Akzente. Verbalzeugnisse sind ein Format, in dem eine ressourcenorientierte und beziehungssensible Diagnostik an wichtigen Schaltstellen der Schulbiografien realisiert werden kann. Jede Lehrkraft weiß, welche pädagogische Kompetenz gefordert ist, um die Fähigkeiten eines Kindes individuell einzufangen, soweit es geht unverwechselbar zu beschreiben und dabei Defizitformulierungen zu vermeiden. Wer sich einmal der Anstrengung unterzogen hat, Worte zu finden, die positive Qualitäten nicht über grammatikalische Negationen auszudrücken, kennt die hohe Anforderung, die eine Ressourcenorientierung auf dieser sprachlichen Ebene verlangt. Etwa »mühelos« oder »problemlos« zu ersetzen durch Worte, die die Potenziale auch sprachlich vermitteln, bedarf großer Findigkeit, die sich lohnt. Denn die menschliche Vorstellung kann Negationen mental nicht umsetzen. »Mühe-los« ist assoziativ mit »Mühe« verbunden. Alternativen wie »Pia beherrscht den Zehnerübergang im Zahlenraum bis 20 beim Addieren und Subtrahieren ziemlich sicher.« kommen ohne Defizitaspekte aus. Noch ressourcenorientierter wäre: »Pia rechnet Aufgaben mit Zehnerübergang im Zahlenraum bis 20 zügig und sicher, wenn sie die Strategie des Weiterzählens nutzt; wählt sie die rechnerische Ergänzung zur Zehn, braucht sie momentan noch länger, errechnet das Ergebnis ebenfalls sicher. Bei Aufgaben wie 2+9, bei denen der erste Summand viel kleiner ist als der zweite, nutzt Pia das Kommutativgesetz und tauscht die Zahlen. Bei der Subtraktion mit Zahlen größer gleich 15 an erster Stelle gelingen ihr die Rechnungen bisher alleine mit der Zählmethode.« Solche ausführlichen Ausführungen, die Pias Rechenfähigkeiten in einem ausgewählten Bereich ressourcenorientiert festhalten, sind für die Lehrkraft nur leistbar, wenn sie im Laufe des Schuljahres begleitende Notizen zu den erkannten Strategien festhält.

Die Reihenfolge der Thematisierung von Ressourcen und nötigen Hinweisen auf Noch-Defizite ist im Alltag eine Herausforderung. Wenn – je nach Unterrichtsform – viele Kinder einer Klasse eine unmittelbare Rückmeldung von der Lehrkraft favorisieren, ist sie z.b. bei der Durchsicht von Schriftsprachprodukten schneller, wenn sie auf die Fehler hinweist und die Kinder anleitet, diese zu verbessern. Zeit ist im Kontext von Unterricht *ein* Gut neben anderen. Es kostet ein wenig Umlernen, um sich zum Prinzip zu machen, im korrigierenden Beratungskontakt mit Schüler/-innen *zuerst* etwas Gelungenes zu benennen. Diese Reihenfolge ist ein Türöffner auf der Ebene des pädagogischen Bezugs und es ebnet die Bereitschaft des Lernenden, sich einem Fehler zuzuwenden, an dem es zu arbeiten und für den es Ressourcen zu aktivieren gilt. Im Idealfall gelingt es der Lehrkraft, mit dieser Disziplinierung ihre Eigenwahrnehmung so auszurichten, dass es ihr mit der Zeit zur Selbstverständlichkeit wird, das Können zuerst zu sehen und zu erwähnen – in der Eigenwahrnehmung, im Dialog mit dem Kind, im kollegialen Fachgespräch und in gelebter Elternpartnerschaft.

(b) *Typisierungsprinzip*: Weil Ressourcenorientierung nicht heißt, Defizite im Sinn nächster Lernentwicklungen zu verschweigen, stellt sich die Frage: Wie können Bereiche weiterer Entwicklungen so thematisiert werden, dass die Beschäftigung des Lernenden mit ihnen Erfolg versprechend ist? Ein wichtiger erster diagnostischer Schritt ist die Typisierung von Fehlern. Sind bei Rechtschreibfehlern Fehlertypen auszumachen wie z.B. Großschreibung von Adjektiven nach einem Artikel (»das Grüne Haus«) oder konstante Dehnung des Vokals »a« mit Dehnungs-»h« (»«Schahf«, »«Schahl«)? Konnten Typisierungen gefunden werden, gilt es, die sachlich fehlerhafte Strategie des Kindes *mit* dem Kind zu ergründen, um einen Ansatzpunkt für die Förderung zu haben (s. Prinzip der Partizipation unter d). Gleichzeitig sind Strategien wie in den genannten Beispielen in ihrer Denkleistung zu würdigen. Denn das Kind hat eine Regel, die es kennt oder so verstanden hat, wie in den Falschschreibungen ersichtlich, angewandt: »Ein Substantiv erkenne ich am Artikel. Substantive schreibt man im Deutschen groß.« Solche (nicht hinreichenden) Regeln schnappen Kinder unter Umständen außerhalb der Schule auf. Beim Dehnungs-»h« könnte eine Übergeneralisierung vorliegen, die ebenfalls als Fortschritt im Verständnis der deutschen Schriftsprache gesehen wird. Finden sich bei einem Kind mehrere bis viele Fehlertypen, ist für die Förderung eine Auswahl erforderlich, die im Sinne der Partizipation mit dem Kind getroffen werden kann. Denn viele Defizitfelder auf einmal zu bearbeiten, überfordert meistens, streut die Aufmerksamkeit anstatt sie zu konzentrieren und verschenkt damit Erfolgsenergie.

(c) Das Prinzip der *Kontextualisierung* stellt die Frage: Wann bzw. unter welchen Gegebenheiten kann ein Kind etwas (besser)? In einer Bildungs- und Lerngeschichte für Clara, ein Kind im Jahr vor der Einschulung, findet sich der Satz: »..., dass Clara sich zumeist dann mit etwas Neuem beschäftigt und engagiert an einer Sache bleibt, wenn auch andere Kinder beteiligt sind.« (Kleeberger u.a. 2009, 39) Hier wird ein Können des Kindes im Diagnosebereich »Interesse« kriterialisiert: Clara fällt eine Auseinandersetzung mit Neuem bei Beteiligung anderer Kinder leichter. Die soziale Einbettung bietet ihr eine Brücke. Dieser Aspekt ist Ergebnis der Kombination von Aspekten einer Lernsituation (Neuheit einer Sache, Sozialität der Situation), die deutlich den Weg für weitere Förderung anzeigt. Zur Kontrastierung sei folgende Variante angeführt: »Clara beschäftigt sich manchmal gerne mit Neuem. Mitunter kann sie engagiert bei einer Sache bleiben.« Diese Formulierung bleibt vage, weil sie auf eine Qualifikation von »manchmal« und »mitunter« verzichtet. Außerdem lenkt sie die Neugier des Lesers unnötigerweise auf alles, was »nicht manchmal« sein könnte. Die klare Aussage, dass die Beteiligung anderer Kinder Clara bei ihrem Sach-Engagement hilft, ist für jede Lehrkraft, die diese Information liest, ein deutlicher Indikator für eine individualisierende und Erfolg ermöglichende Gestaltung des Lernkontextes.

Auf einer grundlegenderen Ebene und in einem Schnittbereich zur Präventionsdiagnostik ist die Bedürfnisbefriedigung gemäß der nach Maslow beschriebenen Hierarchie zu berücksichtigen: Ein Mensch hat Grundbedürfnisse, die sowohl in lebensbiografischer wie aktuell-diachroner Perspektive in einer Rangfolge stehen. Das kognitive Bedürfnis nach Wissen und Verstehen kann sich erst entwickeln und sinnvoll befriedigt werden, wenn zuvor die Grundbedürfnisse nach physiologischer Befriedigung, nach Sicherheit und Zugehörigkeit sowie Achtung und Selbstverwirklichung in ausreichendem Maß gestillt sind (Maslow 1977, 74 ff.). Pädagogische Diagnostik kann also fragen, inwiefern die Voraussetzungsbedürfnisse – aktuell wie »habituell« – in den (außer-)schulischen Kontexten angemessen bedient werden. Das »Eisberg-Modell« nach Carr bietet hier ebenfalls eine Diagnosehilfe. Carr setzt Lerndispositionen in Beziehung zu ihren kontextuellen Voraussetzungen: Danach kann ein Kind nur Interesse entwickeln, wenn es sich zugehörig fühlt; sich nur thematisch engagieren, wenn es sich wohlfühlt; Herausforderungen und Schwierigkeiten standhalten, wenn es explorieren darf; sich ausdrücken und mitteilen, wenn die Kommunikationsplattform dafür geboten wird; an der Lerngemeinschaft mitwirken und Verantwortung übernehmen, wenn zu partizipieren erlaubt ist (Carr 1998; nach Leu u.a. 2007, 51).

(d) Prinzip der *Partizipation* in der Diagnose wird realisiert in der Rekonstruktion der subjektiven Perspektive mit dem Kind. Wie in den Abschnitten b und c der Gegenstandsbereiche pädagogischer Diagnostik erwähnt, können Strategien, die das Kind zu sachlichen Fehlern führen, häufig nur im Dialog mit dem Kind gefunden werden. Denn die Denkwege erschließen sich nicht immer aus den Produkten bzw. Prozessbeobachtungen. Wo sie für die Lehrkraft evident sind, ist der rekonstruktive Dialog mit dem Kind dennoch sinnvoll, weil dessen metakognitives Wissen (z.B. über Regeln) nur in Selbstäußerungen zugänglich ist.

(e) Der Bildungs- und Erziehungsauftrag zielt auf die Förderung der Gesamtpersönlichkeit. Das Prinzip der *Personalität* verweist auf eine Balance-Perspektive und auf Ganzheitlichkeit.

Die *Perspektive der Balance* hat im Blick, dass eine Person eine Schwäche *haben* kann, aber *nicht* diese Schwäche *ist*. Gleichzeitig gilt das Stärken-Schwächen-Kontinuum. Im Bereich der Inklusionspädagogik wird seit Langem der Begriff »behindertes Kind« durch »Kind mit einer Behinderung« ersetzt, denn das Kind bleibt Kind und geht nicht in der Eigenschaft einer Behinderung auf. Die Balance-Perspektive legt Achtsamkeit im Sprachgebrauch nahe. »Du bist eine durchschnittliche Schülerin« sagt nicht nur nichts über die wirklichen Könnensaspekte aus, sondern platziert das Kind innerhalb eines sozialen Vergleichsmaßstabs und erhebt diese Verortung zur Eigenschaft. Ressourcenorientierter und beziehungssensibler wäre, präzise Auskunft zu geben, was die Schülerin genau kann. Mit jeder dieser Informationen kann sie sich auseinandersetzen, ihre Würde als Person bleibt im Sprachgebrauch und damit in der Fremd- wie Selbstwahrnehmung frei von Leistungseigenschaften.

Denn die *Ganzheitlichkeit* einer Person führt dazu, dass sie sich mit ihrer Schwäche erlebt – in der Fremdwahrnehmung anderer relevanter Personen, die als Modell für die Selbstwahrnehmung dient – und in ihrer Selbstwahrnehmung. Erleben bedeutet, dass die Schwäche mit begleitenden Emotionen und Deutungen im Hinblick auf das Selbst verbunden sind. Deshalb gehört zur ressourcenorientierten und beziehungssensiblen Beobachtung immer auch die Frage: Wie geht es einem Kind mit dieser Schwäche? Wie deutet es sie? Sind die Deutungen realistisch und führen zu neuen Lernimpulsen? Entmutigen sie das Selbst? Wie kann erreicht werden, dass das Kind Erfolgszuversicht aufbaut, um sich mit einem nächsten Lernschritt auseinanderzusetzen?

(f) Zum *Recht auf Lebenszeit* gehört die Pflicht zu fundierter Diagnostik, um Risikoverläufe zu vermeiden und Förderung möglichst früh im Lebenslauf anbieten zu können. Grundschule als Zeit der Grundlegung qualifikationsorientierter Bildung (Lichtenstein-Rother/Röbe 2005) schont mit guter diagnostischer und förderorientierter Arbeit spätere Aufholzeiten. So dürfte es z.B. nicht geschehen, dass ein Kind mit Schriftsprachkompetenzen auf dem Niveau des sog. »funktionalen Analphabetismus« unerkannt seine Grundschulzeit beendet. Zum Recht auf Lebenszeit gehört auch eine Diagnose von Unterricht, in der auf die Qualität der gestalteten Lernzeit geachtet wird: Wie viel Zeit kann das Kind gut ausgebildeten Kompetenzen widmen, um diese einzusetzen und zu optimieren? Wie viel Zeit wird ihm im Verhältnis dazu abverlangt mit Förderung defizitärer Bereiche? Bei jeder dieser Fragen ist die Qualität der erlebten Zeit für das Kind – wie oben erwähnt – zu berücksichtigen: Durch welche Formen und Inhalte von Unterricht erfährt das Kind eine Freisetzung von Kräften? Gibt es genügend Anlässe für das Kind, sich seines Könnens zu vergewissern, »Bemeisterungsgefühl« (Sutton-

Smith in Röbe 2000, 16) und »Urhebertrieb« (Buber 2005, 17) sowie »Werksinn« (Erikson 2010, 98 ff.) aufzubauen, die eine sichere Ausgangsbasis schaffen, von dem aus das Kind sich leichter Bereichen zuwenden kann, die mehr Überwindung kosten und noch mit weniger Erfolg verbunden sind?

Leitfragen für ressourcenorientiertes und beziehungssensibles diagnostisches Handeln

Aus den im vorigen Abschnitt vorgestellten Prinzipien lassen sich Fragen generieren, die als Leitfaden für ressourcenortientiertes und beziehungssensibeles diagnostisches Handeln dienen können.

- Was kann ein Kind? Was kann ein Kind *noch* nicht?
- Unter welchen Umständen kann ein Kind etwas (besser)?
- Mit welchen Mitteln und Strategien kann ein Kind etwas?
- Welche Emotionen sind beim Kind mit einem Bereich verbunden, den es kann/(noch) nicht kann?
- Welche Qualität haben die Selbst-Deutungen des Kindes im Hinblick auf seine Kompetenzen und seine (Noch-)Defizite?
- Wie kann die Diagnose von bereichsspezifischen Defiziten im fachlichen Lernen begleitet sein von der gleichzeitigen Berücksichtigung des Lernens in den Bereichen Selbst-Deutung und Aufbau von Schutzfaktoren?
- Wie viel Zeit am Tag und mit welcher Energie bzw. welchen Emotionen kann ein Kind seinen Stärken nachgehen?
- Inwieweit sind Basisbedürfnisse befriedigt, damit die nächst höheren Bedürfnisse auch zur Geltung und in den Interessensbereich des Kindes rücken können?
- Wie kann ein Kind seine Schwächen mit seinen Stärken »behandeln«? oder: Wie kann ein Kind seine Stärken einsetzen für die Weiterentwicklung von Bereichen, die noch schwach ausgeprägt und entwicklungsbedürftig sind?
- Welche Coping-Strategien hat das Kind für seine Schwächen? Wie hilfreich sind sie?
- Welche »Themen« (Andres 2005) hat das Kind, die in seiner weiteren förderlichen Lernbegleitung berücksichtigt werden können?
- Wie können die »Themen« verbunden werden mit den vorgesehenen oder/und den mit dem Kind vereinbarten nächsten Lernmöglichkeiten?
- Wie kann der »Sinn« des Kindes gewonnen werden?

Fazit

Als Fazit einer ressourcentorientierten und beziehungssensiblen, salutogenetischen statt einer defizitorientierten und pathogenen Diagnostik sei erneut betont:

Ein Kind, das noch so wenig kann, kann etwas!

Was es kann, ist immer wieder präzise zu aktualisieren und zwischen allen für das Kind Verantwortlichen zu kommunizieren, damit ein Kind die Chance hat, sich im »An-Sehen« seiner Lehrkräfte gespiegelt zu sehen – mit seinem differenzierten Kompetenzprofil und verbunden mit Kräfte freisetzenden Emotionen. Auf dass im Dienst der Eingangsvision der eigene Blick in den Spiegel in kompetenzorientierte Selbst-Wahrnehmung münden kann!

Literatur

Andres u.a. (Hrsg.) (2005). Handlungskonzept und Instrumente. Elementare Bildung. Bd. 2. Weimar u.a.: Das Netz.
Antonovsky (1997). Salutogenese: Zur Entmystifizierung der Gesundheit. Tübingen: Dgvt.
Arnold u.a. (Hrsg.) (2008). Handbuch Förderung. Grundlagen, Bereiche und Methoden der individuellen Förderung von Schülern. Weinheim und Basel: Beltz.
Buber (1984). Das dialogische Prinzip. Heidelberg: Lambert Schneider.
Buber (2005). Reden über Erziehung. Gütersloh: Gütersloher Verlagshaus.
Carr (2001). Assessment in Early Childhood Settings. Learning Stories. London: Thousand Oaks; New Delhi: Sage Publications.
Dehn (1994). Schlüsselszenen zum Schrifterwerb. Arbeitsbuch zum Lese- und Schreibunterricht in der Grundschule. Beltz, Weinheim und Basel: Beltz.
Erikson (2010). Identität und Lebenszyklus. Drei Aufsätze, Frankfurt a.M.: Suhrkamp.
Graf (2006). »Das kann ja nicht sein, dass ein Kind mit sechs Jahren schon so weit ist.« Pädagogische Diagnostik in der Bremer Lehrerinnen- und Lehrer-Ausbildung. In Hinz/Pütz (Hrsg.). Professionelles Handeln in der Grundschule. Entwicklungslinien und Forschungsbefunde. Entwicklungslinien der Grundschulpädagogik. Baltmannsweiler: Schneider Verlag Hohengehren, 148–156.
Graf (2010). Bildungs- und Lerngeschichten als anschlussfähiges und interinstitutionelles Bindeglied. In Diller u.a. (Hrsg.). Wie viel Schule verträgt der Kindergarten? Annäherungen zweier Lernwelten. München: DJI, 181–200.
Horstkemper (2006). Fördern heißt diagnostizieren. In Diagnostizieren und Fördern. Friedrich Jahresheft XXIV. Velber, Seelze, 4–7.
Ingenkamp/Lissmann (2008). Lehrbuch der Pädagogischen Diagnostik. Weinheim, Basel: Beltz.
Kleeberger (2009). Bildungs- und Lerngeschichten am Übergang vom Kindergarten in die Grundschule. Weimar, Berlin: Verlag Das Netz.
Kretschmann (2004). »Pädagnostik« – zur Förderung der Diagnosekompetenz von Lehrerinnen und Lehrern. In Bartnitzky/Speck-Hamdan (Hrsg.) (2004). Leistungen der Kinder wahrnehmen – würdigen – fördern, Beiträge zur Re-

form der Grundschule 118. Frankfurt a.M.: Grundschulverband – Arbeitskreis Grundschule e.V., 180–215.

Kuhl/Müller-Using/Solzbacher/Warnecke (Hrsg.) (2011). Bildung braucht Beziehung. Selbstkompetenz stärken – Begabungen entfalten. Freiburg i.Br.: Herder.

Laevers (1997). Die Leuvener Engagiertheits-Skala für Kinder LES-K. Deutsche Fassung der Leuven Involvement Scale for Young Children. Handbuch zum Video/zur DVD. Erkelenz: Fachschule für Sozialpädagogik.

Leu (2006). Beobachtung in der Praxis. In Fried/Roux (Hrsg.). Pädagogik der frühen Kindheit. Weinheim, Basel: Belz, 232–243.

Leu u.a. (2007). Bildungs- und Lerngeschichten. Bildungsprozesse in früher Kindheit beobachten, dokumentieren und unterstützen. Weimar, Berlin: Verlag Das Netz.

Lichtenstein-Rother/Röbe (2005). Grundschule – Der pädagogische Raum für Grundlegung der Bildung. Weinheim: Beltz.

Martschinke (2008). Förderung von Selbstwertgefühl, Selbstwirksamkeit und Selbstkonzept. In Arnold u.a. (Hrsg.). Handbuch Förderung. Grundlagen, Bereiche und Methoden der individuellen Förderung von Schülern. Weinheim, Basel: Beltz, 303–312.

Maslow (1977). Motivation und Persönlichkeit. Freiburg i.Br.: Walter-Verlag Olten, 74–128.

Nohl (1988). Die pädagogische Bewegung in Deutschland und ihre Theorie. Frankfurt a.M.: Vittorio Klostermann.

Pädagogische Leitideen (2004). Rahmenplan für die Primarstufe. Bremen: Der Senator für Bildung und Wissenschaft, Freie Hansestadt Bremen. Internetfundstelle: http://www.lis.bremen.de/sixcms/detail.php?gsid=bremen56.c.15222.de [15.9.2011].

Schuck (2008). Konzeptuelle Grundlagen der Förderdiagnostik. In Arnold u.a. (Hrsg.). Handbuch Förderung. Grundlagen, Bereiche und Methoden der individuellen Förderung von Schülern. Weinheim, Basel: Beltz, 106–115.

Seligman (2010). Der Glücks-Faktor. Warum Optimisten länger leben. Köln: Bastei-Lübbe.

Standards für die Lehrerbildung (2004). Bildungswissenschaften. Sekretariat der Ständigen Konferenz der Kultusminister der Länder in der Bundesrepublik Deutschland. Beschluss vom 16.12.2004. Internetfundstelle: http://www.kmk.org/fileadmin/veroeffentlichungen_beschluesse/2004/2004_12_16-Standards-Lehrerbildung.pdf [20.8.2011].

Übereinkommen über die Rechte des Kindes (1989). UN-Kinderrechtskonvention im Wortlaut vom 20.11.1989. Internetfundstelle: http://www.unicef.de/fileadmin/content_media/Aktionen/Kinderrechte18/UN-Kinderrechtskonvention.pdf [20.8.2011].

Werner (2006). Wenn Menschen trotz widriger Umstände gedeien – und was man daraus lernen kann. In Welter-Enderlin/Hildenbrand (Hrsg.). Resilienz – Gedeihen trotz widriger Umstände. Heidelberg: Carl Auer, 28–42.

Wustmann (2004). Resilienz. Widerstandsfähigkeit von Kindern in Tageseinrichtungen fördern. In Fthenakis (Hrsg.). Reihe Beiträge zur Bildungsqualität. Berlin, Düsseldorf, Mannheim: Cornelsen Scriptor.

Wustmann (2005). Die Blickrichtung der neueren Resilienzforschung: Wie Kinder Lebensbelastungen bewältigen, Vortragsunterlagen. Internetfundstelle: http://www.landkreis-wuerzburg.de/media/custom/1755_342_1.PDF?1289272240 [14.9.2011].

Wygotski (1979). Denken und Sprechen. Frankfurt a.M.: Helm, Fischer.

Individuelle Förderung in einer inklusiven Schule: Erfahrungen aus Südtirol

INGRID KUNZE

Die Integration von Schülerinnen und Schülern mit besonderem Förderbedarf gehört in vielen Schulen in Deutschland bereits zum Alltag. Gleichwohl werden erst 18,4% dieser Kinder und Jugendlichen in Regelklassen unterrichtet (Stand 2008, vgl. KMK 2010). Den gemeinsamen Unterricht, das Miteinander zum Regelfall zu machen wird seit langem gefordert.[15] Die Befürworter dieses Ansatzes haben auf politischem Feld starken Rückenwind erhalten: Durch die Unterzeichnung der »UN-Konvention über die Rechte von Menschen mit Behinderung« im Jahr 2009 verpflichtet sich die Bundesrepublik im § 24 auch dazu, allen Kindern und Jugendlichen den Besuch einer inklusiven Schule zu ermöglichen. Es wird zu den größten Herausforderungen für die Grundschulen in den nächsten Jahren gehören, sich in Richtung dieses Anspruches zu bewegen und ihn nicht nur formal, sondern gemäß seiner Intention umzusetzen: jedem Menschen die Chance zur gleichberechtigten gesellschaftlichen Teilhabe gemäß seiner besonderen individuellen Lage zu geben. Die Erwartungen an die pädagogische Arbeit, den Unterricht und die individuelle Förderung aller Schülerinnen und Schüler in einer inklusiven Schule sind dabei schwindelerregend hoch, so dass ein realistischer Blick angeraten erscheint.

Für ein inklusives Konzept sprechen neben den mehrheitlich positiven Befunden zur Arbeit in Integrationsklassen (vgl. z.B. Demmer-Dieckmann 2010; Graumann 2002) auch die Erfahrungen aus Ländern, die weitgehend oder vollkommen auf Förderschulen verzichten, in Europa z.B. Norwegen, Schweden, Portugal und Italien (vgl. Hausotter 2008). Besondere Aufmerksamkeit hat in den letzten Jahren das Bildungssystem in der Autonomen Provinz Bozen-Südtirol erfahren, nicht zuletzt aufgrund guter Ergebnisse in Schulleistungsstudien wie PISA 2006 und PISA 2009. Besonders bemerkenswert ist, dass die soziale Selektivität der deutschen Schulen in Südtirol wesentlich geringer ist als in den deutschsprachigen Ländern und in den meisten anderen Regionen Italiens und dass die Leistungsschwachen und Leistungsstarken gleichermaßen gut gefördert werden (vgl. Meraner 2008; Lambrich 2011; Siniscalco/Meraner 2011). Ein Blick nach Südtirol und in andere inklusive Schulsysteme kann helfen, das Potenzial, aber auch die Probleme inklusiver Schulen zu erkennen, Klarheit über förderliche bzw. hemmende Rahmenbedingungen zu gewinnen und Ideen für die Umsetzung im eigenen Schulsystem zu entwickeln. Dabei wird es niemals um die einfache Übernahme der Lösungen anderer gehen, vielmehr soll der Blick auf das Eigene geschärft werden. In diesem Sinne wird in diesem Aufsatz

---
15 Zu den Begriffen Integration und Inklusion vgl. Heimlich 2011; Hinz 2002; Merz-Atalik 2006.

zunächst dargestellt, unter welchen Bedingungen in der Autonomen Provinz Bozen-Südtirol inklusive Schulen arbeiten. Anhand von Szenen aus dem Unterricht in Grund- und Mittelschulen wird im Anschluss diskutiert, inwieweit sie den Ansprüchen an Inklusion genügen und welches Potenzial sie für individuelle Förderung bergen. Daraus ergeben sich Schlussfolgerungen, mit welchen Problematiken Lehrerinnen und Lehrer im inklusiven Unterricht generell rechnen müssen, welche Möglichkeiten er eröffnet und aus welchen Ressourcen man schöpfen kann.

Das Schulsystem in Südtirol – Rahmenbedingungen für Inklusion

Die Struktur des Bildungssystems in der Autonomen Provinz Bozen-Südtirol entspricht in ihren Grundzügen der in ganz Italien. Tragend sind die Prinzipien, die Heranwachsenden bis zum Ende der Sekundarstufe I gemeinsam lernen zu lassen und die Zuweisung zu Bildungsgängen nicht der abgebenden, sondern der aufnehmenden Einrichtung, z.B. der Universität, zu übertragen (vgl. Wallnöfer 2011, 21).

In Südtirol schließt sich an den Kindergarten, der seit dem Bildungsgesetz von 2008 vollwertiger Teil des Bildungssystems ist, eine fünfjährige Grundschule an, die von allen Kindern gemeinsam besucht wird (vgl. Höllrigl 2011, 49). Auch die daran anknüpfende dreijährige Mittelschule kommt ohne äußere Differenzierung aus und endet mit einer Staatlichen Abschlussprüfung. Danach können die Schülerinnen und Schüler eine fünfjährige Oberschule besuchen und mit einer Staatlichen Abschlussprüfung (Matura/Abitur) abschließen. Alternativ werden Berufsschulen (in einem dualen System der Berufsausbildung) und Fachschulen/Fachoberschulen angeboten (vgl. Deutsches Schulamt Bozen). Dabei ist der Selektionsdruck nicht so hoch wie in Deutschland beim Übergang nach Klasse 4 oder 6, da Abitur und Berufsausbildung eher als gleichwertig angesehen werden (vgl. Meraner 2008, 613). In Südtirol sind gegenwärtig gerade die Fachoberschulen, die neben einer vertieften Allgemeinbildung eine berufsfeldbezogene Schwerpunktsetzung (z.B. Landwirtschaft oder Tourismus) erlauben, sehr beliebt, da sie auf eine Berufsausbildung in prosperierenden Wirtschaftszweigen vorbereiten und durchlässig zur Oberschule sind (wie auch umgekehrt).

Eine Besonderheit in Südtirol ist die Parallelität einer deutschen, einer italienischen und einer ladinischen Schule mit getrennten Schulämtern (Schulverwaltung) und spezifischen Curricula, womit der mehrsprachigen Situation, den Interessen der einzelnen Bevölkerungsgruppen und dem Recht auf kulturelle und sprachliche Identität Rechnung getragen wird.[16] In den deutschen Schulen ist Italienisch als zweite Sprache in allen Schulstufen verpflichtend, in der italienischen Schule entsprechend die deutsche Sprache (vgl. Höllrigl 2011, 47). Diese

---

16 Die folgenden Ausführungen konzentrieren sich auf die deutsche Schule; zum Umgang mit sprachlicher Heterogenität in der ladinischen Schule vgl. Verra 2011.

Koexistenz von drei Schulen, die dem Grundgedanken gemeinsamen Lernens zu widersprechen scheint, ist nur vor dem Hintergrund der besonderen und auch schmerzhaften Geschichte der Region im letzten Jahrhundert zu verstehen. Als entscheidend gilt das Autonomiegesetz von 1972, mit dem Südtirol weitreichende Befugnisse zur Selbstverwaltung erhalten hat, auch im Bildungsbereich. Heute wird der Bezug zum romanischen wie zum deutschsprachigen Bildungsraum und den jeweiligen Bildungstraditionen gerade für die deutsche Schule als doppelter Ankerpunkt betrachtet, der es erleichtern kann, die europäische Dimension der Bildung zu entwickeln (Höllrigl 2004, 359).

Wie in ganz Italien gibt es in Südtirol seit 1977 keine Sonderschulen mehr; heute lernen 99% der Schülerinnen und Schüler in Regelklassen (vgl. Hausotter 2008, 82). Auch in den Kindergärten setzt man auf Gemeinsamkeit, nicht auf Separation. Vor dem Hintergrund der Erfahrungen eines Vierteljahrhunderts ohne Sonderschulen hat man in Südtirol in den letzten Jahren einige Rahmenbedingungen verändert, um die Inklusion zu erleichtern. Dazu gehört, dass den Schulen eine weitreichende Autonomie gewährt wird, verbunden mit der Maßgabe, der Verschiedenheit und Vielfalt der Bedürfnisse und Fähigkeiten der Schülerinnen und Schüler gerecht zu werden (vgl. Höllrigl 2011, 43). Mit dem Bildungsgesetz von 2008 wurde die Orientierung auf die Fähigkeiten und Ressourcen der Kinder (und nicht auf ihre Defizite) und auf die Individualisierung des Unterrichts nochmals verstärkt (vgl. ebd., 44). Dazu passt, dass die Rahmenrichtlinien mehr Freiräume bieten, auf Kompetenzen denn auf Wissen ausgerichtet sind, die Grundprinzipien einer integrativen bzw. inklusiven Pädagogik für alle Schülerinnen und Schüler vorsehen und kooperative Lernmethoden als durchgehendes Unterrichtsprinzip verlangen (vgl. ebd.). In den Grund- und Mittelschulen erfolgt die Bewertung weitgehend in verbaler Form; Noten werden erst in der Sekundarstufe II wichtig.

Für Kinder und Jugendliche, bei denen ein besonderer Förderbedarf vermutet wird, kann mit Zustimmung der Eltern ein »Antrag auf Abklärung« gestellt werden, für den die Schule eine spezifische Fragestellung formuliert. Der Klassenrat (entspricht der Klassenkonferenz) muss dazu gemeinsam Beobachtungen und Informationen zu den Stärken und Schwächen des Kindes in einzelnen Kompetenzbereichen vorlegen. Danach wird ein psychologisches Gutachten erstellt, das auch Empfehlungen für die Förderung in der Schule und weitere Maßnahmen enthält. Vorgeschlagen werden können z.B. der Einsatz einer Integrationslehrkraft, die Reduzierung der Schülerzahl in der Klasse oder eine individuelle Bewertung. Unterschieden wird zwischen einer Funktionsdiagnose (Störungsbilder mit weitreichenden Auswirkungen, z.B. starke Intelligenzminderung) und einer Funktionsbeschreibung (Störungsbilder mit eingegrenzten Auswirkungen, z.B. Lese-Rechtschreib-Schwäche [LRS]). Entsprechend der Gutachten werden den Schulen Integrationslehrkräfte zugewiesen. Für Schülerinnen und Schüler mit besonders großem Unterstützungsbedarf können darüber hinaus

Betreuerinnen und Betreuer einbezogen werden. Außerdem erhalten die Schulen pro 108 Schüler bzw. fünf Klassen bei einzügigen Grundschulen pauschal eine Förderlehrkraft zugewiesen (vgl. Lambrich 2011, 96). Die Schulen sind verpflichtet, für die Lernenden mit Funktionsdiagnose bzw. -beschreibung einen individuellen Erziehungsplan (Lern- und Entwicklungsplan) aufzustellen, regelmäßig zu überprüfen und weiterzuentwickeln. Dazu werden regelmäßige Beratungen mit allen, die inner- und außerhalb der Schule an der Förderung und Unterstützung des Kindes beteiligt sind, einschließlich der Eltern, durchgeführt.[17] Integrationslehrkräfte müssen eine Zusatzausbildung absolvieren, die an ein abgeschlossenes Erzieher- bzw. Grundschullehrerstudium angeschlossen oder parallel ab dem dritten Studienjahr belegt werden kann. Als Ausbildungsziel steht hierbei nicht die Befähigung im Vordergrund, einzelne Kinder mit Handicaps speziell zu fördern, sondern auf professionelle Weise Lernsituationen zu planen und zu gestalten, die es allen Kindern ermöglichen, entsprechend ihrer Möglichkeiten und Bedürfnisse am gemeinsamen Lernen teilzunehmen (vgl. Brugger Paggi 2011, 166). Verglichen mit der Situation in der Lehrerausbildung in Deutschland fehlen also die hochspezialisierten Sonderpädagogen und -pädagoginnen, gibt es aber eben eine Gruppe von Lehrkräfte mit Doppelqualifikation, die sich als Gleiche unter Gleichen betrachten können und auch so gesehen werden. Im Zuge einer derzeit anstehenden Reform der Ausbildung für Erzieherinnen und Grundschullehrkräfte ist vorgesehen, integrative Pädagogik und Didaktik für alle verbindlich zu machen, leider jedoch nicht für Lehrkräfte an den weiterführenden Schulen (vgl. Ianes u.a. 2011, 122).

Szenen aus dem Unterricht in Grund- und Mittelschulen

Wie sieht nun der Unterricht in Klassen aus, in denen Schülerinnen und Schüler mit Funktionsdiagnose bzw. Funktionsbeschreibung lernen? Dieser Frage gehe ich nach, indem ich einige Szenen aus dem Unterricht beschreibe, die ich bei Besuchen an deutschen Schulen in Südtirol im Jahr 2009 beobachtet habe.

Szene 1: My school day

Wir sind im Englischunterricht in einer fünften Klasse an einer Grundschule; die Schülerinnen und Schüler sind im zweiten Lernjahr der Fremdsprache. Nach der Begrüßung durch die beiden Lehrerinnen werden die 28 Schülerinnen und Schüler gebeten, stehen zu bleiben. Lehrerin A stellt Fragen, die sich auf den Inhalt der letzten Stunden beziehen, in denen es um das Thema Tagesablauf und Schultag ging. Die Lehrerin nimmt immer nur Schülerinnen bzw. Schüler dran, die sich gemeldet haben. Die Antworten werden bestätigt, manchmal gibt es kleinere Korrekturen. Wer geantwortet hat, darf sich setzen. Nachdem alle eine Frage beantwortet haben, erinnert Lehrerin A an die letzte Stunde, indem sie eine Folie mit einigen neuen bzw. schwierigen Vokabeln und Redewendungen auflegt, die

---
17 genauere Angaben vgl. Pädagogisches Institut für die deutsche Sprachgruppe Bozen 2010

gemeinsam übersetzt werden. Dann erhält die Klasse die Aufgabe, einen freien Text über ihren Schultag zu schreiben. Dazu verteilen beide Lehrerinnen ein Arbeitsblatt, das später in das Englischportfolio eingeheftet werden soll. Bis hierher ist das gesamte Unterrichtsgespräch auf Englisch geführt worden. Alle Schülerinnen und Schüler beginnen zügig mit der Arbeit, einige sprechen gelegentlich mit ihren Nachbarn, wobei es zumeist um die gestellte Aufgabe zu gehen scheint. Gelegentlich meldet sich jemand; die beiden Lehrerinnen beantworten die Fragen. Sie schauen ansonsten den Schreibenden über die Schulter, geben hier und dort zumeist kürzere Hinweise, teilweise lesen sie auch längere Textpassagen. In den letzten zehn Minuten der Stunde lesen drei Schülerinnen und zwei Schüler ihre Texte vor, die sich teils recht eng an die in den Mappen bzw. auf der Folie gegebenen Formulierungen anlehnen, teils frei mit dem erkennbaren Bemühen um Originalität und Individualität gestaltet sind. Die Mitschüler geben jeweils eine kurze Einschätzung, zum Teil auf Englisch, zum Teil auf Deutsch. Diese Unterrichtsphase leitet wiederum Lehrerin A, Lehrerin B steht in der Zeit seitlich am Fenster. Die Stunde endet mit einem gemeinsam gesungenen englischen Lied.

Dass es sich um eine sog. Integrationsklasse handelt, hätten die Besucher in dieser Stunde nicht bemerkt, gäbe es nicht die Kommentare der Lehrerinnen. Lehrerin B, eine sog. Stützlehrkraft, informiert darüber, dass sie für einen Schüler, bei dem eine massive Lese-Rechtschreib-Schwäche diagnostiziert wurde, das Arbeitsblatt variiert hatte; der Schüler erhielt einen Lückentext, den er ergänzen musste. Während der Einzelarbeit hatte sich die Stützlehrerin vergewissert, dass die Aufgabe von ihm verstanden wurde, mehrfach den Fortgang der Arbeit überprüft und einige Hinweise gegeben. Der Schüler gehörte zu denjenigen, die ihren Text vorlasen. In der Klasse gibt es außerdem eine Schülerin mit eingeschränkter Konzentrationsfähigkeit, bei der sich beide Lehrerinnen mehrfach vergewissert haben, dass sie bei der Aufgabe vorankam. Sie wurde für ihre Fortschritte gelobt, der Tischnachbar las zwischendurch ihren Text. Zum Stundeneinstieg erklärt Lehrerin A, dass sie darauf geachtet habe, Schüler und Schülerinnen mit besonderem Förderbedarf bzw. schwächeren Englischleistungen ziemlich am Anfang dranzunehmen.

Szene 2: Ein italienisches Lied

Italienischunterricht in der zweiten Klasse einer Mittelschule (siebtes Schuljahr), die von der Lehrerin, die wie gesetzlich vorgeschrieben Muttersprachlerin ist, vor zwei Wochen neu übernommen wurde. Die Klasse hört zu Beginn ein Lied einer bekannten italienischen Sängerin. Alle Schülerinnen und Schüler erhalten im Anschluss den Liedtext, zu dem einige Vokabeln erklärt sind. Nach einem kurzen Gespräch über den Inhalt des Liedes erklärt die Lehrerin, dass sie speziell für die Klasse zu diesem Lied verschiedene Grammatikaufgaben zusammengestellt habe, um an den Problemen zu arbeiten, die ihr in den letzten Wochen aufgefallen sind. Die Schülerinnen und Schüler erhalten drei Arbeitsblätter, die sie selbstständig bearbeiten sollen. Nach jeweils ca. zehn Minuten werden die Lösungen verglichen, wobei die Lehrerin richtige Antworten temperamentvoll lobt und bei fehlerhaften die Klasse um Vorschläge und Erklärungen bittet. Der Lehrerin bleibt weitgehend im Italienischen, außer bei der Erläuterung einiger grammatischer Sachverhalte, die Schülerinnen und Schüler behelfen sich oft mit Deutsch. In der gesamten Stunde ist eine zweite Lehrerin anwesend, die neben einem Schüler mit Down-Syndrom sitzt. Nach dem Anhören des Liedes folgt dieser aufmerksam dem Gespräch zum Inhalt. In der Einzelarbeitsphase erhält er den Auftrag, aus dem Liedtext alle Wörter herauszusuchen, die er kennt. Es kommen im Laufe der Zeit ziemlich viele zusammen, die die Stützlehrkraft für ihn zusammen mit der gemeinsam gefundenen Übersetzung ins Deutsche aufschreibt. Die Stützlehrkraft ergänzt einige Wörter und übt mit dem Schüler, diese auszusprechen und zu lesen. Zehn Minuten vor Ende der Stunde beenden sie die Arbeit und gehen gemeinsam in eine vorgezogene Pause, da sich der Schüler nicht weiter konzentrieren kann.

Szene 3: Inter Mailand

Diese Szene habe ich in einer Grundschule in einem Bergdorf beobachtet, in der einige Lehrerinnen und Lehrer in jahrgangsübergreifenden Lerngruppen arbeiten, in denen auch Kinder mit sonderpädagogischem Förderbedarf lernen. Der Unterricht folgt einem reformpädagogischen Konzept, was sich im Klassenraum u.a. in Regalen mit Freiarbeits- und Montessorimaterial, in ausgehängten Tages- und Wochenplänen sowie Klassenregeln und in persönlichen Fächern der Schüler für fertige bzw. in Arbeit befindliche Aufgaben dokumentiert. Im Flur gibt es, angelehnt an die Freinetpädagogik, mehrere Ateliers, z.B. zum Textschreiben (mit Computer und Druckmaterialien), zum künstlerischen Gestalten und zur Arbeit mit Textilien. In der beobachteten Lerngruppe erhalten die Schülerinnen und Schüler in ihren Wochenplänen wiederholt die Aufgabe, zu einem selbstgewählten Thema einen freien Text zu gestalten, der im Sinne Freinets diskursiv bearbeitet wird, um ihn anschließend zu veröffentlichen. Nach der Hofpause versammelt sich die Lerngruppe in der Bibliothek, in der es eine Ecke mit verschieden großen Sitzwürfeln gibt, so dass die Kinder wie in einem kleinen Amphitheater sitzen. Zwei neunjährige Jungen stellen ihre aufwändig gestaltete Mappe zu ihrem Lieblingsverein Inter Mailand vor. Sie ist mit dem Computer geschrieben und reich bebildert, die Seiten sind laminiert und mit einer Ringbindung geheftet, alles ist in Eigenarbeit mit Lehrerunterstützung entstanden. Die Jungen zeigen die einzelnen Seiten, geben den wichtigsten Inhalt wieder und kommentieren zum Teil die Gestaltung und die Auswahl der Inhalte, z.B. warum welcher Spieler aufgenommen wurde. Anschließend stellen sie abwechselnd Fragen an ihre Mitschülerinnen und Mitschüler, die diese mit Begeisterung beantworten und so zeigen, dass sie aufmerksam und mit Interesse fürs Detail zugehört haben. Abschließend erhalten die beiden Schüler von den andere Kindern und den beiden anwesenden Lehrkräften eine Rückmeldung zu ihrer Mappe und ihrer Präsentation, die auch kritische Anmerkungen enthält. Diese wird die in den nächsten Monaten im Regal mit dem Lesestoff ausliegen. Dort befindet sich neben einer ganzen Reihe von Schülerarbeiten zu den verschiedensten Themen auch schon eine Mappe zum FC Bayern München! Nicht nur diese ist als Lektüre bei den Kindern sehr beliebt.

Anspruch und Realität: Ein analytischer Blick auf die Unterrichtsszenen

In Studien zur Praxis in Integrationsklassen in verschiedenen Ländern wurden zwei Muster herausgearbeitet, wie mit den Lernenden mit besonderem Förderbedarf umgegangen wird (vgl. Wilhelm 2009, 31). Das eine Muster besteht darin, dass diese Schülerinnen und Schüler eine direkte Instruktion erhalten, indem sich eine spezialisierte Lehrkraft (Sonderpädagogin, Integrationslehrkraft, pädagogische Assistentin) ausschließlich mit dem betreffenden Kind beschäftigt, teilweise sogar in einem separaten Raum und mit Aufgaben und Materialien, die oft wenig oder nichts mit dem zu tun haben, was die übrige Lerngruppe bearbeitet. Das andere Muster wird als wirklich inklusive Klasse, als gemeinsamer Unterricht bezeichnet. Hier arbeiten alle Schülerinnen und Schüler an einem gemeinsamen Gegenstand und es gibt für alle individuell passende Aufgaben und Lernunterstützung, also nicht nur für die Kinder mit ausgewiesenem Förderbedarf. Die anwesenden pädagogischen Fachkräfte fühlen sich gemeinsam für den Unterricht und für alle Lernenden verantwortlich, sie kooperieren gleichberechtigt. Während das Muster des gemeinsamen Unterrichts als gelungene Umsetzung des Anliegens der Inklusion betrachtet wird, steht das Muster der exklusiven Instruktion in der Kritik, da es nach wie vor von einer »Zwei-Gruppen-Theorie« ausgehe: Die Separation der Kinder mit Handicap werde nicht aufgehoben, vielmehr könne sogar die Stigmatisierung verstärkt werden, das Potenzial der Lerngruppe werde nicht für die Förderung genutzt und am Unterricht für die »Normalgruppe« ändere sich praktisch nichts. Wie lassen sich die Unterrichtsbeobachtungen aus Südtirol hier einordnen?

Im Beispiel »My school day« finden wir das Lernen am gemeinsamen Gegenstand ohne äußere Separation der beiden Lernenden mit Funktionsbeschreibung. Die Lehrerinnen verantworten den Unterricht gemeinsam, wobei eine Funktionsteilung erkennbar ist: Lehrerin A leitet die frontalen Phasen, während Lehrerin B die Adaption des Arbeitsblattes für den Schüler mit LRS vorbereitet hat und ihn besonders im Blick hat. Beide Lehrerinnen fühlen sich für die individuelle Unterstützung aller Lernenden verantwortlich. Einzuwenden wäre, dass nur ein einziger Schüler eine individuelle Lernaufgabe erhält, von Binnendifferenzierung also nicht die Rede sein kann. Dem halte ich allerdings entgegen, dass die gestellte relativ offene Schreibaufgabe viele Möglichkeiten gibt, sie auf unterschiedlichem sprachlichem und inhaltlichem Niveau zu bewältigen und sich je nach Vermögen und Motivation von den im Unterricht erarbeiteten Textversatzstücken zu lösen. Die entstandenen Schülertexte zeigten dann auch, dass diese

Chance zu einer sog. Selbstdifferenzierung ergriffen wurde. Eine innere Differenzierung wird auch durch die individuellen Hilfestellungen realisiert. Einer der beiden Schüler mit Handicap stellt sein Ergebnis gleichberechtigt mit den anderen vor, er präsentiert eine eigene Bearbeitung, die im Rahmen des Erwarteten liegt, und kann sich so als jemand präsentieren, der den Anforderungen gerecht wird. Die ihm gegebene Hilfe, die seinem Handicap LRS Rechnung trägt, wird nicht besonders herausgestellt, so dass es weder eine positive noch eine negative Diskriminierung gibt. Die Lerngruppe weiß im Allgemeinen um die besondere Unterstützung für ihn, im Konkreten haben wohl höchstens die Sitznachbarn gemerkt, welche Hilfestellung er erhielt. Das wird aber nicht gesondert thematisiert, also als Normalfall verdeutlicht. Kooperatives Lernen gibt es in dieser Stunde, wenn man von gelegentlicher Kommunikation der Sitznachbarn absieht, nicht, jedoch erscheint dies angesichts der Schreibaufgabe vertretbar. Man mag einwenden, dass wir es hier nicht mit wirklichen »Härtefällen« zu tun haben, gleichwohl wissen wir, dass Schülerinnen und Schüler mit Problemen in den Bereichen Lesen, Schreiben und Konzentration im Laufe der Schulzeit massive Probleme bis zum völligen Schulversagen entwickeln können, wenn sie nicht angemessen gefördert werden.

Im Beispiel aus dem Italienischunterricht gibt es mit dem Lied ebenfalls – rein äußerlich betrachtet – einen gemeinsamen Gegenstand, an dem der Schüler mit Down-Syndrom jedoch auf andere Art und Weise arbeitet, sodass sich daraus für ihn letztlich ein anderer Lerngegenstand ergibt. Die Förderung erfolgt nach der ersten, gemeinsamen Phase exklusiv durch die Integrationslehrkraft, es gibt keine Interaktion mit anderen Schülerinnen und Schülern. Die Lehrerinnen tragen keine gemeinsame Verantwortung für den Unterricht. Die Ergebnisse des Jungen mit besonderem Förderbedarf spielen, anders als im ersten Beispiel, keine Rolle im weiteren Unterricht, obwohl die von ihm erarbeitete Vokabelliste durchaus für andere interessant und hilfreich sein könnte. Zugleich scheint die Einzelfördersituation ziemlich genau auf das Leistungsvermögen und die aktuelle Motivationslage des Jungen abgestimmt ist. Er übt Bekanntes und lernt neue Vokabeln. Die Lehrerin sorgt dafür, dass er eine Pause zur passenden Zeit erhält, und dies ist als legitim anerkannt.

Der Unterricht für die »Normalklasse« weist äußerlich keine innere Differenzierung auf, denn alle bearbeiten dieselben Arbeitsblätter. Die Lehrerin realisiert dabei aber durchaus das, was als »Passung« bezeichnet wird, aber nicht in Bezug auf den Lernstand des Einzelnen, sondern bezüglich der gesamten Lerngruppe, indem sie deren besonders markante Probleme in der italienischen Grammatik aufgreift. Man kann sicher zu Recht einwenden, dass diese nicht einheitlich sein werden, immerhin sind die Schülerinnen und Schüler im siebten Lernjahr. Zu berücksichtigen ist, dass die Lehrerin die Klasse neu übernommen hat, also nicht ohne Weiteres um die spezifischen Lernstände wissen kann, und mit ihrer Arbeit an »Fehlerschwerpunkten« zumindest signalisiert, sich auf die Lernnotwendigkeiten der Schüler einstellen zu wollen.[18] Die Lehrerin war auffällig um die Ermutigung der Schüler bemüht, indem sie Gelungenes betonte und Fehler als Anlässe zum Nachdenken für alle, nicht als individuelles Manko inszenierte.

Das Beispiel »Inter Mailand« soll unter der Frage betrachtet werden, welches Potenzial für inklusives Arbeiten es enthält. Es gibt in doppelter Weise einen gemeinsamen Gegenstand: Zum einen das Arrangement »freier Text«, das einen einheitlichen Rahmen für sehr verschiedene Bearbeitungsweisen bietet, zum anderen in der konkreten Situation die Mappe zum Verein »Inter Mailand«, die zum Anlass für einen Austausch der ganzen Lerngruppe zum Thema genommen wird. Dieser ist als Frage-Antwort-Spiel inszeniert, wobei das typisch schulische Muster dadurch abgewandelt wird, dass hier die beiden Schüler-Autoren in die Lehrerrolle schlüpfen und die anderen »abfragen«. Sie präsentieren sich als Experten und die anderen Schüler können sich je nach Wissen und Interesse einbringen. Das Feedback zu Mappe und Präsentation bezieht sich auf Verabredungen und auch auf durchaus klare Leistungserwartungen, es gibt aber genug Raum, dabei die spezifische Situation der präsentierenden Schüler zu berücksichtigen. Die gesamte Lerngruppe kann hier lernen, ein Produkt in Bezug auf die Möglichkeiten des Einzelnen zu bewerten, also die sog. individuelle Bezugsnorm umzusetzen.

Für inklusiven Unterricht ist es sehr wichtig, die Leistung eines jeden angemessen zu würdigen – diese Fähigkeit benötigen im Übrigen Lehrer wie Schüler. Das Lernarrangement bietet genug Spielraum, damit Schülerinnen und Schüler mit sehr unterschiedlichen individuellen Potenzialen ein eigenes Produkt anfertigen und veröffentlichen können. Wer (noch) nicht schreiben kann, kann eine Geschichte erzählen, von anderen aufschreiben lassen und dazu Bilder malen. Wer (noch) nicht die Ausdauer für eine ganze Mappe hat, kann ein einzelnes Blatt gestalten. Wer ein eigenes Produkt nicht (allein) präsentieren kann, der kann andere darum bitten, ihm zur Seite zu stehen. Es können die jeweils eigenen Themen und Weltsichten zur Sprache gebracht werden.

Selbstverständlich wird das im Einzelfall sehr viel Unterstützung, Ermutigung und Geduld erfordern, was durchaus auch das Muster der Einzelarbeit eines Pädagogen mit einem Schüler erfordern kann. Im Unterschied zum Vorgehen wie im beschriebenen Italienischunterricht arbeitet hier aber die gesamte Lerngruppe nach dem Prinzip, dass jede und jeder individuell zugeschnittene oder selbstgewählte Aufgaben bearbeitet und bei Bedarf Unterstützung durch Mitschüler oder Lehrkräfte erhält, ggf. auch ganz individuell und exklusiv. Das birgt natürlich die Gefahr, dass der Aspekt der Kooperation aus dem Blick gerät. Dem wird in der Grundschule, von der hier berichtet wird, u.a. dadurch entgegengewirkt, dass die Lehrkräfte viel Wert auf regelmäßige Sitzkreise legen, in denen die

---

18 Inwieweit solche relativ isolierten Grammatikübungen, für die der poetische Text nur als »Steinbruch« dient, aus fachdidaktischer Perspektive vertretbar sind, soll hier nicht weiter erörtert werden.

Arbeit bilanziert wird, neue Schritte besprochen werden, in denen erzählt, vorgelesen, gesungen und über neue Themen informiert wird.

Zur Praxis des Unterrichts in Südtiroler Integrationsklassen gibt es ermutigende Einzelbefunde und Erfahrungen (vgl. z.B. Wilhelm 2009; Ianes 2009), aber auch Hinweise auf Probleme an einzelnen Schulen, die sich so auch in anderen Regionen Italiens finden: ein wenig differenzierter Unterricht für die gesamte Lerngruppe mit paralleler exklusiver Förderung, additives und nicht kooperatives Agieren der anwesenden Pädagogen, ungenügende Kooperation der an der Förderung Beteiligten, Probleme bei der Einbeziehung von Kindern und Jugendlichen mit schweren Beeinträchtigungen (vgl. Stein 2009, 203 f.; Kampshoff/Walther 2011). Eine aufschlussreiche Befragung von Menschen mit Behinderung in Südtirol zeigte, dass sich deren Schulkarrieren in den letzten 40 Jahren verlängerten und dass diejenigen unter ihnen, die in ihrer Schulzeit immer voll in Regelklassen integriert waren, heute eine höhere Lebensqualität in den Bereichen Arbeit, soziale Integration und Zuversicht in die Zukunft empfinden als Menschen, die meist außerhalb von Regelklassen unterrichtet wurden oder die beide Muster gemischt erlebt haben. Rückblickend berichten die Befragten, dass die Vollintegration im Kindergarten und zu Beginn der Grundschule die Regel war, während sie zum Ende der Grundschulzeit und in den weiterführenden Schulen teilweise oder ganz separat gefördert wurden (vgl. Demo 2011).

Das wirft die Frage auf, ob die individuell angepasste Mischung beider Muster, die ich mit Bezug auf das Beispiel »Inter Mailand« erläutert habe, vertretbar ist. Dario Ianes, ein Kenner der italienischen Schulpraxis und Integrationspädagogik, plädiert für solche Mischformen, für eine bewusste Balance von Lernsituationen, in denen Zugehörigkeit erlebt und gemeinsam etwas geschafft wird, und individualisierten Lernsituationen. In seinem Konzept der »besonderen Normalität« sollen zudem zuerst immer die an einer Schule im Normalfall vorhandenen Ressourcen aktiviert und daraufhin geprüft werden, wie sie zum Nutzen einer heterogenen Lerngruppe variiert werden können (vgl. Ianes 2009, 45 ff.) Das betrifft z.B. der Anpassung von Zeitstrukturen und die Umgestaltung der Lernräume, die Unterstützung von Freundschaftsbeziehungen in der Klasse, die Schaffung von Kooperationsgruppen und Helfersystemen der Lernenden untereinander und die Nutzung vorhandener außerschulischer Netzwerke. Erst im zweiten Schritt seien zusätzliche Ressourcen zu aktivieren und besondere Maßnahmen einzuleiten. Im Hinblick auf die von Ianes favorisierte Didaktik der besonderen Normalität sind auch Erkenntnisse aus skandinavischen Ländern relevant, wo seit längerem durchaus erfolgreich mit einer ausgefeilten Lernstandsdiagnostik und daran anknüpfenden individualisierten Lernprogrammen gearbeitet wird. Dort wird zunehmend erkannt, dass es zugleich gemeinsamer Lernsituationen bedarf, damit sich niemand ausgeschlossen fühlt und alle lernen können, was Teilhabe aller Menschen praktisch bedeutet (vgl. Stein 2009; Tetler 2009).

Schlussbetrachtung: Was lässt sich von Südtirol lernen?

Die Erfahrungen aus Südtirol und ganz Italien zeigen, dass gesetzliche Regelungen zur Etablierung inklusiver Schulen unerlässlich sind, um nötige Rahmenbedingungen zu schaffen und diese auch einfordern zu können. Die Kräfte werden für die Kinder benötigt und nicht dafür, dass Eltern die integrative Beschulung ihres Kindes erstreiten oder sich Schulleiter im Kampf um zusätzliche Lehrerstunden aufreiben müssen. Wie in Deutschland hängt deren Zuweisung nicht unerheblich vom diagnostizierten Förderbedarf ab, was Eltern unter den Zwang bringen kann, dem entsprechenden Verfahren zuzustimmen, und was dazu verleiten kann, dass solche Anträge eher zu häufig als zu selten gestellt werden. Positiv ist, dass in Südtirol die Schulen ganz unabhängig vom konkreten Förderbedarf in einem definierten Rahmen Integrationslehrkräfte einstellen dürfen. Damit können sie kreativ mit der Situation umgehen und eben auch Schülerinnen und Schülern besondere Unterstützung geben, die zeitweilige Probleme haben oder besondere Begabungen aufweisen.

Gesetzliche Regelungen allein reichen aber nicht aus. Ganz entscheidend sind die gesellschaftliche Akzeptanz der Inklusion und eine Haltung der Lehrkräfte, die eine heterogene Lerngruppe als den Normalfall und nicht als eine besondere Belastung ansieht.[19] Hier scheint uns Südtirol einen deutlichen Schritt voraus zu sein (vgl. Meraner 2008; Höllrigl 2011). »Bildung hat in Südtirol Vorrang« – diese Forderung (vgl. Das neue Bildungs-Leitbild 2007) steht nicht nur auf dem Papier. Begünstigt wird eine auf Inklusion gerichtete Haltung wahrscheinlich auch durch den geringeren Selektionsdruck in der Schule, der es Lehrern und Schülern offensichtlich leichter macht, dem Lernen und dem Entwickeln Zeit zu geben, auf die Stärken und nicht nur auf die zu behebenden Defizite zu schauen, neben den schulischen Leistungen im engeren Sinne auch andere personale Dimensionen wahrzunehmen und zu fördern sowie Leistungen auf vielfältige Weise zu würdigen, nicht nur in der schulischen »Währung« der Noten.

Von Südtirol kann man lernen, dass Schulen Rahmenbedingungen benötigen, die ihnen viel Flexibilität erlauben, z.B. durch offene Curricula und Eigenverantwortlichkeit der Schulen gepaart mit Unterstützung bei der Schulentwicklung (vgl. Meraner 2004). Das gibt Raum, um sich auf den Weg zu einer inklusiven Schule zu machen. Zur Unterstützung verfügen wir inzwischen über solide Instrumentarien, so den von einer internationalen Expertengruppe erarbeiteten »Index für Inklusion« (Boban/Hinz 2003), der Schulen zu den Dimensionen »inklusive Kulturen schaffen«, »inklusive Strukturen etablieren« und »inklusive Praktiken entwickeln« in Form von 560 Fragen umfassende Anregungen zur

---

19 Eine professionelle Haltung, Vielfalt als Normalität zu akzeptieren, ist auch in deutschen Grundschulen entscheidend dafür, inwiefern individuelle Förderung realisiert wird (vgl. Behrensen/Sauerhering/Solzbacher in diesem Buch).

Schulentwicklung gibt (vgl. genauer Hinz 2010). Die Schulen können sich so bewusster machen, wo sie stehen, was sie schon leisten und welche Ressourcen sie haben, und sie können ganz konkrete nächste Schritte festlegen. Für die deutsche Schule in Südtirol gibt es zudem ein ambitioniertes Lehrerfortbildungsprogramm, dessen Schwerpunkte in den letzten Jahren ganz klar so gesetzt waren, dass Lehrkräfte ihre Kompetenzen zur individuellen Förderung ausbauen konnten: Lernkompetenzen, selbstgesteuertes Lernen, Dokumentation der Lernentwicklung, Lernberatung (vgl. Meraner 2008, 614). Beobachtungen an Schulen zeigen, dass die Umsetzung der Fortbildungsinhalte auch in Südtirol kein »Selbstläufer« ist, dass es neben dem Willen, sich auf Neues einzulassen, auch einer kontinuierlichen, ernsthaften Kooperation mit gleichgesinnten Kolleginnen und Kollegen bedarf, um der sehr anspruchsvollen und kräftezehrenden Aufgabe, in einer gemeinsamen Schule allen Schülerinnen und Schülern gerecht zu werden, gewachsen zu sein.

Literatur

Assessorat für deutsche Schule Berufsbildung, Universität und Forschung, Bozen (2007). Das neue Bildungs-Leitbild, Bildung Zukunft Südtirol.
Boban/Hinz (Hrsg.) (2003). Index für Inklusion. Lernen und Teilhabe in Schulen der Vielfalt entwickeln. Halle/Saale: Martin-Luther-Universität Halle-Wittenberg. Internetfundstelle: http://www.eenet.org.uk/resources/docs/Index%20German.pdf [28.9.2011].
Bräu/Carle/Kunze (Hrsg.) (2011). Differenzierung, Integration, Inklusion. Was können wir vom Umgang mit Heterogenität an Kindergärten und Schulen in Südtirol lernen? Baltmannsweiler: Schneider Verlag Hohengehren.
Brugger Paggi (2011). Integrationspädagogik: Ausbildung der Erzieherinnen und Lehrpersonen. In Bräu/Carle/Kunze (Hrsg.). Differenzierung, Integration, Inklusion. Was können wir vom Umgang mit Heterogenität an Kindergärten und Schulen in Südtirol lernen? Baltmannsweiler: Schneider Verlag Hohengehren, 163–171.
Demo (2011). Integratione scolastica und Lebensqualität der Menschen mit Beeinträchtigung. In Bräu/Carle/Kunze (Hrsg.). Differenzierung, Integration, Inklusion. Was können wir vom Umgang mit Heterogenität an Kindergärten und Schulen in Südtirol lernen? Baltmannsweiler: Schneider Verlag Hohengehren, 127–140.
Demmer-Dieckmann (2010). Forschungsergebnisse zum Gemeinsamen Unterricht. In Grundschule aktuell 11/2010, 16–19.
Deutsches Schulamt (Hrsg.)(2000). Schule und Kindergarten in Südtirol. Bozen.
Graumann (2002). Gemeinsamer Unterricht in heterogenen Gruppen. Von lernbehindert bis hochbegabt. Bad Heilbrunn: Klinkhardt.

Hausotter (2008). Integration und Inklusion in Europa, in: Eberwein/Mand (Hrsg.): Integration konkret. Begründung, didaktische Konzepte, inklusive Praxis. Bad Heilbrunn: Klinkhardt, 75–91.

Heimlich (2011). Inklusion und Sonderpädagogik. Die Bedeutung der Behindertenrechtskonvention (BRK) für die Modernisierung sonderpädagogischer Förderung Zeitschrift für Heilpädagogik 2/2011, 44–54.

Hinz (2002). Von der Integration zur Inklusion – terminologisches Spiel oder konzeptionelle Weiterentwicklung? In Zeitschrift für Heilpädagogik 9/2002, 354–361.

Hinz (2010). Inklusion als Chance für individuelles und gemeinsames Lernen in heterogenen Gruppen. In Schneider (Hrsg.). Gelingende Schulen. Gemeinsamer Unterricht kann gelingen. Schulen auf dem Weg zur Inklusion. Baltmannsweiler: Schneider Verlag Hohengehren, 3–27.

Höllrigl (2004). Schulentwicklung – der Südtiroler Weg. In Meraner (Hrsg.). Eigenständige Schule. Erfahrungen, Reflexionen, Ergebnisse – am Beispiel der Schulen in Südtirol. München: Luchterhand, 359–370.

Höllrigl (2011). Die Besonderheiten der Schule in Südtirol. In Bräu/Carle/Kunze (Hrsg.). Differenzierung, Integration, Inklusion. Was können wir vom Umgang mit Heterogenität an Kindergärten und Schulen in Südtirol lernen? Baltmannsweiler: Schneider Verlag Hohengehren, 41–53.

Ianes (2009). Die besondere Normalität. Inklusion von SchülerInnen mit Behinderung. München, Basel: Ernst Reinhardt Verlag.

Ianes/Demo/Zambotti/Macchia (2011). Der italienische Diskurs in der Integrationspädagogik. In Bräu/Carle/Kunze (Hrsg.). Differenzierung, Integration, Inklusion. Was können wir vom Umgang mit Heterogenität an Kindergärten und Schulen in Südtirol lernen? Baltmannsweiler: Schneider Verlag Hohengehren, 115–125.

KMK (2010). Statistische Veröffentlichung der Kultusministerkonferenz. Dokumentation Nr. 189 – März 2010. Sonderpädagogische Förderung in Schulen 1999 bis 2008. Internetfundstelle: http://www.kmk.org/fileadmin/pdf/Statistik/Dok_189_SoPaeFoe_2008.pdf [28.9.2011].

Lambrich (2011). PISA – Ergebnisse inklusiver Schulen in Südtirol. In Bräu/Carle/Kunze (Hrsg.). Differenzierung, Integration, Inklusion. Was können wir vom Umgang mit Heterogenität an Kindergärten und Schulen in Südtirol lernen? Baltmannsweiler: Schneider Verlag Hohengehren, 81–98.

Meraner (2008). Schule muss nicht die soziale Selektion fördern – Befunde und Analysen am Beispiel der deutschen Schule in Südtirol. In Erziehung und Unterricht Heft 7–8/2008, 607–615.

Merz-Atalik (2006). Integration und Inklusion. In Hansen/Stein, R. (Hrsg.). Kompendium Sonderpädagogik. Bad Heilbrunn: Klinkhardt, 248–260.

Pädagogisches Institut für die deutsche Sprachgruppe Bozen (2010). Internetfundstelle: http://www.blikk.it/angebote/reformpaedagogik/rp83100.htm [28.9.2011].

Siniscalco/Meraner (Hrsg.) (2011). PISA 2009. Ergebnisse Südtirols. Bozen 2011. Internetfundstelle: http://www.schule.suedtirol.it/pi/themen/documents/Pisa2009.pdf [30.9.2011].
Stein (2009). A.-D. Integration wirklich für Alle? Anspruch und Wirklichkeit in ausgewählten Ländern. In Bürli/Strasser/Stein (Hrsg.). Integration und Inklusion aus internationaler Sicht. Bad Heilbrunn: Klinkhardt, 196–207.
Tetler (2009). Jenseits der Inklusionsrhetorik in den skandinavischen Ländern. In Bürli/Strasser/Stein (Hrsg.). Integration und Inklusion aus internationaler Sicht. Bad Heilbrunn: Klinkhardt, 188–195.
Verra (2011). Mehrsprachiger Schriftspracherwerb in ladinischen Schulen. In Bräu/Carle/Kunze (Hrsg.) (2011). Differenzierung, Integration, Inklusion. Was können wir vom Umgang mit Heterogenität an Kindergärten und Schulen in Südtirol lernen? Baltmannsweiler: Schneider Verlag Hohengehren, 185–192.
Wallnöfer (2011). Zur aktuellen Bildungslandschaft in Italien. In Bräu/Carle/Kunze (Hrsg.). Differenzierung, Integration, Inklusion. Was können wir vom Umgang mit Heterogenität an Kindergärten und Schulen in Südtirol lernen? Baltmannsweiler: Schneider Verlag Hohengehren, 17–29.
Wilhelm (2009). Integration in der Sek. I und II. Wie die Umsetzung im Fachunterricht gelingt. Weinheim, Basel: Beltz.

Forschendes Lernen im naturwissenschaftlichen Bereich als ressourcenorientierte Methode bei Grundschulkindern

Gerhild Bachmann

Schulen haben die Bedeutung eigentätig forschenden Herangehens an Probleme für das zukünftige Leben erkannt und das entdeckende und forschende Lernen von Kindern wird an vielen Grundschulen forciert. Wie kann nun forschendes Lernen angebahnt, begleitet und gefördert werden? Wie lassen sich attraktive Lernanreize für (hoch)begabte Schüler/-innen schaffen? Einige Erkenntnisse und Anregungen aus Wissenschaft und Praxis zum forschenden Lernen im Sinne einer attraktiven Lehr-Lernkultur an Schulen und an außerschulischen Lernorten sollen in diesem Beitrag vorgestellt werden.

Schüler/-innen brauchen forschendes Lernen

Messner (2009, 25 f.) formulierte mehrere Thesen, die es aus pädagogischer Sicht beim forschenden Lernen zu berücksichtigen gilt. Dezidiert weist er auf die Notwendigkeit des forschenden Lernens in der heutigen Zeit hin:

»Schule muss den Lernenden für die Erfahrung eigenen Suchens und Forschens Zeit und Raum schaffen, um ihnen eine Chance zu geben, die bestehende Übermacht des rezeptiv Vermittelten in der Praxis moderner Mediengesellschaften geistig zu bewältigen. So gesehen ist forschendes Lernen ein Menschenrecht« (Messner 2009, 28).

Seiner Ansicht nach sollen Lehrpersonen modellhaft und authentisch vorleben, wie sie mit Wissen und Problemen umgehen. Die Vorbildwirkung der Pädagogen/Pädagoginnen ist von unermesslichem Wert bei der gemeinsamen Suche nach Lösungen, in Büchern, im Internet etc. Ihre Aufgabe ist es, die Schüler/-innen beim forschenden Lernen motivierend zu fördern, fächerübergreifende Verbindungen herzustellen und Inhalte und Probleme durch das Aufzeigen von gesellschaftlicher Relevanz und des Sinnbezugs für die Lernenden attraktiver zu machen. Forschendes Lernen sollte möglichst früh in einer das Forschen fördernden Atmosphäre angebahnt werden. Dabei steht der individuelle Lernprozess der Kinder im Mittelpunkt, um den Schülern/Schülerinnen individuell gerecht zu werden. Forschendes Lernen zum Aufbau einer Wissenskultur und zur Konstruktion von Wissen in eigenständiger Arbeit bei den Schülern/Schülerinnen kann über die gesamte Schulzeit hindurch in vielen Einzelsituationen und durch viele Problemstellungen entwickelt werden. Als besonders wichtig wird das professionelle, methodische Know-how der Lehrer/-innen betrachtet. Dabei kommt den Begleittechniken große Bedeutung zu, z.B. dem Modeling, Scaffolding oder Coaching im Apprenticeship-Konzept. Mit den Schülern/Schülerinnen werden dabei verschiedene Lernstrategien und entsprechende Arbeitstechniken trainiert. Beim Scaffolding wird der Lernprozess beispielsweise solange durch Denkanstöße und Orientierung bietende Anleitungen unterstützt, bis die Lernenden Teilaufgaben lösen können. Das ko-konstruktive kooperative Lernen, nämlich der Austausch der Schüler/-innen über ihre Ideen, Lösungsansätze und Gedanken zu einer Sache ohne Leistungs- oder Konkurrenzdruck, ist von enormer Bedeutung. Des Weiteren ist der Wissens- und Entwicklungsstand der Schüler/-innen zu respektieren und eine selbstständigkeitsfördernde Lernbegleitung bereitzustellen (vgl. Messner 2009, 25–28).

Kompetenzerwerb zum forschenden Lernen bei Kindern

Kinder benötigen Herausforderungen und es darf ihnen auf der Basis bereits vorhandener Kenntnisse viel zugetraut werden. Forschen zeigt sich in der Haltung, etwas wissen zu wollen, in Neugier und der Bereitschaft, den Dingen auf den Grund zu gehen. Forschendes Lernen dient zum Aufbau des Weltwissens der Schüler/-innen. Entscheidend ist es, durch attraktive Lernumgebungen die Eigentätigkeit und die Kreativität der Schüler/-innen im Team anzuregen, sie aktiv für die Beschäftigung mit wissenschaftlichen Fragen zu interessieren und auch zu begeistern. Neubauer und Stern (2007, 255) betonen, dass man wie in einem Werkzeugkasten, »unterschiedliche Strategien zur Verfügung haben muss, um effizient geistige Leistungen zu erbringen«. Der Begriff forschendes Lernen kann sehr weit gefasst und als Denkleistung betrachtet werden wie es John Dewey (1993) formulierte:

»Wir drücken uns oft so aus, als ob eigenes Forschen ein besonderes Vorrecht der Forscher oder wenigstens der fortgeschrittenen Studierenden wäre. Alles Denken ist jedoch Forschung, alle Forschung ist eigene Leistung dessen, der sie durchführt, selbst, wenn das, wonach er sucht, bereits der ganzen übrigen Welt restlos und zweifelsfrei bekannt ist« (Dewey 1993, 198).

Mit forschendem Lernen ist stets eine ganz spezielle Form des Lernens verbunden, welche sich durch die charakteristischen Merkmale individuell, interaktiv, phänomenorientiert, hands-on und minds-on beschreiben lässt. Hands-on-Phasen auf der Ebene manueller Arbeitstechniken werden mit Minds-on-Phasen kombiniert und verschränkt, in denen die Kinder Vermutungen aufstellen, in Gruppen interaktiv diskutieren und Schlussfolgerungen, auch in schriftlicher Form, begründen (vgl. Frantz-Pittner/Grabner/Bachmann 2011, 11 f.) Durch selbstständiges und aktives Experimentieren lernen die Schüler/-innen ihre eigenen Vorstellungen zu hinterfragen und weiter zu entwickeln und erlangen ein Verständnis für die Prozesse des wissenschaftlichen Erkenntnisgewinns, wobei auch ein subjektiver Erkenntnisgewinn als Erkenntnisziel beim forschenden Lernen im Mittelpunkt stehen kann (vgl. Aeppli/Gasser/Gutzwiller/Tettenborn 2011, 75). Forschendes Lernen ist jedoch kein »Nachkochen von Experimentieranleitungen« und auch kein »planloses Experimentieren«, sondern es beinhaltet das Formulieren von Fragen, das Aufstellen von Hypothesen, das Schlussfolgern aus Daten und es soll Denkprozesse anregen (vgl. Bertsch/Unterbruner/Kapelari 2011, 239).

Charakteristisch für forschendes Lernen ist die Eingebundenheit in einen zyklischen Gesamtprozess mit aufeinander bezogenen Schrittabfolgen und Phasen, die auch bei jüngeren Kindern praktisch umsetzbar sind. Kinder erfahren naturwissenschaftliche Erkenntnisprozesse als eine Form strukturierten Problemlösens und erwerben prozedurale Kompetenzen. Naturwissenschaftliche Arbeits- und Denkweisen werden durch selbstgesteuerte, aktive und sinngeleitete Auseinandersetzungen angeregt und die Lernprozesse zeichnen sich oft durch viel Einfallsreichtum und Kreativität aus. Bei der inhaltlichen und prozeduralen Vertiefung und beim Vertrautmachen mit logischen Denkweisen werden Grundschüler/-innen zusätzlich strukturiert unterstützt (vgl. Frantz-Pittner/Grabner/Pokorny 2011, 42).

Zur Durchführung von Experimenten haben sich folgende Phasen bewährt und gezielt können Fragen zur Problemstellung bzw. zum Experiment gewählt werden:

Impulsphase

Was war besonders interessant?

Kreativphase

Wie sind wir zur Fragestellung gekommen?

Warum wurde diese Frage ausgewählt?

Aufbereitungs-/Sondierungsphase

Welche weiteren Informationen benötigen wir?

Woher können wir diese bekommen?

Planungsphase

Welche grundsätzlichen Überlegungen waren bei der Planung wichtig?

Durchführungsphase

Was haben wir im Experiment gemacht?

Was konnten wir beobachten?

Was war neu für mich?

Auswertungsphase

Hat unsere Vermutung gestimmt?

Welche Schlussfolgerungen ziehen wir?

Wozu könnten diese Erkenntnisse nützlich sein?

Präsentationsphase

Wie können wir die Vorgangsweise und die ausgewählten Methoden präsentieren?

Wie können die Ergebnisse dargestellt werden?

Wie können wir die Ergebnisse anderen erklären?

Abb. 11: Phasen im forschenden Lernen (vgl. Frantz-Pittner/Grabner/Pokorny 2011, 42 f.)

Durch das Durchlaufen der Phasen beim forschenden Lernen kann großes Interesse entwickelt werden. In der Impulsphase begegnen die Kinder einem inszenierten Lernsetting zum jeweiligen Unterrichtsthema, wobei häufig unerwartete Erfahrungen und Widersprüchlichkeiten erzeugt werden, die Diskrepanzen hervorrufen. In einer anschließenden Kreativphase können die Kinder in Kleingruppen mit Hilfe kreativer Methoden angeregt werden, Ausgangsfragen zu entwickeln, welche in der nachfolgenden Aufbereitungsphase unter Hinzunahme von Büchern, Lernapplikationen und Exhibits erörtert werden bis nunmehr jene Fragen vorliegen, die dann weiter bearbeitet werden sollen. In der Planungsphase wird ein geeignetes methodisches Untersuchungsdesign für die naturwissenschaftliche Fragestellung überlegt, welches in der Durchführungsphase in einer Erhebung angewendet wird. Eine Präsentationsphase rundet den Prozess ab und die Kinder stellen den Forschungsprozess retrospektiv in einem Plenum vor und präsentieren die aus den Ergebnissen gezogenen Schlussfolgerungen (vgl. Frantz-Pittner/Grabner/Kern 2011, 127 f.). Durch das Durchlaufen der Phasen inklusive der Präsentation wird eine gute Festigung und Nachhaltigkeit des Lernprozesses ermöglicht.

Ressourcen von außerschulischen Lernorten nutzen

Begabungsförderung im Sinne von Unterstützung und Begleitung aller Schüler/-innen bei der Entwicklung ihrer Leistungspotenziale ist ein zentrales Anliegen von Bildungsarbeit. Begabungsfördernder Unterricht bedeutet möglichst viele Unterrichtsformen anzubieten, welche auf die individuellen Begabungskategorien abgestimmt sein sollten. Nach Köhler (2010, 6) bezieht sich Begabtenförderung auf die

»spezielle Förderung von Schülern/Schülerinnen mit besonders hohen Potenzialen bzw. besonderer Leistungsfähigkeit. Im Sinne der Chancengerechtigkeit hat die Schule die Aufgabe, auch die Lern- und Entwicklungsbedürfnisse der (hoch)begabten Schüler/-innen wahrzunehmen und ihnen mit adäquaten pädagogischen und organisatorischen Maßnahmen Rechnung zu tragen«.

Viele Initiativen zum inner- und außerschulischen Lernen rund um die Themen Naturwissenschaften und Technik sind in den letzten Jahren erfolgreich durchgeführt worden. Für die Förderung von Begabungen in diesem Kontext haben sich Lernumgebungen als erfolgreich gezeigt, die gängigen Kriterien guten Unterrichts entsprechen (Meyer, H. 2010, 159; Dubs 2011, 43 f.) und insbesondere einen hohen Anteil an selbstgesteuerten Lernprozessen ermöglichen (Urban 2004, 76; Wahl 2005, 205 f.). Um hohen Qualitätsansprüchen zu genügen, ist das kooperative Zusammenwirken von schulischen und außerschulischen Lernorten von großem Nutzen. Sehr häufig wird in der Fachliteratur betont, dass hochbegabte und überdurchschnittlich begabte Kinder differenzierte pädagogische Programme benötigen, die über die regulären Schulprogramme hinausführen.

»Werden hochbegabte Kinder entsprechend ihrer Begabung gefördert und erhalten sie die nötige Unterstützung durch ihr soziales Umfeld – also angemessene Angebote zur Selbstentfaltung – entwickeln sie sich in der Regel zu kreativen, leistungsmotivierten, sozial engagierten und fröhlichen Persönlichkeiten« (vgl. Oschmann 2011, 17).

Außerschulische Lernorte wie z.B. Science-Center-Einrichtungen können schulisches Lernen mit ihren speziellen Exhibits und Inszenierungen sehr gut ergänzen und großes Interesse für bestimmte Themen, wie beispielsweise den MINT-Bereich (Mathematik, Informatik, Naturwissenschaft, Technik) wecken. Die nachfolgend beschriebenen Ideen und Maßnahmen sollen Lehrer/-innen anregen, die vorhandenen Ressourcen für die Förderung naturwissenschaftlicher Kompetenzen entsprechend anzuwenden. Lernumgebung, Lernorganisation, Zeitpunkt und Zeitraum, Lehrperson/-en, Modelle und Maßnahmen müssen adäquat sein, um Differenzierung und Individualisierung erfolgreich umzusetzen. Kinder brauchen ausreichend Zeit und möglichst offene Arbeitsaufträge, um ihnen das Erforschen und Durcharbeiten der begabungsgerecht gestalteten Lernumgebung überhaupt zu ermöglichen.

Praxisbeispiele zum forschenden Lernen

Als Bildungspartner bringen Science-Center-Einrichtungen viele Ressourcen ein, da sie über einen breiten, aufwändigen Fundus an kreativ gestalteten Unterrichtsmitteln verfügen, deren Herstellung für einzelne Lehrkräfte oft einen sehr großen zeitlichen und finanziellen Mehraufwand bedeuten würde (vgl. http://www.science-center-net.at, [8.8.2011]). Die Ressourcen von Science-Center-Einrichtungen können insbesondere in längerfristigen Projekten umfassend eingesetzt und effizient genutzt werden (vgl. Frantz-Pittner/Grabner/Bachmann 2010, 5). Ein zentrales Element der Vermittlungsprogramme der Science-Center-Einrichtungen bildet der Einsatz von Experimenten neben den Möglichkeiten von Wanderausstellungen, Dauerausstellungen, Fachfortbildungen, Workshops, Sommercamps usw. Anhand der steirischen Science-Center-Einrichtung *Schulbiologiezentrum NaturErlebnisPark* soll nun demonstriert werden, wie forschendes Lernen gelingen kann und wie dieser außerschulische Lernort den Heranwachsenden eine forschungsnahe Erfahrung wissenschaftlichen Arbeitens vermittelt.

Naturwissenschaftliches Experimentieren mit der Handpuppe »Fridolin«

Das Schulbiologiezentrum NaturErlebnisPark in Graz hat eine Infrastruktur von einem über fünf Hektar großen Unterrichtsareal (Wiesen- und Waldgelände, Bach und Teich, Freiluftlabor) mit einer umfangreichen technisch-naturwissenschaftlichen Ausstattung in einem Seminargebäude. Das Programm für Kinder zwischen drei und zehn Jahren ergänzt das Lernangebot in Kindergärten und die Auseinandersetzungen mit naturwissenschaftlichen Themen in der Schule. Es bietet durch einen hohen Anteil an Eigenaktivitäten eine Abwechslung zum regulären Unterricht. An diesem außerschulischen Lernort finden laufend ansprechende Programme mit neuen Materialien und anspruchsvollen Methodenkonzeptionen, Workshops und Seminare für Kindergartenkinder und Schüler/-innen zum forschenden Lernen statt. Die Materialien und Methoden sollen Lehrer/-innen im Naturwissenschaftsunterricht inspirieren und in der Nachbearbeitung unterstützen, damit die Kinder die interessanten Bereiche der Naturwissenschaften erfahren und ihr Wissen handlungs- und problemorientiert erweitern. Konkrete Impulse und Hilfestellungen für den Unterrichtsalltag werden zusätzlich gegeben. Angeboten wurden im vergangenen Schuljahr Themen rund um die Handpuppe »Fridolin« wie beispielsweise »Fridolins Naturgeschichten« (»Kinderstuben rund um Fridolin«, Fridolins wundersame Reise«, Fridolin sieht Herbstgespenster«, »Fridolin braucht Bewegung«), »Fridolins Forschungsabenteuer« (»Wärmejäger rund um Fridolin«, »Fridolin staunt über Wasserwege«, »Fridolins kunterbunte Farbenwelt«), »Expedition in die Natur« und das Unterrichtsprojekt im Klassenzimmer »Fridolin geht in die Schule«. Besonders motivierend für begabte Kinder sind Lernwerkstätten, welche den Schülern/Schülerinnen die Möglichkeit geben, an selbst gewählten Fragestellungen zu forschen und dabei Kenntnisse und praktische Erfahrung im Umgang mit wissenschaftlichen Forschungsmethoden zu erwerben (vgl. http://www.naturerlebnispark.at [8.8.2011]).

In einer Forschungs- und Bildungskooperation zwischen dem Schulbiologiezentrum NaturErlebnisPark, dem Institut für Erziehungs- und Bildungswissenschaft der Universität Graz und dem Institut für die Vorschul- und Grundstufe der Pädagogischen Hochschule Steiermark wurde 2011 das Projekt STEPS »*Scientific Literacy. Stufenweiser Erwerb von Primärkompetenzen der Scientific Literacy*«, ein Modell zur Integration außerschulischer Lernorte in die elementare und primäre Bildungsarbeit, entwickelt und erprobt. Die Grundlage der naturwissenschaftlich-technischen Unterrichtsaktivitäten für Kindergarten, Vorschule und Grundschule im Projekt STEPS bildeten »Fridolins Naturgeschichten«. Hierbei handelte es sich um ein Unterrichtssetting, das narrative und puppengestützte Elemente mit forschend-entdeckendem Lernen kombinierte. Unter dem Leitspruch, je früher Kinder einen Zugang zu Naturwissenschaften finden, desto nachhaltiger kann das Interesse daran und die Bereitschaft, sich auch im späteren Leben mit naturwissenschaftlichen Themen auseinanderzusetzen, geweckt werden, wurden nachhaltige Lernprozesse initiiert. Der Zugang zur naturwissenschaftlichen Wissensvermittlung orientierte sich dabei vermehrt an entdeckend-forschenden Methoden (vgl. Grabner/Frantz-Pittner/Reicher-Pirchegger/Bachmann 2011, 1 f.).

Zentrale Figur in den Unterrichtseinheiten ist die Handpuppe Fridolin, welche immer die Unterstützung der Kinder benötigt, um verschiedenste naturwissenschaftliche und technische Probleme zu lösen. Im einem sog. »Schlauen Buch« werden Zusatzinformationen für das Experimentieren, Forschen und Beobachten gegeben. Fridolins Expertenkonferenz dient dem Gedankenaustausch zwischen den Kindern. Es wird betont, dass Experimente sich besonders gut eignen, den Prozess der wissenschaftlichen Erkenntnisgewinnung zu verdeutlichen und Kinder mit den Arbeits- und Denkweisen der Naturwissenschafter/-innen vertraut zu machen. Darüber hinaus werden das logische Denken und die Fähigkeiten zum strukturierten Arbeiten und schlüssigen Argumentieren gefördert.

Innovative Unterrichtsmodelle konnten entwickelt, ausprobiert und beforscht werden, wobei verschiedene Methoden der begleitenden Aktionsforschung eingesetzt wurden.

Fridolins Geschichte	Die Handpuppe Fridolin tritt in Dialog mit den Kindern und führt in eine Rahmenhandlung ein. Die Kinder werden aktiv einbezogen und um Unterstützung und Mithilfe bei der Bewältigung einer Herausforderung gebeten.
Fridolins schlaues Buch	In Fridolins schlauem Buch finden sich Abbildungen und Bilder zu verschiedenen Themen. Die Kinder überlegen, welche der Informationen für die Problemstellung von Nutzen sein könnte. Sie artikulieren Ideen, wie eine Problemlösung zustande kommen könnte und zeigen oft eine völlig andere Sichtweise des Themas auf. Die Ideen helfen die eigenen Beobachtungen zu verstehen.
Beobachten	Unter der Aufgabenstellung »Beobachten« lernen die Kinder Werkzeuge (z.B. Mikroskop, Lupe, Pipette) und Arbeitsweisen kennen, die die gezielte Wahrnehmung unterstützen. Dabei werden aus Sicht der Naturwissenschaft Erscheinungsformen und Eigenschaften von Dingen beobachtet, beschrieben und benannt. Das spielerische und noch nicht systematisierte Ausprobieren dient einem ersten Erschließen von Veränderungen, Abläufen und dem Finden von Zusammenhängen eines Themengebiets.
Experiment	Durch Experimente in einer ritualisierten Abfolge werden die Kinder dabei unterstützt, Vermutungen zu äußern, planmäßig vorzugehen, veränderbare und konstante Faktoren zu identifizieren, Ergebnisse zu dokumentieren und Schlussfolgerungen daraus zu ziehen. Das naturwissenschaftliche Experiment wird in einem klar strukturierten Prozess zur Erkenntnisgewinnung eingesetzt.
Fridolins Expertenkonferenz	Für die Kinder sind das Darlegen eigener Vermutungen und Überzeugungen, das Beschreiben von Beobachtungen und Erkenntnissen, das Begründen von Schlussfolgerungen sowie die Konfrontation mit anderen Standpunkten wichtige Elemente im forschenden Lernen. Als wissenschaftliches Diskursforum der Forschungsleistung dient Fridolins Expertenkonferenz.

Abb. 12: Auszug aus dem Projekt »Naturwissenschaftliches Experimentieren mit der Handpuppe ›Fridolin‹« (vgl. Grabner/Frantz-Pittner/Reicher-Pirchegger/Bachmann 2011, 12 f.)

Nach einer Impulsrunde lernen die Kinder an unterschiedlichen Stationen verschiedene wissenschaftliche Arbeitstechniken kennen. Das Förderangebot richtet sich auch an besonders begabte Kinder, deren Begabung sich in herausragenden schulischen Leistungen widerspiegelt und die sich im Unterricht häufig unterfordert fühlen und an Schüler/-innen, die eine auffallende Originalität beim Lösen von Problemen zeigen, die wiederum das Vorliegen besonderer intellektueller Fähigkeiten vermuten lassen. Ein sog. Enrichmentangebot zur Anreicherung und Vertiefung wird bereitgestellt. Es wird die Fähigkeit gefördert, Aufgabenstellungen aus verschiedenen Perspektiven zu betrachten und es bestehen viele Gelegenheiten, eigene neue, oft auch kreative Lösungswege für ein Problem zu finden.

Drehtürmodell nach Renzulli

Als ressourcenorientiertes *Revolving Door Model* empfiehlt das Team des Begabungsförderungszentrums des Stadtschulrates Wien das sog. Drehtürmodell nach Joseph S. Renzulli (vgl. http://www.stadtschulrat.at/begabungsfoerde rung [8.8.2011]). Begabte Kinder bzw. Schüler/-innen werden aus dem Klassenverband herausgezogen und nehmen stundenweise am Programm einer anderen Einrichtung oder Schulstufe teil. Bei dieser Pull-out-Maßnahme handelt es sich um eine möglichst ressourcenfreie begabungsfördernde Enrichment-Maßnahme, die regelmäßig stattfinden sollte, um nachhaltig zu wirken. Folgende fünf Schritte werden vorgeschlagen:

- Schritt 1:
  Auswahl der leistungsfähigsten Schüler/-innen, die ein Stoffgebiet bereits beherrschen und sonst im Regelunterricht unterfordert wären
- Schritt 2:
  Auswahl eines Lernortes (standortspezifisch unterschiedlich), Wahl eines Themas je Kind und/oder Lehrer/-in, Zielformulierung, Organisation von Materialien
- Schritt 3:
  Eingehen von Kooperationen mit Parallelklassen, Auslotung der Möglichkeiten einer Lernbetreuung bei vorhandenen personellen Ressourcen (z.B. durch Teamlehrer/-in)
- Schritt 4:
  Die Schüler/-innen dokumentieren ihre Arbeitsleistungen in Protokollen oder Verfassen ein Lerntagebuch (ab der vierten Grundschulklasse).
- Schritt 5:
  Der Schüler/die Schülerin präsentiert auf freiwilliger Basis seine/ihre Arbeit in der Klasse.

Das schulische Enrichment Modell enthält eine Vielzahl von Maßnahmen, die die Lernfreude anregen soll und basiert auf der Vorstellung, dass die Schule ein Ort der Talententwicklung ist (vgl. Renzulli/Reis 2001, 24).

Einrichtung von »Ressourcenecken« im Klassenzimmer

Ziel des naturwissenschaftlichen Arbeitens ist es, jedes Kind nach seinen individuellen Fähigkeiten zu fördern. Entsprechend vorbereitete Lernumgebungen wie die Einrichtung eines *»Ressourcenraumes«* oder von *»Experimentierecken«* mit vorgefertigten Materialien erlauben eine erfolgreiche Umsetzung von differenzierter Förderung und Individualisierung. Die begabungsorientiert gestalteten Materialien für diese Ressourcen im Klassenzimmer sind größtteils im Internet erhältlich (vgl. z.B. http://www.astromedia.de [8.8.2011]). Durch *Enrichment* werden entsprechende erweiternde Aufgaben und Themenfelder für interessierte und leistungsbereite Kinder angeboten und es erfolgt eine Anreicherung des Schulstoffs. In vielen Fällen erhalten und akzeptieren Hochbegabte erschöpfende inhaltliche Angebote nur außerhalb der Schule. Die Möglichkeiten im Rahmen der Unterrichtsstunde sind oftmals zeitlich begrenzt und erlauben keine so intensive Auseinandersetzung mit bestimmten Themengebieten und Fragestellungen, wie hochbegabte Kinder es zu leisten im Stande sind (vgl. Oschmann 2011, 18).

Bewährt haben sich als Enrichment mobile »*Ressourcenkisten*« mit Materialien zu bestimmten Schwerpunktthemen für vertiefendes, erweiterndes Lernen und Erfahren. Diese Kisten bieten mobile Lern- und Erfahrungsareale in Klassenräumen. Formen offenen Lernens (Wochenplan-, Tagesplan-, Stationenarbeit mit eigenen Lernpässen) können für einen bestimmten Zeitraum an unterschiedlichen Begabungen orientiert in diesen Forscher/-innenecken stattfinden. Effiziente Lern- und Arbeitstechniken werden hierbei entwickelt und die gute Lernbereitschaft wird intensiv durch Lehrer/-innen begleitet.

Talentportfolio

Das Begabungsförderungszentrum des Stadtschulrates in Wien sieht zur Begabungsförderung an der Nahtstelle Kindergarten – Grundschule des Weiteren die themenbezogene Portfolioarbeit, das Talentportfolio, die Projektarbeit und das Lernen von und mit Experten/Expertinnen als hilfreich an (vgl. http://www.stadtschulrat.at/begabungsfoerderung [8.8.2011]).

In einem *Talentportfolio* werden Belege und Dokumente der Fähigkeiten, Interessen, Stärken und Lernstile eines Kindes über einen längeren Zeitraum gesammelt. Belegstücke, die von den Kindern ausgewählt werden, können Originalprodukte (z.B. schriftliche Arbeiten, Zeichnungen, Briefe, Geschichten, Fotos, Lerntagebücher, Audio- und Videoaufnahmen, Protokolle zum forschenden Lernen), Leistungsbelege (Tests, Auszeichnungen, Ergebnisse von Leistungsmessungen) oder auch Interessensinformationen sein, aus welchen das bevorzugte Lernumfeld des Kindes hervorgeht (vgl. Rogalla 2009, 10 f.).

Hinzuweisen ist auf das österreichische Zentrum für Begabtenförderung und Begabungsforschung in Salzburg, welches sehr brauchbare Modelle, Maßnahmen und Ideen zur praktischen Umsetzung liefert (vgl. http://www.begabtenzentrum.at [8.8.2011]).

Von und mit Experten/Expertinnen lernen – Science Lectures

Neben dem temporären internen Einbezug von Experten/Expertinnen aus dem familiären Umfeld der Kinder, welche in den Kindergarten oder in die

Schule kommen und den Kindern Wissen vermitteln, kann auf spezielle Science-Kurse hingewiesen werden, wie sie beispielsweise vom Stadtschulrat Wien im Projekt »WienerScienceLectures« angeboten werden. Um Kinder für die Wissenschaft zu begeistern, werden für Schüler/-innen im Alter von sieben bis 14 Jahren Vorlesungen und Workshops von Wissenschaftlern/Wissenschaftlerinnen der Universität und der Fachhochschule angeboten zu Themen wie »Was macht Zellen stark?«, »Luft ist nicht nix – was Druckluft alles kann«, »Wie schlau sind Roboter? Science Fiction findet statt« (vgl. http://www.stadtschulrat.at [8.8.2011]). Auch Science Nights bieten Gelegenheiten zur spielerischen Förderung besonders interessierter und begabter Kinder (vgl. http://www.sciencepool-vif.org [8.8.2011]).

Es ist bekannt, dass bei überdurchschnittlich intellektuell begabten Kindern Langeweile und fehlende Anerkennung zu Motivationsverlust und Schulunlust führen können. Zusätzlich zu empfehlen sind Formen der Förderung wie diverse Olympiaden, Wettbewerbe, Durchführung von Ausstellungen, Projekte im Klassenverband, Summercamps etc., wobei es zu ermöglichen gilt, dass die Kinder so eigenständig wie nur möglich arbeiten, um Begabte nach bestem Vermögen zu fördern.

Fazit

Mit forschendem Lernen kann der Forschungsdrang und die Forschungslust von Mädchen und Jungen in der frühen Kindheit ausgezeichnet unterstützt werden. Das Potenzial von Science-Center-Einrichtungen lässt sich nutzen, um Kindern vielfältige und individuelle Bildungswege zu ermöglichen und Transitionen in der Elementarpädagogik zu unterstützen (vgl. Wustmann 2011, 53 f.).

»Denn jedes Mädchen und jeder Junge konstruiert sich diese Welt individuell und benötigt bestimmte, individuelle Unterstützungsleistungen zur Entfaltung seiner Potenziale im Miteinander. Das setzt jedoch voraus, dass diese Potenziale erkannt, wertgeschätzt und nutzbar gemacht werden, eben auch von besonders begabten Mädchen oder Buben« (Wustmann 2010, 7).

»Natürlich wissen wir nicht genau, was zukünftig für die ›Ablieferung‹ der Heranwachsenden in den großen Lebensgemeinschaften erforderlich sein wird« (Meyer, M. 2010, 141). Aus heutiger Sicht ist jedoch das Engagement der Lehrenden für den Erfolg von Innovationen sehr entscheidend. Für die Umsetzung spezifischer Maßnahmen für begabte Kinder sind entsprechende Lehrerpersönlichkeiten und Lehrerkompetenzen erforderlich, nämlich Lehrer/-innen, die die natürliche Neugier des Kindes ansprechen, Anerkennung geben, Mut machen, das Selbstwertgefühl stärken und für das Forschen begeistern. Wenn Lehrer/-innen bereits in der Ausbildung mit Konzepten der Begabungsförderung vertraut gemacht werden, ist eine wesentliche Basis gelegt, damit alle jungen Menschen eine ihren Anlagen und Fähigkeiten entsprechende Förderung erhalten und sie mit Freude den Schulalltag erleben (vgl. Bachmann/Mikula 2010, 51). Der individuellen Förderung sollte in der Lehrerausbildung und in den Fachdidaktiken daher großes Gewicht zukommen.

Literatur

Aeppli/Gasser/Gutzwiller/Tettenborn (2010). Empirisches wissenschaftliches Arbeiten. Bad Heilbrunn: Klinkhardt.
Bachmann/Mikula (2010). Schulfreude und Interessensförderung. In News & Science 2010, 51–52.
Bertsch/Unterbruner/Kapelari (2011). Vom Nachkochen von Experimentieranleitungen zum forschenden Lernen im naturwissenschaftlichen Unterricht am Übergang Primarstufe/Sekundarstufe. In Erziehung und Unterricht 2011, 239–245.
BFZ (Hrsg.) (2011). Unterlagen des Begabungsförderungszentrums des Stadtschulrates Wien. Internetfundstelle: http://www.stadtschulrat.at/begabungsfoerderung [8.8.2011].
Dewey (1993). Demokratie und Erziehung, Eine Einleitung in die philosophische Pädagogik. Weinheim: Beltz Verlag.
Dubs (2011). Unterrichtsformen und guter Unterricht. In Brandt (Hrsg.). Lehren und Lernen im Unterricht. Professionswissen für Lehrerinnen und Lehrer, Baltmannsweiler: Schneider Verlag Hohengehren, 41–67.
Frantz-Pittner/Grabner/Bachmann (2010). Vom Ausstellungsort zum Bildungspartner. Die multifunktionelle Rolle von Science Center Einrichtungen. In IMST-Newsletter 4–5, Jg. 9, Ausgabe 33/2010.
Frantz-Pittner/Grabner/Bachmann (2011). Science Center Didaktik. Forschendes Lernen in der Elementarpädagogik. Baltmannsweiler: Schneider Verlag Hohengehren.
Frantz-Pittner/Grabner/Kern (2011). Fridolins Forschungsabenteuer – Forschendes Lernen in einem narrativen, puppenunterstützten Kontext. In Frantz-Pittner/Grabner/Bachmann (2011). Science Center Didaktik. Forschendes Lernen in der Elementarpädagogik. Baltmannsweiler: Schneider Verlag Hohengehren, 109–144.
Frantz-Pittner/Grabner/Pokorny (2011). Forschendes Lernen in Science Center Einrichtungen – nicht nur »Tool«, sondern auch »Goal«. In Frantz-Pittner/Grabner/Bachmann (Hrsg.). Science Center Didaktik. Forschendes Lernen in der Elementarpädagogik. Baltmannsweiler: Schneider Verlag Hohengehren, 29–52.
Grabner/Frantz-Pittner/Reicher-Pirchegger/Bachmann (2011) STEPS. Scientific Literacy. Stufenweiser Erwerb von Primärkompetenzen der Scientific Literacy. In IMST-Bericht ID 252 2011. Klagenfurt.
Köhler (2011). Grundsatzerlass Begabtenförderung: Ein Etappensieg und Meilenstein. In News & Science 2011, 4–12.

Messner (2009). Schule forscht. Ansätze und Methoden zum forschenden Lernen. Hamburg: Edition Körber Stiftung.

Meyer (2010). Guter Unterricht aus der Perspektive der Bildungsgangdidaktik. In Jürgens/Standop (Hrsg.). Was ist »guter« Unterricht? Namhafte Expertinnen und Experten geben Antwort. Bad Heilbrunn: Klinkhardt,113–142.

Meyer (2010). Merkmale guten Unterrichts – Ein Kriterienmix. In Jürgens/Standop (Hrsg.). Was ist »guter« Unterricht? Namhafte Expertinnen und Experten geben Antwort. Bad Heilbrunn: Klinkhardt,159–174.

Neubauer/Stern (2007). Lernen macht intelligent. Warum Begabung gefördert werden muss. München: Deutsche Verlags-Anstalt.

Oschmann (2011). Förderung von hochbegabten Kindern und Jugendlichen. In schul-management 2011, 17 f.

Renzulli/Reis (2010). Das schulische Enrichment Modell SEM. Begabungsförderung ohne Elitebildung. Aarau, Schweiz: Sauerländer.

Rogalla (2009). Das schulische Enrichment Modell: Schulentwicklung durch Begabungs- und Begabtenförderung. In Journal für Begabtenförderung 1/2009, 7–17.

Urban (2004). Kreativität. Herausforderung für Schule, Wissenschaft und Gesellschaft. Münster: LIT Verlag.

Wahl (2005). Lernumgebungen erfolgreich gestalten. Vom trägen Wissen zum kompetenten Handeln. Bad Heilbrunn: Klinkhardt.

Wustmann (2010). Interview mit Prof. Dr. Cornelia Wustmann. In News & Science 2010, 6 f.

Wustmann (2011). Nicht ohne Miteinander – Elementar- und Primärpädagogik und die Science Center Didaktik. In Frantz-Pittner/Grabner/Bachmann (Hrsg.). Science Center Didaktik. Forschendes Lernen in der Elementarpädagogik. Baltmannsweiler: Schneider Verlag Hohengehren, 53–66.

Individuelle Förderung und selbstreguliertes Lernen – Wie viel Selbst passt in eine Klasse?

Uta Wagener

Individuelle Förderung und selbstreguliertes Lernen sind zwei Begriffe, die in der aktuellen pädagogischen Diskussion häufig vorkommen und die gut zueinander zu passen scheinen. Individuelle Förderung ist formuliert als Anrecht von Schülerinnen und Schülern und Anspruch an Schulen und Lehrkräfte, in dem sich die Hoffnung auf einen konstruktiven Umgang mit heterogenen Schulklassen mit dem Ziel einer möglichst optimalen Begabungsentfaltung verbindet. Dabei bleibt es häufig unklar, wie diese individuelle Förderung konkret aussehen kann und welche Folgen sie tatsächlich hat. Selbstreguliertes Lernen entstammt einer lernpsychologischen Tradition und kann einen Weg darstellen, diese individuelle Förderung im Unterricht umzusetzen. Aber passen die Konzepte zusammen?

Im Folgenden sollen Gemeinsamkeiten und Unterschiede von individueller Förderung und selbstreguliertem Lernen in den Blick genommen werden, um die Herausforderungen und Probleme, die diese Ansätze mit sich bringen, genauer zu betrachten. Selbstreguliertes Lernen wird verstanden als eine Möglichkeit, Lernen zu analysieren und zu unterstützen und wird als ein möglicher Ansatzpunkt für individuelle Förderung beschrieben.

Zusammenfassend wird die Frage gestellt: Was bedeuten diese Konzepte für Lehrkräfte? Wie viel individuelle Förderung und selbstreguliertes Lernen sind im Grundschulunterricht möglich und an welche Grenzen stoßen sie? Oder anders und vor dem Hintergrund struktureller Bedingungen geschärft: Wie viel Individualität und individuelle Förderung verträgt der Unterricht?

Individuelle Förderung und selbstreguliertes Lernen

Individuelle Förderung und selbstreguliertes Lernen zielen darauf, das Lernen von Schülerinnen und Schülern in der Schule zu verbessern. Beide Begriffe fokussieren dabei den je individuellen Lernprozess. Beim Ansatz der individuellen Förderung wird das Individuum schon begrifflich ins Zentrum gerückt und individuelle Förderung versteht sich damit als Gegenmodell oder Ergänzung zu einem vereinheitlichten und gleichmachenden Klassenunterricht.

Individuelle Förderung wird im Zusammenhang mit einer heterogenen Zusammensetzung der Schulklassen diskutiert, wobei u.a. Binnendifferenzierung als ein Weg gilt, diese Förderung im Unterricht umzusetzen (vgl. z.B. Meyer 2004). Individuelle Förderung kann also eine Berücksichtigung individueller Lernvoraussetzungen und -bedürfnisse mit dem Ziel das Lernen Einzelner dadurch zu fördern beschrieben werden (Kunze/Solzbacher 2008). Unter den zehn Merkmalen guten Unterrichts von Hilbert Meyer (2004) wird individuelle Förderung als ein Aspekt beschrieben. Er definiert: »Individuelle Förderung heißt, jeder Schülerin und jedem Schüler (1) die Chance zu geben, ihr bzw. sein motorisches, intellektuelles, soziales und emotionales Potenzial umfassend zu entwickeln (2) und sie bzw. ihn dabei durch geeignete Maßnahmen zu unterstützen« (Meyer 2004, 97).

Individuelle Förderung an sich ist nicht neu, sondern eine klassische Forderung reformpädagogischer Ansätze. Relativ neu ist aber der *Anspruch* auf Förderung und das je nach Schulgesetz einklagbare Recht auf Förderung (vgl. Kunze, 2008). Wirklich brisant wird dies, wenn, wie im »Rahmenkonzept ›individuelle Förderung‹« des nordrheinwestfälischen Schulministeriums gefordert, Kinder und Jugendliche die Möglichkeit bekommen sollen, ihre Begabungen *optimal* zu nutzen und zu entfalten. Häufig wird dabei der Fokus wiederum auf die Aufgabe der Lehrenden gerichtet, die individuellen Lernvoraussetzungen wahrzunehmen, zu diagnostizieren und entsprechende Unterrichtsangebote individualisiert und auf die Bedürfnisse und Lernstände der einzelnen Kinder abgestimmt anzubieten und zu begleiten. Hier stellt sich zwangsläufig die Frage, ob dies unter den Bedingungen des hiesigen Schulwesens auch nur theoretisch möglich ist, geschweige denn ob dies konkret – für jedes Kind – in der Umsetzung gelingen kann (vgl. Helmke 2010).

Der Begriff der individuellen Förderung ist in den bildungspolitischen Diskussionen stark von dem Anspruch bestimmt, der an das Bildungssystem, die Einzelschule und die einzelne Lehrkraft gerichtet wird. Durch den rechtlichen Anspruch haben Lehrkräfte und Schulen die Pflicht, diesem Recht der Schüler und Schülerinnen nachzukommen und entsprechende Förderung anzubieten. Wie diese Förderung aussieht und aussehen kann, tritt dabei in den Hintergrund und bleibt in den bildungspolitischen Vorgaben schlicht offen. Auch die Frage der personellen, finanziellen und materialen Ressourcen wird in der Regel nur am Rande thematisiert und häufig in Appellen aufgelöst.

Im Fall des selbstregulierten Lernens wird Lernen als ein individueller Entwicklungsprozess verstanden, als eine individuelle, dauerhafte Veränderung im Verhaltenspotenzial (vgl. Lefrançois 2006). Selbstreguliertes Lernen ist sehr viel stärker lernpsychologisch verortet, dabei weniger bildungspolitisch geprägt. Hier steht die Art und Weise der individuellen Lernprozesse im Vordergrund. Selbstreguliertes Lernen ist ein Thema, das in der aktuellen Lehr-Lernforschung wie auch in der (Fach-)Didaktik eine wichtige Rolle spielt und in vielen Publikationen zunehmend auch für den Grundschulbereich diskutiert wird. Was ist selbstreguliertes Lernen[20]? Auch wenn selbstreguliertes Lernen nicht immer

---

20 Die Begriffe selbstreguliertes oder selbstgesteuertes, zum Teil auch selbstorganisiertes Lernen werden weitgehend synonym verwendet und sollen hier nicht weiter unterschieden werden (vgl. Brunstein/Spörer 2006).

ganz einheitlich definiert wird (vgl. Boekaerts/Corno 2005, 199), bleibt zentral, dass der selbstregulierte Lernprozess individuelle Zielsetzung, Motivation, strategisches Handeln und metakognitives Monitoring beinhaltet. Pintrich (2000) stellt die Gemeinsamkeiten verschiedener Ansätze heraus und entwickelt folgende Definition:

»*A general working definition of self-regulated learning is that it is an active, constructive process whereby learners set goals for their learning and then attempt to monitor, regulate, and control their cognition, motivation, and behavior, guided and constrained by their goals and contextual features of their environment*« (Pintrich 2000, 453)[21].

Hier wird deutlich, dass die Aktivitäten und Konstruktionen der einzelnen Lernenden im Zentrum stehen und sich schon per Definition nicht allein auf ihr Denken und ihre Aufgabenbewältigung konzentrieren, sondern dass Emotionen, Motivation und soziale Einflüsse immer eine Rolle spielen.

Trotz dieser unterschiedlichen Begriffstraditionen und den unterschiedlichen Konnotationen scheint die inhaltliche Nähe von selbstreguliertem Lernen und individueller Förderung zunächst auf der Hand zu liegen: Beide Ansätze gehen weg vom für alle gleichen Frontalunterricht, richten den Blick auf das Individuum und wollen Lernen verbessern, effektiver gestalten.

Die Förderung selbstregulierten Lernens könnte ein Weg sein, den Unterricht zu individualisieren. Kinder, die gelernt haben, sich selbst Ziele zu setzen, ihr Lernen zu überwachen und zu steuern, könnten in einem individualisierten Unterricht um so besser gefördert werden. Es sollen im Folgenden zunächst einige Aspekte je gesondert betrachtet werden, um Gemeinsamkeiten und Unterschiede herauszuarbeiten.

Wer ist verantwortlich für den Lernprozess?

Wer ist zuständig dafür, dass Kinder lernen? Wer gestaltet den Lernprozess? Wer trifft die Entscheidungen? Während früher die Verantwortung sehr eindeutig bei den Lehrerinnen und Lehrern verortet wurde, hat sich dieses Bild verschoben und heute werden stärker die Schülerinnen und Schüler in den Blick und in die Verantwortung genommen (vgl. z.B. Boekaerts/Niemivirta 2000). Dies lässt sich insbesondere bezogen auf die Steuerung des Lernens und des Lernprozesses sagen. Traditionell lag dieses Steuerungswissen, das prozedurale Wissen über Lernen, in der Hand der Lehrkräfte und der Institution Schule. Hier wurde entschieden, was, wann, in welcher Art und Weise, mit welchen Teilschritten zu ler-

---

21 Eine allgemeine Arbeitsdefinition selbstregulierten Lernens lautet wie folgt: Lernen ist ein aktiver, konstruktiver Prozess, bei dem Lernende sich Ziele für ihr Lernen setzen und dann versuchen ihre Kognition, Motivation und ihr Verhalten zu überwachen, zu regulieren und zu kontrollieren. Dies wird geprägt von ihren Zielen und Kontextfaktoren ihrer Umgebung. (Übersetzung Uta Wagener).

nen war, und waren auch für die Überprüfung und Bewertung der Lernergebnisse alleine zuständig. Wenn heute in der Grundschule Kinder aufgefordert sind sich gegenseitig zu helfen, sich selbst Hausaufgaben zu stellen, unterschiedliche Rechenwege zu entwickeln und ihre eigenen Aufgaben selbst zu überprüfen, so zeigt dies, dass hier ein Wandel bereits stattgefunden hat und wohl auch noch fortgeführt wird.

Im Konzept des selbstregulierten Lernens wird dieser Wandel aufgegriffen, konkretisiert und weiter vollzogen. Dabei wird auch thematisiert, dass dies bestimmte Voraussetzungen braucht. Dies sind zum einen die Lernumgebungen und Aufgaben, die von den Lehrkräften gestaltet werden (vgl. z.B. Meyer/Turner 2002; Perry 1998; Perry/Phillips/Dowler 2004). Zum anderen sind die individuellen Kompetenzen der Lernerinnen und Lerner gleichermaßen Voraussetzung wie auch Ziel selbstregulierten Lernens.

Im Gegensatz dazu richtet sich der Begriff der individuellen Förderung an die Lehrkräfte und die Schulen, die diese Förderung zu leisten und anzubieten haben und dafür folglich Verantwortung tragen. Dabei wird davon ausgegangen, dass verschiedene Kompetenzen auf Seiten der Lehrkraft notwendig sind, wie z.B. diagnostische Kompetenzen und didaktisch-methodische Kompetenzen, um auf die je unterschiedlichen Lernvoraussetzungen differenziert einzugehen (vgl. z.B. Helmke 2010; Trautmann/Wischer 2011; Wischer 2007a). Wischer (2007a) weist daraufhin, dass Lehrkräfte hier mit sehr komplexen und anspruchsvollen Erwartungen konfrontiert sind, vielleicht zu komplex um im Schulalltag von der Mehrheit der Lehrkräfte leistbar zu sein.

Sowohl individuelle Förderung wie auch selbstreguliertes Lernen nehmen Individuen in den Blick, die Lehrenden und die Lernenden, und klammern systemische Aspekte, institutionelle, personelle und gesellschaftliche Rahmenbedingungen mitunter vollständig aus. Dies ist teilweise notwendig, da man nicht immer allen Faktoren in diesen komplexen, gesellschaftlich eingebetteten Lernprozessen die gleiche Aufmerksamkeit schenken kann. Verschiedene Autoren machen auf die Frage der (fehlenden) Ressourcen aufmerksam (z.B. Helmke 2010; Meyer 2004). Lösungsansätze und Handlungsvorschläge nehmen aber dann häufig wieder die Lehrkräfte in den Blick und bekommen appellativen Charakter.

Lernen ist ein individueller Vorgang und wird in beiden Ansätzen auch (nahezu) ausschließlich so gedacht. Lernen in einem sozialen Gefüge, in einer gesellschaftlichen Institution ist jedoch wesentlich komplexer und dies wird weder für individuelle Förderung, noch für selbstreguliertes Lernen durchgängig thematisiert.

Was wird gefördert? Und wie?

Individuelle Förderung als eine Anforderung des Gesetzgebers ist ein in sich normatives Konzept. Es ist ein Anspruch bzw. die gesetzliche Vorschrift, dass das Lernen Einzelner gefördert werden soll. Wie dies genau geschieht bleibt wie erwähnt weitgehend offen. Auf welche Ziele hin dies geschieht, also die inhaltliche Dimension, ist im Prinzip klar festgelegt und an anderer Stelle, in Bildungsstandards und Kerncurricula, fixiert. Hier ist bei aller Individualität von außen klar festgelegt, was gefördert werden soll. Einige Autoren haben einen eher umfassenden Begriff von individueller Förderung und sehen individuelle Förderung in kognitiven, motorischen, sozialen und kognitiven Bereichen als notwendig an (vgl. Meyer 2004). Kaum thematisiert wird, ob und inwiefern Lernende selbst die Ziele festlegen können auf die hin sie gefördert werden.

Komplexer ist diese Frage beim selbstregulierten Lernen. Auf den ersten Blick ist dieses Konzept weniger normativ geprägt. Lernende setzen sich selbst Ziele, die sie dann mit Hilfe von Strategien und metakognitiver Überwachung zu erreichen versuchen. Selbstgesetzte Ziele können sich also durchaus von den Zielen der Lehrkraft und Zielen, die in Standards festgeschrieben sind, unterscheiden. Damit gehen unterschiedliche theoretische Ansätze innerhalb des selbstregulierten Lernens unterschiedlich um. Einige stellen den Aspekt der selbstständigen Zielsetzung eher zurück und definieren dann auch selbstreguliertes Lernen als effektives Lernen entsprechend der Normen und Vorgaben des Lehrplans oder des entwickelten Förderprogramms. Andere fokussieren stärker den Prozess des Lernens, das heißt also die Prozesse der Zielsetzung, der Strategienutzung, der Überwachung des Lernprozesses und der Reflexion über die Ergebnisse. Dann bleiben die Zielsetzung und die Entscheidung über die Relevanz der Ziele in der Hand der Lernenden und somit bleibt offen, inwiefern der Lernprozess im schulischen Sinne effektiv ist.

Zentral ist beim selbstregulierten Lernen die Förderung des strategischen Handelns und der metakognitiven Bewusstheit, also der (Selbst-)Reflexion. Damit sollen Grundlagen für eigenständiges Lernen vermittelt und letztlich lebenslanges Lernen ermöglicht werden. Daher ist anders als bei der individuellen Förderung beim selbstregulierten Lernen der *Lernweg* entscheidend. Neben direkter Strategievermittlung gelten Aufgaben als förderlich, die so komplex sind, dass sie metakognitive, strategische Reflexionen tatsächlich notwendig machen (z.B. Paris/Paris 2001; Perry/Phillips/Dowler 2004). Bei individueller Förderung bleibt meist offen, ob diese Förderung als abgestimmte, aber kleinschrittige und detailliert aufbereitete Lernaufgabe angeboten wird oder als komplexe Anforderung, die eigene Zielsetzungen ermöglicht und individuelle Handlungsspielräume eröffnet. Es gibt jedoch verschiedene methodische Vorschläge sowohl für selbstreguliertes Lernen wie auch für individuelle Förderung. Instrumente wie Lerntagebücher und Portfolios beispielsweise werden aus beiden

Traditionen heraus als Ansatzpunkte vorgeschlagen, teilweise jedoch mit unterschiedlichem Fokus (z.B. Boller/Lau 2010; Landmann/Schmitz 2007).

Wie kann selbstreguliertes Lernen für individuelle Förderung genutzt werden?

Das Konzept des selbstreguliertes Lernens kann ein Weg sein, den Blick auf Teilbereiche des Lernens zu richten und die Wahrnehmung für individuelle Lernprozesse zu schärfen. Das bedeutet, dass eine lernpsychologisch begründete Theorie genutzt wird, um die bildungspolitische Forderung nach individueller Förderung konzeptionell zu füllen. Im Folgenden sollen mögliche Ansatzpunkte, die sich aus der Theorie des selbstregulierten Lernens ergeben, genauer betrachtet werden und auf ihr Potenzial für individuelle Förderung hin untersucht werden. Dabei werden der Einsatz von Strategien, Metakognition und individuelle Zielsetzungen in den Blick genommen.

Unter dem Konzept des selbstregulierten Lernens wurden auch Ansätze entwickelt, die zum gezielten Training wesentlicher Aspekte des Konzeptes (Metakognition und Strategieeinsatz, zum Teil spezifische für Förderung im Bereich Mathematik oder Lesen) dienen. Hier werden einerseits spezifische Strategien vermittelt und eingeübt und zusätzlich werden Reflexionen des Lernprozesses angeregt. Dies soll dazu dienen den Kindern Kompetenzen zu vermitteln, die für eigenständiges Lernen notwendig sind. Die Trainings an sich sind jedoch meist nicht individualisiert, sondern häufig eher sehr strukturiert, nicht zuletzt um sie so einer empirischen Überprüfung zugänglich zu machen. Auf Trainings und Förderprogramme werde ich im Folgenden nicht eingehen, hier sei auf die entsprechende Literatur verwiesen (vgl. z.B. Perels/Landmann/Schmitz 2007; Souvignier/Küppers/Gold 2003).

Im Gegensatz zu festgelegten Trainings sind die folgenden Beschreibungen als analytischer Blick auf individuelle Lernprozesse zu verstehen. Dabei gilt es hier in erster Linie wahrzunehmen wie Lernprozesse ablaufen und wie Kinder etwas über ihr Lernen mitteilen; es geht nicht darum zu versuchen den idealen Lernprozess zu erschaffen. Wie sich das Ganze dann in der komplexen Situation des konkreten Unterrichts verhält, wird im letzten Unterkapitel thematisiert.

Individuelle Zielsetzungen als Kernpunkt für das Verständnis von Lernen

Ein zentraler Schritt bei einem (selbstregulierten) Lernprozess ist der der Zielsetzung. Lernende nehmen sich etwas vor, wollen etwas erreichen, setzen sich ein Ziel, um dieses dann mehr oder weniger ausdauernd zu verfolgen.

Generell können diese Ziele sehr unterschiedlicher Art sein Zum Teil werden Lernziele von Leistungszielen, von sozialen Zielen, von nicht-schulischen Zielen unterschieden (vgl. z.B. Köller/Schiefele 2006; Pintrich 2000).

In der Schule werden die Ziele von den Bildungsstandards und in der konkreten Unterrichtsstunde von der Lehrkraft vorgegeben. Ein Ziel wird dann jedoch nicht einfach von den Kindern der Klasse aufgesogen oder kopiert und wieder eingefügt. Der Lernprozess Einzelner wird dadurch geprägt, ob und in welcher Weise das vorgegebene Ziel verstanden, akzeptiert, mit anderen persönlichen Zielen kombiniert und tatsächlich angestrebt wird. Dabei sind Abweichungen und Variationen eher die Regel als die Ausnahme. In der Schule wird also in der Regel auffallen, ob die Ziele, die Kinder verfolgen, schulkonform sind, also den Vorstellungen der Lehrkraft entsprechen, ob sie diesen entgegen laufen oder nicht. Hier soll jetzt also der Blick auf die individuelle Zielsetzung von Kindern im Unterricht gerichtet werden.

Ein Ziel kann inhaltlich definiert sein und beinhalten, etwas lernen oder meistern zu wollen. Es kann darin bestehen, Dinge einfach erledigen zu wollen (möglichst schnell) und vor allem sichtbare Erfolge vorweisen zu können: möglichst viele Aufgaben, Seiten oder gar Hefte »geschafft« zu haben. Unterschiedliche Ziele müssen mitunter gegeneinander abgewogen werden: Wenn ich mir z.B. als übergeordnetes Ziel gesetzt habe, eine sehr gute Fußballerin zu werden, ist es durchaus logisch und funktional für die Hausaufgaben nur soviel Zeit wie unbedingt nötig aufzuwenden, um dem eigenen zentralen Ziel durch regelmäßiges Training und Spielpraxis näher zu kommen. Boekaerts und Niemiverta (2000) weisen darauf hin, dass neben Lernzielen auch soziale und emotionale Ziele zum Tragen kommen und legen den Fokus insbesondere auf »ego-protective goals«, also Ziele, die dazu dienen, den Selbstwert der Lernenden zu schützen. Ein Beispiel: Wenn mein vorrangiges Ziel ist, bei freier Partner- oder Gruppenwahl auf keinen Fall als Letzte übrig zu bleiben, kann es funktional sein, die weiteren Erklärungen der Lehrkraft nicht abzuwarten, sondern mich frühzeitig darum zu kümmern »versorgt« zu sein. Dies mag nicht unbedingt ein Lernziel im engeren Sinne sein, es ist aber ein Ziel, das aus Sicht des Individuums zunächst erreicht sein muss, um überhaupt wieder Lernbereitschaft zu entwickeln. Individuelle Ziele können darin bestehen, schneller als mein Tischnachbar zu sein oder das Wohlwollen meiner besten Freundin zu garantieren. Ein weiteres wichtiges Ziel ist das Ziel wahrgenommen und wertgeschätzt zu werden und zwar auch, aber nicht nur für die Leistungen und Handlungen, sondern auch als Mensch und Mitglied einer sozialen Gruppe wahrgenommen, geachtet und geschätzt zu werden (vgl. Wagener 2010).

Nun wäre es ebenfalls eine Illusion zu denken, dass ein lernender Mensch sich zu Beginn eines Lernprozesses ein einziges Ziel setzt und dies dann bis zum Ende des Lernprozesses verfolgt, um sich dann einem neuen Ziel zuzuwenden. Stattdessen muss man davon ausgehen, dass immer mehrere Ziele gleichzeitig eine Rolle spielen, dass diese Ziele im Lernprozess unterschiedlich gewichtet werden und das mitunter neue Ziele hinzukommen und andere an Bedeutung verlieren oder aufgegeben werden (Boekaerts/de Koning/Vedder 2006). So gibt es in einer konkreten Unterrichtssituation sehr viele verschiedene Ziele, die von unterschiedlichen Kindern und der Lehrkraft parallel verfolgt werden. Mit dem Blick auf selbstreguliertes Lernen und daran anknüpfende individuelle Förderung ist es wichtig, diese Ziele wahrzunehmen und ernst zu nehmen um das Lernen der Kinder zu verstehen.

Selbstreguliertes Lernen ermöglicht einen anderen Blick auf Ziele, die von denen der Lehrkraft abweichen. Dieser Blick kann anerkennend und wertschätzend sein, wenn man diese Ziele auch als Weg hin zu anderen Zielen verstehen kann, als einen eigenen persönlichen Lernprozess, der aus Wegen und Umwegen besteht. Ziele, die von den vorgegebenen abweichen, können eine persönliche Notwendigkeit darstellen, auch wenn sie den konkreten Unterrichtsablauf stören, behindern, irritieren. Ein individualisierter Blick darauf kann helfen, Chancen, Nöte, Vorlieben und – nicht zuletzt – Kompetenzen in diesen Zielen zu entdecken.

Strategisches Handeln ist auf Ziele ausgerichtet

Der Begriff »strategisch« beschreibt den Weg, den Lernende wählen, um schwierige Aufgaben und Probleme zu bewältigen (vgl. Winne/Perry 2000). Dazu müssen sie aus verschiedenen möglichen Vorgehensweisen und Taktiken auswählen, um den für die Aufgabe und für sich selbst angemessenen Weg zu finden. Der Einsatz von Strategien setzt Verschiedenes voraus: das metakognitive Wissen um verschiedene Strategien und ihre Einsatzmöglichkeiten, eine gewisse Motivation entsprechend zu handeln und mindestens minimale Entscheidungsfreiheiten in der Wahl der Strategien. Die Auswahl und Ausführung von passenden Strategien ist ein zentraler Aspekt von Lernprozessen und entscheidend für den Lernerfolg (vgl. Boekaerts 1999). Die Erforschung von Lernstrategien hat eine lange Tradition in der pädagogischen Psychologie, die Anzahl der verschiedenen beschriebenen Strategien ist größer geworden, seit zunehmend fach- und aufgabenspezifische Strategien integriert werden (vgl. Paris/Byrnes/Paris 2001). Strategien können den inhaltlichen Umgang mit der Aufgabe betreffen, sie können aber auch der Motivationsförderung dienen oder den Umgang mit Ressourcen und dem sozialen Umfeld betreffen.

Strategien dienen der Verfolgung von Zielen. Das heißt folgerichtig, dass sich die Effektivität und der Sinn von Strategien nur vor dem Hintergrund dieser Ziele einschätzen lassen. So können Vorgehensweisen, die umständlich, oberflächlich und wenig zielführend erscheinen, schlicht auf ein anderes Ziel ausgerichtet sein.

Ein Beispiel aus einer Unterrichtsbeobachtung soll diese Überlegungen verdeutlichen (Wagener 2010). Ein Schüler einer zweiten Klasse setzt sich eigenständig ein Ziel für seine Arbeit. Der Schüler setzt sich jedoch ein Ziel, das von den Intentionen der Lehrkraft abweicht. In diesem Beispiel war die vorgegebene Aufgabe, richtige und vollständige Informationen über ein Buch zu sammeln und diese in vollständigen Sätzen auf dem Arbeitsblatt zu notieren. Der entsprechende Schüler beschränkt sich darauf, den Vornamen der Autorin (richtig) zu notieren und verfolgt anschließend das Ziel, diesen nun möglichst ästhetisch ansprechend darzustellen und zu dekorieren. Auf Rückfrage von Seiten der Forscherin bezüglich des Nachnamens und des Auftrags einen Satz zu schreiben macht er seine Prioritätensetzung deutlich; er sagt, das sei nicht wichtig. Die Kompetenzen des Schülers können deutlich beschrieben werden: Er arbeitet eigenständig, mit selbst gewähltem Ziel, er verfolgt dieses Ziel ausdauernd (und malt zahlreiche Schnörkel um den Namen) und er kommt abschließend sogar zur Selbstevaluation, die positiv ausfällt. Offensichtlich besitzt er den nötigen Eigensinn und Ideen, um in dieser Weise vorzugehen, er macht sich nicht abhängig von fremden Vorgaben und ist schlussendlich sogar in der Lage sich selbst zu evaluieren und positiv zu verstärken. Das ist selbstreguliertes Lernen. Natürlich entspricht das, was er gemacht hat, nicht den Vorgaben und ist unvollständig gemessen an der Aufgabenstellung.

Ein anderer Schüler ist in der gleichen Situation mit der gleichen Aufgabe beschäftigt. Auch er kommt nicht zu einem ganz korrekten Ergebnis, aber der Weg dahin ist ein völlig anderer. Er notiert richtig und vollständig den Namen der Autorin »Astrid Lindgren«. Als er die Erinnerung der Lehrkraft hört, dass er in vollständigen Sätzen schreiben sollte, sieht er, dass ihm kaum noch Platz bleibt zumal er den Namen in die Mitte der Zeile geschrieben hat. Er versucht die Situation zu retten und ergänzt »nämlich« – geschrieben »nemlich«. Der vermeintlich vollständige Satz lautet somit: »Nemlich Astrid Lindgren«. Der Schüler hatte auch hier mit der Aufgabe begonnen und den vollständigen Namen geschrieben. Er hört und übernimmt dann die Vorgabe der Lehrkraft und versucht auf dem kleinen Platz noch einen vollständigen Satz zu bilden. Er hat also eine interessante strategische Idee, die ihn davon befreit, das Geschriebene zu radieren. Dies gelingt nicht, weil er keinen vollständigen Satz bildet, was ihm aber nicht klar zu sein scheint. Er setzt sich nicht selbst ein Ziel, sondern übernimmt das Ziel der Lehrkraft. Er präsentiert mir als anwesender Forscherin stolz seine Arbeit und das ist Ausdruck seiner positiven Selbstevaluation.

Die Leistung des ersten Schülers ist unter dem Gesichtspunkt der Selbstregulation höher zu bewerten als die des zweiten Schülers, dessen Ausführungen aber vollständiger sind gemessen an der Aufgabenstellung. Soll an diesen jeweiligen Leistungen individuell angeknüpft werden, so muss beim ersten Schüler vor allem die Zielsetzung besprochen werden. Er müsste informiert und außerdem motiviert werden, um ihm die Relevanz der Ziele der Lehrkraft (vollständige Information und vollständige Sätze) vor Augen zu führen. Beim zweiten Schüler scheint es vor allem um fehlendes Wissen bezüglich Satzbau zu gehen und vielleicht auch um die Motivation, die nötig wäre um zu radieren und von vorne zu beginnen. Beide Schüler präsentieren ihre Arbeiten stolz, in diesem Fall gegenüber mir als anwesender Forscherin. Sie machen damit transparent, was sie getan haben, und zeigen, dass sie es positiv bewerten. Beide verfolgen so auch ein soziales Ziel und wollen, dass sie und ihre Arbeiten gesehen und wertgeschätzt werden, beide Schüler erlauben damit gleichzeitig Einblick in ihre Arbeitsweisen und Überlegungen.

Für eine solchermaßen individualisierte Perspektive auf das Lernen von Grundschulkindern gibt es eine wichtige Hilfestellung. Kinder dieser Altersgruppe sind in der Regel recht mitteilsam, sie wollen etwas zeigen, wollen gesehen werden, wollen sich präsentieren. Diese Offenheit und Mitteilungsfreude, die den Unterricht durchaus stören kann, ist gleichzeitig ein wichtiges diagnostisches Fenster auf die individuellen Zielsetzungen und die darauf aufbauenden individuellen Lernprozesse. In ihren Äußerungen bieten Kinder Anknüpfungspunkte für Gespräche über ihr Lernen, geben Hinweise auf notwendige Hilfestellungen oder mögliche neue Aufgaben, die aufbauen können auf aktuelle Interessen, Schwierigkeiten oder Stärken. Kinder teilen uns ihre Gedanken mit und diese können gemeinsam weitergeführt werden im Sinne einer metakognitiven Reflexion über das eigene Lernen. Das ist jedoch alles andere als einfach in einer komplexen Unterrichtssituation.

Was bleibt? Wie viel Selbst passt in eine Schulklasse?

Mit der dargestellten individualisierten Perspektive auf Lernprozesse können diese beschrieben und analysiert werden. Das unterstreicht einen wertschätzenden Blick auf das Lernen von Kindern, die Ziele verfolgen, Strategien einsetzen, reflektieren und evaluieren. Diese Perspektive ermöglicht es Kompetenzen von Kindern wahrzunehmen, auch wenn diese Ziele verfolgen, die nicht dem entsprechen, was die Lehrkraft vorgesehen hatte. Das kann sehr sinnvoll und fruchtbar sein.

Gleichzeitig verstellt dieser Fokus den Blick auf anderes und zwei Punkte sollen hier hervorgehoben werden: Eine Kritik, die sich sowohl an selbstreguliertes Lernen wie auch an individuelle Förderung richten kann, ist, dass die Verantwortung für Lernen nahezu vollständig den Einzelnen zugeschrieben wird. Individualisierung kann eben auch eine Individualisierung von Verantwortlichkeiten bedeuten. Wenn Kinder sich selbst Ziele setzen und diese selbstreguliert verfolgen, so sind sie letztlich selbst verantwortlich dafür, dass und wie viel sie lernen. Wenn Lehrkräfte und Einzelschulen qua Gesetz für individuelle Förderung verantwortlich sind, so ist auch klar, wer zuständig und schuldig ist, wenn diese nicht gelingt. So bergen sowohl individuelle Förderung als auch selbstreguliertes Lernen die Gefahr in sich, dass Rahmenbedingungen, gesellschaftliche wie auch institutionelle Kontexte, kollektive Verantwortlichkeiten und bildungspolitische Schwerpunktsetzungen aus dem Blick geraten. Es werden nicht die systemischen und strukturellen Bedingungen untersucht, sondern nahezu ausschließlich die je individuellen. So werden im Falle der individuellen Förderung in erster Linie die Lehrkräfte, ihre Aufgaben und Kompetenzen thematisiert und fehlende individuelle Förderung wird weitgehend als ein Versäumnis der Lehrkräfte betrachtet. Beim selbstregulierten Lernen ist die Verantwortung in einem höheren Maße bei den Kindern, die Lerngelegenheiten wahrnehmen und umsetzen müssen und zugleich aber – zumindest in der Grundschule – auch bei den Lehrkräften, die diese Lerngelegenheiten anbieten müssen und den Lernprozess begleiten und unterstützen sollten. Auch hier bleibt die Frage der Rahmenbedingungen weitgehend offen.

Dies ist zum einen die Frage der Ressourcen, die für Bildung zur Verfügung stehen. (Individuelles) Lernen braucht personelle und finanzielle Ressourcen, aber auch räumliche und materielle. Außerdem ist auch der politische und gesellschaftliche Stellenwert von Bildung und Bildungseinrichtungen eine wichtige Rahmenbedingung. Ganz zentral sind auch parallel getroffene weitere bildungspolitische Entscheidungen. Es wurde bereits darauf hingewiesen, dass derzeit eine Parallelität besteht in der Forderung nach Individualisierung, insbesondere thematisiert als individuelle Förderung und einer gleichzeitigen zunehmenden Standardisierung und damit Normierung, die ja mittlerweile auch den Grundschulbereich betrifft (vgl. Kunze 2008). So darf man durchaus kritisch fragen, wie das Bemühen individualisiert zu arbeiten und individualisiert Rückmeldungen zu geben durch Vergleichsarbeiten (negativ) beeinflusst wird. (Wie) ist es möglich in einer Schulkasse mit individualisierten Bezugsnormen zu arbeiten, mit denen Entwicklungen und individuelle Fortschritte beschrieben werden können, wenn gesamtgesellschaftlich der interindividuelle Leistungsvergleich nach wie vor im Zentrum steht und »höher, schneller, weiter« als das ultimative Ziel gilt? Dies steht in einem Spannungsfeld zu einem individualisierenden, prinzipiell wertschätzenden Ansatz. Es werden unterschiedliche Ziele mit diesen Maßnahmen verfolgt, aber dieser Zielkonflikt bleibt meist implizit. Diese Fragen müssen gestellt und diskutiert werden und dürfen nicht das Problem einzelner Lehrkräfte und einzelner Kinder und Eltern sein.

Ein zweiter Punkt ist die im Titel gestellte Frage, wie viel Selbst in eine Schulklasse passt. Trautmann und Wischer (2011) und Wischer (2007b) weisen darauf hin, dass die Forderung nach einem produktiven Umgang mit Heterogenität viel Programmatik beinhaltet, es aber letztlich auch empirisch unklar ist, wie viel davon wirklich umgesetzt wird und werden kann, mit welchen Effekten auf Lernen. Es gibt Hinweise darauf, dass es gelingen kann selbstreguliertes Lernen produktiv im Unterricht einzusetzen (z.B. Perry 1998). Es gibt Trainingsprogramme, die insbesondere die Kenntnis und den Einsatz von Strategien fördern sollen und dies auch nachweislich tun (Dignath/Büttner/Langfeldt 2008). Zahlreiche Beispiele zeigen, dass insbesondere im Grundschulbereich ein Wandel hin zu mehr Differenzierung und zu mehr eigenständigem Lernen bereits stattfindet.

Es bleibt dennoch empirisch offen, *wie viel* individuelle Förderung und selbstreguliertes Lernen im Unterrichtsalltag umsetzbar und leistbar ist und welche Bedingungen dafür unabdingbar sind. Das heißt, dass wir von wissenschaftlicher Seite vorsichtig sein müssen mit Forderungen, die wir an Unterricht und an Lehrkräfte stellen. Nichtsdestotrotz kann eine genaue Analyse von Lernprozessen eine wertvolle Erkenntnisquelle über individuelle Lernprozesse darstellen. Ob und inwiefern dies im Unterricht gelingen kann, hängt von individuellen Kompetenzen, aber auch in sehr großem Maße von Rahmenbedingungen ab.

Es stellt sich die Frage, wie viel Selbstregulation in einem schulischen Kontext möglich ist und was es dann überhaupt heißen kann, individualisiert und mit den Kompetenzen und Ressourcen der Kinder zu arbeiten. Das ist auch eine Frage, wie viel Freiheit und Entscheidungsspielräume den Kindern zugetraut, aber auch zugemutet werden kann.

Es ist mit Sicherheit lohnenswert, individuelle Lernprozesse im Sinne selbstregulierten Lernens anzusehen und zu analysieren. Wir erfahren etwas über die Ziele und Schwerpunktsetzungen der Kinder und können ihre Stärken, aber auch Lernhindernisse klarer beschreiben. Es wird deutlich, inwiefern und worüber Kinder reflektieren, wir erfahren etwas über ihr metakognitives Wissen und ihre metakognitiven Fähigkeiten. Es ist möglich, selbstreguliertes Lernen anzuregen, durch entsprechende Aufgabenstellungen zu unterstützen und Kinder dazu anzuleiten, selbstständig zu arbeiten und metakognitive Reflexionen über das eigene Lernen zu fördern. Ob ein solcher Wahrnehmungsfokus für den Unterricht und alle je verantwortlichen Lehrkräfte und Lernende durchgängig möglich oder fruchtbar ist, ist empirisch derzeit nicht zu beantworten. Zu viele Rahmenbedingungen und individuelle Einflussfaktoren spielen eine Rolle.

Literatur

Boekaerts (1999). Self-regulated learning: where we are today. In International Journal of Educational Research 31/1999, 445–457.
Boekaerts/Corno (2005). Self-regulation in the classroom: a perspective on assessment and intervention. In Applied Psychology 54 (2) 2005, 199–231.
Boekaerts/de Koning/Vedder (2006). Goal-directed behaviour and contextual factors in the classroom: An innovative approach to the study of multiple goals. In Educational Psychologist 41(1) 2006, 33–51.
Boekaerts/Niemivirta (2000). Self-Regulated Learning. Finding a Balance between Learning Goals and Ego-Protective Goals. In Boekaerts/Pintrich/Zeidner (Hrsg.). Handbook of self-regulation. San Diego/CA, USA: Academic Press, 417–449.
Boller/Lau (Hrsg.) (2010): Innere Differenzierung in der Sekundarstufe II: Ein Praxishandbuch für Lehrer/-innen. Weinheim: Beltz.

Brunstein/Spörer (2006). Selbstgesteuertes Lernen. In Rost (Hrsg.). Handwörterbuch Pädagogische Psychologie. Weinheim: Beltz PVU, 677–684.

Dignath/Büttner/Langfeldt (2008). How can primary school students acquire self-regulated learning most efficiently? A meta-analysis on interventions that aim at fostering self-regulation. In Educational Research Review 3(2) 2008, 101–129.

Helmke (2010). Unterrichtsqualität und Lehrerprofessionalität. Diagnose, Evaluation und Verbesserung des Unterrichts. Seelze-Velber: Kallmeyer.

Köller/Schiefele (2006). Zielorientierung. In Rost (Hrsg.). Handwörterbuch Pädagogische Psychologie. Weinheim: Beltz PVU, 880–886.

Kunze (2008). Begründungen und Problembereiche individueller Förderung in der Schule – Vorüberlegungen zu einer empirischen Untersuchung. In Kunze/Solzbacher (Hrsg.). Individuelle Förderung in der Sekundarstufe I und II. Baltmannsweiler: Schneider Verlag Hohengehren, 13–26.

Kunze/Solzbacher (Hrsg.) (2008). Individuelle Förderung in der Sekundarstufe I und II. Baltmannsweiler: Schneider Verlag Hohengehren.

Landmann/Schmitz (Hrsg.) (2007). Selbstregulation erfolgreich fördern. Praxisnahe Trainingsprogramme für effektives Lernen. Stuttgart: Kohlhammer.

Lefrancois (2008). Psychologie des Lernens. Berlin: Springer.

Meyer/Turner (2002). Using instructional discourse analysis to study the scaffolding of student self-Regulation. In Educational Psychologist 37(1) 2002, 17–25.

Paris, S.G./Byrnes/Paris, A.H. (2001). Constructing Theories, Identities and Actions of Self-Regulated Learners. In Zimmerman/Schunk (Hrsg.). Self-regulated learning and academic achievement. Theoretical perspectives. Mahwah/NJ, USA; London: Erlbaum, 253–287.

Paris, S.G./Paris, A.H. (2001). Classroom application of research on self-regulated learning. In Educational Psychologist 36(2) 2001, 89–102.

Perels/Landmann/Schmitz (2007). Trainingskonzeption und Selbstregulation. In Landmann/Schmitz (Hrsg.). Selbstregulation erfolgreich fördern. Praxisnahe Trainingsprogramme für effektives Lernen. Stuttgart: Kohlhammer, 19–32.

Perry (1998). Young Children's Self-Regulated Learning. In The Journal of Educational Psychology 90(4) 1998, 715–728.

Perry/Phillips/Dowler (2004). Examining features of tasks and their potential to promote self-regulated learning. In Teachers College Record 106(9) 2004, 1854–1878.

Pintrich (2000). The role of goal orientation in self-regulated learning. In Boekaerts/Pintrich/Zeidner (Hrsg.). Handbook of self-regulation, San Diego/CA, USA: Academic Press, 451–502.

Souvignier/Küppers/Gold (2003). Lesestrategien im Unterricht. Einführung eines Programms zur Förderung des Textverstehens in 5. Klassen. In Unterrichtswissenschaft 31(2) 2003, 166–183.

Trautmann/Wischer (2011). Heterogenität in der Schule. Eine kritische Einführung. Wiesbaden: VS Verlag, Wiesbaden.

Wagener (2010). Young children and self-regulated learning: A qualitative classroom study. Oldenburg: Didaktisches Zentrum.

Winne/Perry (2000). Measuring Self-Regulated Learning. In Boekaerts/Pintrich/Zeidner (Hrsg.). Handbook of self-regulation. San Diego/CA, USA: Academic Press, 535–566.

Wischer (2007a). Wie sollen Lehrerinnen und Lehrer mit Heterogenität umgehen? Über »programmatische Fallen« im aktuellen Reformdiskurs. In Die Deutsche Schule 99 (4) 2007, 422–433.

Wischer (2007b). Umgang mit Heterogenität als komplexe Aufgabe an das Lehrerhandeln – eine kritische Betrachtung schulpädagogischer Erwartungen. In Boller/Rosowski/Stroot (Hrsg.). Heterogenität in Schule und Unterricht. Handlungsansätze zum pädagogischen Umgang mit Vielfalt. Weinheim: Beltz, 32–41.

Begabungsprofile erkennen und fördern: begabungsgerechte Begleitung individueller Lernprozesse in einem individuellen Unterricht

Petra Esser

Hinführung

»Ich bin geboren, um zu lernen …!« Ziemlich unvermittelt traf mich der fast verzweifelte und dennoch sehr überzeugte Ausruf der 7-jährigen Ruta während des Philosophierens zu der Frage »Wer bin ich?«

Nun ist hinlänglich bekannt, dass nicht alle Kinder einer Klasse mit einer solchen grundlegenden Überzeugung und einer damit einhergehenden Motivation wie Ruta ausgestattet sind oder aber diese nicht so unmittelbar reflektieren können. Sicher ist jedoch, dass die sog. Selbstwirksamkeitsüberzeugungen eine wesentliche Rolle bei der Umsetzung von Begabungspotenzialen in Leistungen spielen (Kuhl/Künne/Aufhammer 2011, 20). Selbst wenn nicht bekannt ist, in welchem Ausmaß bestimmte Selbstkompetenzen vorhanden sein müssen und in welchem Wechselspiel sie mit anderen Persönlichkeitsmerkmalen wie beispielsweise der Intelligenz stehen, so ist eines gewiss: »Der Mensch lernt immer nur selbst, oder er lernt gar nicht« (Hüther 2007, 42).

Rutas Aussage wird nicht nur bei den Neurobiologen auf Zustimmung stoßen, sondern eher mit der Ergänzung versehen werden, dass auch in der pränatalen Phase bereits Lernprozesse stattfinden und diese bis zu unserem biologischen Lebensende auch nicht aufhören. Inwieweit sich jedoch »natürliches Lernen« überhaupt von institutionalisiertem Lernen abgrenzen lässt oder wie sich übereinstimmende Faktoren für den Unterricht nutzen lassen, soll unter folgenden Aspekten erörtert werden: Wie können Begabungsprofile identifiziert werden und was macht eigentlich die Besonderheit von individuellen Lernprozessen im schulischen Umfeld aus? Wie kann ein inklusives Bildungsverständnis praktisch umgesetzt werden, indem das »Anders-Sein« der Individuen sichtbar wird, mit dem alleinigen Zweck, die Gleichberechtigung der Verschiedenen als Normalität anzuerkennen (Schenz 2011)? Welche pädagogische Grundhaltung und welche Interventionen sind notwendig, damit eine bestmögliche, eben begabungsgerechte, Begleitung in einem inklusiven Unterricht auch in Lernerfolgen sichtbar wird?

Dabei wird es im Wesentlichen nicht um neue Erkenntnisse aus Wissenschaft und Forschung gehen können, denn alles was wir als Pädagogen für die Praxis wissen müssen, ist hinlänglich bekannt. Vielmehr kann es hier nur darum gehen, den Erkenntnisprozess gedanklich so zu fokussieren, dass er als Basis für die praktische Umsetzung dient. Es gilt diejenigen in ihrem Tun zu bestätigen, die sich bereits auf den Weg gemacht haben und andere auf die Spur zu bringen, die eine neue Herangehensweise erst noch wagen wollen:

Es wäre viel erreicht, wenn wir Rutas Satz als eine lustvolle Aufforderung sehen könnten, individuelle Begabungen in inklusiven Bildungssystemen persönlich zu begleiten.

Begabungsprofile erkennen – Konturen schärfen

Da Lernen nicht direkt beobachtet werden kann, sich der Lernvorgang dem Pädagogen also nur über die Lernleistung zeigt oder sich eine entsprechende Verhaltensänderungen beim Schüler beobachten und beschreiben lässt, ist der pädagogisch-diagnostische Prozess wesentliche Voraussetzung für eine begabungsgerechte Begleitung individueller Lernprozesse.

Persönlichkeits- und kontextbezogene Aussagen über das Lern- und Leistungsverhalten eines Schülers müssen kontinuierlich und prozessorientiert erhoben und dokumentiert werden, um ein »mehrdimensionales Begabungsprofil« sehen zu können. Die Identifizierung von Begabungsprofilen wird als Prozess definiert, in welchem mit Hilfe von Beobachtung, Dialog, Testverfahren und der Analyse bereits vorliegender Informationen ein Bild von Fähigkeiten, Persönlichkeitsmerkmalen und Entwicklungsmöglichkeiten eines Individuums gewonnen werden kann (Karg-Stiftung, Impulskreis 2009). Dabei spielen intellektuelle Fähigkeiten ebenso eine Rolle wie Motivation, Vorwissen, Klassenklima und die Beziehung zu dem jeweiligen Lernbegleiter.

Das Individuum selbst ist dabei ein zentraler und wichtiger »Datenlieferant«. Es ist in dem diagnostischen Prozess nicht »Objekt«, sondern steht als Person im Zentrum eines interaktionellen Zusammenhanges und ist damit selbst im Diagnoseprozess aktiv (Paradies/Linser/Greving 2007). An die Stelle eines Reiz-Reaktions-Modells tritt eine ko-konstruktivistisch orientierte Wechselseitigkeit von Begreifen und Verändern.

Der Pädagoge ist in dem intersubjektiven Verfahren hier mehr als ein Teil des diagnostischen Prozesses zu verstehen, weil seine Gefühle, und auch seine Einstellungen dem Schüler gegenüber seine Diagnose beeinflussen. Genauso wie umgekehrt die Einstellung des Schülers gegenüber seinem Lehrer entscheidenden Einfluss auf den diagnostischen Prozess und das Ergebnis haben. Aus diesem Grund sollte der Pädagoge nicht durch die »Defizitbrille«, sondern mit dem »positiven Blick« auf den Schüler schauen. Nur so kann nämlich von Beginn an die Richtung vorgegeben werden, in der eine ressourcenorientierte Beobachtung Grundlage für die Begleitung von Entwicklungsprozessen ist. Diese Ausrichtung ist kennzeichnend für die Haltung des Pädagogen.

Natürlich läuft auch der Pädagoge mit einer wertschätzenden und stärkenorientierten Haltung Gefahr, in die alltäglichen Stolperfallen sog. Beobachtungs-

und Beurteilungsfehler zu tappen. Doch in der pädagogischen Praxis, kann es nicht um generelle Vermeidungsstrategien gehen, sondern nur um die stetige Weiterentwicklung der eigenen Reflexionsfähigkeit. Immer in dem Wissen, dass es keine objektiven Beobachtungen gibt, ist ein möglichst hoher Grad an Transparenz anzustreben. Diese Art von Professionalisierung ist das wichtigste Handwerkszeug des Pädagogen in der Beobachtung von Lern- und Entwicklungsprozessen.

Der Schüler muss in dem anschließenden Dialog erfahren, wie seine individuellen Lernprozesse charakterisiert werden und darüber hinaus, wie er sie selber verstehen und damit selbst durch geeignete Strategien zu steuern lernt. Ziel ist also, dass der Schüler Ergebnisse seiner Handlungen auch selbst beobachtet, einmal in der Lernsituation selbst, wenn das möglich ist (Selbstbeobachtungsbögen) oder aber im Anschluss, wenn er seine Erfahrungen reflektiert, oder eben Ergebnisse von seinem Lehrer zurückgespiegelt bekommt. So lernt er seine Handlungen einzuordnen und über die Reflexion dieser Resultate entwickelt sich eine »subjektive Theorie« seines Lernens, die ihn an die Wirksamkeit seiner Handlungen glauben lässt. Denn wie der Schüler seinen Erfolg oder Misserfolg attribuiert, ob die Ursachen für den Erfolg oder Misserfolg eher in der Außenwelt oder in der Persönlichkeit gesehen werden, oder ob sie als stabil oder veränderbar erfahren werden, sind wesentliche Faktoren für die Umsetzung von Begabung in Leistung« (Rohrmann/Rohrmann 2005, 38).

Das zeigt deutlich, dass der Lehrer unbedingt Kenntnis von den »Glaubenssätzen« seines Schülers erhalten muss, um ihn überhaupt individuell fördern zu können. Pädagogische Diagnostik darf nicht zur bloßen Lernstandserhebung verkommen: Eine Erhebung, die der Lehrer genauso wie deren Auswertung durchführt und damit allein zum »einsamen Ergebnis« kommt. Werden die Selbstwirksamkeitserwartungen eines Schülers über systematische Feedbackschleifen erfragt und damit erst »sichtbar«, also kommunizierbar, können Gelingensbedingungen von zukünftigen Lernprozessen angesprochen, abgewogen und möglicherweise daraufhin Strategien bestätigt oder neue vereinbart werden. Wer also individuell fördern und fordern will, kann sich nicht allein mit den zur Verfügung stehenden Unterrichtsmethoden und -konzepten auseinandersetzen, sondern muss im Vorfeld seine Diagnosekompetenzen überprüfen, die über den engeren fachdidaktischen Rahmen hinaus gehen. Dafür sind Grundkenntnisse im Bereich der Entwicklungspsychologie ebenso notwendig, wie das Wissen um die Wirkungsweisen von spezifischen und unspezifischen Versagensängsten. Nur auf einer fundierten und vor allem aktuellen Wissensbasis können wir als Lernbegleiter den professionellen Dialog führen. So benötigen wir gerade in der Schule Begabungsmodelle, die Erklärungen liefern könnten, warum identifizierte Potenziale sich nicht immer in schulischen Leistungen zeigen oder die Entfaltung von Kompetenzen verhindern. Das eigene Lernen und dessen Bedingungen differenziert wahrzunehmen, zielt auf ein selbstverantwortliches und selbstgesteuertes Lernen hin, also den Unterricht so zu gestalten, dass in ihm den Lernenden einerseits eine zunehmend eigenständige Auseinandersetzung mit den Unterrichtsinhalten ermöglicht wird und sie andererseits im selben Prozess ihre persönlichen Lernmuster und mit dem Lernen verbunden Emotionen erkennen, reflektieren und verstehen lernen.

Strategien, die ein solches selbstreguliertes und eigenverantwortliches Lernen fördern, sollte Antworten geben auf die Fragen:

- Wie lerne ich effektiv?
- Wie kann ich meine Lern- und Arbeitsprozesse organisieren, reflektieren?
- Wie beschaffe ich mir Informationen?
- Wie kann ich Präsentationen aufbereiten?
- Wie kann ich mit anderen kommunizieren, mit ihnen zusammen arbeiten und lernen?

(Paradies/Linser/Greving 2007, 85).

Die Antworten auf diese Fragen werden in einer Klasse ebenso verschieden sein wie die Schüler selbst, es wird also keine für alle verbindliches »Strategiemuster« geben können, Lernen bleibt auch hier ein individueller Prozess. Die Fragen und Problemstellungen sind im unterrichtlichen Kontext so auszuwählen, dass die individuellen Antworten auch einen diagnostischen Gehalt aufweisen können. Doch die Aussagen über strategische Vorgehensweisen geben uns noch keine hinreichende Auskunft darüber, was eine gute Lernsituation für den Schüler ausmacht. Folglich muss der Lernende auch Gelegenheit erhalten, seine Emotionen und Motivation zu »reflektieren« – im Sinne von »nachfühlen können« –, die einen Lernprozess erfolgreich werden ließen: sozusagen als nachträgliches, nochmaliges Herbeiführen der Situation, in der etwas besonders gut gelungen ist. Die Selbstreflexion – um diese emotionale Dimension auch in der Schule zu erweitern – hilft, »gute« Lernsettings im Gedächtnis zu verankern (Hüther 2007).

Beim Erleben, Lernen und Denken sind Kognition und Emotion untrennbar miteinander verbunden: Diese Erkenntnis muss in den Reflexionsphasen umgesetzt werden, um die bestmögliche Voraussetzungen zu schaffen, nachhaltige Lernprozesse zu initiieren oder sie weiterhin in Gang zu halten. Damit sind die Lernprozesse gemeint, die in direkter Verbindung mit den individuellen Lernperspektiven und -zugängen des Lernenden sowie seinen biographischen und lebensweltlichen Erfahrungen stehen. Erst so entsteht ein Begabungsprofil, dessen Konturen zu Beginn einer Bildungsbiografie zunächst noch weich zu skizzieren sind, während sich im Laufe der Jahre einige Linien stärker herausbilden und andere geradezu verschwinden. Nie aber ist der Prozess der Konturierung abgeschlossen.

Begleiten lernen und Begleiten lassen

Wenn wir die subjektive Bedeutungsnorm und die individuellen Lern- und Wissenszugänge der Schüler einer rein funktionalen Kompetenzauffassung entgegensetzen, dann stellt die Ausbildung von Selbstkompetenzen eine zentrale Herausforderung in der Lernbegleitung dar (vgl. Kuhl/Müller-Using/Solzbacher/Warnecke 2011). Ebenso zeigen korrelative Befunde, dass ein Mangel an Selbststeuerungsfähigkeiten wie z.B. Selbstmotivierung, Versuchungsresistenz, Initiative »die Umsetzung von Begabung in entsprechende Leistung erschwert« (Baumann/Gebker/Kuhl 2010, 141).

Die Selbststeuerungsfähigkeiten einer Person spielen also bei der Umsetzung von Begabung in Leistung eine wesentliche Rolle: Für die pädagogische Praxis bedeutet das vor allem, dass nicht allein die qualitative Steigerung von Unterrichtsinhalten eine Förderung von Schülern herbeiführen kann, sondern die Erfahrungsmöglichkeiten von persönlichen Kompetenzen im Wesentlichen zur Begabungsentfaltung beiträgt.

Um die Fähigkeit der Selbstreflexion und Selbststeuerung kontinuierlich ausbauen zu können, bedarf es einer intensiven Kooperation zwischen Schüler und Lehrer und eines expliziten, systematisch angelegten Dialogs. Nach Vygotzki existiert die Fähigkeit zuerst gewissermaßen aufgeteilt auf zwei Personen (soziale Phase), bevor sie verinnerlicht und dann als individuelle beherrscht wird. Zuvor muss sie allerdings wiederholt entfaltet, ausgeführt und möglichst auch verbal beschrieben werden (vgl. Winter 2007, 114).

Betrachten wir diese Theorie und erweitern sie durch die zentrale These, dass die Entwicklung von Selbstkompetenzen maßgeblich von der Qualität der Beziehung zwischen Lernenden und Lehrendem abhängt (vgl. Kuhl 2011, 17). Hier wird deutlich, wie stark der Fokus bei der Lernbegleitung auf die Interaktion zwischen Schüler und Lehrer gelenkt werden muss. Und wir stoßen gleich wieder auf eine alte Bekannte, die Heterogenität: Kein Interaktionsmuster wird dem anderen gleichen, auch hier können nur Orientierungshilfen für mögliche, gelingende Interaktionen gegeben werden. Dass wir es bei einer solchen Lernbegleitung nicht mit einem schmückende Beiwerk eines pädagogischen Konzeptes zu tun haben zeigt folgende Ausführung: »Die vielleicht folgenschwerste Auswirkung gestörter Interaktion ist die ›Abschaltung‹ des ›Selbst‹: wenn die Interaktion nicht mehr so erlebt wird, dass einer der Interaktionspartner (oder beide) sich als Person wahrgenommen fühlt, dann wird das Selbst abgeschaltet; wir sprechen auch von einer Hemmung des Selbst.« (Kuhl 2011, 18).

Für den Lehrer, der in der Interaktion mit dem Schüler auch durch seine Rollenvielfalt bestechen muss und gewissermaßen »diagnostisches Instrumentarium« und Lernbegleiter in einer Person ist, bedeutet das vor allem eines: Rollenklarheit bezüglich seines Handelns. Seine Reflexionsfähigkeit in Bezug auf das eigene Maß der Subjektivität, seiner Unvoreingenommenheit in Bezug auf seine emotionale Lage und die eigenen fachlichen Qualifikation ist unerlässlich. Diese Art der Selbstreflexion gehört zu seiner pädagogischen Professionalität und ist Voraussetzung für jede Interaktion und jede Intervention im Lernprozess. Diese, manchmal nicht einfachen Einsichten, sollten unbedingt durch Intravisions- und Supervisionsprozesse unterstützt werden, die nicht nur zum Selbstverständnis der Pädagogen gehören sollten, sondern fester Bestandteil von Bildungshäusern werden müssen: Sie dienen der professionellen Vor- und Nachbereitung von Unterricht.

Doch wenn es um Interaktion geht, Beziehung zwischen zwei oder mehreren Personen, dann stellt sich selbstverständlich auch die Frage nach der Schülerseite. Hier kann es sich immer nur um einen beidseitigen Prozess handeln, den wir als Lehrer nicht erzwingen können. So verweist das Konstrukt des »shared thinking« auf die »Gleichheit« und »Solidarität« der an der Interaktion Beteiligten, die auf gleiche Weise als Experten des Interaktionsprozesses gelten. Ein Interaktionsprozess, der auf dem Prinzip des »shared thinking« basiert, löst Denk- und Lernprozesse aus, an denen die Dialogpartner in gleicher Weise, wenn auch mit unterschiedlichen Aspekten und unterschiedlichen Rollen aktiv beteiligt sind. Interaktionsprozesse können mithin erst dann Lernprozesse wirklich anregen und unterstützen, wenn es gelingt, solchermaßen »geteilte« Denkprozesse zu entwickeln und miteinander zu verbinden (vgl. König 2009, 131). Dieser »partnerschaftliche Experten-Dialog« setzt aber eine dialogische Grundhaltung voraus, die im besten Fall nicht nur im Unterricht, sondern auch in der gesamten Schule spürbar wird: Dialoge, die geprägt sein sollen von einer Vertiefung und Intensivierung der Gespräche, in der Gefühle, Wertungen, Vorannahmen, die das Denken und Handeln lenken, sowie deren Erfahrungs- und Lebensgeschichte bewusst werden können. Gerade bei sehr kontroversen Themen böte sich dadurch die Chance, über das bloße Gegeneinander oder Aneinander-vorbei-Reden hinauszugehen (vgl. Bohm 1998).

In vielen Leitbildern pädagogischer Einrichtungen werden die »dialogische Grundhaltung« und eine »Kultur der Wertschätzung« als Prämisse für chancengerechte und individuelle Förderung genannt. In den meisten dieser Einrichtungen finden sich jedoch keine konkreten Handlungsanweisungen, wie diese Einstellungen und Forderungen zum Leben erweckt werden können. In den »Early Excellence Centres« (EEC) wurden unter Berücksichtigung der unterschiedlichen pädagogischen Stile sog. »pädagogische Strategien« entwickelt, die den kindzentrierten, positiven Blick in Handlungen übersetzen und dennoch einen individuellen Zugangsstil des Pädagogen zulassen.

Das grundlegende pädagogische Verständnis des EEC-Ansatzes integriert reformpädagogische Ansätze aus den Erziehungskonzepten der Reformpädagogen wie Montessori, Fröbel und der Reggio-Pädagogik und basiert auf den Theorie-Traditionen wie Deweys »Progressive Erziehung« und sein Erfahrungslernen (»Real problems to a real audience«), Vygotzkis »Zone der proximalen Entwicklung«, Brunders »scaffolding learning« und die von Rogers beschriebenen Basisvariablen der Interaktion (Feinfühligkeit, Selbstständigkeit, Anregung) sowie psychoanalytisch geprägte Bindungstheorien (Bowlby und Ainsworth, vgl. Lepenies 2007, 61).

Die folgenden Strategien können nur in verkürzter Form dargestellt werden und sind begrifflich auf den schulischen Kontext umformuliert. Die sich anschließenden, sog. »Checks« dienen zur Überprüfung, ob die gute Absicht auch in konkretes Handeln überführt werden konnte. Im Originaltext werden die pädagogischen Strategien von Lepenies noch durch Beispiele unterlegt: Sie beschreiben praxisnah, wie die Formulierungen gemeint sind. Allerdings stehen die Strategien, Checks und Beispiele in einer ständigen Weiterentwicklung, weil sie in den EEC immer wieder in die Praxis zurückgebunden werden, auf ihre »Tauglichkeit zu überprüfen sind«, so dass auch die pädagogischen Strategien weiter modifiziert werden können: Nicht weil sie beliebig sind, sondern weil es darum geht aufgrund von Erfahrungen für Situationen passgenauere Verfahren zu identifizieren« (ebd., 57).

Die Auflistung der insgesamt acht pädagogischen Strategien folgt keiner hierarchischen Ordnung (vgl. ebd., 54 ff.):

1. Strategie: Warten und Beobachten in respektvoller Distanz (sanfte Intervention)

Check: Beobachtet der Lehrer, was der Schüler tut? Wartet der Lehrer ab, bevor er interveniert? Hört der Lehrer dem Schüler zu? Fragt der Lehrer den Schüler, was er gerade tut?

2. Strategie: An frühere Erfahrungen und Erlebnisse des Schülers anknüpfen (Kontextsensivität)

Check: Zeigt der Lehrer, dass er das Zuhause des Schülers und seiner Familie kennt [...] Bemüht sich der Lehrer herauszufinden, was der Schüler zu lernen versucht?

3. Strategie: Zuwendung durch physische Nähe und Mimik und damit Bestätigung des Schülers (Affirmation). Hinweis: Hier geht es nicht um ständige physische Nähe, es kann z.B. durch verbale und nonverbale Rückmeldungen Verbundenheit signalisiert werden.

Check: Zeigt der Lehrer dem Schüler, dass er daran interessiert ist, was den Schüler interessiert? Stellt er Blickkontakt mit dem Schüler her?

4. Strategie: Den Schüler zu ermutigen, zu wählen und selber zu entscheiden

Check: Hört der Lehrer sorgfältig zu? Versucht er, die Meinung des Schülers zu erfragen? Bietet er dem Schüler Wahlmöglichkeiten und handelt er auch nach der Wahl des Schülers?

5. Strategie: Den Schüler unterstützen, angemessene Risiken einzugehen

Check: Ermutigt der Lehrer den Schüler, weiterzugehen. Fordert er ihn heraus? Wie unterstützt er den Schüler dabei?

6. Strategie: Den Schüler ermutigen, etwas zu tun, was dem Lehrer im Ablauf noch unklar ist. Den Schüler bei diesem Experiment ergebnisoffen begleiten.

Check: Sagt der Lehrer, dass er einer Sache nicht sicher ist oder etwas nicht weiß? Lässt er sich auch ein Stück von dem Schüler führen? Macht der Lehrer Vorschläge, wie man in diesem Fall vorankommen könnte?

7. Strategie: Wissen, dass die Haltung und Einstellung des Lehrers den Schüler beeinflussen

Check: Ist der Erwachsene offen demgegenüber, was den Schüler interessiert? Drückt er manchmal sein Angst oder seine Abscheu auch unbewusst aus?

8. Strategie: Der Lehrer zeigt, dass er und der Schüler im Lernen Partner sind.

Check: Lässt sich der Lehrer durch die Erkundung des Schülers begeistern? Macht er einen engagierten Eindruck (»leuchtende Augen«, Konzentration, Ausdauer, Energie), lernt er mit seinem Schüler, lernen sie voneinander?

Die pädagogischen Strategien sind auf professionelles Lehrerhandeln abgestellt, um die Signale an den Schüler zu senden, die ihm zeigen: Hier kann ich mich begleiten lassen! Auch wenn die Wortwahl eher Passivität vermuten lässt, genau die ist nicht gemeint. Begleiten lassen, im Sinne von »Ich kann mich in die Situation hineinbegeben, ich kann meinem Lernbegleiter Vertrauen schenken – ich fühle mich als Person wahrgenommen und respektiert«. In diesem Rahmen muss er dann selbst aktiv werden, die Verantwortung für seinen Lernprozess übernehmen. In der Futurum School in Habo, Schweden werden die Schüler zu Beginn gefragt: »Willst du kämpfen oder lernen? Es ist deine Entscheidung!«. Damit sind die Rollen der »Lernpartnerschaft« geklärt, denn »Individualisierung im Lernen ist gebunden an die Übernahme von Verantwortung durch den Lerner« (Paradies/Wester/Greving 2010, 157).

Eine Lernpartnerschaft, die sich in den EEC-Strategien widerspiegelt und im Sinne eines Mentoring-Prozesses im Unterricht umgesetzt werden soll, ist wie folgt gekennzeichnet: Der Lehrer ist unmittelbar in den Lernprozess eingebunden, Schüler und Lehrer lernen voneinander, geben sich gegenseitig Feedback und gleichen ihre Wissenslandkarten, ihre Ich-Entwürfe (Esser, W.: Das Prinzip

Mentor, Beltz, unveröffentlichtes Manuskript) ab. Nur so können individuelle Lernprozesse auch als nachhaltig bezeichnet werden. Es geht nicht um einen abgeschlossenen Lernprozess, um passives Wissen (von dem wir später in der Zeitung erfahren, dass wir mindestens die Hälfte davon wieder vergessen können). Es geht darum, die Erfahrung zu machen, dass ich in der Auseinandersetzung mit dem Thema, dem Lerngegenstand ein Gegenüber mit einem anderen Erfahrungshintergrund habe, der sich mit mir gemeinsam der Herausforderung des Lernens stellt, d.h., der nicht schon vorher weiß, wie die Welt funktioniert und das Ergebnis kennt.

Für den Lehrer als Mentor bedeutet dieses »Mitgehen-können« aber auch ein »Aushalten können«: die Entscheidungen des Mentees zu akzeptieren, auch wenn der Mentor aus seiner Erfahrung eine andere Empfehlung gegeben hat. An Fehlern lernen heißt nicht, bewusst Fehler zu provozieren, den Mentee bildlich gesprochen ungebremst gegen eine Mauer fahren zu lassen. Aber eine positive Fehlerkultur in der Schule muss für den Mentee bedeuten: Hier darf ich scheitern, hier darf ich mich ausprobieren. Sonst müssen wir uns den Vorwurf gefallen lassen, ebenso wie die von Jesper Juul genannten »Curling-Eltern« (Juul/Schöpps 2011) zu handeln, die ihren Kindern alles aus dem Weg räumen, den Weg möglichst glatt polieren, damit auch ja nichts schiefgehen kann.

Denn was jeder einzelne Schüler lernen soll, muss er auch tun und erfahren können, indem er selbst dafür arbeitet. Mit dem Mentor gilt es heraus zu finden, was eine geeignete Herausforderung sein kann, welches »Level« der Mentee anstreben sollte, was er sich erarbeiten kann. »Kinder müssen schuften, um zu lernen!« so die Aussage der Begabtenpädagogin Ina Schenker aus der EHS Dresden. »Scheitern dürfen und schuften müssen« als Slogan für eine begabungsgerechte Begleitung individueller Lernprozesse – auch das gilt für beide Partner in einer Kultur des Mentoring.

Individuelle Lernprozesse im inklusiven Unterricht

Betrachten wir Lernen im Kontext von Unterricht, so geht es in erster Linie um Lehr-Lernprozesse, die individualisiert werden müssen. Damit befinden wir uns mitten im alltäglichen Dilemma zwischen den externalen Rahmenbedingungen von Schule und den internen Bedingungen eines Individuums. Wenn Lernen immer individuell ist, dann können Lernprozesse nur in einem individualisierenden Unterricht begleitet werden.

Mit dieser Perspektive auf die einzigartigen Begabungsprofile eines jeden Schülers kann Unterricht inklusiv sein, denn ein Profil entsteht in der (Auf-)»Zeichnung«, und nicht im Vergleich mit einer anderen Person. Inklusiver Unterricht erfordert demnach einen gleichberechtigten und nicht vergleichenden Umgang mit der Vielfalt einer Gruppe. Die Identifizierung von Begabungsprofilen im inklusiven Unterricht kommt ohne vergleichende Bewertung aus, es geht um die individuellen Möglichkeiten und Voraussetzungen eines jeden Schülers. Das bedeutet wiederum nicht, dass eine inklusive Schule ohne Leistungsrückmeldung auskommt. Die wesentlichen Verschiebung findet hier in zentralen Betrachtungsweise von Leistungen statt: Der Fokus wird verstärkt auf den Lernprozess gelegt und weniger auf das Endergebnis. Und der Lernprozess kann ganzheitlicher betrachtet werden, wenn auch die Reflexionsfähigkeit ein Leistungskriterium ist. Die hinlänglich bekannten Bewertungsmaßstäbe haben weiterhin ihre Bedeutung, müssen aber im inklusiven Unterricht sauber analysiert und differenziert eingesetzt werden. Ob soziale, sachliche oder individuelle Bezugsnorm: es geht vor allem um Transparenz, um eine detaillierte Ankündigung oder um das gemeinsame Erstellen von Bewertungskriterien und einer individuellen Rückmeldung, die genau diese Items wieder aufgreift. Die Anwendung von effektiven Feedbackregeln ist eine entscheidende Voraussetzung dafür, ob ein Lernprozess »erfolgreich« verläuft. Schüler und Lehrer müssen in einer positiven Fehlerkultur Rückschlüsse ziehen können, was der zentrale Fehler gewesen sein könnte, was mögliche Ursachen waren und wie der Fehler in Zukunft vermieden kann bzw. Erfolge in Zukunft eher erwartet werden. Folgende effektive Feedbackregeln[22] können diesen Prozess wirkungsvoll unterstützen:

Effektives Feedback

- stellt Verbindungen zwischen der Schülerleistungen und Standards her,
- stellt Verbindungen zwischen der Schülerleistung und Strategien bei der Aufgabenbearbeitung her,
- zeigt den individuellen Lernfortschritt,
- gibt Informationen darüber, was der Schüler tun kann, um Mängel auszugleichen bzw. weitere Fortschritte zu erzielen,
- ist häufig und unmittelbar,
- ist spezifisch und deskriptiv,
- fokussiert auf zentrale Aspekte und
- fokussiert Attribution auf Anstrengung (schuften!).

Die Feedbackregeln helfen dem Schüler dabei, dass eigene Lernen und dessen Bedingungen differenziert wahrzunehmen. Sie zielen auf ein selbstverantwortliches und selbstgesteuertes Lernen hin, das dem Lernenden einerseits eine zunehmend eigenständige Auseinandersetzung mit den Unterrichtsinhalten ermöglicht und andererseits anhand seiner eigenen Reflexion sein persönliches Lernmuster und seine mit dem Lernen verbunden Emotionen erkennen, reflektieren und verstehen lernen lässt.

Selbstbewertungen müssen demnach ein integraler Bestandteil von Unterricht sein und im besten Fall gilt es in der Schule nur das fortzuführen, was in

---

[22] Buch: Pädagogische Diagnostik, Vortrag, Stiftung Louisenlund, 2008

der Kindertagesstätte schon selbstverständlich war. Ansonsten sollten die Schüler schrittweise an die Selbstbewertung herangeführt werden. Um diese Forderung erfüllen zu können, empfiehlt sich die Einführung vom Dokumentationsverfahren wie Lerntagebuch, Lernjournal, Logbuch, Portfolios. Für welches sich der Lehrer oder besser noch die Schule entscheidet, hängt von unterschiedlichen Faktoren, vor allem aber mit der individuellen Einschätzung der Praktikabilität des jeweiligen Instruments, ab.

Benötigt werden diese Instrumente in einer Lernkultur, die nicht nur den aktuellen Lernstoff bewältigen will, sondern »die sich u.a. dadurch auszeichnet, dass sie sich den Prozessen des Lernens intensiv zuwendet und versucht, ihre fachlichen, sozialen und persönlichen Seiten gemeinsam zu entwickeln« (Winter 2007, 109). Gemeinsam bedeutet bei dem Einsatz von Lernjournalen und Logbüchern z.B. auch, dass regelmäßige Entwicklungsbegleitgespräche anhand der dort dokumentierten Lernverläufe und Lernergebnisse mit den Eltern geführt werden, die eine professionelle und verlässliche Erziehungspartnerschaft, in der die Expertenrollen und die Zuständigkeiten klar definiert sind, zur Folge hat. Die Lernbegleitung eines Schülers endet nicht an der Tür des Klassenzimmers, sondern ist Aufgabe der gesamten Schule sein: es braucht die Expertise aus allen Fachbereichen, damit der stärkenorientierten Blick für den Einzelnen erlebbar wird. Die Etablierung einer organisationsumfassenden Feedbackkultur muss nach innen und außen gleichermaßen wirksam sein. Unweigerlich muss die Organisation auch an strukturellen Veränderungen mitwirken, in dem sie z.B. bei einem Mentoring-Konzept von den üblichen Klassenlehrer und Fachstundenverteilung abweicht.

Der Hinweis auf den »aktuellen Lernstoff«, auf das Curriculum, das »abgearbeitet« werden muss, ist wohl das häufigste Gegenargument, das in vielen Schulen dazu führt, sich auf die althergebrachten Vorgehensweisen zurückzuziehen. Aber es geht ja auch nicht um entweder »fachlich« oder »individuell«, sondern es geht darum, wie der fachliche Referenzrahmen gestaltet werden kann, damit sich der Schüler dem Lerngegenstand direkt zuwendet und die Beschäftigung Befriedigung und Erfolg erfährt, damit wir ihm darüber auch einen Zugewinn für die eigene Persönlichkeit ermöglichen (Hascher/Astleitner 2007).

Die fachwissenschaftliche und fachdidaktische Kompetenz des Lehrers erfordert in einer solchen Unterrichtskultur vor allem eines: Sie muss die Denkräume öffnen, den inhaltlichen Rahmen weiten können. Das werden wir nicht allein mit Lehrbüchern schaffen, die einen »Stoff« aufbereitet haben, den eine fiktive Altersgruppe zu einem bestimmten Zeitpunkt am besten zu lernen hat. Das schaffen wir auch nicht mit einem allzeit bereiten Internetzugang, bei dem uns Informationen im Überfluss zur Verfügung stehen. Denn um die Informationen nutzen zu können, benötigen wir bestimmtes Wissen über uns selbst: was hat das Thema mit mir als Person zu tun? Was begeistert mich an dem Inhalt und welche Fragen habe ich? Spätestens hier werden wir als Pädagogen auf den Lernprozess zurückgeführt, mit der Nase darauf gestoßen: Stoffvermittlung im Sinne von passiver Informationsweitergabe dient häufig zu unserer Selbstberuhigung, haben wir das Curriculum »abgehakt«, dann kann uns keiner vorwerfen, wir hätten nicht gesagt, was sein soll und wie es zu gehen hat. Doch eine professionelle Begleitung von individuellen Lernprozessen benötigt unser Fachwissen mehr denn je, jedoch nur unter der Prämisse, sich selbst als lebenslangen Lerner zu verstehen. Lernbegleiter benötigen fachliche Souveränität, um mit dem Schüler das Abenteuer eines ergebnisoffenen Lernprozesses wagen zu können. Denn Lernen muss bei aller Heterogenität der Paradigmen und Situationen als ein auf Kohärenz angelegter und anzulegender Prozess sein, dessen Ziel die Authentizität der Persönlichkeit ist.

Nun stimmen wir den ko-konstruktivistischen Lerntheorien zu und haben mittlerweile eine Ahnung davon, wie der Wissenserwerb bei uns funktioniert. Trotzdem handeln wir oft gegen unsere Überzeugung, weil die Rahmenbedingungen nicht hergeben, was sie für eine solche Lernkultur bereitstellen müssten. Eben weil sich Schule als Lernort und damit auch die Einheit Unterricht nicht mit einem »Fingerschnipp« verändern lassen. Doch hier bietet der individuelle Zugang zum Lernen eigentlich eine weitere Chance: Ein erster Schritt in die Selbstbestimmung ist die Bewusstmachung von hinderlichen und förderlichen Bedingungen. Das gilt insbesondere für den Dialog mit dem Schüler: »Dabei geht es um die gemeinsame Reflexion über Möglichkeiten und Beschränktheiten des eigenes Handelns (des Schülers/des Lehrers) [...] mit dem Ziel, gemeinsam konkrete Veränderungen der Lehr-Lernbedingungen vorzunehmen (Häcker 2007, 82).

Schauen wir also auch hier nicht durch die Defizitbrille, sondern üben uns im »positiven Blick«. Welche Vorteile ergeben sich für Schüler und Lehrer schon mittelfristig, wenn eine begabungsgerechte Lernbegleitung im Unterricht umgesetzt wird?

- Die genauere Passung zwischen Lehr- und Lernarrangement in Bezug auf die individuelle Anschlussfähigkeit des Schülers spart Zeit für die sonstigen »Wiederholungsschleifen«.
- Mitverantwortung des Schülers bedeutet auch gemeinsame Vorbereitung des Unterrichts. Der Lehrer sorgt für den inhaltlichen Gesamtrahmen, den er dem Schüler präsentiert (Lern- oder Wissenskarten)
- Kontinuierliche Dokumentationsverfahren dienen auch der prozessorientierten Leistungsbewertung, der ein oder andere »Test« erübrigt sich damit.
- Die mühsamen Kontrollen werden in den Unterricht integriert.
- Stimmt die Beziehungsebene, treten kaum noch Disziplinprobleme auf – ein nicht unerheblicher Zeitfresser im Unterricht.

- Mit dem Lernbegleiter ausgehandelte Hausaufgaben werden weniger häufig vergessen.
- Elterngespräche sind nicht per se Konfliktgespräche, sondern unterstützen die Entwicklungsbegleitung.
- Hat Lernen mit mir selbst zu tun, kann ich mich für den Inhalt begeistern, dann erübrigen sich extrinsische Motivationsversuche, die meist wenig Wirkung zeigen.
- Die Reduzierung der Unterrichtszeit auf »so wenig Instruktionsphasen wie möglich und soviel wie unbedingt nötig«, nimmt den Lehrer aus dem »Schussfeld« – eine kraftsparende Maßnahme.
- Lernen macht wieder Spaß und damit Lust auf mehr.

Auch wenn die Umstellung auf eine andere Lernkultur zunächst mehr Kraft und Zeit zu rauben scheint, als mit den alten und wohlbekannten Mustern weiter zu verfahren, so müssen wir uns ehrlicherweise die Frage stellen, wie viel Energie wir tatsächlich täglich aufwenden, um gegen unsere innere Überzeugung zu handeln. Wahrscheinlich ist es nur ein erster Schritt, um einen Anfang zu wagen, aber eben ein erster Schritt. Einen Schritt auf die kleine Philosophin Ruta zu, die der Überzeugung ist: »Wenn du glaubst, dass du es kannst, dann kannst du es!« (Ruta, März 2009).

Literatur

Behrensen/Sauerhering/Solzbacher/Warnecke (2011). Das einzelne Kind im Blick. Freiburg i.B.: Herder.

David (1998). Der Dialog. Das offene Gespräch am Ende der Diskussionen. Stuttgart: Klett-Cotta, Stuttgart.

Eggert (2007). Von den Stärken ausgehen. Dortmund: Verlag Borgmann publishing.

Esser, W. (voraussichtlich 2012). Das Prinzip Mentor. Weinheim: Beltz, unveröffentlichtes Manuskript.

Gläser-Zikada/Hascher (Hrsg.) (2007). Lernprozesse dokumentieren, reflektieren und beurteilen. Bad Heilbrunn: Klinkhardt.

Häcker (2007). Portfolio – ein Medium im Spannungsfeld zwischen Optimierung und Humanisierung des Lernens. In Gläser-Zikada/Hascher (Hrsg.). Lernprozesse dokumentieren, reflektieren und beurteilen. Bad Heilbrunn: Klinkhardt, 82.

Hascher/Astleitner (2007). Blickpunkt Lernprozess. In Gläser-Zikada/Hascher (Hrsg.). Lernprozesse dokumentieren, reflektieren und beurteilen. Bad Heilbrunn: Klinkhardt.

Hebenstreit-Müller/Lepenies (Hrsg.) (2007). Early Exellence: Der positive Blick auf Kinder, Eltern und Erzieherinnen. Berlin: dohrmannVerlag.

Helmke (2007). Unterrichtsqualität. Erfassen – Bewerten – Verbessern. Seelze: Kallmeyer.

Hesse/Latzko (2011). Diagnostik für Lehrkräfte. Opladen: Verlag Barbara Budrich.

Hüther (2006). Die Bedeutung innerer und äußerer Bilder für die Strukturierung des kindlichen Gehirns. In Neider (Hrsg.). Lernen aus neurobiologischer, pädagogischer, entwicklungspsychologischer und geisteswissenschaftlicher Sicht. Stuttgart: Verlag Freies Geistesleben, 42.

Hüther (2007). Biologie der Angst. Göttingen: Vandenhoeck & Ruprecht.

Ingenkamp/Lissmann (2008). Lehrbuch der pädagogischen Diagnostik. Weinheim: Beltz.

Juul/Schöpps (2011). Elterncoaching: Gelassen erziehen. Weinheim: Beltz.

Karg-Stiftung (Hrsg.) (2009). Impulskreis »Hochbegabung und Diagnostik«. Frankfurt a.M.

Kuhl/Künne/Aufhammer (2011). Wer sich angenommen fühlt, lernt besser: Begabungsförderung und Selbstkompetenzen. In Kuhl/Müller-Using/Solzbacher/Warnecke (Hrsg.). Bildung braucht Beziehung. Selbstkompetenz stärken – Begabungen entfalten. Freiburg i.B.: Herder-Verlag, 20.

Kuhl/Müller-Using/Solzbacher/Warnecke (Hrsg.) (2011). Bildung braucht Beziehung. Selbstkompetenz stärken – Begabungen entfalten. Freiburg i.B.: Herder-Verlag.

König (2009). Interaktionsprozesse zwischen Erzieherinnen und Kindern. Eine Videostudie aus dem Kindergartenalltag. Wiesbaden: VS Verlag für Sozialwissenschaften.

Lepenies (2008). Der positive Blick auf das Kind: »Die Pädagogischen Strategien« des »Early-Excellence«-Ansatzes. In Hebenstreit-Müller/Lepenies (Hrsg.). Early Exellence: Der positive Blick auf Kinder, Eltern und Erzieherinnen. Berlin: dohrmannVerlag, 51–61.

Mitgutsch/Sattler/Westphal/Breinbauer (Hrsg.) (2008). Dem Lernen auf der Spur. Die pädagogische Perspektive. Stuttgart: Klett-Cotta.

Neider (Hrsg.) (2006). Lernen aus neurobiologischer, pädagogischer, entwicklungspsychologischer und geisteswissenschaftlicher Sicht. Stuttgart: Verlag freies Geistesleben.

Neubauer/Stern (2009). Lernen macht intelligent. Warum Begabung gefördert werden muss. München: Goldmann Verlag.

Paradies/Linser/Greving (2007). Diagnostizieren, Fordern und Fördern. Berlin: Cornelsen Scriptor.

Paradies/Linser/Greving (2007). Individualisieren im Unterricht. Erfolgreich Kompetenzen vermitteln. Berlin: Cornelsen Scriptor.

Preckel/Schneider/Holling (Hrsg.) (2010). Diagnostik von Hochbegabung. Tests und Trends. Göttingen: Hogrefe.

Rohrmann, S./Rohrmann, T. (2005). Hochbegabte Kinder und Jugendliche. Diagnostik – Förderung – Beratung. Müchen: Ernst Reinhardt Verlag.

Steenbuck/Quitmann/Esser. P. (Hrsg.) (2011). Inklusive Begabtenförderung in der Grundschule. Weinheim: Beltz.

Schenz, C. (2011). Inklusive Begabtenförderung und das Modell der inklusiven Schule. In Steenbuck/Quitmann/Esser. P. (Hrsg.). Inklusive Begabtenförderung in der Grundschule. Weinheim: Beltz, 38–47.

Winter (2007). Fragen der Leistungsbewertung beim Lerntagebuch und Portfolio. In Gläser-Zikada/Hascher (Hrsg.). Lernprozesse dokumentieren, reflektieren und beurteilen. Bad Heilbrunn: Klinkhardt, 109.

Feedbackarbeit und Individualisierung: zum Wechselverhältnis zweier Lehr-Lern-Formen – auch in der Grundschule

Johannes Bastian/Arno Combe/Ekkehard Ossowski

Zum Vorverständnis von Feedbackarbeit und Individualisierung

In diesem Beitrag soll diskutiert werden, welchen Beitrag Feedbackarbeit zur Gestaltung von Individualisierungsprozessen sowohl zu Beginn der Sekundarstufe I als auch in der Grundschule leisten kann. Gleichzeitig werden wir aber auch zeigen, dass Feedback mehr ist als ein möglicher Beitrag zur Individualisierung des Unterrichts. Denn für Feedback wie für Individualisierung gilt gleichermaßen:

- Beide Formen des Lernens brauchen für das Gelingen Methoden und Instrumente und beide Formen brauchen auch eine besondere – am Einzelnen interessierte – Haltung dem Lernen gegenüber, wobei die Haltung für das Gelingen bedeutsamer zu sein scheint als die methodische Sicherheit.
- Beide Formen stehen in einem Wechselverhältnis zueinander; denn Feedbackarbeit gibt dem Einzelnen das Wort und zielt deshalb auf Individualisierung in der Gruppe; Individualisierung ist auf reflektierte Informationen darüber angewiesen, was beim Lernen hilft und was nicht hilfreich ist, und braucht deshalb Feedbackarbeit.

Die These dieses Beitrags ist deshalb:

Der gemeinsame Kern von Feedbackarbeit und Individualisierung ist das unbeirrbare Interesse des Lehrenden und des Lernenden an einer am Individuum orientierten Gestaltung des Lernens in der Lerngemeinschaft. Ebenso bedeutsam ist die Methodisierung dieses Interesses mit Hilfe sich wechselseitig ergänzender Instrumente und Methoden zur eigenständigen Gestaltung von Feedback und Selbstregulation des Lernens.

Um zu einem solchen Verständnis einer feedbackbasierten Individualisierung zu gelangen, muss zunächst die Fehlannahme angesprochen werden, dass Feedbackarbeit die simple Umkehrung der Lehrer-Schüler-Beurteilung nach dem Motto sei, jetzt dürften die Schüler auch die Lehrer bewerten.

Ein Beispiel zu dieser herkömmlichen und gleichzeitig hinderlichen Art von Feedbackverständnis: Am 21.7.2007 findet sich in der Frankfurter Rundschau unter der Überschrift »FDP: Schüler sollen Lehrer bewerten dürfen« die folgende Meldung:

> »Hessische Schüler sollen nach dem Willen der FDP ihre Lehrer bewerten dürfen. Die Abgeordnete H. regte dazu am Freitag in Wiesbaden ›Feedback Tage‹ an den Schulen oder anonymisierte Fragebögen an. Angesichts des zunehmenden Leh-

rer-Mobbings im Internet brauche es eine Feedbackkultur. ›Die Schüler müssen in einem offenen Verfahren im Rahmen der Schule Kritik üben können, anstatt auf diese Art und Weise Dampf abzulassen‹, sagte H« (Frankfurter Rundschau 2007, D2).

Wir werden auf die Grenzen dieses Feedbackverständnisses zurückkommen. Die folgenden Ausführungen mit einem deutlich weiter gefassten Konzept von Feedbackarbeit basieren auf einem Projekt, in dem Lehrerinnen und Lehrer ein Jahr lang kontinuierlich mit Feedback als Instrument der Unterrichtsentwicklung gearbeitet haben und dabei wissenschaftlich begleitet wurden. Die Entwicklung des Konzepts von Feedbackarbeit, der Instrumente und des Gesamtprozesses wurde also dokumentiert, beraten und evaluiert (vgl. Bastian/Combe/Langer 2005).

Bevor wir mit einem Beispiel aus diesem Projekt konkretisieren, wie die Wechselwirkung von Feedback und Individualisierung gestaltet und verstanden werden kann, sollen zunächst Gelingensbedingungen von Individualisierung vorgestellt werden. Wir orientieren uns dabei an einem Beitrag der Leiterin der Laborschule Bielefeld, Susanne Thurn, also einer in Theorie und Praxis von Individualisierung ganz besonders ausgewiesenen Expertin (vgl. Thurn 2006).

Individualisierung kann nach den Erfahrungen an der Laborschule Bielefeld gelingen,

- je mehr die *Lernenden* in die Planung einbezogen werden, je selbstständiger sie ihren eigenen Lernweg gestalten können und je verantwortlicher sie in die Beurteilung einbezogen werden;
- je mehr die *Lehrenden* sich als Lernbegleiter verstehen und je mehr diagnostische Kompetenz und Methodenvielfalt sie dabei zur Anwendung bringen;
- je mehr die *Lehrenden* die Lernumgebung als Anregung für die Umsetzung individueller Vorstellungen gestalten;
- je mehr die *Lerngemeinschaft* dazu anregt, voneinander und miteinander zu lernen, Konflikte zu lösen, die individuelle Leistung in eine Gemeinschaftsleistung einzubringen und die Verschiedenheit der Voraussetzungen zu nutzen.

Wie Feedbackarbeit zum Gelingen dieser Merkmale von Individualisierung beitragen kann bzw. inwiefern Aspekte der Individualisierung dem Verständnis von Feedbackarbeit immanent sind, soll an dem folgenden Beispiel aus der o.g. Untersuchung expliziert sowie in Beziehung zur Arbeit an der Grundschule gesetzt werden. Dass Feedback-Arbeit auch und gerade im Rahmen des bereits hoch individualisierten Unterrichts nicht nur möglich, sondern notwendig und nahe liegend ist, wird am Beispiel der Leistungsbewertung aufgezeigt.

Feedbackbasierte Individualisierung: ein Beispiel

Ein Lehrer und eine Lehrerin, die an der o.g. Studie teilnehmen wollen, stehen kurz vor der Übernahme einer fünften Klasse ihres Gymnasiums. Sie vertreten die Fächer Deutsch und Mathematik und bilden ein Klassenlehrerteam. Ihr Interesse ist u.a., die bislang eher unsystematisch eingesetzten Feedbackverfahren regelmäßig zu nutzen. Bereits in einem Vorgespräch äußern sie erste Vorstellungen: Sie wollen Feedback als Ritual einführen und dazu ein Lerntagebuch verwenden. Langfristig wollen sie über Feedback Mitbestimmung ermöglichen und die Schüler als Experten für Unterricht ins Spiel bringen.

L1: »[Das] Thema Mitbestimmung über Feedback finde ich interessant; ich probiere es schon mit Nachfragen: Wie zufrieden seid ihr, was können wir ändern? Wir reden auch regelmäßig im Stuhlkreis über den Unterricht.«

L2: »Der pädagogischen Schulentwicklung entsprechend möchte ich Schüler als Experten für Unterricht ins Spiel bringen – das ist meine Motivation.«

Schon hier werden Bezüge zwischen Individualisierung und Feedback deutlich:

- Es geht wie bei der Individualisierung langfristig um Partizipation; die Beteiligung an einer Gestaltung des Unterrichts soll durch Feedback vorbereitet und realisiert werden.
- Der Einzelne wird als Experte für Unterricht und Lernen gesehen; er soll durch Feedback seine Anregungen ins Spiel bringen.

Die Lehrerin und der Lehrer entscheiden sich vor diesem Hintergrund für eine Kombination der Instrumente Lerntagebuch und Zielscheibe (zu den Instrumenten und ihrer Handhabung vgl. Bastian u.a. 2005, 88–154; zum Lerntagebuch vgl. Weber-Förster 2008). Das Lerntagebuch enthält in diesem Fall Kategorien, anhand derer die Schüler die Möglichkeit bekommen sollen, ihr Lernen zu beobachten und zu dokumentieren. Dazu gibt es am Ende jeder Stunde drei Minuten Zeit.

Ergänzend dazu findet jede Woche eine Feedback-Klassenratsstunde statt. Die Schüler lesen zunächst ihre Tagebucheintragungen durch; in einem zweiten Schritt veröffentlichen sie ihre Rückmeldung, indem sie auf dieser Basis Punkte auf eine Zielscheibe kleben. In einem dritten Schritt findet dann ein Gespräch über das Zielscheibenbild statt – zunächst in Gruppen und dann im Plenum. Die Gespräche beschränken sich zu Beginn der Feedbackarbeit auf beschreibende Kommentare zur Platzierung der einzelnen Punkte. Sie erreichen jedoch recht schnell ein Niveau, das die Lehrer überrascht.

L1: »Also ich war sehr beeindruckt von der Gruppenarbeit zum Zielscheibenbild, von den Formulierungen, die ich einigen Schülern gar nicht zugetraut habe. ... Sie sprechen dann darüber, woran das liegen könnte, dass jemand da außen seine Punkte gemacht hat – und zwar sehr ruhig, auf hohem Reflexionsgrad, ja – richtig verständig. Im Laufe des Prozesses wird das methodische Arrangement modifiziert und verfeinert. Dabei werden auch die Zielvorstellungen sowie die Zusammenhänge zwischen Individualisierung und Feedback präziser erkennbar und genauer formulierbar.«

- Lerntagebuch und Zielscheibe haben zunächst unterschiedliche Kategorien, weil sie unterschiedliche Funktionen erfüllen sollen: Das Lerntagebuch soll der individuellen Reflexion des Lernprozesses dienen, die Zielscheibe soll eine öffentliche Reflexion des Unterrichts ermöglichen. Da die Instrumente in der Feedbackarbeit aber aufeinander bezogen werden, werden die Kategorien aufeinander abgestimmt.
- Die Kategorien der Zielscheibe werden für den Fachunterricht konkretisiert, um genauere Rückmeldungen zu den Besonderheiten des Fachunterrichts zu erhalten.
- Das Auswertungsgespräch über das Zielscheibenbild wird methodisch ausdifferenziert: Die Schüler schätzen zunächst in kleinen Gruppen an Hand von drei Fragen das Ergebnisbild der Zielscheibe ein. Danach präsentiert jede Kleingruppe ihre Ergebnisse im Plenum. Auch das Ziel des Auswertungsgesprächs wird nun präziser gefasst: Die Schüler sollen Gründe für das Ergebnisbild diskutieren und benennen.
- Die Lehrer planen eine Evaluation des Verfahrens. Dafür präzisieren sie das Ziel ihres Feedbackprojekts: Mit Hilfe der Feedbackarbeit soll der Lernbegriff der Schülerinnen und Schüler erweitert werden. Während des zweiten Workshops wird als »offizielles« Ziel der Feedbackarbeit formuliert: Die Wahrnehmung der Schüler für ihren Lernprozess soll geschärft werden, um sie längerfristig in die Lage zu versetzen, ihren Lernprozess selbst zu steuern.
- Die Lehrer ergänzen die Zielscheibenkategorien um einige offene Fragen. Sie sollen die Schüler über die deskriptive Ebene der Zielscheibenkategorien hinaus zu Überlegungen anregen, unter welchen Bedingungen sie gut bzw. nicht gut lernen.

Die Entwicklung der Arbeit an den Instrumenten und den Zielvorstellungen zeigt, wie die Wechselwirkung von Feedbackarbeit und Individualisierung konkret aussehen kann. Für eine zusammenfassende Reflexion dieses Wechselverhältnisses orientieren wir uns an den oben mit Bezug auf Susanne Thurn genannten Gelingensbedingungen von Individualisierung:

- Die Lernenden werden durch die individuelle Reflexion ihres Lernens darin bestärkt und trainiert, ihren eigenen Lernweg selbstständig zu gestalten; sie erarbeiten sich damit eine Voraussetzung für die Realisierung der mit Individualisierung angestrebten Selbstorganisation des Lernens.
- Die Lernenden werden durch die öffentliche und gemeinsame Reflexion mit dem Lehrenden in der Haltung bestärkt, dass der Unterricht ein Gemein-

schaftswerk ist, für das sie Mitverantwortung tragen, und in der Fähigkeit trainiert, auf dessen Gestaltung Einfluss zu nehmen.
- Die Lehrenden erfahren über die öffentliche Reflexion der Lernprozesse mit zunehmender Differenziertheit, welche Arrangements beim Lernen helfen und welche nicht hilfreich sind; durch die individuelle Differenzierung der Rückmeldungen wird ihre diagnostische Kompetenz geschärft und die Differenzierung der Methodenkompetenz angeregt.
- Die Lernumgebung ist Gegenstand sowohl der individuellen als auch der öffentlichen Reflexion und kann durch Feedbackarbeit so beeinflusst werden, dass sie möglichst optimale Anregung für die Umsetzung individueller Vorstellungen ermöglicht.
- Der kontinuierliche Bezug von individueller und öffentlicher Reflexion des Lernens macht es jede Woche erneut und auf immer differenzierterem Niveau erforderlich, die Verschiedenheit der Erfahrungen miteinander abzugleichen, Zielkonflikte zu lösen und voneinander zu lernen.

Feedbackarbeit und Individualisierung von Anfang an – am Beispiel von Leistungsbeurteilung in der Grundschule

Wirkung und Erfolg von Feedbackarbeit und Individualisierung im Sinne des hier definierten Verständnisses hängen nicht zuletzt von ihrer Grundlegung im Elementar- und Primarbereich ab. Je eher Kinder in Kindergarten und Grundschule gelernt haben, das Lerngeschehen aktiv und reflexiv mit zu gestalten, ihre Lernprozesse und Lernprodukte selbst einzuschätzen sowie in derartige Dialoge mit der Lehrkraft zu treten, um so unbelasteter und anschlussfähiger kann der Unterricht an den weiterführenden Schulen fortgesetzt werden. Ulrike Graf spricht in Anlehnung an Lichtenstein-Rother von »Selbststeuerung als Erziehungsprozess lebenslanger Lernfähigkeit« (2004, 64) und betrachtet »selbstreflexive Dialoge als Verständigungsinstrument zwischen Lehr- und Lernebene« (322). Das gilt insbesondere für den häufig unterschätzten Bruch beim Übergang vom Primar- zum Sekundarstufenbereich. Das Prinzip des spielerisch-eigenaktiven, also originär individualisierten Lernens im Übergang zwischen Kindergarten und Grundschule weicht später, mit dem Wechsel in das dritte und vierte Schuljahr zwar nach und nach einer eher »akademischen« Aneignung von Lerninhalten, aber die gewohnte Orientierung der Kinder an einer tendenziell offenen und partizipativen Unterrichtsgestaltung ist auch in der Sekundarstufe noch vorhanden. Die Institution Grundschule hat – nicht nur historisch betrachtet – schon immer eine Vorreiterrolle eingenommen, wenn es um eine individualisierte Gestaltung von Unterricht ging. Trotz dieser guten Voraussetzungen bezieht sich die wissenschaftliche und praxisorientierte grundschulpädagogische Diskussion von Feedbackarbeit vorrangig auf eine individualisierte Leistungsbeurteilung, weniger auf Partizipation im Unterricht oder eine wechselseitige Rückmeldung im Sinne eines Dialogs innerhalb der Gruppe der Lernenden sowie zwischen Lehrenden und Lernenden. Der Mangel an einer kontinuierlichen Feedbackarbeit beispielsweise bezogen auf einen Dialog über Unterricht und Lernen mag seine Ursache u.a. in den spezifischen entwicklungspsychologischen Voraussetzungen von Grundschulkindern haben. So erweisen sich Wahrnehmungen oder Einschätzungen zu Lernen und Unterricht auf der sprachlichen Ebene bei wissenschaftlichen Erhebungen oder Rückfragen von Lehrkräften als sperrig; das bedeutet, sie erfordern interpretative Kompetenz. Alltagssprachlich formuliert: Die Grundschulkinder sind vermeintlich zu jung für diese Art von Feedbackarbeit. Schaut man sich einmal genauer an, was im Dialog über die Leistungen von Kindern an Verstehensleistung erforderlich ist, dann lässt sich sehr gut zeigen, dass Grundschülerinnen und -schüler nicht zu jung für Feedbackarbeit sind. Es scheint vielmehr so, dass die dort erforderlichen und gelernten Fähigkeiten gut übertragen werden können auf eine lernprozessbegleitende Feedbackarbeit, die sich auf das Lernen insgesamt bezieht und nicht nur auf die erbrachten Leistungen.

Der selbstreflexive Dialog als Instrument der Feedbackarbeit in der Grundschule

Feedbackarbeit nicht nur in der Grundschule muss scheitern, wenn die Verständigung zwischen Lehrendem und Lernenden nicht funktioniert. Dies gilt auch und besonders bei Rückmeldungen zu erbrachten Leistungen. Ungeachtet vom Bemühen des Lehrenden, sich einer kindgemäßen Sprache zu bedienen, wird ein Kind nicht alles verstehen, da es vor allem beim Schulanfang nicht oder nur ansatzweise über den Wortschatz einer erwachsenen Person verfügt. Umgekehrt werden im Unterricht die Äußerungen von Kindern seitens der Lehrkraft längst nicht immer richtig verstanden, zumal Kinder manchmal Aspekten große Bedeutung beimessen, die uns Erwachsenen als vermeintlich nebensächlich erscheinen. Dass, was Lehrende oftmals als »irreal« und Auswüchse kindlicher Phantastereien »verstehen«, ist für die Kinder durchaus ernst zu nehmen und emotional besetzt, insbesondere, wenn es um Leistungsbewertung geht. Ein weiteres Problem leistungsbezogener Feedbackarbeit liegt in der funktionalen Deutungshoheit der Lehrenden: Qua Amt verfügen sie über »das letzte Wort« und sie verstehen die Interpretation von Schülerbeiträgen als Teil ihrer Professionalität. Das Verstehen der Kinder ist allerdings eine anspruchsvolle Aufgabe, die von Erwachsenen nie ganz erfüllt werden kann, da uns ein Hineinversetzen in die Welt und Konstrukte von Kindern nur begrenzt möglich ist. Umso mehr muss in einem individualisierten Unterricht Wert auf Verständigung im Sinne des Aushandelns von Bedeutung gelegt werden. Der Weg dahin führt über den Dialog zwischen Lehrkraft und Kind sowie eine Neubestimmung des Lehrer-Schüler-Verhältnisses (vgl. z.B. Combe/Gebhard 2012; Winter 2004).

Hier ist die Rede von zwei Formen miteinander korrespondierender selbstreflexiver Dialoge: Zum einen von dem selbstreflexiven, introspektiven Dialog der

Lehrkraft und des Kindes jeweils mit sich selbst sowie zum anderen von dem selbstreflexiven Dialog zwischen Lehrkraft und Kind. Die Reaktionen der Kinder auf den spezifischen Verlauf eines Unterrichtstages (z.B. Engagement oder Unruhe in der Klasse) können der Lehrkraft Rückmeldungen zu ihrer Unterrichtsvorbereitung (implizites Feedback) geben. Oder die Kinder artikulieren gezielt ihre Wahrnehmung des Unterrichts – z.B. dass sie sich über- oder unterfordert fühlen; geben der Lehrkraft im Dialog mit ihr also eine explizite Rückmeldung (explizites Feedback). In beiden Fällen wird sich die Lehrerin oder der Lehrer fragen, was zu diesen Reaktionen geführt haben kann und somit in einen reflexiven Dialog mit sich selbst treten. Ähnliches gilt für das Kind; es befragt sich auf seine Weise selbst, warum es sich beispielsweise als überfordert wahrgenommen hat oder was die Lehrerin im Gespräch mit ihm meinte, als sie sagte, es solle einmal versuchen, sich nicht immer die schwersten Aufgaben herauszusuchen.

Der explizit rückmeldende Dialog zwischen Lehrkraft und Kind ist ein tendenziell eher zielgerichtetes und explizites Feedback im Unterrichtsprozess, welches gekennzeichnet ist durch einen direkten und situationsbezogenen Austausch zwischen zwei Gesprächspartnern beispielsweise zu einer aktuell erbrachten Leistung. Dabei findet die Selbstreflexion als Aushandlungsprozess statt, in dem die jeweiligen (Selbst-)Wahrnehmungen, Perspektiven und Gefühle von Angesicht zu Angesicht ausgetauscht werden und somit den Prozess der Selbstreflexion ausdifferenzieren sowie vertiefen. In gewisser Weise führt dieser Dialog auch zu einer Veränderung des Lehr-Lern-Verhältnisses: denn der Lehrende lernt etwas über das Lernen und die Wahrnehmungen des Kindes. Und das Kind – also der Lernende – »lehrt« – indem es dem Lehrenden dabei hilft, etwas über das Kind zu lernen. Gleichzeitig lernen beide Seiten in diesem Austauschprozess etwas über die individuellen Lernstrategien, Interessen und Fähigkeiten. Und nicht zuletzt erlernt das Kind kommunikative Kompetenzen sowohl in Form einer sprachlichen Präzisierung in der Artikulation eigener Anliegen und Annahmen als auch in Form dialogischer Gesprächsführung. Die Entwicklung derartiger Kompetenzen gehört in den Zielkatalog individuellen Lernens. Der selbstreflexive Dialog zwischen Lehrkraft und Kind erweist sich somit bereits in der Grundschule als eine wesentliche Voraussetzung für individualisiertes Lernen, also für eine partizipative Gestaltung von Unterricht und Lernen sowie für eine Balance zwischen Selbst- und Fremdbewertung von Lernprozessen und Produkten.

Dialoge benötigen einen konkreten Gesprächsgegenstand bzw. ein Thema. Selbstreflexive Dialoge, die sich auf das Thema des eigenen Lernens und Leistens beziehen, brauchen, zumal im Grundschulalter, eine Anschauung des eigenen Schaffens in Prozessen und Produkten, um dieses entsprechend »würdigen« zu können. Für die Grundschule gibt es eine Reihe von Instrumenten, die es den Schülerinnen und Schülern ermöglichen, in den selbstreflexiven Dialog mit der Lehrkraft sowie mit sich selbst zu treten und somit ein instruktives Feedback zu erhalten. Noch werden derartige Instrumente eher einseitig für das Feedback an die Adresse der Schülerinnen und Schüler verwendet, gleichwohl verfügen sie über erhebliches Potenzial zur Gestaltung selbstreflexiver Dialoge.

Ein von Jens Bartnitzky mit Lehrerinnen zusammen entwickeltes Lerntagebuch bietet Grundschulkindern beispielsweise die Möglichkeit, »Regeln geschickten und weniger geschickten Handelns entdecken zu lassen« (2004, 102), wenn sie mit Aufgaben konfrontiert werden. Zunächst reflektiert das Kind anhand eines Lernbogens/Lerntagebuchs, in das es mehrfach in einer Woche Eintragungen vornimmt, den Schwierigkeitsgrad einer Aufgabe sowie sein Anstrengungsniveau; in einem nächsten Schritt wird im Rahmen einer Lernkonferenz das individuelle Lernen zum Gesprächsthema in der Klasse gemacht. Gleichzeitig kann ein solches Lerntagebuch auch Gegenstand eines Feedback-Gesprächs sein, sofern es den Kindern entsprechenden Raum zur Selbstartikulation bietet. Weitere Instrumente zur dialogischen Feedbackarbeit sind Portfolios, Lesetagebücher, Forscherhefte, Selbstzeugnisse, etc. (zusammenfassend bei Horst Bartnitzky et al. 2009; Winter 2004). Ausgangspunkte für Feedbackdialoge können darüber hinaus auch Lernberichte bzw. Verbalbeurteilungen von Lehrkräften sein, die auf der Basis von Wertschätzung, Anerkennung und guter Beobachtung dem einzelnen Kind ein individuelles, instruktives Feedback geben. Beutel (2006, 22) liefert ein Beispiel für einen derartigen Lernbericht und bezeichnet diesen als ein »Angebot zum Dialog«.

Kaum berücksichtigt werden bislang Möglichkeiten zunächst sprachfreier Feedbackarbeit über musisch-ästhetische Verfahren, beispielsweise selbst hergestellte Bilder oder andere Kunstobjekte zu einem selbst bezogenem Thema (Beispiel: »Ich bin in der Schule«). Kinder im Grundschulalter haben kaum Hemmungen, sich auf künstlerischer Ebene auszudrücken; d.h. das Malen von Bildern ist niederschwellig, zumal es nicht mit schulischer Leistung in Verbindung gebracht wird, es liefert aus Sicht des Kindes ein konkretes Abbild »seiner Realität« und erfordert deshalb zunächst keine sprachlichen Kompetenzen, die im Zuge der Selbstvergewisserung und Artikulation von abstrakten Phänomenen, wie z.B. Gefühlen, notwendig wären. Ein selbst gestaltetes Werk zu einem emotional bedeutsamen Thema besitzt für die meisten Kinder einen hohen individuellen Identifikationswert. Im nächsten Schritt kann ein selbstreflexiver, Feedback orientierter Dialog mit der Lehrerin oder dem Lehrer anhand des Objekts stattfinden; ein Bild wird zum Gesprächsgegenstand, bei dem das Kind selbst den Impuls zum Dialog gibt. Die Grundprinzipien dieses potenziellen Feedback-Instrumentes stammen aus der pädagogischen Kunst- und Kreativtherapie. Kossolapow (1991) bezeichnet in ihrem kreativtherapeutischen Ansatz einen solchen selbstreflexiven Weg als »gestaltende« und »gestaltete Interaktion«. Die Grundprinzipien dieses Ansatzes hat Ossowski (2011) als »ästhetisch-gestalterische Förderpraxis« mit Blick auf eine an Selbstkompetenz orientierte individuelle Förderung im Elementarbereich übertragen.

Erwartungen an und Bestimmung von Feedbackarbeit als Instrument von Unterrichtsentwicklung

Bevor wir auf Erwartungen an Feedbackarbeit eingehen, soll noch einmal auf die eingangs zitierte – und recht verbreitete – Vorstellung von Feedbackarbeit als Umkehrung der Beurteilungsmacht und die damit verbundenen Erwartungen eingegangen werden. Diese Form von Feedback wird – wie oben in der Notiz aus der Frankfurter Rundschau erkennbar – gerne und mit viel Beifall von Seiten der Politik, aber auch von Schülervertretungen vorgeschlagen. Damit scheint die Erwartung verbunden, man könne die negativen Anteile schulischer Beurteilungspraxis wie Druck und Angst ins Positive wenden, indem man die Beurteilung in die Hände der Schüler legt. Nicht selten hat es aber auch den Beigeschmack, dem veränderungsresistenten Lehrerstand damit endlich einmal Beine machen zu können.

Erfahrungen aus dem o.g. Projekt zeigen, dass das Gegenteil der Fall sein kann: Auch Lehrer haben Angst vor einer Bewertung ihrer Arbeit – und genau dies ist keine gute Basis für ein konstruktives Gespräch über Veränderungsmöglichkeiten. Schon der Laie erkennt auf den ersten Blick, dass bei einer Forderung nach der Einführung eines flächendeckenden Feedbacks an einer Schule eine notwendige Voraussetzung für Rückmeldungen nicht gegeben ist: dass nämlich der Feedbacknehmer an einem Feedback interessiert und für Rückmeldung offen sein muss. Wenn das Ziel des Feedbacks ein konstruktives Gespräch über Lehren und Lernen sein soll, dann kann eine Verordnung von Feedback dafür keine geeignete Basis sein.

Dies bestätigen auch unsere Erfahrungen aus dem o.g. Projekt: Anders als in anderen Projekten der Unterrichtsentwicklung gibt es bei diesem Thema unerwartete Schwierigkeiten, Lehrer für die Mitarbeit zu gewinnen. Vorbehalte zeigen sich vor allem dort, wo ein Verständnis von Schülerrückmeldung vorherrscht, das Feedback gleichsetzt mit der Beurteilung der Lehrerinnen und Lehrer durch die Schülerinnen und Schüler.

Die Lehrerinnen und Lehrer, die sich schließlich für Feedbackarbeit im Unterricht interessieren, bringen mehrheitlich andere Erwartungen mit. Sie wollen ihren Unterricht verbessern. Sie wollen Feedbackmethoden vor allem dazu nutzen, um mit ihren Schülerinnen und Schülern über Lernen und Unterricht ins Gespräch zu kommen. Diese Gespräche sollen dann mit Methoden gestützt und regelmäßig zu verschiedenen Zeitpunkten in einem Schuljahr durchgeführt werden. Die zentralen Fragen, die diese Lehrerinnen und Lehrer mit Feedbackgesprächen klären wollen, sind:

- Was geschieht im Unterricht?
- Wie können wir den Unterricht verbessern?
- Was kann der Lehrer dazu beitragen?

- Was können Schüler dazu beitragen?

Ein wichtiges Grundverständnis zu Beginn von Feedbackarbeit im Kontext von Unterrichtsentwicklung ist: Für das, was im Unterricht geschieht, sind sowohl der Lehrer als auch die Schüler – je auf ihre Weise – verantwortlich: die einen für die Gestaltung von Lernarrangements (das Lehren), die anderen für die engagierte Nutzung bzw. Mitgestaltung der Lernarrangements (also das Lernen). Demzufolge sollen auch im Feedback beide Seiten zur Sprache kommen. Feedbackarbeit sollte also so angelegt sein, dass Lehrer und Schüler miteinander herausfinden können, was beim Lernen hilft und was jede Seite dazu beitragen kann, das Lernen der beteiligten Individuen genauer zu verstehen und auf dieser Grundlage zu verbessern.

Vor diesem Hintergrund wird ein weiterer Widerspruch deutlich. In der Regel impliziert die traditionelle und aus unserer Sicht nicht hilfreiche Vorstellung von Feedback nämlich, dass Schülerinnen und Schüler ihrem Lehrer bzw. ihrer Lehrerin mitteilen, wie er oder sie den Unterricht gestaltet hat. In Kurzform kann das Ergebnis einer so verstandenen Rückmeldung am Ende einer Stunde beispielsweise in der wenig aussagekräftigen Form von »Daumen hoch« oder »Daumen runter« ausgedrückt werden.

Dieses herkömmliche Verständnis von Feedback impliziert ein herkömmliches Verständnis von Lehren und Lernen nach dem folgenden Muster: Der Lehrende macht den Unterricht, er sorgt für das Lernen und der Lernende beurteilt, wie der Unterricht aus seiner Sicht gelungen ist, wie der Lehrer etwas erklärt, präsentiert oder etwas beigebracht hat. Rückmeldung in diesem Sinne verfestigt aber genau die Rollenverteilung, von der sich nicht wenige Lehrerinnen und Lehrer seit einiger Zeit vor allem im Prozess der Individualisierung von Lernprozessen verabschieden. Sie gehen – wie die Lehrerinnen und Lehrer, die sich für Feedbackarbeit im o.g. Sinne interessieren – eben nicht mehr davon aus, dass sie als Lehrende »das Lernen machen« – schon gar nicht dann, wenn sie an einer Individualisierung des Lernens interessiert sind.

Sie verstehen *Lernen* im Sinne einer moderat-konstruktivistischen Lerntheorie vielmehr als einen aktiven Prozess der Informationsbeschaffung und -verarbeitung, der von den Lernenden in sozialer Interaktion und in der Auseinandersetzung mit einem Lerngegenstand selbst gestaltet wird. Sie verstehen *Lehren* entsprechend als eine Tätigkeit, die solche Formen des eigenverantwortlichen Lernens unterstützt – durch eine angemessene und sinnvolle Aufgabenstellung, durch eine anregende Lernumgebung sowie durch eine förderliche Lerngemeinschaft.

Wer Lehren und Lernen in diesem Sinne versteht, der braucht ein anderes als das oben skizzierte Verständnis von Feedback als eine Rückmeldung von konsumierenden Lernenden an einen Wissen vermittelnden Lehrenden. Unsere Studie zeigt, dass die Erwartungen von Lehrerinnen und Lehrern weder in die Richtung eines Beurteilungsinstruments gehen noch in die Richtung von Tipps zur Verbesserung der frontalen Instruktion. Erwartet werden vielmehr Entwicklungsinstrumente, die Schüler und Lehrer in ein Gespräch über Lehren und Lernen bringen. Es wird ein Gespräch erwartet, das – wie die Lehrer in dem oben angeführten Beispiel nach einem halben Jahr Erfahrungen in der fünften Klasse sagen – »erstaunliche Wirkungen zeigt; Wirkungen, die wir so nicht erwartet haben«; Wirkungen, die auf jeden Fall dabei helfen, den Weg der Individualisierung des Unterrichts schrittweise zu gestalten.

Systematisches Feedback und selbstreguliertes Lernen – eine knappe theoretische Rahmung

In diesem Abschnitt geht es um eine Verhältnisbestimmung von selbstreguliertem Lernen und systematischem Feedback. Die abschließende Frage lautet: Welche theoretischen Begründungen und empirischen Befunde deuten darauf hin, dass über Prozesse systematischer Rückmeldung eine Entwicklung von Selbstregulation und damit das Potenzial von Individualisierung befördert wird? Dabei gehen wir davon aus, dass Individualisierung als eine am Einzelnen orientierte Gestaltung des Lernens in der Lerngemeinschaft ohne die Fähigkeit zur Selbstregulation nicht gelingen kann.

Systematische Rückmeldung hat die Funktion, Lernen und Leistung für Schüler und Lehrer einer Reflexion, Beurteilung und Einflussnahme zugänglich zu machen und einen Dialog darüber zu gestalten. Als theoretischer Bezugspunkt soll das unterrichtsbezogene Konzept selbstregulierten Lernens von Monique Boekaerts (1999) genutzt werden, dessen Bedeutung u.a. daran zu erkennen ist, dass es im Rahmen der Interpretation der TIMSS-Daten herangezogen wurde. Zur Reflexion von Unterrichtsentwicklung wurden die drei Ebenen der Selbstregulation nach Boekaerts von Petra Merziger durch die folgenden drei Begriffe definiert: die Ebene der *Lernstrategien*, die Ebene der *Lernprozessüberwachung* und die Ebene der *Selbstaktivierung* (vgl. Merziger 2007). Darauf sollen nun die Potenziale der Rückmeldung bezogen werden. Wir fragen deshalb:

- Wie kann Rückmeldung zur Entwicklung eines differenzierten Bildes vom eigenen Lernen, der eigenen Lernstrategien beitragen?
- Wie kann Rückmeldung zur Entwicklung von Selbstbeurteilungskompetenz und zur Fähigkeit der Lernprozessüberwachung beitragen?
- Wie kann Rückmeldung zum Erwerb von Steuerungswissen und damit zur Selbstaktivierung des eigenen Lernens beitragen?

Die Unterstützung eines differenzierten Bildes vom eigenen Lernen und der eigenen Lernstrategien durch Feedback

Ein differenziertes Bild vom eigenen Lernen kann nur über eine Vergegenwärtigung von Faktoren aufgebaut werden, die für den Lernprozess bedeutsam sind; denn die Lernprozesse selbst sind nicht sichtbar. Die Rede ist also von einer Betrachtung der eigenen Lernstrategien im Nachhinein. Für selbstreguliertes Lernen stellt dieser Vorgang der Bewusstmachung des eigenen Lernens unter dem Aspekt der Lernstrategien eine unverzichtbare Voraussetzung dar.

Über diese Rekonstruktion des Lernprozesses können Schülerinnen und Schüler ein Bewusstsein dafür entwickeln, aus welchen Elementen ihre Lernprozesse bestehen und welche davon sie selbst steuern können. Dies ist insofern bedeutsam, als die Vorstellung von sich selbst als einem beim Lernen aktiv Handelnden eine Voraussetzung für selbstreguliertes Lernen ist (vgl. Boekaerts 1999, 451).

Die Rekonstruktion von individuellen Lernprozessen sorgt für eine differenzierte Wahrnehmung der eigenen Lernstrategien und kann die eigenen Vorstellungen vom »Ich als Lerner« modifizieren und erweitern. Dies entspricht dem, was die Lehrer in dem o.g. Beispiel als Ziel ihrer Feedbackarbeit definieren, wenn sie sagen, mit Hilfe der Feedbackarbeit solle der Lernbegriff der Schülerinnen und Schüler erweitert werden.

Die Entwicklung von Selbstbeurteilungskompetenz und der Lernprozessüberwachung durch Feedback

Zu den Fähigkeiten, die bei Rückmeldearbeiten in besonderer Weise geübt werden, gehört die Entwicklung von Lernprozessüberwachung und Selbstbeurteilungskompetenz. Dies ist für Selbstregulation bedeutsam, weil nur derjenige, der die eigenen Lernergebnisse angemessen einschätzen kann, auch sinnvoll und effektiv weiterlernen kann; denn nur so kann er den Ausgangspunkt für seine weitere Lernplanung identifizieren (vgl. Czerwanski/Solzbacher/Vollstädt 2002, 10).

Die institutionelle Verfasstheit der Schule verlangt darüber hinaus aber auch eine Beurteilung von Lernprodukten und -prozessen, die sich an externen Kriterien orientiert. Gleichzeitig aber verweisen Individualisierungs- und Partizipationskonzepte darauf, dass ein Lernprozess, der langfristig Mitverantwortung für Planung und Gestaltung des Lernens fördern will, am Ende nicht allein vom Lehrenden beurteilt werden kann (vgl. Bastian 1997, 231 ff. und Breuer u.a. 2000, 33 f.).

Daraus folgt die Notwendigkeit der Entwicklung von Fähigkeiten zur Selbstbeurteilung und von Instrumenten, die den Lernenden in Rückmeldeprozessen die Möglichkeit bieten, die eigene Leistung durch Selbstbeurteilung zu externen

Referenzsystemen – z.B. Erwartungen des Lehrers oder der Lehrpläne – in Beziehung zu setzen. Feedbackmethoden wie Selbsteinschätzungsbögen oder Kompetenzraster unterstützen diese Dimension der Selbstbeurteilung.

Selbstregulierte Lerner sollen durch Feedbackarbeit also dabei unterstützt werden, ihren Lernprozess sowohl intraindividuell zu beurteilen, um effektiv weiterlernen zu können, als auch die eigenen Leistungen zu vorgegebenen Maßstäben in Beziehung setzen zu können. Diese Aspekte der Selbstregulation sind unverzichtbare Voraussetzungen für die Regulation des eigenen Lernens in metakognitiver Hinsicht und damit für die Individualisierung des Lernens.

Der Erwerb von Steuerungswissen und der Fähigkeit zur Selbstaktivierung durch Feedback

Lernvorgänge sind hochkomplex. Rückmeldeinstrumente sollen deshalb dazu beitragen, Teilaspekte des Lernprozesses zu identifizieren und gezielt bearbeitbar zu machen, damit den Lernprozess zu steuern und sich selbst zu aktivieren. Ein Beispiel: Über eine Kartenabfrage mit dem Stimulus »Was habe ich noch nicht verstanden?« kann der Fokus gezielt auf die Arbeit an bestimmten inhaltlichen Defiziten gerichtet werden. Damit stellt sich der Schüler ein Wissen bereit, welches er für die Steuerung des folgenden Lernprozesses gezielt einsetzen kann.

Ein anderes Beispiel: Für die eigenständige Steuerung des Lernens brauchen Schüler Referenzwerte, an denen sie sich orientieren können. Referenzwerte sind für das Setzen von Zielen ebenso notwendig wie für die Überwachung der eigenen Lernfortschritte. Kompetenzraster, die erwartete Leistung konkret beschreiben und in Niveaustufen gliedern, sind dafür besonders geeignete Instrumente. Sie ermöglichen es den Schülern, Anforderungsprofile zu erkennen und die eigenen Kompetenzprofile auf der Basis von Selbsteinschätzungen dazu in Beziehung zu setzen (vgl. dazu die Beiträge von Merziger und Müller in diesem Buch). Die sich aus dem Vergleich ergebenden Differenzen werfen Fragen auf, weisen auf Handlungsbedarf hin und bieten damit das für die eigene Steuerung und Selbstaktivierung notwendige Wissen.

Wenn dieser selbst ermittelte Handlungsbedarf dann in individuellen Rückmeldegesprächen zwischen Lehrenden und Lernenden in Handlungspläne übersetzt wird, erhalten die Schüler sowohl ein operationalisiertes Steuerungswissen bezogen auf die konkrete Gestaltung ihrer individuellen Lernprozesse als auch eine starke Motivation zu deren Realisierung. Burkard, Eikenbusch und Ekholm sprechen im Zusammenhang solcher systematischer und instrumentengestützter Rückmeldeprozesse von Schülerinnen und Schülern als »reflektierenden Praktikern« (2003, 15): ein anderer Begriff für das, was Individualisierung erreichen will.

Fazit

Feedbackarbeit als ein Schlüssel zur Unterrichtsentwicklung und Individualisierung ist das Ziel der meisten Prozesse von Unterrichtsentwicklung. Im Gespräch über Unterricht erfahren die Beteiligten, was sie zur Verbesserung ihrer Lernprozesse tun können. Gleichzeitig arbeiten sie im Zuge dieser Gespräche und der daraus folgenden Veränderungen an der Individualisierung des Unterrichts, denn die Lernenden sind an der Planung beteiligt, gestalten ihren Lernweg mit und sind verantwortlich in die Beurteilung einbezogen. Die Grundlagen dafür können bereits in der Grundschule gelegt werden. Eine an der sprachlichen Entwicklung von Grundschulkindern orientierte Feedbackarbeit fördert selbstregulative, kommunikative und reflexive Kompetenzen auf dem Weg zum Bildungsziel Partizipation bzw. Mündigkeit.

Literatur

Bartnitzky (2004). Wie Kinder lernen können, ihre Anstrengungen und Erfolge zu würdigen – ein Lerntagebuch. In Bartnitzky/Speck-Hamdan (Hrsg.). Leistungen der Kinder wahrnehmen – würdigen – fördern. Beiträge zur Reform der Grundschule. Frankfurt a.M.: Grundschulverband – Arbeitskreis Grundschule e.V., 100–109.

Bartnitzky/Brügelmann/Hecker/Heinzel/Schönknecht/Speck-Hamdan (2009). Kursbuch Grundschule. Beiträge zur Reform der Grundschule. Band 127/128. Frankfurt a.M.: Grundschulverband.

Bastian (2007). Einführung in die Unterrichtsentwicklung. Weinheim, Basel: Beltz.

Bastian/Combe (1997). Lehrer und Schüler im Projektunterricht. Zur Theorie einer neuen Balance zwischen der Verantwortung des Lehrenden und der Selbstverantwortung der Lernenden. In Bastian (Hrsg.). Theorie des Projektunterrichts. Hamburg: Bergmann + Helbig Verlag, 245 ff.

Bastian/Combe/Langer (2005). Feedback-Methoden. Erprobte Konzepte, evaluierte Erfahrungen. Weinheim, Basel: Beltz.

Beutel (2006). Kinder und ihr Lernen anerkennen: Lerndiagnose und Leistungsbeurteilung. In Graf/Moser-Opitz (Hrsg.). Diagnostik und Förderung im Elementarbereich und Grundschulunterricht. Lernprozesse wahrnehmen, deuten und begleiten. Baltmannsweiler: Schneider Verlag Hohengehren, 15–29.

Boekaerts (1999). Self-regulated learning: where we are today. In International Journal of Educational Research 1999, 445–457.

Breuer et al. (2002). Leistungsbeurteilung in offenen Unterrichtsphasen: Grundlagen, Erlasse, Methoden, Materialien. Reader für alle Schulformen und Unterrichtsfächer. Essen: Neue Deutsche Schule Verlagsgesellschaft.

Combe/Gebhard (2012). Verstehen im Unterricht. Die Rolle von Phantasie und Erfahrung. Wiesbaden: VS Verlag für Sozialwissenschaften.

Graf (2004). Schulleistung im Spiegel kindlicher Wahrnehmungs- und Deutungsarbeit. Eine qualitativ-explorative Studie zur Grundlegung selbstreflexiven Leistens im ersten Schuljahr. Studien zur Schulpädagogik, Band 45. Hamburg.

Czerwanski/Grieser/Solzbacher/Vollstädt (Hrsg.) (2002). Förderung von Lernkompetenz in der Schule. Bd. 1. Recherche und Empfehlungen. Gütersloh: Verlag Bertelsmann Stiftung.

Kossolapow (1991). Einführung in Kunst- und kreativtherapeutisches Arbeiten am Beispiel eines Mutter-Kind-Projektes. In van Andel/Pittrich (Hrsg.). Kunst und Psychiatrie. Münster: LIT Verlag.

Merziger (2007). Entwicklung Selbstregulierten Lernens im Fachunterricht. Lerntagebücher und Kompetenzraster in der gymnasialen Oberstufe. Opladen, Farmington Hills/MI, USA: Verlag Barbara Budrich.

Ossowski (2011). Kreativität – Selbstkompetenz – individuelle Förderung. In Behrensen/Sauerhering/Solzbacher/Warnecke (Hrsg.). Das einzelne Kind im Blick. Individuelle Förderung in der Kita. Freiburg i.B.: Herder, 115–127.

Thurn (2006). Individualisierung kann gelingen. Begriffliche Klärungen, Erfahrungen, Gelingensbedingungen. In Pädagogik 2006, Heft 1/Themenheft Individualisierung. Weinheim: Beltz Verlag, 6–9.

Weber- Förster (2008). Lerntagebücher. In Kunze/Solzbacher (Hrsg.). Individuelle Förderung in der Sekundarstufe I und II. Baltmannsweiler: Schneider Verlag Hohengehren.

Winter (2004). Leistungsbewertung. Eine neue Lernkultur braucht einen anderen Umgang mit den Schülerleistungen. Baltmannsweiler: Schneider Verlag Hohengehren.

Bruchlose Schülerbiografien beim Übergang in Klasse 5 – Lernbegleitung und Prozessdokumentation als Grundlage für individuelles Fördern

Lutz Thomas

Der Übergang in die Sekundarstufe als starker Einschnitt

Am Ende der Grundschule freuen sich die meisten Viertklässler auf die neue Schule und erfahrungsgemäß machen sich nur wenige Sorgen. Nach vier stabilen Jahren steht der Wechsel im Vordergrund und die Sortierung nach Schullaufbahnen scheint »überstanden«. Bisher ungünstige Gruppenstrukturen oder negative Lehrerurteile lösen sich auf und erlauben einen unbelasteten Start. Der Reiz des Neuen setzt Energien frei und weckt den Wunsch, sich in der »höheren« Schule zu behaupten.

Es sind jedoch auch eine Vielzahl an Veränderungen und Unsicherheiten zu bewältigen – angefangen vom längeren Schulweg und vielen neuen Fächern und Lehrern bis zu steigenden Anforderungen, ungewohnten Aufgaben und häufigen Arbeiten bzw. Tests. Zudem muss man sich aus den gewohnten sozialen Beziehungen lösen und von vielen vertrauten Personen Abschied nehmen.

Im deutschen Schulwesen hat der Übergang in die weiterführende Schule noch immer einen starken Auslesecharakter. Das ungebrochene Streben der Eltern nach anspruchsvollen Abschlüssen wirkt sich als Druck auf die Schüler aus, möglichst auf das Gymnasium oder die Realschule bzw. eine angesehene Gesamtschule zu gelangen. Die Prüfungen und Beurteilungen für die Laufbahnempfehlung überschatten ihre letzten Grundschuljahre und fördern nicht gerade ein unbeschwertes Lernen. Auch ist die freie Wahl der Schule nach der Nähe zum Wohnort oder einem besonderen Schulprofil oft erheblich eingeschränkt. Manchmal sehen sich Eltern sogar zum »Kampf« um eine bestimmte Laufbahnempfehlung oder Beurteilung genötigt (»*Mein Kind braucht unbedingt diese Sozialnote, um an der . . .-Schule angenommen zu werden!*«).

Die an der Wunsch-Schule aufgenommenen Schüler haben diese Bewährungsprobe vorerst bestanden. Es gelingt aber nicht allen, im neuen Schulumfeld gut zurechtzukommen und an ihr früheres Leistungsniveau anzuknüpfen. Leistungseinbrüche, wie z.B. durch Notensprünge beim Wechsel ins Gymnasium, oder negative Erfahrungen in der Gruppe sind zu verkraften, bevor neues Vertrauen in die eigenen Kompetenzen entsteht. Das Bezugssystem für die Einschätzung der eigenen Leistung muss sich ändern, da der am Jahrgang orientierte Maßstab so nicht mehr gilt. Arbeitsblockaden oder Phasen der Auflehnung können noch nach einem halben Jahr auftreten – als Spätfolgen des Übergangs.

Auch wenn der größte Teil der Grundschüler den Übergang ohne größere Auffälligkeiten bewältigt, ist das Risiko von »Brüchen« nicht zu übersehen – sowohl in der Leistungsentwicklung und den Folgen für das Selbstwertgefühl als auch bei den persönlichen Beziehungen und der sozialen Integration in die neue Gemeinschaft. Übergänge stellen »Risiko- und Gefahrenzonen« im gegliederten Schulsystem dar – vor allem für benachteiligte Kinder und Jugendliche (vgl. Forster/Priebe 2009). Im Rahmenkonzept für die individuelle Förderung aus Nordrhein-Westfalen (Kultusministerium NRW 2007) wird nachdrücklich gefordert, »*Übergänge und Lernbiografien bruchlos zu gestalten*« – und zwar als verpflichtende Schulentwicklungsaufgabe und nicht als freiwillige Leistung motivierter Lehrkräfte. Eine enge Kooperation zwischen abgebender und aufnehmender Schule soll nicht nur die Information verbessern, sondern dazu beitragen, dass die Schüler beim Wechsel besser begleitet und gefördert werden und dass man die Eltern und Schüler in die Beratung einbezieht.

Kooperation von Grundschulen und weiterführenden Schulen beim Übergang

Viele Grundschulen bereiten ihre Schüler frühzeitig auf die Veränderungen vor, z.B. durch Schnuppertage, Kennenlernprojekte, Patenschaften und gemeinsame Aktivitäten mit den weiterführenden Schulen (vgl. Baalmann/Thomas 2008). Auch findet inzwischen häufiger ein Austausch über die Schulgrenzen hinweg statt, z.B. in gemeinsamen Fortbildungen oder Verbundkonferenzen über die fachlichen und methodischen Anforderungen, die Leistungsstandards und die Unterrichtsergebnisse. Bei freiem Elternwillen erweist sich eine zusätzliche Beratung in Form von Schullaufbahn-Empfehlungsgesprächen in Klasse 4 als hilfreich, um die Eltern in ihrer Entscheidungsfähigkeit zu stärken und um mögliche Lernprobleme beim Übergang frühzeitig anzusprechen (vgl. Thomas 2006a).

Die weiterführenden Schulen suchen zunehmend den Kontakt zu »ihren« Grundschulen. Ihnen ist an umfassender Information über ihr schulisches Profil, ihre Lernanforderungen und besonderen Wahlangebote gelegen. Sie bemühen sich, mit einer Phase des »Ankommens« auf die vielen Unsicherheiten der Fünftklässler einzugehen und ein positives Lernklima in den neuen Klassen aufzubauen (vgl. Connemann/Thomas 2009). In einer pädagogischen Konferenz lässt sich planen, wie man die Schüler behutsam an den Fachunterricht heranführt.

Kooperationen zwischen weiterführenden Schulen und den Grundschulen ihres Einzugsbereichs bleiben wegen ungünstiger Zahlenverhältnisse aber oft punktuell. In einigen weiterführenden Schulen kommen Schüler aus zehn und mehr Grundschulen zusammen. Im Vordergrund stehen dann die Bildung möglichst gleichwertiger Klassen sowie die »Zulieferfunktion« für die Wahlangebote (z.B. zusätzliche Fremdsprachen, bilingualer Unterricht, Profilklassen). Den Grundschulen geht es aber in der Regel nicht allein um die Organisation eines reibungslosen Einstiegs. Sie sind an der positiven Entwicklung ihrer Schützlinge und einer Fortführung der Förderung interessiert. Ihnen liegt viel daran, dass die Schüler ihre Unterrichts- und Methodenerfahrungen weiter ausbauen und das Vertrauen in ihre Fähigkeiten und Stärken bewahren.

Den weiterführenden Schulen ist tendenziell stark an einer Vergleichbarkeit der Zeugnisse aus den verschiedenen Grundschulen gelegen. Differenzierte Verbalaussagen in den Übergangszeugnissen und Laufbahngutachten nehmen sie jedoch häufig nicht zur Kenntnis. Viele Lehrkräfte möchten sich durch Vorinformationen nicht beeinflussen lassen und ziehen es vor, ein eigenes Bild von der Leistungsfähigkeit ihrer neuen Schüler zu gewinnen. Dabei wird der individuelle Förder- oder Unterstützungsbedarf nicht so schnell erkennbar; denn nicht nur bei den PISA-Erhebungen hat sich gezeigt, dass selbst schwerwiegende Defizite – etwa beim Lesen oder Rechtschreiben – oder besondere Talente der Schüler nicht immer bemerkt werden.

Insofern hält sich der Austausch von Schüler-Informationen bislang in engen Grenzen; erst wenn man bei Lern- oder Verhaltensproblemen nicht weiterkommt, wird der Kontakt zur ehemaligen Grundschule gesucht und um Rat gebeten.

Individuelle Lernbegleitung als neue Aufgabe

Im Zuge der Qualitätsdiskussion über Schule und der Entwicklung moderner Unterrichts- und Förderkonzeptionen spielt der individuelle Lernerfolg eine immer größere Rolle. Die Schulen stehen verstärkt vor der Aufgabe, das Potenzial jedes Schülers trotz eventuell ungünstiger Voraussetzungen zu erkennen und auf seine Lernentwicklung zu achten. Durch ein Begleiten und Dokumentieren der individuellen Lernprozesse sollen *alle* Schüler in den fachbezogenen und fächerübergreifenden Kompetenzbereichen Fortschritte erzielen.

Ging die Unterrichtspraxis bislang oft stillschweigend davon aus, dass ein gut geplanter Fachunterricht die Schüler gleichermaßen fördert, so erscheint das bei heterogener werdenden Klassen nicht mehr gesichert. Differenzierende und individualisierende Unterrichtsformen werden immer wichtiger. Bei den Schulinspektionen wird in vielen Bundesländern geprüft, ob der Unterrichtsentwurf individuelle Lernzugänge (bezüglich Umfang und Zeit) und zusätzliche Aufgaben für die unterschiedlichen Schüler(gruppen) vorsieht.

Als »individuelle Lernbegleitung« lassen sich die Konzepte und Instrumente zur Prozessdokumentation, Förderplanung und Lernberatung bezeichnen, die in unterschiedlicher Ausprägung und Verbindlichkeit in verschiedenen Bundesländern eingeführt werden. Der Portfolio-Ansatz, bei dem Ergebnispräsentation, Prozessbeschreibung und Leistungsbeurteilung eng miteinander verknüpft sind, bildet ein in sich geschlossenes Konzept (vgl. Winter 2006).

Eine Lernbegleitung kann jedoch auch durch einzelne Instrumente und Arbeitshilfen erfolgen. Mit den neuen Bildungsdokumentationen im Kindertagesstätten-Bereich soll z.b. der Entwicklungsverlauf der Kinder in freien Beobachtungen und Eindrücken und nicht mit festen Urteilen – etwa mit Defizitcharakter – beschrieben werden (vgl. Ministerium für Schule NRW 2004; Daseking u.a. 2008).

Besondere Bedeutung für die Förderplanung und Lernberatung haben die Bestimmung der Ausgangslage und die Dokumentation des Lernverlaufs. Es geht darum, unterschiedliche Voraussetzungen mit Talenten und Stärken, aber auch Handicaps und Schwächen frühzeitig zu erkennen und die erreichten Lern- bzw. Kompetenzstände in den Leistungs- und Verhaltensbereichen fortlaufend in einer *Prozessdokumentation* festzuhalten und zu überwachen. Deren Auswertung erlaubt die Planung geeigneter Unterrichts- und Fördermaßnahmen in Teambesprechungen und eine eingehende Beratung der Schüler und Eltern.

Bei Übergängen und Schulwechseln oder auch bei Klassenlehrer- bzw. Teamwechseln sorgt eine solche Prozessdokumentation für Kontinuität und erleichtert es, die individuelle Problematik, besondere Förderbedürfnisse (z.B. bei Rückständen oder Lernproblemen) und bewährte Hilfen für bestimmte Schüler im Auge zu behalten.

Formen der Dokumentation in Deutschland, Schweden und den Niederlanden

In Deutschland hat sich an der Beurteilung von Schulleistungen durch Fachzensuren bisher wenig geändert. Zensurenlisten und Zeugnisse stellen nach wie vor die zentralen Dokumente dar. Die Aufzeichnungen über Test- bzw. Arbeitsergebnisse und über die mündliche Mitarbeit der Schüler verbleiben bei den Fachlehrkräften. Eine gesonderte Beurteilung des Arbeits- und Sozialverhaltens – wie bei den früher üblichen »Kopfnoten« – und besonders anerkennenswerter

Leistungen (z.B. im außerunterrichtlichen Bereich) ergänzt in einer Reihe von Bundesländern die reine Fachleistung (Abb. 13).

So wird Lernen bzw. Leistung häufig dokumentiert
– Ergebnisse schriftlicher, mündlicher und anderer Lernkontrollen (z.B. Klassenarbeiten bzw. Fachtests und notierte Beiträge zum Unterrichtsgespräch)
– Unterrichtsdokumentationen (»Mappen«, aber auch Lerntagebuch, Portfolio, Projekt-Bericht)
– Ergebnisse von Partner- und Gruppenarbeiten
– Präsentationen (Referat, Lernplakat) – ggf. mit Medien
– Anwendung fachspezifischer Methoden (z.B. Experiment, Simulation)
– Beurteilungen des Arbeits- und Sozialverhaltens und der anerkennenswerten Leistungen (in einer Reihe von Bundesländern)

Abb. 13: Übliche Formen der Dokumentation in Deutschland

Neuerdings besteht auch hier ein großes Interesse an Verfahren zur Lernstands- und Leistungsüberprüfung, wie die Einführung von Vergleichsarbeiten (VERA) und zentralen Abschluss- und Zwischenprüfungen zeigt. Objektive Daten sollen regelmäßige Vergleiche mit schulübergreifenden Bezugsmaßstäben ermöglichen.

In *Schweden* wurde nach Lehrplan- und Schulreformen ein vielfältiges System von nationalen und diagnostischen Tests entwickelt, um die Lernfortschritte und Leistungen der Schüler kontinuierlich zu ermitteln und weiterzuverfolgen. Die diagnostischen Materialien können vom ersten Schuljahr an im laufenden Unterricht eingesetzt werden, ohne dass die Schüler die Prüfung ihrer Kompetenzen merken. Die Lernstandsdiagnosen bilden die Grundlage für regelmäßige Planungs- und Entwicklungsgespräche, die bis Klasse 7 die Notengebung ersetzen. Mit neuen Arbeits- und Dokumentationsmethoden – wie Portfolio, »storyline« und Szenarios – werden die Schüler als »Praktiker des Lernens« ernst genommen (Eikenbusch/Lagergren 2004; Blossing 2002).

Auch in den *Niederlanden* steht ein differenziertes Test- und Beurteilungssystem zur Verfügung (Akker/Letschert 2002; Ackeren 2005). Die Schulen können mit dem Schülerbegleitsystem LVS (»leerlingvolgsysteem«) die Daten der Schüler individuell auswerten und ihr Unterrichts- und Förderangebot darauf abstimmen. Bei wiederholtem Einsatz von CITO-Leistungstests – für Grundschule bzw. den Beginn der Sekundarstufe – ergibt sich die Möglichkeit einer objektiven Messung des Lernzuwachses.

Als Beispiel für das LVS zeigt Abbildung 14 den Lernkurven-Verlauf bei drei Schülern, gemessen durch Tests in Klasse 3 und 4 (Halbjahr M und Jahresende

E; die Punktwerte links stellen quantitative Ergebnisse in Form von Rohwerten dar – daher der Werteanstieg).

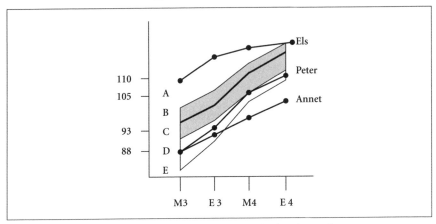

Abb. 14: *Lernzuwachsprofile für einzelne Schüler in Klasse 3 und 4 (aus dem LVS)*

Interessanter als die »normalen« Fortschritte bei Peter (er verbleibt im schwächeren Leistungsband D) sind die Profile der Schülerinnen Els und Annet. Bei der leistungsstarken Els flacht die Lernkurve ab, so dass sie aus dem oberen Leistungsband A herauszufallen droht. Bei der schwachen Annet zeichnet sich mit dem Abfall von Leistungsband D nach E ein starkes Leistungsversagen ab.

Derartig präzise Angaben lassen sich leicht für die Förderplanung im Lehrerteam nutzen und bilden eine wichtige Dokumentation bei Klassen- und Schulwechseln. Der wiederholte Einsatz objektiver Tests bedeutet für die einzelne Schule aber auch einen hohen Zeit- und Kostenaufwand und ist von den Lehrkräften allein meist nicht zu leisten.

Welche »weichen« Verfahren eignen sich für die Lernbegleitung und Prozessdokumentation?

Alternativ zur Leistungsmessung mit Tests existiert noch kein festes Instrumentarium zur Lernbegleitung, jedoch bieten sich einige der im Folgenden dargestellten Verfahren an.

Begleitung der individuellen Lernentwicklung

- Lern- bzw. Kompetenzstände und Ausgangslagen beschreiben
- Lernfortschritte rückmelden
- Förder- bzw. Lernplan in pädagogischen Besprechungen entwickeln
- Lernentwicklungsgespräche führen und Vereinbarungen treffen
- Leistungsmängel und Lernstörungen untersuchen und bearbeiten

Die Lernstandsbestimmung bezieht sich auf die Bildungsstandards und die in den Curricula des Bundeslandes beschriebenen inhalts- und prozessbezogenen Fachkompetenzen. Mit diesen Kriterien (bzw. ihren Indikatoren) wird sachlich-neutral und ohne impliziten Vergleich mit dem Niveau der Mitschüler festgestellt, was ein Schüler bereits vollständig oder teilweise kann und was er noch nicht kann (curriculare statt soziale Bezugsnorm).

Die Fortschritte der Schüler im Vergleich zur Ausgangslage bzw. zu früheren Ergebnissen sind anschaulich zu beschreiben und ihnen im Sinne der individuellen Bezugsnorm rückzumelden. Die Erfahrungen mit Verbalzeugnissen und Portfoliokommentaren zeigen allerdings, dass Rückmeldungen nicht nur sachlich-neutral, sondern ermutigend wirken müssen. Deshalb sind zunächst die positiven Entwicklungen und Stärken zu würdigen. Für die Bearbeitung der Defizite werden konkrete Hinweise bzw. problembezogene Angebote benötigt, damit die Schüler sich auf erneute Anstrengungen einlassen.

In regelmäßigen pädagogischen Besprechungen im Klassen- oder Förderplan-Team sollten nicht nur knappe Absprachen über Fachzensuren und Kopfnoten getroffen werden wie bei der Zeugniskonferenz. Vielmehr geht es um einen qualifizierten Austausch über die Lernentwicklung der Schülerinnen und Schüler, ihre Lernprobleme und individuell passende Unterrichts-, Förder- und Beratungsmaßnahmen (vgl. Greiten 2009). Auch geht es um die Anregung von Interessen und Talenten bei leistungsstarken Schülern. Die Förder- bzw. Lernpläne sollten mit den Schülern in einer offenen und motivierenden Form besprochen werden.

Eltern tragen nicht nur in der Grundschule durch Aufgabenhilfe und Unterstützung erheblich zum Lernerfolg ihrer Kinder bei. Deshalb ist es wichtig, ihre Erwartungen, Erklärungsmuster und Handlungskompetenzen kennenzulernen und bei der Förderplanung zu berücksichtigen. Lernentwicklungsgespräche eignen sich besonders, mit ihnen die »Diagnose« des Lernprozesses abzustimmen und Förderschritte zu vereinbaren (vgl. Thomas 2006b). Auf diese Weise wird die Lernbegleitung auf Aufgabenhilfe und häusliche Unterstützung ausgedehnt.

Lernentwicklungsdokumentation in Niedersachsen

In Niedersachsen ist die Einführung einer »Dokumentation der individuellen Lernentwicklung« für alle Schülerinnen und Schüler vom Schulbeginn bis zu Klasse 9 (Gymnasium) bzw. Klasse 10 (Real- und Hauptschulen) bereits weit fortgeschritten. Begonnen wurde im Schuljahr 2006/07 parallel mit Klasse 1 und Klasse 5; seit dem Schuljahr 2011/2012 ist sie von Klasse 1 bis Klasse 10 verbindlich anzulegen (im Gymnasium bis Klasse 9).

Die Dokumentation enthält Aussagen zur Lernausgangslage, zu den Lernständen, zum Arbeits- und Sozialverhalten sowie zur Förderung. Als unverzichtbarer Kernbereich gelten die Fachkompetenzen in Deutsch, Mathematik und den Fremdsprachen sowie das fächerübergreifende Arbeits- und Sozialverhalten. Die Planung und der Erfolg von Fördermaßnahmen sind halbjährlich in pädagogischen Besprechungen zu erörtern. In der amtlichen »Handreichung« werden Hinweise gegeben, jedoch bleibt die Form der Dokumentation der einzelnen Schule überlassen. Im Internet sind vielfältige Dokumentationsbögen aus Pilotschulen und aktiven Schulen zu finden (http://www.ile.nibis.de).

Inzwischen sind an den niedersächsischen Schulen ganz unterschiedliche Dokumentationsverfahren im Einsatz, was die Vergleichbarkeit erschwert. Eine vorteilhafte Alternative bieten hier einheitliche »Lernentwicklungshefte« bzw. »Schülerbegleithefte mit Kompetenzbögen« für mehrere Bundesländer (vgl. u.a. Thomas 2008; Helfen/Kemper 2008). Für jede Schülerin bzw. jeden Schüler wird ein eigenes Heft geführt oder eine Datei angelegt. Sie sollen von Fach-, Klassen- und Förderlehrkräften ständig genutzt und nicht als lästige Formulare möglichst schnell ausgefüllt und weggelegt werden.

Die »LeNi-Dokumentationen« für die Klassen 1 bis 4 in Niedersachsen (Thomas/Marpe/Meier 2007) sowie für die Klassenstufen 5 und 6 (Thomas u.a. 2008) umfassen folgende Elemente:

- fortlaufende Lernstands- bzw. Kompetenzbeschreibungen für die Fächer Deutsch, Mathematik, Sachunterricht, Englisch (Grundschule) bzw. Deutsch, Mathematik, Englisch und zweite Fremdsprache/Latein (Sekundarbereich)
- fortlaufende Beurteilungen des Arbeits- und des Sozialverhaltens

Darüber hinaus enthalten sie eine Reihe weiterer Materialien für die Förderplanung der Lehrkräfte sowie für Vereinbarungen mit Schülern und Eltern, wie z.B. Fragebögen zur Lernausgangs- und Stärkenanalyse, Arbeitshilfen und Protokollschemata für pädagogische Besprechungen und für Lernentwicklungsgespräche sowie Diagnosebögen bei Lern- oder Verhaltensproblemen von Schülern.

Im Zentrum stehen jedoch die Fachbögen mit einer übersichtlichen Auswahl an Indikatoren für die inhalts- und prozessbezogenen Kompetenzbereiche der Kernfächer, entsprechend den neuen Kerncurricula (KC). Dadurch lassen sich reine Inhaltskataloge, wie sie von vielen Schulen eingesetzt werden, vermeiden. Analog wurde ein System von Verhaltensmerkmalen für die Beurteilungen des Arbeits- und Sozialverhaltens entwickelt.

Schülerbeispiel der digitalen »LeNi-Dokumentation« für Klassen 5 und 6

Für Klasse 5/6 bietet ein Excel-Programm die Möglichkeit, die Eintragungen für jeden einzelnen Schüler systematisch im Verlauf darzustellen, grafisch auszuwerten und so den Förder- und Forderbedarf anschaulich zu machen. Im Folgenden werden exemplarisch die Daten für eine fiktive Schülerin (Clara Pauline Peters) beim Durchlaufen der Klassen 5 und 6 an der Schule am Roten Berg in Hasbergen bei Osnabrück gezeigt (Abbildungen 15 bis 18 wurden von Realschulrektor Thorsten Peters erstellt).

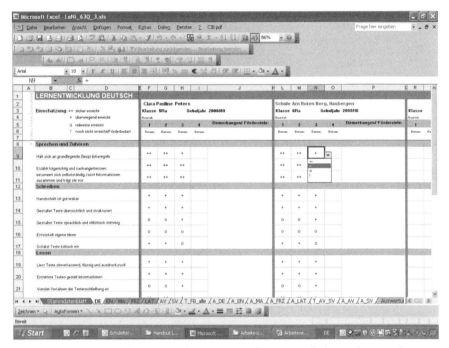

Abb. 15: Auszug aus dem Fachbogen Deutsch (Eintragungen für je zwei Halbjahre in Klasse 5/6; die Eintragung 6/2 steht noch aus)

Die Lernstandsbeschreibung für die KC-Kompetenzbereiche (*grau schattierter Balken*) erfolgt differenziert nach mehreren Einzel-Indikatoren (*weiße Zeilen*). Mit der vierstufigen Einschätzung *(++, +, 0, !; Erläuterungen im Kasten oben links)* wird zudem eine Ballung von Eintragungen bei der mittleren Stufe vermieden. An der schwarz umrandeten Zelle ist zu erkennen, dass nicht direkt in die Zelle der Excel-Tabelle eingetragen, sondern ein Pulldown-Menü angeklickt wird, um Eintragefehler zu verhindern.

Bereits bei den Eintragungen in Abbildung 15 zeichnet sich ab, dass Clara im Sprechen und Zuhören erheblich besser beurteilt wird als im Schreiben (und Lesen). Das bestätigt das Auswertungsblatt in Abbildung 16. Dort sind die Eintragungen der Einzel-Indikatoren für den betreffenden Kompetenzbereich zusammenfasst und im Verlauf über die Halbjahre der Klassen 5 und 6 (einschließlich des letzten Termins 6/2) in Form des Balkendiagramms dargestellt. Clara scheint über eine Stärke im Bereich Sprechen und Zuhören zu verfügen (zwischen 60% und 100% an ++-Einträgen), während sie im Lesen einige Schwächen aufweist (20%-Eintragungen bei 0 und !), die rückgemeldet und besprochen werden sollten bezüglich möglicher Förder- bzw. Unterstützungsmaßnahmen.

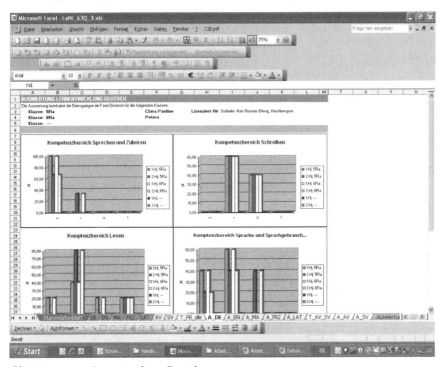

Abb. 16: Auszug aus Auswertungsbogen Deutsch

Für die Beurteilungen des Arbeits- und Sozialverhaltens in der für Niedersachsen gültigen Form erlaubt das Programm ein arbeitssparendes Vorgehen. Auf einem Sammelbogen werden die vorgeschriebenen Verhaltensmerkmale zunächst von allen Fachlehrkräften getrennt eingeschätzt. Das Programm übernimmt die Auszählung und erleichtert der Klassenlehrkraft damit die schnelle Ermittlung eines Beurteilungsvorschlags für die Konferenz.

Zur Erläuterung: Im niedersächsischen Zeugnis ist je ein zusammenfassendes Urteil auf einer fünfstufigen Skala zu erteilen (a = verdient besondere Anerkennung, b = entspricht den Erwartungen in vollem Umfang, c = entspricht den Erwartungen, d = entspricht den Erwartungen mit Einschränkungen, e = entspricht nicht den Erwartungen). Der Erlass sieht je sechs Verhaltensbereiche vor: Leistungsbereitschaft und Mitarbeit, Ziel- und Ergebnisorientierung, Kooperationsfähigkeit, Selbstständigkeit, Sorgfalt und Ausdauer sowie Verlässlich-

Bruchlose Schülerbiografien beim Übergang in Klasse 5

keit für das Arbeitsverhalten und Reflexionsfähigkeit, Konfliktfähigkeit usw. für das Sozialverhalten.

In Abbildung 17 ist die Summe der »Fachlehrer-Ergebnisse« in einem separaten Kasten dargestellt; sowohl im Halbjahr wie zum Jahresende von Klasse 5 dürfte sich ein klarer Vorschlag für eine mittlere Arbeitsverhaltens-Beurteilung (Stufe c) ergeben. Die Summierungstabelle am rechten Rand vermittelt einen Einblick in die Verteilungen der einzelnen Eintragungen bei den insgesamt vier Eintragungsterminen (drei davon ausgefüllt) pro Verhaltensmerkmal für detaillierte Rückmeldungen. In Abbildung 18 liegt eine ähnlich zusammenfassende Darstellung für das Arbeitsverhalten wie bei dem Fachbogen Deutsch vor (Abb. 16). Während Clara bei den erkennbaren Merkmalen, wie z.B. »Sorgfalt und Ausdauer«, überwiegend mittlere Beurteilungen erhält, wird ihre »Verlässlichkeit« durchgängig eher negativ gesehen. Hier lässt sich also ein deutlicher Förderbedarf feststellen, der in Förderteambesprechungen zu klären und mit Schülerin und Eltern bald anzugehen wäre.

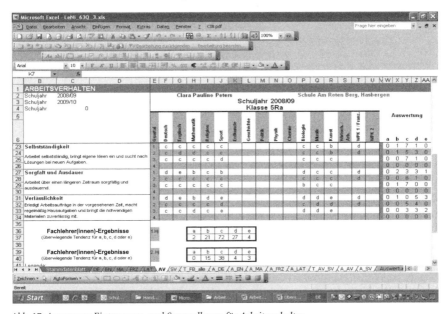

Abb. 17: Auszug aus Eintragungs- und Sammelbogen für Arbeitsverhalten

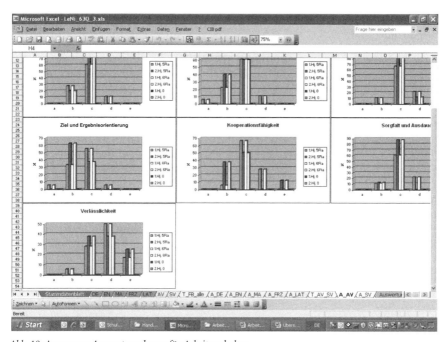

Abb. 18: Auszug aus Auswertungsbogen für Arbeitsverhalten

Spezielle Arbeitshilfen und Fragebögen für den Übergang in Klasse 5

Mit einer einheitlichen Erfassung der Lern- und Kompetenzstände in den Fachkompetenzen und in den Verhaltensmerkmalen zwischen Grundschule und weiterführender Schule – wie bei den »LeNi-Dokumentationen« – wird die Verständigung über die Lernfortschritte und die Förderbedürfnisse bestimmter Kinder erleichtert und ein schnelleres Fortführen notwendiger Fördermaßnahmen ermöglicht. Allerdings stellt eine Abstimmung der Dokumentationen zwischen Grundschulen und weiterführenden Schulen in einer Schulregion bislang eher die Ausnahme dar. Das spiegelt auch die Resonanz auf die LeNi-Materialien: Während diese im Grundschulbereich verbreitet sind und sich auch für die Schulinspektion eignen, arbeiten die weiterführenden Schulen überwiegend mit selbstentwickelten, eher knappen Dokumentationsformen.

Darüber hinaus wurden Verfahren vom Verfasser konzipiert, die gezielt Informationen für die Übergangssituation zur Verfügung stellen, wie z.B. für Beratungsgespräche am Ende von Klasse 4 oder für die Klassenbildung in Klasse 5. Der Bogen »Grundlagen der Laufbahnempfehlung« für Klasse 4 bietet einen Überblick über die per Erlass vorgeschriebenen Beurteilungskriterien für die Laufbahnempfehlung. Im oberen Teil des Bogens sind die wichtigsten Besonderheiten im Verlauf von Klasse 1 bis 4 einzutragen (z.b. Klassenwiederholung, Überspringen). Die fortlaufende Darstellung der vier Halbjahresnoten in den Kernfächern macht die Leistungsentwicklung leicht erkennbar, möglichst ergänzt durch Notizen zu besonderen Stärken und zur Förderung. Die vorläufige Laufbahnempfehlung und die unter Anmerkungen einzutragenden Informationen aus Elterngesprächen vervollständigen die relevanten Daten eines Kindes. Ein solcher Bogen eignet sich sowohl als Gesprächsgrundlage für die Elternberatung am Ende von Klasse 4 wie auch als kurze »Lesehilfe« für die zukünftige Schule, z.b. um gleichwertige Klassen zu bilden oder frühzeitig Förderangebote zu machen.

Einen neuen Ansatz bilden sog. Übergangs-Fragebögen (Thomas u.a. 2008). Die weiterführenden Schulen können damit Informationen von Schülern und Eltern einholen über die Art des bisherigen Lernens (Hausaufgaben, Lernverhalten, Stärken). Mit einer solchen Befragung bringen Klassenlehrkräfte zum Ausdruck, dass sie sich für die Lernerfahrungen aus der Grundschule und die Einschätzungen der neuen Schüler und ihrer Eltern interessieren. Wenn Schüler und Eltern unabhängig voneinander befragt werden, entsteht ein differenziertes Bild der neuen »Lernausgangslage« in Klasse 5, das sich nicht auf punktuelle Leistungsstände wie bei Eingangstests beschränkt. Die Aufgabe, eigene Interessen, Stärken und Talente, aber auch Probleme und Schwächen in wichtigen Kompetenz- oder Verhaltensbereichen zu beurteilen, regt zu einer realistischen Selbst- bzw. Fremdeinschätzung an.

Neben dem Informationsgewinn für die Klassenlehrkraft besteht das Ziel darin, die Schüler und ihre Eltern zur persönlichen Zwischenbilanz über das bisherige Lernen anzuregen. Da sie sich bei ihren Beobachtungen und Einschätzungen mit den zu erwartenden Anforderungen auseinandersetzen, entwickeln sie realistischere Maßstäbe für den Lernerfolg. Auch wird ihnen ihre Verantwortung für die weiteren Lernfortschritte deutlich gemacht. Sollten sie später ausbleibende Lernerfolge oder schwache Leistungen bemängeln, kann man z.b. mit Hilfe der Dokumentation an eine nicht so ungünstige Ausgangslage erinnern.

Der Elternfragebogen zum Übergang (Abb. 19) gibt jedoch auch Warnsignale. Er will die Aufmerksamkeit der Eltern auf Merkmale zu lenken, die bei einem nicht ganz reibungslosen Übergang eher negativ ausfallen, wie z.b. das Fehlen von Optimismus und Selbstbewusstsein als Merkmal von »Stabilität und Belastbarkeit«. Mit der Anleitung, Veränderungen im Verhalten des Kindes seit Beginn von Klasse 5 mit einer anderen Farbe zu kennzeichnen, legt man den Eltern nahe, ihr Kind auch nach dem Übergang im Auge zu behalten und auf Warnsignale frühzeitig zu reagieren. Das ist besonders wichtig bei den Schülern, die wegen einer »nicht-passenden« Laufbahnempfehlung in der Gefahr sind, ständig unter Leistungsdruck zu stehen und ihre emotionale Stabilität zu verlieren.

Auszüge aus dem Elternfragebogen zum Übergang (Klasse 5)

Name _____ Klasse ____ Schuljahr ____
Datum _____

Tragen Sie bitte, die Beobachtungen und Eindrücke **während der Grundschulzeit** hier ein. Kreuzen Sie dazu die Kästchen an, die für Ihre Tochter bzw. Ihren Sohn zutreffend waren. Falls sich **seit Beginn von Klasse 5** etwas **wesentlich verändert** hat, machen Sie die Abweichungen durch eine zweite Eintragung mit einem anderen Stift kenntlich.

Mein/Unser Kind …	stimmt genau	stimmt etwas	stimmt weniger	stimmt nicht
1. Hausaufgaben				
versäumt selten die Hausaufgaben	☐	☐	☐	☐
weiß genau, wie die Aufgaben zu bearbeiten sind	☐	☐	☐	☐
beginnt ohne Aufforderung mit der Arbeit	☐	☐	☐	☐
arbeitet konzentriert und trödelt nicht	☐	☐	☐	☐
erledigt die Aufgaben selbstständig und ohne Hilfe	☐	☐	☐	☐
…	☐	☐	☐	☐
2. Lern- und Arbeitsverhalten				
lernt leicht, begreift schnell	☐	☐	☐	☐
kann sich vieles merken, behält es gut	☐	☐	☐	☐
bleibt bei der Sache (z.B. bei Diskussionen)	☐	☐	☐	☐
…	☐	☐	☐	☐
3. Sozialverhalten				
findet schnell Kontakt zu anderen Kindern	☐	☐	☐	☐
bleibt bei Konflikten sachlich und versucht zu vermitteln	☐	☐	☐	☐
hält sich an Regeln und Verbote	☐	☐	☐	☐
zeigt Respekt vor Erwachsenen …	☐	☐	☐	☐
4. Stabilität/Belastbarkeit				
ist optimistisch und selbstbewusst	☐	☐	☐	☐
geht morgens gern zur Schule	☐	☐	☐	☐
hat keine Angst vor Klassenarbeiten oder Tests	☐	☐	☐	☐
kommt ausgeglichen und zufrieden aus der Schule	☐	☐	☐	☐
ist selten krank	☐	☐	☐	☐
…	☐	☐	☐	☐

Abb. 19: Elternfragebogen zum Übergang aus LeNi 5/6 (Auszüge)

Ein erster Praxistest in Klasse 5 einer Realschule zeigt deutliche Parallelen zwischen Schüler-Selbsteinschätzung und Eltern-Einschätzung. Vor allem Probleme mit den *Hausaufgaben* und im *Arbeitsverhalten* (Aufgabenverständnis, Konzentration, Selbstständigkeit) werden von den Schülern recht offen eingestanden und von den Eltern bestätigt. Auch im *Sozialverhalten* stimmen die Sichtweisen im positiven wie im negativen Bereich (Regeleinhaltung, Respekt vor Erwachsenen, Unsicherheit im Umgang mit Konflikten) erstaunlich gut überein (vgl. Thomas 2011).

Anforderungen an eine »lebendige« Prozessdokumentation

Für die Lernbegleitung eignen sich nicht alle Dokumentationen gleichermaßen. Der folgende Katalog ist als Diskussionsgrundlage für diejenigen Schulen gedacht, die an einer Einführung interessiert sind (Abb. 20).

Anforderungen an eine Prozessdokumentation

- Einheitliches und handliches Bildungsdokument über jeden Schüler/jede Schülerin, das fortlaufend von der Klassenlehrkraft geführt und bei allen pädagogischen Besprechungen sowie bei Förder- bzw. Laufbahnentscheidungen herangezogen wird
- Überschaubare Zahl an Lernstands- bzw. Verhaltens-Indikatoren als Beobachtungs- und Einschätzhilfen für die zentralen fachbezogenen und fachübergreifenden Kompetenzen bzw. Verhaltensmerkmale
- Umfassende Informationsgrundlage für Förderplan-Besprechungen und leicht verständliche Ergebnispräsentation bei Lernentwicklungs-Gesprächen mit Schüler und Eltern
- Anleitung zur umfassenden Wahrnehmung der Schülerindividualität und zum praxisnahen Diagnostizieren von Leistungsproblemen und Lernschwächen sowie besonderer Stärken und Talente (mit ergänzenden Instrumenten)
- Leichte Vergleichbarkeit mit den Dokumentationsinstrumenten anderer Schulen in der Region bei Übergängen und Schulwechseln

---

Abb. 20: Praxisanforderungen an eine Lerndokumentation

Fazit

Übergänge bleiben gefährliche Stellen in der Lernbiografie von Schülern. In der Perspektive der Lernbegleitung ist aber nicht nur beim Wechsel in die weiterführende Schule, sondern während der gesamten Schulzeit für Kontinuität zu sorgen. Auch verlagert sich die Verantwortung für den erfolgreichen Übergang. Nicht nur die Schüler haben sich auf neue Schulbedingungen einzustellen – im

Sinne einer »Bewährungsprobe«. Auch die Schulen müssen Brüche in den Schülerbiografien zu vermeiden bzw. aufzufangen suchen.

Eine fortlaufende Prozessdokumentation erlaubt es, die Lernfortschritte zu überwachen und auf individuelle Förderbedürfnisse aufmerksam zu machen. Sie macht leicht erkennbar, ob die Lernentwicklung eines Schülers normal verläuft oder ob sie stärkeren Schwankungen unterliegt und ggf. ins Negative tendiert. Bei »Abwärtstrends« legt sie wirksame Fördermaßnahmen nahe, bevor an Schullaufbahnwechsel gedacht wird.

Durch die Orientierung an den Bildungsstandards und den Kompetenzbereichen der Kernfächer liegt ein sachlicher Bezugsrahmen für die Einschätzung der Lernfortschritte vor, zudem wird die individuelle Bezugsnorm konsequent eingehalten. Erhebt man mit Hilfe von Eltern- und Schülerfragebögen zusätzliche Informationen zum Übergang, entsteht ein differenziertes Bild der neuen Lernausgangslage, das die Verständigung zwischen Lehrern, Eltern und Schüler über Lernprobleme und Förder- und Beratungsaufgaben erleichtert.

Literatur

Ackeren (2005). Vom Daten- zum Informationsreichtum? In Pädagogik Heft 5/2005, 24–28.

Akker/Letschert (2002). Schulentwicklung in den Niederlanden. In Pädagogik Heft 10/2002.

Blossing (2002). Tendenzen der Schulentwicklung in Schweden. In Pädagogik Heft 3/2002, 45–49.

Baalmann/Thomas (2008). Übergang in die weiterführende Schule und Lernentwicklungsdokumentation. In Neue Impulse SchulVerwaltung NI Heft 11/2008, 297–300.

Connemann/Thomas (2009). Meine Neuen als Klasse zusammenführen. Strukturierte Anfangsphase in Klasse 5 mit Übungsbeispielen und Erkundungsinstrumenten. In Starke Lehrer – Starke Schule. Heft B 1/2009. Berlin: Dr. Josef Raabe Verlags-GmbH.

Daseking/Oldenhage/Petermann (2008). Der Übergang vom Kindergarten in die Grundschule – eine Bestandsaufnahme. In Psychologie in Erziehung und Unterricht 55/2008, 84–99.

Eikenbusch/Lagergren (2004). Keine Elchtests für die Schule. In Pädagogik Heft 6/2004, 29–32.

Forster/Priebe (2009). Übergänge als Risiko- und Gefahrenzonen im gegliederten Schulsystem. Acht Thesen. In Lernende Schule Heft 48/2009, 4 f.

Greiten (2009). Die Förderplankonferenz. Schnittstelle zwischen Diagnostizieren und Fördern. In Pädagogik Heft 12/2009, 24–27.

Helfen/Kemper (2008). Dokumentation der individuellen Förderung in der Grundschule. Lernentwicklungshefte für Nordrhein-Westfalen. Köln: Link Luchterhand.

»Leerlingvolgsystem« (LVS). Powerpoint-Präsentation der CITO Groep. Vorgetragen von Henriette de Groot, CITO Arnhem, Niederlande.

Ministerium für Schule, Jugend und Kinder des Landes Nordrhein-Westfalen (2004). Bildungsvereinbarung NRW. Fundament stärken und erfolgreich starten. Internetfundstelle: http://www.bildungsportal.nrw.de.

Ministerium für Schule, Jugend und Kinder des Landes Nordrhein-Westfalen (2007). Rahmenkonzept zur individuellen Förderung. Internetfundstellen: http://www.bildungsportal.nrw.de, learn-line.de.

Thomas (2006). Das Schullaufbahnberatungsgespräch in Klasse 4. In SchulVerwaltung spezial Heft 3/2006 (a), 24–26.

Thomas (2006). Von der alltäglichen Kurzberatung zum Lernentwicklungs- und Fördergespräch. In Pädagogik Heft 9/2006 (b), 40–45.

Thomas (2011). Übergang Grundschule zur weiterführenden Schule. Schüler- und Elternfragebögen erleichtern den Übergang. Teil. In SchulVerwaltung NI Heft 4/2011, 107–110.

Thomas et al. (2008). LeNi – Lernentwicklungsportfolio für Niedersachsen. Dokumentation der individuellen Lernentwicklung für die Klassen 5 und 6. Köln: Link Luchterhand.

Thomas/Marpe/Meier (2007). Dokumentation der individuellen Lernentwicklung in der Grundschule. LeNi Lernentwicklungshefte für Niedersachsen. Ordner mit Schülerheften Klasse 1/2 und Klasse 3/4 sowie Begleitheft. Köln: Link Luchterhand.

Winter (2006). Mit Portfolios Talente fördern. Portfolios – ein Thema für unsere Schulen? In Fordern und Fördern in der Sekundarstufe F 2.1. Berlin: Dr. Josef Raabe Verlags-GmbH, 1–12.

Unterstützende Elemente der PSI-Theorie im Beratungsprozess bei Underachievement

Jürgen Bock

Die Theorie der Persönlichkeits-System-Interaktionen (PSI-Theorie) von Kuhl (2001) bietet hilfreiche Unterstützung in einem Beratungsprozess für Lernende mit dem Phänomen Underachievement (vgl. Bock, 2009). Die daraus gewonnen Erkenntnisse können für Beratungslehrkräfte handlungsleitend sein, da eine entsprechende Gesprächshaltung und die vorgestellten Gesprächsstrukturen Lernende darin unterstützen, eigene Zielen zu entwickeln und zu erreichen. Sie eröffnen den Blick auf die Ressourcen der Person.

Lernen als Brücke vom Potenzial zur Performanz

Nach dem Begabungsmodell von Fischer (2004) stellt das Lernen im Sinne Weinerts (2000) den wesentlichen Transformationsprozess vom Potenzial einer Person in eine gezeigte Leistung dar (vgl. Abb. 21).

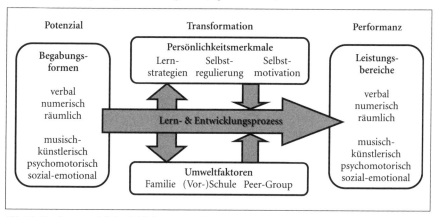

Abb. 21: Begabungsmodell (nach Fischer 2004, 85).

Der Lern- und Entwicklungsprozess wird zum einen durch Persönlichkeitsmerkmale beeinflusst, wie z.B. die vorhandenen Lernstrategien, die Fähigkeit der Selbstregulation oder auch die Selbstmotivation. Zum anderen sind auch Umweltfaktoren, wie z.B. die Schule, die Eltern und die Entwicklungsgleichen wichtig für einen gelingenden Lernprozess. Wenn der Lernprozess nur eingeschränkt erfolgt, kann das vorhandene Potenzial häufig nicht in eine gewünschte Leistung umgewandelt werden. Es stellt sich eine Diskrepanz zwischen den Möglichkeiten und den gezeigten Leistungen ein. Wenn dieser Zustand über einen langen Zeitraum hinweg in bestimmten Lernkontexten anhält, spricht man von Underachievement.

Im Weiteren Verlauf wird der Blickpunkt im Wesentlichen auf die motivationalen Persönlichkeitsmerkmale gelegt, die für einen gelingenden Lernprozess wichtig sind. Dazu ist jedoch zuerst zu klären, wie die motivationalen Faktoren mit Persönlichkeitsfaktoren und der individuellen Zielgestaltung in Beziehung stehen. Die Theorie der Persönlichkeits-System-Interaktionen (PSI-Theorie) von Kuhl (2001) bietet hierzu hilfreiche Anregungen.

Grundzüge der PSI-Theorie[23]

Die PSI-Theorie beschreibt anhand des Zusammenspiels von vier Systemen die Ausprägungen von Persönlichkeit und Motivation. Der grundlegende Gedanke des Modells ist, dass die Zugriffsmöglichkeit auf Hirnbereiche durch die Gefühlsebene bestimmt wird, Emotionen also eine besondere Relevanz zukommt.

Vereinfacht ausgedrückt, befindet sich in der linken Gehirnhälfte, die langsam arbeitet und der bewussten Wahrnehmung dient, das Intentionsgedächtnis (Logiker). Der Logiker hat die Aufgabe, Absichten und Ziele für Problemstellungen zu entwickeln (vgl. Abb. 22). Dabei ist wichtig, dass er nicht gleich der erstbesten Lösung nachgibt, die ihm einfällt, da diese nicht unbedingt das Optimum der Problemlösung darstellen muss. Der Logiker sollte deshalb eine bestimmte Frustrationstoleranz aushalten, um eine optimale Problemlösung entwickeln zu können. Sollte sich eine Person jedoch hauptsächlich im System des Logikers aufhalten, würde sie sehr viel Energie für die Entwicklung von Lösungsplänen aufstellen, aber keinen von diesen realisieren.

Ebenfalls in der linken Gehirnhälfte befindet sich die Objekterkennung (Kontrolleur). Der Kontrolleur arbeitet sehr gut, wenn Probleme und Gefahren zu erkennen sind. Wie im Auftrage von Sherlock Holmes wird das Problem von allen Seiten betrachtet und untersucht. Dieses Verhalten ist sinnvoll, um wesentliche Informationen über das Problem zu erhalten. Jedoch kann sich ein solches Verhalten auch ins Gegenteil verkehren, wenn das System der Objekterkennung sehr ausgeprägt wäre und alle Gedanken nur noch um das Problem kreisen würden. Es wäre wie ein »Blick in ein Schwarzes Loch«, in dem die Person in eine Art »Problemtrance« (Schmidt 2004) fallen würde und ihre Gedanken und Gefühle nur noch um dieses Problem kreisen würden.

---
23 Dieser Abschnitt basiert im Wesentlichen auf einer Zusammenfassung von Martens/Kuhl 2005.

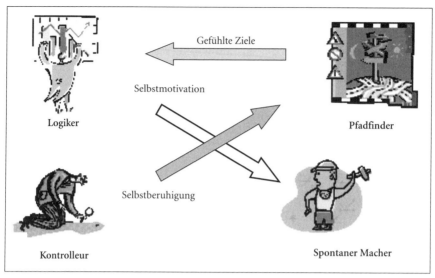

Abb. 22: Vereinfachte Darstellung der PSI-Theorie (nach Martens/Kuhl, 2005, 69)

Die rechte Gehirnhälfte arbeitet parallel und nimmt dadurch schnell Informationen auf und kann sie zügig verarbeiten. Die Prozesse der unbewussten Wahrnehmung laufen in ihr ab. Der rechten Gehirnhälfte wird dem Extensionsgedächtnis (Pfadfinder) zugeordnet. Das Extensionsgedächtnis umfasst alle gesammelten Lebenserfahrungen. Es arbeitet besonders gut, wenn man es schafft, sich innerlich zu entspannen und zur Ruhe zu kommen. Der Ausdruck »ganz in der eigenen Mitte zu sein«, wird durch das Extensionsgedächtnis geprägt. Es ist für den kreativen Teil verantwortlich, lässt sich nicht so leicht aus der Ruhe bringen, findet viele Wege, auch wenn die anderen Persönlichkeitssysteme nicht mehr weiter wissen (Selbstberuhigung). Das Extensionsgedächtnis unterstützt dabei Herausforderungen anzunehmen, indem es aufgrund der gesammelten Lebenserfahrung ermutigt, auffordert und mit guten Gefühlen zum Durchhalten anregt.

Ebenfalls in der rechten Gehirnhälfte ist die intuitive Verhaltensweise (Spontaner Macher) angesiedelt. Der spontane Macher arbeitet am besten in einer guten, arbeitsfreudigen Stimmung, wenn man Lust und Spaß an der Aufgabe hat. Er ist dafür zuständig, geplante Handlungen auch in die Tat umzusetzen. Wäre jedoch bei einer Person dieses System besonders stark ausgeprägt, würde sie häufig zu unüberlegten, spontanen Handlungen neigen.

Wie die vier Persönlichkeitssysteme miteinander interagieren, soll anhand eines typischen Fallbeispiels näher erläutert werden.

Fallbeispiel Tim

Tim besucht die dritte Klasse und fällt insbesondere im Mathematikunterricht durch unruhiges Verhalten auf. Die Mathematiklehrerin erhält in einem Gespräch mit den Eltern die Information, dass ein Gutachten Tim eine besondere Begabung bescheinigt und in diesem besonders herausfordernde Lernaufgaben für Tim empfohlen werden. Die Lehrerin gestaltet daraufhin mathematisch herausfordernde Zusatzaufgaben und ist gespannt auf Tims Reaktion. Auf Nachfrage der Lehrerin ist Tim bereit, die Zusatzaufgaben zu lösen. Jedoch betrachtet er nur kurz die Aufgabenstellungen, setzt sich einige Minuten mit ihnen auseinander und wendet sich dann wieder anderen Tätigkeiten zu.

Wenn Tim das Ziel umsetzen möchte, die Aufgaben zu lösen, dann speichert er dieses im Logiker. Dazu gehört jedoch, dass er diese Aufgaben nicht sofort »auf den ersten Blick« lösen kann. Falls dieses nämlich der Fall wäre, würde er nicht den Logiker bemühen müssen, da Tim diese spontane Tätigkeit ausschließlich im System des spontanen Machers vollziehen könnte. Für die umfangreichere Problemlösung im Logiker benötigt Tim jedoch eine notwendige Frustrationstoleranz. Diese ist für ihn um so eher auszuhalten, je besser die gesetzten Ziele mit der eigenen Persönlichkeit, dem Extensionsgedächtnis, übereinstimmen (Martens/Kuhl 2005, 69). Kuhl spricht in diesem Zusammenhang von gefühlten Zielen.

Tim wählt aus der Gesamtheit aller abgespeicherten Lebenserfahrungen und Interessen im Extensionsgedächtnis ein Ziel aus, das möglichst viele eigene Bedürfnisse und Werte sowie nach Möglichkeit auch die Wünsche und Interessen anderer berücksichtigt. Durch diese Erinnerungen entstehen bei Tim positive Gefühle, die den Willen bahnen, d.h. sie sorgen dafür, dass Tim seinen Vorsatz, das Problem zu lösen, umsetzen kann (1. Modulationsannahme). Die Zielsetzung wird als *Selbstmotivation* beschrieben (Kuhl 2004, 28).

Die Lehrerin unternimmt einen weiteren Versuch und bespricht mit Tim ein besonderes Interessengebiet und stellt ihm neue Aufgaben dafür zur Verfügung. Tim löst mit viel Engagement die ersten Aufgaben. Als die erforderlichen Lösungen jedoch komplexer werden, wendet sich Tim wiederum anderen Tätigkeiten zu und bearbeitet auch mit Unterstützung der Lehrerin die Aufgaben nicht weiter.

Zwar hat Tim nun »gefühlte Ziele« im Logiker abgespeichert, aber bei der Lösung der Aufgabe ist er an eine Lerngrenze gestoßen. Diese erzeugt im Kontrolleur eine gewisse Angst und Unsicherheit im Umgang mit dieser Aufgabe. Um die positiven Gefühle, die für die Zielumsetzung vom Logiker zum spontanen Macher weiterhin notwendig sind, aufrecht zu erhalten, müssten diese negativen Gefühle des möglichen Versagens herunterreguliert werden (2. Modulationsannahme). In diesem Fall spricht man von *Selbstberuhigung* (Martens/Kuhl 2005,

70). Dazu ist jedoch eine Erinnerung an eigene Lernerfolge notwendig, die im Extensionsgedächtnis abgespeichert ist, sofern es sie gibt.

Eine wesentliche Folgerung aus der PSI-Theorie ist, dass Personen mit Underachievement umso besser die Konfrontation mit schwierigen Aufgaben aushalten, je mehr positive Erinnerungen sie an eigene Lernerfolge haben oder je besser sie sich mittels positiver Gefühle durch den Rückgriff auf ihr Extensionsgedächtnis beruhigen können (Kuhl 2004, 28).

Was geschieht jedoch, wenn die Person mit Underachievement aufgrund fehlender positiver Erfolge nicht in der Lage ist, Ziele zu entwickeln bzw. diese bis zum Ende zu verfolgen? Oder wenn durch eine längere Schulzeit hindurch nicht die Möglichkeit bestand, sich mit individuell herausfordernden Lernsituationen auseinanderzusetzen, sodass die Person mit Underachievement in den »Teufelskreis der Vermeidungsstrategien« gelangt ist, statt nützliche Techniken der Selbstorganisation und Selbstmotivation zu entwickeln?

In diesem Fall sind Interventionen in Form eines Beratungsprozesses notwendig, um die Zielgestaltung der Person zu fördern, damit die Motivation und die selbstregulativen Fähigkeiten zur Erreichung des (gefühlten) Ziels aufgebaut werden können. Für das Beratungssetting hat sich ein systemisch, selbstregulativer Beratungsansatz[24] als nützlich erwiesen, der zum einen die Erkenntnisse der PSI-Theorie berücksichtigt und zum anderen auf der »Ich-schaffs-Methode« von Furman (2005) basiert. Im Folgenden wird dieser Beratungsprozess eingehender beschrieben. Neben allgemeineren Beschreibungen wird dabei parallel das Fallbeispiel von Tim auf die besondere Sicht der PSI-Theorie im Beratungsprozess bezogen.

Phasen des Beratungsprozesses

Problemanalyse

Der Berater hat in der ersten Phase die Aufgabe, die häufig sehr defizitär orientierte Sicht der Person mit Underachievement auf das Problem zu analysieren. Dies gilt es durch bestimmte Fragetechniken herauszuarbeiten (Müller/Hoffmann 2003).

Durch die Technik der Externalisierung (von Schlippe/Schweitzer 2003) wird das Problem oder die Schwierigkeit von Persönlichkeit und Identität der Person gelöst und einem externen Anteil zugeschrieben. So ist nicht die ganze Person an sich »faul«, sondern sie hat einen inneren Anteil, z.B. den eines »inneren Schweinehundes«, der für das bestimmte Verhalten zuständig ist. Dieser Schritt ist wichtig, um die Unterscheidung zu treffen, dass die Person, die ein Problem

---

[24] Weitergehende Ausführungen, weshalb ein systemischer Ansatz unter besonderer Berücksichtigung der selbstregulativen Elemente besonders nützlich ist, werden in Bock (2009) dargestellt.

hat, nicht gleichzusetzen ist mit dem Problem. Ein weiterer Vorteil der Externalisierung von Problemen liegt darin, dass über Probleme oder Schwierigkeiten leichter gesprochen werden kann, wenn sie nicht die ganze Person betreffen, sondern nur einen Anteil von ihr, der »zu Besuch« ist und von der betreffenden Person gesteuert werden kann.

In der üblichen Sicht betrachtet Tim sein Problem aus dem System des Kontrolleurs. Wenn er jedoch durch die Methode der Externalisierung einen neuen Blickwinkel auf sein Problem einnimmt, verändert sich dadurch auch seine Bewertung der Situation. Die vormals mit dem Problem behafteten negativen Gefühle verlieren ihre Allgemeingültigkeit. Ein erster Schritt zur Selbstberuhigung. Die hinter dem Problem (bzw. der externalisierten Figur) stehende Fähigkeit oder der Nutzen werden analysiert. Was ist der Vorteil des Problems, weshalb ist es noch da und wieso ist es häufiger sinnvoll, auf die Problemfigur »zu hören«?

Kein Phänomen oder Verhalten ist an sich eine Kompetenz oder eine Inkompetenz. Es kann jedoch zu einer Kompetenz oder Inkompetenz werden, je nachdem, wie es auf andere wirkt oder wie es von der eigenen Person gedeutet wird (vgl. Schmidt 2005). Ob etwas als Ressource oder als Nichtressource gesehen wird, hängt somit sehr vom Blickwinkel des Betrachters ab. Unter dieser Annahme kann auch scheinbar wenig nützliches Verhalten einen Nutzen für die betreffende Person haben, den der Betrachter nicht kennt. Die Suche nach der Nützlichkeit im Handeln oder Verhalten von Personen mit Underachievement ist deshalb ein wichtiger Ansatzpunkt.

Diese Phase unterstützt Tim weiterhin darin, die Selbstberuhigung auszubauen, indem die bisher als negativ betrachteten Aspekte des Problems mit positiven überlagert werden. Diese Selbstberuhigung kann Tim als wertvolle Ressource im Extensionsgedächtnis dienen (2. Modulationsannahme der PSI-Theorie).

Zielklärung

Es wird eine neue Fähigkeit gesucht, die der »Problemfähigkeit« entgegensteht und zukünftig entwickelt werden soll. Nur das Problem zu bearbeiten, ist keine Lösung, da dann das Ziel darin gesehen wird, das Problem aus dem Weg zu schaffen. Vielmehr sollte zwischen Problem und Lösung eine Balance bestehen. Die Versuche, das Problem verschwinden zu lassen, sind zwar Lösungsversuche, sie verschlimmern jedoch meistens das Problem (vgl. Müller/Hoffmann 2003). Schmidt bezeichnet dieses Bündnis zwischen dem Problem und dem Lösungsweg zum Ziel als *Problemlösebalance* (Schmidt 2004).

Auch Tim macht sich Gedanken darüber, wie seine neue Fähigkeit aussehen könnte, die einen Gegenspieler zu seinem Problem darstellen würde. Die Überlegungen erzeugen in ihm insbesondere dann positive Gefühle, wenn seine neue Fähigkeit gut mit seinem Extensionsgedächtnis verknüpft ist. Der Wechsel zwischen der Erinnerung an das zu lösende Problem und die neu zu erlernende Fähigkeit erzeugt bei seinem Logiker, dass es sich um ein gefühltes Ziel handelt, das er gerne erreichen möchte.

Der Nutzen der neu zu erlernenden Fähigkeit wird reflektiert, um die Selbstmotivation zu steigern (1. Modulationsannahme der PSI-Theorie). *Warum ist es für Dich sinnvoll, diese Fähigkeit zu erlernen? Wie sieht die Zukunft aus, wenn Du die Fähigkeit erlernt hast?*

Die positiven Seiten der zu erlernenden Fähigkeit können durchaus umfangreicher sein als die positiven Seiten des Problems oder der Schwierigkeit. Sie sollten jedoch mindestens gleich groß sein, ansonsten lohnt sich für die Person mit Underachievement nicht der Aufwand, sich ein anderes Verhalten anzueignen.

Der zu erlernenden Fähigkeit wird ein Name gegeben und mit einer »Kraftfigur« verbunden, die positiv besetzt ist und somit positive Gefühle auslöst. Die Kraftfigur erleichtert Tim die Erinnerung an die positiven Gefühle, die mit der Umsetzung der neuen Fähigkeit verbunden sind. Sie sind für ihn wie ein Knoten im Taschentuch. Je exakter die neue Figur von Tim beschrieben werden kann, desto nachdrücklicher stellt sie für ihn ein gefühltes Ziel dar, das leichter im Logiker gespeichert werden kann. Fragen nach einer Zeichnung oder nach einem Standbild unterstützten diesen Prozess. Je bildlicher die Vorstellung ist, desto höher ist auch Tims Frustrationstoleranz, wenn das Ziel nicht sofort erreicht werden kann.

Helfer werden gesucht, die beim Entwickeln der Fähigkeit unterstützen können. Hier ist die Unterstützung durch Peers, Eltern, Mitschüler oder auch durch die Klassenlehrkraft hilfreich. In diesem Schritt ist auch wichtig, Vertrauen in die eigenen Fähigkeiten und Stärken aufzubauen. *Wann konntest du ähnliche Fähigkeiten schon einmal gut umsetzen? Was bzw. wer hat dir dabei geholfen?*

Eine »Belohnung« wird zur Selbstmotivation eingeplant, mit der sich die Person mit Underachievement belohnt, wenn sie die Fähigkeit entwickelt hat.

Prozessbegleitung

Die Verhaltensänderungen beim Erlernen der Fähigkeiten werden von der Person mit Underachievement beschrieben. In dieser Phase wird wieder die Selbstmotivation angeregt, indem zwischen dem Zielzustand (Fähigkeit erlernt) und dem Ist-Zustand gependelt wird.

Nachdem Tim die gefühlten Ziele weitgehend in den Logiker geladen hat, muss er nun dazu übergehen, die zu erlernende Fähigkeit auch in die Tat umzusetzen. Dazu ist ebenso die bildliche Darstellung sehr hilfreich. Die Vorstellung, wie es sein wird für ihn, wenn er die Fähigkeit umgesetzt hat, fördert seine positiven Gefühle in der tatsächlichen Umsetzung (1. Modulationsannahme der PSI-Theorie).

In der nachfolgenden Phase werden Trainings- oder Übungseinheiten durchgeführt, um die Person mit Underachievement in kleinen Schritten beim Aufbau ihrer angestrebten Fähigkeit zu unterstützen. In Abhängigkeit von dem von ihr formulierten Ziel könnte sie z.B. eine individuell herausfordernde und Interesse weckende Aufgabe bearbeiten.

Diese Phase ist für Tim sehr sensibel, da er hier in seinem Verhalten leicht anfällig für Störungen ist. Wie in der Fallbeschreibung ausgeführt, besteht die Gefahr, dass Tim auf gewohnte Verhaltensweisen ausweichen könnte, wenn er auf Schwierigkeiten stoßen und der Kontrolleur an Einfluss gewinnen könnte. Als Berater kann ich dem vorbeugen, indem ich Tim immer wieder an kleine Lernerfolge erinnere – die ich ihm in kleinen Sequenzen immer wieder ermögliche. Dadurch wird die Selbstberuhigung ausgebaut und Erinnerungen an eigene Lernerfolge gesetzt (2. Modulationsannahme der PSI-Theorie).

Während der Phase der Prozessbegleitung wird es vermutlich auch Zeiten geben, in denen die Person die zu erlernende Fähigkeit und damit das vereinbarte Ziel aus dem Blick verliert. Deshalb wird festgelegt, wer oder was die Person mit Underachievement daran erinnert, wenn sie ihre Fähigkeiten nicht eingesetzt hat. Zuvor wird mit ihr vereinbart, dass sie, um ihr angestrebtes Ziel tatsächlich zu erreichen, den Erinnerungshilfen folgen sollte.

Überprüfung

Wenn ein Teilziel oder das Gesamtziel erreicht worden ist, wird der Erfolg entsprechend gefeiert. Zugleich wird der Weg, auf dem das Ziel erreicht wurde, nochmals gedanklich verfolgt bzw. durchleuchtet. Damit soll die Selbststeuerung der Person mit Underachievement weiter gefestigt mit positiven Erinnerungen an Lernerfolge gekoppelt werden.

Sofern Teilziele nicht erreicht werden konnten, wird mit der Person mit Underachievement geklärt, welche Fähigkeit sie eher erreichen kann. Wesentlich dabei ist, dass bei dem Resümee keine Entschuldigungen durch externale Attributionen zugelassen werden. Nicht andere Personen oder Gegebenheiten, sondern die Person selbst ist für ihr Handeln und Verhalten verantwortlich. Die nachfolgende Korrektur der ursprünglichen Teilziele in realistische Teillernziele fördert ebenfalls die Selbststeuerung.

Fazit

Der hier beschriebene Beratungsprozess stellt kein »Allheilmittel« im Umgang mit dem Phänomen Underachievement dar. Er ist eine Möglichkeit der Intervention. Ob es die passende Möglichkeit für die Person mit Underachievement ist, kann nur sie selbst entscheiden.

Meine langjährige Erfahrung in diesem Bereich hat gezeigt, dass der Beratungsprozess für etwa die Hälfte der Personen, mit denen ich gearbeitet habe, nützlich war. Durchschnittlich habe ich vier Gespräche mit den betreffenden Personen geführt. Wenn es ihnen im Beratungszeitraum von ca. vier Monaten nicht möglich war, dass sie Verantwortung für ihre eigenen Handlungen übernehmen und ihre Fähigkeiten verstärkt selbst reguliert einsetzten konnten, habe ich den Beratungsprozess abgebrochen.

Es sollte stets eine »fürsorgliche Belagerung« vermieden werden, da es sich um einen zeitlich eng begrenzten pädagogischen Beratungsprozess handelt, in dem die Person mit Underachievement ihre Verantwortung und ihre Fähigkeit für die eigenen Lern- und Arbeitsprozesse wieder zurückerlangt. Aber trotz der vielleicht nicht immer besten Erfolgsaussichten ist es für mich als Beratungslehrkraft wichtig, stets mein gefühltes Ziel im Logiker geladen zu haben, um eine möglichst gute Beratung zu erzielen – auch mit der notwendigen Frustrationstoleranz im Hintergrund.

Literatur

Bock (2006). Entwicklung eines Coaching-Konzepts für Underachiever. Münster: unveröffentlichte Diplomarbeit im Rahmen des ECHA-Diploms.

Bock (2009). Selbstregulative Elemente im Beratungsprozess bei Underachievement. In Schiemann (Hrsg.). Talentförderung Mathematik. Münster: LIT Verlag, 339–358.

Fischer (2004). Selbstreguliertes Lernen in der Begabtenförderung. In Fischer/Mönks/Grindel (Hrsg.). Curriculum und Didaktik der Begabungsförderung. Begabungen fördern, Lernen individualisieren. Münster: LIT Verlag, 83–95.

Furman (2005). Ich schaffs! Spielerisch und praktisch Lösungen mit Kindern finden – Das 15-Schritte-Programm für Eltern, Erzieher und Therapeuten. Heidelberg: Carl-Auer Verlag.

Kuhl (2004). Begabungsförderung: Diagnostik und Entwicklung persönlicher Kompetenzen. In Fischer/Mönks/Grindel (Hrsg.). Curriculum und Didaktik der Begabungsförderung. Begabungen fördern, Lernen individualisieren. Münster: LIT Verlag, 18–40.

Kuhl (2010). Motivation und Persönlichkeit. Interaktionen psychischer Systeme. Göttingen: Hogrefe.

Martens/Kuhl (2005). Die Kunst der Selbstmotivation. Neue Erkenntnisse der Motivationsforschung praktisch nutzen. Stuttgart: Kohlhammer.

Müller/Hoffmann (2003). Systemisches Coaching. Handbuch für die Beraterpraxis. Heidelberg: Carl-Auer Verlag.

Schlippe/Schweitzer (2003). Lehrbuch der systemischen Therapie und Beratung. Göttingen: Vandenhoeck & Ruprecht.

Schmidt (2004). Liebesaffären zwischen Problem und Lösung. Hypnosystemisches Arbeiten in schwierigen Kontexten. Heidelberg: Carl-Auer Verlag.

Schmidt (2005). Einführung in die hypnosystemische Therapie und Beratung. Heidelberg: Carl-Auer Verlag.

Weinert (2000). Lernen als Brücke zwischen hoher Begabung und exzellenter Leistung. Vortrag anlässlich der zweiten internationalen Salzburger Konferenz zu Begabungsfragen und Begabungsförderung Salzburg.

Wege zum selbstgesteuerten Lernen – Lernlandkarten, Lerntagebücher, Kindersprechtage, Flurplakate

CORNELIA CREMER

Zur Lage unserer Schule

Unsere Schule am Pfälzer Weg liegt im Bremer Stadtteil Tenever. Die Bevölkerung wird als »arm, bunt und jung« beschrieben. Mehr als 20 verschiedene Nationen mischen sich hier und für über 90% der Grundschulkinder ist Deutsch eine Fremdsprache. Sehr viele Kinder des Stadtteils müssen mit besonderen Belastungen zurechtkommen. Dazu zählen u.a. eingeschränkte Möglichkeiten, kulturelle Angebote und Freizeitangebote wahrzunehmen und gute qualitativ hochwertige Kinderbücher, Arbeitsmaterialien, Spielsachen und Bekleidung anzuschaffen. Die Erfahrungsräume der Kinder sind zum Teil nur eng auf ihr direktes Umfeld und auf Medien bezogen. Die Eltern stammen eher aus bildungsfernerem Milieu und sind teilweise in unserer Kultur noch nicht sehr erfahren.

Besonders wichtige Aufgaben für Bildungseinrichtungen an diesem Standort sind zum einen, Kindern wesentliche Erfahrungen zu ermöglichen und zum anderen, Eltern möglichst miteinzubeziehen. Dazu gehören auch Erfahrungen, die in direktem Zusammenhang mit der Bedeutung von Bildung in unserer Kultur stehen, Erfahrungen, dass eigene Lernprozesse aktiv beeinflusst werden können, Erfahrungen mit dem passenden Handwerkszeug dazu. Gelingt zusätzlich das Einbeziehen der Eltern und das Aufzeigen ihrer wichtigen Rolle, die sie bei der Gestaltung des Bildungsprozesses ihrer Kinder einnehmen, können den Kindern vielfältigere Möglichkeiten und größere Chancen eröffnet werden.

So begann es

Den Weg selbstgesteuertes Lernen der Kinder bewusster zu fördern und über ein schuleinheitliches Konzept nachzudenken, beschreitet unser Kollegium seit mehreren Jahren. Die Diskussion wurde im Sommer 2007 über das Projekt »Lehrer im Team – Qualitätsentwicklung an der Schule« von der Robert Bosch Stiftung neu angeregt. Eines der Themenangebote lautete »Neue Formen der Leistungsrückmeldung und Lernentwicklungsgespräche«. Unter den vielfältigen Ansatzpunkten unterschiedlicher Schulformen und Schulstufen, die sich im Rahmen des Projektes präsentierten, fanden sich auch Landkarten des Lernens aus dem Grundschulbereich. Diese Landkarten zeigten eine Form, Kindern und auch ihren Eltern den eigenen Lernweg visuell zu verdeutlichen, ihnen den jeweils aktuellen Stand aufzeigen zu können und mit ihnen darüber ins Gespräch zu kommen.

Der Ansatz war für uns aus folgenden Gründen sehr interessant:

- Die Grundschule am Pfälzer Weg erteilt keine Zensuren und die Lerndokumentation erfolgt über Lernentwicklungsraster und -beschreibungen, deren Vermittlung an Elternsprechtage gekoppelt ist. Bei den Eltern an unserem Standort sind Sprachbarrieren zu berücksichtigen, eine visuelle Unterstützung bietet hier gute Möglichkeiten pädagogische Anliegen besser vermitteln zu können, besser ins Gespräch zu kommen.
- Die Grundschule am Pfälzer Weg unterrichtet die Kinder in jahrgangsübergreifenden Lerngruppen 1/2 und 3/4, es gibt kein gleichschrittiges Lernen, selbstständige Arbeitsformen und individuelle Lernwege stehen im Vordergrund. Das Sichtbarmachen des Lernwegs bietet eine gute Dokumentationsmöglichkeit für alle Beteiligten (Lehrkräfte, Kinder, Eltern) und die Möglichkeit das selbstständige Arbeiten der Kinder zu unterstützen.
- Der schon länger gehegte Wunsch, den Kindern die Möglichkeit für mehr Selbstbestimmung und Selbstverantwortung im Lernprozess einzuräumen und ihnen die Lernziele und den Lernweg transparenter zu machen, schien mit diesem Ansatz umsetzbar zu werden. Dabei bieten die kindgerechte Darbietung des Lernwegs und die visuelle Präsenz der Lernziele die Möglichkeit, den Kindern ihren jeweiligen Lernstand verständlich rückzumelden und sie immer wieder auf das Ziel zu beziehen. So können auch junge Kinder schon den Zusammenhang von Lernstand, Lernweg und Lernziel erfahren.

Aus dem erwähnten Projekt »Lehrer im Team« entstand außerdem eine Arbeitsgruppe interessierter Kolleginnen und Kollegen verschiedener Schulen, die in einem Schullabor der Robert Bosch Stiftung ihre Erfahrungen zum Einsatz von Lernlandkarten im Unterricht austauschen. Dieser Austausch hat unseren Weg ein Stück begleitet.

Lernlandkarten

Eine Lernlandkarte hat die Funktion, den eigenen momentanen Lernstand und/oder den Lernweg zu visualisieren. Dazu ist es erforderlich, die Lernziele zu kennen. Es gibt sehr verschiedene Ansätze, Lernlandkarten zu gestalten. Vom Zweck des Einsatzes ist der Ansatz abhängig. Soll es eine Momentaufnahme sein? Soll die Lernlandkarte einen Entwicklungsverlauf darstellen? Soll sie fortlaufend weitergeführt werden? Ebenso ist zu berücksichtigen, wie viel Zeit zur Anfertigung zur Verfügung steht, wie alt die Schüler sind, welche Vorerfahrungen sie haben und wie groß die Gruppe ist, mit der die Lernlandkarten erstellt werden sollen. Wir haben unterschiedliche Formen ausprobiert, die hier kurz vorgestellt werden. Die Durchführung erfolgte immer mit allen Kindern einer Lerngruppe. Für die Anfertigung wurden etwa zwei Unterrichtsstunden benötigt. Die Kinder durften sich gegenseitig unterstützen, was vor allem beim Lesen und Verstehen der vorgegebenen Lernzielformulierungen für die ganz jungen Kinder sehr hilfreich und auch anregend war.

Formen der Arbeit mit Lernlandkarten

- Freie Lernlandkarten: Ganz ohne Vorgaben durfte jedes Kind auf einem leeren DIN-A3-Papier zeichnen, schreiben, notieren (es entstanden Kontinente, Themenhäuser, Inseln ...). Die Lernziele waren zuvor besprochen worden.
- Vorgabe von Lernzielformulierungen: Erreichte Lernziele wurden auf einem leeren DIN-A3-Papier frei angeordnet und aufgeklebt (es entstanden Wege, Inseln ...)
- Vorgabe der Lernzielformulierungen und der Kategorisierung in Form von Inseln mit den Einschätzungen »Das kann ich schon gut. Das muss ich noch üben. Dabei brauche ich noch Hilfe«: Die Lernziele wurden von den Kindern nach den drei Kategorien eingeteilt, hilfreich erwies sich dabei folgende Vorgehensweise: die Kinder färbten die Lernziele nach dem Lesen zunächst ein (z.B. grün für »das kann ich schon gut«, gelb für »das kann ich noch üben«, rot für »dabei brauche ich noch Hilfe«), ordneten sie dann den entsprechend benannten Inseln zu und klebten sie auf.

Bei der Gestaltung der freien Lernlandkarten waren die jungen Kinder oft noch überfordert, das gestalterische Element lenkte eher vom eigentlichen Sinn und Zweck ab. Die größeren Kinder konnten ihren Lernstand besser strukturieren und visuell darstellen. Vor allem die jüngeren Kinder konnten bei der vorgegebenen Insel-Kategorisierung ihren Stand auf dem Weg zum Ziel am besten erkennen und einordnen.

Lernlandkarten erwiesen sich in der Praxis als sinnhafter Anlass, um mit dem Kind ins Gespräch zu kommen über Lernweg, Lernstand und zu erreichendes Lernziel.

Lernlandkarten sollten in den Unterricht eingebunden sein. Dazu gehört die Präsenz der Lernziele ebenso wie die Förderung von Selbstverantwortung der Kinder für das eigene Lernen und das Üben von Selbstreflexion.

Wege zum selbstgesteuerten Lernen

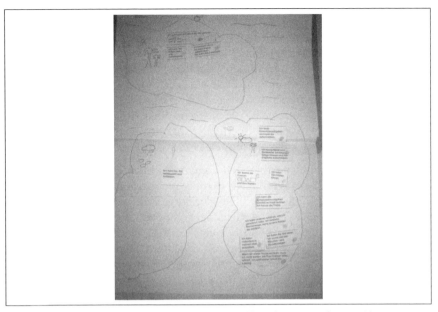

Abb. 23: Lernlandkarte Lerngruppe 1/2, vorgegebene Lernzielformulierungen und Kategorisierung

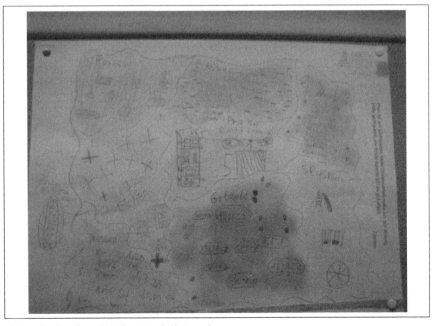

Abb. 24: Lernlandkarte 3/4, ohne Vorgabe frei gestaltet

Lerntagebuch

Neben Lernlandkarten ist die den Unterrichtsalltag begleitende Reflexion ein wichtiges Instrument selbstgesteuertes Lernen zu unterstützen. An unserer Schule werden verschiedene Formen von Reflexion über Lernen praktiziert. Über die mündliche Reflexion am Ende eines Schultages oder eines Projektes (z.B. »Das habe ich heute gelernt.«, »Das ist dir gut gelungen.«), den Freitagszettel (»So war die Woche für mich.«, kleine schriftliche Rückmeldung der Lehrkraft), das Notieren der selbst ausgesuchten Arbeit (»Daran habe ich gearbeitet.«) entwickelte ich für meine Gruppe das sog. Lerntagebuch.

Nach der täglichen freien Arbeitszeit tragen die Kinder ein, woran sie gearbeitet haben. Für Schulanfängerkinder ist dies nicht immer einfach. Die erste Hürde »Ich kann doch noch gar nicht schreiben.« will gemeistert sein und ist eine der ersten aktiven Auseinandersetzungen mit dem Thema Lerndokumentation. Kinder finden meist recht schnell eine Form der Notation, die allgemein verständlich ist, für sie selbst, die Lehrkraft, die Eltern. Für besonders schwierige Mitteilungen können sich ein im Schreiben fortgeschritteneres Kind oder die Lehrkraft als Schreibhilfe anbieten.

Schwierig ist für Kinder, die neu dabei sind, zuweilen das Erinnern »Was habe ich gemacht? Wie heißt das? Was kann ich dabei lernen?«, auch dies bedeutet ein Stück Auseinandersetzung mit dem Lerngegenstand und trägt zur Bewusstmachung des Lernvorgangs bei. Am Ende der Woche erfolgt ein Rückblick. Die Kinder erfahren hierbei sogleich den Informationsgehalt der eigenen Notizen der vergangenen Woche. Hinzu kommen die gemeinsam zusammengetragenen Geschehnisse der weiteren Unterrichtszeiten. Nicht für alle Kinder ist es gleich selbstverständlich, hier zwischen Schulgeschehen und Freizeitgeschehen zu unterscheiden – auch hier ist für manche Kinder ein Lernschritt zu bewältigen.

Da Lernen auch immer mit der Gefühlsebene verknüpft ist, sollte dieser Bereich auf jeden Fall einen entsprechenden Raum erhalten. Berücksichtigung findet dies in der Zeile »Die Woche war für mich: …« und ist durch Auswahl eines entsprechenden Piktogramms anzugeben und mit einem Satz zu begründen. Gerade jüngere Kinder können daraus Unterstützung über ein klärendes Gespräch mit der Lehrkraft und Impulse für die weitere Arbeit und damit für bessere Lernvoraussetzungen bekommen. Positive und förderliche Faktoren können gestärkt oder manifestiert werden. Störende Faktoren können gemeinsam bearbeitet, behoben oder sogar verändert werden, wie z.B. über Anregungen für die Arbeitsorganisation des Kindes. »Darauf bin ich stolz« und »Das nehme ich mir vor« helfen bei der Reflexion von Lernerfolgen und sind ein Schritt zur selbstgesteuerten Lernplanung. Die Erkenntnis des Zusammenhangs von emotionalen Befindlichkeiten und Lernprozess kann angebahnt werden, ebenso das bewusstere Setzen von Zielen und deren Berücksichtigung im Lernprozess.

Ein weiterer Bereich in diesem Lerntagebuch ist der Platz für eine Rückmeldung der Lehrkraft. Diese Mitteilung ist persönlich für das Kind bestimmt und wird auch mit ihm besprochen. Sie kann Grundlage für ein kleines Lerngespräch sein und ist am aktuellen Lernprozess des Kindes sowie den momentanen Begleitumständen orientiert und kann immer wieder den Bezug zu den Lernzielen herstellen.

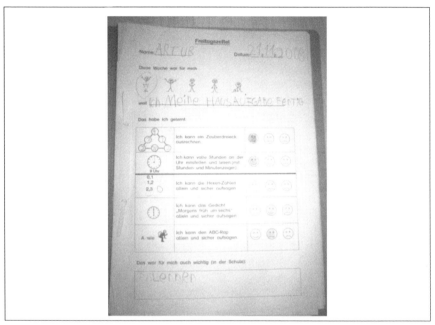

Abb. 25: Eine Form des Freitagszettels

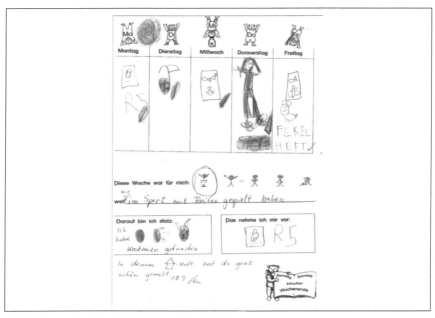

Abb. 26: Lerntagebuch Kind A (R5 bedeutet Rätselheft 5)

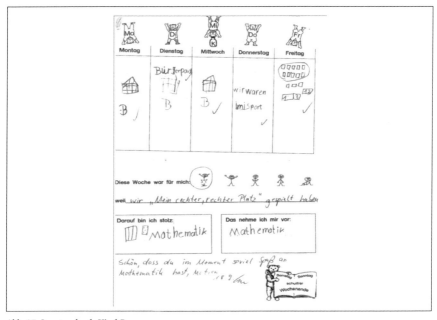

Abb. 27: Lerntagebuch Kind B

Wege zum selbstgesteuerten Lernen

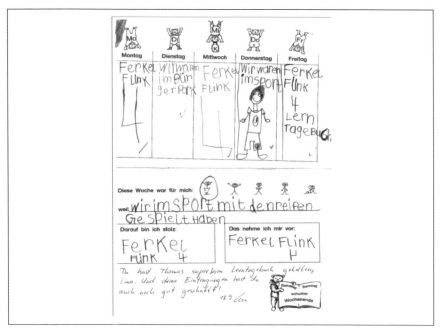

Abb. 28: Lerntagebuch Kind C (Ferkel Flink oder kurz FF steht für unsere Mathematikhefte. Jede Woche hat eine festgelegte Farbe zur besseren Orientierung im Heft und in der Zeit.)

Kindersprechtag

Als Resultat unseres Wunsches, die Kinder mehr einzubeziehen, haben wir an der Schule am Pfälzer Weg einen Kindersprechtag eingerichtet. Die Kinder erfahren sich hier als wichtige Person für ihr Lernen und fühlen sich ernst genommen.

- Zwei Kindersprechtage im Schuljahr dienen der Reflexion des Lernstands und des Lernprozesses. Die Termine sind in der Jahresplanung der Schule fest verankert (nach den Herbstferien und vor den Osterferien).
- Gesprächsgrundlage ist ein Reflexionsbogen, den Kind und Lehrkraft jeweils unabhängig voneinander ausfüllen und dann gemeinsam diskutieren.
- Am Ende wird eine Vereinbarung getroffen (ein neues bzw. nächstes Lernziel, eine Regelvereinbarung, ein Hilfesystem …).
- Die Durchführung und der Ablauf des Kindersprechtages sind für alle Kinder und alle Lehrkräfte verabredet.

Vorbereitungsbögen zum Kindersprechtag

Die Lernlandkarten würden sich wie oben erwähnt als gute Gesprächsbasis für ein Lerngespräch z.b.am Kindersprechtag eignen. Aus folgenden Gründen haben wir uns aber zunächst für eine andere Form entschieden:

Ausgangslage für unsere Schule war der Konsens darüber, ein einheitliches Instrument zur Reflexion zu finden, welches für alle Kinder und Lehrkräfte möglichst schnell und einfach einsetzbar war. Manche Lehrkräfte und Kinder hatten bereits regelmäßige aber unterschiedliche Erfahrungen mit Lernreflexionen, andere eher weniger. Es galt, sie alle miteinzubeziehen. Die Bögen sind deshalb bewusst einfach gehalten und haben eine identische Grundstruktur. Es gibt nur geringe Unterschiede für die Lerngruppen 1/2 und 3/4, die in der Erweiterung und Differenzierung der Angaben für die Älteren liegen.

- Für die Kinder ist dieser Bogen zunächst ein Instrument, mit dessen Hilfe sie sich den eigenen Lernstand, das Lern- und Arbeitsverhalten und ihre sozialen Kompetenzen bewusst machen sollen mit den Fragen: Wie viel habe ich gelernt? Wo stehe ich? Wie nah bin ich am Ziel? (Selbstreflexion).
- In dem Gespräch erhält das Kind die Rückmeldung durch die Lehrkraft zum Lernstand und Lernprozess. Gemeinsam wird ein individuelles nächstes Ziel formuliert.
- Die Bögen vom Kindersprechtag werden in einem Ordner im Gruppenraum gesammelt und bieten jederzeit die Möglichkeit, Wichtiges für den aktuellen Lernprozess nachzulesen. Am Ende der Grundschulzeit ist so für jedes Kind eine Dokumentation über die Lernentwicklung entstanden.

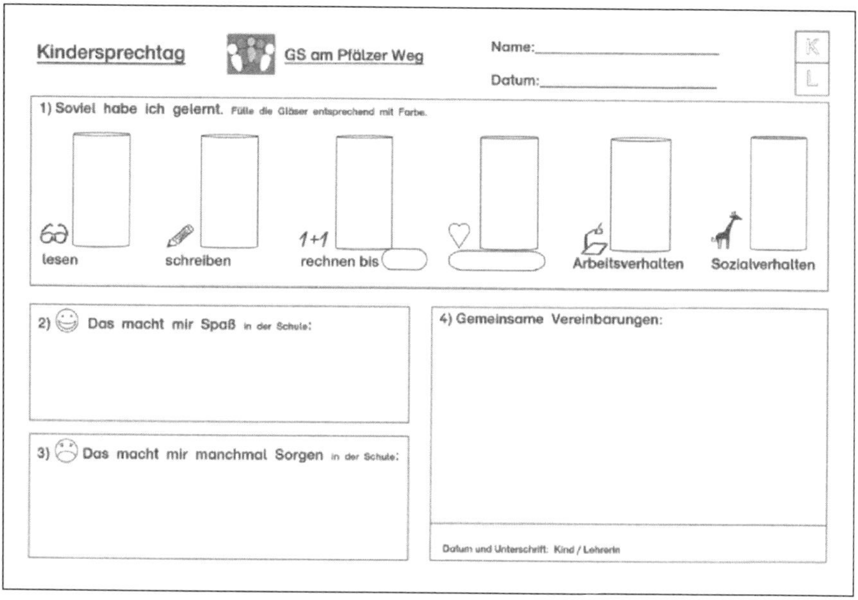

Wege zum selbstgesteuerten Lernen

Abb. 29: Vorbereitungsbogen zum Kindersprechtag, Lerngruppe 1/2

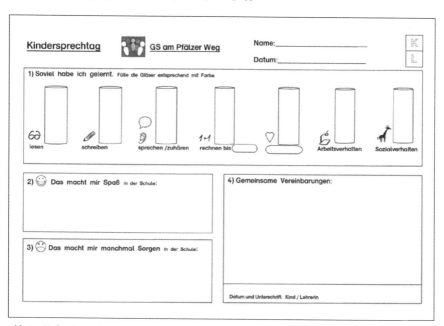

Abb. 30: Vorbereitungsbogen zum Kindersprechtag, Lerngruppe 3/4

Flurplakate

Wenn Kinder ihren Lernstand selbst einschätzen und ihren Lernweg selbstverantwortlich mitgestalten sollen, müssen sie Kenntnis über die zu erreichenden Lernziele haben. Die Visualisierung der Lernziele in für Kinder verständlicher Form war eine Aufgabe für das Kollegium. Die Ziele konnten nicht einfach aus dem Lehrplan abgeschrieben werden. Kindgerechte Formulierungen und die Ausgestaltung mit Piktogrammen oder Beispielaufgaben sind für den Einsatz im Grundschulbereich selbstverständlich.

- Anhand des Bremer Lehrplans wurden in den Teamsitzungen der Lerngruppen 1/2 und der Lerngruppen 3/4 Flurplakate entwickelt für die Lerninhalte in Deutsch, Mathematik sowie Arbeits- und Sozialverhalten. Sie sollen Kindern und Eltern Orientierung über Ziele und Inhalte geben.
- Die Inhalte der Flurplakate werden auch in den Klassenräumen als Mittel zur Orientierung für die Lernprozesse eingesetzt. Dafür wurden die Lerninhalte teilweise noch einmal differenzierter beschrieben. Diese Zusatzinformationen sind für die Lehrkräfte gedacht, zur detaillierteren Erläuterung der Lernziele.

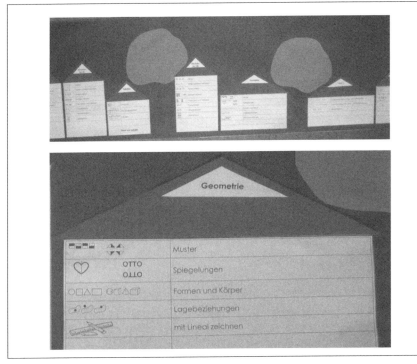

Abb. 31: Beispiel Flurplakat zum Fach Mathematik, Lerngruppe 1/2

Wege zum selbstgesteuerten Lernen

Abb. 32: Beispiel Flurplakat zum Fach Mathematik, Lerngruppe 3/4

Ausblick

Der Entwicklungsprozess an der Grundschule am Pfälzer Weg ist noch nicht abgeschlossen. Auf unserem Weg zum selbstgesteuerten Lernen der Kinder haben wir folgende nächste Schritte geplant:

- Die Flurplakate gehen jetzt in einen einjährigen Praxistest. Danach wird resümiert und besprochen, an welchen Stellen eventuell Nachbesserungsbedarf (Übersichtlichkeit, Verständlichkeit u.a.) besteht. Die Rückmeldungen der Kinder sind dabei für uns wichtig.

- Die Diskussion über eine den Unterrichtsalltag begleitende Form der Selbstreflexion und Selbsteinschätzung der Kinder beim täglichen Lernen wird uns noch eine Weile beschäftigen.
- Es steht weiterhin in der Diskussion, wie mit den Sammelmappen für die Kindersprechtagsbögen weiterverfahren werden soll. Es gibt den Vorschlag, die Sammelmappe zum Portfolio weiter zu entwickeln.
- Ein weiteres Ziel besteht darin, das Materialangebot und die Lerninhalte in der Lernraumgestaltung enger miteinander zu verzahnen. Der Bezug des Lernziels (»Das will ich lernen.«) zum auszuwählenden Material (»Damit kann ich das Gewünschte lernen.«) soll auf diese Weise noch klarer strukturiert und gekennzeichnet werden und das individuelle Lernen für die Kinder erleichtern. Eine gut strukturierte Präsenz der Lernmittel kann ebenso die unterstützende Arbeit der Lehrpersonen erleichtern.

Nach unseren Erfahrungen kann die Schule die Kinder auf dem Weg zum selbstgesteuerten Lernen gut unterstützen. Lernlandkarten, Lerntagebücher und Kindersprechtage zeigten sich im bisherigen Einsatz an unserer Schule als handhabbare Instrumente für Kinder, Lehrkräfte und Eltern. Kinder setzen sich früher und intensiver mit dem eigenen Lernen auseinander und übernehmen mehr Verantwortung dafür, Lehrkräfte erhalten Anlässe für lernbegleitende Gespräche mit dem Kind und Eltern können eine bessere Einsicht in den Lernweg ihres Kindes gewinnen.

Selbstgesteuertes Lernen kann nicht isoliert betrachtet werden, es geht mit Veränderungen der Unterrichtspraxis und der Lehrerrolle einher und bedeutet:

- Öffnung des Unterrichts,
- Transparenz der Lernziele,
- Akzeptieren und Fördern der Selbstverantwortung des Kindes,
- Änderung der Lehrerrolle zum Lernbegleiter und
- Lerngespräche mit dem Kind.

Lernbegleitende Leistungsreflexion und damit verbundene individuelle Leistungsrückmeldungen können dann zielgerichtetes Lernen unterstützen und die Basis für eine effektivere Förderung des einzelnen Kindes schaffen. Lehrkräfte und Eltern sollten sich bewusst machen, es als Hilfe zu verstehen, wenn Kinder ihr eigenes Lernen selbst in die Hand nehmen können. Vertrauen ist eine wesentliche Grundlage dafür. Kindern bietet sich dann die Chance, ihren eigenen Lernweg zu finden. Wer das Ziel kennt, kann den Weg dahin besser finden und beschreiten.

Lernbriefe – individuell fördern durch Lob und Anerkennung

Kristin Blume

»*Unsere Gesellschaft ist nicht homogen, und wir wären arm, wenn sie es wäre, denn sie lebt von der Vielfalt der Fähigkeiten, Interessen und Begabungen der einzelnen Menschen*« (Graumann 2002, 7).

Vorüberlegungen

Wenn ich am Morgen mit meiner zweiten Klasse den Klassenraum betrete, erlebe ich Kinder mit vielen verschiedenen Charakteren, Fähigkeiten, Interessen, Bedürfnissen und Eigenheiten. Eine heterogene Gruppe, die gemeinsam lernt. Da sind z.B. Alexa[25], die fragt, ob sie heute im Musikunterricht ein Stück auf dem Klavier vorspielen darf oder Mira und Luca, die schnell und routiniert ihren Platz vorbereiten. Währenddessen überreicht mir Susanne ein Kunstwerk, das sie gestern fertig gestellt hat und Jonas erzählt von einem naturwissenschaftlichen Experiment, das er demnächst gern mitbringen würde. Ein ganz normaler Morgen in der Klasse 2. Jeder, der den Anfang des Schulmorgens in meiner oder jeder anderen Grundschulklasse erlebt, wird feststellen, dass die Klasse aus den unterschiedlichsten Kindern zusammengesetzt ist. Deswegen stellt sich nicht die Frage, ob es individueller Förderung bedarf, diese ist schon längst beantwortet: Ja, individuelle Förderung ist notwendig. Diese Erkenntnis wird gestützt durch viele Aspekte, die im Erlass »Die Arbeit in der Grundschule« festgehalten sind. Hier wird gefordert der »[…] Unterschiedlichkeit von Schülern hinsichtlich ihrer Begabungen und Neigungen und ihres Lern-, Arbeits- und Sozialverhaltens […] Rechnung zu tragen« (Niedersächsisches Kultusministerium 2004).

Mit dem Ziel der individuellen Förderung sind Grundschullehrer verpflichtet (vgl. Niedersächsisches Kultusministerium):

- die Schüler[26] hinsichtlich ihrer Lernausgangslage zu fördern (z.B. Feststellung der Lernausgangslage zu Beginn der Schulzeit),
- ein differenziertes Lernangebot zu schaffen und damit Leistungsfähigkeit und Leistungsfreude zu schaffen (z.B. offener Unterricht, Arbeitspläne, Freiarbeit),
- die Lernentwicklung der Schüler zu beobachten und zu dokumentieren unter Bezugnahme der Lernausgangslage, angestrebter Ziele, Maßnahmen zum Erreichen der Ziele und der Einschätzung des Fördererfolgs (z.B. individuelle Förderpläne, Dokumentation der individuellen Lernentwicklung),

---

25 Anmerkung: Alle Namen wurden geändert.
26 Aus Gründen der Lesefreundlichkeit werden im Folgenden die Begriffe Schüler und Lehrer verwendet. Diese beziehen jeweils auch das weibliche Geschlecht mit ein.

- in Klassenkonferenzen den individuellen Lernerfolg zu besprechen und daraus sich ergebene Maßnahmen zu beschließen,
- eine intensive Zusammenarbeit mit Eltern anzustreben und dabei die dokumentierte Lernentwicklung als Grundlage für Gespräche zu nutzen (z.B. Elternsprechtag, gemeinsame Kooperation mit Eltern und Ergotherapeuten/Jugendamt etc.),
- Lernergebnisse zu beobachten, festzustellen und zu bewerten mit der Funktion der Bestätigung und Ermutigung, Selbsteinschätzung und Lernkorrektur.

Nach meinen Erfahrungen kann der Anspruch, jedes einzelne Kind optimal individuell zu fördern, einer Lehrkraft unter Umständen zunächst Angst und Sorge bereiten. Im Raum steht immer wieder die Frage: Werde ich jedem einzelnen Kind in Anbetracht zunehmend größer werdender Lerngruppen gerecht? Was bildet die Grundlage, um Schüler auch erfolgreich individuell zu fördern? Nutzen mir individuelle Förderpläne und Dokumentationsbögen, wenn die Lernmotivation und Anstrengungsbereitschaft der Schüler fehlt?

Lob und Anerkennung als Basis von individueller Förderung

»*Der Lehrer kann Unterrichtsinhalte erst dann für seine Schüler gewinnbringend vermitteln, wenn er ihnen zu einer positiven Beziehung zu ihm und zur Schule verholfen hat*« (Eichhorn 2008, 96).

Die Basis einer individuellen Förderung sollte demnach eine positive Einstellung der Schüler zur Schule, zu den Lehrpersonen und zum Lernen sein. Diese Grundlage macht es erst möglich jeden Schüler »[...] individuell maximal [zu fördern] und damit optimal [zu fordern]« (Paradies 2001, 9). Höflichkeit und Respekt, Lob und Anerkennung sind laut Eichhorn (2008, 95 f.) wichtige Aspekte für den Aufbau einer positiven Beziehung. Schrieb ich zu Beginn von einer heterogenen Klasse, so sind elementare anthropologische Bedürfnisse u.a. nach Lob und Anerkennung, dem Bedürfnis sich angenommen zu fühlen oder erfolgreich zu sein, sehr homogener Natur (vgl. Rehle 2010, 42). So ist es sinnvoll, »[...] neben allen Unterschieden [...] zunächst von diesen Gemeinsamkeiten auszugehen« (Rehle 2010, 42).

Wenn Sie einmal Ihre eigene Lernbiografie betrachten, werden Sie feststellen, dass gerade Erfolgserlebnisse, das Gefühl, Ziele erreicht zu haben und eine positive Rückmeldung zu bekommen, die Bereitschaft zur Weiterarbeit fördert und die Lernmotivation steigert.

Natürlich kann es nicht immer möglich sein, Erfolg zu haben. Doch der positive Umgang mit Fehlern, der Blick auf die Stärken, die Rückmeldung darüber und Tipps für eine zukünftige Weiterarbeit und vor allem Lob und Komplimente sollten zentraler Punkt im Umgang mit Schülern sein.

So werden einem Lehrer sowohl im als auch außerhalb des Unterrichts viele Möglichkeiten gegeben einzelne Schüler aber auch die ganze Klasse zu loben. Loben macht Spaß und gibt allen Beteiligten ein gutes Gefühl. Voraussetzung für ein gutes Lob ist laut Eichhorn (2008, 97) u.a., dass es ernst gemeint, es aus der Sicht des Schülers begründet, auf ein spezifisches Verhalten bezogen ist und mehr auf die Anstrengung als auf das Ergebnis zielt. »[...] Lob und Komplimente [zeigen den Schülern], dass der Lehrer [ihr] Engagement sieht und auch würdigt« (Eichhorn 2008, 96).

Lernbriefe als Möglichkeit individuell zu fördern

Eine Möglichkeit, dieses Engagement zu würdigen, bieten Lernbriefe. Neben vielen kleinen und großen Rückmeldungen und Komplimenten im Laufe des Schuljahres außerhalb und innerhalb des Klassenraumes, können Lernbriefe eine mögliche Form der Rückmeldung über die Stärken, Fähigkeiten und Lernergebnisse von Schülern sein.

Ich habe Lernbriefe in meiner Klasse eingeführt, um meinen Schülern eine ganz persönliche Rückmeldung über ihre Leistungen im vergangenen Halb- oder Schuljahr zu geben. Sie erhalten diese Briefe gemeinsam mit den Zeugnissen. Sie sind natürlich kein Zeugnisersatz, sondern eine zusätzliche Möglichkeit, die erbrachten Anstrengungen wertzuschätzen und Schwerpunkte zur Weiterarbeit zu setzen. Sie stellen einen Rückblick auf einen – für Kinder langen und unüberschaubaren – Zeitraum dar und machen deutlich, was sie bisher schon erreicht haben. Während Zeugnisse sich auf curriculare Vorgaben beziehen, können Lernbriefe auch Aspekte enthalten, die in Zeugnissen nicht schwerpunktmäßig vorgesehen sind. Zudem bieten Lernbriefe die Möglichkeit, auch kleine zwischenmenschliche Situationen einzubeziehen. Sie können Schülern deutlich machen, dass die Lehrkraft sie und ihre Stärken anerkennt und würdigt, denn:

»*Der Lehrer gibt seinen Schülern positive Energie, wenn er sie spüren lässt, dass er an sie glaubt*« (Eichhorn 2008, 99).

Inhaltlicher Aufbau eines Lernbriefes

Aus zeitökonomischen Gründen sollten die Lernbriefe immer einen ähnlichen Aufbau haben. Sie können auch Teile enthalten, die für alle Schüler der Klasse gleich sind und die sich oft auf Leistungen der gesamten Klasse beziehen. Im Folgenden stelle ich eine Aufbaumöglichkeit von Lernbriefen vor, an die sich eine Lehrkraft beim Schreiben halten kann.

Der *erste Teil* des Briefes kann eine kleine Zusammenfassung über das Schul- bzw. Halbjahr und sollte möglichst mindestens ein Lob für die geleisteten Anstrengungen enthalten:

Jetzt bist du schon ein ganzes Jahr in der Schule und du hast schon sehr viel gelernt.

Es ist wieder ein Schulhalbjahr vorbei und du hast sehr viel in dieser Zeit gelernt und in der Schule erlebt. Du kannst jetzt Schreibschrift schreiben, rechnest schon bis 100 und hast toll dabei geholfen, unser Buch in der Druckwerkstatt herzustellen.

Nun hast du schon die Hälfte deiner Grundschulzeit hinter dir und nach den Ferien kommst du schon in die dritte Klasse! Herzlichen Glückwunsch!

Der *zweite Teil* kann viele Aspekte enthalten, die der Lehrkraft an dem entsprechenden Schüler besonders positiv aufgefallen sind. Lob und Anerkennung der individuellen Leistung stehen hier im Mittelpunkt:

Es gefällt mir besonders, dass du immer so fleißig bist. Du erledigst deine Aufgaben ganz sorgfältig und bist oft sehr schnell fertig. Ich finde gut, dass du dann auch zusätzliche Aufgaben machst. Außerdem hast du eine wunderschöne Schrift.

Um die Kinder auch auf Dinge aufmerksam zu machen, die noch geübt oder verändert werden sollen, kann die Lehrkraft diesbezüglich im *dritten Teil* Vorschläge machen. Diese sollen möglichst positiv formuliert und eine Möglichkeit zur Weiterarbeit enthalten. Dabei müssen der zweite und dritte Teil nicht streng voneinander getrennt werden. Übergänge sind möglich und durchaus wünschenswert:

Nun kannst du auch schon das Einmaleins und rechnest bis 100. Du kannst in den Ferien ab und zu in deinem Arbeitsheft beides noch wiederholen. So bist du gut für die dritte Klasse vorbereitet. Achte darauf, dass du dich im Unterricht ruhig noch mehr meldest. Ich bin nämlich sicher, dass du immer die richtige Antwort weißt! Für die dritte Klasse solltest du dir unbedingt vornehmen, dich noch besser im Unterricht zu konzentrieren und weniger mit deinem Sitznachbarn zu sprechen. Übe fleißig lesen wie bisher. Dadurch hast du dich schon sehr verbessert.

Zum *Abschluss* erhalten wieder alle Schüler einen gleichen Abschnitt. Dieser abschließende Satz enthält gute Wünsche für das kommende Schuljahr:

Nun wünsche ich dir aber ganz tolle Ferien! Erhol dich gut, damit du wieder mit viel Schwung und Spaß in das nächste Schuljahr startest! Ich wünsche dir viel Erfolg im zweiten Halbjahr! Schön, dass du in unserer Klasse bist!

Kritische Betrachtung von Lernbriefen

Lernbriefe können neben verschiedenen anderen wichtigen Aspekten im Schulalltag eine Möglichkeit zur individuellen Förderung von Schülern sein. Zum einen können Aspekte aus dem Erlass »Arbeit in der Grundschule« (vgl. Vorüberlegungen) damit in der Praxis umgesetzt werden. Zum anderen zeigen sich weitere positive Effekte der Lernbriefe, die im Folgenden aufgeführt werden.

Lernbriefe:

- sind individuell passend für jeden Schüler formuliert
- verdeutlichen Schülern sowie Eltern, was im vergangenen Halbjahr schon geleistet und erreicht wurde und machen damit Mut für das kommende Halbjahr
- stärken die Beziehung zwischen Lehrkraft und Schüler
- fördern die Lernmotivation
- würdigen die Anstrengungen der Schüler über einen längeren Zeitraum
- können als Gesprächsanlass für Schüler- und Elterngespräche genutzt werden
- können eng mit individuellen Förderplänen verknüpft werden
- können für die Lehrkraft eine Reflexion der individuellen Förderpläne sein und verhelfen (beim Schreiben) zu möglichen weiteren Ideen über Maßnahmen zur individuellen Förderung.
- setzen die Bereitschaft der Lehrkraft voraus, die Kinder genau kennenzulernen und Stärken anzuerkennen
- sind eine sinnvolle Ergänzung zu den Zeugnissen
- gehen von den Stärken und dem Entwicklungspotenzial der Schüler aus, auch wenn Schüler weniger gute Zeugnisse haben
- enthalten Aspekte des »Förderns« sowie Aspekte des »Forderns«
- geben Eltern positive Rückmeldung über ihre Kinder
- unterstützen die Selbstreflexion der Schüler, da Stärken besser wahrgenommen und Möglichkeiten zur Weiterarbeit gegeben werden

Neben vielen positiven Effekten sind jedoch auch mögliche Nachteile zu nennen. Das Schreiben von Lernbriefen bedeutet für die Lehrkraft einen hohen zeitlichen Aufwand, der beim Einsatz von Lernbriefen zusätzlich zu den Zeugnissen erledigt werden muss. Durch den immer gleichen inhaltlichen Aufbau der Lernbriefe kann der Zeitaufwand allerdings minimiert werden. Der Lehrkraft steht es außerdem frei, den Schülern die Lernbriefe auch zu einem anderen Zeitpunkt im Schuljahr zu geben. Kennt eine Lehrkraft seine Klasse gut, so fallen ihm für jedes Kind viele positive Momente im Halbjahr ein, die es wert sind, den Kindern mitzuteilen. Dabei ist es besonders wichtig für alle Schüler den »richtigen Ton« bei der Formulierung der Lernbriefe zu finden. So stellt es für die Lehrkraft eine besondere Herausforderung dar, auch für Kinder, die sich beispielsweise nicht immer an festgelegte Regeln halten, die wenig Leistungsbereitschaft zeigen oder oft in Konflikte verwickelt sind, lobende Worte zu finden. Aber gerade für diese Kinder ist es bedeutsam, gelobt zu werden. Denn gerade sie müssen oft schlechte Noten oder Rückschläge einstecken und brauchen deshalb umso mehr positive Worte und Tipps zur Weiterarbeit. So kann ihr Selbstbild gestärkt und ihre Lernbereitschaft gefördert werden. Dabei ist es wichtig, dass die Lehrkraft die Lernbriefe respektvoll und zugleich ehrlich und den Leistungen angemessen formuliert.

Lernbriefe setzen voraus, dass ein ausreichendes Leseverständnis bei den Kindern (und bei den Eltern) vorhanden ist. Optimalerweise erschließen sich die Kinder den Inhalt der Lernbriefe selbst und besprechen ihn noch mal mit ihren Eltern. Falls das nicht passiert, können in Schüler- und Elterngesprächen die Lernbriefe ein zentraler Gesprächsanlass sein. So wird dem Nicht-Lesen der Lernbriefe entgegengewirkt. Den Schülern sowie den Eltern muss außerdem deutlich gemacht werden, dass es sich dabei nicht um ein weiteres Zeugnis handelt.

Abschließende Überlegungen

Lob und Anerkennung der individuellen Leistungen, Stärken und Fähigkeiten von Schülern bilden für mich die Basis einer individuellen Förderung. Lernbriefe können einen wichtigen Beitrag leisten, diese Stärken über einen längeren Zeitraum hinweg anzuerkennen und zu würdigen.

Lernbriefe beeinflussen die Lehrer-Schüler-Beziehung, die Lernmotivation sowie den Mut der Schüler neue Ziele anzustreben positiv. Allerdings dürfen Lernbriefe nicht die einzige Maßnahme zur individuellen Förderung sein. Sie können aber einen Baustein neben weiteren wichtigen Maßnahmen zur individuellen Förderung (z.B. Austausch im Team, Elterngespräche, differenziertes Lernangebot, individuelle Fördermaßnahmen, konkrete Rückmeldung im Unterricht) darstellen.

Die positive Rückmeldung von Eltern und der erwartungsvolle Blick der Schüler beim Lesen ihrer Briefe bestätigen den Einsatz der Lernbriefe im Schulalltag und sind für mich ein wichtiger Bestandteil der individuellen Förderung in meiner Klasse.

Literatur

Eichhorn (2008). Classroom-Management. Wie Lehrer, Eltern und Schüler guten Unterricht gestalten. Stuttgart: Klett-Cotta.
Graumann (2002). Gemeinsamer Unterricht in heterogenen Gruppen. Von lernbehindert bis hochbegabt. Bad Heilbrunn: Klinkhardt.
Niedersächsisches Kultusministerium (2004). Erlass »Die Arbeit in der Grundschule« vom 3.2.2004. Internetfundstelle: http://www.nibis.de/nli1/chaplin/portal%20neu/medien_und_schule/allgemein_medienundschule/Die_Arbeit_in_der_Grundschule2005.pdf [6.8.2011].
Paradies/Linser (2001). Differenzieren im Unterricht. Berlin: Cornelsen Skriptor.
Rehle. Inklusiver Unterricht – (wie) geht das? (2010) In Metzger/Weigl (Hrsg.). Inklusion – eine Schule für alle. Berlin: Cornelsen Scriptor.

Individuelle Förderung in einer sicheren und herausfordernden Schule: ein Beispiel aus der Feldborg-Schule in Dänemark

Ulla Boe Nielsen/Gerda Søndergaard

Übersetzt aus dem Englischen von Sarah Overmeyer

Auf dem dänischen Festland Jütland befindet sich in der Kommune Herning unsere kleine Feldborg-Schule. Die Schule wird von 85 Kindern im Alter zwischen sechs und 13 Jahren in den Klassen 0 bis 6 besucht. Nach der sechsten Klasse wechseln die Schüler/-innen auf weiterführende Schulen, die sie mit einer Abschlussprüfung nach der neunten Klasse beenden.

Die Feldborg-Schule unterstreicht insbesondere die Wichtigkeit von Sicherheit, Vertrauen, Solidarität und betont die Herausforderung, jedes Kind in seinen individuellen Bedürfnissen und Voraussetzungen wahrzunehmen. Denn dieses ist für die Feldborg-Schule die Grundbedingung für individuelles Lernen und Wachsen jedes einzelnen Kindes. Diese Werte sind auch in der Präambel des dänischen Volksschulgesetzes § 1 Abs. 1–2. verankert, wobei wir versuchen, vielfältige und abwechslungsreiche Unterrichtsmethoden für die Umsetzung anzuwenden. Da wir eine sehr kleine Schule mit einer geringen Schüleranzahl sind, erfordert es präzise Überlegungen, *wie* wir die soeben genannten Werte erreichen können. An vier ausgewählten Beispielen wollen wir dieses vorstellen.

Kooperation zwischen Kindertagesstätte und Schule

Um einen sicheren, gelungenen Start in die Schule zu gewährleisten, kooperiert die Feldborg-Schule seit 20 Jahren mit der altersgemischten Kindertagesstätte »Kålormen«.[27] Das Schulstartprogramm entwickelte sich aus einer kontinuierlichen, noch immer anhaltenden Evaluation und soll auch zukünftig weiter betrieben und vertieft werden. Im weiteren Verlauf dieses Beitrags werde ich die Wichtigkeit dieser Zusammenarbeit beleuchten und in einen praktischen Rahmen setzen.

Jedes Einschulungskind bringt seine eigene individuelle Entwicklungsgeschichte mit in die Schule. Diese Geschichte umfasst zum einen die in der Vergangenheit ersichtlichen Entwicklungsmöglichkeiten des Kindes und zum anderen die derzeitigen Entwicklungspotenziale und Ressourcen des Kindes. Es ist sehr wichtig, dass die Schule mit der Vergangenheit der Kinder vertraut gemacht wird.

Die Erzieherinnen[28] im Kindergarten orientieren sich in ihrer Arbeit an einem individuell angepassten pädagogischen Plan für jedes Kind. Dieser an das Kind angepasste Plan setzt sich aus den folgenden sechs Kategorien zusammen: Wan-

---

27 auf Deutsch übersetzt: Raupe
28 Aus Gründen der Lesefreundlichkeit wird im Folgenden der Begriff Erzieherin verwendet. Er bezieht auch jeweils das männliche Geschlecht mit ein.

del und Vielfalt der persönlichen Entwicklung des Kindes, soziale Kompetenzen, Sprache, Körper und Bewegung, Natur und Naturphänomene, kulturelle Ausdrucksformen und Werte. Die thematischen Inhalte finden sich auch in dem vom Ministerium für Bildung erlassenen Zielen für die Klassen 0 bis 2 wieder.

Sehr wichtig dabei ist, die ausführliche Aufklärung der Lehrkraft vor der Einschulung des Kindes darüber, mit welchen spezifischen Bereichen sich die jeweilige Kindergartengruppe beschäftigt hat. Ebenso ist es elementar, dass die Lehrer/-innen der Klasse 0 von den Erzieherinnen über den genauen Entwicklungsstand jedes Kindes aufgeklärt werden. Dieses Wissen versorgt Lehrer/-innen mit dem nötigen Hintergrundwissen, um den zukünftigen Unterricht planen zu können. Auf diese Art und Weise kann jedes Kind individuell abgeholt und gefördert werden. Zusätzlich erhält die Lehrkraft von der Kindertagesstätte eine schriftliche Dokumentation über den Entwicklungsverlauf in den bekannten sechs Kategorien über das Kind. Diese Entwicklungsdokumentation der Kinder, besonders während ihres letzten Kindergartenjahres, erweist sich als große Hilfe für die Lehrkraft. Denn auf diese Weise erhält sie einen guten Einblick, *woran* und *wie* die Kinder im Kindergarten gearbeitet haben.

Rund zwei Monate vor der Einschulung findet ein Treffen zwischen der zuständigen Erzieherin und dem/der zukünftigen Grundschullehrer/-in des Kindes statt. Darin erläutert die Erzieherin nochmals mündlich den Entwicklungsstand jeden Kindes. Überdies nimmt die Lehrkraft an dem letzten Elternabend im Kindergarten teil. Im Fokus stehen hierbei die Überlegungen der Eltern und Erzieherinnen, welche (Lern-)Ziele in der Schule fortgeführt und angestrebt werden sollten. Durch die Präsenz der Lehrkraft wird neben dem gegenseitigem Kennenlernen vermittelt, dass die Schule die gleichen Ziele verfolgt wie die Kindertagesstätte. Die Kooperation zwischen den Eltern und der Schule nimmt hier also bereits ihren Anfang!

Dass sich das Schulkind bereits vor Schulbeginn in Gegenwart seiner neuen Lehrkraft sicher (und geborgen) fühlt, ist höchste Priorität für uns an der Feldborg-Schule. Die wöchentliche Schwimmbadbegleitung durch den/die Lehrer/-in beim Kindergartenschwimmen ist u.a. eine gute Möglichkeit, um Raum zum gegenseitigen Kennenlernen zu schaffen. Dieses Projekt wird durch den/die Lehrer/-in und die Erzieherin geplant und im Frühling/Sommer vor der Einschulung im August durchgeführt. Durch das Schwimmprojekt sowie durch das Schulstartprogramm, werden die Kinder mit der Lehrkraft vertraut und lernen das Schulgelände bereits kennen. Auch kennen die zukünftigen Schulkinder bereits die Schulbücherei, da die Erzieherinnen diese zuvor schon in der Kindergartenzeit zum Vorlesen nutzen. Dementsprechend sind die Schulanfänger und Lehrer/-innen bei der Einschulung im August keine Fremden mehr und auch das Schulgelände ist für die neuen Schulkinder kein fremdes Territorium. Selbstverständlich fließen am Einschulungstag gelegentlich dennoch ein paar Tränen, sobald die Eltern den Raum verlassen – sind die Eltern jedoch außer Sicht, trocknen die Tränen schnell wieder.

Nach der Einschulung besuchen die meisten Kinder den zur Kindertagesstätte zugehörigen Schulhort. Die Kooperation zwischen der Lehrkraft der Klasse 0 und den Hortbetreuern/Hortbetreuerinnen besteht, bis die Kinder die dritte Klasse besuchen. Das Hauptanliegen dieser Zusammenarbeit ist die gezielte Förderung sozialer Kompetenzen innerhalb der ganzen Gruppe und jedes Einzelnen. An den halbjährigen Elternabenden sind dementsprechend die Lehrer/-innen wie auch die Erzieherinnen des Horts beteiligt. In Absprache mit den Eltern wird festgelegt, welche sozialen Kompetenzen im Besonderen weiter gefördert werden sollen. Auf diese Weise erfährt das Kind, dass Schule, Hort und sein Zuhause gemeinsam an einem Strang ziehen, was ihm Sicherheit und ein Zusammengehörigkeitsgefühl gibt.

Der Austausch zwischen den verantwortlichen Erwachsenen über die für das Kind wichtigen, alltäglichen Ereignisse ist uns sehr wichtig. Wenn ein Kind z.B. mit einem Freund im Hort in einen Streit verwickelt war und dieser vielleicht bereits gelöst wurde, ist es dennoch wichtig, dass der Lehrer/die Lehrerin darüber informiert wird, um eventuelle spätere Reaktionen des Kindes darauf besser deuten zu können. Diese Kooperation setzt sich so lange fort, wie das Kind den Hort besucht. Falls in seltenen Fällen die Erzieherinnen besondere Hilfe oder Beratung von pädagogisch-psychologischen Beratern benötigen, wird von allen Eltern präventiv im Vorfeld eine Einverständniserklärung eingeholt.

Klassenübergreifendes Unterrichten

In diesem Schuljahr starteten wir eine neue Initiative in den Klassen 0–2 (Schüler und Schülerinnen im Alter zwischen sechs und acht Jahren). Dem ging die Problematik voraus, dass sich nur sieben Schüler/-innen zur Einschulung in Klasse 0 angemeldet hatten. Damit befanden wir uns in einer pädagogisch sehr herausfordernden Situation, da wir auch den Forderungen des Gesetzes gerecht werden müssen. Letztendlich entschieden wir uns, die strikte Trennung des Klassenverbandes aufzuheben. Gegenwärtig haben wir also keine Klassen 0, 1 etc. mehr. Ausnahme ist der christliche Religionsunterricht, der noch im altershomogenen Klassenverband unterrichtet wird. Die Schüler/-innen im Alter zwischen sechs und acht Jahren gehören nun einer Großgruppe an und nicht mehr altersgetrennten Klassenverbänden. Die Großgruppe ist wiederum nach verschiedenen Kriterien in einzelne Gruppen unterteilt. Meist besucht jeder Schüler/jede Schülerin mehrere dieser Gruppen pro Tag. Die Kriterien zur Gruppenbildung sind

- sozialer Bedarf oder Fähigkeiten,
- akademische Fähigkeiten,

- Geschlecht,
- Interessen,
- Alter,
- Lerntypen,
- ältere Kinder/jüngere Kinder,
- akademische Leistungsstufe und
- bisherige Dauer im Lernverband,

wobei Prüfungen in Dänisch und Mathematik weitere Selektionskriterien für die Zuordnung der Gruppen sind.

Lernstile

Seit dem Schuljahr 2006/2007 entwickelten die Mitarbeiter/-innen unserer Feldborg-Schule ein großes Interesse an der Theorie der multiplen Intelligenz von Howard Gardner. Das Kollegium wie auch die Mitarbeiter/-innen der Tageseinrichtung setzten sich intensiv mit Gardners Theorie auseinander – vor allem im Hinblick darauf, wie sie sich in unsere Schule und Tagesstätte implementieren ließe. In diesem Aneignungsprozess stießen wir auf die Theorie von Dunns. Besonderes Interesse galt dabei seiner Theorie über die verschiedenen Lernstile. Diese Theorie vertritt die Annahme, dass jeder Mensch individuell bestimmte Methoden mit Stimuli und Information umzugehen bevorzugt.

Wir entschieden uns, diese Lerntheorie als Ausgangsbasis für unseren Kurswechsel zu nutzen. Bisher verwenden wir diese Lernstiltheorie als Werkzeug, um unseren Unterricht vorzubereiten. Es hat uns vergegenwärtigt, dass Kinder nicht nur hörend und sehend lernen, sondern auch durch Fühlen und forschendes Handeln. Folglich entstand eine große Auswahl an Unterrichtsmaterialien, die diese Aspekte berücksichtigen. Um die gezieltere Förderung bestimmter Lernstile zu vereinfachen, kategorisierten wir die Materialien dementsprechend. In der Praxis bedeutet dies, dass sich der Schüler/die Schülerin selbst auswählt, mit welcher der angebotenen Lernstiloptionen er/sie die zu bearbeitenden Aufgaben erledigen möchte.

Förderung des Unternehmersinns als Lernziel

Es gibt unzählige Möglichkeiten (und Wege), den Unternehmersinn der Schüler/-innen (als gesellschaftlich wichtige Herausforderung und Aufgabe) zu fordern und zu fördern. Derzeit arbeiten wir daran, dieses bereits ab Klasse 0 aktiv zu tun. Im Folgenden möchte ich ein Beispiel dafür geben.

Unsere Klassenstufen 4 bis 6 arbeiteten zurzeit an dem Auftrag einer Firma namens »Kreativunternehmen«. Diese Firma verkauft verschiedene Papiersorten, Farben, Perlen usw. an Privatpersonen und auch an Institutionen wie z.B.

Schulen. Ein Anliegen ist dabei, dem Kunden Verwendungsideen für ihre Produkte mit anzubieten.

Eines der Produkte trägt den Namen »Easykit«. Dahinter verbirgt sich das Konzept, dass man eine fertige Box inklusive Bastelmaterialien und Anleitung kauft, um beispielsweise Tonpapierengel zu basteln. Der Arbeitsauftrag an unsere Schüler/-innen war die Entwicklung einer Easykitbox für Weihnachtsschmuck. Käufer dieser Box sollten andere Schulen sein, die im Sinne der dänischen Tradition ihre Schulgebäude damit schmücken können. Im Zuge dieses Arbeitsauftrages mussten sich die Schüler/-innen einer Reihe von Herausforderungen stellen. Zum einen mussten sie neue Weihnachtsdekorationen mit den Materialien dieser Firma entwerfen. Zum anderen sollten sie ihr Preisangebot an die Nachfrage anderer Schulen anpassen. Dafür studierten sie eigenständig Kataloge, um ihre Materialkosten kalkulieren zu können. Zudem fertigten sie eine bildlich unterstütze Bastelanleitung mit Schritt-für-Schritt-Fotografien an. Erst nachdem sie viele verschiedene Ideen und Modelle durchgearbeitet und ausprobiert hatten, konnten sie eine gezielte Auswahl der besten Vorschläge treffen. Sie luden anschließend ihre Familien ein und gaben ihnen die Anleitungen, wie sie die Modelle anzufertigen haben. Am Ende des Projektes mussten die Schüler und Schülerinnen ihre Ergebnisse vor einem Vertreter des Kreativunternehmens präsentieren.

Abb. 33: Gruppenarbeit in der Feldborg-Schule

Unsere Arbeit mit den Kindern an der Feldborg-Schule unterliegt einer ständigen Evaluation. Dieses ermöglicht uns eine beständige Überprüfung und Verbesserung unseres Unterrichts. Als Resultat haben wir Kinder, die sich geborgen fühlen und bereit sind zu lernen. Es zeigt sich, dass gerade die jüngeren Schüler sehr von der Gemeinschaft mit den älteren Schülern/Schülerinnen profitieren und von ihrer Arbeitsweise lernen.

Der positive Einfluss der Darbietung von verschiedenen Lernstilen ist enorm, denn es ermöglicht uns inklusiver zu arbeiten, wovon vor allem die Jungen profitieren. Ebenso lässt sich die Förderung des Unternehmersinns als voller Erfolg verbuchen, denn wir erleben eine aktive und motivierte Teilnahme *aller* Schüler/-innen. In Projekten wie diesen hat jeder/jede Schüler/-in die Möglichkeit, seine/ihre individuellen Fähigkeiten aktiv mit einzubringen, und er/sie lernt zudem dabei, die Fähigkeiten der anderen Schüler/-innen wahrzunehmen und zu würdigen.

Individualisierung im schwedischen Schulkontext

Karin Forslund Frykedal/Anja Thorsten

Übersetzt aus dem Schwedischen von Katja Bertram

Es gibt im schwedischen Schulsystem schon lange das Bestreben eine Schule zu entwickeln, die mit Hilfe von individualisierten Arbeitsweisen Kinder und Jugendliche motiviert. Individualisierung ist folglich ein Begriff, der oft im schwedischen Schulkontext verwendet und in allen schulischen Steuerungsdokumenten beschrieben wird. Der Schüler wird somit als ein wichtiges Zentrum des Unterrichtens betrachtet und in dieser Hinsicht gelten Arbeitsmethoden mit Betonung des Individuums und dessen Beteiligung als ideal. Individualisierte, Individuum-angepasste, individuelle oder eigene Arbeit sind verschiedene Begriffe im schwedischen Schulkontext, welche oft vermischt verwendet werden, ohne dass die unterschiedlichen Bedeutungen problematisiert oder deutlich gemacht werden. Unsere Intention mit diesem Beitrag ist es zu versuchen, die Unterschiede zwischen den Begriffen zu verdeutlichen, sowie Beispiele von einer dem Individuum angepassten Arbeitsweise zu beschreiben, in der die Kommunikation und der Dialog mit dem Schüler im Zentrum stehen.

Individuelle Arbeit vs. Individuum-angepasste Arbeitsweise

Das Skolverk[29] (2009c) hat in einer Untersuchung den Individualisierungsbegriff durch eine Unterscheidung zwischen *individueller Arbeit* und dem *Individuum angepassten Arbeitsweise* differenziert betrachtet. Individuelle Arbeit wird in der Schulpraxis oft *eigene Arbeit* genannt und beinhaltet, dass die Schüler selbst im großen Umfang Verantwortung für ihre Schularbeit und ihr eigenes Lernen übernehmen. Das Skolverk (ebd.) weist jedoch nach, dass diese Arbeitsweise in allzu großem Umfang die Schüler völlig allein in ihrem Lernprozess lässt, und dies diene nicht ihrer optimalen Entwicklung. Stattdessen wird die *Individuum-angepasste Arbeitsweise* hervorgehoben, die von unterschiedlichen Erfahrungen, Bedürfnissen und Voraussetzungen der Schüler ausgeht und enge Beziehungen zwischen Lehrer und Schüler benötigt. Dies setzt einen Blickwinkel voraus, in dem die Schule und damit der Lehrer Verantwortung für das Gelingen und Erreichen der Kompetenzziele aller Schüler übernimmt (Grosin 2004; Skolverket 2005). Eine umfangreiche Forschung hat auf die große Bedeutung des Lehrers verwiesen, was das Lernen und Erreichen von guten Studienresultaten der Schüler betrifft (Hattie 2009; Skolverket 2009). Vor allem scheint die Kompetenz des Lehrers im Bereich der Unterrichtsorganisation und der Durchfüh-

---

[29] Verwaltungseinheit des Schulwesens in Schweden mit der Aufgabe die schwedische Schule zu unterstützen, zu entwickeln und zu untersuchen

rung von Bedeutung zu sein, was beinhaltet, dass die Qualität des individualisierten Unterrichtens ausschließlich vom einzelnen Lehrer abhängig ist.

Der vorherige Lehrplan Lpo94 und der jetzige Lehrplan Lgr11, lassen im Unterschied zu den vorangegangenen Lehrplänen einen großen Freiraum, was die Arbeitsformen betrifft – mit der Erwartung, dass dies zu einer Vielzahl von Arbeitsformen mit der Ausrichtung auf das Individuum führt. *Eigene Arbeit* wurde in Schweden nicht durch spezielle Aus- und Fortbildungsprogramme für Lehrkräfte eingeführt, sondern die Arbeitsweise ist dadurch entstanden, dass Lehrer versuchten individualisierte Unterrichtsformen zu schaffen, bei denen die Schüler Verantwortung für ihr eigenes Lernen übernehmen (Granström 2003; 2006). In einer umfassenden schwedischen Untersuchung wird aufgezeigt, dass die Lehrer oft Individualisierung, individuelle Arbeit des Schülers und eigene Arbeit gleichsetzen (Söderström 2005). Die Studie zeigt, dass es ein Risiko ist, den Begriff Individualisierung als eine »Privatisierung« des Unterrichts zu sehen, indem Schüler in Einzelarbeit mit den gleichen Aufgaben im selbstgewählten Rhythmus und Reihenfolge arbeiten. Dies führt dazu, dass das gemeinsame Lernen mit den anderen minimiert wird und dass gemeinsame Gespräche in der Schularbeit reduziert werden. Auch soziokulturelle Hintergrundfaktoren erlangen so größere Bedeutung, weil die Schüler in geringerem Umfang an der Kompetenz und dem Wissens des Lehrers teilhaben können (Skolverket 2009c; Österlind 1998).

Das Zusammenspiel und die Verteilung der Verantwortung zwischen Lehrer und Schüler, das Lernen des Schülers betreffend, ist ein wichtiger Aspekt in der Unterscheidung zwischen eigener und Individuum-angepasster Arbeit. Damit die individualisierte Arbeit nicht bedeutet, dass die Schüler alleine ohne Anleitung und Unterstützung des Lehrers arbeiten, braucht es ein »lehrendes Zusammenspiel« zwischen Schüler und Lehrer (Skolverket 2005). In einem lehrenden Zusammenspiel sollte der Ausgangspunkt in den Erfahrungen und Vorstellungen des Schülers liegen und so den Schülern ein größerer Einfluss auf Inhalte und Form der Schularbeit gegeben werden. Die Aufgabe des Lehrers ist es, die Vorstellungen der Schüler sichtbar zu machen und herauszufordern. Treffen Lehrer und Schüler sich in einem solchen Zusammenspiel, ist die Chance für gemeinsames Arbeiten groß. Ein solcher Individuum-angepasster Unterricht setzt eine aktive Lehrerrolle voraus, bei der der Lehrer Wissen über die Voraussetzungen und Bedürfnisse des Schülers, sowie die Fähigkeit und den Willen hat, auf diese Bedürfnisse einzugehen. In diesem Zusammenspiel hat der Schüler also tatsächlich Einfluss auf das Geschehen (Lindkvist 2003). Zudem ist ein guter Individuum-angepasster Unterricht ein anspruchsvoller Unterricht, der den Schüler fordert und zur Reflexion über das eigene Lernen animiert.

Steuerungsinstrumente in der schwedischen Grundschule

In Schweden gibt es für alle Schüler eine gemeinsame obligatorische neunjährige Grundschule. Schulbeginn ist in dem Jahr, in dem der Schüler sieben Jahre alt wird (SFS 2010, 800). Die Arbeit in der Schule wird vom Schulgesetz und einer Reihe von Steuerungsinstrumenten gelenkt, von denen der Lehrplan (Lgr11), das wichtigste ist. Der Lehrplan beschreibt die Wertebasis und den Auftrag der Schule, übergreifende Ziele und Richtlinien sowie Kurspläne für sämtliche Schulfächer. In den Kursplänen wird in Form von langfristigen Zielen beschrieben, welche Fähigkeiten die Schüler im jeweiligen Fach entwickeln sollen, welche zentralen Inhalte der Unterricht in den unterschiedlichen Schulstufen (Schuljahre 1 bis 3, 4 bis 6 und 7 bis 9) haben soll sowie Kompetenzanforderungen für ausreichende Leistungen im dritten Schuljahr und gestufte Kompetenzen für das sechste und neunte Schuljahr.

Gemäß dem schwedischen Schulgesetz (3. Kap. § 3, SFS 2010, 800) hat jeder Schüler das Recht, sich auf seinem Niveau zu entwickeln und Anforderungen zu bekommen, die von seinem eigenen Können ausgehen. Dies gilt sowohl für die Schüler, die Schwierigkeiten haben die Kompetenzanforderungen zu erreichen, wie für diejenigen, die diese leicht erreichen. Dies stellt hohe Anforderungen an eine angepasste Arbeitsweise des Lehrers. Die Arbeitsweise zwischen den Schulen und den Lehrern sieht unterschiedlich aus, weil Schulen und Lehrer große Freiheit besitzen, den Unterricht zu gestalten, solange die zentralen Inhalte behandelt werden und solange die Arbeit dazu führt, dass die Schüler die Kenntnisse und Fähigkeiten, die im Lehrplan betont werden, erwerben (Skolverket 2009c). Eine Voraussetzung dafür, dass jeder Schüler sein volles Potenzial entwickeln kann, ist, dass die Lehrer, aber auch die Schüler und Eltern, gute Kenntnisse vom Kompetenzniveau des Schülers haben. Dies setzt eine gute Kommunikation zwischen der Schule und dem Elternhaus voraus. Auch hierfür gibt es zentrale Richtlinien bezüglich der Entwicklungsgespräche, welche u.a. schriftliche Beurteilungen beinhalten (SFS 2010, 800).

Mindestens einmal pro Halbjahr sollen sich Lehrer, Schüler und Erziehungsberechtigte für ein Entwicklungsgespräch treffen, um in einer konstruktiven und zukunftsausgerichteten Weise die kognitive und soziale Entwicklung des Schülers zu besprechen (10. Kap, § 12–13, SFS 2010, 800). Im Gespräch, d.h. kommunikativ validierend, wird ein individueller Entwicklungsplan (IUP) für den Schüler verfasst. Der Entwicklungsplan enthält zum einen eine schriftliche Beurteilung (siehe unten) und zum anderen einen Arbeitsplan, der von den Stärken des Schülers ausgehen soll. Er soll konkret und zusammenfassend beschrieben, was der Schüler entwickeln sollte, um die Wissensanforderungen und die Fähigkeiten zu erreichen, welche für das jeweilige Fach beschrieben werden. Darüber hinaus kann, wenn die Schulleitung es so beschlossen hat, der Plan sogar beinhalten wie die soziale Entwicklung des Schülers stimuliert werden kann. Auf dieser Grundlage werden individuelle Ziele formuliert. Aus diesem Entwicklungsplan sollen sowohl die verpflichtenden Aufgaben der Schule hervorgehen als auch die damit zusammenhängenden möglichen Aufgaben der Schüler und Erziehungsberechtigten. Alle müssen nämlich zusammenarbeiten, damit der Schüler die gesteckten Ziele erreichen kann (SFS 2010, 800). Die Erreichung dieser Ziele wird beim nächsten Gespräch ausgewertet. Für Schüler, die vielleicht die Kompetenzanforderungen nicht erreichen werden, soll darüber hinaus ein Maßnahmenprogramm aufgestellt werden (SFS 2010, 800), in dem formuliert wird, welche Extraförderungen der Schüler benötigt und wie und wann er diese erhalten soll. Schon vor dem Entwicklungsgespräch haben die Erziehungsberechtigten oft die schriftlichen Beurteilungen erhalten. Die Beurteilungen werden einmal pro Halbjahr in den Fächern, in denen der Schüler unterrichtet wurde, gegeben (Skolverket 2009a). Sie sollen von einer formalen Beurteilung der Kompetenzen und Fähigkeiten des Schülers ausgehen, was beinhaltet, dass der Lehrer auf eine deutliche Weise den Leistungsstand beschreiben soll, aber auch wie der Schüler sich weiterentwickelt hat und noch kann. Die Beurteilungen werden von den einzelnen Schulen formuliert und sind daher nicht gleich oder vergleichbar.

Den eigenen Lernprozess verstehen und beeinflussen

Für die Kenntnis des Lehrers über den aktuellen Entwicklungsstand des Schülers, bedarf es einer nahen, d.h. vertrauensvollen Beziehung zwischen Lehrer und Schüler. Dadurch kann der Schüler indirekt Einfluss auf den Unterricht ausüben (Skolverket 2009c). Eine wichtige Voraussetzung für die Entwicklung des Schülers ist es, dass der Schüler ein Verständnis für den eigenen Lernprozess bekommt. Deshalb muss der Schüler regelmäßig sein eigenes Lernen reflektieren. Die Forschung hat gezeigt, dass Schüler mit einem guten Verständnis des eigenen Lernprozesses bessere Leistungen erbringen (Black/Harrison/Lee/Marshall/Wiliam 2004; Hattie 2009). Diese Reflexion muss gelernt werden (Skolverket 2009b). Eine Grundvoraussetzung dafür, dass die Schüler einen Blick für den eigenen Lernprozess bekommen, sind die Fähigkeit ihre eigene Arbeit zu bewerten und zu wissen, was eine gute Arbeit ist sowie welche Kriterien für die Beurteilung angewendet werden sollen. Eine Möglichkeit, die Qualitätskriterien für eine gute Arbeit zu kennen und zu verstehen, ist die gemeinsame Erarbeitung von Regeln und Kriterien für Qualität (Dysthe 2003; Spandel 1997).

In unserer eigenen Schule haben wir z.B. mit den Schülern diskutiert, was ein guter Text ist. Sie lernen auf diese Weise die Aufmerksamkeit auf die Qualität eines Textes zu richten. Wichtig für eine solche Reflexionsfähigkeit ist jedoch, dass die Schüler Rat und Anleitung in diesem Prozess benötigen, d.h. Lehrkräfte müssen sich für diesen Bereich verantwortlich fühlen und ihn in das Unterrichtsgeschehen einplanen (Gibbons 2006). Schüler, so Gibbons, würden hier viel zu oft alleine gelassen. In angeleiteten Gesprächen mit einem Pädagogen sollen die

Schüler die Merkmale unterschiedlicher Textarten erlernen, um die Qualitätsaspekte leichter beurteilen zu können und so ihre eigenen Texte verbessern zu können. Dies ist im Übrigen auch eine wichtige Voraussetzung für Schülermitbeurteilungen von Arbeiten, die wiederum auch die Reflexionsfähigkeit stärkt. Zudem fällt es mitunter leichter, Kritik von einem Mitschüler zu erhalten als von einem Lehrer. Die Schüler können sich untereinander auf eine verständlichere Weise ausdrücken und das Wissen des Schülers über sein eigenes Lernen steigt (Black et al. 2004).

Transparenz von Zielen und Beurteilungskriterien

Um den Schülern zu ermöglichen, die im Lehrplan beschriebenen Fähigkeiten zu entwickeln, ist es notwendig, dass der Lehrer vor jedem Lernfeld eine pädagogische Planung durchführt (Skolverket 2009b). Nach einer Darstellung der langfristigen Ziele und den zentralen Inhalten des Lehrplans, wird eine Anzahl kleiner Teilziele bzw. konkreterer Ziele, die als spezifisch für das Lernfeld gelten, formuliert. Der Lehrer beschreibt weiter den Inhalt des Unterrichts und die Arbeitsweisen, die angewendet werden sollen, sowie die geplanten Beurteilungskriterien. Sich einer durchdachten pädagogischen Planung zu bedienen, ist eine wichtige Voraussetzung zum Schaffen einer guten Unterrichtssituation, in der alle Schüler sich auf ihrem Niveau entwickeln (ebd.) können. Der Förderplan ist ein Werkzeug für den Lehrer, aber auch ein Kommunikationsanlass für ein Gespräch mit den Schülern. Black et al. (2004) betonen, dass die Schüler sich schon dann, wenn eine Arbeit begonnen wird, über das Ziel des Arbeitsfeldes und die Kriterien der Bewertung bewusst sein sollen. Jüngeren Schülern sollten Ziel und Beurteilungskriterien, unserer Erfahrung nach, schrittweise mit Zwischenzielen vermittelt werden. Die Ziele sollten deutlich und verständlich formuliert sein, so dass sie von den Schülern verstanden werden (Thorsten 2010). Sogar wenn der Lehrer deutliche Ziele genannt hat, ist es nicht ungewöhnlich, dass die Schüler anfangs nicht die Bedeutung verstehen, was darauf beruhen kann, dass das Ziel gewöhnlich Fähigkeiten und Kompetenzen beschreibt, die die Schüler noch nicht haben. Deshalb sollte es Zwischenziele geben. Der Lehrer kann z.B. jedes Ziel auf einen Papierbogen schreiben, die während des Unterrichts im Klassenraum aufgehängt werden. Vor jeder Arbeitsphase betont der Lehrer die aktuellen Ziele, um den Schülern zu zeigen, was sie entwickeln und lernen sollen. Diese Transparenz der Ziele lenkt zudem den Fokus auf die wichtigsten Ansprüche, die der Unterricht an den Schüler stellt, so dass das Kind lernt Wichtiges von Unwichtigem zu unterscheiden. Ebenso kann der Lehrer zusammen mit den Schülern mit Hilfe der Ziele darüber reflektieren, wie weit die Schüler in ihrem Lernprozess gekommen sind. Wenn das Arbeitsfeld abgeschlossen ist, sollte die Beurteilung des Lehrers deutlich mit den Zielen verknüpft sein, die die Schüler erhalten haben.

Individuelle Entwicklungspläne und schriftliche Beurteilungen

Die individuellen Ziele, die im individuellen Entwicklungsplan (IUP) formuliert wurden, zeigen dem Schüler wie er arbeiten muss, um sich kompetenzmäßig und sozial zu entwickeln. Die Ziele basieren teils auf der Dokumentation und dem Wissen des Lehrers über das Lernen des Schülers und teils auf den Vorstellungen des Schülers und der Erziehungsberechtigten (Skolverket 2008). In der schriftlichen Beurteilung sind zunächst diese Ziele aufgeführt. Mit diesem als Ausgangspunkt wird dann während des Entwicklungsgespräches eine Diskussion zwischen dem Lehrer, dem Schüler und den Erziehungsberechtigten über drei bis sechs konkrete Teilziele geführt, die bis zum nächsten Entwicklungsgespräch priorisiert werden sollen. Auch wenn der Lehrer gewöhnlich einige Teilziele für besonders wichtig hält, so sind jedoch auch der Schüler und die Erziehungsberechtigten aktiv bei der Wahl des Schwerpunktes des Entwicklungsplanes beteiligt.

Die Ziele sollen so beschrieben werden, dass der Schüler selbst die Bedeutung versteht, weil der Schüler dann eine größere Möglichkeit hat, sie zu fokussieren (Thorsten 2010). Deshalb ist es oft von Vorteil, wenn der Schüler bei der Formulierung dabei ist und falls das Schreibvermögen es zulässt, selbst die Ziele notiert. Die Ziele können aus der Perspektive des Schülers (siehe Beispiel aus Jahrgang 2) oder allgemeiner (siehe Beispiel aus Jahrgang 4) formuliert werden:

Für einen Schüler im Jahrgang 2 (acht Jahre) können die Ziele wie folgt aussehen:

- Ich soll große Buchstaben und Punkte in der richtigen Weise anwenden können.
- Ich soll alle Monate kennen.
- Ich soll sicher die Uhrzeiten mit voller und halber Stunde nennen können.

Die Ziele im Jahrgang 4 (zehn Jahre) könnten lauten:

- die wichtigsten Worte aus einem Text herausfinden können.
- Texte schreiben, die einen roten Faden von Anfang bis Ende aufweisen
- zwischen den verschiedenen Längeneinheiten wechseln können

Black et al. (2004) betont, dass der Schüler beide Ziele, seine individuellen und die der Aufgabe gut verinnerlicht haben soll. Damit die Ziele im Zentrum der täglichen Schularbeit stehen, sollten sie leicht zugänglich für Lehrer und Schüler sein. Aus unserer Erfahrung hat es sich z.B. bewährt, die Ziele laminiert am Arbeitsplatz des Schülers zu befestigen. Dann können der Lehrer und der Schüler auf dieser Grundlage regelmäßig besprechen wie die Arbeit vorangeht, ob die Ziele noch aktuell sind oder ob neue Ziele formuliert werden sollen. Es soll ebenfalls in einem solchen Reflexionsgespräch besprochen werden, ob der Schüler tatsächlich die Hilfen und Unterstützung bekommt, die er benötigt.

Schülergesteuerte Entwicklungsgespräche

Um das Verständnis und die Verantwortung des Schülers für sein eigenes Lernen zu erhöhen, beginnen immer mehr Schulen mit schülergesteuerten Entwicklungsgesprächen (Wirström Nilsson 2009). Dies bedeutet, dass der Schüler selbst das gesamte Gespräch oder Teile des Gespräches leitet. Dies kann sehr unterschiedlich aussehen. Hier ein Beispiel dazu, das auf unserer Erfahrung mit dem Jahrgang 4 aufbaut: Einige Wochen vor dem Entwicklungsgespräch kann der Schüler im Einzelgespräch mit sämtlichen Lehrern die Leistungen des jeweiligen Faches besprechen. Der Schüler kann auch in Einzelarbeit reflektieren und in einem Heft notieren, was seiner Meinung nach gut und weniger gut läuft, welche Schularbeiten für welches Fach gezeigt werden können etc. Das, was der Schüler als Leistungsvorlage auswählt, soll eine direkte Kopplung zu der schriftlichen Beurteilung haben und als Beispiel für den Lernprozess des Schülers dienen. Vor dem Gespräch haben die Eltern eine schriftliche Beurteilung nach Hause bekommen, damit alle Beteiligten informiert sind. Im eigentlichen Entwicklungsgespräch berichtet zunächst der Schüler mit Unterstützung des Reflexionsheftes über seine Stärken und Entwicklungsbereiche anhand konkreter Beispiele. Die Eltern werden ermuntert Fragen zu stellen und zu kommentieren. Nach dem Schüler berichtet der Lehrer. Den Eltern wird wieder die Möglichkeit gegeben, Fragen zu stellen. Zum Abschluss werten der Schüler, der Lehrer und die Eltern den Entwicklungsplan des letzten Halbjahres aus und schreiben neue Ziele in den Entwicklungsplan.

Organisation von Individuum-angepasstem Unterricht

Die Schüler müssen also unbedingt während des Unterrichts eine Möglichkeit bekommen, ihre persönlichen Ziele zu entwickeln. Zum Teil kann dies im normalen Unterricht geschehen, weil der Lehrer vom Lehrplan und den Bedürfnissen der Schüler bei seiner Planung des Unterrichts ausgeht. Teils geschieht dies in speziellen Unterrichtsphasen, wenn die Schüler alleine oder in Gruppen an ihren eigenen Zielen arbeiten. Wichtig ist, dass die Lehrkraft bei der Planung des Unterrichts reflektiert, ob und wann die Ziele des Einzelnen besser in Einzel- oder Gruppenarbeit oder aber im lehrergesteuerter Unterricht (Gillies/Boyles 2010; Skolverket 2009c) zu erreichen sind. Dabei ist es sehr wichtig, dass der Lehrer in allen Prozessen erreichbar ist, die Schüler anleitet und sie in ihrem Lernprozess nicht alleine lässt. Es hat sich gezeigt, dass sonst vor allem schwächere Schüler benachteiligt werden (Skolverket 2009c).

Damit diese Arbeitsphasen praktisch funktionieren, ist es aus unserer Erfahrung notwendig, dass der Lehrer eine strukturierte und ruhige Umgebung schafft, in der alle Schüler wissen, was sie zu tun haben. Nachdem der Lehrer mit allen Schülern Entwicklungsgespräche geführt und individuelle Ziele formuliert hat, werden oft Schülergruppen mit gleichen Arbeitsaufgaben gebildet.

Der Lehrer kann anhand der Informationen Aufgaben für die unterschiedlichen Fächer und Arbeitsfelder zusammenstellen, bei denen unterschiedliche Arbeitsweisen und Arbeitsaufgaben möglich sind. Verschiedene Schüler können dann ihren persönlichen Arbeitsplan bekommen, aus dem hervorgeht, welche Übungen, Spiele und Aufgaben sie erledigen sollen.

Weil viele Schüler alleine oder in der Gruppe selbstständig arbeiten können, bekommt der Lehrer die Möglichkeit, in kleineren Gruppen den Unterrichtsstoff zu besprechen. Der Lehrer hat auch die Möglichkeit, eine individuelle Rückmeldung für die unterschiedlichen Arbeiten zu geben.

Gruppenarbeit gibt auch die Möglichkeit zu Individuum-angepasster Arbeit und fördert die Entwicklung von Zusammenarbeit

Gruppenarbeit ist eine Arbeitsmethode, die gute Voraussetzungen für Schüler schafft, um gemeinsam zu arbeiten aber dennoch die Selbstständigkeit zu fördern. Bei den Lehrplänen der Grundschule (Lpo94; Lgr11) steht das kollektive Lernen in der Ausbildung eher im Hintergrund – zugunsten der Ausrichtung auf individuelles Lernen. Dies bedeutet, dass Gruppenarbeit als Arbeitsmethode mit ihren vielen Möglichkeiten, auch der individuellen Anpassung, in der schwedischen Schule in den Hintergrund gerückt ist (Ekholm1996; Granström 2006). Eine andere Ursache für weniger Gruppenarbeit kann sein, dass die Lehrer nicht ausreichendes Wissen über gelungene Beispiele von Gruppenarbeit haben (Williams/Sheridan 2010; Forslund Frykedal/Hammar Chiriac 2011) oder nicht mit den Stärken dieser Arbeitsmethode vertraut sind (Forslund Frykedal/Hammar Chiriac 2011). Die Forschung betont verschiedene Qualitätskriterien von gutem Gruppenunterricht:

- die Zusammensetzung der Gruppen,
- das Erstellen von Gruppenaufgaben, die die Fähigkeiten aller Gruppenmitglieder einbezieht,
- das Wissen über Gruppen und Gruppenprozesse,
- die Transparenz der gemeinsamen Zielsetzung, die die Schüler verinnerlichen,
- die Anleitung über die Durchführung einer Gruppenarbeit und
- die Durchführung einer angemessenen Beurteilung (einschließlich klarer Beurteilungskriterien) von Kompetenzen und Fähigkeiten, die während der Gruppenarbeit entwickelt werden (Forslund Frykedal 2008; Gillies/Boyle 2010).

Mit der Gruppenarbeit als Arbeitsmethode gibt es Möglichkeiten der individuellen Anpassung und Beteiligung bei gleichzeitiger klarer Struktur mit deutlichen Zielen und Kriterien. Bei der Gruppenarbeit bekommen die Schüler auch die Möglichkeit, die Fähigkeit zur Zusammenarbeit zu trainieren und zu entwickeln.

Instrumente der Leistungserfassung und -dokumentation

Um den Stand der Kompetenzentwicklung der Schüler zu kennen, muss der Lehrer ihre Kompetenzen und Fähigkeiten erfassen und dokumentieren. Der Stand der Kompetenzentwicklung muss dem Schüler und den Eltern mitgeteilt werden. Lundberg (2008) und Lundberg/Herrlin (2003) sagen, die Erfassung der Kompetenzentwicklung der Schüler sei u.a. nötig, um Hindernisse in ihrem Lernprozess zu entdecken. Der nächste Schritt ist es, die Hindernisse durch Übungen etc. zu minimieren. Eine Herausforderung bei dieser Arbeit ist die Heterogenität der Kinder und ihre ungleiche Kompetenzentwicklung. Im täglichen Unterricht kann es deswegen schwer sein, den Entwicklungsverlauf eines jeden Kindes aufmerksam zu verfolgen. Es gibt eine Menge unterschiedlicher Erfassungs- und Dokumentationssysteme in der schwedischen Schule: solche, die Lehrer oder Lehrergruppen selbst erstellt haben und solche, die von der Forschung oder der Lehrerausbildung ausgearbeitet wurden und als Schulmaterial angeboten werden. Lundberg (2008) und Lundberg/Herrlin (2003) haben als Unterstützung für die Lehrer z.B. ein Erfassungsmaterial für die Lese- und Schreibentwicklung der Schüler entwickelt. Es geht um zwei Ziele:

- die Lese- und die Schreibentwicklung jedes Kindes zu fördern *und*
- individuelle Hilfen für jedes Kind zu geben, falls diese benötigt werden.

Im Folgenden werden weitere Materialien beschrieben.

Das Mathe-Haus

Wenn Kompetenzen und Fähigkeiten an jüngere Schüler mitgeteilt werden, wird oft ein Ankreuzschema, das als Figur (Blume, Drache, Haus etc.) dargestellt wird, verwendet. Die Figur ist in unterschiedliche Flächen eingeteilt, wobei jede Fläche eine abgegrenzte Fähigkeit beschreibt. Im Jahrgang 1 haben wir mit einem selbst entwickelten Mathehaus gearbeitet. Das Haus hat mehrere Türen, die unterschiedliche Bereiche der Mathematik repräsentieren, wie z.B. Addition und Subtraktion. Zu jeder Tür gehören verschiedene Etagen in denen verschiedene Gebiete der Mathematik beschrieben werden, wie z.B. *Addition im Zahlenraum 0–5*. Wenn der Lehrer das sichere Können eines Bereiches feststellt, schreibt er das aktuelle Datum in die Fläche und der Schüler malt sie an. Auf diese Weise kann der Schüler deutlich seine eigene Entwicklung sehen. Unserer Erfahrung nach motiviert dies die Schüler sich weiter zu entwickeln, so dass am Ende alle Flächen gefüllt sind. Zum Mathehaus gibt es eine detaillierte Beschreibung mit konkreten Beispielen, was der Schüler sicher beherrschen muss.

Matrizen

Eine andere Art zu zeigen, wo sich der Schüler in der Kompetenzentwicklung befindet und den nächsten Schritt zu beschreiben, ist die Anwendung von Matrizen. Eine Matrix ist eine Art Tabelle, deren Ziel es ist, die Entwicklung der Fähigkeiten des Schülers deutlich zu machen. Der Vorteil von Matrizen ist nach Lindström (Skolverket 2009b), dass sie die Progression der Entwicklung aufzeigen. Der Schüler sieht, wo er sich in der Kompetenzentwicklung befindet und kann den nächsten Schritt ablesen. Die Matrizen sehen unterschiedlich aus, abhängig davon welche Fähigkeiten sie beschreiben. In der unten stehenden Tabelle (siehe Tabelle 2) zeigen eigene Beispiele, was beurteilt wird (links) und welche verschiedenen Niveaus der Schüler durchlaufen muss (rechts). Nach Airasian/Russel (2008) sind drei bis fünf Niveaus ausreichend. Lindström (2002) meint, dass die Niveaus sich deutlich qualitativ unterscheiden sollten, und dies mit Beispielen belegt sein sollte. Weil die Absicht der Matrizen dem Schüler verdeutlichen soll, wo er sich in seiner Entwicklung befindet, sollte der Text so formuliert sein, dass Schüler den Inhalt verstehen können (Thorsten 2010).

Eine Matrix kann allgemein oder speziell sein. Falls sie allgemein ist, beschreibt sie ausführlich z.B. die Schreibfähigkeiten der Schüler und kann als Grundlage für schriftliche Beurteilungen genutzt werden (Skolverket 2009a). Eine spezielle Matrix wird nach Wirström Nilsson (2009) innerhalb der pädagogischen Planung des Lehrers verfasst. Somit ist sie direkt mit den Unterrichtsinhalten verknüpft, was ein Vorteil für jüngere Schüler sein kann, die sie so leichter verstehen und ihre Bedeutung erfassen (Thorsten 2010). Das Verfassen von Matrizen mit Progression in der Entwicklung von unterschiedlichen Kompetenzqualitäten und der Verständlichkeit für Schüler im Alter von sieben bis zehn Jahren ist eine große Herausforderung für Lehrer. Wirström Nilssson (2009) meint, dass es darum von Vorteil ist, wenn mehrere Lehrer zusammen arbeiten und die Matrix zusammen erarbeiten und erproben. Das unten stehende Beispiel zeigt den Teil einer Matrix, die im Zusammenhang mit dem Aufsatzschreiben im Jahrgang 4 verwendet wird. Das Schreiben hat mehrere Phasen, in denen der Text mehrere Male umgearbeitet wird, u.a. nach einer Mitschülerrückmeldung. Die Lehrerrückmeldung bestand dann aus einer Markierung in der Matrix sowie Fragen und Kommentaren, die sich direkt auf den Text bezogen. Die Matrix war ein Teil der formalen Beurteilung und eine Unterlage für den Schüler zur Textgestaltung.

Textstruktur	Du hast viele Ideen, aber du wechselst zu häufig zwischen ihnen. So ist es schwer der Geschichte zu folgen.	Du verfolgst einen Gedanken mit deinem Text, aber der Text hat noch keinen roten Faden. Es gibt Teile, die schwierig zu verstehen sind.	Dein Text hat eine deutliche Geschichte und einen roten Faden. Es gibt jedoch Teile, die schwierig zu verstehen sind.	Dein Text hat eine deutliche Einleitung, eine Handlung und ein Ende. Er hat einen roten Faden.
Dialog	Du bist unsicher, wie du Dialoge schreiben sollst. Du verwendest nur wenige Verben aus dem Wortfeld »sagen«[30], aber du musst sie passend zum Text verwenden.	Du schreibst oft richtige Dialoge. Du verwendest unterschiedliche Verben aus dem Wortfeld »sagen«, aber du musst sie passend zum Text verwenden.	Du schreibst Dialoge mit korrekten Anführungszeichen. Du verwendest unterschiedliche Verben aus dem Wortfeld »sagen«, die meist gut in den Text passen.	Du kannst Dialoge auf zwei Arten schreiben. Du wechselst zwischen den Verben aus dem Wortfeld »sagen«, so dass es zum Text passt.
Satzzeichen	Deine Sätze sind lang. Du vergisst oft die Großschreibung und die Punkte an der richtigen Stelle.	Du verwendest oft die Großschreibung und die Punkte auf die richtige Weise. Du bist bei der Kommasetzung unsicher.	Du verwendest die Großschreibung und Punkte auf die richtige Weise, aber du bist bei der Kommasetzung noch nicht ganz sicher.	Du verwendest die Großschreibung, Punkte und Kommasetzung korrekt.

Tab. 2: Teil einer Matrix aus dem Fach Schwedisch, Aufsatz

Portfoliomethode

Eine andere in Schweden gebräuchliche Methode bei der Individuum-angepassten Arbeitsweise ist die Portfoliomethode. Dysthe (2003) meint, wie die Portfoliomethode ausgeformt und durchgeführt wird, sei abhängig von der Kompetenzauffassung und dem verfolgten Ziel des Lehrers. Ein Ziel der Arbeit mit dem Portfolio ist einerseits die Dokumentation der Kompetenzentwicklung des Schülers in einem bestimmten Zeitraum. Andererseits soll dem Schüler die Möglichkeit gegeben werden, über seine eigene Arbeit und darüber hinaus zu reflektieren (Elmin 2000; Spandel 1997). Spandel (1997) betont, dass (a) der Schüler selbst auswählt, (b) einige bewusst ausgewählte Produkte in das Portfolio eingehen, (c) eine Selbstreflektion des eigenen Lernens stattfindet, (d) ein Ziel erreicht wird und (e) die Betonung auf dem Prozess und nicht auf einem Produkt liegt. Für den Lehrer ist es wichtig, eine gewisse Verantwortung an den Schüler zu delegieren, aber für das Gelingen müssen deutliche Ziele, die in den Kursplänen verankert sind, vorhanden sein. Nach Spandel (1997) sind Unterricht und Beurteilung bei der Anwendung von Portfolios ineinander ver-

---

30 Verben des Wortfeldes sagen wie flüstern, rufen

woben. Deshalb müssen die Beurteilungskriterien den Schülern bewusst sein, so dass sie bei einer Selbstreflektion wissen, welche Aspekte der eigenen Arbeit sie reflektieren sollen. Im Portfolio kann auch die Beurteilung des Lehrers in Form eines Erfassungsbogens, einer Matrix oder Kommentaren vorhanden sein. Es dient so der formalen und summativen Beurteilung (Airasian/Russel 2008).

Ein Portfolio kann unterschiedlich aussehen. Es kann aus einer großen Mappe, einem Ordner, einem Sammelalbum bestehen oder nur in digitaler Form vorliegen. Wenn wir mit einem Portfolio arbeiten, so besteht dies aus einem Sammelalbum, das die Schüler von der ersten bis zur sechsten Klasse begleitet. Der Schüler kann regelmäßig selbst Materialien für das Portfolio auswählen, ausgehend von einfachen Fragestellungen mit eigener Reflektion. Gewisse Aufgaben haben alle Schüler jedes Jahr eingefügt, wie z.B. einen selbstgewählten Text und ein Selbstportrait, um ihre Entwicklung deutlich sichtbar werden zu lassen. Unserer Erfahrung nach schätzen die Schüler es zu sehen, was sie in früheren Schuljahren hergestellt haben. Oft sind sie stolz darauf, wie viel sie gelernt haben und wie sie beurteilt wurden. Das Portfolio entsteht gewöhnlich in Einzelarbeit, aber auch eine Gruppe kann während der gemeinsamen Arbeit ein gemeinsames Portfolio erstellen. Dysthe (2003) betont, dass es eine Balance zwischen individueller und gemeinsamer Arbeit geben muss. Wir wollen auch den Einklang von Individuum-angepasster Arbeit betonen, aber nicht vergessen, dass Lernen auch in Interaktion mit anderen stattfindet.

Kommunikation als Werkzeug der Individuum-angepassten Arbeitsweise

Die Arbeitsmethoden und pädagogischen Verhaltensweisen, die im Text beschrieben werden, bauen alle auf der lehrenden Kommunikation und dem Dialog als wichtigstem Unterrichtswerkzeug auf. Die Aufgabe des Lehrers ist es, die Vorstellungen und Kompetenzen der Schüler zu kennen, den Schülern selbst diese mitunter erst zu verdeutlichen und sie aufzufordern ihr Lernen zu entwickeln. Dies gibt den Schülern die Möglichkeit für Verständnis, Einfluss und langfristige Verantwortungsübernahme für ihre eigene Kompetenzentwicklung. Es ist wichtig, eine gut funktionierende Organisation und eine ruhige Umgebung für eine optimale Möglichkeit der Entwicklung der Schüler zu schaffen. Dem Lehrer sollte deshalb seine eigene Bedeutung, wie auch das Involvieren der Schüler in den eigenen Kompetenzprozess bewusst sein. Eine Schule mit einer Individuum-angepassten Arbeitsweise gibt den Schülern die Möglichkeit Verantwortung zu übernehmen und Verständnis für den eigenen Lernprozess zu entwickeln. Dies ist die Basis für ein fortgesetztes Lernen der Schüler.

Literatur

Airasian/Russel (2008). Classroom Assessment: Concepts and Applications, New York/NY, USA: McGraw-Hill.

Black/Harrison/Lee/Marshall/Wiliam (2004). Working Inside the Black Box: Assessment for Learning in the Classroom. Vol. 86/2004. Bloomington/IN, USA: Phi Delta Kappan International, 9–12.
Dysthe (2003). Om förhållandet mellan individ och grupp i portföljprocessen. In Dysthe (Hrsg.). Dialog, samspel och lärande. Lund, Schweden: Studentlitteratur, 321–342.
Ekholm (1996). School climate and educational change: Stability and change in nine Swedish schools. In EERA Bulletin 2/1996.
Elmin (2000). Portfolio – sätt att arbeta, tänka och lära. Stockholm, Schweden: Gothia.
Forslund Frykedal (2008). Students' course of action in group-work. About levels of ambition and patterns of behaviour in collaborative situations. Universität Linköping, Schweden. Doktorarbeit. Internetfundstelle: http://liu.diva-portal.org/smash/record.jsf?searchId=13&pid=diva2:17754 [28.9.2011].
Forslund Frykedal/Hammar Chiriac (2011). Assessment of students' learning when working in groups. In Educational Research 53/2011, 331–345.
Gibbons (2006). Stärk språket stärk lärandet: Språk- och kunskapsutvecklade arbetssätt för och med andraspråkselever i klassrummet. Stockholm, Schweden: Hallgren&Fallgren Studieförlag AB.
Gillies/Boyle (2010). Teachers' reflections on cooperative learning: Issues of implementation. In Teaching and Teacher Education 26/2010, 933–940.
Granström (2003). Arbetsformer och dynamik i klassrummet. In Selander (Hrsg.). Kobran, nallen och majjen. Tradition och förnyelse i svenska skola och skolforskning, Myndighet för skolutveckling. Stockholm, Schweden, 223–243.
Granström (2006). Group phenomena an classroom management in Sweden. In Evertson/Weinstein (Hrsg.). Handbook of classroom management. Hillsdale/NJ, USA: Lawrence Erlbaum Associates, Publishers, 1141–1159.
Grosin (2004). Skolklimat prestation och anpassning i 21 mellan- och 20 högstadieskolor. Stockholm, Schweden: Stockholms Universitet, Pedagogiska Institutionen.
Hammar Chiriac/Forslund Frykedal (2011). Management of group work as classroom activity. In World of Journal of Education 2011 (geplant).
Hattie (2009). Visible learning. A synthesis of over 800 meta-analyses relating to achievement. New York/NY, USA: Routledge Chapman & Hall.
Lg11 (2011). Läroplan för grundskolan, förskoleklassen och fritidshemmet. Stockholm: Utbildningsdepartementet.
Lindström (2002). Produkt- och processvärdering i skapande verksamhet. In Skolverket (Hrsg.). Att bedöma eller döma: Tio artiklar om bedömning och betygsättning. Stockholm, Schweden, 109–124.
Lpo94 (1994). Läroplan för det obligatorika skolväsendet, förskoleklassen och fritidshemmet. Stockholm, Schweden: Utbildningsdepartementet.

Lundberg (2008). God skrivutveckling. Kartläggning och övningar. Stockholm, Schweden: Natur och Kultur.
Lundberg/Herrlin (2003). God läsutveckling. Kartläggning och övningar. Stockholm, Schweden: Natur och Kultur.
Österlind (1998). Disciplinering via frihet. Elevers planering av sitt eget arbeite, Uppsala Studies. In Education 75/1998. Uppsala, Schweden: Uppsala Universitet.
SFS 2010:800 (2010). Grundskoleförordningen. Stockholm, Schweden: Utbildningsdepartementet.
Skolverket (2005). Om skolors olikheter och deras betydelse för elevernas studieresultat. Stockholm, Schweden: Skolverket.
Skolverket (2008). Allmäna råd och kommentarer. Den individuella utvecklingsplanen med skriftliga omdömen. Stockholm, Schweden: Skolverket.
Skolverket (2009a). Att skriva skriftliga omdömen. Stockholm, Schweden: Skolverket.
Skolverket (2009b). IUP-processen – Arbetet med den individuella utvecklingsplanen med skriftliga omdömen. Stockholm, Schweden: Skolverket.
Skolverket (2009c). Vad påverkar resultaten i svensk grundskola? Kunskapsöversikt om betydelsen av olika faktorer. Sammanfattande analys. Stockholm, Schweden: Skolverket.
Spandel (1997). Reflections on portfolios. In Phye (Hrsg.). Handbook of academic learning. Construction of knowledge. London, UK: Academic Press, 573–591.
Thorsten (2010). Skriftliga omdömen: Om åttaåringars förmåga och möjlighet att förstå sina omdömen. Magisterarbeit. IBL 2010. Linköping, Schweden: Linköpings universitet.
Williams/Sheridan (2010). Conditions for collaborative learning and constructive competition in school. In Educational Research 52/2010, 335–350.
Wirström Nisson (2009). Mål i sikte – från styrdokument till praktisk handling. Malmö, Schweden: Gleerups Utbildning AB.

IV. Individuelle Förderung und Beziehungsgestaltung

Selbstkompetenzförderung durch Beziehungsarbeit

JULIUS KUHL/CLAUDIA SOLZBACHER

Ein weites Feld

Die 6-jährige Julia hat es in der Schule nicht immer leicht: Sie kann nicht lange still sitzen, fühlt sich häufig von den Lern- und Leistungsanforderungen überrollt und ist manchmal richtig erschöpft, entmutigt und unglücklich. Dann wird sie patzig und widerspenstig gegenüber ihrer Lehrerin, kritzelt ihre Bücher voll und zettelt Streit mit den anderen Kindern an. Aber Julia kümmert sich gerne um die Grünpflanzen im Klassenzimmer und achtet immer darauf, dass diese auch genügend Wasser bekommen. Zum Glück hat Julias Lehrerin dies bemerkt und als die großen Ferien anbrechen, bittet sie Julia, während der Ferienzeit den Geldbaum aus dem Lehrerzimmer, der ganz zerrupft und vertrocknet aussieht, mit nach Hause zu nehmen und sich um die Pflanze zu kümmern. »Du hast wirklich eine Begabung für Pflanzen!« hat die Lehrerin dabei zu Julia gesagt. Und Julia kümmert sich sechs Wochen hindurch hingebungsvoll um den Geldbaum. Der hat am Ende der Ferien gar keine vertrockneten Blätter mehr, sondern sogar ein paar neue Triebe bekommen. Und Julia hat sich zu Hause einen eigenen kleinen Garten angelegt. Und in ihrer Klasse ist sie jetzt die »Pflanzenwartin«. Irgendwann sagt sie zu ihrer Mutter: »Du, Mama, ich kann das richtig gut mit den Blumen. Ich kann alles darüber lernen. Ich kann ein Doktor für Blumen werden.« (vgl. Kuhl/Müller-Using/Solzbacher/Warnecke 2011, 7):

Dieses Beispiel zeigt, wie wichtig es ist, immer wieder neue Wege zu finden, Kinder »in Kontakt mit sich selbst« zu bringen, um ihnen einen offensichtlich verstellten Weg zum Lernen und zur Gesellschaft wieder zu erschließen.

In diesem Beitrag soll es darum gehen deutlich zu machen, warum Selbstkompetenz für Lernen und Leistung bedeutsam ist und in welchem Zusammenhang dies mit gelungenen pädagogischen Beziehungen steht:

- Welcher Voraussetzungen bedarf es um Begabungen und Fähigkeiten in Leistung umzusetzen?
- In welchem Verhältnis stehen Selbstkompetenz, pädagogische Beziehung und schulisches Lernen?
- Wie kann man Motivation steigern?
- Welche Gefährdungen der Beziehungsarbeit in der Schule lassen sich nennen?
- Welche konkreten Ansatzpunkte für beziehungssensibles Unterrichten gibt es?

Julius Kuhl/Claudia Solzbacher

Welcher Voraussetzungen bedarf es, um Begabungen und Fähigkeiten in Leistung umzusetzen?

Aufgrund der individuellen Verschiedenheit von Begabungen ist es notwendig, eine breit angelegte Definition zu Grunde zu legen (vgl. Beitrag »Begabungsförderung als pädagogische Aufgabe: Grundlegungen zu einem inklusiven Begabungsbegriff«, Behrensen/Doll/Kruse-Heine/Müller-Using/Sauerhering/Schwer/Solzbacher/Warnecke 2011). Dies gilt in ganz besonderem Maße für die Begabungsförderung in der Elementar- und Primarpädagogik, da wir es hier mit Kindern in Altersgruppen zu tun haben, deren Fähigkeiten entwicklungsbedingt noch nicht festgelegt sind. Das gilt aber auch besonders im Hinblick auf ein immer wieder angemahntes chancengerechtes Bildungssystem.

Begabungen können recht allgemein als »Fähigkeitspotenziale« (Heller/Perleth 2007, 141) bezeichnet werden, die nicht Fertigkeiten oder Kompetenzen an sich beschreiben, sondern nur die Möglichkeit zu diesen. Als Beispiel für ein mehrdimensionales, typologisches Modell sei das Münchener Begabungsmodell vorgestellt (Heller/Perleth 2007, 143). Hier ist deutlich zu sehen, dass es vieler Voraussetzungen bedarf, damit Begabung in Leistung umgesetzt wird:

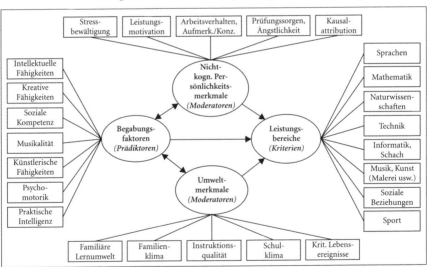

Abb. 34: Das Münchner (Hoch-)Begabungsmodell als Beispiel für mehrdimensionale typologische Begabungskonzepte

Heller und Perleth (2007) sehen Begabungsentwicklung als kontinuierlichen Interaktionsprozess zwischen internen Anlagefaktoren und externen Sozialisationsfaktoren. In dem Modell wird deutlich, dass die Entfaltung von Begabungen sowohl von Persönlichkeitsmerkmalen als auch von Umweltfaktoren beeinflusst wird. Die Selbstkompetenzen (wie von Kuhl et.al. in diesem Buch ausführlicher beschrieben) finden sich in dem Münchner Begabungsmodell als nicht-kognitive Persönlichkeitsmerkmale (obere Leiste der Abbildung 34). Man kann auch die (Lern-)Umweltfaktoren (untere Leiste der Abbildung 34) so organisieren, dass sie relevant werden für die Förderung von Persönlichkeitsmerkmalen; dies machen die Pfeile in der Abbildung ebenfalls deutlich. Deshalb ist die individuelle Förderung mit ihren besonderen Ansätzen und Methoden, besonders im Hinblick auf den Bildungsauftrag von Schule, hier von Bedeutung.

Alle Kinder und Jugendlichen haben diese Begabungen – wir haben uns allerdings angewöhnt, mehr die Defizite zu sehen und zu beheben als die Ressourcen, zu denen auch die Begabungen zählen, die verborgen bleiben, weil sie wegen unzureichender Selbstkompetenzen nicht in entsprechende Leistungen umgesetzt werden können. Wenn Begabungen nirgendwo in entsprechenden Leistungen sichtbar werden (sowohl für das Kind als auch für Pädagogen), dann ist ihre Entfaltung beeinträchtigt. Da man nicht alle latenten Begabungen mit objektiven Tests messen kann, erscheint es uns eine gute Strategie, die Faktoren genauer in Augenschein zu nehmen, die es Kindern ermöglichen ihre Begabungen in entsprechende Leistungen umzusetzen und auf diese Weise fortzuentwickeln. Eine wichtige Rolle spielen hier die sog. Selbstkompetenzen.

In der Tat erscheint es wichtig zu betonen, dass wir im Zusammenhang von Lernen und Entwicklung zu wenig auf die obere Leiste des Modells eingehen – d.h. auf die »nicht-kognitiven« Persönlichkeitsmerkmale – und wir halten diese in der Tat für grundlegend (vgl. dazu Solzbacher/Behrensen/Sauerhering 2011). Wir können diese obere Leiste zusammenfassen unter dem Stichwort *Selbstkompetenzentwicklung*.

Dass Pädagogen mehr Wert auf die Förderung von Selbstkompetenz legen müssen, kommt in letzter Zeit verstärkt auch in die bildungspolitische Diskussion über das Stichwort individuelle Förderung – die Fanfare bildungspolitischer Reformen nach PISA. Es wird aber noch nicht gründlich genug darauf hingewiesen, dass die Selbstkompetenz nur über gelungene Beziehungen zwischen Pädagogen und Jugendlichem gelingen kann. Das ist zwar ein alter Hut, aber in einer Zeit, in der es nur um »höher, schneller, weiter« geht, ist diese Erkenntnis etwas verloren gegangen, zumindest in der Schulpädagogik.

Die Bedeutung der Interaktion zwischen Lehrer und Schüler wird derzeit in der pädagogischen Debatte eher im Umfeld von Respekt, Konfliktbewältigung, Disziplin thematisiert und damit zusammenhängend um Erziehungsstil oder gar Führungsstil. Allerdings wird in diesem Zusammenhang häufig von der Lehrer-Schüler-»Rolle« gesprochen, was deutlich macht, wie formalisiert diese Lehrer-Schüler-Beziehung gedacht wird. Die besondere Bedeutung echter »Beziehung« für Lernen wurde und wird seltener thematisiert und aktuell erst durch die Hirnforschung ins rechte Licht gerückt.

Aber wir finden auch vorher bereits vielfältige Hinweise z.b. in der Reformpädagogik und in der geisteswissenschaftlichen Pädagogik (Litt/Nohl, Subjekt-Subjekt-Beziehung). Ziehe nennt 1983 den Lehrer einen Kultur- und Beziehungsarbeiter und Kersten Reich sowie andere Vertreter der konstruktivistischen Didaktik bezeichnen den Bereich »Beziehungen« schon lange als Entwicklungsland (vgl. dazu Giesecke 1999). Für Reinhold Miller (1997) z.b. gehört das Thema Beziehung unbedingt zur allgemeinen Didaktik. Er entwirft deshalb eine Beziehungsdidaktik und macht so deutlich, dass das Lehren und Lernen zwischenmenschlicher Beziehungen in den Mittelpunkt didaktischen Handelns und Reflektierens gehört. Die konstruktivistischen Pädagogen und Pädagoginnen gehen mit der Kommunikationswissenschaft (vor allem mit Watzlawick 1967) von der Erkenntnis aus, dass Unterricht sich nicht nur auf der Sachebene, sondern immer – mit dieser verbunden – auf der Beziehungsebene abspielt, wobei die Beziehungsebene die Sachebene dominiert: Lehrer und Schüler begegnen sich zunächst als Persönlichkeiten; sie beurteilen sich gegenseitig aufgrund persönlicher Werte (vgl. Stevens 2001). Unterricht hat also zuallererst eine zwischenmenschliche und erst dann eine institutionelle bzw. professionelle »Bedeutung«: Erst im zweiten Schritt sehen sich Lehrer und Schüler in ihren Funktionen und Rollen.

Hirnforscher haben aktuell nachgewiesen, dass sichere emotionale Beziehungen eine wesentliche Voraussetzung für eine optimale Entwicklung des Gehirns sind. Störungen stellen nur schwer zu bewältigende Belastungen dar und wirken destabilisierend auf bereits entstandene neuronale Verschaltungen (Grund ist u.a. die Ausschüttung von Stresshormonen bei Angst). Angsterfahrung, zu hoher Druck etc. sind demnach kontraproduktiv für Lernen. Damit kann die moderne Hirnforschung eindrucksvoll das belegen, was in zahlreichen pädagogischen und psychologischen Forschungen auf anderen Ebenen bereits als gesichert galt bzw. als belegt schien. Obwohl diese Vorgänge umso rasanter sind, je jünger das Kind ist, so spielen sie sich dennoch in allen Altersphasen und damit Schulformen bzw. Jahrgängen ab. Lernen kann – so viel steht fest – umso gedächtniswirksamer werden, je intensiver für emotionale Lerngelegenheiten gesorgt wird. Dazu zählen gute soziale Bedingungen in einer harmonischen Gemeinschaft sowie zwischen Lehrendem und Lernendem. Ohne Emotion kann keine Kognition erfolgen und ohne Emotionen kommt man an die Intelligenz und an die Leistungsfähigkeit des Kindes und Jugendlichen (an dessen Selbst) nicht heran (vgl. Hüther 2006; Kuhl/Hüther 2007).

Professionelle Beziehungskompetenz ist Grundlage für das Erkennen von Begabungen und Fähigkeiten sowie auch für die Entwicklung von Selbstvertrauen und den Glauben an die eigenen Fähigkeiten bei den Kindern. Der Hirnforscher Hüther (2009) spricht in diesem Zusammenhang von der »Macht der inneren Selbst-Bilder«, die durch soziale Beziehungen mit Erwachsenen geprägt werden und sich bis in die Hirnstrukturen hinein verfestigen. Die Fähigkeit der im Dialog erlernten Ich-Stärke ist Ausgangspunkt sämtlicher Lernprozesse eines Kindes. Es sind diese inneren Bilder (positive wie negative), die das Selbstvertrauen in das eigene Begabungspotenzial beeinflussen und damit zusammenhängend auch die Selbstkompetenz im Umgang mit der Begabung und ihrer Umsetzung in individuelle Leistung prägen. Gelungene Beziehungen sind grundlegende Voraussetzung für erfolgreiche Entwicklungs- und Bildungsprozesse.

Daher sind professionelle Beziehung bzw. ihr prägender Einfluss auf die Kinder von großer Bedeutung für das Thema Bildung und Begabung, u.a. für die Umsetzung von Begabung in Leistung. Ihre positive Ausgestaltung muss also deutlicher als bisher Bestandteil handlungsrelevanten und verantwortungsbewussten Professionswissens sein (vgl. dazu Solzbacher/Behrensen/Sauerhering 2011).

In welchem Verhältnis stehen Selbstkompetenz, pädagogische Beziehung und schulisches Lernen?

Die folgende Darstellung geht maßgeblich auf die Osnabrücker Erforschung der psychologischen Grundlagen von Selbstkompetenzen zurück (Kuhl 2001, 2011). Von welchen Selbstkompetenzen könnte denn die Entfaltung vorhandener Begabungen abhängen? Die Pädagogik und die Psychologie haben hierfür unterschiedliche Begriffe: die eigene Motivation auch dann aufrecht zu erhalten, wenn schwierige oder unangenehme Phasen des Lernens zu bewältigen sind (Selbstmotivierung), die Fähigkeit, negative Gefühle wie Angst und Enttäuschung nachhaltig zu bewältigen (Selbstberuhigung) und weitere sog. Selbstkompetenzen. Diese heißen deshalb so, weil sie von dem Entwicklungsstand eines Systems abhängen, das alle persönlich relevanten Erfahrungen so auswertet und integriert, dass in jeder schwierigen Situation, auch beim Lernen, immer diejenige persönliche Kompetenz eingesetzt werden kann, die gerade benötigt wird.

Dieses System nennen wir das Selbst, weil es eigene Lebenserfahrungen immer nach der persönlichen Bedeutung organisiert. Das heißt, dass das Selbst danach schaut, was eine Erfahrung für mich als Person bedeutet, und zwar in Bezug auf meine eigenen (aber auch fremde) Bedürfnisse, Werte, Handlungsmöglichkeiten, Begabungen und andere für mich charakteristische Eigenschaften (Biebrich/Kuhl 2009; Kuhl/Hüther 2007). Angewandt heißt das: Eine Person wird sich selbst (und anderen) umso besser »gerecht«, je besser sie bei jeder Aufgabe diejenigen Kompetenzen einsetzen kann, mit der die Aufgabe am besten bewältigt werden kann: Wenn die Lust am Lernen nachlässt, wird die *Selbstmotivierung* aktiviert. Diese sorgt z.B. dafür, dass ein aus der Vorstunde frustrierter Schüler wieder neue Lust verspürt und sich mit guter innerer Laune der nächsten Stunde widmen kann. Wenn hingegen Angst das Lernen stört, greift die erlernte *Selbstberuhigungskompetenz*, die z.B. einer Schülerin dabei hilft, ihre Versagensangst im Angesicht einer baldigen Prüfung zu regulieren und sie so den Kopf frei hat zum Lernen.

Ist an anderer Stelle kein Lösungsweg griffbereit, müssen *Planungskompetenzen* eingesetzt werden, um Alternativen zu erarbeiten. Nehmen wir z.b. einen Schüler, der in Chemie einen Versuch angehen soll, der allerdings so in der Form noch nicht besprochen wurde. Dieser Schüler muss nun aus seinem bestehenden Wissen Möglichkeiten für eine Lösung erarbeiten. Wenn in einem anderen Fall die Gefahr besteht, dass man sich zu lange bei unwichtigen Tätigkeiten aufhält, müssen verschiedene Ziele und Handlungsmöglichkeiten gegeneinander abgewogen werden. Ganz konkret zeigt sich dies in Klausuren, in denen ich als Schüler/-in abwägen muss, wie viel Zeit ich für welche Aufgabe verwende und ich mich nicht an einer Aufgabe festbeiße.

Spiegeln wir diese psychologischen Erkenntnisse mit pädagogischen. In der pädagogischen Terminologie z.B. in den schulischen Bildungsstandards spricht man von:

- Lernmotivation und Lernwillen,
- Selbsteinschätzungsfähigkeit und Selbstvertrauen,
- Verantwortung für das eigene Lernen übernehmen,
- Frustrationstoleranz und Durchhaltevermögen,
- eigene Lern- und Verhaltensziele setzten und Verantwortung für das eigene Lernen übernehmen: persönliche Zielvereinbarungen formulieren.

Selbstkompetenzen sind hier sehr aufs Lernen fokussiert und man hat immer den Eindruck. dass es sich um Dinge handelt, die der Schüler schon mitbringen muss – Schule fühlt sich dafür nicht zuständig. Die zentrale These unserer Forschungen lautet nun: Kita und (Grund-)Schule muss hierauf größeren Wert legen. Die Entwicklung von Selbstkompetenzen hängt maßgeblich von der Qualität der Beziehung zwischen Lernendem und Lehrendem ab. Das hat einen ganz einfachen Grund: Das Selbst kann sich am besten, in mancher Hinsicht sogar nur durch den Kontakt mit einem anderen Selbst entwickeln. Vorbehalte gegenüber allzu viel »Beziehung« im pädagogischen Kontext haben vielfältige Gründe, die von der zunehmenden Tendenz zur Technisierung und Versachlichung des gesellschaftlichen Leben bis hin zu dem Missverständnis reichen, »persönlich« werden gehöre nicht in den öffentlichen, sondern in dem privaten Raum. Die psychologisch-pädagogische Analyse von Selbstkompetenzen löst dieses Missverständnis auf, indem sie den Unterschied zwischen dem Persönlichen und dem Privaten ganz deutlich werden lässt: Selbstkompetenzen berühren persönliche Bedürfnisse und Fähigkeiten, ohne in den Bereich des Privaten zu reichen. Die Fähigkeit (oder Unfähigkeit) mit Leistungsangst, Motivationsverlust umzugehen, berührt zwar genuine Anliegen der Person, aber keineswegs den Bereich des Privaten (z.B. innere Einstellungen, Überzeugungen, moralische Werte u.Ä.). Das Selbst einer Person ist nicht nur durch solche mehr oder weniger privaten emotionalen und kognitiven *Inhalte* charakterisiert, sondern auch durch bestimmte Kompetenzen. Bei dem Begriff des Selbst handelt es sich also um ein komplexes Konstrukt.

Grundsätzlich gilt das Selbst als Kern der menschlichen Persönlichkeit, als Ort, an dem sich die speziellen Möglichkeiten des Einzelnen befinden, die er verwirklichen soll. Indem das Selbst emotionale und kognitive Faktoren, Ziele und aktuelle Bedürfnisse verarbeitet und in einem organisierten System vereint, ist es verantwortlich für alle internen und handlungsbezogenen Steuerungsprozesse. Diese Tatsache macht zusammenfassend deutlich, warum das Selbst bei der Unterrichtsgestaltung mehr im Zentrum der Betrachtung stehen sollte.

Dabei ist zu betonen: Die Beziehung zum Kind wird stark durch die eigene Haltung und Einstellung zum Kind geprägt. Die »Echtheit« dieser Beziehung kann auch als Indikator für das Leistungs- und Entwicklungsvermögen eines Kindes gelesen werden, wenn Persönlichkeits- und Fähigkeitsmerkmale wahrgenommen und didaktisch angesprochen und gefördert werden. Die vielleicht folgenschwerste Auswirkung gestörter Interaktion ist die »Abschaltung« des Selbst: Wenn die Interaktion nicht mehr so erlebt wird, dass einer der Interaktionspartner (oder beide) sich als Person wahrgenommen fühlt, dann wird das Selbst abgeschaltet; wir sprechen auch von einer Hemmung des Selbst. Sinnhaft vernetztes Lernen kann nicht mehr stattfinden, schon gar nicht hinsichtlich der persönlichen Bedeutung des Gelernten! Dass das Lernen ohne Beteiligung des Selbst beeinträchtigt ist, ergibt sich daraus, dass Lernfortschritt von Selbstkompetenzen abhängt, die ohne die Beteiligung des Selbst nicht funktionieren können: Wenn das Selbst abgeschaltet ist, gibt es keine Selbstmotivierung bei auftretenden Schwierigkeiten, keine Selbstberuhigung bei Stress, keine »Eigeninitiative« beim Umgang mit dem Stoff (sich selbst abfragen, Anwendungsmöglichkeiten suchen usw.).

Welche Folgen hat die Hemmung des Selbst für die Entwicklung von Selbstkompetenzen? Immer wenn das Selbst gehemmt ist, können noch so gute Erfahrungen nicht in das Netzwerk persönlich relevanter Erfahrungen (d.h. ins Selbst) integriert werden. Das gilt insbesondere auch für Ermutigungen oder beruhigende Signale von Eltern, Freunden oder Lehrern. Entwicklungspsychologen haben schon seit langem vermutet, dass die Fähigkeit des Erwachsenen, sich selbst zu beruhigen (oder zu motivieren), durch Verinnerlichung (Internalisierung) solcher beruhigenden (bzw. ermutigenden) Erfahrungen entstehen, die in der Kindheit (und auch in der Schule) durch die prompte und auf die Bedürfnisse des Kindes abgestimmte Reaktion von Bezugspersonen ausgelöst werden (Vygotski 1978).

Dabei muss betont werden, dass Selbstkompetenz und ihre Facetten wie Selbstberuhigung etc. zwar früh gelernt werden (Familie, Kita) müssen, aber später – also in Schule und Ausbildung auch noch hinzugelernt werden können.

Also diese »Systemkonditionierung« (wie wir sagen) kann auch in späteren Jahren »nachgeholt« werden, und zwar in allen persönlichen Beziehungen, in denen der Lernende sich als Person soweit wahrgenommen und angenommen fühlt.

Wie funktioniert nun der Erwerb von Selbstkompetenzen wie Selbstmotivierung und Selbstberuhigung in einer geglückten Interaktion? Heute gehen wir davon aus, dass diese Internalisierung der zunächst durch die Bezugsperson ausgelösten Emotionsregulation durch einen elementaren Lernprozess zustande kommt, den wir Systemkonditionierung nennen (Kuhl/Völker 1998): Beim klassischen Konditionieren werden zwei bislang noch nicht verknüpfte Reize (z.B. die Glocke und das Fleischstück in Pawlows Experimenten an Hunden) dadurch verknüpft, dass sie ein paar Mal gleichzeitig oder kurz hinter einander auftauchen (z.b. wenn die Glocke eine Sekunde vor Zeigen des Futters ertönt, wird sie für den Hund direkt mit dem Fleischstück verknüpft und später von dem Hund als Ankündigung für das Fleisch gewertet, mit den entsprechenden Reaktionen wie Speichelfluss).

Auf ähnliche Weise wird das Selbstsystem mit der emotionsregulierenden Wirkung der Bezugsperson verknüpft, wenn die beiden beteiligten Systeme (das Selbst und die Emotionsregulation) gleichzeitig oder sehr kurz hintereinander aktiviert werden: Das Selbst wird dadurch aktiviert, dass das Kind oder der Jugendliche sich persönlich angesprochen fühlt (ob durch Blickkontakt, durch die Unmittelbarkeit des Emotionsausdrucks der Bezugsperson oder ihr zugewandtes Verhalten) und das an der Emotionsregulation beteiligte System wird z.B. dadurch aktiv, dass die Bezugsperson das Kind ermutigt oder beruhigt. Wenn also die Ermutigung oder die Beruhigung, die von einer Bezugsperson ausgehen, mit dem Selbst des Kindes verknüpft werden, dann braucht es später bei einer auftretenden Belastung oder Beunruhigung nur sein Selbst zu aktivieren (z.B. seine Beunruhigung spüren), um das emotionsregulierende System in Gang zu setzen. Dieser Vorgang der Selbstberuhigung (oder Selbstmotivierung) geschieht dann so schnell, dass er meist gar nicht bewusst wird. Diese »Mikroregulation« der Emotionen ist deshalb so wichtig, weil sich Emotionen bewusst meist nicht gut regulieren lassen (z.B. wenn man einem Kind sagt: »Du brauchst keine Angst zu haben.« oder »Freu dich doch.«, dann lässt der Erfolg oft zu wünschen übrig).

Persönlich werden Beziehungen immer dann, wenn die Bezugsperson ab und zu prompt und angemessen auf die Bedürfnisse des Lernenden eingeht. Ist das nicht der Fall, dann wird das »Selbst« abgeschaltet, wie es für alle biologischen Systeme der Fall ist, wenn sie nicht gebraucht werden. Wenn das Selbst abgeschaltet ist, können noch so ermutigende oder beruhigende Erfahrungen nicht mit dem Selbst verknüpft werden, also auch später nicht von selbst aktiviert werden. Ein Kind, das sehr häufig fröhliche, ermutigende oder beruhigende Reaktionen erlebt (z.B. von Eltern oder Lehrern), wird zwar entsprechend leicht und häufig in eine fröhliche, motivierte bzw. entspannte Stimmung kommen.

Damit ist aber noch keineswegs garantiert, dass es aus einer unguten Stimmung, wenn sie tatsächlich einmal auftritt, selbstständig (d.h. ohne Hilfe) herauskommt (z.B. wenn es während einer Mathematik-Arbeit nicht unbedingt durch die eigenen Ängste oder Gedanken an frühere schlimme Erfahrungen gestört werden möchte). Um die Integration der Beruhigungserfahrung ins Selbst zu ermöglichen, muss die Beziehung zumindest gelegentlich so positiv erlebt werden, dass das Selbst aktiv ist, d.h., wenn es wirklich in schwierigen Situationen ist und sich dann angesprochen fühlt (vgl. Kuhl/Künne/Aufhammer 2011).

Wie kann man Motivation steigern? Man muss wollen können!

Ein Beispiel:

Der kleine Lars sitzt vor seinen Hausaufgaben und legt einfach nicht los. Er guckt aus dem Fenster, kritzelt auf seinem Blatt herum, turnt auf seinem Stuhl. Was ist los?

»Du musst doch nur wollen!« *»Er könnte, wenn er wollte!«* *»Es ist alles eine Sache des Willens!«* *»Reiß dich zusammen!«* *»Das kann doch nicht so schwer sein!«*

Das denken wir noch häufiger im Umgang mit Jugendlichen! »Der Schüler muss nur wollen« ist ein häufig unbewusst mitlaufender Satz in Lehrerköpfen. Gemeinsam ist diesen Aussagen die Annahme, dass es nur vom Willen abhängt, ob eine Aufgabe geschafft wird. Dabei gehen wir davon aus, dass die angesprochene Person die Aufgabe ohne weiteres schaffen kann und die nötigen Fähigkeiten besitzt, ihm nur die Bereitschaft dazu fehlt: Er will einfach nicht! Aus der eigenen Erfahrung wissen wir aber im Grunde: Ganz so einfach ist das mit dem Wollen nicht. Warum das nicht so einfach ist, können wir mittlerweile psychologisch erklären. In der Psychologie bezeichnet man Wollen auch als »Willensbahnung«, d.h. die Umsetzung dessen, was man will. Zu dem Bereich der Willensbahnung gehören auch die Zielbildung und die Zielerreichung. Wie kommen Ziele eigentlich zustande, und wie erreichen erfolgreiche Menschen ihre Ziele?

Wie kommt ein Erwachsener oder ein Kind von der Absicht zur Umsetzung? Die psychischen Systeme werden von Affekten, d.h. von Gefühlen oder Stimmungen, aktiviert und gehemmt. Wenn eine Absicht umgesetzt werden soll, muss der Zugang zur Verhaltenssteuerung aufgebaut werden. Man kann sich das wie einen Wasserschlauch vorstellen, der geknickt wird, damit kein Wasser mehr fließen kann. Erst wenn der Schlauch losgelassen wird, kann das Wasser fließen. Kinder und Erwachsene, die ihre Vorhaben häufig aufschieben, denen es also nicht gelingt, ihre Ziele umzusetzen, haben Schwierigkeiten damit, nach der Planung den Zugang zur Verhaltenssteuerung herzustellen (übertragen auf das Beispiel: den Schlauch loszulassen). Wenn das Intentionsgedächtnis aktiv ist, also eine Absicht gebildet und ein Handlungsplan geschmiedet wird, ist eine Person eher in einer nüchtern-sachlichen Stimmung. Ist der Plan fertig und eine Gelegenheit gekommen, die Absicht auszuführen, braucht sie hingegen eine positive Stimmung, um vom Denken ins Handeln zu kommen: Die intuitive Verhaltenssteuerung wird durch positiven Affekt aktiviert.

Zusammengefasst: Wenn das Intentionsgedächtnis aktiviert ist, ist der positive Affekt gehemmt (beim Denken und Planen ist man in einer eher nüchternen Stimmung) – der Wasserschlauch wird geknickt. Das ist normalerweise ganz nützlich, weil beim Denken und Planen voreiliges Handeln verhindert werden soll, was durch die Hemmung handlungsbahnenden (»positiven«) Affekts ermöglicht wird. Wenn die Hemmung des positiven Affekts aufgehoben wird, aktiviert der positive Affekt die intuitive Verhaltenssteuerung, und das, was geplant worden ist, wird ausgeführt (Willensbahnung), der Wasserschlauch entknotet sich durch die gute Stimmung (siehe ausführlicher Kuhl 2001; Martens/Kuhl 2008).

Aus dieser Theorie lassen sich Ansatzpunkte für die Förderung von Motivation ableiten. Die Ursache für fehlende Motivation und damit den Ansatzpunkt für Unterstützung findet man in den meisten Fällen, wenn man das Wechselspiel zwischen den psychischen Systemen und die damit verbundenen Affekte und Gefühle betrachtet.

Schauen wir an dieser Stelle noch einmal auf den kleinen Lars, der an seinem Schreibtisch sitzt und nicht zu den Hausaufgaben kommt. Wie können wir diese Situation mit dem jetzigen Wissen betrachten? Zunächst die Ausgangslage: Lars hat vermutlich die Absicht, seine Hausaufgaben zu erledigen, kommt aber nicht ins Handeln. Das heißt im Sinne der beschriebenen Theorie, dass sein Intentionsgedächtnis mit der Absicht »Hausaufgaben machen« geladen ist. Lars gelingt es aber nicht, eine Verbindung zu seiner intuitiven Verhaltenssteuerung herzustellen. Im übertragenen Sinne: Er knickt den Wasserschlauch, kann ihn aber nicht loslassen, damit das Wasser wieder fließt. Es passiert vielleicht sogar Folgendes: Lars bemerkt, dass der Wasserdruck immer größer wird und anstatt loszulassen, knickt er den Wasserschlauch noch stärker. Das bedeutet, die Verbindung zur intuitiven Verhaltenssteuerung wird immer weiter blockiert, die Hemmung größer. Dieses paradoxe Phänomen ist mit der dargestellten Theorie leicht erklärbar: Wie erwähnt hat das Intentionsgedächtnis ja nicht nur die Aufgabe, eine unerledigte Absicht im Gedächtnis aufrecht zu erhalten, sondern es hemmt dabei auch den Zugriff auf das Handeln (damit das Denken und Planen oder Warten auf die richtige Ausführungsgelegenheit nicht durch voreiliges Handeln gestört wird). Je mehr also Lars an seine Absicht denkt, desto mehr sinkt seine Motivation, genauer gesagt, seine Fähigkeit, die Absicht auszuführen. Doch wie könnte es ihm gelingen, die nötige Verbindung zur Verhaltenssteuerung herzustellen? Wir wissen, dass die intuitive Verhaltenssteuerung durch positiven Affekt aktiviert wird. Lars braucht also ein kleines positives Gefühl oder einen Anreiz, der von außen oder von innen kommen muss. Bleiben wir bei dem Wasserschlauch im übertragenen Sinne: Vielleicht sieht Lars eine trockene Pflanze, die er gießen kann? Dann fällt das Loslassen leicht. In Bezug auf seine Hausaufgaben könnte das bedeuten, dass er sich vielleicht freut, nachher mit seinen Freunden spielen zu gehen oder das positive Gefühl, wenn die Hausaufgaben fertig sind, antizipieren kann? Vielleicht findet er auch einen interessanten Aspekt an den Aufgaben, etwas, das er spannend findet oder gern macht? Das wären schon Beispiele für eine Selbstmotivierung von innen, die auch dann funktioniert, wenn niemand da ist, der ihn ermutigt oder sonst wie zum Handeln bringt.

Gelingt dem kleinen Lars das oben Beschriebene von alleine, kann man es so beschreiben: Er kann wollen, er verfügt also über die Fähigkeit, selbstständig kleine positive Anreize zu entdecken. In der Psychologie nennt man diese Fähigkeit Selbstmotivierung. Das bedeutet, man ist dazu in Lage, den durch das Intentionsgedächtnis gehemmten positiven Affekt selbstständig heraufzuregulieren bzw. wieder herzustellen, damit die Absichten aus dem Intentionsgedächtnis mit der intuitiven Verhaltenssteuerung umgesetzt werden können. Aber woher kommt der positive Affekt denn eigentlich? Kommt der von selbst? Im Grunde ist es genau so, nur dass er nicht von selbst kommt, sondern vom Selbst. Das Selbst kann man sich wie ein sehr großes weit reichendes Archiv vorstellen. Alle diese positiven und natürlich auch die negativen Erlebnisse mit anderen werden im Selbst gespeichert und dienen als großes Reservoir für spätere Situationen, in denen ich emotionalen Beistand brauche. Fehlt dem Kind dieses Reservoir oder ist es noch nicht ausreichend gefüllt, funktioniert das Anzapfen natürlich nicht, es braucht emotionale Unterstützung von außen, also eine positive Motivierung. Hier wird auch wieder klar, warum Selbstmotivierung am besten in guten Beziehungen gelernt wird: In positiven Beziehungen öffnet sich das Selbst, sodass alle ermutigenden Erfahrungen in die große Erfahrungsbibliothek des Selbst integriert werden können.

Wichtig dabei ist allerdings, dass sich diese für Lars stimmig anfühlen muss: Würde seine Mutter ihn jetzt mit etwas aufheitern wollen, was er überhaupt nicht mag, so ginge der äußere Beistand an ihm vorbei und sorgte möglicherweise sogar für noch mehr Frust. Damit der äußere Beistand sich in einen inneren Beistand, als eine Art »Vorrat« im Selbst, entwickeln kann, muss dieser möglichst genau passen: Trifft die Mutter diesen Punkt, z.B. eine kleine Sache, bei der die beiden beim Mittag herzlich lachen mussten, kann Lars sein Reservoir füllen. Wichtig ist dabei, dass das Kind in diesem Moment nicht nur einfach aufgeheitert oder angetrieben wird, sondern dass es sich von seiner Bezugsperson mit seinen Schwierigkeiten wirklich verstanden und angenommen fühlt. Oberflächliches Motivieren, Aufheitern, Ablenken oder Beschönigen, also alles, was nicht die Person anspricht, kann dazu führen, dass das Selbst abgeschaltet wird. Und dann können sogar sehr schöne und für den Moment vielleicht sogar ermutigende Erfahrungen nicht ins Selbst integriert werden (das Lars-Beispiel ist aus Strehlau/Künne 2011, die zur Forschungsgruppe um Julius Kuhl gehören).

Immer nur für positive Stimmung zu sorgen, verhilft einem Kind also nicht unbedingt dazu, seine Gefühle zu regulieren und dadurch Willensstärke zu entwickeln. Das Selbst einer Person ist aktiviert, wenn sie sich als Person ernst genommen, verstanden und angenommen fühlt, andernfalls wird das Selbst abgeschaltet und kann folglich auch nicht mit noch so beruhigenden, sinnstiftenden oder motivierenden Gefühlen, die jemand auslöst, verknüpft werden (wenn jemand sagt »Du musst doch nur wollen!« fühlt man sich beispielsweise meistens nicht besonders gut verstanden). Wenn die ermutigenden Reaktionen des jeweiligen Interaktionspartners aber mit einem echten gegenseitigen Verstehen einhergehen, wird das Selbst des Kindes angesprochen, und die emotionale Unterstützung kann ihre Wirkung entfalten.

Das ist ein stark unterschätztes Problem der Motivation, es gibt viele Floskeln (»Du kannst das« etc.) – beziehungssensibel ist Motivation nur, wenn sie ernst gemeint ist und wirklich auf die Probleme eingeht – nur dann verdienen die Maßnahmen den Begriff *Selbstmotivation*.

Zusammengefasst bedeutet dies für die Arbeit mit Kindern und Jugendlichen, dass Beziehungserfahrungen im Kontext von Herausforderungen besonders wichtig für die Entwicklung von Motivation sind: Wie gehen Lehrkräfte in herausfordernden Situationen mit den Kindern um? Wo können die Kinder positive Beziehungserfahrungen machen?

Lernen kann – so viel steht fest – umso gedächtniswirksamer werden, je intensiver für emotionale Lerngelegenheiten gesorgt wird. Dazu zählen gute soziale Bedingungen in einer harmonischen Gemeinschaft sowie zwischen Lehrendem und Lernendem. Ohne Emotion kann keine vernetzte Kognition erfolgen und ohne Emotionen kommt man an die Intelligenz und an die umfassende Leistungsfähigkeit des Kindes und Jugendlichen (an dessen Selbst) nicht heran (vgl. Hüther 2006; Kuhl/Hüther 2007).

Daraus erwachsen der Organisation der Schule und der Gestaltung des Unterrichts vielfältige neue Anforderungen. Die Praxis des Lehrens und Lernens ist dann der »kommunikative Versuch der Ermöglichung der beabsichtigten Lernprozesse, der Anbahnung und Anleitung von Können und Verstehen« (Hermann 2003, 633), u.a. durch den gezielten Ausbau von Selbstkompetenz und nicht (wie die Standarddiskussion dies mitunter suggeriert) eine »Technik des Herstellens und Verteilens von Wissen«. Es gilt, an den Schulen eine Lernkultur zu entfalten und eine Lernumgebung zu schaffen, die es Schülerinnen und Schülern ermöglicht, eigenständig Selbstkompetenz zu erwerben und in komplexen Lernarrangements anzuwenden.

Gefährdung der Beziehungsarbeit in der Schule

Es gibt einen gewissen Grundkonsens bezüglich dessen, was die Beziehung zwischen Lehrkraft sowie Schülern und Schülerinnen befördert: Fachkompetenz verbunden mit der Fähigkeit zur Stoffvermittlung, Höflichkeit und Freundlichkeit, Gerechtigkeit bzw. Gleichbehandlung der Schüler, Verständnis für die Belange der Schüler, aber auch Strenge und Durchsetzungsvermögen – insgesamt also menschliches Vorbild sein. Tausch und Tausch, die zahlreiche Studien zum Lehrerverhalten seit den 1950/60er-Jahren durchgeführt haben, stellen drei Variablenkomplexe des Lehrer- bzw. Erzieherverhaltens heraus: Achtung, Wärme, Rücksichtnahme sowie vollständiges emphatisches Verstehen und Echtheit und Aufrichtigkeit. Solches Lehrerverhalten schafft Vertrauen und Respekt als wichtige Grundlagen für gelungene Lehrer-Schüler-Beziehungen (vgl. Tausch/Tausch 1998). Es zeigt auch, dass es durchaus gelingen kann zu erreichen, dass jeder einzelne Schüler sich auch dann persönlich angesprochen fühlt, wenn die Lehrperson sich an die ganze Klasse oder Gruppe richtet. Neuere Untersuchungen aus der Bindungsforschung bestätigen diese These sogar für den Kita-Bereich: Die Beziehungssicherheit von Kleinkindern steigt auch dann an, wenn Erzieherinnen sich nicht überwiegend mit einzelnen Kindern beschäftigen, sondern bestimmte Merkmale für ein persönlich wirkendes, akzeptierendes und liebevolles Verhalten der ganzen Kindergruppe gegenüber zeigen (Ahnert 2010).

Bezogen auf die Förderung von Selbstkompetenz heißt das: Grundlegende Einstellungen und Werthaltungen, die das (Lern-)Handeln des Einzelnen (als Ziel von Selbstkompetenzförderung, siehe oben) bedingen, entstehen nur auf der Grundlage von Anerkennung durch die Lehrkraft und Respekt vor ihr. Eigenständige und selbstverantwortliche Motivation entsteht nur, wenn die Lehrkraft über individuelle Zuwendung zum einzelnen Kind dessen Motivatoren ansprechen kann. Individuelle Zuwendung muss nicht immer heißen, dass einzelne Schüler/-innen einzeln angesprochen werden. Ein Kind kann sich individuell angesprochen fühlen durch die Art, wie persönlich ein Erwachsener der Gruppe gegenüber auftritt. Trotzdem ist die Ergänzung eines persönlichen Verhaltens gegenüber der Gruppe durch dyadische Kommunikation eine besonders wichtige Chance, Selbstkompetenzen zu stärken. Selbstvertrauen und Selbstwertgefühl entstehen über unterstützte Selbsttätigkeit, mit anderen Worten über ein ausgewogenes Verhältnis zwischen Fremd- und Selbstbestimmung. Zum Selbstkonzept gehört auch die kritische Selbstwahrnehmung in Auseinandersetzungen mit einer Lehrkraft, die selbst Position bezieht, ein auf Respekt vor dem Kind fußendes Durchsetzungsvermögen hat und Grenzen aufzeigen kann.

Hinweise darauf, was zwischenmenschliche Beziehungen in der Schule gefährden könnte, sind demnach vor allem auf den Ebenen der mangelnden Fachkompetenz, der Kränkungen bis hin zur Respektlosigkeit gegenüber den Schülern und Schülerinnen, der Erfahrung von Ungerechtigkeiten und von Laisser-faire bis hin zur Interesselosigkeit am Fortgang der Kinder zu suchen. Der Weg zu einer besseren Beziehungskultur beginnt damit sich zu fragen, wo wir in der Schule Bereiche ausmachen können, in denen solche Gefährdungen zu finden sind.

Gerade im Rahmen von Schulentwicklung muss sich die Einzelschule diesen Erkenntnissen stellen und fragen: Wo haben wir in unserer Schule diesbezüglich besondere Mängel? Es gilt eine schulische Beziehungskultur aufzubauen, um eine scheinbar unabänderliche Konsequenz abzuwenden: Erlebt sich ein Mensch in seinem Selbstwertgefühl als grundlegend beeinträchtigt durch Beschämung und Verachtung oder auch »nur« durch das Gefühl als Individuum nicht wahrgenommen zu werden, verfällt er unter Umständen auf Verhaltensweisen, die sich oder andere schädigen – jedenfalls ist kaum zu erwarten, dass er seine Stärken kennen lernt und auf ihnen aufbauend Anerkennung für die Person und Leistung anderer entwickelt. Die Beziehungsproblematik entfaltet sich in einer Lehr-Lernmatrix (d.h. in bestimmten Schulsettings). Beziehungen hängen ab von Kulturen des Lobens und Tadelns, von Kulturen der Leistungsbewertung, von Feedbackkulturen generell etc. Wo bringe ich (die Lehrerin oder der Lehrer) denn in welchen Situationen den Schülern bei, eine Verbindung zu persönlichen Motivatoren herzustellen, Zielbilder zu entwerfen, Misserfolgserlebnisse zu verarbeiten, sich selbst Erfolgserlebnisse geben zu können? Wo wann und wie bereite ich Schüler aufs Durchhalten vor, auf den erforderlichen Energieaufwand für gute Leistungen und selbstgesteckte Ziele? Wie lehre ich Vorbilder nutzen zu lernen, wie helfe ich persönliche Lernstrategien zu entwickeln, mit (Versagens-)Ängsten umgehen helfen etc.? Wie kann ich dafür förderliche Umgebungen schaffen?

Wir wissen in der Tat schon lange, dass wir der Begabungsförderung eines Kindes und Jugendlichen erst gerecht werden, wenn wir uns seiner Persönlichkeitsentwicklung annehmen und rein kognitiv-intellektuelle Förderung nicht als hinreichend betrachten. Denn persönliche Kompetenzen haben mindestens einen genauso großen Einfluss auf die Leistung wie IQ oder fachliche Kompetenzen. Wir haben diesen Bereich aber lange vernachlässigt.

Ansatzpunkte für beziehungssensibles Unterrichten

Schulkultur der Anerkennung: beziehungssensible individuelle Förderung

Bei der Entwicklung einer »Schulkultur der Anerkennung« geht es um die Entwicklung eines Schulklimas, das bestimmt ist von Grundsätzen gegenseitiger Anerkennung, der Ablehnung von Diskriminierung und Zielen der Integration und Partizipation. Themenbereiche, die sich anbieten, sind: Wie erleben und verarbeiten Kinder Erfahrungen von Diskriminierung und Ausgrenzung aufgrund von Geschlecht, Sprache, ethnischer Herkunft, Religion oder Behinderung (oft auch verbunden mit speziellen Ausgrenzungserfahrungen von muslimischen Mädchen)? Welche Bewältigungsstrategien bilden sie aus? Wie kann die Grundschule dabei Unterstützung bieten, die Kinder auf die Bewältigung solcher möglichen Erfahrungen sinnvoll vorbereiten, ohne in defizitäre Sichtweisen zu verfallen, sondern hohe Erwartungen an alle zu vermitteln, an Stärken und Potenzialen ansetzen, etc.? Wie kann die Grundschule diesbezüglich bereits mit den »abgebenden« Kitas kooperieren um gemeinsame, aufeinander aufbauende Konzepte zu entwickeln, d.h. möglichst früh zu beginnen und gemeinsam systematisch zu arbeiten?

Auf evaluierte Förderansätze kann derzeit nicht zurückgegriffen werden, sodass Schulen eine derart strukturierte Förderung selbst konzipieren und erproben müssen.

Selbsttätigkeit ermöglichen und erfolgsfreundliche Umgebungen schaffen

Selbstwirksames Lernen ist nur dann möglich, wenn Erfolgserfahrungen im Rahmen der Bewältigung ansprechender Aufgaben (nur dies sind anregende Lernumgebungen!) gemacht werden können, bei denen Beharrlichkeit erforderlich ist (vgl. dazu Fuchs 2005). Der immer wieder beschworene Ansatz der Selbsttätigkeit ist also grundsätzlich richtig, weil nur so Selbstwirksamkeit erzeugt wird. In Konzepten zum fächerübergreifenden oder offenen Lernen bzw. zur Binnendifferenzierung im Unterricht kann man z.B. Selbsttätigkeit ermöglichen, und auch der Wechsel von Lernorten oder fachliche Kooperationen verbessern Selbsttätigkeit, wenn sie dementsprechend vorbereitet werden etc. Wir wissen, dass vornehmlich Könnenserfahrungen Einfluss auf die Entwicklung eines positiven Selbstkonzeptes nehmen. Diese Könnenserfahrungen müssen gewürdigt werden. Der Pädagoge muss Feedback geben (vgl. Bastian/Combe 2009).

Dazu ein Beispiel:

Ein Schüler/eine Schülerin oder eine ganze Gruppe hat durchaus anspruchsvolle Aufgaben gut erfüllt.

- Die Lehrperson lobt ihn/sie einzeln oder im Klassenverband.
- Sie fragt, was es ihm/ihr leicht gemacht bzw. ermöglicht hat so gut zu arbeiten.
- Sie meldet zurück, dass sie diese Anregungen gerne für ihre weiteren Unterrichtsvorbereitungen nutzen will.
- Auch etablierte Instrumente der individuellen Förderung sind dabei hilfreich, wie z.B. Kompetenzraster, Lerntagebücher, Schülerselbst- und Mitbewertungsbögen oder Lernentwicklungsberichte und Portfolios, anhand derer die Lehrperson in einen Dialog mit jedem einzelnen Schüler über seine/ihre Arbeit treten kann (z.B. in regelmäßigen Schülersprechstunden).
- Sie nutzt solche Feedbackgespräche, um ihre Ansprüche an die selbsttätige Arbeit transparent zu machen und zeigt Wege auf, wie man diese Kriterien erreichen kann.

- Sie betont zunächst das Positive der Schülerarbeit und benennt dann die Dinge, die noch verbesserungswürdig sind. Daran schließen sich umsetzbare Fördertipps mit kürzerer und mittlerer Reichweite an.
- Dass die Wortwahl dieser schriftlichen und mündlichen Dialoge von gegenseitigem Respekt getragen sein müssen, versteht sich zwar von selbst, muss aber immer wieder reflektiert und ggf. auch gelehrt werden (Welche Wortwahl ist angebracht und welche löst Kommunikationsprobleme aus etc.?).

Auf der Ebene der Selbstkompetenzentwicklung lernen die Kinder und Jugendlichen so,

- dass ihre Leistungen geschätzt werden,
- dass es der Lehrkraft wichtig ist, transparente und erfüllbare aber anspruchsvolle Anforderungen zu setzen, sich für deren Erreichung zu interessieren und auch dafür einzusetzen,
- dass Reflexion über den eigenen Lern- und Entwicklungsprozess und die daraus folgenden Veränderungen und Handlungen Früchte trägt und
- dass Frustrationstoleranz sich lohnt und geschätzt wird.

Ein solcher Prozess braucht viel Energie und Durchhaltekraft. Da ist es wichtig, dass in verschiedenen Phasen auch kleinere Zwischenerfolge deutlich werden. Dazu ein weiteres Beispiel:

- Die Lehrperson bewertet nicht nur Endprodukte, sondern auch Zwischenergebnisse (z.B. durch Feedback-Gespräche).
- Sie beschreibt in Zwischenberichten die Schüler/die Schülerinnen als Personen mit berechtigten Vorlieben und Abneigungen und als eigenständige Persönlichkeiten mit emotionalen und kognitiven Stärken – auch wenn das Ziel noch nicht optimal erreicht wurde.
- Sie zeigt ihnen damit, dass ihre schulischen Leistungen nicht der einzige Anlass für Anerkennung sind.

»Feedbackverfahren« haben direkten Einfluss auf den Erwerb von Selbstkompetenz. Als Verfahren der Dokumentation zur Beurteilung haben sich Beobachtungsbögen, Lernberichte oder Lerntagebücher bewährt, sowie der Einbezug der Kinder, Eltern und Fachlehrkräfte in Lernbeurteilung und Förderplanung (z.B. durch Schülersprechstunden). Die Erfahrung zeigt, dass fundierte Gesamtbeurteilungen helfen, in Zeugnissen oder sonstigen Empfehlungen für den weiteren Bildungsverlauf pessimistische Einschätzungen von Kindern (besonders aus bildungsbenachteiligten Familien) zu vermeiden.

Welche Rituale gibt es noch, mit Hilfe derer man kleine und große Erfolge (gemeinsam) feiern kann? Idealerweise sollte auch jeder einzelne Schüler/jede einzelne Schülerin im Gespräch herausfinden wie er/sie sich für die Erreichung bestimmter Ziele belohnen bzw. belohnt sehen möchte. Daran wächst auch Beziehung.

Unbedingt erwähnt werden muss in diesem Zusammenhang: Auch die Lehrkräfte benötigen eine Kultur der Anerkennung. Das ist nicht ganz leicht in den Schulen aufzubauen. Aber auch hier könnte man darüber nachdenken: Bekommt das Personal die Unterstützung und Anerkennung, die es braucht – Wo könnten wir hier besser werden, damit Beziehungsverhalten nicht durch schlechte Mitarbeitermotivation geschwächt wird? Diese Frage richtet sich sowohl an die Einzelschule als auch an die Bildungspolitik.

Zielbilder entwerfen und Verantwortung dafür übernehmen

Selbsttätigkeit trägt nur dann Früchte, wenn die Schüler und Schülerinnen so weit wie möglich auch nach ihren eigenen Interessen und an ihren eigenen Zielen arbeiten können. Hieran erkennt man u.a. den selbstkompetenten Lerner. Von den eigenen Fächerinhalten begeisterte Lehrkräfte wirken zweifellos motivierender auf Schüler und Schülerinnen als solche, die abstrahlen, dass sie den Stoff schon viele Male gelehrt haben und er sie eigentlich nicht mehr interessiert. Aber die Interessen des Lehrers oder der Lehrerin sind nicht immer auch die der Schüler.

Dazu ein Beispiel:

Die Lehrperson gibt den Schülern so oft wie möglich die Gelegenheit herauszufinden, welche Themen sie interessieren und welche speziellen Bereiche sie auf welche Weise vertiefen möchten (z.B. im Rahmen von Projektarbeit, Wochenplänen aber auch Portfolios). Schüler müssen lernen, sich Ziele zu setzen. Das ist für die Schulen nicht ganz so einfach umzusetzen, da in der Regel die Themen etc. vorgegeben bzw. »gerahmt« sind, aber dennoch muss man hier nach Spielräumen suchen. Nur so wird aus Tätigkeit Selbsttätigkeit, die getragen wird von dem Gefühl: »Was ich tue macht Sinn«. Die Variable des Freiheitsspielraumes, der Schülern eingeräumt wird, wurde in Untersuchungen als besonders bedeutsam für die Entwicklung des Selbstkonzeptes angesehen (vgl. dazu Renkl/Helmke/Schrader, 382).

- Die Lehrperson diskutiert gemeinsam mit den Schülern, welche langfristigen Ziele sie verfolgen wollen.
- Sie leitet sie an, daraus mittelfristige und kurzfristige Ziele zu entwickeln.
- Sie regt ggf. an, diese in »Verträgen« festzuhalten.
- Sie unterstützt die Schüler und Schülerinnen dabei, diese Ziele auch zu erreichen.

Das kann bereits auf der Ebene der Unterrichtsplanung beginnen und es endet nicht mit der Präsentation von Leistungen und dem Gespräch über die Bewertung des Geleisteten. Denn es gilt, danach auch z.B. mögliche Misserfolgserlebnisse zu verarbeiten und neue Wege zu finden, die angestrebten Ziele dennoch zu erreichen. Die Erfahrung des Schülers sollte sein: »Auf mich kommt es an!«

Fazit

Grundlage jeder Bemühung um das Kind oder den Jugendlichen ist die Entwicklung der Qualität der Beziehungen zwischen den Menschen in der Schule (so Faust-Siehl u.a. 1996, 34) oder, wie Bateson dies beschreibt, »Zwei sind nötig, damit einer sich kennenlernt« (zitiert nach Miller 1997, 48).

Literatur

Ahnert (2010). Stichwort: Bindung. In Speck/Fegert/Neuhäuser/Peterander/Simoni/Walthes (Hrsg.). Frühförderung Interdisziplinär. München: Ernst Reinhardt Verlag, 46 f.

Bastian/Combe (2009). Feedbackarbeit und Individualisierung. Zum Wechselverhältnis zweier Lehr-Lernformen. In Kunze/Solzbacher (Hrsg.). Individuelle Förderung in der Sekundarstufe I und II. Baltmannsweiler: Schneider Verlag Hohengehren.

Behrensen/Doll/Kruse-Heine/Müller-Using/Sauerhering/Schwer/Solzbacher/Warnecke (2011). Begabungsförderung als pädagogische Aufgabe: Grundlegungen zu einem inklusiven Begabungsbegriff. In Kuhl/Müller-Using/Solzbacher/Warnecke (Hrsg.). Bildung braucht Beziehung. Selbstkompetenzen stärken – Begabungen entfalten. Freiburg i.B., Basel, Wien: Herder.

Biebrich/Kuhl (2009). Reflexionsfähigkeit und Selbstentwicklung. In Sachse (Hrsg.). Theorie und Praxis der klärungsorientierten Psychotherapie. Göttingen: Hogrefe.

Faust-Siehl (1996). Die Zukunft beginnt in der Grundschule: Empfehlungen zur Neugestaltung der Primarstufe. Reinbeck: Rowohlt Verlag.

Fuchs (2005). Selbstwirksames Lernen im schulischen Kontext. Kennzeichen – Bedingungen – Umsetzungsbeispiele. Bad Heilbrunn: Klinkhardt.

Giesecke (1999). Die pädagogische Beziehung. Pädagogische Professionalität und die Emanzipation des Kindes. Weinheim, München: Juventa.

Heller/Perleth (2007). Talentförderung und Hochbegabtenberatung in Deutschland. In Heller/Ziegler (Hrsg.). Begabt sein in Deutschland. Berlin: LIT Verlag.

Herrmann. Bildungsstandards – Erwartungen und Bedingungen, Grenzen und Chancen. In Zeitschrift für Pädagogik 49/2003, 625–639.

Hüther (2006). Bedienungsanleitung für ein menschliches Gehirn. Göttingen: Vandenhoeck & Ruprecht.

Kuhl (2001). Motivation und Persönlichkeit: Interaktionen psychischer Systeme. Göttingen: Hogrefe.

Kuhl/Hüther (2007). Das Selbst, das Gehirn und der freie Wille: Kann man Selbststeuerung auch ohne Willensfreiheit trainieren? In Pädagogik 11/2007, 36–41.

Kuhl/Künne/Aufhammer (2011). Wer sich angenommen fühlt, lernt besser: Begabungsförderung und Selbstkompetenzen. In Kuhl/Müller-Using/Solzba-

cher/Warnecke (Hrsg.). Bildung braucht Beziehung. Selbstkompetenzen stärken – Begabungen entfalten. Freiburg i.B., Basel, Wien: Herder.
Kuhl/Müller-Using/Solzbacher/Warnecke (2011). Bildung braucht Beziehung. Selbstkompetenzen stärken – Begabungen entfalten. Freiburg i.B., Basel, Wien: Herder.
Kuhl/Völker (1998). Entwicklung und Persönlichkeit. In Keller (Hrsg.). Lehrbuch der Entwicklungspsychologie. Bern: Huber, 207–240.
Martens/Kuhl (2008). Die Kunst der Selbstmotivierung: Fortschritte der Motivationsforschung praktisch nutzen. Stuttgart: Kohlhammer.
Miller (1997). Beziehungsdidaktik. Weinheim, Basel: Beltz.
Renkl/Helmke/Schrader (1997). Schulleistung und Fähigkeitsselbstbild: Universelle Beziehungen oder kontextspezifische Zusammenhänge? In Weinert/Helmke (Hrsg.). Entwicklung im Grundschulalter. Weinheim: Psychologie Verlags Union, Weinheim, 373–384.
Solzbacher/Behrensen/Sauerhering (2011). Individuelle Förderung und Selbstkompetenzentwicklung aus pädagogischer Perspektive. In Kuhl/Müller-Using/Solzbacher/Warnecke (Hrsg.). Bildung braucht Beziehung. Selbstkompetenzen stärken – Begabungen entfalten. Freiburg i.B., Basel, Wien: Herder.
Stevens (2001). Denkpause: ein Arbeitsbuch für Lehrer zum Umgang mit Schülern beim Lehren und Lernen. Baltmannsweiler: Schneider Verlag Hohengehren.
Strehlau/Künne (2011). Wollen und Wollen-Können. In Kuhl/Müller-Using/Solzbacher/Warnecke (Hrsg.). Bildung braucht Beziehung. Selbstkompetenzen stärken – Begabungen entfalten. Freiburg i.B., Basel, Wien: Herder.
Tausch A./Tausch R. (1970/1998). Erziehungspsychologie. Göttingen: Hogrefe.
Vygotsky (1978). Mind in society: The development of higher psychological processes. Cambridge/MA, USA: Harvard University Press.
Watzlawick et al. (1967). Pragmatics of human communication. A study of interactional patterns, pathologies and paradoxes. New York/NY, USA: W.W. Norton & Company.

Lehrer/-innen-Schüler/-innen-Beziehungen und ihr Einfluss auf die Entwicklung von Kindern: Was sagt die Forschung?

Susanne Völker/ Christina Schwer

Für effektive Lehrprozesse und individuelle Förderung erscheint eine gute pädagogische Beziehung unverzichtbar (z.B. Arthur/Gordon/Butterfield 2003; McInerney/McInerney 2006; Sztejnberg/den Brok/Hurek 2004; Vygotsky 1978). Dieses Kapitel soll – ohne Anspruch auf Vollständigkeit – einen Überblick über die Ergebnisse empirischer Forschung zur Lehrer/-innen-Schüler/-innen-Beziehung im Grundschulalter geben und einige gängige konzeptuelle Einordnungen dazu vorstellen. Die empirische Forschung beachtete die pädagogische Beziehung in der Vergangenheit eher indirekt im Zusammenhang mit der Qualität von didaktischen Instruktionen und von Lernassistenz und vernachlässigte ihre emotionale Bedeutung für Schüler/-innen (Pianta 1999; vgl. auch Leitão/ Waugh 2007). Studien, die die emotionale Beziehungsqualität zwischen Kindern und Lehrpersonen direkt zum Gegenstand haben, stehen überwiegend vor einem bindungstheoretischen Hintergrund. Die vorliegenden Ergebnisse beruhen häufig auf Stichproben amerikanischer Kindergartenkinder. In den USA wird der Schulbeginn mit dem Eintritt in den Kindergarten verbunden. Als »Kindergarten« wird dort ein einjähriges Programm verstanden, das dem Schulsystem angegliedert ist und dessen Struktur und Inhalte mehr denen der ersten Klasse als denen des Kindergartens im deutschen Bildungssystem entsprechen. Die Kinder werden in der Regel im Alter von fünf Jahren in den Kindergarten eingeschult und recht diszipliniert an die Anforderungen formellen Lernens gewöhnt. Ergebnisse amerikanischer Studien mit Kindergartenkindern erhellen somit durchaus die Bedeutung der frühen Lehrer/-innen-Kind-Beziehung und werden in unserer zusammenfassenden Übersicht berücksichtigt.

Ergebnisse empirischer Forschung

Was macht eine gute Beziehung zwischen Schülern/Schülerinnen und Lehrpersonen aus? Sie sollte getragen sein von wechselseitiger Akzeptanz und Respekt, von Verständnis, Wärme, Nähe, Fürsorglichkeit und Kooperation – so die Beschreibungen, die man in der Literatur findet (z.B. Good/Brophy 2000; Krause/Bocher/Duchesne 2006; Larrivee 2005; Noddings 2005; Smeyers 1999). Vorhandene Forschungsergebnisse zeigen, dass die Anpassungsprozesse, die Kinder beim Übergang zum formellen Lernen in der Grundschule zu leisten haben, entscheidend durch eine positive Lehrer-Schüler-Beziehung unterstützt werden, dass eine gute pädagogische Beziehungsqualität sowohl die Schulleistungen als auch die soziale Kompetenzentwicklung günstig beeinflusst (Birch/ Ladd 1997; Entwisle/Hayduk 1988; Murray/Waas/Murray 2008; Pianta/Stuhlman 2004; Pianta 1999; Sztejnberg et al. 2004) und dass sie für die weitere Selbstkonzeptentwicklung der Schüler wichtig ist (Pianta/Walsh 1996; Rutter 1979). Es lässt sich zudem ein größeres Schulengagement bei Schülern nachweisen, die ihre Beziehungen zu Lehrpersonen positiv erleben (z.b. Connell/Wellborn 1991; vgl. auch Ahnert/Harwardt 2008). Forschungsbefunde verdeutlichen auch, dass gute Beziehungen zu Lehrpersonen eine Schutzfunktion für Kinder mit sozialen Risiken besitzen (Werner/Smith 1989). Letztere profitieren ganz besonders von positiven und unterstützenden Beziehungen zu Erwachsenen – Effekte von Armut werden abgemildert und die Bildungschancen der Kinder verbessern sich (Entwisle/Alexander 1999; Burchinal et al. 2002; Werner 1993; Werner/Smith 1989; 1992). Es gibt auch eine Reihe von Untersuchungen, die belegen, dass Kinder mit aggressiven Verhaltensauffälligkeiten, besonders wenn erschwerende sozio-kulturelle Bedingungen hinzukommen, in ihrer Bildungsentwicklung von einer guten Lehrer/-innen-Schüler/-innen-Beziehung in besonderer Weise profitieren (siehe unten Hamre/Pianta 2001; Ladd/Burgess 2001; Meehan/Hughes/Cavell 2003; Murray/Waas/Murray 2008). Negativität in den Lehrer/-innen-Schüler/-innen-Beziehungen stellt zudem selber einen Risikofaktor für die weitere sozio-emotionale und bildungsbezogene Entwicklung von Kindern dar (Hamre/Pianta 2001).

Man geht davon aus, dass Lehrerinnen und Lehrer eine gute Beziehung zu ihren Schülern und Schülerinnen etablieren, indem sie ihnen ein Modell für Akzeptanz, Verständnis, Respekt und zwischenmenschlicher Wärme geben (Barry/King 1993). Durch diese Vorbildfunktion scheinen Lehrpersonen zudem einen zentralen Einfluss auf die Qualität aller sozialen Interaktionsprozesse in einer Klasse auszuüben, auch auf die Entwicklung von Beziehungen und Freundschaften zwischen den Schülern und Schülerinnen (Howes/Hamilton/Philipsen 1998; Klem/Connell 2004; Pianta 1999).

Die emotionale Beziehungsqualität wurde im Kindergarten- bzw. im Grundschulalter bislang fast ausschließlich durch Einschätzungen der Lehrer/-innen oder Schüler/-innen erfasst, nicht durch Verhaltensbeobachtungen. Hier gibt es jedoch im deutschen Sprachraum aktuelle Bemühungen der Verfahrungsentwicklung (Glüer/Hannover 2011). In den meisten Untersuchungen kommt ein von Pianta (1992) vor bindungstheoretischem Hintergrund entwickeltes Instrument zum Einsatz, die *Student-Teacher Relationship Scale* (STRS). Es handelt sich um eine Skala mit Items im Likert-Format, die die Wahrnehmung der Beziehung zu einem bestimmten Kind aus Sicht des Lehrers erfasst. Die Items beziehen sich sowohl direkt auf die Gefühle und Einstellungen der Lehrperson einem individuellen Kind gegenüber als auch auf ihre Wahrnehmung beziehungsrelevanter Verhaltensweisen des Kindes. Sie erfassen drei Dimensionen: *Konflikt* (*Conflict*, z.B.: »This child easily becomes angry with me.«), *Nähe* (*Closeness*, z.B.: »I share an affectionate and warm relationship with this child.«) und *Abhängigkeit* (*Dependency*, z.B.: »This child reacts strongly to separation from me.«). In einer Studie von Hamre und Pianta (2001) standen beispielsweise

Schulerfolg, Arbeitsverhalten und Verhaltensprobleme in einer Stichprobe von 179 Schülern über einen Untersuchungszeitraum vom Kindergarten (amerikanisches System) bis zur achten Klasse in einem statistisch bedeutsamen Zusammenhang mit den Beziehungseinschätzungen, die Lehrpersonen im Kindergarten mittels der STRS vorgenommen hatten. Der Zusammenhang zeigte sich für eine Zusammenfassung der Konflikt- und Abhängigkeits-Skalen. Zusammenhänge mit späteren Verhaltensproblemen waren am stärksten ausgeprägt in der Gruppe der Kinder, deren Verhaltensprobleme im Kindergarten im oberen Drittel lagen. Wenn es gelangt, dass diese Kinder eine wenig konflikthafte bzw. wenig abhängige Beziehung zu ihren Lehrerpersonen entwickelten, dann reduzierten sich ihre Verhaltensprobleme deutlich gegenüber denen von Kindern mit einer ähnlich hohen Ausgangslage. Die Daten zeigten außerdem, dass es für den weiteren Entwicklungsverlauf von Jungen eher entscheidend war, eine wenig konflikthafte bzw. wenig abhängige Beziehung zu ihrer Lehrperson zu entwickeln, während für Mädchen die Nähe der Beziehung ausschlaggebend war.

Neben Untersuchungen, in denen die STRS – und damit die Sichtweise der Lehrperson – zur Einschätzung der Beziehungsqualität zum Einsatz kam, existieren auch Studien, in denen Kinder ihre Beziehung zum Lehrer bzw. zur Lehrerin eingeschätzt haben. Connell und Wellborn (1991) entwickelten z.B. ein Rating-Verfahren, das die emotionale Sicherheit des Kindes und seinen Wunsch nach mehr Nähe zu einer Lehrperson erfasst. Die Beziehungsqualität aus Sicht der Schüler/-innen korrespondierte in einer Studie mit Dritt- bis Achtklässlern deutlich mit ihrer Lernmotivation und ihrem Engagement in der Schule (Connell/Wellborn 1991). Diesen Zusammenhang bestätigte eine weitere Untersuchung mit 144 Schüler/-innen im Alter von acht bis zwölf Jahren. In dieser Studie wurde zusätzlich die Lehrersicht der Beziehungsqualität erhoben, die ebenfalls in einem bedeutsamen positiven Zusammenhang mit der Lernmotivation der Schüler stand (Skinner/Belmont 1993).

Es soll an dieser Stelle noch exemplarisch eine großangelegte Studie genauer vorgestellt werden, in der u.a. die pädagogische Beziehungsqualität mit der Bildungsentwicklung von Kindern in Zusammenhang gesetzt wurde. Burchinal, Peisner-Feinberg, Pianta und Howes (2002) untersuchten eine Stichprobe von 511 Kindern längsschnittlich über einen Zeitraum von fünf Jahren, der einen Altersbereich der Kinder von vier bis acht Jahren umfasste. Neben der pädagogischen Beziehungsqualität – erfasst durch die Nähe-Skala der STRS – wurden demographische Daten, Temperamentseigenschaften der Kinder (Erzieherinnen-Einschätzungen) sowie Erziehungseinstellungen und Praktiken der Eltern wiederholt erfragt, um damit den Entwicklungsverlauf von sprachlichen, schriftsprachlichen und mathematischen Kompetenzen der Kinder vorherzusagen. Wie die Autoren erwartet hatten, zeigten sich günstigere akademische Entwicklungsverläufe bei Kindern, deren Eltern eine höhere Bildung und progressivere Erziehungseinstellungen hatten. Die Nähe in der Erzieher/-innen- und

Lehrer/-innen-Kind-Beziehung stand in der Gesamtstichprobe nicht in einem statistisch bedeutsamen Zusammenhang mit der Bildungsentwicklung der Kinder. Die Bedeutung einer emotional nahen und positiven Beziehung zeigte sich aber deutlich, wenn erschwerende Kontextbedingungen bei den Kindern vorlagen. So profitierte die Sprachentwicklung afroamerikanischer Kinder unter dieser Bedingung im frühen Altersbereich und die Entwicklung von Lesekompetenzen bei Kindern von Eltern mit autoritärer Erziehungseinstellung wurde ab dem Kindergartenalter (amerikanisches System) und besonders im Grundschulalter deutlich positiv durch eine emotional nahe Lehrer/innen-Kind-Beziehung beeinflusst. Wie in vielen anderen Studien (vgl. NICHD 2000), so erwies sich auch in dieser Untersuchung der familiäre Hintergrund als entscheidend für die kindliche Bildungsentwicklung. Die Ergebnisse unterstützen aber auch die empirische Evidenz der Bildungsbedeutsamkeit einer guten pädagogischen Beziehung für Kinder, die aufgrund ihres familiären Hintergrundes benachteiligt sind.

Konzeptualisierungen der Lehrer/-innen-Schüler/-innen-Beziehung

Auf der Basis der vorhandenen Forschungsergebnisse und gestützt durch neurophysiologische Erkenntnisse (Hüther 2003; Siegel 1999; Spitzer 2004) geht man heute davon aus, dass Kinder Erwachsene stärker beachten und intensiver von ihnen lernen, wenn sie zu ihnen eine intensive und vertrauensvolle emotionale Beziehung aufgebaut haben. Es wird außerdem angenommen, dass sie unter dieser Bedingung mit ihren Lehrkräften effektiver kommunizieren können und besser in der Lage sind, ihre Energie und ihre Aufmerksamkeit dem Lernen zu widmen (vgl. Ahnert/Harwardt 2008; Pianta 1999). Die Bindungsforschung hat die Auswirkungen einer Dimension der »Beziehungssicherheit« bzw. »Unsicherheit« auf der Basis längsschnittlicher Studien als zentral bedeutsam für die sozio-emotionale Entwicklung von Kindern herausgestellt (z.B. Arend/Gove/Sroufe 1979; Erickson/Sroufe/Egeland 1985; Fagot/Kavanagh 1990; Main/Cassidy 1988; Suess/Grossmann/Sroufe 1992). In Anlehnung an die Bindungstheorie (Bowlby 1969; Ainsworth et al. 1978) repräsentieren Kinder, die sich in sicheren Bindungen zu ihren primären Bezugspersonen – in der Regel den Eltern – befinden, diese vor dem Hintergrund vergangener Beziehungserfahrungen als vertrauenswürdig, zuverlässig, fürsorglich und verfügbar und sich selbst sehen sie entsprechend als eine liebenswerte und wertvolle Person, die die Fürsorglichkeit ihrer Bezugspersonen auch verdient (z.B. Bowlby 1981). Kinder mit unsicheren Bindungen entwickeln hingegen ein deutlich negativeres Bild von sich selbst und negativere Erwartungen an ihre Bezugspersonen. Die Bindungsforschung geht davon aus, dass sichere Bindungsbeziehungen unerlässlich dafür sind, dass Kinder sich ihrer äußeren Umwelt angstfrei und mit Neugierde zuwenden können und sieht in ihnen daher auch die Basis der kindlichen Bildungsentwicklung (vgl. Drieschner 2011).

Die empirische Forschung konnte drei Gruppen unsicherer Bindungsmuster unterscheiden: Die *unsicher-vermeidende*, die *unsicher-ambivalente* (Ainsworth et al. 1978) und die *desorganisierte* Bindung (Main/Solomom 1986; Zulauf-Logoz 2008). Ergebnisse längsschnittlicher Studien legen nahe, dass unsicher-vermeidende Kinder die Erfahrung gemacht haben, dass ihre primären Bindungspersonen sie häufig zurückgewiesen haben. Sie wagen es daher nicht mehr, ihr Bedürfnis nach Sicherheit und Schutz offen und direkt auszudrücken und sie vermeiden emotionale Nähe zu ihren Bezugspersonen (Ainsworth et al. 1978; Isabella 1993; Main/Weston 1981).»Unsicher-ambivalente« Kinder hingegen, die negative Gefühle sehr intensiv an ihre Bindungspersonen richten, haben diese häufig als halbherzig und unbeständig erlebt (Ainsworth et al. 1978; Isabella/Belsky 1991). Sie werden durch Trennungen von einer Bindungsperson meist stark aus der Fassung gebracht und sind durch anschließenden Kontakt nicht nachhaltig zu beruhigen. Sogenannte »*hochunsichere*« Formen der beiden unsicheren Muster und die *desorganisierte* Bindung werden auf traumatisierende Entwicklungsbedingungen zurückgeführt (Crittenden/Claussen/Kozlowska 2007; Egeland/Sroufe 1981; Zulauf-Logoz 2008). Bei der *desorganisierten* Bindung sind keine konsistenten Strategien erkennbar, mit denen das Kind seine Bedürfnisse nach Sicherheit, Fürsorge und Nähe an eine Bezugsperson richtet.

Empirische Untersuchungen zeigen, dass Kinder die Erwartungshaltungen, bzw. die Bindungsmuster, die sie in ihren familiären Beziehungen erworben haben, auf pädagogische Bezugspersonen übertragen (Ahnert/Pinquart/Lamb 2006) und auch innerhalb des frühpädagogischen und schulischen Kontextes frühere Beziehungsmuster auf nachfolgende Beziehungen übertragen (Howes/Hamilton/Philippsen 1998; Pianta/Stuhlman 2004). Die Stärken der empirischen Zusammenhänge sind moderat, was dadurch zu erklären ist, dass jeweils aktuelle und personenspezifische Beziehungserfahrungen übertragende Muster entweder bestätigen oder modifizieren. Hierin liegt sowohl die Chance der Festigung günstiger als auch der Veränderung ungünstiger Beziehungsmuster. Kinder mit hochunsicheren und desorganisierten Bindungen sind im Kontakt mit pädagogischen Bezugspersonen sehr schwierig – sie zeigen häufig stark kontrollierendes und auch aggressives Verhalten, das das Klassenklima beeinträchtigt. Ihre Bildungsentwicklung ist besonders gefährdet, wenn es nicht gelingt, ihnen korrigierende Beziehungserfahrungen zu vermitteln (Howes/Ritchie 2002; Geddes 2007).

Beziehungen zu Kindern im Allgemeinen und Bindungsbeziehungen im Besonderen weisen mindestens fünf voneinander abgrenzbare funktionale Komponenten auf, von denen einige offenbar vorrangig in pädagogischen Beziehungen zum Tragen kommen (Both/Kelly/Spieker/Zuckerman 2003; Waters 1995; vgl. Ahnert/Harwardt 2008):

1. Die *Zuwendungskomponente* – eine Basisdimension der Beziehungsgestaltung – ist für die positive emotionale Qualität und für die psychologische Nähe in der Beziehung ausschlaggebend. Sie beinhaltet ein Interesse an geteilter Aufmerksamkeit und an gemeinsamen Aktionen.
2. Die *Sicherheitskomponente* beschreibt die schutzgewährende Funktion der Beziehung – sie bedingt, inwieweit sich ein Kind in der Beziehung zu einem Erwachsenen sicher und wohl fühlt.
3. Davon unterschieden wird die Funktion der *Stressreduktion*, die für Bindungsbeziehungen eine zentrale Bedeutung hat. Sie wird erfüllt, wenn dem Kind geholfen wird, negativen Affekt zu regulieren.
4. Die Funktion der *Assistenz* beinhaltet, dass das Kind Unterstützung beim Erwachsenen findet, wenn es etwas noch nicht alleine schafft.
5. Schließlich gibt es noch die Funktion der *Explorationsunterstützung*, die beinhaltet, dass die Wissbegierde und Neugier von Kindern durch die Bezugsperson Nahrung erhält.

Ahnert und Harwardt (2008) fassen vorhandene Forschungsdaten (Ahnert 2004; Ahnert et al. 2006) dahingehend zusammen, dass in frühpädagogischen Beziehungen mit zunehmendem Alter der Kinder die sicherheitsgebenden und stressreduzierenden Funktionen in den Hintergrund treten, während *Zuwendung*, *Assistenz* und *Explorationsunterstützung* in jeweils altersentsprechender Form einen gleichbleibend hohen Stellenwert behalten. Diese Komponenten stehen in einem engen Zusammenhang mit der Bildungsentwicklung und wurden daher – wie wir eingangs erwähnten, auch in der Forschung zur Lehrer/-innen-Schüler/-innen-Interaktion in der Vergangenheit noch am ehesten implizit berücksichtigt.

Es ist tatsächlich davon auszugehen, dass es beim Beziehungsaufbau im Schulkontext eine wichtige Rolle spielt, inwieweit eine Lehrkraft in der Lage ist, die Auswahl von Lernaufgaben und das Ausmaß ihrer Lernassistenz feinfühlig an das Lernvermögen von Schülern/Schülerinnen anzupassen, so dass diese weder über- noch unterfordert werden und ein Gefühl von Selbstwirksamkeit und Kompetenz im Umgang mit Leistungsthemen entwickeln (vgl. Vygotsky »Zone der nächsten Entwicklung« 1987). Gerade im Hinblick auf die Möglichkeit, Kinder durch Druck und Stress zu überfordern, erhält auch die o.g. *Stressregulationskomponente* der Beziehungsgestaltung im Lehrer/-innen-Schüler/-innen-Kontext eine wichtige Bedeutung. Ein Kind wird im Schulkontext erstmals mit Leistungsanforderungen und mit der Möglichkeit, vor den Augen anderer zu »versagen«, konfrontiert. Wie stressvoll diese Situation werden kann, belegen die Ergebnisse einer Meta-Analyse von Dickerson und Kemeny (2004), in der die Befunde vorhandener Laboruntersuchungen zu akuten Stressoren zusammenfassend ausgewertet wurden. Die Konfrontation mit unlösbaren Aufgaben in einem sozial-evaluativen Kontext evozierte die stärksten und am längsten anhaltenden Reaktionen des Stresshormons Kortisol. Die negative Auswirkung von Stress und Überforderung auf die Lernentwicklung von Kindern wird durch Ergebnisse der modernen Hirnforschung untermauert. So betont z.b. der Neurobiologe Gerald Hüther (2003), dass es für die Entwicklung des Gehirns eines Kindes von entscheidender Bedeutung ist, dass Angst und Stresserfahrungen im Kontext persönlicher Beziehungen reduziert und in Grenzen gehalten werden. Hüther (2003) führt aus, dass neue Verschaltungen im Gehirn nur dann ausgebildet und stabilisiert werden, wenn Kinder in ihrem sozialen Netzwerk soviel Schutz und Orientierung erfahren, dass ein optimales emotionales Erregungsniveau vorherrscht. Kortisol, das Endprodukt der körperlichen Stressreaktion, bewirke andernfalls im Gehirn des Kindes eine Destabilisierung und Regression bereits etablierter Verschaltungen (Sapolski 1992; Spitzer 1996). Mit der *Stressregulationsfunktion* kommt somit die für eine Bindungsbeziehung zentralste Komponente auch in der Lehrer-Schüler-Beziehung ins Spiel. Sie könnte für die Vertrauensbasis der Beziehung entscheidend sein.

Neben einer feinfühligen Vermeidung von selbstwertgefährdenden Situationen gibt es mindestens – wie bereits angedeutet – zwei weitere Bereiche, in denen der Aspekt der *Stressregulation* in Lehrer/-innen-Schüler/-innen-Beziehungen eine Rolle spielt. Dies ist zum einen auch dann der Fall, wenn die Beziehung zum Lehrer konflikthaft ist – also selber Stress erzeugt und auf diese Weise die Lernentwicklung von Schülern behindert (Ahnert et al. 2010) und zum anderen dann, wenn Beziehungsmuster, die Kinder in den Kontakt mit ihrer Lehrperson mitbringen, unsicher oder sogar hoch unsicher sind, so dass die Kinder *Explorationsunterstützung* und *Assistenz* durch die Lehrperson nur sehr bedingt für sich nutzen können und folglich in ihrer Lernentwicklung benachteiligt sind (Geddes 2007; Howes/Ritchie 2002). Auf der Basis von umfangreichen Fallstudien haben sowohl Howes und Ritchie (2002) als auch Geddes (2007) den Einfluss von Bindungsmustern auf die Lehrer/-innen-Schüler/-innen-Beziehung und die Möglichkeiten korrigierender pädagogischer Beziehungsangebote bei »schwierigen« Kindern analysiert und konzeptualisiert. Da die leistungsrelevanten Auswirkungen unsicherer und hochunsicherer Beziehungsmuster gerade dann, wenn es um die individuelle Förderung von Kindern geht, eine ganz besondere Herausforderung an Lehrkräfte darstellen, beschreiben wir im Folgenden den Ansatz von Geddes (2007) exemplarisch etwas genauer.

Bindungsmuster und Lernentwicklung im Schulkontext

Geddes (2007) zufolge beeinflussen die Beziehungserfahrungen, die Kinder in ihrer Vergangenheit gemacht haben, nicht nur die Lehrer/-innen-Schüler/-innen-Beziehungen, sondern auch das Lernverhalten von Schülern und Schülerinnen sowie ihren Umgang mit zu bewältigenden Lernaufgaben. Entsprechend ergibt sich für den Kontext Schule eine dynamische triadische Abhängigkeit zwischen der Lehrkraft, dem Schüler bzw. der Schülerin und der Lernaufgabe, die von Geddes als »Lerndreieck« bezeichnet wird, und die wie folgt darstellbar ist (Geddes 2007, 53 ff.):

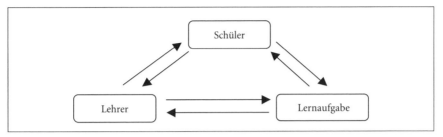

Abb. 35: Lerndreieck sicher gebundener Kinder, balanciert (Geddes 2007, 59)

Abbildung 35 zeigt das »in Balance befindliche« dynamische Lerndreieck, das nach Geddes für sicher gebundene Schülerinnen und Schüler charakteristisch ist. Aus der Sicht sicher gebundener Schülerinnen und Schüler stellen die Schule, der Klassenraum und die Lehrkraft die »sichere Basis« dar, von der aus sie ihre Lernaufgaben gelassen »explorieren« und bewältigen können. Die Relationen zwischen den drei Komponenten gelten bei sicher gebundenen Schülerinnen und Schülern als ausbalanciert, d.h., dass ihre Bedürfnisse und ihr Engagement, ihre Interaktionen mit der Lehrkraft sowie ihre Konzentration auf die Lernaufgabe sich in einem dynamischen Gleichgewicht befinden. Keine Komponente gerät in den Hintergrund, weil eine andere im Vordergrund steht.

Anders ist das – Geddes zufolge – bei unsicher-gebundenen Schülerinnen und Schülern, bei denen die triadischen Beziehungen im Lerndreieck Ungleichgewichte aufweisen, die dazu führen, dass einzelne Komponenten im Lernprozess über- oder unterrepräsentiert sind, wodurch das Lernen der Kinder nicht optimal verlaufen kann. Schüler/-innen mit *unsicher-vermeidenden* Bindungsmustern konzentrieren sich auf die Lernaufgaben und nutzen die Beziehung zum Lehrer kaum – sie verhalten sich sehr distanziert und stellen z.B. keine Fragen, wenn sie etwas nicht verstehen. Kinder mit *unsicher-ambivalenten* Mustern sind hingegen durch die Beziehungsgestaltung mit dem Lehrer so okkupiert, dass sie sich kaum für die Lernaufgaben interessieren. Schülerinnen mit *desorganisierten* Bindungen zeichnen sich aufgrund ihres hohen Angstniveaus durch stark kontrollierendes Verhalten aus. Sie vertrauen weder ihrer Lehrperson noch den anderen Kindern und können weder die Hilfe der Lehrkraft für sich nutzen noch können sie sich auf die Lernaufgaben konzentrieren.

Geddes demonstriert die Probleme von Kindern mit unsicheren Bindungen an vielen Fallbeispielen. Aufgrund ihrer Erfahrungen als Lehrerin und praktizierende Lerntherapeutin hat sie zudem pädagogische Strategien identifiziert, mit denen es gelingen kann, auf die Schwierigkeiten der verschiedenen unsicheren Bindungsmuster entwicklungsförderlich einzuwirken. So profitieren *unsicher-*

vermeidende Schüler/-innen ganz besonders von einem feinfühligen Umgang mit Lernaufgaben, auf den sich die Lehrkraft bei diesen Kindern konzentrieren sollte, ohne sich durch ihr emotional vermeidendes Verhalten irritieren zu lassen. Die Lernaufgabe kann hier laut Geddes ganz klar eine Brückenfunktion im Beziehungsaufbau zum Kind erfüllen und die Beziehung dadurch mit der Zeit auf eine sicherere Basis stellen, die dem Kind die Einforderung und Annahme von mehr Lernassistenz durch die Lehrkraft ermöglicht. Bei *unsicher-ambivalenten* Kindern sollte die Lehrkraft ganz besonders darauf achten, sich auf der Beziehungsebene sehr verlässlich zu verhalten, so dass das Kind das Vertrauen entwickelt, dass die Lehrkraft es zuverlässig und anhaltend auf dieselbe Weise akzeptiert und wertschätzt wie die anderen Schüler/-innen. Bei Kindern mit *desorganisierten Bindungen* kann zunächst nur durch eine hochstrukturierte und für das Kind vorhersagbare Lernumgebung ein Gefühl von Sicherheit vermittelt werden, das es dem Kind ermöglicht, sich etwas zu entspannen und auf den Unterricht einzulassen. Hier handelt es sich um Schüler, die zusätzlicher therapeutischer Hilfen bedürfen.

Wie wir schon erwähnten, haben neben Geddes (2007) auch Howes und Ritchie (2001) auf umfangreicher empirischer Basis das Verhalten von Lehrkräften analysiert, denen es gelungen war, ihre Beziehung zu »schwierigen« Schülern und Schülerinnen auf eine Vertrauensbasis zu stellen, so dass ein harmonisches Klassenklima möglich wurde, in dem sich alle Kinder ihrem Motiv zu Lernen zuwenden konnten.

Am Ende unseres Überblickes erscheint uns – sowohl im Hinblick auf sicher als auch auf unsicher gebundene Kinder – die Frage entscheidend, welche persönlichen Kompetenzen Erzieher/-innen und Lehrer/-innen befähigen, die vielfältigen Beziehungsfunktionen zu erfüllen, mit denen sie der Bildungsentwicklung von Kindern die notwendige sichere emotionale Basis geben und sie in ihren Lernprozessen auf eine feinfühlige Weise unterstützen, so dass sie weder unter- noch überfordert werden. Dies sind Fragen der individuellen Förderung, die im Zusammenhang mit den Herausforderungen, die »schwierige« Kinder stellen, durch die empirischen Fallanalysen von Howes/Richie (2001) und von Geddes (2007) auf eine zukunftsweisende Art in Angriff genommen wurden und auf die sich die Forschung unseres Erachtens vordringlich weiter konzentrieren sollte.

Literatur

Ahnert (2008). Bindungsbeziehungen außerhalb der Familie: Tagesbetreuung und Erzieherinnen-Kind Bindung. In Ahnert (Hrsg.). Frühe Bindung. Entstehung und Entwicklung 256–277.

Ahnert et al. Belastungen und Beeinträchtigungen durch suboptimale Lehrer/-innen-Schüler/-innen-Beziehungen. Vortrag auf dem 47. Kongress der Deutschen Gesellschaft für Psychologie, v. 26.9 bis 30.9.2010 in Bremen.

Ahnert/Harwardt (2008). Die Beziehungserfahrung der Vorschulzeit und ihre Bedeutung für den Schuleintritt. In Empirische Pädagogik 2008, 145–159.

Ahnert/Pinquart/Lamb (2006). Security of children's relationships with nonparental care providers: A meta-analysis. In Child Development 2006, 664–679.

Ainsworth et al. (1978). Patterns of attachment. A psychological study of strange situation. Hillsdale/NJ, USA: Lawrence Erlbaum Associates, Publishers.

Alexander/Entwisle (1988). Achievement in the first 2 years of school: patterns and processes. Monographs of the Society for Research. In Child Development 1988, 157.

Arend/Gove/Sroufe (1979). Continuity of individual adaptation from infancy to kindergarten: A predictive study of ego resiliency and curiosity in preschoolers. In Child Development 1979, 950–959.

Arthur et al. (2003). Classroom Management: Creating positive learning environments. Southbank/Victoria, Australien: Thomson.

Barry/King (1993). Beginning Teaching. Wentworth Falls/NSW, Australien: Social Science Press.

Bowlby (1969). Attachment and loss. Vol. 1 Attachment. New York/NY, USA: Basic Books.

Bowlby (1981). Attachment and loss: Sadness and depression. New York/NY, USA: Penguin Books.

Burchinal et al. (2002). Development of academic skills from preschool through second grade: Family and Classroom predictors of developmental trajectories In Journal of School Psychology 2002, 415–436.

Connell/Wellborn (1991). Competence, autonomy, and relatedness. A motivational analysis of self-system processes. In Gunnar/Sroufe (Hrsg.). Minnesota symposium on child psychology. Vol. 23. Hillsdale/NJ, USA: Lawrence Erlbaum Associates, Publishers.

Crittenden et al. (2007). Choosing a valid assessment of attachment for clinical use: a comparative study. In Australien and New Zealand Journal of Familiy Therapy 2007, 78–87.

Dickerson/Kemeny (2004). Acute stressors and cortisol responses: A theoretical integration and synthesis of laboratory research. In Psychological Bulletin 2004, 355–391.

Drieschner (2011). Bindung und kognitive Entwicklung – ein Zusammenspiel. Ergebnisse der Bindungsforschung für eine frühpädagogische Bindungsdidaktik. Eine Expertise der Weiterbildungsinitiative Frühpädagogische Fachkräfte (Wiff). Deutsches Jugendinstitut e.V.

Egeland/Sroufe (1981). Attachment and early maltreatment. In Child Development 1981, 44–52.

Entwisle/Alexander (1999). Early schooling and social stratification. In The transition to kindergarden 1999, 13–38.
Entwisle/Hayduk (1988). Lasting Effects of Elementary School. Sociology of Education, 147–159.
Erickson et al. (1985). The relationship between quality of attachment and behavior problems in preschool in a high-risk sample. In Growing points in attachment theory and research. Monographs of the Society for Research in Child Development, 147–166.
Fagot/Kavanagh (1990). The prediction of antisocial behavior from avoidant attachment classifications. In Child Development 1990, 864–873.
Geddes (2007). Attachment in the classroom. The links between children's early experience, emotional well-being and performance in school. London: Worth Publishing.
Glüer/Hannover (2011). Beobachtung von Beziehungsqualität in der Schule: Das Schüler-Lehrer-Beziehungsmaß (SLBM). Vortrag auf der 13. Fachgruppentagung Pädagogische Psychologie der DGPs. September 2011. Erfurt, 14–16.
Good/Brophy (2000). Looking In Classrooms. New York/NY, USA: Longman.
Hamre/Piamta (2001). Early teacher-child relationships and the trajectory of children's school outcomes through eighth grade. In Child Development 2001, 625–638.
Howes et al. (1998). Stability and continuity of child-caregiver child-peer relationships. In Child development 1998, 418–426.
Howes/Ritchie (2002). A Matter of trust: Connecting teachers and learners in the early childhood classroom. New York/NY, USA: Teachers College Press.
Hüther (2003). Über die Beschaffenheit des neurobiologischen Substrats, auf dem Bildung gedeihen kann. In Neue Sammlung 2003, 31–43.
Isabella (1993). Origins of attachment: Maternal interactive behavior across the first year. In Child Development 1993, 605–621.
Isabella/Belsky (1991). Interactional synchrony and the origins of infant-mother attachment. In Child Development 1991, 373–381.
Jungmann/Reichenbach (2009). Bindungstheorie und pädagogisches Handeln. Ein Praxisleitfaden. Dortmund: Borgmann Media.
Klem/Connell (2004). Relationships Matter: Linking Teacher Support to Student Engagement and Achievement. In The Journal of School Health 2004, 262–273.
Krause et al. (2006). Educational Psychology for Learning and Teaching. Southbank/Victoria, Australien: Nelson Australia Pty Ltd.
Ladd/Burgess (2001). Do relational risks and protective factors moderate the linkages between childhood aggression and early psychological and school adjustment? In Child Development 2001, 1579–1601.

Larrivee (2005). Authentic Classroom Management: Creating a learning community and building reflective practice. Boston/MA, USA: Pearson Education, Inc.

Leitão/Waugh (2007). Teachers' views of teacher-student relationships in the primary school. Paper presented at the 37th Annual International Research Conference, held by the Australian Association for Research in Education at Fremantle, Western Australia.

Main/Cassidy (1988). Categories of response to reunion with the parent at age six: Predictable from infant attachment classification and stable over a one-month period. In Developmental Psychology 1988, 415–426.

Main/Solomom (1986). Discovery of a new, insecure disorganized/disorienated attachment pattern. In Brazelton/Youngman (Hrsg.). Affective development in infancy. Norwood/NJ, USA: Ablex Publishing.

Main/Weston (1981). The quality of the toddler's relationship to mother and to father: Related to conflict behavior and the readiness to establish new relationships. In Child Development 1981, 932–940.

McInerney/McInerney (2006). Educational Psychology: Constructing Learning. Frenchs Forest/NSW, Australien: Pearson Education.

Meehan et al. (2003). Teacher-student relationships as compensatory resources for aggressive children. In Child Development 2003, 1145–1157.

Murray et al. (2008). Child race and gender as moderators of the association between teacher-child relationships and school adjustment. In Psychology in the Schools 2008, 562–578.

NICHD Early Child Care Research Network (2000). The relation of child care to cognitive and language development. In Child development 2000, 958–978.

Noddings (2005). The Challenge to Care in Schools Teachers. New York/NY, USA: College Press.

Pianta (1992). The Student Teacher Relationship Scale. Charlottesville/VA, USA: University of Virginia.

Pianta (1999). Enhancing Relationships Between Children and Teachers. Washington D.C., USA: American Psychological Association.

Pianta/Stuhlman (2004). Teacher-child relationships and children's success in the first years of school. In School Psychology Review 2004, 444–458.

Pianta/Walsh (1996). High-risk Children in Schools: Constructing and Sustaining Relationships. New York/NY, USA: Routledge.

Rutter (1979). Invulnerability, Or Why Some Children Are Not Damaged by Stress. In New Directions in Children's Mental Health. New York/NY, USA: Spectrum Publications Inc., 55–75.

Sapolsky (1992). Stress, the aging brain, and mechanism of neuron death. Cambridge/MA, USA: MIT Press.

Siegel (1999). The developing mind: Towards a neurobiology of interpersonal experience. New York/NY, USA: Guilford Press.

Skinner/Belmont (1993). Motivation in the Classroom: Reciprocal effects of teacher behavior and student engagement across the year. In Journal of Educational Psychology 1993, 571–581.
Smeyers (1999). »Care« and Wider Ethical Issues. In Journal of Philosophy of Education 1999, 233–251.
Spitzer (1996). Stress und Kognition. In Medizinische Monatsschrift für Pharmazeuten 1996, 295–308.
Spitzer (2004). Lernen. Heidelberg: Spektrum.
Suess/Grossmann/Sroufe (1992). Effects of infant attachment to mother and father on adaptation in preschool: From dyadic to individual organisation of self. In International Journal of Behavioral Development 15/1992, 43–65.
Sztejnberg et al. (1994). Preferred Teacher-Student Interpersonal Behaviour: Differences Between Polish Primary and Higher Education Students' Perceptions. In Journal of Classroom Interaction 2004, 32–40.
Vygtski (1978). Mind in society. Cambridge/MA, USA: Harvard University Press.
Vygotski (1987). Ausgewählte Schriften Bd. 2. Arbeiten zur psychischen Entwicklung der Persönlichkeit. Köln: Pahl-Rugenstein Verlag.
Werner (1993). Risk and resilience in individuals with learning disabilities: Lessons learned from the Kauai longitudinal study. In Learning Disabilities Research & Practice Heft 1, Jg. 8/1993, 28–34.
Werner/Smith (1989). Vulnerable but invincible: A longitudinal study of resilient children and youth. New York/NY, USA: Adams, Bannister & Cox.
Werner/Smith (1992). Overcoming the odds: High risk children from birth to adulthood. London: Cornell University Press.
Zulauf-Logoz (2008). Die Desorganisation der frühen Bindung und ihre Konsequenzen. In Ahnert (Hrsg.). Frühe Bindung. Entstehung und Entwicklung. München: Ernst Reinhardt Verlag, 297–312.

Vom Problemgespräch zum Dialog – Zusammenarbeit von Eltern und Lehrkräften als wichtige Grundlage individueller Förderung

MICHAELA KRUSE-HEINE/ MIRIAM LOTZE

Mit diesem Beitrag möchten wir einen Einblick in die Sichtweisen von Eltern, Lehrerinnen und Lehrern bezüglich ihrer Zusammenarbeit geben. Da die Zusammenarbeit von Eltern und Lehrkräften eine wichtige Unterstützung individueller Förderung in der Schule darstellt, ist es wichtig aufzuzeigen, welche Bedingungen Elternarbeit unterstützen und welche Haltungen und Einstellungen gelingende Elternarbeit fördern. Dahinter steht die Frage, wie Eltern und Lehrkräfte gemeinsam zu einer dialogischen Zusammenarbeit und zu einem Kontakt auf Augenhöhe finden. Dabei werden wir uns zunächst der Frage nähern, wozu es Elternarbeit in der Schule braucht und warum eine Zusammenarbeit mit Eltern lohnt. In einem weiteren Schritt beschäftigen wir uns mit den rechtlichen Rahmenbedingungen von Elternarbeit und deren Umsetzung. Danach werden wir die Eltern und Lehrkräfte zu Wort kommen lassen und dadurch ihre unterschiedlichen Sichtweisen auf die Kooperation kennenlernen.

Wozu braucht Schule Elternarbeit?

Die Familie hat noch immer den größten Einfluss auf die Kinder, wenn es darum geht, Kompetenzen und Einstellungen, Sprache, Motorik, Motivation usw. zu entwickeln und zu fördern. Die Familie ist auch die wichtigste Bildungsinstanz für Kinder (vgl. Textor 2009, 12). Studien zur Erforschung von Schulleistungen zeigen sogar, dass die Bildungslaufbahn von der Familie stärker geprägt wird als von der Schule (vgl. ebd., 14). In Deutschland erreichen vor allem Kinder aus bildungsnahen Familien deutlich bessere Schulabschlüsse als Kinder aus sog. bildungsfernen Familien. Wenn Eltern von den Lehrerinnen und Lehrern als wichtige Lernbegleiter beachtet werden und ein intensiver Austausch stattfindet, kann das dazu beitragen, ein vollständigeres Bild vom Kind zu bekommen. Eltern sind eine wichtige Konstante für ihr Kind, sie sind an ihren Kindern am nächsten dran und sie sehen sie vielfach aus einer anderen Perspektive als Lehrkräfte. Für Lehrkräfte kann es bedeutend sein, eine zusätzliche Sichtweise – nicht nur von anderen Lehrkräften aus dem Kollegium – auf das Kind zu erhalten, um den Blick zu schärfen, das Kind besser zu kennen und ggf. neue oder andere Fähigkeiten des Kindes zu entdecken, die es individuell zu unterstützen gilt.

Zudem kann eine vertrauensvolle Beziehung zu Eltern dazu beitragen, das Schulleben aktiver zu gestalten. Eltern in die Bereiche der Schulentwicklung einzubeziehen, kann das Schulleben durch ihre Expertise aufwerten. Innovationen, die von den Eltern mitgetragen werden, führen zu einer höheren Identifikation mit der Schule und steigern die Motivation der Eltern, sich aktiv ins Schulleben einzubringen. Wenn Eltern – und nicht nur Kinder – als selbstverständlicher Bestandteil, nicht als Fremdkörper, der Institution Schule gesehen werden, kann Elternarbeit gut gelingen und die Qualität von Schule und Unterricht gesteigert werden.

Rechtliche Grundlagen für Elternarbeit

Das Elternhaus soll erziehen und die Schule soll unterrichten; dies ist ein altes Bild des Verhältnisses von Elternhaus und Schule, welches schon im 19. Jahrhundert herrschte. Noch heute ist dies eine vorherrschende Sichtweise und vielerorts wird eine solche Trennung von Elternhaus und Schule favorisiert. Auch gesetzlich lässt sich zunächst eine Trennung der genannten Bereiche ausmachen. Wenn wir im Folgenden diese rechtlichen Bestimmungen in den Blick nehmen, wird deutlich, warum diese Trennung zwischen Elternhaus und Schule besteht.

Im Grundgesetz der Bundesrepublik Deutschland steht im Artikel 6 Absatz (2) Satz 1: »*Die Pflege und Erziehung der Kinder sind das natürliche Recht der Eltern und die zuvörderst ihnen obliegende Pflicht.*«[31] Damit haben sie das Recht, über die Pflege und Erziehung ihrer Kinder frei zu entscheiden. Sie haben aber auch die Verantwortung für die Entwicklung ihrer Kinder, für Bildung und Ausbildung. Die staatliche Gemeinschaft wacht über die Betätigung der Eltern. Im Artikel 6 und 7 des Grundgesetzes ist formuliert, dass der elterliche und der staatliche Erziehungsauftrag gleichrangig behandelt werden und gleiche Bedeutung erhalten sollen. Das Schulwesen steht dabei unter der Aufsicht des Staates.

Möglicherweise haben Eltern andere Erziehungsziele und Weltanschauungen als Lehrerinnen und Lehrer. Dies birgt Konfliktpotenzial in sich, wenn die Schule über die Vermittlung von Wissen und Fähigkeiten hinaus auch Werte vermitteln soll. Eltern haben in Deutschland in der Schule vor allem ein Informationsrecht; sie können und müssen über schulische Vorgänge informiert werden. Allerdings haben Eltern noch immer wenige direkte Mitwirkungsrechte, wenn es um Zensuren, Schulorganisation und Ähnliches geht. Die meisten Bundesländer räumen den Eltern aber über die einzelnen Ländergesetze und Länderverfassungen Beteiligungsrechte ein. Damit sind vor allem Elternvertretungen in verschiedenen Gremien gemeint, in denen Eltern fast ausschließlich das Recht auf Anhörung und Information haben.

Die vorgestellten rechtlichen Bedingungen zeigen auf, dass sowohl Eltern als auch Schule einen Bildungs- und Erziehungsauftrag haben – und diesen zunächst einmal getrennt voneinander ausüben. Nach einem Rechtsstreit steht im Bundesverfassungsgesetz seit 1972 jedoch auch:

---

[31] Mit Pflege ist hier die Ernährung, Gesundheit und die finanzielle Absicherung gemeint und Erziehung beinhaltet die Vermittlung von Wissen und Werten.

»Diese gemeinsame Erziehungsaufgabe von Eltern und Schule, welche die Bildung der einen Persönlichkeit des Kindes zum Ziel hat, lässt sich nicht in einzelne Komponenten zerlegen. Sie ist in einem sinnvoll aufeinander bezogenen Zusammenwirken zu erfüllen.«[32]

Daraus ergibt sich, dass Eltern und Schule kooperieren müssen, wenn es um das Wohl und die Persönlichkeitsentwicklung der Kinder geht, um zu vermeiden, dass zum Leidwesen der Kinder an verschiedenen Strängen gezogen wird. Denn im Grunde verfolgen Eltern und Schule das gleiche Ziel, nämlich die Erziehung und Bildung der Kinder. Die Gesetzestexte legen demnach den notwendigen Grundstein, der eine Kooperation auf Augenhöhe ermöglicht. Diese Kooperation auf Augenhöhe zu initiieren, wurde in Niedersachen mit der eigenverantwortlichen Schule forciert.

Mit der eigenverantwortlichen Schule gibt es seit August 2007 in Niedersachsen den Schulvorstand, in dem Eltern als ständige Mitglieder die Hälfte dieses Vorstandes stellen und dort auch Entscheidungsrechte für wesentliche Belange der Schule haben. Mit der Beteiligung der Eltern wird eine gleichwertige Zusammenarbeit angestrebt. Die rechtlichen Vorgaben aus dem Bundesverfassungsgesetz werden auf diese Weise praktisch umgesetzt. Neben dem Schulvorstand sind Eltern als Mitglieder in der Gesamtkonferenz vertreten, die über pädagogische und methodische Fragen wie Benotung, Klassenarbeiten oder Hausaufgaben – also die Inhalte von Unterricht – entscheidet. Der Schulvorstand dagegen prägt das Profil der Schule und beschließt organisatorische Belange – von der Verwendung der Haushaltsmittel über die Stundentafel, die Durchführung von Projektwochen bis hin zur Einführung von Konzepten und Instrumenten zur individuellen Förderung. In der Gesamtkonferenz haben Elternstimmen weniger starkes Gewicht als im Schulvorstand und sie haben damit weniger Einflussmöglichkeiten auf die tatsächlichen Inhalte von Unterricht.

Dies stellt auch Sacher fest, wenn er schreibt: »Die Mitbestimmungsrechte der Eltern in Deutschland schneiden im internationalen Vergleich recht gut ab. Sie sind aber mehr an Ideen der politischen und betrieblichen Mitbestimmung orientiert als an Konzepten pädagogischer Kooperation« (Sacher 2008, 22). Die gesetzlichen Rahmenbedingungen sind demnach ein wichtiger Faktor für das elterliche Mitbestimmungsrecht, ein weiterer ist die pädagogische Kooperation. Diese fehlt weitestgehend innerhalb der deutschen Schullandschaft (vgl. ebd.).

Betrachten wir den direkten Dialog von Eltern und Lehrkräften über ein Kind, so stellen wir fest, dass sich in Deutschland weitestgehend die Praxis einer einseitigen Kontaktaufnahme durch die Lehrkräfte – zumeist um Schülerprobleme mit den Eltern zu besprechen – zeigt (vgl. Sacher 2008, 92). Einen differenzierten Einblick in die Leistungen des Kindes erhalten die Eltern nur punktuell. Die

---
[32] BVerfGE 34, 165 ff. Urteil des Ersten Senats vom 6.12.1972

Kontakte finden zudem auf einer formellen Ebene statt, beispielsweise bei Klassenelternabenden oder Elternsprechtagen, zu denen die Eltern offiziell eingeladen werden. Sacher weist auf die Notwendigkeit weiterer informeller Kontaktmöglichkeiten für Eltern hin, da die bestehenden Angebote oft als nicht ausreichend und zufriedenstellend erlebt werden (vgl. ebd., 91). Informelle Kontaktangebote würden dem schwedischen Modell nahekommen, dass hier nur kurz beispielhaft vorgestellt werden soll: In Schweden entwickelte sich seit den 50er-Jahren ein Verständnis partnerschaftlicher und gleichberechtigter Zusammenarbeit. Dort sollten Elterngespräche keine reinen Informations- und Kritikgespräche mehr sein, in denen sich Lehrer oder Eltern in einer Rechtfertigungsposition befinden. In Schweden geht es um einen Dialog über das einzelne Kind, sein Lernen und seine individuellen Leistungen. Zu dieser dialogischen Elternarbeit gehören Sprechstunden, in denen der persönliche Kontakt zu Eltern gepflegt wird, Besuchstage, an denen Eltern Einblicke in den Schulalltag erhalten können und Elternversammlungen, in denen Vorträge und Diskussionen über allgemeine Erziehungsprobleme, gesellschaftliche Fragen, Schulorganisationen etc. stattfinden. In den Elterninformationsgesprächen erhalten Eltern eine differenzierte Zusammenfassung über die Schulleistungen ihrer Kinder (vgl. Blossing 2006). Auch die von uns befragten Eltern wünschen sich mehr informelle Kontaktmöglichkeiten zu Lehrkräften, wie wir im Folgenden zeigen werden.

Die Perspektiven der Eltern und Lehrkräfte auf gelingende Kooperation

In diesem Abschnitt führen wir die Perspektiven von Lehrern und Eltern im Hinblick auf ihre Zusammenarbeit zusammen. Dazu verbinden wir die Daten aus zwei Studien, die unabhängig voneinander durchgeführt wurden. Zum einen handelt es sich dabei um eine empirische Studie zu Positionen von Lehrkräften zu individueller Förderung in der Grundschule (vgl. Solzbacher/ Behrensen/Sauerhering/Schwer 2012). Neben einer Online-Befragung von rund 700 Lehrkräften wurden 40 Lehrkräfte in leitfadengestützten, qualitativen Experteninterviews zu ihrer subjektiven Sicht auf individuelle Förderung und in diesem Kontext zur Zusammenarbeit mit Eltern in der Schule befragt. Die Elternperspektive hinsichtlich des Übergangs von der Kindertagesstätte (Kita) zur Grundschule wurde zum anderen im Rahmen der wissenschaftlichen Begleitstudie »Bildungsübergänge aus Elternperspektive. Wissenschaftliche Begleitung des Programms Lernen vor Ort im Landkreis Osnabrück«[33] in qualitativen Interviews in Anlehnung an die Struktur-Lege-Technik (Friebertshäuser 1997) erhoben. In dieser Elternbefragung wurden möglichst unterschiedliche soziale Merkmale der Eltern in das Sample einbezogen, um die Erfahrungen und Wünsche möglichst vieler Eltern hinsichtlich der Zusammenarbeit mit Lehrkräften erheben zu können. Insgesamt haben 45 Eltern an Einzelinterviews und Gruppendiskussionen teilgenommen.

---

33 bisher unveröffentlichtes Manuskript von Solzbacher/Lotze/Schulze.

Austausch und Kontakt zwischen Eltern und Schule

Die zentrale Forderung der Eltern am Übergang von der Kita zur Grundschule ist Transparenz. Für die Eltern ist der Übergang mit ähnlichen Unsicherheiten verbunden wie für die Kinder. Vor allem wünschen sich die Eltern eine Einschätzung der Fähigkeiten und Kompetenzen des Kindes. Dahinter steht die Frage, ob das Kind den neuen Anforderungen gewachsen ist. Exemplarisch dafür steht das nachfolgende Beispiel einer Mutter, deren Tochter zum Zeitpunkt der Elternbefragung kurz vor dem Schuleintritt steht und die sich vor allem in der ersten Grundschulzeit Rückmeldungen von der Grundschullehrkraft wünscht:

> »*Und Austausch, finde ich auch ganz wichtig, also wirklich der Austausch übers Kind, über das was passiert; ich meine, das wird in der Schule ja weniger. Hier im Kindergarten sieht man dann ja noch jeden Tag jemanden, in der Schule ist das ja meist auch schon nicht mehr so, aber dass der Austausch einfach da bleibt, dass man sich übers Kind unterhält und dass da auch von Anfang an, wenn's Schwierigkeiten gibt oder auch wenn was Gutes ist, dass man's einfach auch mal erfährt zwischendrin.*« (Einzelinterview mit einer Mutter in der Kita)

Die Mutter macht deutlich, dass sie schon im Vorfeld befürchtet, in der Grundschule keinen engen Austausch mehr über das Kind zu haben. Die Mutter erlebt im Alltag mit den Erzieherinnen der Kita, dass durch die Bring- und Abholsituationen informelle Gespräche schneller zustande kommen können und dieser Austausch ein wichtiger Bestandteil der Arbeit der Kita ist. Schon in der Grundschule zeigt sich hier ein Wandel: Die Kinder werden vielfach von den Eltern nicht mehr ins Gebäude begleitet, sodass eine persönliche Ansprache erschwert wird. Dies wird durch folgende Beobachtung bestärkt: Die Befragung der Lehrkräfte zur individuellen Förderung in der Grundschule fand zumeist in der Grundschule statt, in der die Lehrkräfte beschäftigt waren. Aufgefallen ist uns in vielen Grundschulen ein Schild am Eingang, das Eltern darauf hinweist, ihre Kinder alleine in die Klassen gehen zu lassen. Von Seiten der Grundschule verbindet sich damit der Wunsch nach Förderung der Selbstständigkeit der Kinder und zur Stärkung des Ablöseprozesses von den Eltern. Für viele Eltern hat ein solches Schild möglicherweise die Wirkung, dass sie sich in der Schule nicht willkommen fühlen. Wenn sie sich nicht eingeladen fühlen, ist es schwierig, eine vertrauensvolle Atmosphäre für den gemeinsamen Austausch in Form von informellen Gesprächen über das Kind herzustellen. Eine intensive Kommunikationskultur und dadurch eine von Vertrauen gestützte Beziehung aufzubauen, wird auf diese Weise erschwert bzw. müsste institutionell organisiert werden. In vielen Fällen wird von den Eltern kritisiert, dass sich die Austauschmöglichkeiten auf kurze Gespräche beim Elternsprechtag beschränken, in denen Eltern in gespannter bis angespannter Erwartung sitzen, da sie sonst wenig über den Schulalltag und die Leistungen ihrer Kinder erfahren. Sinnvoll wäre eine Austauschmöglichkeit, die als selbstverständlich in den Schulalltag integriert werden kann. Einige Eltern machen in den Interviews der Elternbefragung den Vorschlag Elterncafés, die sie aus den Kitas kennen, auch in der Schule einzuführen.

Misstrauen auf beiden Seiten erschwert Elternarbeit

Als besondere Schwierigkeiten werden bei der Elternarbeit aus Sicht der Lehrer/-innen das Misstrauen von Eltern und der Mangel an gegenseitiger Wertschätzung beschrieben. Exemplarisch kann für diese Einschätzung eine Lehrerin vorgestellt werden, die im Interview beschreibt, dass Eltern Elternarbeit immer dann als schwierig empfinden, wenn ihre geleistete Erziehungs- und Bildungsarbeit nur geringe Wertschätzung erfährt und ihnen vermittelt wird, dass sie alles falsch machen:

»Und Elternarbeit gelingt nicht gut, wenn eine Seite so ein Misstrauen hat. Also es gibt auch Kolleginnen, die das überhaupt gar nicht mögen, mit Eltern zusammenzuarbeiten und die dann auch in Gesprächen [...] vielleicht zu schnell angreifen oder Misstrauen auch ausstrahlen. ›Ihr Eltern macht alles falsch.‹ Also [das] ist nicht so oft, aber ich glaube, so könnte es danebengehen.« (Interview mit einer Lehrkraft einer niedersächsischen Grundschule)

Das, was wir von der Lehrkraft in diesem Zitat über Schwierigkeiten bei der Elternarbeit erfahren, ist auch Ergebnis anderer Forschungen. Die Studie »Eltern unter Druck – Selbstverständnisse, Befindlichkeiten und Bedürfnisse von Eltern in verschiedenen Lebenswelten«, geht sogar noch weiter: »Die Mehrzahl der Eltern hat wenig Vertrauen in das öffentliche Bildungssystem. Die Kritik der befragten Eltern reicht von der schlechten Ausstattung, zu großen Klassen, Überforderung der als wenig engagiert und häufig schlecht ausgebildet erlebten Fachkräfte bis hin zu starren Strukturen und wenig innovativen Konzepten.« (Merkle/Wippermann 2008, 12).

Regelmäßiger Erfahrungsaustausch zwischen Schule und Eltern kann nur in einem vertrauensvollen Dialog auf Augenhöhe stattfinden. Eltern sind Experten für ihre Kinder, denn sie erleben ihre Kinder in ihrem gemeinsamen Familienalltag und suchen nach ihren eigenen Möglichkeiten, sie zu unterstützen. Lehrerinnen und Lehrer begleiten Lern- und Entwicklungsprozesse von Kindern mit den ihnen zur Verfügung stehenden schulischen Unterstützungsmöglichkeiten. Daher kann es nur bereichernd sein, wenn Lehrkräfte und Eltern sich gegenseitig öffnen, um die Verantwortung für die Entwicklung des Kindes zu teilen. Wir können dem obigen Zitat jedoch entnehmen, dass häufig das Gegenteil geschieht: Lehrkräfte fühlen sich in ihrer Kompetenz infrage gestellt und Eltern sich nicht ernst genommen. Durch eine dialogische Zusammenarbeit von Eltern und Lehrkräften könnten auch Situationen wie die folgende besser gelöst werden. Eine Lehrerin aus der Lehrerbefragung erzählt:

»Ja, dann kommen aber immer wieder Eltern an, die wissen genau, ihre Kinder können die roten Aufgaben [d.h. die schwierigsten, d.V.] im Mathebuch nicht und das haben wir auch mit ihnen besprochen, dass das für das Kind eine Überforderung darstellt und trotzdem sitzen die [zu Hause, d.V.] Stunden mit dem Kind an diesen roten Aufgaben und die Kinder verlieren natürlich so jede Lust. Absolut. Dann denke ich manchmal: Leute lasst einfach die Finger davon und lasst euer Kind doch einfach noch Kind sein und das wird schon. Aber das ist so, dass für viele Kinder der Druck schon im ersten Schuljahr anfängt und da ist nur Druck ... das ist ganz schrecklich.« (Interview mit einer Lehrkraft einer niedersächsischen Grundschule)

In diesem Zitat zeigt sich, dass eine gute Basis für gelingende Elternarbeit dann geschaffen ist, wenn beiden Seiten klar ist, dass es ihnen darum geht, das Kind seinen Fähigkeiten nach angemessen und individuell zu unterstützen und zu begleiten. So schreibt Hebenstreit-Müller (2005): »Dialogische Zusammenarbeit zwischen [...] [Lehrern/Lehrerinnen, d.V.] und Eltern bedeutet, den Austausch über gegenseitige Erwartungen und Vorstellungen zu pflegen und in Aushandlungsprozessen zu für beide Seiten akzeptablen Ergebnissen zu kommen.«

Wertschätzung und Austausch auf Augenhöhe

Im intensiven Austausch muss es also zunächst erst einmal darum gehen, die Sichtweisen des Gegenübers kennenzulernen und ihm wertschätzend entgegen zu treten. Ein wichtiger Schritt hin zu einer wertschätzenden Elternarbeit lässt sich dem folgenden Zitat entnehmen. Die Lehrerin erklärt zuvor, dass die Kinder teilweise den schwierigeren Leseplan zu Hause ausprobieren wollen:

»[...] und dann möcht ich gerne eine Rückmeldung von den Eltern, ob das überhaupt nachmittags zu schaffen ist oder nicht. Also, ob das zu schwer ist oder nicht, ob sie mit drei Mal lesen auskommen oder nicht. Also die Eltern sagen dann durchaus auch, ich hab letztens einen Schüler gehabt, [...] hat gesagt: »Nee, das ist noch zu schwer für mich, da muss ich noch zu viel üben, hat Mama auch gesagt.' Ja, dann gibt's eben nochmal den anderen [leichteren Leseplan, d.V.]« (Interview mit einer Lehrkraft einer niedersächsischen Grundschule)

Die hier zitierte Lehrerin gibt ein Beispiel, wie die Eltern in den individuellen Lernprozess des Kindes mit einbezogen werden können und damit möglicherweise auch die Fähigkeiten ihres Kindes realistischer einschätzen lernen.

Wie kann der Einbezug von Eltern in den schulischen Alltag gelingen?

Eltern in den pädagogischen Schulalltag einzubeziehen, ist jedoch nicht immer eine leichte Aufgabe: Die Lehrkräfte berichten in der Befragung zu den Bildungsübergängen immer wieder, dass nicht alle Eltern sich gleichermaßen für ihre Kinder in der Schule engagieren und Bildung somit in Schieflage gerät, da die Kinder vielfach nicht die gleichen Startchancen haben. Wenn Eltern sich nicht für die Belange der Schule interessieren, die Interessen der Schule nicht zu Hause mittragen und die Verantwortung an Schule abgeben, ist dies auch keine gute Voraussetzung für Elternarbeit. Der Wandel der Ansprüche im Berufsleben und vielfache weitere gesellschaftliche Veränderungen machen es den Eltern nicht immer möglich, aktiv am Schulleben teilzunehmen. Auch deshalb ist es wichtig für die Familien, dass Schule sich auf individuelle Situationen von Eltern einstellt. Die befragten Eltern regen in den Interviews beispielsweise an, die Betreuungszeiten von Schule und Kita aufeinander abzustimmen und die Termine für Elternabende familienfreundlich zu gestalten.

Die Eltern betonen in den Interviews, dass sie mehr informiert werden wollen. Dies betrifft sowohl die schulischen Leistungen des Kindes als auch Informationen zum Ablauf und zur Struktur von Schule insgesamt. Eltern fühlen sich wenig eingeladen, aktiv den Schulalltag mitzugestalten, wenn ihre Teilhabe nur darauf reduziert ist, anlässlich eines Schulfestes Kuchen zu backen. Dem gegenüber zeigt eine Lehrerin in den Lehrerinterviews eine Möglichkeit auf, Eltern mit ihren Fähigkeiten und Kompetenzen in den Schulalltag zu integrieren: In jeder Klasse gibt es einen sog. »Kompetenzordner«, in den Eltern eintragen können, was sie in den Schulalltag einbringen möchten. Von der Bereitstellung technischer Geräte, um zu einem veranschaulichenden Unterricht beizutragen, über die Mithilfe beim Lesenüben bis zum schlichten Satz »Ich helfe gerne, einfach anrufen«, können Eltern hier ihre Kompetenzen, die sie selbst auch für wichtig halten, in die Schule einbringen. Dieses Beispiel zeigt einen wertschätzenden Umgang und den Einbezug der Eltern in den pädagogischen Alltag. Wenn die Eltern nah am Geschehen dran sind und einbezogen werden, können Entscheidungen zum Wohl des Kindes gemeinsam getroffen werden. Wenn es eine persönliche Beziehung gibt, wenn Lehrkräfte und Eltern sich *kennen*, ist es auch einfacher, ein gemeinsames Interesse am Kind, an seiner Entwicklung, Erziehung und Bildung zu entfalten und die allseits geforderte individuelle Förderung des Kindes als gemeinsame Aufgabe zu betrachten. Auftretende Probleme erscheinen dann möglicherweise nicht mehr so schwerwiegend und es finden sich leichter gemeinsame Lösungen.

Literatur

Blossing (2006). Von der Elterninformation zum individuellen Entwicklungsplan. Erfahrungen mit Elterngesprächen in Schweden. In Pädagogik 58 (2006) 9, 34–39.

Friebertshäuser (1997). Interviewtechniken – ein Überblick. In Friebertshäuser/ Prengel (Hrsg.). Handbuch Qualitative Forschungsmethoden in der Erziehungswissenschaft. Weinheim, München: Juventa, 371–395.

Hebenstreit-Müller/Kühnel (Hrsg.) (2005). Integrative Familienarbeit in Kitas: Individuelle Förderung von Kindern und Zusammenarbeit mit Eltern. Berlin: dohrmannVerlag.

Merkle/Wippermann (2008). Eltern unter Druck – Selbstverständnisse, Befindlichkeiten und Bedürfnisse von Eltern in verschiedenen Lebenswelten. Stuttgart: Lucius & Lucius Verlagsgesellschaft.

Meuser/Nagel (2005). ExpertInneninterviews – vielfach erprobt, wenig bedacht. Ein Beitrag zur qualitativen Methodendiskussion. In Bogner/Littig/Menz (Hrsg.). Das Experteninterview: Theorie, Methode, Anwendung. Wiesbaden: VS-Verlag. 71–94.

Sacher (2008). Elternarbeit. Gestaltungsmöglichkeiten und Grundlagen für alle Schularten. Bad Heilbrunn: Klinkhardt.

Solzbacher/Behrensen/Sauerhering/Schwer (2012). Jedem Kind gerecht werden? Sichtweisen und Erfahrungen von Grundschullehrkräften. Köln: Wolters Kluwer Deutschland.

Solzbacher/Lotze/Schulze (2011). Bildungsübergänge aus Elternperspektive, Wissenschaftliche Begleitung des Programms Lernen vor Ort im Landkreis Osnabrück, unveröffentlichtes Manuskript.

Textor (2009). Bildungs- und Erziehungspartnerschaft in der Schule. Gründe, Ziele, Formen. Norderstedt: Books on Demand.

V. Individuelle Förderung und Professionalisierung

Individuelle Förderung und die Umsetzung des Rechts auf Bildung in der Grundschule: Überlegungen zur pädagogischen Professionalisierung von Lehrkräften

Susanne Müller-Using

»*Das Einzige, was man als Voraussetzung für Bildung mitbringen muss, ist zu atmen, sonst nichts.*« (Vernor Muñoz 2009)

Individuelle Förderung und das Recht auf Bildung

Individuelle Förderung und die mit ihr verbundenen Anforderung an die pädagogische Professionalität von Lehrkräften stehen in einer engen Verbindung mit der im Jahr 1948 herausgegebenen Allgemeinen Erklärung der Menschenrechte und dem darin formulierten Recht auf Bildung. Das Recht auf Bildung ist international und national bzw. regional verbindlich und in verschiedenen politischen Steuerungsinstrumenten verankert, wie z.B. dem internationalen Pakt über wirtschaftliche, soziale und kulturelle Rechte, die Konvention über die Rechte des Kindes und die europäische Sozialcharta.

In der UN-Konvention über die Rechte des Kindes von 1989 ist das Recht auf Bildung; Schule; Berufsausbildung im Artikel 28 sowie im Folgeartikel 29 die Ausrichtung und Aufgaben von Bildungszielen und Bildungseinrichtungen folgendermaßen definiert:

Artikel 28 (1): Die Vertragsstaaten erkennen das Recht des Kindes auf Bildung an; um die Verwirklichung dieses Rechts auf der Grundlage der Chancengleichheit fortschreitend zu erreichen, werden sie insbesondere a) den Besuch der Grundschule für alle zur Pflicht und unentgeltlich machen; b) die Entwicklung verschiedener Formen der weiterführenden Schulen allgemein bildender und berufsbildender Art fördern, sie allen Kindern verfügbar und zugänglich machen und geeignete Maßnahmen wie die Einführung der Unentgeltlichkeit und die Bereitstellung finanzieller Unterstützung bei Bedürftigkeit treffen; c) allen entsprechend ihren Fähigkeiten den Zugang zu den Hochschulen mit allen geeigneten Mitteln ermöglichen; d) Bildungs- und Berufsberatung allen Kindern verfügbar und zugänglich machen; e) Maßnahmen treffen, die den regelmäßigen Schulbesuch fördern und den Anteil derjenigen, welche die Schule vorzeitig verlassen, verringern.

(2) Die Vertragsstaaten treffen alle geeigneten Maßnahmen, um sicherzustellen, dass die Disziplin in der Schule in einer Weise gewahrt wird, die der Menschenwürde des Kindes entspricht und im Einklang mit diesem Übereinkommen steht. (http://www.unicef.de/fileadmin/content_media/Aktionen/Kinderrechte18/UN-Kinderrechtskonvention.pdf [Stand: 15.9.2011]).

Artikel 29: (1) Die Vertragsstaaten stimmen darin überein, dass die Bildung des Kindes darauf gerichtet sein muss, a) die Persönlichkeit, die Begabung und die geistigen und körperlichen Fähigkeiten des Kindes voll zur Entfaltung zu bringen; b) dem Kind Achtung vor den Menschenrechten und Grundfreiheiten und den in der Charta der Vereinten Nationen verankerten Grundsätzen zu vermitteln; c) dem Kind Achtung vor seinen Eltern, seiner kulturellen Identität, seiner Sprache und seinen kulturellen Werten, den nationalen Werten des Landes, in dem es lebt, und ggf. des Landes, aus dem es stammt, sowie vor anderen Kulturen als der eigenen zu vermitteln; d) das Kind auf ein verantwortungsbewusstes Leben in einer freien Gesellschaft im Geist der Verständigung, des Friedens, der Toleranz, der Gleichberechtigung der Geschlechter und der Freundschaft zwischen allen Völkern und ethnischen, nationalen und religiösen Gruppen sowie zu Ureinwohnern vorzubereiten; e) dem Kind Achtung vor der natürlichen Umwelt zu vermitteln. (http://www.unicef.de/fileadmin/content_media/Aktionen/Kinderrechte18/UN-Kinderrechtskonvention.pdf [Stand: 15.9.2011]).

Das Recht auf Bildung beinhaltet damit also einmal die Verpflichtung auf Verfügbarmachung und Zugänglichkeit von Bildung, aber eben auch die Forderung eine Art von Bildung anzubieten, die den unterschiedlichen Bildungsbedürfnissen von Kindern gerecht wird, sei es aufgrund von Migration, unterschiedlichen soziokulturellen Kontexten, Behinderungen oder auch ganz allgemein durch die Individualität von Lernzugängen und Begabungen. Das Recht auf Bildung soll auf der Grundlage von Chancengleichheit verwirklicht werden. Was hier erkennbar wird, ist eine Grundhaltung, die Kinder auf dem Grundsatz von Chancengerechtigkeit basierend inklusiv in Bildungsprozesse einbinden möchte und Anreize einfordert, die den regelmäßigen Schulbesuch von Kindern und Jugendlichen fördern, also auch die Freude am Lernen. Der wichtigste Aspekt und auch der rechtlich verbindliche ist dabei die Wahrung der Menschenwürde der Kinder, an der sich laut Muñoz die Eignung einer jeden Bildung misst.

»Diese Anpassbarkeit der Bildungsprozesse an die Bedürfnisse der Schüler und Schülerinnen muss vervollständigt werden durch eine Art von Bildung, die von optimaler Qualität und außerdem geeignet ist. Wenn wir von Eignung sprechen, sprechen wir von der Notwendigkeit, dass es sich um eine Bildung handelt, die kulturell verankert ist, d.h. die vollständig respektvoll gegenüber den kulturellen und sozialen Besonderheiten der Person ist, die lernt« (Muñoz 2009, 3).

Was Muñoz hier unter einer geeigneten Bildung versteht, stellt doch einige Ansprüche an die Organisation und Gestaltung der (Grund-)Schulbildung, die neben dem Unterrichten von Sprachen, Lesen, Schreiben, Rechnen eine Bildung sicherstellen soll, die respektvoll und offen gegenüber den Besonderheiten von Kindern ist, wozu auch die familiären Besonderheiten zählen. Er spricht in diesem Zusammenhang von einer Bildung, welche die Wahrung der Menschenwürde sowohl zum Ziel und auch zum Mittel hat und die auf die volle Entfaltung der menschlichen Persönlichkeit abzielt u.a. durch die Wahrung der vier Grundfreiheiten, zu denen die Rede- und Glaubensfreiheit sowie die Freiheit von Furcht und Not zählen. Damit rückt das Kind bzw. der Jugendliche in den Mittelpunkt des Bildungsprozesses, so wie es auch im Zusammenhang mit der individuellen Förderung in Schulen immer wieder gefordert wird.»Lehrerinnen und Lehrer nehmen in der Praxis der individuellen Förderung einen Perspektivenwechsel vor. Bei ihnen stehen nicht ihr Fach und dessen Inhalte im Vordergrund ihres pädagogischen Handelns, sondern die einzelne Schülerinnen und Schüler mit ihren jeweiligen Kompetenzen« (http://www.chancen-nrw.de/cms/front_content.php?idcat=268 [Stand:15.09.2011]).

Für das professionelle Handeln der Lehrer/-innen bedeutet dieser Perspektivenwechsel mitunter eine Veränderung z.B. im Umgang mit den Schülern/Schülerinnen, die das System selbst, also die Einzelschule und ihre Organisation, oftmals noch gar nicht vollzogen hat. Die (Fach-)Kompetenzen sowie die Lernleistung, nicht aber die Schülerpersönlichkeit standen bisher eher im Zentrum. Auch die bildungspolitischen Rahmen (rein fachliche Standards, Vergleichsarbeiten etc.) sind nicht unbedingt so angelegt, dass sie diesen Perspektivenwechsel tatsächlich aktiv unterstützen würden. Was hier in zwei Sätzen als Perspektivenwechsel beschrieben wird, kann also im Einzelfall und je nach pädagogischem Konzept der Schule (z.B. ob bereits schülerorientierte Reformschule oder aber traditionelle staatliche Regelschule) unter Umständen nicht weniger als einen Wandel der gesamten Schulkultur hin zu einem schülerorientierten Verständnis von Bildung bedeuten, in dem Wissensvermittlung, Kompetenzerwerb und Selbst-Bildung *plötzlich* qualitativ gleichwertiger zusammenstehen sollen (vgl. Müller-Using 2010).

Ein respektvoller Umgang mit Schülern/Schülerinnen bedeutet auch, die Wissensvermittlung nicht über die anderen genannten Aspekte zu stellen. Nimmt man die Forderung eines Perspektivenwechsel von der Fachlichkeit hin zur Person des Schülers ernst, geht damit auch ein pädagogischer Perspektivenwechsel einher, der die Wissensvermittlung und das kognitive Lernpensum nicht allein in den Vordergrund rückt, sondern es zusammen mit dem sozialen Kompetenzerwerb als Bestandteil der individuellen Entwicklung des Schülers betrachtet und würdigt und es als solches in das pädagogische Bildungsangebot integriert. So ein pädagogischer Perspektivenwechsel wirft aber auch Fragen auf, zumal er ja ganz konkret die Organisation und Gestaltung des Unterrichts betrifft und damit auch die Kompetenzen und das professionelle Selbstverständnis der Lehrer/-innen, die ihn in Interaktion mit ihren Schülern/Schülerinnen gestalten und durchführen: Welche Kompetenzen benötigen Lehrkräfte, um den beschriebenen Perspektivenwechsel in der Handlungspraxis zu vollziehen? Welche Unterstützungsangebote erhalten sie dafür? Sind sie dafür ausgebildet bzw. gibt es ein verpflichtendes Fortbildungsangebot? Unterstützen die Rahmenbedingungen von Schule eine Pädagogik, die vom Schüler ausgeht und bestehen ausreichende Handlungsspielräume, um Änderungen umzusetzen (dazu zählen u.a. auch zeitliche und finanziellen Ressourcen)?

Die individuelle Förderung und der in diesem Zusammenhang geforderte Perspektivenwechsel vom Schüler als *Lerner* hin zur kindlichen bzw. jugendlichen *Person, die lernen möchte*, ist eine Aufforderung an Lehrerinnen und Lehrer, ihr professionelles Handeln und den pädagogischen Umgang mit Schülern/Schülerinnen im Klassenzimmer in Bezug auf die erforderliche Achtung und Unterstützung nochmals und immer wieder zu überdenken und wo notwendig auch zu verändern und anzupassen. Rudolf Steiner prägte im Jahr 1907 den Satz »alle Erziehung beginnt in der Selbsterziehung« (Steiner 1984, 22 ff.) und dies scheint mir in diesem Zusammenhang sehr passend zu sein. Genauso müssen aber auch von Seiten der Bildungspolitik die Rahmenbedingungen (Richtlinien und Ressourcen) überdacht und an die Forderung zur individuellen Förderung angepasst werden. Ebenso sollte in der Lehrerausbildung stärker auf die Ausbildung der für die individuelle Förderung auch erforderlichen Kompetenzen, wie z.B. Empathie, Wahrnehmungs- und Reflexionsfähigkeit sowie Kommunikationsfähigkeit im Sinne einer Umsetzung des Rechts auf Bildung hingearbeitet werden, sofern man es damit ernst meint.

Zur Bedeutung pädagogischer Grundorientierungen

Um Möglichkeiten der Art und Weise des pädagogischen Umgangs auf einer theoretischen Folie beschreiben zu können, wird hier das Konzept der pädagogischen Grundorientierungen (Paschen 1997) benutzt, an dem die drei unterschiedlichen Grundorientierungen Wissen/Lernen, Erziehung/Sozialisation und (Selbst-)Bildung/individuelle Entwicklung als Säulen in der pädagogischen Landschaft beschrieben werden. In der folgenden Abbildung 36 sind grundlegende Prozesse pädagogischen Handelns in möglichen Kombinationen beschrieben, wohl wissend, dass für die Kinder und Jugendlichen diese Prozesse zu jeder Zeit parallel und gleichbedeutend stattfinden können. In der Abbildung habe ich diesen Prozessen die pädagogisch-ethische Grundhaltung von Lehrern/Lehrerinnen vorangestellt, da ich davon ausgehe, dass der professionelle Ethos, in dem sich die zugrundeliegende pädagogische Haltung gegenüber den Kindern und Jugendlichen widerspiegelt, einen vermutlich nicht unwesentlichen Einfluss auf die pädagogische Orientierung (die *Art* mit Kindern umzugehen) und das daraus resultierenden professionelle pädagogische Handeln (die *Weise* mit Kindern umzugehen) hat (Müller-Using 2010; Standop 2005). Rutter (1979) und Mortimore (1988) konnten z.B. in den 80er-Jahren in englischen Studien den Einfluss der Schulkultur auf die Schülerpersönlichkeit nachweisen, Pekrun/Fend (1991) stellen auf der Grundlage mehrerer Längsschnittstudien den Einfluss von schulischer Leistungsbewertung auf das Selbstbild und den Sozialstatus von Schülern/Schülerinnen dar. Als pädagogischer Output ist dann das zu bezeichnen, was als Gesamtergebnis oder auch *Wirkung* aus dem pädagogischen Handeln resultiert, d.h. aus der professionellen Interaktion mit den Schülern/Schülerinnen heraus entstanden ist. Zu erwarten sind hierbei Ergebnisse durch Wissensvermittlung, durch Erziehungs- und durch (Selbst-)Bildungsprozesse, die mal mehr pädagogisch intendiert und mal mehr als *Nebenwirkung* in Erscheinung treten. Die Ergebnisse können durch unterschiedliche Methoden evaluiert werden, beispielsweise durch Wissensüberprüfung, das Erproben erworbener Kompetenzen und die Beschreibung des individuellen Entwicklungsverlaufs, sie sollten dann aber vor allen Dingen zur Reflexion und Selbstüberprüfung der Zielsetzungen der Lehrkraft dienen. Die Kombinationsmöglichkeiten in der abgebildeten Matrix sind modellhaft. Sie sollen verdeutlichen, dass pädagogische Grundorientierungen in der Praxis theoretisch und praktisch unterschiedlich ineinander greifen, wobei jedoch der inhaltliche Schwerpunkt dabei meist nur *einer* Grundorientierung entspricht. Für die Umsetzung individueller Förderung in der Schule mit dem Anspruch, das Recht auf Bildung im schulischen Kontext umzusetzen, kommt meiner Ansicht nach der pädagogischen Grundorientierung, die den Prozess der (Selbst-)Bildung und Entwicklung in den Fokus stellt, besondere Bedeutung zu. In ihr werden die pädagogischen Prozesse vom Individuum (Selbst) her gedacht, gesteuert und gestaltet, wo hinein dann die Integration der anderen zwei pädagogischen Prozesse (Wissen/Lernen und Erziehung/Sozialisation) integriert wird.

Pädagogische Steuerung	Aufgabe/ Prozess	Pädagogische Orientierung			Pädagogischer Output
		Lernen	Sozialisation	Entwicklung	
Pädagogisch-ethische Grundhaltung von Lehrern/Lehrerinnen (Professioneller Ethos)	Wissen kognitiv	U/L formales Wissen (traditionelle Wissensvermittlung)	U/S Erfahrungswissen (z.B. Projektunterricht)	U/E Entwicklungswissen (z.B Lernen am Phänomen)	*Wirkung pädagogischen Handelns im Klassenzimmer* (Ergebnisqualität hinsichtlich drei päd. Ebenen)
	Erziehung sozial	E/L Soziale Kompetenz durch Wissen/Training	E/S Soziale Kompetenz durch Erfahrung	E/E Soziale Kompetenz durch Entwicklung	
	Bildung individuell	B/L Bildung durch Wissen/Training	B/S Bildung durch Erfahrung	B/E Bildung durch Entwicklung	

Abb. 36: Grundlegende Prozesse ganzheitlichen pädagogischen Handelns (Müller-Using 2010)

Susanne Müller-Using

Pädagogische Grundorientierungen und der professionelle Umgang mit Schülern/Schülerinnen

Dass die pädagogische Grundorientierung Auswirkungen auf das professionelle Handeln von Klassenlehrern/Klassenlehrerinnen und den Umgang mit Schülern/Schülerinnen hat und die Rahmenbedingungen von Schule eine pädagogische Grundorientierung entweder unterstützen können oder aber bei Widersprüchlichkeiten Lehrer/-innen auch in einen Zwiespalt zwischen pädagogischem Handlungsbedarf in der Interaktion mit den Schülern/Schülerinnen und formaler Aufgabenwahrnehmung versetzen, konnte gezeigt werden. Die Ergebnisse dieser Untersuchung finden sich in einer Studie (Müller-Using 2010) zur pädagogischen Orientierung von Klassenlehrern/Klassenlehrinnen an Grundschulen aus den Ländern Dänemark, Deutschland und Finnland. In der deutschen Grundschule, wo vor allem in den Rahmenrichtlinien (rein fachliche Standards, Kerncurricula, Vergleichsarbeiten) eine recht deutliche Dominanz der Unterrichtsausrichtung auf Wissensvermittlung und Lernen (Orientierung!) festgestellt werden konnte, war bei nahezu allen Klassenlehrern/Klassenlehrerinnen der Jahrgänge 2, 3 und 4 ein Zwiespalt in ihrer Aussage zum professionellen Selbstverständnis zu erkennen: Ein Drittel der Lehrkräfte erwähnen zwar im ersten Satz die Priorität der Wissensvermittlung; anschließend erwähnen aber eben diese Lehrer/-innen, dass ihnen *persönlich* die Förderung der sozialen Kompetenzen sehr am Herzen liege und sie darin den Bedarf bei den Kindern sähen (vgl. Müller-Using 2010, 201). Der darin enthaltene Zwiespalt liegt in einer Trennung von formal wahrgenommener Aufgabe (Wissensvermittlung) und persönlicher Einsicht (soziale Kompetenzen fördern), die in manchen Fällen beinahe entschuldigend vorgetragen wurde. Beklagt wird, dass die Zeit für die Gestaltung des sozialen Miteinanders und das Eingehen auf individuelle Schülerbedürfnisse bereits im formalen Anforderungsprofil von Lehrern/Lehrinnen kaum vorgesehen und damit auch nicht fest im professionellen Selbstverständnis der Lehrer/-innen verankert sei.

Dem gegenüber zeigte das Beispiel Dänemark, dass Erziehung und Sozialisation (z.B. Standards für einen persönlichkeitsfördernden Umgang mit Schülern/Schülerinnen wie z.B. positive Verstärkung und Förderung des Selbstwertgefühls) und die Gestaltung eines positiven Miteinanders im Unterricht (z.B. den positiven Wert von Gemeinschaft erfahren) durchaus auch als wichtig anerkannter und integrierter Bestandteil des Unterrichts gesehen werden können und als solche auch in den Schulcurricula beschrieben sind (http://pub.uvm.dk/2003/consolidation.html). Auch in Finnland sind überfachliche Standards wie das Heranwachsen zur menschlichen Persönlichkeit, (z.B. den eigenen Lernstil zu erkennen und sich selbst als Lerner positiv zu entwickeln, das eigene Verhalten ethisch zu beurteilen und *richtig* und *falsch* erkennen zu können etc.) fester Bestandteil des Unterrichts. Auch professionelle, pädagogische Verhaltensstandards, wie z.B. das Schaffen einer offenen, ermutigenden, stressfreien und positiven Atmosphäre und das Sicherstellen von Schülerfürsorge werden von den Lehrkräften und Schulleitungen sehr ernst genommen und umgesetzt. Sie gehören mit zum Professionsverständnis dazu und werden durch die Rahmenrichtlinien gestärkt. Im Gegenzug wird von den Schülern/Schülerinnen die aktive Mitarbeit eingefordert. Dadurch können die Lehrer/-innen in Dänemark und Finnland ihrem eigenen, persönlichen pädagogischen Anliegen, nämlich Schülerinnen und Schüler bestmöglich zu unterstützen, viel besser stattgeben und gerecht werden.

Die Vergleichsstudie (Müller-Using 2010) kann im Kern auf Folgendes aufmerksam machen, was im schulischen Kontext und besonders auch im Zusammenhang mit der individuellen Förderung von Schülern/Schülerinnen wichtig erscheint: Es muss deutlich werden, wofür *neue* pädagogische Anforderungen wie z.B. die individuelle Förderung eigentlich stehen! Ist individuelle Förderung ein Instrument zur kurzfristigen Leistungssteigerung oder ein Instrument zur langfristigen Veränderung des Schulklimas und der (Weiter-)Entwicklung der Lernkultur hin zur verstärkten Wahrnehmung der Schüler/-innen als Personen, die lernen möchten? Welcher dieser Aspekte, die sich ja auch gegenseitig bedingen, steht hier eigentlich mehr im Fokus? Mit Blick auf die Umsetzung des Rechts auf Bildung müsste Letzteres gelten, was dann aber Konsequenzen auf der Systemebene (z.B. Verhaltensstandards) und im professionellen Aufgabenprofil (Zeitbudget!) der Lehrer/-innen nach sich ziehen müsste. Oder aber es ist doch *nur* der Versuch, Lerndefizite hier und da ein wenig auszugleichen. Dies wird von den Lehrern/Lehrerinnen sowie vermutlich auch von den Schülern/Schülerinnen – verständlicherweise – als wenig ertragreiche und Freude bringende Mehrbelastung empfunden (vgl. dazu Solzbacher/Behrensen/Sauerhering/Schwer 2012; Kunze/Solzbacher 2008).

Für die Überprüfung der Umsetzung des Rechts auf Bildung aber scheint der von Muñoz in die Diskussion eingebrachte Aspekt der Eignung ein passendes Kriterium zu sein: Ist die angebotene individuelle Förderung so angelegt, dass sie vollständig respektvoll gegenüber den kulturellen und sozialen Besonderheiten der Person ist und ist sie ehrlich darauf ausgerichtet, die Persönlichkeit, die Begabung und die geistigen und körperlichen Fähigkeiten des Kindes voll zur Entfaltung zu bringen? Nimmt man die Umsetzung individueller Förderung als Umsetzung des Rechts auf Bildung im Schulkontext ernst, muss auf der Ebene des Systems sowie auf der Ebene der Professionellen die Pädagogik reflektiert und transparenter gemacht werden, um so pädagogisches Handeln und damit verbundene Entscheidungen begründet darstellen zu können: *Was* tun wir im Rahmen von individueller Förderung, zu *welchem* Zweck (z.B. Chancengerechtigkeit)? *Wie* tun wir es und *warum* tun wir es so und nicht anders? *Welche* Rahmenbedingungen stehen uns dafür zur Verfügung? Ist unser Vorgehen *geeignet*, um zur Umsetzung des Rechts auf Bildung im schulischen Kontext beizutragen?

In so einer Reflexion sollte es unbedingt um die pädagogischen Inhalte und deren professionelle Umsetzung gehen und nicht allein um formale Ausführungen. Es ist absolut notwendig, bei diesen Überlegungen die Freude an den Schülern/Schülerinnen und Neugier auf ihre Eigenheiten, also das ehrliche Interesse und die Offenheit ihnen gegenüber als Antrieb pädagogischer Arbeit zu nutzen.

Individueller Förderung und professionelle Anforderung an Lehrkräfte

Mir stellt sich die Frage, auf welche Art von Schulkultur und vorherrschenden pädagogischen Grundorientierungen die Bemühungen um individuelle Förderung in der Grundschule stoßen: eher auf eine Pädagogik der Wissensvermittlung und des kognitiven Lernens (in vielen der noch immer traditionell ausgerichteten staatlichen Schulen), oder eher auf eine Pädagogik der Erziehung und des sozial relevanten Kompetenzerwerbs (z.B. eher in Reformschulen wie der Laborschule) oder aber eine Pädagogik, die bereits die Entwicklung des Individuums zum Gegenstand hat (z.B. Montessori- oder Waldorfpädagogik)? Die Ergebnisse von Lehrerbefragungen legen Ersteres nahe. Die in Kapitel 1 diese Buches bereits zusammengefasst dargestellte quantitativ-qualitative Studie des nifbe (vgl. dazu auch Solzbacher/Behrensen/Sauerhering/Schwer 2012) zur individuellen Förderung in der Grundschule, an der 699 Lehrer/-innen aus Niedersachsen teilgenommen haben, zeigt in Teilergebnissen, dass schon in der Grundschule im Rahmen individueller Förderung am stärksten auf die Förderung der Fach- und Sachkompetenz der Schüler/-innen fokussiert wird. Der am wenigsten geförderte Bereich ist laut Aussagen der Lehrer/-innen die Selbstkompetenz der Schüler/-innen, also das Wissen um die eigenen Stärken und Fähigkeiten sowie das Selbstvertrauen, mit dem an Schwachpunkten gearbeitet werden könnte.

26% der befragten Grundschullehrer/-innen stimmen voll zu, das Kinder *keine* Voraussetzungen für die individuelle Förderung bräuchten, d.h. aber auch, dass immer noch ca. 74% der Befragten davon ausgehen, dass Kinder selbst die richtigen Voraussetzungen für individuelle Förderung mitbringen müssten. Dies ist ein Hinweis darauf, dass die Vorstellungen von individueller Förderung auseinandergehen und Verantwortungs- bzw. Zuständigkeitsbereiche diesbezüglich nicht klar genug definiert sind. 30% der befragten Lehrkräfte in der Grundschule sprechen sich dagegen aus, dass individuelle Förderung vor allem einer Vorbereitung auf die richtige Schulform diene, das bedeutet, dass eventuell immer noch ca. 70% die individuelle Förderung als Teil des Selektionsprozesses in der Grundschule akzeptieren. In einer im Rahmen einer Examensarbeit an der Universität Osnabrück durchgeführten Studie sagten 89% der befragten Grundschullehrer/-innen aus, dass Förderunterricht und fachliche Beratung zu den am regelmäßigsten eingesetzten Instrumenten individueller Förderung zählten, gleichzeitig gaben aber nur knapp 30% dieser Befragten an, im Rahmen von individueller Förderung z.B. individualisierte Lernaufgaben zu stellen (vgl. Rohloff 2010).

Das Ergebnis ist erstaunlich, geht man doch davon aus, dass gerade im Förderunterricht ein Raum für individualisierte, also am Lernstil der Kinder orientierte Aufgabenstellungen, angeboten werden sollte. Diese Daten erwecken nicht den Anschein, dass die Umsetzung individueller Förderung in der Schule der eigentlichen Idee, nämlich der Umsetzung des Rechts auf Bildung Folge leistet, wonach sie darauf ausgerichtet sein sollte, die Persönlichkeit, die Begabung und die geistigen und körperlichen Fähigkeiten des Kindes voll zur Entfaltung bringen. Die tatsächliche Umsetzung des Konzepts individueller Förderung basiert noch immer auf einem eher fachlich orientierten Lernansatz, der im besten Falle vorsieht »das Lernen der einzelnen Schüler/-in zu unterstützen« (vgl. dazu Kunze in Kunze/Solzbacher 2008, 19). Da aber jede Person zu jeder Zeit mit ihrer gesamten Persönlichkeit lernt, ist das Lernen nicht getrennt von der *individuellen* Person des Lerners zu betrachten (vgl. Hüther 2004; Spitzer 2007).

Damit individuelle Förderung in der Schule dem Anspruch einer Umsetzung des Rechts auf Bildung in seiner Ganzheitlichkeit gerecht werden kann, muss sie mit einem ganzheitlichen schulischen Bildungsverständnis in Zusammenhang gebracht werden, durch das die Kinder Achtung und Wertschätzung erfahren und darüber (wieder) Lust und Freude am Lernen entwickeln können bzw. ihnen diese erhalten bleibt. Die Interpretation dessen, was individuelle Förderung in der Einzelschule bedeutet und wie sie praktisch umgesetzt wird, hängt meiner Ansicht nach stark von der Pädagogik ab, also den erzieherischen Handlungsansätzen und dem darin enthaltenen Know-how der professionellen Akteure. Fend (2008) spricht in diesem Zusammenhang von Rekontextualisierung auf der Ebene der Einzelschule, was die Interpretation und Einpassung z.B. behördlicher Erlasse von schulpolitischer Ebene (wie z.B. der Auftrag zur individuellen Förderung der Schüler/-innen) auf der Ebene von Einzelschulen und damit auch von Klassenzimmern meint (vgl. dazu u.a. auch Beitrag Wischer in diesem Buch).

Ob individuelle Förderung dann tatsächlich im Sinne des Rechts auf Bildung interpretiert bzw. rekontextualisiert wird, d.h. darauf ausgerichtet ist die Persönlichkeit, die Begabung und die geistigen und körperlichen Fähigkeiten eines jeden Kindes zu respektieren und zur vollen Entfaltung zu bringen, ist eine Frage der pädagogischen Grundorientierung, der Ressourcen und ganz sicherlich auch eine Frage der pädagogischen Kompetenzen der individuellen Lehrkraft. Wie weiter vorne im Text schon ausgeführt wurde, ist professionelles pädagogisches Handeln vor allem auch pädagogisch begründetes Handeln und muss daher immer wieder aktuell auf die pädagogische Begründung und Passung hin überprüft werden, also auf ihre ethische *Eignung* für den professionellen pädagogischen Umgang mit Kindern. Bleiben die eigentliche Anforderung und das eigene professionelle pädagogische Handeln hingegen unreflektiert, geschieht nur all zu leicht das, was z.b. mit dem Konzept individueller Förderung zu geschehen scheint: Eine Idee, die ursprünglich zur Unterstützung der Schüler/-innen vorgesehen ist, wird im Zuge systemischer Rekontextualisierung in die bestehende Schulkultur eingepasst. Steht die Wissensvermittlung pädagogisch bereits im Fokus, dann wird sie eher noch für die Intensivierung der Wissensvermittlung eingesetzt (z.b. Förderunterricht), ohne weiter zu überdenken, was die individuelle Förderung der Schüler/-innen auf der Ebene des professionellen pädagogischen Umgangs eigentlich noch bedeutet (Ist das persönliche Gespräch mit dem Schüler, das Wissen um individuelle Interessen und den häuslichen Kontext, das im Blick behalten als Mitglied der Klassengemeinschaft nicht auch Bestandteil individueller Förderung?).

Wird individuelle Förderung – vor allem aufgrund von zu wenig systematischer Reflexion und Fortbildung (vgl. Solzbacher/Behrensen/Sauerhering/Schwer 2012) – pädagogisch unreflektiert als reine Vorgabe formal umgesetzt, dient sie nicht wirklich den Kindern, sondern vor allem den systemischen Ansprüchen, die wir Erwachsenen vertreten und bringt damit keine wirkliche Innovation in die Schulen. Es gilt daher bereits im Vorfeld, die Rekontextualisierung individueller Förderung auf der Ebene der Einzelschule und im Klassenzimmer professionell begleiten und reflektieren zu helfen, z.B. durch Teamfortbildungen (vgl. dazu Beitrag Wester in diesem Buch). So kann auch der Einsatz von Elementen der Unterstützung, die der individuellen Schülerförderung dienen sollen, in der Schule wiederkehrend auf ihre Eignung überprüft werden, wobei die Verpflichtung zur Umsetzung des Rechts auf Bildung des Kindes/Jugendlichen Orientierung und Richtung gibt. Zusammenfassend lässt sich sagen: Damit individuelle Förderung in der Schule mit einem ganzheitlichen Bildungsverständnis einhergehen kann und dem Recht auf Bildung gerecht wird, ist u.a. die Reflexion und das folgende Vorgehen in Bezug auf die Anforderungen wichtig:

1. Im bildungspolitischen Auftrag muss das Konzept individueller Förderung bereits deutlicher mit dem Recht auf Bildung und damit mit einem ganzheitlichen Bildungsverständnis verknüpft werden, weil
2. individuelle Förderung ein Bestandteil der Umsetzung des Rechts auf Bildung des Kindes/Jugendlichen in der Schule ist und als ein Teil von Bildung kulturell verankert und darauf ausgerichtet sein sollte, die Persönlichkeit, die Begabung und die geistigen und körperlichen Fähigkeiten eines jeden Kindes/Jugendlichen zu respektieren und zur vollen Entfaltung zu bringen.
3. Individuelle Förderung ist daher mit einem Bildungsverständnis verknüpft, in dem das Lernen, die Erziehung und die individuelle Entwicklung der Schüler/-innen sowie die pädagogische Arbeit daran gleichermaßen wertgeschätzt werden.
4. Aus so einem Bildungsverständnis müssen Hinweise hervorgehen, wie mit den Schülern/Schülerinnen pädagogisch umgegangen werden soll, auch wel-

ches methodisch-didaktische Vorgehen unterstützend wirkt und welche (z.B. zeitlichen) Spielräume der Schule bzw. der einzelnen Lehrkraft dafür zugestanden werden.
5. Auf der Ebene der Schule muss anhand der zuvor genannten Hilfestellungen das Konzept individueller Förderung bewusster rekontextualisiert, d.h. systematisch in eine pädagogische Beziehung zu der eigenen Schulkultur gebracht werden.
6. Inhalte dieser Reflexion sind vor allem die pädagogische Ausgestaltung dessen, was individuelle Förderung im Rahmen des Rechts auf Bildung bedeutet. Das meint die Frage, wie das Bildungsangebot geeignet ist, die Persönlichkeit, die Begabung und die geistigen und körperlichen Fähigkeiten eines jeden Kindes/Jugendlichen zu respektieren und zur vollen Entfaltung zu bringen.
7. Die Ergebnisse so einer Reflexion sollten als (Weiter-)Entwicklungsimpuls im Sinne einer innovativen Schulentwicklung genutzt werden.
8. Auf der Ebene der individuellen Lehrkraft muss sehr deutlich sein, dass individuelle Förderung die pädagogische Auseinandersetzung mit dem Individuum selbst bedeutet, dies setzt ein ehrliches Interesse, Offenheit gegenüber den Schülern/Schülerinnen und Freude an der Beobachtung ihrer Entwicklung voraus sowie die oben bereits genannten Spielräume, um darauf angemessen einzugehen. Gegenseitiger Respekt, Achtsamkeit und Empathie im Umgang mit Schülern/Schülerinnen, konsequente aber positive und ressourcenorientierte Schülerunterstützung sind dafür wichtige professionelle Werkzeuge.
9. Aus der Reflexion der Anforderungen an professionelles pädagogisches Handeln heute und eines Abgleichs mit dem tatsächlichen professionellen pädagogischen Know-how wird der Fortbildungsbedarf ersichtlich, dem dringend regelmäßig, systematisch und verpflichtend nachgegangen werden sollte.

Fazit

Wie so oft, sind die Ansprüche, die an eine individuelle Förderung von Schülerinnen und Schülern gestellt werden, Ansprüche, die sich vor allem an die pädagogische und fachliche Professionalität von Lehrkräften richten. Eine der wesentlichen Herausforderungen dabei ist, dass die menschliche Individualität schwer zu fassen und wissenschaftlich kaum festzulegen ist. Umso mehr benötigen Lehrerinnen und Lehrer inhaltliche Orientierungshilfen sowie Rahmenbedingungen, die ihnen Flexibilität und Spielräume ermöglichen und zur systematischen pädagogischen Fortbildung verpflichten. Die Anforderungen an den Lehrerberuf sind vielfältig und werden seit jeher von unterschiedlichen Interessengruppen an sie herangetragen (z.B. Eltern, Ausbildungsbetriebe, Politik und Wirtschaft). Es ist bei all diesem Anspruchsdenken wichtig, die pädagogische Professionalität der Lehrkräfte sowie das Recht des Kindes/Jugendlichen auf Bildung zu achten und zu stärken. Hierfür offen einzutreten ist meiner Ansicht nach ein wesentlicher Bestandteil pädagogischen Professionsdenkens. Pädagogische Professionalität von Lehrkräften beinhaltet in diesem Zusammenhang neben der Kenntnis schulischer Erziehungs- und Bildungsmodelle vor allem auch die individuelle pädagogische Kompetenz zu einem achtsamen und dennoch richtungsweisenden Umgang mit Schülern und Schülerinnen. Um individuell auf Schüler/-innen eingehen zu können, ist die Fähigkeit flexibel zwischen kognitiver und emotionaler Ebene zu wechseln und daraus ein sozial geeignetes Handeln abzuleiten Bestandteil einer solchen Kompetenz. Die eigene Empathiefähigkeit in Kombination mit fachlichem Know-how und Reflexion ist ein guter Garant dafür, dass individuelle Förderung in der Grundschule gelingen kann. Wissen, Verstand und Gefühl sind ihre wichtigsten Bestandteile und Hilfswerkzeuge zum Finden der richtigen Passungen zwischen Schülerlernen, Unterrichtsinhalten und Lehrstil. In einer Brockhaus-Ausgabe aus den 60er-Jahren, ist Pädagogik mit *Erziehungskunst* übersetzt (vgl. Brockhaus 1961). Ich denke, dass bei allen Anforderungen und Ansprüchen, die in die Schule getragen werden, die Achtung und Wertschätzung vor dieser *Erziehungskunst* (sofern sie stattfindet) in der Schule geachtet und geschützt bzw. unterstützt werden muss. Das bedeutet auch, Rücksicht zu nehmen und den Schulen Zeit und Raum für langfristige, wichtige Innovationen zu geben und diese systematisch z.B. durch Team-Fortbildungen zu unterstützen. Gleichzeitig müssen Themen wie Empathiefähigkeit und emotionale Intelligenz systematischer in die Lehrerausbildung eingebracht werden, weil sie eine wichtige Grundlage für professionelles pädagogisches Handeln und damit auch für individuelle Förderung sind.

Literatur

Brockhaus (1961). Der kleine Brockhaus. Wiesbaden: Verlag Brockhaus.
Fend (2008). Schule gestalten. Systemsteuerung, Schulentwicklung und Unterrichtsqualität. Wiesbaden: VS Verlag für Sozialwissenschaften.
Hüther (2004). Die Bedeutung innerer und äußerer Bilder für die Strukturierung des kindlichen Gehirns. In Neider (Hrsg.). Lernen aus neurobiologischer, pädagogischer, entwicklungspsychologischer und geisteswissenschaftlicher Sicht. Stuttgart: Verlag Freies Geistesleben.
Kunze/Solzbacher (Hrsg.) (2008). Individuelle Förderung in der Sekundarstufe I und II. Baltmannsweiler: Schneider Verlag Hohengehren.
Mortimore (1988). School Matters. Berkeley/CA, USA: The University of California Press.
Müller-Using (2010). Ethos und Schulqualität. Pädagogisch-ethische Aspekte im professionellen Umgang mit SchülerInnen in Dänemark, Finnland und Deutschland. Opladen und Farmington Hills/MI, USA: Verlag Barbara Budrich.
Muñoz (2009). Vortrag zum Recht auf Bildung von Prof. Vernor Muñoz, UN-Sonderberichterstatter für das Recht auf Bildung am 7.6.2009 in Oldenburg

in der Vortrags- und Podiumsveranstaltung »Bildung ist ein Recht und keine Ware – Für eine Bildung gleich hoher Qualität für alle« im städtischen Kulturzentrum PFL. Internetfundstelle: http://www.munoz.uri-text.de [20.9.2011].

Paschen (1997). Pädagogiken. Zur Systematik pädagogischer Differenzen. Weinheim, Basel: Beltz.

Pekrun/Fend (Hrsg.) (1991). Schule und Persönlichkeitsentwicklung. Ein Resümee der Längsschnittforschung. Stuttgart: Ferdinand Enke Verlag.

Rohloff (2009). Individuelle Förderung an Grundschulen aus der Sicht von Lehrerinnen und Lehrern. Hausarbeit im Rahmen der Ersten Staatsprüfung für das Lehramt an Grund-, Haupt- und Realschulen im Fach Pädagogik an der Universität Osnabrück.

Rutter et al. (1979). Fifteen Thousand Hours. London, UK: Open Books.

Solzbacher/Behrensen/Sauerhering/Schwer (2012). Jedem Kind gerecht werden? Sichtweisen und Erfahrungen von Grundschullehrkräften. Köln: Wolters Kluwer Deutschland.

Spitzer (2007). Lernen: Gehirnforschung und die Schule des Lebens. Berlin u.a.: Springer Verlag.

Standop (2005). Werte-Erziehung. Einführung in die wichtigsten Konzepte der Werte-Erziehung. Weinheim, Basel: Beltz.

Steiner (1984). Die Erziehung des Kindes vom Gesichtspunkte der Geisteswissenschaft. In Rudolf Steiner Nachlass-Verwaltung (Hrsg.). Die Erziehung des Kindes vom Gesichtspunkte der Geisteswissenschaft. Dornach, Schweiz: Rudolf Steiner Verlag, 7–44.

»Selbst sicher lernen«: wie Fachkräfte aus Kita und Grundschule in einem interdisziplinären Theorie-Praxis-Projekt zu wichtigen Reflexionen über ihr berufliches Selbstverständnis gelangen

INGA DOLL/FRANZISKA BIRKE-BUGIEL/MAGDALENA MENKE

Im folgenden Beitrag soll am Beispiel des Projektes »Selbst sicher lernen – Selbstkompetenz als Grundlage von Lernkompetenz«[34] beschrieben werden, wie anhand eines interdisziplinären Theorie-Praxis-Projektes Vertreterinnen[35] aus Kindertagesstätten und Grundschulen ihr berufliches Selbstverständnis reflektieren und erweitern konnten. Grundlegend dafür war die Erkenntnis der Projektteilnehmerinnen gleich zu Beginn des Projektes, dass die Selbstkompetenz der Fachkräfte eine wichtige Basis dafür ist, dass die Förderung der Selbstkompetenz der Kinder gelingen kann. Durch die bewusste Auseinandersetzung der Pädagoginnen mit ihrem beruflichen Selbstverständnis, kann das Projekt »Selbst sicher lernen« als ein Beitrag auch der eigenen Weiterprofessionalisierung betrachtet werden, obwohl es vorrangig ein anderes Ziel hatte, wie wir im Folgenden noch sehen werden.

Dabei genügt es allerdings schon lange nicht mehr, nur auf sich und die eigene Einrichtung zu schauen, sondern es ist deutlich geworden, dass interdisziplinäres Arbeiten ein wesentliches Merkmal für Qualität von Bildungseinrichtungen geworden ist. Es zeigt sich beispielsweise auch in den zahlreichen Forderungen der jüngeren Vergangenheit, dass Bildungseinrichtungen mehr miteinander kooperieren und zusammenarbeiten sollten, um Kinder individuell zu fördern. Was genau jedoch bedeutet es, wenn sich Vertreter der verschiedensten Einrichtungen an einen Tisch setzten und gemeinsam über ihre Arbeit sprechen? Welche Folge kann es für jeden Einzelnen dieser Runde haben, wenn ein Thema aus den unterschiedlichsten Blickwinkeln beleuchtet wird? Vor allem aber: Wie wirkt sich institutionsübergreifendes Arbeiten auf die eigene Arbeit und somit auf das eigene berufliche Selbstverständnis aus?

Um diese eben genannten Fragen (ansatzweise) beantworten zu können, wird zu Beginn dieses Beitrags ein kurzer Blick auf die Projektkonzeption »Selbst sicher lernen« geworfen, bevor im weiteren Verlauf der Auseinandersetzung Aspekte von Selbstkompetenz und Professionalisierung im Fokus stehen werden.

---

34 Der Einfachheit halber wird im weiteren Verlauf die Kurzform »Selbst sicher lernen« anstelle des kompletten Projekttitels verwendet.
35 Da männliche Vertreter sämtlicher Berufsgruppen deutlich in der Minderzahl waren, wird hier auf die schwer lesbaren Nennungen der männlichen und weiblichen Form zugunsten der weiblichen Form verzichtet.

Das Projekt: »Selbst sicher lernen – Selbstkompetenz als Grundlage von Lernkompetenz«

Ausgangslage des Projektes »Selbst sicher lernen« war die Frage, welche Kompetenzen Kinder zur Begabungsentfaltung brauchen und wie sie bei der Entwicklung dieser Kompetenzen unterstützt werden können. Eine Grundannahme des Projektes dabei war, dass die Entfaltung von Begabung (in Leistung) und das Lernen immer die Beteiligung des Selbst voraussetzen. Lernerfolg ist dabei viel enger mit der Selbstkompetenz verzahnt als mit den aus der (Schul-)Pädagogik üblicherweise bekannten Kompetenzen der Sach-, der Sozial und der Methodenkompetenz. Der Förderung von Selbstkompetenz kommt eine zentrale, fundamentale Rolle zu, denn sie ist ein nicht abgeschlossener Prozess und kann von den Pädagogen in Kita und Schule stark positiv beeinflusst werden: zum einen durch die Beziehungsgestaltung, zum anderen durch eine anregend gestaltete Lernumgebung (vgl. dazu den Beitrag von Kuhl/Solzbacher in diesem Buch).

Um also der Frage nachzugehen, was Kinder brauchen, um möglichst gut selbstständig lernen zu können und wie sie von der pädagogischen Fachkraft dabei optimal unterstützt werden können, haben sich Vertreterinnen von Kindertageseinrichtungen, Grundschulen, Berufsfachschulen und Weiterbildung sowie Vertreterinnen aus der Wissenschaft (in diesem Falle Mitarbeiterinnen aus der Forschungsstelle Begabungsförderung des Niedersächsischen Instituts für frühkindliche Bildung und Entwicklung, nifbe) unter der Leitung der Heimvolkshochschule Haus Ohrbeck über einen Zeitraum von zwei Jahren für ein Theorie-Praxis-Projekt (Transferprojekt) zusammengeschlossen. Das heißt, es galt die Erfahrungen und Vorgehensweisen der Praktikerinnen zu erheben, zu systematisieren und mit den vorliegenden einschlägigen wissenschaftlichen Ansätzen abzugleichen. Durch einen solchen Theorie-Praxis-Diskurs wurde auf der einen Seite den Praktikerinnen ein wissenschaftlich reflektiertes Handeln ermöglicht und auf der anderen Seite der Wissenschaft die Möglichkeit gegeben, eine praxisrelevante und -fundierte Theorie zu entwickeln. Ein Arbeiten auf Augenhöhe und mit gegenseitiger Wertschätzung war dafür die Voraussetzung.

In der ersten Phase des Projektes erarbeiteten die Teilnehmerinnen ein gemeinsames Verständnis von Selbstkompetenz, da sowohl seitens der Forschung, aber auch unter den Praktikerinnen bzw. innerhalb der einzelnen Einrichtungen unterschiedliche Auffassungen darüber existierten, was unter Selbstkompetenz zu verstehen ist. So entstand im Projekt folgende Arbeitsdefinition von Selbstkompetenz: »Nach unserem Verständnis kann man von einem selbstkompetenten Menschen sprechen, wenn er in sich verändernden Bedingungen handlungsfähig und motiviert ist. Emotionale und kognitive Prozesse, die sich auf das Selbst beziehen, wirken im Zusammenspiel mit Fähigkeiten und Interessen auf die Selbstkompetenz. Diese steht im engen Zusammenhang mit der Biographie und den Beziehungserfahrungen. Die Entwicklung von Selbstkompetenz hängt dabei von den Bedingungen des Lernens ab. Diese werden sowohl durch die (professionellen) pädagogischen Beziehungen beeinflusst als auch durch die Lernumgebung. Diese Austauschprozesse wirken auf die Reflexivität des Subjekts ein. Grundsätzlich wird davon ausgegangen, dass alle Aspekte miteinander in Wechselwirkung stehen. Die Entwicklung von Selbstkompetenz ist ein lebenslanger Prozess.«[36] In der zweiten Phase galt es dann, Methoden und Konzepte der Selbstkompetenzförderung in Kindertageseinrichtungen und Grundschule zu erheben bzw. bereits gängige Methoden auf ihre Möglichkeit zur Selbstkompetenzförderung hin zu überprüfen. Ein besonderer Schwerpunkt wurde dabei von den Teilnehmerinnen auf das institutionsübergreifende Arbeiten gelegt, weil in dieser Arbeitsphase deutlich wurde, dass eine gelungene Selbstkompetenzförderung mehr braucht als inhaltliche und methodische Kenntnisse. So wurde in dieser Prozessphase die Bedeutung der professionellen pädagogischen Haltung hervorgehoben und betont sowie die Wichtigkeit der Reflexion der Beziehungsgestaltung zwischen Kind und Bezugsperson herausgestellt. Die pädagogische Haltung setzt sich dabei aus dem Fachinhaltswissen, dem Sachwissen, dem Bild vom Kind und dem beruflichen Selbstverständnis zusammen. Die Haltung ist nicht vollständig kognitiv explizierbar und bewusst, sondern kommt auch in spontanen pädagogischen Handlungen zum Tragen oder wirkt als Hintergrund bei der Planung und Durchführung des beruflichen Alltags.

Basierend auf diesen Erkenntnissen wurden in einem dritten Schritt gemeinsam institutionsübergreifende Aus- und Fortbildungsmodule für Erzieherinnen und Lehrerinnen sowie für Studierende entwickelt, um die Projektergebnisse bzw. Erkenntnisse über die Aus- und Fortbildung in die weitere Praxis zu transferieren. Während das erste Fortbildungsmodul sich schwerpunktmäßig mit der professionellen Haltung der Pädagogin und der Beziehung zwischen Kind und Pädagogin befasste, bezog sich das zweite Fortbildungsmodul auf die Möglichkeit, Methoden hinsichtlich ihrer Eignung zur Selbstkompetenzförderung zu beurteilen. In dem Seminar für die Studierenden ging es vor allem darum, theoretische Aspekte in den Vordergrund zu stellen und die Bedeutung der eigenen Selbstkompetenz für die spätere Berufspraxis als Lehrerin zu ermitteln. Die entwickelten Module wurden dann im Laufe der vierten Projektphase in der Heimvolkshochschule bzw. in der Universität Osnabrück angeboten und durchgeführt.

In der letzten Phase des Projektes »Selbst sicher lernen« erfolgte die Reflexion, Auswertung und Publikation der Ergebnisse. In diesem Beitrag soll nun nicht das Projekt als solches abschließend betrachtet und bewertet werden, sondern vertiefend auf die gewonnenen Erkenntnisse der Teilnehmerinnen des Projektes

---

[36] Weitere genauere Informationen und die in dem Projekt entwickelten Arbeitsmaterialien können über die Forschungsstelle Begabungsförderung des nifbe eingesehen werden: http://www.nifbe.de.

hinsichtlich der Veränderung in ihrem eigenen beruflichen Selbstverständnis eingegangen werden. So soll zum einen der Blick darauf geworfen werden, welche Auswirkungen das interdisziplinäre Arbeiten bei den Projektteilnehmerinnen hatte; es soll aber auch näher beleuchtet werden, welche Rolle der Reflexion der eigenen Haltung im Zusammenhang mit der Selbstkompetenzförderung zukommt.

Interdisziplinäres Arbeiten erweitert den Blick auch auf die eigene Arbeit

Das Projekt »Selbst sicher lernen« war bewusst so konzipiert, dass sich Vertreterinnen unterschiedlichster Bildungseinrichtungen begegnen sollten, um an einem gemeinsamen Verständnis von Selbstkompetenz als Grundlage von Lernkompetenz zu arbeiten. Es wurde dabei angestrebt, dass die Beteiligten während des Projektverlaufes gemeinsam arbeiten. So sollte ein Verständnis für die jeweils andere Profession entwickelt werden, was eine Begegnung auf Augenhöhe möglich und nötig macht. Die Bedeutsamkeit dieses interdisziplinären Arbeitens und der gemeinsamen Arbeit auf Augenhöhe stellte, wie es später in einer Abschlussdiskussion mit den Projektteilnehmerinnen deutlich wurde, eines der wichtigsten Ergebnisse des Projektes dar und wurde von den Teilnehmerinnen sehr positiv beurteilt.

Um zu einem Grundverständnis von Selbstkompetenz zu gelangen, war es für die Projektteilnehmer ein wichtiger und bereichernder erster Schritt, ein gemeinsames institutionsübergreifendes Bild davon zu entwickeln, wie Kinder lernen und welche Funktion der Selbstkompetenz dabei zukommt. Durch den gemeinsamen Blick auf die Bildungsprozesse bei Kindern stellten die Teilnehmerinnen schnell fest, dass die Selbstkompetenz der Pädagoginnen – egal ob in Kita oder Schule – maßgeblich dazu beiträgt oder sogar Voraussetzung ist, um die Selbstkompetenz der Kinder zu fördern. Aufgrund dieser Erkenntnisse konnte die oben bereits vorgestellte Definition von Selbstkompetenz von den Teilnehmerinnen entwickelt werden.

Durch die Auseinandersetzung mit den Unterschieden aber auch Gemeinsamkeiten der unterschiedlichen Institutionen Kita und Grundschule konnte im Projekt sogar ein gemeinsames Bildungsverständnis erarbeitet und darauf aufgebaut werden. Dabei war das erfolgreiche interdisziplinäre Arbeiten davon (mit-)abhängig, dass es den Teilnehmerinnen möglich war, Hemmschwellen abzubauen und eine gemeinsame professionelle Basis für ihre Arbeit zu finden und neu zu schaffen. Dabei ging es auch darum, Einstellungen von anderen Projektteilnehmerinnen kennenzulernen und dadurch eigene Gedankenprozesse anzuregen. So konnte die Basis für eine gelungene Kooperation zwischen Kita und Grundschule gelegt werden. Eine Teilnehmerin aus einer Grundschule schildert diesen Prozess des gemeinsamen Arbeitens und das Arbeitsklima exemplarisch:

»*Also ich nehme den guten Austausch mit. Und die Offenheit zu anderen Institutionen, jetzt zum Kindergarten insbesondere, weil wir ja auch miteinander Kontakt haben, ich fand das einfach ganz schön, die andere Sichtweise mal kennenzulernen. Zu merken, dass dort eigentlich die gleiche Einstellung herrscht und das man einfach die Hemmschwelle verloren hat. Und dadurch bin ich z.B. auch einfach mal so in den Kindergarten gegangen, obwohl ich keinen Termin hatte. Und die Barriere ist irgendwie niedriger geworden und man kennt sich jetzt einfach, hat sich anders kennengelernt.*«

Ein zentraler Gewinn des institutionsübergreifenden Arbeitens war also, dass das Wissen um die Arbeit der anderen zum einen den Blick auf die eigene Arbeit verändert – also eigene Reflexionsprozesse anregt – zum anderen können Fragen und Anliegen im direkten Kontakt auch einfacher und schneller geklärt werden: »*…bin ich einfach in den Kindergarten gegangen, obwohl ich keinen Termin hatte*«. Dass ein intensiveres Arbeiten untereinander aufgrund der Teilnahme an dem Projekt möglich ist und sogar als Grundlage für die weitere gemeinsame Zusammenarbeit dienen kann, wird zudem von einer weiteren Teilnehmerin bestätigt:

»*Also, wir sind ja schon ein Stück des Weges zusammen gegangen. Aber das ist noch mal intensiviert worden. Und ich find' auch, dass wir uns gemeinsam jetzt so eine Ausgangsbasis geschaffen haben. Jeder hat vorher so ein bisschen geschwommen – hin und her. […] Also ich finde, wir haben uns eine Grundlage hier erarbeitet für den gemeinsamen Weg.*«

Nicht nur, dass die Teilnehmerinnen des Projektes Sicherheit in ihrem eigenen pädagogischen Handeln erfahren haben, dass sie auch selbst sicherer gelernt haben – sie erlebten zudem, dass es den Kolleginnen der verschiedensten Einrichtungen und Institutionen ebenso wie Ihnen erging und sich durch das gemeinsame Arbeiten im Projekt ihr Blick »über den Tellerrand hinaus« bewegt hat.

Institutionsübergreifendes Arbeiten benötigt Zeit und Raum

Ein wichtiger Aspekt, der immer wieder in dem Projekt »Selbst sicher lernen« auftauchte, war, dass interdisziplinäres Arbeiten Zeit und Raum benötigt – gerade wenn an einem grundlegenden Thema wie Selbstkompetenz gearbeitet werden soll. So war es einerseits für die in der Praxis stehende Pädagoginnen schwierig, über einen Zeitraum von fast zwei Jahren eine Mitarbeit zu gewährleisten, andererseits ist es gerade der langfristige Prozess, der maßgeblich mit zum Erfolg des Projektes beigetragen hat, wie es folgende Aussage betont:

»*Ich sage, also wenn man sich fortbildet und wenn man sich mit Dingen neu befasst, dann muss es ein längerer Prozess sein. Und dann ist es ganz wichtig, dass auch möglichst viele Teammitglieder, also ob [aus] Kindergarten oder Schule, gleichgültig, daran teilnehmen. Und es ist für mich immer weniger sinnreich, so eine Tagesfortbildung zu besuchen, wo ich dann Impulse kriege und dann steh ich wieder in der Einrichtung und zwei Wochen später fragt mich jemand: ›Was hast du denn da gemacht?‹ Und dann sag ich: ›Ja das war so irgendwie …‹ und dann weiß ich es schon nicht mehr genau. Und das hier ist für mich so eine Form der Zukunft was Fortbildungsangebote angeht. Also einfach einen Prozess auch entstehen lassen zu können. Das braucht ein bisschen Zeit und das hab ich hier auf jeden Fall gelernt.«*

Hier wird u.a. auf die Nachhaltigkeit der durch das Projekt angestoßenen Veränderungen und Inhalte abgehoben. Dieses kann zu einer Veränderung im beruflichen Alltagshandeln führen, da Inhalte langsam ins Bewusstsein übergehen können und Veränderungen der Praxis nicht von heute auf morgen umgesetzt werden müssen, sondern sich langsam entwickeln können. Das setzt ein Vertrauen der Teilnehmerinnen in prozesshaftes Arbeiten und dessen Gelingen voraus. Dass das Projekt »Selbst sicher lernen« ergebnisoffen konzipiert war, erwies sich insofern als erfolgreich, als dass das prozesshafte Geschehen als »*gegenseitige[r] Befruchtungsprozess*« bezeichnet wurde und dass das

»Vertrauen in so ein prozesshaftes Geschehen letztlich dazu geführt hat, dass alle Beteiligten sich darin wiederfinden und sich damit auch identifizieren konnten und vermutlich auch weiterhin können.«

Es ist deutlich geworden, dass durch die Reflexion des beruflichen Selbstverständnisses der Fachkräfte in der interdisziplinären Arbeit ein entscheidender Beitrag zur Weiterprofessionalisierung der Fachkräfte geleistet werden kann. Hierdurch wird auch der Blick auf die eigene Haltung anders möglich und der Reflexion zugänglich gemacht.

Selbstkompetenzförderung bedeutet auch die eigene Haltung reflektieren zu können

Die Teilnehmerinnen setzten sich im Verlaufe des Projektes »Selbst sicher lernen« mit dem Thema der Selbstkompetenz und der Selbstkompetenzförderung bei Kindern auseinander. Durch die eigene Sichtweise sowie die ungewohnten Blickwinkel der anderen Institutionen, aber auch durch die Impulse seitens der Forschung wurde deutlich, dass es »selbstsicherer« Fachkräfte bedarf, um die Selbstkompetenz von Kindern zu fördern. Viele der im oberen Teil getroffenen Aussagen spiegeln dieses bereits wider und zeigen auf, dass die Beschäftigung mit dem Thema Selbstkompetenz persönliche Veränderungen der Sichtweisen der Teilnehmerinnen bewirkt hat. Das Thema Selbstkompetenz wurde für die Teilnehmerinnen persönlich relevant und greifbar. So hat sich bei einer Teilnehmerin der Begriff der Selbstkompetenz »*mit Leben gefüllt*«, was eine andere Teilnehmerin so beschreibt: »*für mich persönlich hat dieser Begriff Selbstkompetenz noch mal ein anderes Gewicht bekommen …*«. Eine weitere Teilnehmerin formuliert eine deutliche persönliche Veränderung folgendermaßen:

»*Ich habe für mich das Gefühl, dass ich mich in vielen Dingen auch bestätigt gefühlt habe. Dass ich auch vorher schon eine Ahnung hatte oder auch wusste: ja genau, das ist doch total wichtig. Dass jetzt das stimmt, das habe ich schon immer irgendwie geahnt, gespürt oder so. Aber ich hätte es vielleicht vorher nicht so differenziert benennen können: Was versteh' ich darunter. Ich hätte es auch nicht Selbstkompetenz genannt, sondern ich hätte vielleicht gesagt, also ein gutes Selbstbewusstsein ist wichtig. Und ich hätte auch vieles von dem darunter gemeint. Und das ist irgendwie jetzt nochmal so eine andere Deutlichkeit von Selbstkompetenz – jetzt so für mich.*«

Diese Veränderung, die die Teilnehmerin beschreibt, konnte dadurch erzielt werden, dass in den Projektgruppentreffen das persönliche Vorwissen der Teilnehmerinnen durch theoretische Impulse verfestigt, ausgebaut und anschließend reflektiert wurde. Auf diese Weise konnte latentes Wissen expliziert und im Prozess des gemeinsamen Arbeitens spezifiziert, strukturiert und in das berufliche Alltagshandeln überführt werden, was einen wichtigen Beitrag zur Professionalisierung ausmacht.

Im Verlaufe des Projektes stellten die Teilnehmerinnen fest, dass es für ihr pädagogisches Handeln alleine nicht ausreicht, lediglich auf das einzelne Kind zu blicken, sondern man muss den eigenen Fokus erweitern und reflektieren. Die eigene Haltung rückte mehr und mehr in den Mittelpunkt, wenn es darum ging, die Selbstkompetenz bei Kindern zu fördern: Verschiedene Faktoren sind ausschlaggebend für eine selbstkompetenzfördernde Haltung der pädagogischen Fachkräfte. Diese drückt sich in der Gestaltung des pädagogischen Alltags aus: beispielsweise in der Wertschätzung der Kinder, der Orientierung an ihren Ressourcen sowie auch darin, den Kindern sowohl Unterstützung anzubieten, als auch Herausforderungen zuzumuten.

Dabei wurde den Teilnehmerinnen bewusst, dass eine selbstkompetenzfördernde Haltung nicht nur institutionsgebunden, sondern über die eigenen Grenzen hinaus wichtig ist, um Kinder fördern zu können. Eine grundlegende Erkenntnis der Zusammenarbeit war: Um bei Kindern Selbstkompetenz fördern zu können, bedarf es der Reflexion der eigenen Haltung bzw. des eigenen pädagogischen Handelns. Dabei ist die Reflexion der eigenen Haltung ein sowohl zeitlich als auch inhaltlich intensiver Auseinandersetzungsprozess. In dem Projekt wurden den Teilnehmerinnen diese Zeit und der methodische Rahmen zur Reflexion zur Verfügung gestellt. Eine Teilnehmerin beschreibt die Erkenntnis, dass Veränderungen langsam wachsen müssen und ihren eigenen Entwicklungsprozess sehr eindrücklich:

»*Es gab auch oft Tage, wo ich mit ganz viel Motivation hier rausgegangen bin und [ich] hab gesagt:* ›*So, morgen wird alles anders.*‹ *Und dann bin ich in die Schule gegangen und alles war ganz furchtbar und da hat überhaupt nichts geklappt. Dann hab ich gemerkt, dass das aber wirklich auch bei mir ein Prozess war, auch das auszuhalten, dass das manchmal nicht klappt und das es manchmal so ganz langsam vorangeht. Dass man seine Haltung manchmal zu bestimmten Situationen ja ändert oder überdenkt. Da reflektiert zu sein.«*

Verstärkend gewirkt hat bei den persönlichen Veränderungen einiger Teilnehmerinnen u.a. auch die Teilnahme an den Fortbildungsmodulen. So führte die Auseinandersetzung mit der eigenen Haltung bei einer Teilnehmerin dazu, dass sie Situationen besser bewältigen und auch verstehen kann:

»Ich hab eine Fortbildung mitgemacht, die in diesem Kreis entstanden ist – zur Haltung des Lehrers. Oder zur Haltung des Erziehenden. Und die hat mir eigentlich sehr geholfen zu meiner eigenen Leitung bzw. Haltung zu stehen: einerseits diese so zu akzeptieren und damit umzugehen und die bewusst einzusetzen, wenn ich vorher immer so ein bisschen unsicher war (Ist das jetzt ok so wie du das jetzt machst?) und zweitens, was ich auch ganz interessant fand, wenn diese Haltung durch bestimmte Verhaltensweisen gestört wurde, dass es dann viel einfacher ist, wenn man andere Wege geht, als starr diese Haltung weiter zu verfolgen. Das hab ich auch schon so bei mir selbst beobachtet: Also wenn ich so ganz gute Laune habe, dann läuft das automatisch. Dann lässt man sich ganz leicht auch irgendwie auf eine andere Schiene ein. Aber wenn man etwas gestresst ist, dann will man eigentlich unbedingt das durchziehen, was man sich vorher vorgenommen hat, dann ist man nicht so leicht ablenkbar. Und das funktioniert einfach gar nicht, wenn die Lerngruppe jetzt auch nicht gut drauf ist oder irgendwie abgelenkt ist. Oder[, wenn] da eine ungute Stimmung ist. Und wenn man dann wirklich bereit ist, mal einen Schnitt zu machen oder einen kleinen Umweg zu gehen oder irgendwas einzubauen, dann funktioniert das plötzlich wieder. Das habe ich wirklich ganz bewusst beobachtet, dass das klappt. Und das find ich spannend und [das] hat mir viel gebracht.«

Die Teilnehmerin bezieht sich auf die Inhalte eines der Fortbildungsmodule. Sie beschreibt, wie Stress dazu führt, dass die eigenen Handlungsmöglichkeiten eingeschränkt erscheinen. *»Wenn man bereit ist einen Schnitt zu machen«*, kann man diesen Zustand verlassen und zu seinem *»optimalen Haltungszustand«* (wie es innerhalb der Module genannt wurde) gelangen. Dieser ermöglicht dann auch wieder die freie Sicht auf verschiedene Handlungsoptionen.

Von der (Entdeckung der) eigenen Selbstkompetenz zur Professionalisierung

Die Erkenntnis, dass die eigene Haltung sich ebenso wie bei Kindern auch immer in Prozessen verändert, zeigt erneut auf, dass sich die Teilnehmerinnen des Projektes »Selbst sicher lernen« stark mit der eigenen Person und ihrem beruflichen Rollenverständnis auseinandergesetzt haben. Dieses wurde auch in dem von den Teilnehmerinnen entwickelten Raster zur Selbstkompetenzförderung deutlich, welches für die Alltagspraxis entwickelt wurde. Anhand des Rasters können Merkmale und Indikatoren identifiziert werden, die bei der Förderung von Selbstkompetenz von Kindern eine wichtige Rolle einnehmen. Diese Merkmale lassen sich in zwei Bereiche gliedern: In einem Raster konnten Indikatoren festgemacht werden, die sich damit beschäftigen, inwieweit in einer Methode (unabhängig ihres Einsatzortes: Kita/Schule) auf die Förderung von Selbstkompetenz eingegangen wird. In einem weiteren Raster geht es um die pädagogischen Fachkräfte und ihr Handeln. Dieses Raster dient den pädagogischen Fachkräften dazu, ihre Haltung hinsichtlich der Selbstkompetenzförderung der Kinder zu reflektieren und um Ansatzpunkte für Veränderungen aufzuzeigen.

Die Grundlage, auf der die Indikatoren gebildet wurden, ist die von den Teilnehmerinnen entwickelte Definition. So besteht das Raster aus folgenden Kategorien:

- Bedingungen des Lernens
- emotionale und kognitive Prozesse, Fähigkeiten und Interessen
- Motivation, Handlungs- und Lernfähigkeit
- Beziehungserfahrungen und Biografie

Beispielhaft fallen unter den Bereich Motivation; Handlungs- und Lernfähigkeit folgende Aspekte, die die Pädagogin anhand einer Skala einschätzt:[37]

Motivation; Handlungs- und Lernfähigkeit	++	+	o
Ich habe den Kindern einen vertrauten Rahmen geschaffen.			
Ich habe die Kinder motivieren können sich einzulassen.			
Ich habe das Durchhaltevermögen der Kinder unterstützt/gefördert.			
Ich habe die Kinder unterstützt, Herausforderungen anzunehmen/einzugehen und an Grenzen zu stoßen.			
Ich habe die Kinder unterstützt, über ihre eigenen Grenzen hinauszugehen.			
Ich habe die Kinder unterstützt, soziale Fähigkeiten zu erwerben und auszubauen.			
Ich habe die Kinder unterstützt, im Team arbeiten zu können.			
Ich habe die Eigenständigkeit der Kinder unterstützt.			

Abb. 37: Skala von Motivation; Handlungs- und Lernfähigkeit

Ein Ziel, sowohl seitens der Projektkonzeption als auch seitens der Teilnehmerinnen war es, die Projektinhalte in die weite Praxis zu transportieren. So entwickelten die Teilnehmerinnen gemeinsam die bereits im Beitrag erwähnten Fortbildungsmodule zu den thematischen Bereichen »Haltung« und »Methoden«. Bei der (inhaltlichen) Gestaltung der Fortbildungsmodule führten sich die Teilnehmerinnen erneut bewusst vor Augen, welcher wesentlichen Aspekte es bei

---

[37] Das vollständige Raster kann unter E-Mail: info@haus-ohrbeck.de angefordert werden.

der Selbstkompetenzförderung von Kindern bedarf – und ihnen wurde die Wichtigkeit der Reflexion des eigenen beruflichen Handelns und des eigenen Selbstverständnisses noch einmal deutlich.

Durch die Entwicklung der Fortbildungsmodule reflektierten die beteiligten Teilnehmerinnen somit auf der einen Seite ihr eigenes pädagogisches Handeln und zum anderen entstanden dadurch Fortbildungsmodule für die Praxis, die nun anderen pädagogischen Fachkräften die Möglichkeit geben, den (Erkenntnis-)Prozess in Bezug auf das Thema Selbstkompetenz durchleben/durchlaufen zu können.

Diese gerade beschriebenen Merkmale und Ergebnisse des Projektes sind wichtige Aspekte und richtungsweisend, wenn es um die Professionalisierung von Pädagoginnen geht. Folglich bleibt es also wichtig, sich die Frage zu stellen, wie die Nachhaltigkeit von Projekten wie z.B. des Projektes »Selbst sicher lernen« gewährleistet werden kann.

Nachhaltigkeit sichern (durch Teamfortbildungen, Zeit und Raum)

Die Nachhaltigkeit des Projektes soll laut Projektkonzeption durch ein neu entstandenes tragfähiges interdisziplinäres Netzwerk ebenso gesichert werden wie durch die Veröffentlichung der erzielten Ergebnisse und deren Verbreitung in die Aus- und Weiterbildung. Dieses Anliegen teilten auch die Teilnehmerinnen des Projektes, da sie das im Projekt »Selbst sicher lernen« erlebte und erworbene Wissen in ihrer Praxis verbreiten wollen. Dazu gehörte u.a. auch die Erkenntnis, dass es selbstkompetenter Fachkräfte bedarf, um die Kinder in ihrer Selbstkompetenz zu fördern. Eine Möglichkeit, wie auf jeden Fall der Transfer des Wissens in die bestehende Praxis gelingen kann, ist dabei die Möglichkeit die in dem Projekt entstandenen Fortbildungen als Teamfortbildungen zu nutzen. Sollte es dann (auch noch) gelingen, dass die Fortbildungen sowohl von Seiten der Kita als auch von Seiten der Schule gemeinsam belegt werden (wie es z.B. durch das gemeinsame Budget für Fortbildungen im Brückenjahr möglich gemacht werden kann), kann dieses interdisziplinäre Arbeiten große Wirkung zeigen. Eine Teilnehmerin betonte, dass trotz oder gerade wegen der Tiefe des Themas Selbstkompetenz eine Teamfortbildung sehr hilfreich ist, weil

»Die Kollegen hätte ich sonst nicht so schnell bewegt.«

Jedoch ist es nicht immer möglich, langandauernde Teamfortbildungen durchzuführen. In der Projektgruppe »Selbst sicher lernen« nahmen häufig zwei Vertreterinnen einer Institution oder auch Einrichtungsleitungen teil. Einige Leitungen »schickten« ihre Mitarbeiterinnen in die im Projekt entstandenen Fortbildungen. Auch so konnte der Transfer in die gesamte Einrichtung gewährleistet werden: Die Mitarbeiterinnen der gesamten Einrichtung wurden erreicht und die Umsetzung im ganzen Haus wurde erleichtert. Alltagssituationen konnten so schon innerhalb der Einrichtung besprochen und (anders) bewertet und eingeschätzt werden, wie es auch folgendermaßen geschildert wird.

»*Wir haben ja zu zweit [an dem Projekt »Selbst sicher lernen«] teilgenommen. Das war so wertvoll, dass man sich noch mal austauschen konnte; dass man auch im Alltag über Situationen sprechen konnte und die dann auch wieder das Projekt irgendwie betrafen oder die Einstellung und Haltung. Da haben wir uns oft auch nur in kurzen Gesprächen drüber unterhalten. Und das war schon sehr wertvoll.*«

Durch dieses Zitat wird deutlich, dass nicht nur die einzelnen Teilnehmerinnen des Projektes »Selbst sicher lernen« profitieren, sondern auch deren Einrichtungen. Ein veränderter Blick auf die alltägliche Arbeit mit all ihren Hürden und Hindernissen kann zu einer Entlastung der einzelnen pädagogisch Handelnden führen und kann sich dementsprechend auch positiv auf das Klima der gesamten Einrichtung auswirken.

Im Rückschluss lässt sich ableiten: Wenn das Thema der Selbstkompetenz in der pädagogischen Praxis zukünftig einen hohen Stellenwert einnehmen soll – was den Teilnehmerinnen zu Folge auch elementar und unerlässlich ist –, müssen Zeiten und Räume geschaffen werden, in denen sich dieser Prozess vollziehen kann. So plädiert eine Teilnehmerin exemplarisch dafür:

»*Ich kann ja einfach vielleicht nochmal was als Berufsanfängerin sagen. Ich habe unheimlich viel dazu gelernt. [Dass,] weil ich mich mit so vielen Aspekten beschäftigen konnte; wenn ich das nicht gemacht hätte, dann hätte mir unheimlich viel gefehlt jetzt in den letzten zwei oder anderthalb Jahren. Das hat mich unheimlich bereichert und das müsste eigentlich jedem Berufsanfänger irgendwie berufsbegleitend angeboten werden: wirklich, auch so einen Austausch zu haben; so eine Möglichkeit, auch Dinge zu sagen, die einen da auch beschäftigen. Mir hat es unheimlich viel gebracht es hat mich einfach sehr bereichert.*«

Dadurch, dass durch das Projekt »*Gedankenprozesse angeregt*« werden, spricht sich eine Teilnehmerin weiter dafür aus, dass Projekt auf interdisziplinärer Ebene fortzusetzen. Gerade weil es sich bei der Selbstkompetenzförderung um einen langfristigen Prozess handelt, sollte ihrer Meinung nach ebenfalls Kollegen, die nicht im Projekt teilgenommen haben, genauso wie Berufsanfängern deutlich gemacht werden, dass »*man eben nicht fertig ist mit Lernen, wenn man in den Beruf geht.*« Im Projekt »Selbst sicher lernen« wurde eindrücklich deutlich, dass die Teilnehmerinnen bereit und offen dafür sind, Inhalte und Wissen immer wieder neu zu erleben und zu (er)lernen und somit bereit sind, ihr eigenes berufliches Selbstverständnis kritisch zu hinterfragen. Dieses formuliert eine Teilnehmerin abschließend so:

»*Ich habe in meiner Berufsanfängerzeit den Satz am meisten gehasst:* ›*Das haben wir immer so gemacht!*‹ *[...] Und das man den erst gar nicht im Kopf hat, son-*

dern dass man wirklich offen und sehend und nachdenkend in den Tag gehen kann.«

Zusammenfassend lässt sich festhalten, dass die Teilnehmerinnen der Meinung sind und gleichzeitig ein Beispiel dafür geben, dass Professionalität sich im pädagogischen Alltag neben dem Fach- und Sachwissen durch Reflexionsfähigkeit und Offenheit für Neues auszeichnet. Dieses bezieht sich sowohl darauf, sich auf interdisziplinäres Arbeiten einzulassen, als auch auf die Bereitschaft, so das eigene berufliche Selbstverständnis kritisch zu hinterfragen und dieses weiterentwickeln zu wollen. Dafür braucht es allerdings entsprechendes Engagement, einen strukturellen Rahmen und Raum. So können Prozesse der Veränderung in Gang gesetzt werden. Sowohl die Selbstkompetenz der pädagogischen Fachkräfte als auch damit verbunden die Förderung der Selbstkompetenz bei Kindern, kann dann vorangetrieben werden.

Individuelle Lernentwicklung in der zweiten Phase der Lehrerausbildung

GABRIELE LEIßING

»Die Nichtbeachtung der Verschiedenheit der Köpfe ist das entscheidende Hindernis aller Schulbildung.«

Das obige Zitat stammt von dem Pädagogen Johann Friedrich Herbart (1776–1841) und deutet auf ein zentrales Anliegen der Lehrerausbildung hin, um die es in diesem Text gehen soll. Lehrerausbildung für die Grundschule bedeutet auf eine Arbeit vorzubereiten, die von Heterogenität durchdrungen ist: Kinder in der Grundschule sind verschieden in Bezug auf Alter, Geschlecht, Interessen, Erwartungen, Motivation, ethnische, kulturelle und soziale Herkunft, soziale Kompetenz und psychische Entwicklung sowie in Bezug auf ihre kognitive, emotionale und physische Leistungsfähigkeit. Die »Verschiedenheit der Köpfe« zu beachten ist daher eine zentrale Herausforderung, die es in der zweiten Phase der Lehrerausbildung zu meistern gilt. Um der Vielfalt und den individuellen Lernmöglichkeiten der Kinder Rechnung zu tragen, finden sich seit langem an vielen Grundschulen schülerzentrierte Unterrichtsphasen mit vielfältigen Differenzierungsmöglichkeiten als gängige Praxis. Tagesplan, Wochenplan, Freiarbeit, Lernen an Stationen, Werkstattunterricht etc. gehören zum Repertoire von vielen engagierten Grundschullehrkräften. Daneben existieren aber auch tradierte Formen des geschlossenen Unterrichts, in denen es vorrangig um die Vermittlung eines Wissensbestandes an alle Schülerinnen und Schüler einer Lerngruppe gleichermaßen geht; die individuelle Lernentwicklung des einzelnen Kindes wird lediglich in seinen gezeigten Leistungen dokumentiert.

Wenngleich Grundschulen aus unserer Erfahrung insgesamt im Bereich der individuellen Förderung sehr viel moderner und fortgeschrittener sind als die meisten weiterführenden Schulen bezieht sich die Förder- und Forderkultur tendenziell häufig noch in erster Linie auf die Schülerinnen und Schüler mit Lernschwierigkeiten oder besonderen Begabungen und Interessen, weil dort die Förder- und Forderbedarfe einfach klar erkennbar sind. Eine individuelle Förderung *aller* Schülerinnen und Schüler im täglichen Unterricht hinsichtlich ihrer individuellen Lernmöglichkeiten ist noch nicht durchgängiges Prinzip und variiert je nach Entwicklungsstand der Schul- und Förderkonzepte der einzelnen Grundschulen in Abhängigkeit von Haltungen und Einstellungen zu einer notwendigen Veränderung der Lernkultur und professionellen Lehrerhandelns.

Alle Grundschulen, unabhängig vom Stand ihres Schulprofils, sind aber auch gleichzeitig potenzielle Ausbildungsschulen für Lehrerinnen und Lehrer im Vorbereitungsdienst und sollen diese auf ihrem Weg zum professionellen Lehrerhandeln begleiten, was eben die Begleitung hin zu einer Arbeit in heterogenen

Gruppen auf der Grundlage der individuellen Lernförderung bedeutet. Das kann gelingen, wenn zwischen Ausbildungsschule und Seminar, zwischen Ausbildern und betreuenden Lehrkräften eine gute Kooperation und Kommunikation herrscht.

Die Ausbildungsschule ist für angehende Lehrerinnen und Lehrer der nachhaltigste und wichtigste Lernort. In der Verbindung von anfänglichen Hospitationen, angeleitetem Unterricht und eigenverantwortlichem Unterricht können die angehenden Lehrerinnen und Lehrer ihre Vorstellungen vom Unterricht erproben und durch Beratung optimieren. Erfahrungsgemäß messen die Referendarinnen und Referendare den Erfahrungen im eigenen Unterricht großen Stellenwert bei, konstatieren aber auch Diskrepanzen zwischen den Vorgaben des Seminars und der Unterrichtspraxis der betreuenden Fachlehrerinnen und Fachlehrer und beklagen, dass die schulische Ausbildung je nach Ausbildungsschule sehr unterschiedlich gestaltet wird.

Veränderter Blick auf Unterricht durch Individualisierung von Lernprozessen

Im Schulalltag stellen wir immer wieder fest, dass die bislang praktizierten Formen der Differenzierung oft nicht ausreichen, weil sie sich lediglich auf die unterschiedlichen Lerntempi der Schülerinnen und Schüler beziehen und schneller arbeitenden Schülerinnen und Schülern zusätzliches Material im Sinne einer quantitativen Differenzierung anbieten.

In Diskussionen mit Kolleginnen und Kollegen der Schulen, an denen die von uns im Fachseminar begleiteten Lehrer und Lehrerinnen im Vorbereitungsdienst ausgebildet werden, begegnen uns zudem oft Einstellungen gegenüber Differenzierung und Individualisierung von Lernprozessen, die Homogenität als Ziel anvisieren. Differenzierung wird hier lediglich als zeitweiliger Schritt angesehen und eingesetzt, mit dem auf das unterschiedliche Leistungsniveau der Lernenden reagiert wird und um wider besseres Wissen die Leistungsvoraussetzungen in der Lerngruppe zu homogenisieren auf der Basis eines fiktiven »durchschnittlich« Lernenden. In der alltäglichen Unterrichtspraxis zeigt sich, dass es das »durchschnittlich lernende Kind« nicht gibt, jedoch im produktiven Umgang mit der Heterogenität der Lernenden ein extremes Anregungspotenzial für Schülerinnen und Schüler, aber auch für die unterrichtenden Lehrkräfte, existiert.

Ein Unterricht, der von der Heterogenität der Schülerinnen und Schüler als Tatsache ausgeht, nimmt andere Formen an, als der von der Fiktion der Homogenität geprägte. Er nimmt die Lernenden individuell in den Blick und berücksichtigt die Vielfalt der Zugänge, die Verschiedenheit der Vorerfahrungen sowie die Variation der Lernwege. So verstanden wird individuelle Förderung verstärkt zu einer zentralen Aufgabe der Grundschule. Darunter ist hinausgehend über die allgemein verstandene zusätzliche Förderung für lernschwache, besonders begabte oder für Schülerinnen und Schüler mit sonderpädagogischem Förderbedarf insbesondere eine Verankerung der individuellen Förderung im Regelunterricht zu verstehen, d.h. alle Schülerinnen und Schüler individuell zu fördern. Aufgabe der individuellen Förderung ist vor allem, an den Lernständen und Lernbedürfnissen der einzelnen Schülerinnen und Schüler anzuknüpfen, ihren Lernprozess zu begleiten, eigene Lernwege und Lernideen aufzunehmen, Lernergebnisse in ihrer Vielfalt zuzulassen und Reflexion zu ermöglichen. Der wesentliche Ansatz liegt in der Förderung der Lernkompetenz der einzelnen Schülerin und des einzelnen Schülers, der mit einer stärkeren Individualisierung schulischer Lernprozesse realisiert werden kann. Damit öffnet sich die Grundschule in ihrem Kern, dem Unterricht, für eine umfassende Persönlichkeitsförderung. Dies schließt den dringend erforderlichen Paradigmenwechsel von einer defizitorientierten Förderung einzelner Schülerinnen und Schüler zur systematischen Förderung aller Lernenden und fortwährenden Weiterentwicklung des Unterrichts ein.

Die seit einigen Jahren geführten Dokumentationen zur individuellen Lernentwicklung bieten eine gute Grundlage, um an den Lernständen und Lernbedürfnissen der einzelnen Schülerinnen und Schüler anzuknüpfen, ihr Lernen zu begleiten, ihre Anregungen aufzunehmen, Lernergebnisse in ihrer Vielfalt zuzulassen und Reflexion zu ermöglichen. Mit dem Anspruch der Individualisierung von Lernprozessen jeder einzelnen Schülerin und jedes einzelnen Schülers wird die Komplexität des Unterrichtsgeschehens stark erhöht und Lehrkräfte vor neue Herausforderungen gestellt, die reflexiv bearbeitet werden müssen. Damit einher geht eine Neubesetzung der Rolle des Lehrers und ein verändertes Verständnis für seine vielfältigen neuen Aufgaben: weg von dem rein (Be-)Lehrenden und hin zum Lernbegleiter bzw. Lernberater, der Lernprozesse steuert, begleitet und geeignete Unterrichtsarrangements initiiert. Das bedeutet für erfahrene Lehrkräfte wie auch insbesondere für Berufsanfänger eine große Herausforderung.

Veränderter Unterricht – veränderte Lehrerausbildung in der zweiten Phase

Auf Beschluss der Kultusministerkonferenz 2004 wurde im Zuge der Qualitätssicherung schulischer Bildung eine Vereinbarung zu den Standards für die Lehrerbildung getroffen. Die vorgelegten Standards und Kompetenzbereiche gelten insbesondere für die Studienordnungen in den Lehramtsstudiengängen, dem Vorbereitungsdienst für und die Fort- und Weiterbildung der Lehrerinnen und Lehrer. Als Antwort auf den Umgang mit Heterogenität und Individualisierung von Lernprozessen nennen sie explizit »Differenzierung, Integration und Förderung sowie Diagnostik, Beurteilung und Beratung« als verbindliche Schwerpunkte von Studium und Referendariat (vgl. KMK 2004, 5 ff.).

Individuelle Lernentwicklung in der zweiten Phase der Lehrerausbildung

Auf der Grundlage der Standards für die Lehrausbildung der Bildungswissenschaften entwickelten Studienseminare ihre seminarinternen, ausbildungsrelevanten Standards und Kompetenzen für die Lehrerausbildung und evaluieren sie fortlaufend. Die festgelegten Kompetenzbereiche Unterrichten, Erziehen, Beurteilen, Beraten und Unterstützen, Diagnostizieren und Fördern, Mitwirkung bei der Gestaltung der Eigenverantwortlichkeit der Schule und Weiterentwicklung der eigenen Berufskompetenz sowie der Kompetenzbereich »Personale Kompetenzen« schaffen einen verbindlichen Rahmen für die berufsrelevanten Ausbildungsinhalte in der Lehrerausbildung des Vorbereitungsdienstes. Zusammenfassend lassen sich dem Umgang mit Heterogenität im Unterricht und der daraus resultierenden Individualisierung von Lernprozessen folgende erwartete Kompetenzen zuordnen:

- grundlegende Kenntnisse, Fähigkeiten, Fertigkeiten und Methoden adressatengerecht vermitteln
- Entscheidungen zur Unterrichtsplanung und -durchführung fachlich, didaktisch und pädagogisch-psychologisch begründen
- ein breites Repertoire unterschiedlicher Unterrichtsformen einsetzen
- Aufgabenstellungen didaktisch-methodisch differenzieren und individualisieren sowie reflektieren
- Basiswissen sichern und Kompetenzen nachhaltig aufbauen
- selbstständiges Lernen, den Einsatz von Lernstrategien und die Fähigkeit zu deren Anwendung in neuen Situationen fördern auf heterogene Lernvoraussetzungen mit angemessenen Fördermaßnahmen eingehen
- Unterricht reflektieren und auswerten – auch gemeinsam mit Schülerinnen und Schülern – und Rückmeldungen über den individuellen Lernzuwachs geben
- die neuen Medien sach- und adressatengerecht im Unterricht einsetzen
- Lernnotwendigkeiten diagnostizieren und Schülerinnen und Schüler entsprechend fördern
- den jeweiligen Lernstand und Lernfortschritte sowie individuelle Lernprobleme und Leistungsmängel von Schülerinnen und Schülern erkennen und daraus Konsequenzen für die individuelle Förderung ziehen
- diagnostische Kompetenzen für die Beurteilung von Leistungen und individuelle Fördermaßnahmen einsetzen
- passive und aktive Sprachkompetenz der Schülerinnen und Schüler diagnostizieren und Konsequenzen für die Förderung ziehen
- Schülerinnen und Schüler mit besonderen Schwierigkeiten beim Lernen oder mit herausragenden Leistungen und Begabungen fördern

Damit ist zunächst programmatisch ein Rahmen gesteckt, in dem ein verstärkter Blick auf Heterogenität im Unterricht, Differenzierungsmöglichkeiten sowie Prozesse individueller Lernentwicklung gelenkt wird und Transparenz geschaffen wird über die zu erfüllenden Anforderungsbereiche der Ausbildungsinhalte für die zukünftige unterrichtliche Arbeit.

Gegenwärtige Ausbildungssituation im Studienseminar

Auf der Grundlage der Bildungsstandards und des seminareigenen Programmes realisieren die Studienseminare ihre Ausbildungsaufgaben

- in schulpädagogischen Seminaren und Fachseminaren,
- in fächerübergreifenden und themenbezogenen Veranstaltungen,
- durch individuelle Lernberatungen auf der Basis von Unterrichtsbesuchen und Gesprächen zum Ausbildungsstand.

Die Ausbildung im Seminar erfolgt in Kooperation mit den Ausbildungsschulen. Fachlehrerinnen und Fachlehrer unterstützen, beraten und begleiten die Lehrerinnen und Lehrer im Vorbereitungsdienst

- in Hospitationen,
- im angeleiteten Ausbildungsunterricht,
- im eigenverantwortlichen Unterricht,
- bei Unterrichtsbesuchen durch die Ausbilderinnen und Ausbilder der Studienseminare.

Stellenwert von Heterogenität in der zweiten Ausbildungsphase – Heterogenität als Normalität in den Lerngruppen der Grundschule

In der Begleitung der Lehrer und Lehrerinnen im Vorbereitungsdienst erleben wir immer wieder die Schwierigkeit, Heterogenität in den Lerngruppen der Grundschule tatsächlich wahr zu nehmen. Wichtig ist uns, ausgehend von den tatsächlichen Gegebenheiten an den Ausbildungsschulen immer wieder zu vermitteln, dass Heterogenität keine Ausnahme sondern Normalität ist.

Die Wahrnehmung von und der produktive Umgang mit Heterogenität im Unterricht erfordern hohe Kompetenzen von der Lehrkraft. Erfolgreiches Lehrerhandeln in heterogenen Gruppen und individuelle Förderung erfordern ein Umdenken in Bezug auf die eigene Einstellung der Lehrkraft und vielfältige Lehrkompetenzen in Bezug auf den produktiven Umgang mit Heterogenität im Unterricht. Wir erleben immer wieder, dass Lehrerinnen und Lehrer im Vorbereitungsdienst unmittelbar mit der vorherrschenden Heterogenität der Lerngruppen konfrontiert werden und sie diese oftmals zunächst als Belastung und Überforderung und nicht als Chance für vielfältige, gegenseitige Lernanregungen empfinden.

Von Beginn der Ausbildung an müssen die Berufsneulinge im überwiegend noch betreuten Unterricht mit diesen Anforderungen umgehen und laufend das ergänzen und weiter entwickeln, was sie in der ersten Phase der Lehrerausbildung erlernt haben. Durch die vielfältigen unterrichtlichen Erfahrungen und zunehmende Sicherheit im Umgang mit der Lerngruppen und Planung von Unterricht, erproben und erwerben sie notwendige Lehrerkompetenzen, die fortlaufend reflektiert und optimiert werden. Lehrerwerden ist ein Entwicklungsprozess, der nicht als problemloser Positions- und Rollenwechsel, sondern als persönlichkeits- und identitätsbezogener Entwicklungsverlauf stattfindet. Zudem stellt sich »pädagogischer Takt« im Herbartschen Sinne, pädagogisches Fingerspitzengefühl, welches flexibles Handeln auf der Grundlage von pädagogischen Erkenntnissen in sich immer wieder verändernden Unterrichtssituationen ermöglicht, erst mit zunehmender Erfahrung in der Unterrichtspraxis ein und bedarf auch dann immer wieder der Reflexion.

Wir erleben in unserer Arbeit mit den Lehrern und Lehrerinnen im Vorbereitungsdienst, dass sich die Ausbildung der zukünftigen Lehrerinnen und Lehrer in Phasen aufzeigen lässt. In der Anfangsphase des Vorbereitungsdienstes (»survival stage«) sind Lehrerinnen und Lehrer mit dem Einfinden in ihre Berufsrolle, der Komplexität des Unterrichtsgeschehens, der Heterogenität der unterschiedlichen Lerngruppen, den fachlichen und schulischen Anforderungen, Rahmenbedingungen von Schule und den seminarinternen Aufgaben im Anfangsstadium sehr stark belastet, so dass der Fokus zunächst auf die Auseinandersetzung mit den eigenen Problemen und Schwierigkeiten gerichtet ist. Überleben im Klassenzimmer und in der Berufsrolle stehen im Vordergrund. Der Wunsch nach homogenen Lerngruppen ist hoch, da die Planung und Durchführung von ersten eigenen Unterrichtsversuchen vorwiegend auf der organisatorischen, medialen Ebene liegt. Ansprechpartner für »Erste Hilfe« in der neuartigen Unterrichtssituation sind in erster Linie die betreuenden Fachlehrer an den Ausbildungsschulen, aber auch die Ausbilderinnen und Ausbilder im Studienseminar. Ausgehend von der aktuellen schulischen Situation, konkreten Fragestellungen und Problemlagen beziehen sich die Beratungen der Lehrerrinnen und Lehrer im Vorbereitungsdienst in der Anfangsphase oft zunächst auf die organisatorische Ebene von Unterricht (Rituale, Konventionen, das Aneignen von lernförderlichen und kommunikativen Verhaltensweisen). Weitere individuelle Gesprächsinhalte sind Unterrichtsstörungen durch »Problemschüler« und pädagogisch wirksame Maßnahmen.

In der zweiten Phase der Ausbildung (»mastery stage«) findet ein Übergang vom Ich-Bezug zum Situationsbezug statt. Im Zentrum der Aufmerksamkeit stehen nun das zunehmende Beherrschen und didaktisch-methodische Gestalten von Unterrichtsituationen. Durch gewonnene Unterrichtserfahrungen und aus Reflexion abgeleiteten Erkenntnissen kann die Lehrkraft den Blick stärker auf die einzelnen Facetten des Unterrichtsgeschehens lenken. Beratungsinhalte sind in dieser Phase, immer ausgehend von den eigenen Unterrichtserfahrungen und Lernkompetenzen der Referendarinnen und Referendare, konkrete Umsetzungshilfen für die Unterrichtspraxis bezüglich einer optimierten Passung zwischen den jeweiligen Lernbedürfnissen der Lerngruppe und dem erprobten Lernangebot und die Anregung zum didaktischen und pädagogischen Experimentieren.

In der dritten Phase (»routine stage«) sind die Unterrichtshandlungen teilweise routiniert, so dass der Fokus verstärkt auf einzelne Schülerinnen und Schüler gerichtet werden kann. Im Zentrum des eigenen unterrichtlichen Handelns stehen nun verstärkt die Schülerinnen und Schüler und deren individuelle Lernprozesse und Lernschwierigkeiten. Die Wahrnehmung von beabsichtigten und sich einstellenden Lernprozessen sowie gegenseitige Beeinflussungsprozesse gelingen zunehmend besser. Die für das erfolgreiche Lehrerhandeln in heterogenen Lerngruppen spezifischen Lehrerkompetenzen, vorrangig Diagnose- und Methodenkompetenz, können oftmals erst in dieser Phase des Lernprozesses und insbesondere im weiteren Berufsleben erfolgversprechend erworben und weiterentwickelt werden. Im Fokus der Beratung steht in dieser Phase neben der Erweiterung von Sachkompetenz, didaktischer Kompetenz und Klassenführungskompetenz verstärkt die diagnostische Kompetenz, d.h. die Lernenden, bezogen auf den jeweiligen Unterrichtsgegenstand, bezüglich ihrer Lernvoraussetzungen und -bedingungen (Vorwissen, Lernformen, Lerntempo, Lernschwächen) sowie ihrer Lernergebnisse zutreffend einschätzen können.

Erfahrungen der letzten Jahre aus der Ausbilderperspektive

Der Anspruch, die Heterogenität der Schülerinnen und Schüler als Chance und Herausforderung zu verstehen, erfordert eine Ausbildung, die möglichst frühzeitig umfassend die Facetten der Heterogenität von Schülerinnen und Schülern aufzeigt und die als Leitbild die Individualität jedes Kindes als Kapital versteht.

Ausgehend von dem Ziel, für alle Lehrenden und Lernenden im Sinne einer individuellen Lernentwicklung die auf Lernen bezogenen Handlungskompetenzen der Schülerinnen und Schüler möglichst in allen Kompetenzbereichen zu entwickeln und zu fördern, kommt es wesentlich auf die Gestaltung von kompetenzfördernden Lehr-Lern-Arrangements an. Dabei stehen die Entwicklung einer adaptiven Lehrkompetenz mit ihren Dimensionen Sachkompetenz, diagnostische Kompetenz, didaktische Kompetenz und Klassenführungskompetenz im Zentrum der Ausbildung und bestimmen die Ausbildungsinhalte auf der Grundlage und in Abstimmung mit den verbindlichen normativen Vorgaben (Kerncurricula, Bildungsstandards, zentrale Prüfungen) und den schulischen Rahmenbedingungen (schulinterne Curricula und Vereinbarungen, Kompetenzraster, Förderpläne):

- Aspekte der Förderung des selbstgesteuerten Lernens (z.B. Kompetenzraster, Checklisten, eigene Lernpläne und Portfolio)

- vielfältige Formen der Individualisierung und Differenzierung (z.B. Methoden der äußeren und inneren Differenzierung, differenzierte und offene Lernangebote, Aspekte der Interessen- und Begabungsförderung, Lernwerkstätten, Projekte, Referate und Präsentationen)
- aktive Aneignung, kognitive Aktivierung (z.b. offene und handlungsorientierte Lernformen, kooperative Lernformen, Lernen durch Lehren)
- Förderung des sozialen Lernens (z.b. Konfliktstrategien, Team-Teaching, Partizipation, Respekt und Anerkennung von Vielfalt, Öffnung von Unterricht und Schule)
- Lerndokumentation (z.b. Lernbeobachtung/Lerndiagnostik, Entwicklung und Umgang mit Förderplänen).

Schwerpunkt der zweiten Ausbildungsphase bildet die systematische Entwicklung einer reflexiv gesteuerten, professionellen beruflichen Handlungskompetenz. Diese spiegelt sich u.a. im kompetenten Umgang mit komplexen Handlungssituationen aus den verschiedenen Lehrerfunktionsbereichen wider. In diesen Handlungssituationen ist die Lehrerin/der Lehrer ganzheitlich herausgefordert, da in den Alltagssituationen immer verschiedene Lehrerfunktionen gleichzeitig angesprochen werden.

Auf der Grundlage der wissenschaftsbestimmten, vorwiegend fachorientierten ersten Phase der Lehrerausbildung wird in der zweiten Phase Theoriewissen mit praktischen Handlungskonzepten vernetzt. Hierbei gilt es, die eigene Rolle als Lehrerin/als Lehrer in einem zu entwickelnden System zu verstehen und anzunehmen. Wesentliche Aufgabe der Seminarausbilderinnen und -ausbilder ist es, die Lehramtsanwärterinnen und Lehramtsanwärter in diesem Prozess (ausgehend von den individuellen Voraussetzungen der Auszubildenden), auf individuellen Lernwegen und orientiert an persönlichen Lernfragen kompetent und unterstützend zu begleiten.

Portfolio – der Blick auf den eigenen Lernprozess

Nicht zuletzt deshalb ist seit einigen Jahren das Führen eines Portfolios in der zweiten Phase der Lehrerausbildung für jede Lehrkraft im Vorbereitungsdienst eine zusätzliche Aufgabe. Das Portfolio wird als Arbeitsmappe verstanden, in welcher die Lehramtsanwärterinnen und Lehramtsanwärter festhalten, wie sie allmählich ihre Kompetenzen bezogen auf unterrichtliches Handeln entwickeln. Hierfür dokumentieren sie prozessbezogen die eigene »Lernkompetenz« auf der Grundlage biografischen Lernens. Das Portfolio ist damit ein Mittel zur Reflexion des eigenen Lernwegs und dient als Lernhilfe, um Inhalte und Ereignisse aus der alltäglichen Schulpraxis zusammenzubringen, die es ermöglichen, die für die Professionalisierung relevanten kognitiven Prozesse zu thematisieren.

Lernprozesse im Seminar sind meist selbstgesteuerte und an der Schule zudem sehr komplexe und dynamische Vorgänge, wobei Lehreranwärter ihr theoretisches Wissen oft situativ und im Alleingang anwenden. Eine Einordnung des eigenen Handelns kann dann nur in der Reflexion, über Metakognition erreicht werden. Deshalb bildet eine Fragestellung oder die Analyse eines Praxisproblems aus dem alltäglichen Berufsfeld der Lehreranwärter den Ausgangspunkt für die Arbeit mit dem Portfolio. Es geht stets dabei um den Theorie-Praxis-Bezug, um die Aufarbeitung erlebter Situationen in der Schule, um Erkenntnisse aus der reflexiven Arbeit mit Schülerinnen und Schülern, um die Wirkung und Entwicklung der individuellen Lehrerpersönlichkeit und des eigenen Lehrerhandelns.

In unseren Seminarveranstaltungen haben Ausbilderinnen und Ausbilder gemeinsam mit den Lehreranwärtern einen Leitfaden zur Auswahl der Einträge in das Portfolio entwickelt. Wesentliche Kriterien der Selbstreflexion darin sind:

- eigene Stärken und Ressourcen
- eigene Einstellungen und Haltungen bezogen auf die Lehrerrolle
- eigenes Kommunikationsverhalten
- eigener Methodeneinsatz und *eigenes* Methodenkonzept
- eigener Medieneinsatz und *eigenes* Medienkonzept
- Erfahrungen mit Teamarbeit
- eigene Beurteilungspraxis
- Beratungskompetenz
- eigenes Organisationshandeln
- eigene Förderkonzepte

Die in das Portfolio aufgenommenen Inhalte dienen vorrangig der Bewusstwerdung des eigenen Lehrerhandelns. Sie können Wendepunkte im Erkenntnisprozess markieren und im Zusammenhang mit der erfolgreichen Umsetzung die Entwicklung und das Fortschreiten des individuellen Lernprozesses deutlich machen. Stetige Hinweise und Feedbacks, eingebettet in individuelle Gespräche zwischen Ausbildern und Auszubildenden, ermöglichen durch gezielte Aufgabenstellungen eine Weiterentwicklung der individuellen Kompetenzen für ein professionelles Lehrerhandeln im Sinne von adaptiver Lehrerkompetenz. Es unterstützt die Entwicklung der eigenen Lernkompetenz insofern, als dass die Veränderung in Einstellung und Haltung zur stärkeren Berücksichtigung der individuellen Lernentwicklung der Schülerinnen und Schüler in ihren Lerngruppen führt und damit einen Beitrag zur Gestaltung von komplexen Unterrichtsarrangements in heterogenen Lerngruppen leistet.

Möglichkeiten und Grenzen

Der Übergang von der ersten zur zweiten Phase der Lehrerausbildung gestaltet sich aus der Sicht der Lehrerinnen und Lehrer im Vorbereitungsdienst gerade in der Anfangsphase zumeist nicht unproblematisch. »Das Referendariat ist zum einen eine Lebensphase, in der unterschiedliche Belastungen zusammenfallen: permanente zeitliche Beanspruchung, vielfältige Anforderungen, die zu bewältigen sind, der Ernstfall der beruflichen Praxis kombiniert mit beständigen Druck, informell oder offiziell bewertet zu werden, schließlich und nicht zuletzt bei der Mehrheit der Befragten auch massive persönliche Einschränkungen, was Freizeit und Privatleben betrifft« (Porzelt 2006, 471). Wir hören im Ausbildungsseminar häufig von Referendarinnen und Referendaren, dass sie sich zu Beginn der zweiten Phase nicht genügend auf den Umgang mit Schülerinnen und Schülern vorbereitet fühlen. Viele beklagen die sehr geringen Praxisanteile und die daraus resultierende geringe Unterrichtserfahrung. Daher ist ein Hinfinden in die neue Berufsrolle und in die Rahmenbedingungen der Schule und des Studienseminars zunächst vorrangiges Ziel. Die Heterogenität der Lerngruppen wird oft als Belastung empfunden und noch sehr wenig differenziert wahrgenommen, selbst wenn im Studium bereits Theorien und Erkenntnisse zur individuellen Entwicklung von Schülerinnen und Schülern vermittelt wurden. Mit zunehmender Sicherheit und Routine in der täglichen Vorbereitung und Durchführung von Unterricht eröffnen sich Möglichkeiten, differenzierende Unterrichtsformen mit Blick auf die Erfordernisse der Lerngruppe zu erproben.

»Der durchschnittliche Referendar bzw. Junglehrer lässt in einem individualbiografisch sicherlich krisenhaften Prozess idealistische Vorstellungen über Schule, Unterricht und den Umgang mit Schülern hinter sich. Im Gegenzug lernt er unterrichten, erwirbt Routine, entwickelt Selbstverständnis und wird zu einem Mitglied des jeweiligen Lehrkörpers bzw. zu einem Träger der allgemeinen Professionskultur« (Terhart 2006, 23).

Damit übernehmen neben den Studienseminaren die Ausbildungsschulen und die betreuenden Lehrkräfte eine zentrale Rolle in der Ausbildung der jungen Lehrerinnen und Lehrer. In der schulischen Praxis treffen viele aber auf Strukturen, die noch keine Antworten geben auf die wachsende Heterogenität von Lerngruppen. Besonders schwierig wird es, wenn Referendare und Referendarinnen auf Kolleginnen und Kollegen treffen, die die Anforderung individueller Förderung vor allem als zusätzliche Belastung sehen. Formen der individuellen Förderung und binnendifferenzierende Maßnahmen werden zwar gerade in der Grundschule und mehr als in den meisten anderen Schulformen umgesetzt, beziehen sich aber auch im Grundschulbereich traditionell immer noch auf besonders begabte oder lernschwache Schülerinnen und Schüler. Die zunehmenden Bemühungen um individuelle Förderung stoßen im Rahmen schulischer Lernprozesse immer noch auf Zweifel an ihrer Realisierbarkeit, auf bildungspolitische Zwänge zu äußerer Differenzierung, dem Wunsch nach geringeren Leistungsunterschieden zwischen den Lernenden in einer Klasse und zahlreiche ungünstige Rahmenbedingungen des Unterrichts.

Eine Lehrerausbildung im Spannungsfeld zwischen den Anforderungen der Ausbildungsschulen und den Anforderungen des Studienseminars kann nur in gemeinsamer konstruktiver Zusammenarbeit zwischen allen an der Ausbildung beteiligten Parteien gelingen. Wir haben die Erfahrung gemacht, dass in gemeinsamen Gesprächen die Handlungsräume für eine Förderung der individuellen Entwicklung unter Berücksichtigung der aktuellen Lernausgangslagen der Schülerinnen und Schüler zunehmend entwickelt und erweitert werden können. Dabei ist eine »Pädagogik der kleinen Schritte« mit konkret erarbeiteten Konzepten in der Seminararbeit unabdingbar.

Die Förderung der individuellen Entwicklung aller Schülerinnen und Schüler ist noch längst nicht angekommen, aber es gibt zahlreiche Ansätze gerade im Grundschulbereich.

In einer Schule für alle Kinder bilden die unterschiedlichen Lern- und Leistungsvoraussetzungen der Schülerinnen und Schüler die Grundlage für eine Lehr- und Lernkultur mit einem individualisierten Unterricht. Binnendifferenzierte und kompetenzorientierte Lernangebote stehen im Mittelpunkt und Schülerinnen und Schüler arbeiten auf unterschiedlichen Niveaustufen in kooperativen Arbeits- und Sozialformen zusammen. Grund- und Förderschullehrer unterrichten gemeinsam und sind für den individuellen Lernprozess jedes Kindes in der Lerngruppe verantwortlich. Auf diese Weise entwickeln sich systematisch Teamstrukturen, die einen gegenseitigen Kompetenztransfer ermöglichen. Individuelle Förderung im Unterricht lässt sich nicht auf einer Ebene festmachen. Individuelle Förderung als Grundlage für den schulischen Unterricht kann man nicht nur über die Arbeit und Einstellung von Lehrenden und Lernenden innerhalb eines Klassenraumes verwirklichen. Neben den notwendigen pädagogischen und zwischenmenschlichen Beziehungen zwischen Schülern und Lehrern sind dies weitere wichtige Faktoren: die Lernkultur einer Schule, die Organisation von Lernen und Schulunterricht landesweit und die allgemeinen Zielsetzungen und Qualitätsansprüche der verantwortlichen Bildungsplanung insgesamt. Individuelle Förderung von Schülerinnen und Schülern kann nicht vom Zufall oder vom Glück abhängen, eine Lehrerin oder einen Lehrer mit der entsprechenden persönlichen Haltung und Einstellung zu bekommen. Es reicht aber auch nicht aus, individuelle Förderung programmatisch festzuschreiben und darauf zu hoffen, dass individuelle Förderung sich quasi von selbst entwickelt. Individuelle Förderung sollte allen Kindern gewährt werden. Gleichzeitig müssen Schülerinnen und Schüler lernen, in diesem Lernprozess von Anfang an Mitverantwortung für das eigene Lernen zu übernehmen. Schulen brauchen dringend Unterstützung und Fortbildung, um die hohen Anforderungen zu erfüllen – sowohl in der täglichen Unterrichtspraxis wie auch in der Ausbildung von zukünftigen Lehrerinnen und Lehrern.

Individualisierter Unterricht auf der Grundlage unterschiedlicher Lernvoraussetzungen kennzeichnet eine Schule für alle Kinder

Die Ziele der im März 2009 ratifizierten UN-Behindertenrechtskonvention erfordern Lehrerinnen und Lehrer, denen es gelingt, Lerngeschehen im Unterricht für möglichst alle Schüler mit unterschiedlichem Vorwissen, unterschiedlichen Lernvoraussetzungen und unterschiedlich verlaufenden Lernprozessen erfolgreich zu gestalten. Daraus ergibt sich eine verstärkte Zusammenarbeit mit den Experten der Förderpädagogik, die vielfache Impulse für eine individuelle Förderung aller Kinder mit sich bringt. Für unser Studienseminar ist das Thema Inklusion inzwischen ein fester Bestandteil der Ausbildungscurricula. In ersten gemeinsamen Kooperationsveranstaltungen zwischen den Studienseminaren der Sonderpädagogik und den Studienseminaren der Regelschulen haben wir Ausbilderinnen und Ausbilder uns intensiv mit der zentralen Frage auseinandergesetzt, wie Lehrerinnen und Lehrer im Vorbereitungsdienst auf die vielfältigen Aufgaben der inklusiven Schule vorbereitet werden können. Es wurde auch diskutiert, wie gegenseitige Information über die curricularen Vorgaben, Kenntnisse über Sonderpädagogik, Diagnostik, Nachteilsausgleich, Beratung und Inhalte der Arbeit in der anderen Schulform gesammelt werden können. Darüber hinaus sollen unsere neuen Lehrerinnen und Lehrer im Vorbereitungsdienst die Möglichkeit bekommen, im Lehrertandem (Grundschule/Förderschule) im Unterricht zu hospitieren, Unterricht gemeinsam zu planen und durchzuführen und sich gegenseitig zu beraten. Die sich aus der Teamstruktur entwickelnden Kompetenzen sollen in gemeinsamen Seminarveranstaltungen reflektiert und evaluiert werden. Es bleibt abzuwarten, wie sich die angedachten Möglichkeiten der Kooperation in der Realität bewähren.

Für die zukünftige Lehrerausbildung ist eine kooperative und koordinierte Aus- und Fortbildung für alle Lehrämter in allen Ausbildungsphasen sowie die engere Verzahnung der einzelnen Phasen der Lehrerausbildung unbedingt notwendig. Bereits in der universitären Phase sollten verpflichtende gemeinsame Seminare für Lehramtsstudierende aller Lehrämter angeboten werden, in denen grundlegende inklusionsdidaktische und methodische Ausbildungsinhalte in Theorie und Praxis vermittelt werden. Die anstehende Veränderung der universitären Lehrerausbildung durch Verlängerung der Masterphase und Erhöhung von Praxisphasen sowie eine beginnende Kooperation zwischen Hochschule und Studienseminaren lässt hoffen, dass sich die Beachtung der Verschiedenheit der Köpfe durch eine engere Kooperation der für die Lehrerausbildung zuständigen Institutionen als Segen für die individuelle Lernentwicklung jedes Kindes erweist.

Literatur

Englert/Porzelt/Burkard/Reese (2006). Innenansichten des Referendariats. Wie erleben angehende Religionslehrer/-innen an Grundschulen ihren Vorbereitungsdienst? Eine empirische Untersuchung zur Entwicklung (religions)pädagogischer Handlungskompetenz.

Herbart (1994). In Klafki. Festvortrag zum 150-jährigen Bestehen des Herbartgymnasiums Oldenburg am 9.5.1994, in dem Herbarts Theorien in biographischem Zusammenhang vorgestellt werden.

KMK (Konferenz der Kultusminister der Länder der Bundesrepublik Deutschland) (2004). Standards für die Lehrerbildung, Beschluss der KMK vom 16.12.2004.

Terhart (2006). Kompetenzen von Grundschullehrerinnen und -lehrern: Kontext, Entwicklung, Beurteilung. Grundschule in Entwicklung. Herausforderungen und Perspektiven für die Grundschule heute. Münster: Waxmann.

Terhart/Klieme (2006). Kooperation im Lehrerberuf – Forschungsproblem und Gestaltungsaufgabe. In Zeitschrift für Pädagogik 52 (2) 2006, 163–166.

(Inter)kulturelle Herausforderungen in der Schule – individuelle Förderung braucht »Diversitykompetenz«

Wiebke Warnecke

Befasst man sich mit Heterogenität in der Schule, sieht man sich mit einer wahren Flut von Artikeln, Büchern, Meinungen und Lösungsansätzen konfrontiert. Das alles hat einen guten Grund: Heterogenität ist eines der Schwerpunktthemen der Schul- und Unterrichtsentwicklung der letzten Jahre; und der Umgang mit Verschiedenheit und Vielfalt in schulischen Lerngruppen stellt nach wie vor eine immense Herausforderung für alle Akteure dar. Zudem bescheinigen die internationalen Vergleichsstudien der letzten Jahre unserem Schulsystem eine deutliche Ungleichbehandlung, wenn es um Bildungsteilhabe und gerechte Chancen auf Bildungserfolg geht. Wir mögen das Idealbild einer Schule vor Augen haben, die allen Kindern gerecht wird und ihnen eine optimale Förderung und Zugang zu allen Bildungsinstanzen ermöglicht, damit sie sich in ihrer Persönlichkeit und ihren Fähigkeiten gemäß bestmöglich entwickeln und entfalten können – allein der Weg dahin scheint alles andere als eindeutig.

Auch für die Grundschule wird inzwischen deutlich eine institutionelle Chancenungleichheit nachgewiesen und man ist auf der Suche nach Ursachen und Wegen aus der Krise (vgl. Ramseger/Wagener 2008). Ein wichtiger Ansatz, der in fast allen aktuellen Publikationen aufgegriffen wird, basiert auf dem Anspruch, dass Heterogenität nicht als Problem verstanden werden soll, sondern eine Chance für alle Beteiligten darstellt, die es zu ergreifen und wertzuschätzen gilt. Selbst wenn dem prinzipiell wahrscheinlich viele Lehrerinnen und Lehrer zustimmen würden, bleibt die schwierige Aufgabe eines produktiven Umgangs mit Verschiedenheit im schulischen Alltag. Hört man auf die vielen Stimmen aus der Praxis, wird deutlich, dass dies mitunter als enorm kräftezehrend oder sogar frustrierend erlebt wird. Es besteht leicht die Gefahr, dass wir unsere Pädagoginnen und Pädagogen mit diesem Problem alleine lassen und Handlungsansätze, beispielsweise aus der Wissenschaft, im Kontext der täglichen Arbeit ungehört bleiben oder aber unrealistisch erscheinen:

>»... *Ich stehe hier allein vor 30 Schülerinnen und Schülern, in meiner Klasse sind fünf Nationen vertreten, die Jugendlichen sind extrem verschieden nach Herkunft, Vorwissen und sozialem Hintergrund, sie unterscheiden sich im Alter um zwei bis drei Jahre und in den Leistungen teilweise noch mehr, die Disziplinprobleme bringen mich an den Rand meiner Kräfte, die nächste Klassenarbeit steht bevor – und da soll ich auch noch differenzieren, jedem Einzelnen gerecht werden, individuell fördern und wie die schönen Sätze alle heißen! Wer so redet hat keine Ahnung von der Praxis ...«* (von der Groeben 2006).

Angesichts dieser Wahrnehmung ist es nicht verwunderlich, dass vielen Wissenschaftlern und Wissenschaftlerinnen eine gewisse Blauäugigkeit attestiert wird, wenn immer wieder über die Bereicherungen durch heterogene Lerngruppen gesprochen wird.

Fakt ist aber auch: Der Umgang mit Differenz und Ungleichheit ist eine Herausforderung, der sich alle Bildungssysteme stellen müssen (vgl. Allemann-Ghionda 2006, 17–28) – es ist wichtig, eine breit geführte, vielstimmige Debatte weiterhin anzuregen und sich mit Heterogenität und Vielfalt auch überinstitutionell zu beschäftigen. Die Schule ist im Umgang mit Heterogenität besonders gefordert und wichtig: *»... I believe that in general we are socialized into accepting the norms, values and customs of the social system in which we grow up, and schools have traditionally played a major part in that process...«* (Cole 2006).

Welche Anforderungen ergeben sich aus der Heterogenitätsdebatte für den Lehreralltag und welche Konsequenzen bringt diese für Aus-, Fort- und Weiterbildung mit sich? Wie müssen Strukturen und Konzepte angepasst werden? Die inzwischen zunehmend proklamierte Diversitykompetenz aller professionellen Akteure, besonders in pädagogischen Kontexten, »passiert« nicht einfach – sie muss erlernt werden und positiv erlebt werden können. Das braucht Zeit. Dies kollidiert natürlich mit den Alarmzeichen und dem klar nachvollziehbaren Handlungsbedarf, die u.a. seit den internationalen Vergleichsstudien und deren Ergebnissen zur Chancengerechtigkeit über dem deutschen Schulsystem schweben. Aber es erscheint zumindest fraglich, ob umfassende Verbesserungen, und das meint auch für die Lehrkräfte, im Schnelldurchgang umgesetzt und entwickelt werden können. Der Schulalltag fordert Lehrerinnen und Lehrern per se einen wie auch immer gearteten Umgang mit vielfältigsten Dispositionen der Kinder innerhalb einer Klasse ab. Aber wie wird man »diversitykompetent«? Welche Faktoren von Verschiedenheit spielen in der Schule überhaupt eine Rolle? Welches Wissen, z.B. über Kultur und Kulturen, ist diesbezüglich wichtig? Welche Hilfen und Unterstützungen brauchen Lehrerinnen und Lehrer dafür?

Heterogenität in der Schule – Welche Faktoren spielen eine Rolle?

Früher sind wir Europäer in die Welt hinaus gesegelt, den Kopf voller Entdeckergeist, bunte Geschichten und Fabeln von der Fremdartigkeit der anderen vor Augen, mit einer aufregenden Mischung aus Faszination und Angst im Herzen. Heute fahren wir nicht mehr in der Weltgeschichte herum, um an unsere Grenzen zu stoßen. Inzwischen liegt die Welt vor unserer eigenen Haustür, sie ist bei uns angekommen und lässt uns u.a. an den Türschwellen unserer Klassenzimmer stolpern. Oder nach Herchert:

»... Die Möglichkeit eines abenteuerlich-exotischen Goutierens des fernen Fremden ist der Notwendigkeit einer ernsthaften und konstruktiven Auseinanderset-

zung mit kulturellen Differenzen im täglichen Miteinander gewichen ... Interkulturelles Agieren ist somit eine unausweichliche Aufgabe geworden, die den Kindern spätestens im Kindergarten oder in der Schule angetragen wird ...« (Herchert 2006, 149).

Die Schulpädagogik hat in den vergangenen Jahren viele Anregungen und Methoden entwickelt, die Lehrkräfte im Umgang mit Heterogenität in Unterricht und Schule unterstützen sollen (Boller/Rosowski/Stroot 2007; Bräu/Schwerdt 2005; Rauschenberger 2001; Braun/Schmischke 2008; Brügelmann 2002, 31–43). Eine Antwort auf den effektiveren Umgang mit Heterogenität und bessere Chancengerechtigkeit für alle Kinder klingt im Ruf nach konsequenter und selbstverständlicher Implementierung von individueller Förderung nach. Individuelle Förderung wird als eine Möglichkeit diskutiert, etwaige Benachteiligungen durch das Wirken sog. Differenzlinien (vgl. Lutz/Wenning 2001) auszugleichen. Das Prinzip »... *individueller Förderung, ... Unterstützung der Einzelnen beim Lernen und beim Erwachsenwerden*...« (Kunze 2008, 15) ist nicht neu, sondern bereits als Eckpfeiler in der Reformpädagogik (Oelkers 2005) zu finden. Mit der Debatte um Differenz und Diversität in der Schule erhält es jedoch eine neue Brisanz. Als für die Schule besonders bedeutsame Differenzlinien nennt die Fachliteratur übereinstimmend Geschlecht, Ethnizität bzw. Migrationshintergrund, soziale Herkunft, Behinderung, Leistungsfähigkeit und mitunter auch Hochbegabung. Gerade die häufig rekurrierten Kategorien Geschlecht, Ethnizität und soziale Herkunft gelten als strukturbildend und ausschlaggebend.

»... Sie haben in einer Gesellschaft die Zuweisung von Partizipationschancen zur Folge und liegen somit nicht mit weiteren Differenzkategorien, wie Alter, Körper, Religion und Sexualität, auf einer Ebene. Kontext- und situationsbezogen beeinflussen letztere allerdings ebenfalls die gesellschaftliche Teilhabe und Chancengerechtigkeit ...« (Herwartz-Emden/Schurt/Waburg 2010, 11 f.).

Angesichts der Anforderungen der Wissensgesellschaft werden bezüglich der frühen Weichenstellung für eine gelungene Bildungsbiographie und Teilhabe die Anforderungen an Unterricht und Schulentwicklung immer komplexer und vielfältiger. Im Zuge dieser Entwicklung wird auch die Intersektionalität von verschiedenen Kategorien, als deren sich gegenseitig bedingendes Wirken und Verwobensein miteinander, stärker diskutiert. Dies liefert gerade für die Reflektion von Hierarchisierungsprozessen in schulischen Interaktionen wichtige Ansätze (Weber 2009, 73–91). Im Ansinnen »eine Schule für alle« zu schaffen, erhalten konsequenterweise auch inklusive Konzepte für Schule und Unterricht mehr Bedeutung (vgl. Knauber 2008) und es ist über die vergangenen Jahre ein deutlicher Wandel im Bereich Integration konstatierbar (vgl. Eberwein/Knauer 2009, 17–35; Prengel 2009, 140–147).

Die wissenschaftliche Forschung und Theoriebildung kann keine fertigen Lösungen anbieten, aber zumindest »... *theoretische Ansätze zur Generierung von Heterogenitätsvorstellungen* ...« (Hinz/Walthers 2009, 13) zur Verfügung stellen und den weiteren Diskurs anregen: »*Im Hinblick auf... Differenzdimensionen bedarf es eines Nachdenkens über pädagogische Konsequenzen, die in fördernder Absicht und mit achtsamem Blick auf das einzelne Kind die Individualisierung im gemeinsamen Lernen, eine gezielte Diagnostik von Lernausgangslagen, relationale Kind-Umwelt-Analysen und dialogische Unterstützung ko-konstruktiv wirksam werden lassen* ...« (ebd.).

Dabei ist immer zu bedenken, dass der wissenschaftliche Diskurs in den einzelnen Fachdisziplinen mitnichten zu konsensualen Erkenntnissen oder Handlungsansätzen kommt. Gerade in der Schulpädagogik wird der Heterogenitätsbegriff sehr kritisch und diskursiv angegangen (vgl. Trautmann/Wischer 2011), was aber letztlich eine große Bereicherung für alle Beteiligten darstellen dürfte: Nur eine intensiv geführte Auseinandersetzung, die im Blick behält, dass es immer nur um Momentaufnahmen gehen kann, genügt den Anforderungen und den Bedürfnissen aus der Praxis. Gerade der Umgang mit kultureller Vielfalt bringt ein wahres Füllhorn an Herausforderungen für die schulische Praxis mit sich – besonders bei diesem Thema ist ein enger Dialog von Praxis und Wissenschaft wichtig, um diese wichtige Aufgabe gemeinsam schultern zu können.

Der Kulturbegriff – ein Annäherungsversuch mit Blick auf die Schule

Nach einer langen Auseinandersetzung mit interkultureller Pädagogik und multikulturellem Miteinander lässt sich ein sich wandelnder Fokus in der Diskussion des Kulturbegriffs und eine intensivere Analyse von benachteiligenden Faktoren in Schule ablesen (vgl. Prengel 2006, 64–95; Nohl 2010; Auernheimer 2009; Neumann/Schneider 2011; Diefenbach 2008). Definitionen zu »Kultur« als Dimension in Bildungsprozessen scheinen im Rahmen von Diversity noch einmal grundständiger und breiter aufgegriffen zu werden – weniger als ausgrenzende Dimension und Assimilierungsversuch, sondern als vereinende, gemeinsame Basis. Aber was verbinden wir mit dem Begriff »Kultur« gerade im Kontext Schule? Es sind verschiedenste Verknüpfungen möglich: Schulkultur, kulturelle Zugehörigkeit, Alltagskultur, kulturelle Bildung, Unterrichtskultur, Beziehungskultur usw. Welche Assoziationen spielen im schulischen Alltag eine Rolle und welche Hürden sind zu nehmen, um ganzheitliche Teilhabe zu ermöglichen – und zwar ohne Ausgrenzungen und unabhängig von der kulturellen Zugehörigkeit für alle Kinder?

Sozialisation ist »... Persönlichkeitsentwicklung im sozialen und kulturellen Kontext, ... eine Form der stets spannungsreichen Biographie und der Behauptung der Identität in der Umwelt ...« (Hurrelmann 2008, 14). Wir alle wachsen in spezifischen kulturellen Kontexten auf. Dies ist Basis unserer Herkunft und unserer sozialen Bezüge. Kinder brauchen Wurzeln (Gebauer/Hüther 2011) – die Ausblendung oder Negierung ihrer kulturellen Wurzeln, beispielsweise in Homogenisierungsversuchen in der Schule, wirkt sich immens auf ihre Stabilität aus. Kinder brauchen Sicherheit – ihre soziale, familiäre und kulturelle Basis ist dafür grundlegend und diese muss für die Kinder spürbar gesehen und wertgeschätzt werden; und zwar für jedes Kind gleich. Die Bedeutung der kulturellen Zugehörigkeit für gesellschaftliche Teilhabe und Chancengerechtigkeit ist inzwischen unumstritten.

Im westlich-europäischen Kulturkreis wird Kultur zunächst oftmals mit besonderen kulturellen Errungenschaften oder großen Namen verknüpft, wie z.b. Goethe oder Schiller, Rembrandt oder Tizian, Bach oder Händel, Sokrates oder Platon und den schönen Künsten, Literatur, Oper, Malerei, Architektur. Aber denken wir auch an Alltagskultur? Und was prägt den Schulalltag mehr – die kulturellen Höhepunkte, die wir als Teil unseres Bildungskanons begreifen oder doch eher die vielen verschiedenen Alltagskulturen, die unsere Kinder in ihre Schulen mitbringen? Und wie präsent sind uns die kulturellen Traditionen, Leistungen und Errungenschaften anderer Völker und Nationen?

»... Kultur ist der Sammelbegriff für die Produkte, die der menschliche Geist erschafft, die uns ästhetisch ansprechen ..., politisch aktivieren oder beruhigen, entspannen, erregen ... die Sachlage ist jedoch komplizierter ...« (Keller 2011, 5).

Eine Verkürzung des Kulturbegriffs auf künstlerische Aspekte vernachlässigt den im täglichen Leben ausschlaggebenderen Begriff der Alltagskultur, *»... die Traditionen und die Weitergabe von Generation zu Generation beim Menschen, insbesondere die alltägliche Kultur des Erziehens ...«* (ebd., 6) unserer Kinder. Kultur meint demnach *»... von Personen geteilte Deutungs- und Verhaltensmuster, die an ökonomische und soziale Ressourcen des Kontextes, in dem diese Personen leben, angepasst sind ...«* (Borke/Döge/Kärtner 2011). Oder aus dem Blickwinkel kultureller Minoritäten, deren kulturelles Erbe und dessen Gleichwertigkeit negiert bzw. sogar bekämpft wurde: »... The basic tool of resistance is culture. Embodied in culture are all the things that keep the force of a people together – language, histories, songs, traditions, land, families, and the passing on of knowledge. Culture retention and revival is essential ...« (Halkyard-Harawira 1994, 173).

Die Schule ist einer der wichtigsten Orte, wo Kulturen aufeinandertreffen und oftmals für Konfusionen und Erschwernisse sorgen – das Andere kann so ungeheuer fremd sein. Das schon so lange in der Schule gedachte »Miteinander der Verschiedenen« gerät im Alltag oft an seine Grenzen. Kinder und Lehrerinnen und Lehrer verbringen einen beträchtlichen Teil ihrer Lebenszeit in der Schule und gerade für Kinder ist es eine auf vielfältige Weise prägende Zeit. Das Vorhandensein vielfältiger Kulturen muss nicht hergestellt werden, es ergibt sich aus der Realität des Schulalltags. Allerdings gilt es sich die Dimensionen von kulturellen

Zuschreibungen, Sichtweisen und Stereotypisierungen bewusst zu machen. Lehrerinnen und Lehrer sind nicht gleicher und per se souveräner als der Rest der Gesellschaft: Wir können und dürfen von unseren Lehrkräften nicht verlangen, dass sie stets absolut verlässlich kultursensitiv, reflektiert und nach dem Gleichheitsprinzip handeln. Aber eine kontinuierliche Bewusstmachung der Relevanz kultureller Dimensionen und eine Auseinandersetzung mit der eigenen kulturellen Zugehörigkeit scheinen unumgänglich. Ein besseres gegenseitiges Verstehen kann auch Entlastung und Entspannung in schwierigen Situationen bringen. Darüber hinaus muss sich eine Gesellschaft, der so deutlich die Schwächen des eigenen Bildungssystems nachgewiesen wurden, fragen, ob es reicht, diese Herausforderung fast ausschließlich in die Hände ihrer Lehrerinnen und Lehrer und Erzieher/-innen zu geben. Der gelungene Umgang mit kultureller Vielfalt ist eine gesamtgesellschaftliche Aufgabe. Es muss die Frage gestellt werden, ob wir unseren Pädagoginnen und Pädagogen eine Aufgeklärtheit und Offenheit abverlangen, die in der Gesellschaft noch mitnichten selbstverständlich ist. Wie ist diese Herausforderung zu meistern? Es geht hier nicht um eine Frage der Fairness, sondern das schlichte Eingeständnis, dass die Schule nicht leisten und auffangen kann, was in der Gesellschaft so noch nicht verankert ist und gelebt wird.

Ansätze für den schulischen Alltag

Kulturelle Zugehörigkeit, kulturelle Errungenschaften und Entwicklung ist das, was prinzipiell alle Menschen vereint: Wir alle sind Kultur-Zugehörige. Das, was uns so unterschiedlich macht, vereint uns zugleich und das, was uns vereint, lässt uns gleichzeitig so verschieden erscheinen. Die Menschen im europäischen Kulturkreis blicken auf eine lange Tradition der Hierarchisierung von Kulturen, der Ausgrenzung des Anderen als »fremd«.

Kultur mag mitunter ausgesprochen fremd auf uns wirken, mitunter sogar verstörend, aber es macht wenig Sinn, Kulturen und ihre Traditionen in ihrer Wertigkeit ordnen zu wollen: Nach welchen Kriterien sollte man auch objektiv verfahren? Kultur, das Leben kultureller Traditionen und ihre Bedeutung müssen sich nicht auf den ersten Blick erschließen, um als für den anderen bedeutsam und wertvoll wahrgenommen zu werden. Kultur ist immer etwas Gewachsenes, sich stetig weiter Entwickelndes. Kulturelle Entwicklung kann nicht wirklich stagnieren, sie kann nur innehalten und sich verändern – das gilt auch für das kulturelle Miteinander in multinationalen Zusammenhängen. Hierarchien sind ein menschlicher Versuch der Ordnung – ein Konstrukt, keine Wahrheit.

Verständnis für kulturelle Traditionen ist jedoch mitnichten ein Freifahrtschein dafür, auf eigenen kulturellen Überzeugungen stur zu beharren. Oder um es praxisnah zu formulieren: Niemand muss sich im Unterricht aufgrund vermeintlicher kultureller Gepflogenheiten auf der Nase herumtanzen lassen.

Das Wort »Respekt« genießt in fast allen Kulturen einen hohen Stellenwert und die Geschichte zeigt, dass es zumeist am Dialog der Kulturen und gegenseitigem Respekt gemangelt hat und nicht unbedingt an vollkommen komplementären Vorstellungen von Recht und Unrecht. Wir müssen uns aber davor hüten, in unserer Not zu Stereotypisierungen zu greifen, um unserer Ohnmacht, Unsicherheit und Frustration Ausdruck zu verleihen: Mehmet ist ein Macho und alle türkischen Jungen sind kleine Paschas (vgl. Munsch/Gemende/Weber-Unger Rotino 2007) mag im ersten Moment erleichternd scheinen – aber es ist zu einfach und bringt die Beteiligten kein Stück weiter.

Es gibt inzwischen einige Ansätze, die Hilfestellungen im Umgang mit kultureller Vielfalt in der Schule anbieten. Besonders lohnend ist ein Blick nach Neuseeland auf den dort seit Jahren erprobten TeWhariki-Ansatz (vgl. May 2009; Prochner 2010), auch wenn er ursprünglich nur für den frühkindlichen Bildungsbereich angedacht war, und den Anti-Bias-Approach aus den USA (vgl. Gramelt 2010). Beide Konzepte eint die Idee, dass es im kulturellen Miteinander primär um die Frage der eigenen Identität, internalisierte Vorurteile und Stereotypien sowie das persönliche Kommunikationsverhalten geht. Basis beider Ansätze ist, dass sämtliche Auseinandersetzungsprozesse mit einem hohen reflektorischen Anspruch einhergehen und arbeiten. Daraus können Strategien und Handlungsalternativen entwickelt werden, z.B. auch gemeinsam im Lehrerkollegium, die bei Konflikten Hilfestellungen und Sicherheit geben können. Es kann auf einer persönlichen Ebene greifbarer erlebt werden wie Diskriminierung institutionell funktioniert, welche Machtstrukturen eventuell unbewusst unterstützt oder gefestigt werden und wo individuelle Vorbehalte möglicherweise auch die Lehrer/-innen-Schüler/-innen-Beziehung negativ beeinflussen.

Die reflektorische Auseinandersetzung bezogen auf die eigenen Zugehörigkeiten und darauf basierende Überzeugungen oder auch unbewusste Manifestationen von Fremdheit, birgt ein großes Potenzial: Respekt voreinander und Verständnis füreinander können wachsen. Stress im gemeinsamen Umgang kann verringert werden und letztlich wird auch die Kommunikation miteinander leichter und weniger missverständlich. Die Erfahrungen in Neuseeland und den USA zeigen, dass Institutionen, die sich auf diese reflektorisch-dialogischen Prozessen einlassen und damit auch zunächst einen gewissen Zeitaufwand akzeptieren, auf lange Sicht eine deutliche Entlastung in der pädagogischen Arbeit erfahren können. Zudem ist bei beiden Ansätzen eine deutliche Einbindung der Eltern avisiert. Diese ist sicher nicht immer leicht zu realisieren, aber wer irgendwann mit im selben Boot sitzt, wird keinen Sinn darin sehen, in eine andere Richtung zu rudern als der Rest der Schulmannschaft. Nichts davon ist leicht zu erreichen und schon gar nicht umzusetzen – aber wir sind alles andere als machtlos und das mag für alle Lehrerinnen und Lehrer eine Hoffnung sein, die schon zu lange das Gefühl haben, im kulturellen Dschungel allein gelassen worden zu sein. Letztlich sind wir alle nur Fremde.

Literatur

Allemann-Ghionda (2006). Differenz und Ungleichheit. Verkannte Herausforderungen für Bildungsinstitutionen? In Tanner/Badertscher/Holzer/Schindler/Streckeneisen (Hrsg.). Heterogenität und Integration. Umgang mit Ungleichheit und Differenz in Schule und Kindergarten. Zürich: Seismo, 17–28.

Auernheimer (Hrsg.) (2009). Schieflagen im Bildungssystem. Die Benachteiligung der Migrantenkinder. Wiesbaden: VS Verlag.

Boller/Rosowski/Stroot (Hrsg.) (2007). Heterogenität in Schule und Unterricht. Weinheim: Beltz.

Borke/Döge/Kärtner (2011). WiFF Expertise: Kulturelle Vielfalt bei Kindern in den ersten drei Lebensjahren – Anforderungen an frühpädagogische Fachkräfte. München: DJI.

Bräu/Schwerdt (Hrsg.) (2005). Heterogenität als Chance. Münster: LIT Verlag.

Braun/Schmischke (2008). Kinder individuell fördern – Lernwege gestalten. Förderdiagnostik, Förderpläne, Förderkonzepte für die Klassen 1 bis 4. Berlin: Cornelsen Scriptor.

Brügelmann (2002). Heterogenität, Integration, Differenzierung. Empirische Befunde – pädagogische Perspektiven. In: Heinzel/Prengel (Hrsg.). Heterogenität, Integration und Differenzierung in der Primarstufe. Opladen: Leske + Budrich, 31–43.

Cole (Hrsg.) (2006). Education, equality and human rights. Issues of gender, »race«, sexuality, disability and social class. Abington, UK: Routledge.

Diefenbach (2008). Kinder und Jugendliche aus Migrantenfamilien im deutschen Bildungssystem. Erklärungen und empirische Befunde. Wiesbaden: VS Verlag.

Eberwein/Knauer (2009). Integrationspädagogik als Ansatz zur Überwindung pädagogischer Kategorisierungen und schulischer Systeme. In Eberwein/Knauer (Hrsg.). Handbuch Integrationspädagogik., Weinheim: Beltz, 17–35.

Gebauer/Hüther (Hrsg.) (2011). Kinder brauchen Wurzeln. Neue Perspektiven für eine gelingende Entwicklung. Ostfildern: Patmos.

Gramelt (2010). Der Anti-Bias-Ansatz – Konzept und Praxis einer Pädagogik für den Umgang mit (kultureller) Vielfalt. Wiesbaden: VS Verlag.

Groeben, von der (2006). Verschiedenheit nutzen. Besser lernen in heterogenen Gruppen. Berlin: Cornelsen Scriptor.

Halkyard-Harawira (1995). zitiert nach Ishtar. Daughters of the Pacific. A partnership denied. Melbourne, Australien: Spinifex Press, 173.

Herchert (2006). Multikulturelles Verstehen verlangt kulturelle Bildung. In Fritz/Klupsch-Sahlmann/Ricken (Hrsg.). Handbuch Kindheit und Schule. Neue Kindheit, neues Lernen, neuer Unterricht. Weinheim: Beltz, 149.

Herwartz-Emden/Schurt/Waburg (2010). Aufwachsen in heterogenen Sozialisationskontexten. Zur Bedeutung einer geschlechtergerechten interkulturellen Pädagogik. Wiesbaden: VS Verlag, 11 f.

Hinz/Walthers (2009). Heterogenität in der Grundschule: Den pädagogischen Alltag erfolgreich bewältigen. Weinheim: Beltz, 13.
Hurrelmann (2006). Einführung in die Sozialisationstheorie. Weinheim: Beltz, 134.
Keller (2011). Kinderalltag. Kulturen der Kindheit und ihre Bedeutung für Bindung, Bildung und Erziehung. Berlin: Springer Verlag, 5 f.
Knauber (2008). Integration. Inklusive Konzepte für Schule und Unterricht. Weinheim: Beltz.
Kunze (2008). Begründungen und Problembereiche individueller Förderung in der Schule. Vorüberlegungen zu einer empirischen Untersuchung. In Kunze/Solzbacher (Hrsg.). Individuelle Förderung in der Sekundarfstufe I und II, Baltmannsweiler: Schneider Verlag Hohengehren, 15.
Lutz/Wenning (Hrsg.) (2001). Unterschiedlich verschieden. Differenz in der Erziehungswissenschaft. Opladen: Leske + Budrich.
May (2009). Politics in the playground. The world of early childhood in New Zealand. Otago, Neuseeland: University Press.
Munsch/Gemende/Weber-Unger Rotino (Hrsg.) (2007). Eva ist emanzipiert, Mehmet ist ein Macho. Zuschreibungen, Ausgrenzung, Lebensbewältigung und Handlungsansätze im Kontext von Migration und Geschlecht. Weinheim: Juventa.
Neumann/Schneider (Hrsg.) (2011). Schule mit Migrationshintergrund. Münster: Waxmann.
Nohl (2010). Konzepte interkultureller Pädagogik. Eine systematische Einführung. Bad Heilbronn: Klinkhardt.
Oelkers (2005). Reformpädagogik. Eine kritische Dogmengeschichte. Weinheim, München: Juventa.
Prengel (2006). Pädagogik der Vielfalt. Verschiedenheit und Gleichberechtigung in interkultureller, feministischer und integrativer Pädagogik. Wiesbaden: VS Verlag, 64–95.
Prengel (2009). Zur Dialektik von Gleichheit und Differenz in der Bildung. Impulse der Integrationspädagogik. Weinheim: Beltz, 140–147.
Prochner (2009). A history of early childhood education in Canada, Australia and New Zealand. Vancouver, Kanada: University of British Columbia Press.
Ramseger/Wagener (2008). Chancenungleichheit in der Grundschule. Ursachen und Wege aus der Krise. Wiesbaden: VS Verlag.
Rauschenberger (2001). Differenz und Gleichheit im Schulunterricht. Vom allmählichen Wandel des egalitären Bildungsverständnisses. In Die Deutsche Schule 3/2001, 266–278.
Trautmann/Wischer (2011). Heterogenität in der Schule. Eine kritische Einführung. Wiesbaden: VS Verlag.
Weber (2009). Das Konzept »Intersektionalität« zur Untersuchung von Hierarchisierungsprozessen in schulischen Interaktionen. In Budde/Willems (Hrsg.). Bildung als sozialer Prozess. Heterogenitäten, Interaktionen, Ungleichheiten. Weinheim: Juventa, 73–91.

Individualisierendes Lernen als Teamaufgabe in der Grundschule

CLAUDIA HALFTER/FRANZ WESTER

Individuelle Förderung ist für viele Kollegen/Kolleginnen in der Schule ein zentrales Anliegen. Die Formen der Umsetzung sind vielfältig, für die einzelnen Kollegen/Kolleginnen durch ihre subjektiven Sichtweisen erklärt und begründet. Auf die einzelnen Schülerinnen und Schüler müssen aber verschiedene, in sich schlüssige Förderkonzepte nicht automatisch schlüssig und überzeugend wirken. »Will Schule ihre Schüler individuell fördern und fordern, gelingt das nur, wenn ihre Lehrer im Team arbeiten. Sie können die Lernprozesse ihrer Schüler besser planen, indem sie sich mit ihren Kollegen über die Potenziale, Interessen und Hintergründe der Kinder und Jugendlichen austauschen« (Podium-Schule 1.11.2011, 2).

Kooperationsformen und Teamstrukturen in der Grundschule

Das Verständnis von Teamarbeit in den Grundschulen ist in der Praxis breit gestreut. Von Teamarbeit wird häufig schon gesprochen, wenn allgemein, z.B. im Internetauftritt, die Bereitschaft zur Kooperation als Merkmal der schulischen Arbeit beschrieben wird. In kleineren Grundschulen verstehen sich viele Kollegien mit allen Mitarbeitern/Mitarbeiterinnen als ein Team und stellen sich auch so vor. Die Grundschule Weiher in Ubstadt-Weiher (Baden-Württemberg) präsentiert sich z.B. in ihrem Internetauftritt so: »Arbeit im Team ist die Grundlage unserer täglichen Arbeit im Kollegium und im Klassenzimmer. Wir planen dabei Unterricht zunehmend gemeinsam und tauschen uns bezüglich dessen Erfolg und Weiterentwicklung regelmäßig aus. Möglichkeiten für partnerschaftliches Arbeiten oder Teamarbeit, zu dem auch die Schulleitung mit ihrem Lehrauftrag gehört, bewirken eine Arbeitsentlastung und fördern die Arbeitseffizienz und Zufriedenheit« (http://www.gs-weiher.de/teamarbeit.html).

Grundschule Weiher

Unser Team

Das Schulteam der Grundschule Weiher stellt sich vor:

vorne: Frau Opala, Frau Schirrmacher, Frau Gärtner (Sekretariat), Frau Kempf
hinten: Frau Weisbrod, Herr Mohler, Frau Rusnyak, Frau Zimmerer, Frau Schäfer, Herr Sorg (Hausmeister)

(http://www.gs-weiher.de/team.html)

Abb. 38: Team der Grundschule Weiher

Diese Sicht ist nachvollziehbar. Sich als ein Team zu verstehen, ist angesichts der Möglichkeit direkter Kommunikation und schneller Information in einem Kollegium dieser Größe praktisch. »Im Lehrerzimmer befindet sich das Schwarze Brett, auf dem in zwei Rubriken alle Neuigkeiten und Aushänge seitens der Schulleitung immer aktuell angebracht werden. Ebenso dient das Schwarze Brett auch dem Kollegium als Plattform, um eigene Informationen weiterzugeben« (http://www.gs-weiher.de/teamarbeit.html).

Dieses Bild einer Schule entspricht vermutlich der Mehrzahl der Grundschulen mit einer Kollegiumsgröße bis ca. zwölf oder 15 Personen. In größeren Schulen finden wir in der Regel eine differenziertere Struktur. Hier werden Teams als Teile eines Kollegiums beschrieben, die entweder mit einem präzisen Auftrag auf Zeit (Projektteams) gebildet werden oder an die weitreichende Kompetenzen delegiert werden, was die pädagogische Gestaltung ihres Alltages und insbesondere die auf die Förderung der Kinder ausgerichteten Entscheidungen betrifft. Auf diesen Typus eines Teams richten wir in der Folge unser Augenmerk. Unser Verständnis von Teamarbeit beruht entsprechend auf folgender Definition: »Teamarbeit ist die kooperative, zielorientierte Arbeit von 2–8 Fachleuten, die gemeinsam an einer definierten komplexen Aufgabe, in einem Projekt oder an einem Problem arbeiten, bei Integration unterschiedlichen Fachwissens und nach bestimmten, gemeinsam festgelegten Regeln« (Gellert/Nowak, 2004, 23).

Um die Individualität und spezifischen Gegebenheiten bei allen Schülern/Schülerinnen der Lerngruppen zu beachten, Lernen grundsätzlich zu verändern, mit vielfältigen Lehr- und Lernmethoden zu arbeiten, zu individualisieren und zu fördern ist die Teambildung – auch durch die Integration unterschiedlicher Berufsgruppen wie Lehrer/-innen, pädagogische Mitarbeitern/-innen und Sonderschullehrern/-innen – eine Möglichkeit, die Kompetenz einer Gruppe zu stärken als Potenzial gegenüber komplexer gewordenen Anforderungen. In der Grundschule finden sich in der Regel dazu folgende fest definierte Teamstrukturen.

Klassen-/Lerngruppenteam

Ein multiprofessionelles Team, bestehend aus der Klassenlehrkraft, eventuell Fachlehrkräften, Sonderpädagogen/Sonderpädagoginnen, Erziehern/Erzieherinnen und Betreuungskräften, ist für die Gestaltung des Schultages für eine Klasse/Lerngruppe verantwortlich. Im Idealfall bleibt das Team während der gesamten Grundschulzeit mit einer Klasse bzw. einer Lerngruppe zusammen, damit die Kinder verlässliche Bezugspersonen erleben. Die Schwerpunkte ihrer gemeinsamen Arbeit sind die Planung und Gestaltung eines rhythmisierten Tages- und Wochenablaufs und von Projekten. Außerdem werden Unterrichtsinhalte und der Einsatz von Lernmethoden in den Teamsitzungen geplant und vorbereitet sowie die Entwicklung der Klasse bzw. einzelner Schüler/-innen besprochen.

In Schulen, in denen die Lerngruppen jahrgangsübergreifend gebildet werden, gibt es in den größeren Schulen andere Zuordnungen, die z.B. aus der räumlichen Anordnung (Hausprinzip) entwickelt werden. Fast immer gibt es ein gestuftes System von Konferenzen oder Treffen, das sicherstellt, dass das Lerngruppenteam den Kern bildet, sich aber in größeren Kontexten austauschen kann, wie von Kunze/Solzbacher auch für die Sekundarstufen gefordert: »... nur durch angemessene und transparente Kommunikations-, Klärungs- und Entscheidungsstrukturen kann individuelle Förderung systematisch und nachhaltig gelingen (Kunze/Solzbacher, 2010, 311).

Ein Beispiel: In der Wartburg-Grundschule Münster bereiten die Lerngruppen-Teams gemeinsam ihren Unterricht vor. »In allen Klassen arbeiten zwei Grundschullehrerinnen und eine Erzieherin im Team. Während die ›Wombats‹ an ihrem ›Wap‹ (Wochenarbeitsplan) arbeiten, werden sie von Klassenlehrerin Ulrike Ilskensmeier und Erzieherin Rita Wahle betreut. »Als Lehrerin achte ich vor allem auf die Leistung: Was können die Kinder? Rita hat einen ganz anderen Blickwinkel als ich. Davon profitiere ich unheimlich«, sagt die 42-jährige Lehrerin. Rita Wahle, 54, fügt hinzu:»Es gibt Kinder, die kommen bei der Klassengröße zu kurz, weil die Lehrerin nicht alle 24 Kinder gleichermaßen unterstützen kann. Darin sehe ich meine Aufgabe (...) Die Lerngruppen-Teams bereiten ihren Unterricht gemeinsam vor. Alle zwei Wochen treffen sich die Kollegen aus den Nachbargruppen. Und einmal im Monat setzen sich alle Teams aus dem Haus zusammen« (http://schulpreis.bosch-stiftung.de > Sitemap > Preisträger 2008 > Hauptpreisträger > Filmportrait).

Jahrgangsteam

Im Jahrgangsteam sind alle Pädagogen/Pädagoginnen des Jahrgangs vertreten. Dieses Team erarbeitet schwerpunktmäßig die Rhythmisierung des Jahres und trifft Vereinbarungen zu Regeln und Ritualen. Fächerübergreifende Vorhaben und Projekte des Jahrgangs sowie die Erstellung von Förderkonzepten sind weitere Themen. Ein Beispiel aus der Praxis der Grundschule in der Freien Evangelischen Bekenntnisschule in Bremen (febb) wird in Abbildung 39 dargestellt.

»Um dies zu erleichtern, arbeiten in unserer Grundschule seit 1997 alle Lehrerinnen und Lehrer der Parallelklassen eines Jahrgangs in einem Team zusammen. Das bietet einerseits den Vorteil der gegenseitigen Unterstützung, was gerade neuen Lehrerinnen und Lehrern sehr entgegen kommt. Andererseits bietet es den Eltern die Gewähr dafür, dass trotz unterschiedlicher Lehrpersonen in allen Klassen vergleichbar gearbeitet – und derselbe Lernertrag erreicht wird.

Zu Beginn eines jeden Schuljahres erarbeiten die Teammitglieder erst mal die Planung des gesamten Jahres für ihren Jahrgang. Auf Grundlage der bundesweit gültigen Bildungsstandards und der schulinternen Lernertragspläne werden Themenschwerpunkte für jede Schulwoche festgelegt, gemeinsame Projekte wie Unterrichtsgänge, Ausflüge, Klassenfahrten und klassenübergreifende »Lernwerkstätten« geplant, so wie Termine für parallele Lernstandserhebungen und die Verteilung bestimmter damit zusammenhängender Aufgaben abgestimmt.

Im Verlauf des Schuljahres treffen sich die Teams mindestens monatlich bis maximal wöchentlich, um miteinander zu begutachten, ob die angestrebten

Ergebnisse durch die Jahresplanung erreicht werden konnten oder ob die Planung eventuell modifiziert werden muss.

In den Teams werden außerdem arbeitsteilig die vielfältigen Freiarbeitsmaterialien erstellt, die für das selbstständige Arbeiten von Schülerinnen und Schülern unerlässlich sind sowie Ideen und Erfahrungen ausgetauscht.

Zum Ende eines Halbjahres entwickelt jedes Team Vergleichsarbeiten und/ oder andere Instrumente zur Lernstandserhebung um zu kontrollieren, ob in allen Klassen des Jahrgangs der gleiche Lernertrag erreicht wurde. Manche Teams haben auch schon jede Klassenarbeit gemeinsam konzipiert.

Bei Problemen mit schwierigen Schülerinnen oder Schülern berät man diese zuerst im Jahrgangsteam, bevor externe Hilfe in Anspruch genommen wird.

Zum Schuljahr 2007/2008 fand die Teamstruktur unserer Grundschule auch äußerlich ihren Niederschlag, denn es wurde für jedes Jahrgangsteam ein eigener Teamraum erstellt, in dem jedes Teammitglied einen eigenen Schreibtisch mit Internetzugang bekam. Dadurch wird die Voraussetzung für Teamkonferenzen enorm erleichtert und jede Lehrperson hat die Möglichkeit, auch in der Schule in Ruhe zu arbeiten. Um dabei auch alle erforderlichen Materialien zur Verfügung zu haben, ist in den Teamräumen ausreichend Schrankraum vorhanden.«

(Teamarbeit im Kollegium der Grundschule, PDF, http://www.freie-evangelische-bekenntnisschule.de, 2)

Abb. 39: Teamarbeit der Grundschule in der Freien Evangelischen Bekenntnisschule in Bremen

Fachgruppe

Die Fachkollegen/Fachkolleginnen einer Schule oder eines Schulverbundes entwickeln gemeinsam ein schulinternes Curriculum, legen Beurteilungskriterien fest und wählen die entsprechenden Lehr- und Lernmaterialien für ein Fach aus oder bereiten diese arbeitsteilig vor. Es kommt häufig vor, dass sich die Fachkollegen/Fachkolleginnen in einem Jahrgang als Teilteam des Jahrgangs und der Fachgruppe bzw. Fachgruppenkonferenz gleichzeitig verstehen.

Einflussfaktoren auf den Erfolg der Arbeit im Team

Teams können in der Regel nicht von Anfang an gute Teams sein, sondern müssen sich dahin entwickeln. »Um gute Ergebnisse bringen zu können, müssen Gruppen nicht nur an dem sachlichen Ziel, sondern auch an sich selbst arbeiten. Dafür brauchen sie Raum, Zeit und vor allem auch das Bewusstsein, dass diese Beschäftigung mit sich selbst zur normalen Arbeit dazu gehört« (Krainz-Dürr 1999, 274).

> »Teamentwicklung: Bedeutung für die Unterrichtsentwicklung
> 1. Sie fördert den methodischen Ideenreichtum der Lehrerinnen und Lehrer.
> 2. Sie stärkt die einzelne Lehrkraft bei ihren Reformversuchen.
> 3. Sie ermöglicht arbeitsteilige Vorgehensweisen und höhere Produktivität.
> 4. Sie begünstigt anregende Unterrichtsbesprechungen und -reflexionen.
> 5. Sie führt zu hilfreichen Lern- und Trainingsspiralen für den Unterricht.
> 6. Sie erleichtert das konzeptionelle Arbeiten auf Klassen- und Fachebene.
> 7. Sie steigert die Verbindlichkeit und Konsequenz im Innovationsprozess.
> 8. Sie fördert die Problemlösungsfähigkeit und -bereitschaft der Lehrkräfte.«
>
> (Klippert, Entlastung durch verstärkte Lehrerkooperation 2006)

Abb. 40: Teamentwicklung und ihre Bedeutung für die Unterrichtsentwicklung

Rollen- und Aufgabenklarheit

Teamarbeit bedeutet, dass die Teammitglieder ihre unterschiedlichen Fähigkeiten und Eigenschaften in einer gemeinsamen Aufgabe zusammenführen. In der Literatur findet sich diesbezüglich inzwischen eine veränderte Grundhaltung: von der Zusammensetzung einer homogenen Gruppe hin zur heterogenen Gruppe als Quelle von Effizienz durch Komplementarität und Stärkenergänzung.

Damit Synergien entstehen können, ist es notwendig, innerhalb des entsprechenden Teams zu regeln, wer für bestimmte Aufgaben verantwortlich ist (z.B. Sprachförderung, Elternarbeit, Fächer) und damit auch die entsprechenden Rollen festzulegen – abhängig natürlich von den jeweiligen aufgabenbezogenen Kompetenzen, die die einzelnen Teammitglieder einbringen können. Es sollte abgesprochen werden, wie eine sinnvolle Arbeitsteilung aussieht. Im Idealfall kann jedes Teammitglied die Rollen und Aufgaben von sich und den anderen in Übereinstimmung mit allen Teammitgliedern formulieren.

Bei der Delegation der Aufgaben sollten diese in einer Form übertragen werden, die auch Spielraum für eigene Entscheidungen und Handlungen lässt, für die das Teammitglied dann allerdings auch in der Verantwortung gegenüber dem Team steht. Außerdem ist eine klare Aufgabenbeschreibung oder Zielvorgabe mit Vereinbarung zur Überprüfung der Zielerreichung hilfreich.

Teamleitung

Für jedes Team ist es wichtig, dass die Rolle der Teamleitung geklärt und auch wahrgenommen wird, um Konflikte zu vermeiden. Zu den Aufgaben einer Teamleitung gehören

- die Informationsweitergabe sowohl dem Team als auch dem Kollegium und der Schulleitung gegenüber,
- das Vorgeben von klaren Zielen und Aufgaben,
- Herstellen von Transparenz bezüglich der Rahmenbedingungen von Aufgaben,
- Einfordern der notwendigen Ressourcen,
- Geben von Unterstützung und ggf. Veranlassen von Qualifizierung und Vernetzung,
- Vereinbaren von stimmiger Kontrolle und Feedback im Rahmen der getroffenen Absprachen.

Insgesamt ist es notwendig, die Aufgaben der Teamleitung als Prozessverantwortlicher und Koordinatorin transparent und beratend im Team zu besprechen.

Regeln für die Zusammenarbeit

Mit der Verabredung von Teamregeln wird ein Rahmen geschaffen, der ein weitgehend konfliktarmes und kooperatives Arbeiten ermöglicht. Diese Regeln können Qualitätsstandards sein und sich auf methodische Aspekte beziehen. Meistens werden Regeln aber für das gemeinsame Miteinander aufgestellt, wie z.B. zu den Themen Vertrauenskultur, Pünktlichkeit, Verlässlichkeit, Zuhören, konstruktives Mitarbeiten, gegenseitige Unterstützung und Festlegen von Entscheidungsabläufen. Diese Regeln sollen das Gleichgewicht zwischen den Anforderungen aus der Aufgabenstellung, den Zielen Einzelner und den Belangen der Gruppe aufbauen und bewahren.

Arbeits- und Zeitstrukturen

Zu Beginn eines Schuljahres ist es sinnvoll, dass eine konstituierende Sitzung stattfindet, auf der Verständigung über Arbeitsweisen, Rollen, Aufgaben, Ziele und das Spannungsfeld zwischen Transparenz und Verschwiegenheit geklärt wird. Die Erfahrung zeigt, dass es sinnvoll ist, einen Sitzungskalender in diesem Rahmen für das Schuljahr zu planen, in dem die Themen priorisiert und mit Terminen für das Schuljahr festgelegt werden. Dieser Sitzungskalender enthält auch die Moderation und Protokollführung der einzelnen Sitzungen – entweder von Sitzung zu Sitzung wechselnd oder für einen festgelegten Zeitraum an einzelne Personen gebunden.

Teams einer Grundschule in Bremen hängen ihre Jahresplanung auf den Flur. Dort ist eine Papierrolle angebracht, auf der mit Karteikarten und Symbolen die bereits terminierten Themen, Meilensteine und Veranstaltungen dokumentiert sind. So stellen sie Transparenz für die anderen Kollegen/Kolleginnen und alle am Schulleben beteiligten Personen her und haben ganz nebenbei jederzeit ihren aktuellen Entwicklungsstand vor Augen.

Neben regelmäßigen Teamsitzungen führen viele Teams einmal im Halbjahr eine Klausurtagung entweder zur Koordinierung der Arbeit oder zur intensiven Auseinandersetzung mit bestimmten Themenbereichen durch. Hinweise für ein strukturiertes Vorgehen in der Zielplanung fasst Abbildung 41 zusammen:

Warum Ziele?	Ziele beschreiben einen erwünschten Zustand in der Zukunft, sind positiv formuliert und es wird deutlich, auf wen oder was sich die Ziele beziehen. Bei konsequenter Anwendung von »SMART« ergeben sich klare, mess- und überprüfbare Ziele:		
• Ziele motivieren, weil der gewünschte Zustand deutlich vor Augen steht. • Ziele ermöglichen Schwerpunktsetzungen. • Ziele fördern effizientes Arbeiten. • Ziele verschaffen Erfolgserlebnisse beim Erreichen der (Teil-)Ziele. • Ziele sind die Voraussetzung für die Kontrolle des Arbeitsverlaufs. • Ziele stellen anspruchsvolle und über kurzfristige Ziele hinausgehende Herausforderungen dar.	S	spezifisch	Ziele müssen eindeutig definiert sein.
	M	messbar	Ziele müssen beobachtbar oder messbar sein.
	A	akzeptiert	Ziele müssen angemessen und akzeptiert sein.
	R	realistisch	Ziele müssen unter den gegebenen Rahmenbedingungen erreichbar sein.
	T	terminierbar	Der Zeitpunkt für die geplante Zielerreichung ist angegeben.
	Doran, G.T. (1981). There's a S.M.A.R.T. way to write management's goals and objectives. Management Review, Volume 70, Issue 11(AMA FORUM), 35 f.		

Abb. 41: Strukturiertes Vorgehen in der Zielplanung

Effektive Teamsitzungen

Zu einer Arbeitsstruktur gehören auch regelmäßige Besprechungen. Die Sitzungen benötigen aus der Erfahrung heraus einen routinemäßigen Ablauf, der mit der Zeit der Mitarbeiter/-innen rücksichtsvoll umgeht. Zu diesem routinemäßigen Ablauf gehören das Entstehen einer Tagesordnung, Überlegungen bzw. Information im Vorfeld einer Sitzung und die Durchführung der Sitzung.

Die Entstehung einer Tagesordnung liegt in der Bringschuld aller Teilnehmenden, d.h. zu einem festgelegten Zeitpunkt müssen die Punkte vorliegen. Die Koordination der Punkte für die Tagesordnung liegt bei der Moderation. Sinnvoll ist es, für jeden Tagesordnungspunkt das zu erreichende Ziel zu benennen (Information, Diskussion, Meinungsbild, Rat, Entscheidung etc.), das mit der Teamsitzung bzw. mit einzelnen Tagesordnungspunkten erreicht werden soll. Die Tagesordnung sollte mindestens einen Tag vorher jedem Teilnehmenden vorliegen bzw. ausgehängt werden. Zu Beginn der Sitzung wird diese überprüft/ergänzt und jeder Punkt mit einem Zeitbudget versehen.

Vor Teamsitzungsbeginn müssen jene Personen informiert werden, die bei einzelnen Tagesordnungspunkten eine tragende Rolle spielen. Außerdem hat es sich als hilfreich erwiesen, eine Sitzung zu entlasten, indem man sich im Vorfeld überlegt: Was lässt sich anders vermitteln? Was kann bereits vorher erledigt werden?

Bewährt hat sich folgender Teamsitzungsablauf, der auch während der gesamten Sitzung visualisiert wird:

- Tagesordnung & Rollenverteilung (Zeit, Protokoll)
- Aktuelles
- Information
- Themen wie: Steuerung des »laufenden Geschäfts«/Grundsatzfragen/längerfristige Zukunftsplanung/Kommunikation und Kooperation innerhalb des Teams
- Themen für die nächste Sitzung sammeln
- Abschluss: wichtige Punkte für das Protokoll, Themen für die nächste Sitzung, Inhalt, Form und Adressaten für die Ergebnisse nach außen
- eventuell Feedback, z.B.: Was war gut? Was ist nicht so gut gelaufen? Auf was müssen wir in Zukunft achten?

Das für die Moderation verantwortliche Teammitglied ist zuständig für den Ablauf, die Methoden und die Zeit – wobei wichtig ist, sich an einen vereinbarten Zeitplan zu halten, mit Ausnahme von »Störungen«. Die Verantwortung für Inhalte und Ergebnisse liegt bei der Gruppe, der Moderator/die Moderatorin unterstützt das Team bei ihren Entwicklungen und Entscheidungen, ist Ansprechperson für die Sitzung und für die Informationsweitergabe verantwortlich.

Eine kurze Feedbackrunde am Ende jeder Sitzung stellt sicher, dass ungelöste Probleme oder verdeckte Konflikte sich nicht festsetzen und später den Arbeitsprozess permanent stören.

Dokumentation der Arbeit

Das Sichern der Ergebnisse durch das Festhalten von Terminvorgaben und Verantwortlichkeiten dient der Verbindlichkeit, der Selbstkontrolle und der Selbststeuerung eines Teams und ist die Basis für Auswertung der Arbeit. Möglichkeiten der Dokumentation sind Sitzungsprotokolle der Teams mit entsprechender Sammlung der Arbeitsergebnisse, Gruppen- und Zwischenberichte nach standardisierten Fragen, Lern- und Arbeitsjournale der Teams sowie individuelle Lerntagebücher. Eine Einigung über die Form der Dokumentation der Ergebnisse und transparenter Umgang mit den Ergebnissen (z.B. Wand im Arbeitsraum oder regelmäßige Vorstellung im Rahmen der Gesamtkonferenz) sollte zu Beginn eines Schuljahres getroffen werden.

Analyse des Arbeitsprozesses

Mindestens am Ende eines Schuljahres sollte eine Reflexion über die Arbeit, den Grad der Zielerreichung und die Konsequenzen für die Weiterarbeit (konkrete Maßnahmen) im kommenden Schuljahr durchgeführt werden. Dabei sind folgende Aspekte sinnvoll in die Analyse des Arbeitsprozesses mit einzubeziehen: die Zufriedenheit der Personen, die Beziehungen im Team und der Umgang miteinander, die Aufgabe, die Arbeitsstruktur und die Rollenverteilung im Team und die Rolle der Leiterin/des Leiters. Folgende Verfahren können dazu z.b. genutzt werden: Ein-Punkt-Abfrage, Skalierungsfragen, Teamreview, SOFT-Analyse. Das Team oder die Teamleitung entscheidet, welche Aspekte analysiert werden sollen und welche Instrumente zum Einsatz kommen.

Das Team als professionelle Lerngemeinschaft

Die Stärkung individueller Förderung als Leitidee schulischer bzw. unterrichtlicher Praxis und die dafür notwendige Entwicklung zur Teamschule erfordern einen tiefgreifenden Wandel, der ohne kollegiale Lernprozesse nicht erfolgreich sein wird. »Der aktuellen Diskussion über eine Entwicklung von Unterricht liegt ein Verständnis von Lehrerarbeit zugrunde, das Arbeit an der Verbesserung des Unterrichts und dessen Bedingungen als fortbildungs- und steuerungsgestützte Veränderungsarbeit im Team versteht; dieses Verständnis beinhaltet, dass curriculare und didaktische Veränderungen durch schulinterne Fortbildung begleitet und Veränderungsprozesse durch eine geschulte Steuergruppe unterstützt werden« (Bastian 2007, 79 f.).

Lernen setzt, wenn es wirksam ist, Impulse für Veränderungen, die auf persönliche Grundsätze, auf individuelle Konzepte zurück wirken. Diese Konzepte zu verändern, erfordert Kraft und den Einsatz von Zeit. Wenn das längerfristig und tiefgreifend geschehen soll, müssen die Menschen ins Blickfeld gerückt werden. Die folgenden Leitfragen versuchen, den Blick auf ihre Bedürfnisse zu lenken. Sie können einen Maßstab bilden, um Initiativen zur Gestaltung von Lernprozessen für die Lehrkräfte und pädagogischen Mitarbeiter/-innen bewerten zu können:

- Sehen die Lehrer/-innen einen Sinn in der geplanten Unterrichtsentwicklung und den damit verknüpften eigenen Lernprozessen?
- Haben sie Einflussmöglichkeiten auf die Inhalte und die Gestaltung der Lernarrangements?
- Sind die Lern- und Entwicklungsprozesse erfolgversprechend, auch in kurz- und mittelfristigen Zeitdimensionen?
- Können die Lehrer/-innen sich auf die Lern- und Erprobungsprozesse einlassen, ohne Angst haben zu müssen, dass sie als Personen auf dem Prüfstand stehen?

Fortbildung und Unterrichtsentwicklung

Die traditionelle Variante für die Gestaltung der Lernprozesse der Lehrkräfte ist die Fortbildung, in den meisten Fällen von externen Institutionen entwickelt und angeboten. Einzelne Kollegen/Kolleginnen nehmen das Angebot wahr, in der Praxis häufig abhängig von einem individuellen Impuls. Der Transfer in die Praxis wird entsprechend in die Verantwortung der teilnehmenden Kollegen/Kolleginnen gelegt. Ob und wie weit die anderen Kollegen/Kolleginnen und damit die Schule von dem Kompetenzzuwachs profitieren kann, ist dem Interesse der Beteiligten überlassen.

Fortbildung kann Unterrichtsentwicklung voranbringen. Sie kann z.B. Gütekriterien von Unterricht thematisieren und damit Maßstäbe zur Bewertung des eigenen Unterrichts liefern. Daraus kann sich ein Impuls zur Erarbeitung neuer oder ergänzender Handlungsmuster ergeben. Fortbildung kann gleichzeitig die Entwicklung zur Teamschule fördern und die eigene Nachhaltigkeit sichern, wenn ihre Adressaten nicht einzelne Lehrer/-innen oder zufällig gebildete Gruppen sind, sondern wenn sie gemeinsam agierende Teams erreicht und letztendlich das ganze Kollegium.

Vom Team zur professionellen Lerngemeinschaft

Für den positiven Zusammenhang zwischen der Ausrichtung des Unterrichts auf die Leitidee individueller Förderung und Teamarbeit gibt es zurzeit nur wenig empirisch gesicherte Anhaltspunkte. Dennoch erscheint die Annahme plausibel, wenn man bedenkt, dass für die Umsetzung individueller Förderung im Unterricht die Aushandlung von Begriffen, die Veränderung von Handlungsroutinen und der Erfahrungsaustausch Voraussetzungen sind. »Neue Begriffe erhalten erst eine Bedeutung, wenn sie in einer Gemeinschaft verwendet werden. Sonst sind sie für das eigene Handeln wenig relevant. Neue Methoden und Lernformen werden erst durch den Austausch erfahrbar für die Lehrpersonen. Das Aufbrechen von Handlungsroutinen erfordert Reflexion und Vergleich. Das ist in der Zusammenarbeit einfacher zu erreichen als individuell« (Gräsel 2010).

Veränderungen in Schulen können schneller stabilisiert werden, wenn die Teams bereits gemeinsam lernen. In den Teams kann die Umsetzung der Fortbildungsinhalte mitgedacht werden, können Strategien für die Verankerung in der Schule entwickelt werden. Damit wird die notwendige Sicherheit gewährleistet, dass neue Ideen gegen alte Strukturen und Routinen im Alltag eine Chance haben. Zusätzlich wirkt das zumeist positive Erleben von gemeinsamen Fortbildungen motivierend und stärkend.

»Durch eine solch enge Verzahnung von Fortbildung und dauerhaftem gemeinsamem Arbeitszusammenhang entstehen die ›professionellen Lerngemeinschaften‹, die als so wirksam für Veränderungen beschrieben werden. In ihnen ist auch das ›Verlernen‹ alter Routinen, das mit dem ›Erlernen‹ des Neuen unabdingbar verbunden ist, am ehesten möglich. *Von bloßen Lehrerteams unterscheiden sich professionelle Lerngemeinschaften darin, dass ihr ultimativer Bezugspunkt die Entwicklung des Unterrichts ist.* Die Mitglieder einer professionellen Lerngemeinschaft teilen Haltungen und Werte, die für ihre Arbeit relevant sind, begreifen sich selbst als lebenslange Lerner und sind professionell in dem Sinne, dass sie zielorientiert arbeiten, ihre Praxis deprivatisiert haben und sich ständig in einem reflektierenden Dialog befinden« (Höfer/Madelung 2006, 62).

Instrumente und Methoden in Professionellen Lerngemeinschaften

Die integrierte Planung von Qualifizierungen und die Weitergabe der Informationen in das Kollegium sind Qualitätsmerkmale der Arbeit von professionellen Lerngemeinschaften. Die Erweiterung des Wissens und die Ermöglichung von Diskrepanzerfahrungen sind wesentliche Ergebnisse von traditionellen Fortbildungen, die Veränderungen auslösen können. Es gibt allerdings auch Instrumente bzw. Verfahren, die stärker in die Praxis eingebunden sind, die Selbstverantwortung und in hohem Maße Selbststeuerung ermöglichen.

Kollegiale Hospitation

Die kollegiale Hospitation ist ein erprobtes Verfahren. Häufig startet sie in einem vertrauten Zirkel und ist eher auf die individuelle Kompetenzentwicklung ausgerichtet. Wenn sie für die Kompetenzentwicklung eines Teams wirksam werden soll, muss sie auch aus dem Arbeitszusammenhang heraus gestaltet werden. Dennoch bleibt die »Hoheit« über die Hospitation und die Auswertung bei der Kollegin/dem Kollegen, die/der den Besuch ermöglicht. Aber in Abstimmung mit den anderen Teammitgliedern wird es möglich sein, für das Team relevante Aspekte des Unterrichts in den Mittelpunkt der Beobachtungen und Auswertungen zu stellen. Sammlungen von Gütekriterien und Vorlagen zur Beobachtung (KMK-Projekt UDIKOM) erleichtern die Vorbereitung und sichern die kontrollierte Sammlung von Daten.

Vorbehalten gegenüber der Öffnung der eigenen Praxis kann ggf. mit einer Einführung in die Praxis der Rückmeldungen und klaren Regelungen (wie z.B. Vertraulichkeitsvereinbarung) begegnet werden. Die gemeinsame Auswertung von Videodokumentationen ermöglicht eine praktische Form des Einübens von Feedback sowohl auf der Geber- als auch auf der Nehmerseite. Die kollegiale Hospitation führt in den meisten Fällen zu der Kooperationsform eines Austausches. Nach Gräsel (Gräsel 2010) ist dies die erste Ebene kollegialer Kooperation. Eine Absprache gemeinsamer Zielsetzungen oder gar eine Vereinbarung von Konsequenzen ist für das Gelingen und die Zufriedenheit keine Voraussetzung. Das Risiko für die Beteiligten, beispielsweise für soziale Konflikte oder die Gefährdung des Selbstwertgefühls, ist bewusst gering gehalten.

Kollegiales Unterrichtscoaching

Mit dem Ansatz des »kollegialen Unterrichtscoachings« wurden in der Schweiz in einer Pilotphase nachweislich erste gute Erfahrungen gemacht (vgl. Pädagogische Hochschule Thurgau 2008). »Mit kollegialem Unterrichtscoaching soll Kooperation als Ko-Konstruktion mit dem Ziel der Förderung von Kompetenzen zum Unterrichten spezifischer Inhalte angeregt werden« (Pädagogische Hochschule Thurgau 2008, 9). Der Coachingprozess wird in einem Tandem mit wechselnden Rollen realisiert. Möglich ist auch die Umsetzung in einem Team. Anders als in der kollegialen Hospitation beginnt der Coachingprozess mit der gemeinsamen Unterrichtsplanung. Damit wird der Fokus auf die spezifischen didaktischen Aspekte des Unterrichts gerichtet, es entsteht ein Gefühl gemeinsamer Verantwortung für den geplanten Unterricht. In der Durchführung des Unterrichts sind die Rollen nicht so festgelegt, der Beobachter kann durchaus eine aktive Rolle in einer begrenzten Phase übernehmen. Die Nachbesprechung orientiert sich im Ablauf an der üblichen Abfolge eines Feedbacks.

Durch die gemeinsame Planung entsteht allerdings in der Nachbesprechung eine Option, die in der Hospitation nur mit Hilfe der Lehrkraft zu realisieren ist. Die Analyse richtet sich nicht nur auf die beobachtbaren Verhaltensweisen, sondern auch auf die Entscheidungen in der Planungsphase und deren Qualität. Damit wird in der Schlussfolgerung eine neue Planungsperspektive eröffnet, die in der Auswertung kollegialer Hospitation nur selten gelingt. Die Bewertung des Verfahrens in der Pilotstudie lässt das »kollegiale Unterrichtscoaching« als Erweiterung der kollegialen Hospitation erscheinen. »Mit seinen Elementen der ko-konstruktiven Unterrichtsplanung, dem Fokus auf Kernaspekte des fachspezifischen Lernens und Lehrens, dem gemeinsam verantworteten Unterricht und der Nachbesprechung vermag die hier erprobte spezifische Variante eines kollegialen Unterrichtscoachings Prozesse der Unterrichtsentwicklung anzuregen« (ebd. 40).

»Der Vorteil des kollegialen Unterrichtscoachings ist, dass neben der didaktischen Orientierung auch die Qualität der Kooperation beeinflusst wird. Kollegiales Unterrichtscoaching auf der Grundlage des Fachspezifisch-Pädagogischen Coachings erwies sich [...] als produktiv zur Vertiefung der Kooperation von Lehrpersonen. Das Setting des kollegialen Unterrichtscoachings führte über einen reinen Austausch hinausgehend vermehrt zur Ko-Konstruktion von Unterricht und dient damit der kooperativen Unterrichtsentwicklung« (ebd. 40).

Wie weit sich die Beteiligten allerdings auf Kooperation einlassen wollen, können sie weitgehend selbst bestimmen. Das Verfahren sichert diese Offenheit. »In der Ausgestaltung der Zusammenarbeit der Lehrpersonen lässt kollegiales Unterrichtscoaching Offenheit zu. Wer im Tandem intensiv ko-konstruieren will, erhält dazu Anregung und Unterstützung, wer beim Austausch von Unterrichtsideen bleiben will, kann dies ebenfalls tun« (ebd. 40). In der Praxis scheinen die Lehrkräfte allerdings die Möglichkeiten zur intensiven Zusammenarbeit zu nutzen. »Die vorliegenden Daten lassen darauf schließen, dass die Besprechungen nicht nur häufiger stattfinden und länger dauern, sondern dass sie auch mit vertieften Dialogen einhergehen. Kollegiales Unterrichtscoaching mit seiner Interaktionsform der Tandems ist zwar mit einer Öffnung und De-Privatisierung des Unterrichts verbunden, es bietet aber auch einen klaren Rahmen, innerhalb dessen Lehrpersonen ihre Anliegen diskutieren können, ohne einer expliziten Bewertung ausgesetzt zu sein« (ebd. 41).

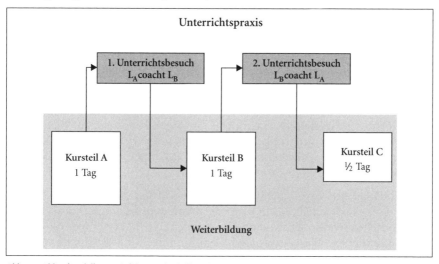

Abb. 42: Ablaufmodell zur Einführung des kollegialen Coachings

Für Grundschulen scheint dieses Verfahren besonders geeignet zu sein, weil in ihnen die unterrichtsbezogene Kooperation bisher schon stärker ausgeprägt ist als in anderen Schulformen wie aus Studien herauszulesen ist (IGLU für Grundschulen, DESI für Haupt- und Gesamtschulen). Gemeinsame Unterrichtsvorbereitung und Hospitation sind geübte Verfahren, aber eben nicht in einem systematischen Zusammenhang, sondern als einzelne Aktivitäten. Hier könnte das kollegiale Unterrichtscoaching ansetzen. »Insbesondere für Schulen mit einer bereits etablierten Praxis gegenseitiger Hospitation scheint uns die Einführung des kollegialen Unterrichtscoachings in der hier dargestellten Form als ein hilfreicher nächster Schritt der Schulentwicklung zur Intensivierung einer der gegenseitigen Unterstützung und der Qualitätsentwicklung dienenden Kooperation« (ebd. 42).

In der Schweiz wird das kollegiale Unterrichtscoaching als Zwischenschritt gesehen »auf dem Weg zu einer noch stärker fachspezifisch ausgerichteten Unterrichtsentwicklung wie sie von Unterrichtscoachs mit fachdidaktischer Expertise in vertiefter Weise angeregt und unterstützt werden kann« (ebd. 41). Eine andere Option bietet das Landesinstitut für Schule Bremen an, das in Kooperation mit der Universität entwickelte didaktische Coaching als Vorbereitungsphase auf kollegiales Coaching zu sehen.

Didaktisches Coaching

Zur Revision von Routinehandeln oder zum Aufbau neuer Verhaltensmöglichkeiten werden konkrete Elemente des Lehrerhandelns in Lernarrangements für kleine Gruppen unter Anleitung durch Moderatoren/Moderatorinnen für Unterrichtsentwicklung aufbereitet, z.b. anhand von Videodokumentationen, und mit neuen Optionen versehen. Einzelne »Skills« können in Simulationen erprobt und auf die persönlichen Möglichkeiten zugeschnitten werden. Die Umsetzung kann durch ein individuelles Coaching gestützt werden.

Die Themen werden mit den Lehrkräften aus ihren Fragen an konkrete Situationen entwickelt. Sie können sich auf alle Dimensionen des Unterrichts beziehen, auf die das Handeln der Lehrkräfte einwirken kann, z.B. auf Instruktion und Lehrervortrag, Gliederung der Lehr- und Lernprozesse, Aufgabenstellung und Fragetechniken, Zuwendung und Feedback im Unterricht, Reaktionen auf Störungen.

Im didaktischen Coaching werden gewissermaßen die Lernprozesse vom Kopf auf die Füße gestellt. Nicht mehr die relevanten, aber zunächst abstrakten Themen stehen im Vordergrund und bestimmen den Prozess, sondern die konkreten Situationen. Die Leitfrage zur Definition der Ausgangssituation lautet: Was ist eine typische Situation, die zur Veränderung herausfordert? Die Antwort auf die Frage kann im Gespräch ermittelt werden, sie kann aus einer Hospitation resultieren oder schon die Dokumentation von Unterricht und eine folgende Analyse erforderlich machen. Auf die Entscheidung folgt die Planung einer Unterrichtseinheit bzw. -stunde, in der innovative Handlungsziele realisiert werden sollen. Deren Umsetzung will gut vorbereitet sein, z.B. durch Erweiterung der eigenen Kompetenzen oder durch angemessene Materialien. Die Auswertung der Dokumentation und Bewertung unter den vorher vereinbarten Gesichtspunkten mündet in einen weiteren Zyklus des Trainings, der der Überprüfung, der Vertiefung oder Festigung dient.

Ablauf einer Video(selbst)analyse
A *Vorbesprechung* Die Verfahren, Beteiligungen, Themen, Kriterien usw. der Videoanalyse werden in der Arbeitsgruppe festgelegt. Der/die zu Filmenden legen die Beobachtungskriterien fest.
B *Aktion/Unterricht* Der Unterricht wird durchgeführt, videografiert und kurz nachbesprochen.
C *Vor dem ersten Treffen* Der/die Gefilmte schreibt eine Selbstreflexion und der Seminarleiter/die Seminarleiterin stellt eine geeignete Analysesequenz aus dem Video zusammen.
D *Das Arbeitstreffen* Die Arbeitsgruppe analysiert gemeinsam mit dem/der Gefilmten nach den vorgegeben Fragestellungen die Sequenz, gibt dem/der Gefilmten Rückmeldung und zieht inhaltliche Schlüsse für die Unterrichtsentwicklung und Weiterarbeit.

Abb. 43: Ablauf einer Video(selbst)analyse

Wenn dieser Zyklus abgeschlossen ist, sollten die beteiligten Lehrkräfte selbst organisiert mit der Methode des kollegialen Coachings weiterarbeiten können, von gelegentlichem Input oder gezieltem Coaching durch Moderatoren/Moderatorinnen für Unterrichtsentwicklung oder didaktischen Experten/Expertinnen abgesehen

Video(selbst)analyse

Im Didaktischen Coaching hat die Video(selbst)analyse als eine Methode der Selbstüberprüfung und der Erweiterung der didaktischen Fähigkeiten eine zentrale Bedeutung. Unter der Anleitung von Dr. Julia Kosinar, Erziehungswissenschaftlerin an der Universität Bremen, haben Moderatorinnen/Moderatoren für Unterrichtsentwicklung im Landesinstitut für Schule Bremen die Methode an sich selbst erprobt und erste positive Erfahrungen mit dem Einsatz der Methode in einer Schule gemacht – obwohl dort zunächst große Skepsis gegenüber dem Vorhaben bestand. Die Erfahrungen wurden in einem Leitfaden zur Videoselbstanalyse zusammengefasst (vgl. Kosinar 2009).

»Was also können die Teilnehmer und Teilnehmerinnen durch die Videoselbstanalyse lernen? Werden Merkmale des Lehrerverhaltens mittels einer Kriterien-geleiteten Analyse einzelner Muster erörtert, wird den meisten Teilnehmerinnen und Teilnehmern die Komplexität des Gegenstands und – damit einhergehend – ihr mangelndes Bewusstsein für ihr eigenes Verhalten deutlich. Sie werden in ihrer Selbstwahrnehmung sensibilisiert und bekommen ein Gefühl für die Bedeutung ihres (Raum)verhaltens, ihrer Gestik, ihrer Körperspannung, ihrer Stimme etc., ihrer Beziehung zu den Schülerinnen und Schülern und ihrer methodischen Fertigkeiten.

Die anderen Gruppenmitglieder, die als Beobachter und Beobachterinnen an der Videoanalyse teilnehmen, lernen andere zunächst einmal wertfrei wahrzunehmen und zu beschreiben. Sie lernen Perspektivenwechsel vorzunehmen und sich zu fragen, wie sie sich selbst als Schüler fühlen würden. Dadurch wird ihre Fähigkeit entwickelt, ihr eigenes Verhalten und die unterschiedlichen Reaktionen auf dieses zu reflektieren. Bei den Gruppen-Feedbacks werden die Vieldeutigkeit und Unterschiede in der Rezeption von Handlungen deutlich und die Individualität menschlichen Verhaltens wird spürbar« (Kosinar, 2009).

Ausblick

Es geht um die Qualität der Kooperation, das Verständnis, dass Kooperation ein Element professionellen Lehrerhandelns ist. Die Ideen und Erfahrungen aus der Teamentwicklung bilden geradezu eine Schatzkiste an Methoden und Instrumenten, um diesem Ziel näher zu kommen. Die konkreten Formen, in denen der Teamgedanke realisiert wird, sind vielfältig denkbar. Gemeinsame Verantwortung für vereinbarte Ziele, Akzeptanz der Autonomie, persönlich verankertes Vertrauen, Freude am Erfolg und das Erleben von Entlastung sind die Fundamente, auf denen Teamarbeit und Kooperation sich zu zentralen innovativen Elementen in der Grundschule entwickeln können.

Für die individuelle Förderung hat Teamarbeit einen besonderen Stellenwert, weil hier quasi automatisch weitere Effekte auftreten werden, z.B. die Multiperspektivität auf die einzelnen Schüler/-innen und die Chance zu besonderen Kommunikationsformen wie den »kollegialen Fallbesprechungen«, die die Qualität der Förderpläne steigern werden. Individuelle Förderung ist ein gutes Feld für Ko-Konstruktion.

Darüber hinaus wird das Gefühl geteilter Verantwortung für Lehrkräfte entlastend wirken. Für die Kinder und vielleicht auch für die Eltern gibt es zusätzliche Sicherheit, ein Team in der Verantwortung zu sehen. Ein wenig visionär, aber durchaus eine realistische Perspektive: Kooperation und Teamarbeit sind Verstärker oder gar Auslöser der gemeinsamen Verantwortung für die Lernerfolge aller Kinder in einer Schule.

Literatur

Bastian (2007). Einführung in die Unterrichtsentwicklung. Weinheim, Basel: Beltz.
Doran (1981). There's a S.M.A.R.T. way to write management's goals and objectives. In Management Review 1981, 35 f.
Gellert/Nowak (2004). Ein Praxisbuch für die Arbeit in und mit Teams. Meezen: Verlag Christa Limmer.
Gerdsmeier (2004). Teamentwicklung in der Schule, Wahrnehmungen und Fragestellungen im Rahmen des BLK-Modellversuchs ProAkzEnt. Band 49. Kas-

sel: Universität Kassel. Berufs- und Wirtschaftspädagogik. Berichte aus Seminaren und Projekten.
Gräsel (2010). Professionelle Kooperation von Lehrkräften: Erwartungen und empirische Ergebnisse. Vortrag Tagung »Kooperation in der Schule«. Mainz: Universität Mainz.
Höfer/Madelung (2006). Lehren und Lernen für die Zukunft. Unterrichtsentwicklung in selbstständigen Schulen. In Lohre/Kober/Madelung/Schnoor/Weisker (Hrsg.). Beiträge zu »Selbstständige Schule«. Troisdorf: Bildungsverlag EINS GmbH.
Klippert (2006). Lehrerentlastung: Strategien zur wirksamen Arbeitserleichterung in Schule und Unterricht. Weinheim: Beltz.
Kosinar (2009). Leitfaden VideoselbstAnalyse, unveröffentlichtes Skript. Bremen.
Krainz-Dürr (1999). Wie kommt Lernen in die Schule? Innsbruck, Wien: Studienverlag.
Kunze/Solzbacher (2010). Individuelle Förderung in der Sekundarstufe I und II. Baltmannsweiler: Schneider Verlag Hohengehren.
Madelung et al. (2008). SEIS als Motor für synchrone Unterrichts- und Schulentwicklung. Werkstattbericht. Gütersloh: Bertelsmann Stiftung.
Pädagogische Hochschule Thurgau (2008). Forschungsbericht 5. Kollegiales Unterrichtscoaching als Ansatz zur Schulentwicklung, Schlussbericht zur Pilotstudie Peer Coaching. Internetfundstelle: http://www.unifr.ch/lb/web/assets/files/s1/Publikationen/Staub/PHTG_FB_05-Kollegiales_Unterrichtscoaching.pdf.
PodiumSchule 1. 2011, Gütersloh: Bertelsmann Stiftung.
Schley (1998). Teamkooperation und Teamentwicklung in der Schule. In Handbuch zur Schulentwicklung, 115 f.

VI. Individuelle Förderung und die Gestaltung von Zeit-und Lernräumen

Individuelle Förderung an der verschränkten Ganztagsschule

ULRIKE POPP

In der Diskussion um Ganztagsschulen in Folge von PISA spielen die Verbesserung der Chancengerechtigkeit und Reduktion sozialer Bildungsungleichheiten eine besondere Rolle. Eine bereits nach der vierten Jahrgangsstufe institutionalisierte Selektion hat zur Folge, dass Begabungsreserven nicht ausgeschöpft und die Kinder entlang ihrer sozialen und ethnischen Herkunft auf weiterführende Schulen verteilt werden. Nun ändert eine Ganztagsschule nichts am Selektionsprinzip schulischer Bildung, aber sie vermag mit Hilfe einer veränderten Lernkultur und Zeitstruktur mehr individuelle Förder- und Fordermöglichkeiten bereitzustellen. Wenn Heterogenität und Diversität akzeptiert und als pädagogische Herausforderung begriffen werden, und wenn es Lehrpersonen gelingt, die individuellen Interessenlagen und Lernzugänge ihrer Schüler/-innen zu erkennen, können diese für schulische Bildungsprozesse stärker genutzt werden.

In dem Theorieentwurf der multiplen Intelligenzen wird davon ausgegangen, dass prinzipiell alle Kinder ein Begabungspotenzial und spezifische Zugänge zum Lernen besitzen. Schulische Sozialisation konzentriert sich in Hinblick auf Leistungsfeststellung und -beurteilung zu sehr auf Formen der abstrakten, logischen, deduktiven Intelligenz, die mittels IQ-Punkten messbar ist. Neben der kognitiven Intelligenz werden jedoch auch emotionale, soziale und praktische Intelligenzleistungen angenommen und sehr unterschiedliche Dimensionen und Zugänge zu intelligentem Verhalten. Implizit wird davon ausgegangen, dass Kinder ihre eigenen Wege zu den Stoffen und Gegenständen schulbezogenen Lernens haben, und dass diese in Zusammenhang mit ihren Intelligenzen stehen. Kurz: Wenn es gelingt, ein vorrangig über musische Intelligenz verfügendes Kind auch in Mathematik, Deutsch oder Englisch über die ihm immanenten Zugänge anzusprechen, entwickelt es nicht nur mehr Motivation und Interesse, sondern erbringt auch bessere Leistungen.

Im Zentrum des Beitrags steht die Beschreibung von Lernkultur und Praxis des individuellen Förderns an einem neu eingerichteten Schulstandort. Hierbei handelt es sich um eine zweizügige, verschränkte Ganztagsschule der Jahrgangsstufen 5 bis 8 in Graz, die als Bundesrealgymnasium und Neue Mittelschule im Schuljahr 2010/2011 mit zwei fünften Jahrgängen ihren Betrieb aufgenommen hat. Die Schule erhebt den Anspruch, den Kindern auf unterschiedlichen Ebenen den Übergang von der Primarschule in die Sekundarstufe I zu erleichtern, was sich auch in der Organisation des Lernens und Lebens zeigt. In diesem Beitrag soll erst einmal grundsätzlich auf die Vorzüge eines vollgebundenen/verschränkten Ganztags für erweiterte Bildungsprozesse und individuelles Lernen eingegangen werden. In einem zweiten Schritt werden Aspekte des Förderns und

Forderns unter den Konditionen von Heterogenität und der Theorie multipler Intelligenzen diskutiert. Im dritten Abschnitt steht die besondere Konzeption des Offenen Lernens und Vernetzten Unterrichts der oben erwähnten verschränkten Ganztagsschule im Mittelpunkt der Betrachtung und im vierten Kapitel werden ausgewählte Ergebnisse der wissenschaftlichen Begleitung vorgestellt.

Die Vorteile des verschränkten/vollgebundenen Ganztags

Die vollgebundene oder verschränkte Ganztagsschule ist ein für alle angemeldeten Schüler/-innen verpflichtendes Angebot und sichert einen durchgehenden, strukturierten Aufenthalt in der Schule (vgl. Prüß 2009, 36), wobei der Unterricht auf die Vor- und Nachmittage verteilt wird und ein obligatorisches Mittagessen sowie hinreichende Pausen in den Schulalltag eingelassen sind. Anders als bei den freiwillig zu nutzenden Lern- und Freizeitangeboten des offenen Ganztags bleiben die Lerngruppen in ihrer Zusammensetzung erhalten, was eine Kontinuität des Arbeitens, Lernens und Schullebens sicherstellt. Damit ein positives Beziehungsgefüge hergestellt werden kann, bedarf es vor allem in der Ganztagsschule, als zentralem sozialen Aufenthaltsort von Kindern und Lehrkräften, einer Kultur des Respekts, der Wertschätzung und Anerkennung als bewusste pädagogische Entscheidung und gewollte Basis sozialen und gegenstandsbezogenen Lernens (vgl. Popp 2008). Verschränkte Ganztagsschulen arbeiten mit neu entwickelten oder modifizierten Unterrichtsfächern und greifen auf reformpädagogische Sozialformen (Freiarbeit, Offener Unterricht, Stationenlernen, Wochenpläne etc.) zurück (vgl. Appel/Rutz 2009, 104). Die Hausaufgaben werden konzeptionell in den Schulalltag eingebunden, ebenso wie Fördermaßnahmen in klassen- oder jahrgangsbezogenen Differenzierungsstunden (vgl. Radisch 2009, 17). Die rhythmisierte Ganztagsschule wechselt demnach zwischen Phasen der Arbeit und der Erholung. Es gilt, die Trias von Bildung, Erziehung und Betreuung im Sinne einer ganzheitlichen Persönlichkeitsentwicklung umzusetzen (vgl. Prüß 2009, 37). Auf die vielfältigen bildungspolitischen, sozialisatorischen, arbeitsmarkt- und familienpolitischen Begründungen sowie die Anforderungen an zeitgemäße Bildung und Schule in der Wissensgesellschaft wurde wiederholt verwiesen (vgl. z.B. Wissenschaftlicher Beirat 2006; Oelkers 2009) – diese wären mit verschränkten/vollgebundenen Organisationsformen am ehesten umzusetzen (vgl. Prüß 2007, 48).

Fördern und Fordern multipler Intelligenzen als Erziehungs- und Bildungsziel an Ganztagsschulen

Der schulische Erziehungs- und Bildungsanspruch besteht unter der Prämisse der Chancengerechtigkeit darin, alle Schüler/-innen ihren Anlagen entsprechend zu optimalen Leistungen zu führen. Fördern und Fordern sind keine Gegensätze: Etymologisch bedeutet Fördern »Vorwärtsbringen«, unterstützen oder auch protegieren. In diesem Sinne benötigen *alle* Kinder und Jugendlichen fördernde, anregende Lern- und Sozialumwelten, die ihre Motivation und Neugier wecken (vgl. Popp/Tischler 2007). »Fordern« sollte als Herausfordern von Vorhandenem aufgefasst werden und bedeutet nicht, mehr Stoff, mehr Leistung(sdruck) oder mehr in Prüfungssituationen reproduzierbares Wissen. Fordern heißt vielmehr, dass über besondere Begabungen und Fähigkeiten hinaus auch die intrinsische Lernmotivation unterstützt wird. Alle Schüler/-innen haben ein Recht darauf, die eigenen Stärken und Fähigkeiten hervorbringen, artikulieren und entwickeln zu dürfen.

Interesse und Motivation sind unerlässliche Faktoren für das Lernen generell – und wenn die Möglichkeit besteht, eigene Zugänge zu entdecken und Stärken zu erfahren, steigen Selbstvertrauen und Wunsch, etwas zu erlernen und zu bewältigen. *Soziale Intelligenz* umfasst die Fähigkeit, Gefühle, Bedürfnisse und Absichten von anderen korrekt wahrzunehmen und hierbei Rollen- und Perspektivenwechsel zu vollziehen (vgl. Weber/Westmeyer 2001, 252 f.). Das Konzept der *emotionalen Intelligenz* enthält diverse Teilfähigkeiten in Wahrnehmung von, Umgang mit und adäquatem Verhalten auf Emotionen (vgl. Neubauer/Freudenthaler 2001, 207; Wittmann 2005, 67). Ein emotional intelligenter Mensch ist in der Lage, sich selbst zu motivieren, sich in andere hineinzuversetzen und konstruktiv mit eigenen Stimmungen umgehen zu können. Selbst wenn die Fähigkeit zur Abstraktion und Generalisierung von Perspektiven erst im Jugendalter erworben wird, zeigen neuere Studien, das Regelbewusstsein und Selbstverpflichtung schon bei Kindern im Alter von acht bis zehn Jahren vorhanden sind (vgl. Bettmer 2008, 176).

Gegenstand der von Howard Gardner entwickelten Theorie der multiplen Intelligenzen ist der Intellekt, »der menschliche Geist in seinen kognitiven Aspekten« (Gardner 2002, 110). Unter Intelligenz wird ein biopsychologisches Potenzial des Menschen verstanden, bestimmte Informationen auf eine bestimmte Art zu verarbeiten (ebd., 116). Gardner versteht sein Modell auch als Kritik gegen verkürzte Intelligenzkonstrukte, gegen die vorherrschenden am IQ orientierten Intelligenzverfahren sowie die an Schulen auffindbare Dominanz der logisch-mathematischen und sprachlichen Intelligenz (vgl. Tischler 2007, 119 ff.). Er identifizierte in den 1980er-Jahren zunächst sieben Intelligenzen: die linguistische, musikalische, logisch-mathematische, räumliche, körperlich-kinästhetische, intrapersonale und interpersonale Intelligenz, denen er ein Jahrzehnt später die naturalistische und spirituelle Intelligenz hinzufügte (vgl. Gardner 1991, 219 f.). Die besondere Herausforderung besteht darin, dass diese »neuen« Intelligenzen eine Erweiterung des Blicks auf Begabung und Befähigung inkludieren und damit einerseits eine Diskussion darüber anzuregen vermögen, was »intelligentes« Verhalten umfasst (vgl. Austin/Saklofske 2006, 134). Andererseits ergibt sich für die Lernkultur einer verschränkten Ganztagsschule daraus die Herausforderung, all diese intelligenten Zugänge zu erschließen und didaktische

Maßnahmen zu ergreifen, um mit diesen unter den Prämissen des Förderns und Forderns im Sinne der Schüler/-innen zu arbeiten.

Mittelschule und Bundesrealgymnasium als verschränkte Ganztagsschule

In Österreich ist die am häufigsten anzutreffende Variante der ganztägigen Schulform die »Schulische Tagesbetreuung« mit einer getrennten Abfolge von Unterricht am Vormittag und einem freiwillig zu besuchenden Nachmittagsteil. Diese Organisationsform ist vergleichbar mit den offenen Ganztagsschulen in Deutschland. An reformorientierten Standorten im Primarbereich und in Großstädten gibt es »verschränkte« Klassenzüge neben »Halbtagslerngruppen«. Aufgrund der gestiegenen Nachfrage nach Ganztagsangeboten wurde in Graz (Steiermark) eine verschränkte Ganztagsschule der Jahrgangsstufen 5 bis 8 als integrierter Schultyp von Bundesrealgymnasium und Neuer Mittelschule eröffnet. Bei dem *Bundesrealgymnasium (BRG)* handelt es sich um den Schultyp einer allgemeinbildenden höheren Schule, der mit der siebten Schulstufe für naturwissenschaftlich interessierte Schüler/-innen einen verstärkten Unterricht in diesen Fächern vorsieht. Die *Neue Mittelschule (NMS)* ist gegenwärtig ein sich in parlamentarischer Behandlung befindender Modellversuch mit dem Ziel, eine grundsätzliche pädagogische und organisatorische Neugestaltung des gemeinsamen Lernens der zehn bis 14-Jährigen als integrierte Schulform der Sekundarstufe I zu realisieren. Es gibt eine Bestandsgarantie auf gesetzlicher Basis: Jedes Kind kann die einmal begonnene Schullaufbahn in den Modellversuchen »Neue Mittelschule« beenden und erhält mit dem Zeugnis der achten Schulstufe die Berechtigung für weiterführende Schulen der Sekundarstufe II (vgl. bm:ukk 2007, 6). Einem kürzlich vorgelegten Gesetzesentwurf zufolge wird die NMS in Österreich als neue Schulform ins Regelschulwesen übernommen.

Die in diesem Kontext evaluierte und wissenschaftlich begleitete Ganztagsschule weist eine sehr leistungsheterogene Schülerschaft auf. Eindeutig gymnasial empfohlene Schüler/-innen sitzen neben Kindern, die im »traditionellen« Schulwesen nicht weiter als bis zur dritten Leistungsstufe einer Hauptschule eingestuft worden wären. Die Schüler/-innen der beiden ersten Klassen (fünfte Jahrgänge) haben an *allen* Schultagen bis 15.30 Uhr verpflichtenden Unterricht in Form einer rhythmisierten Abfolge aus Offenem Beginn/Fördern, Lernzeiten, Pausen, Wahlangeboten, Reflexion und Offenem Ende. Zwischen 12.30 Uhr und 13.45 Uhr finden Mittagessen und Mittagspause statt. Täglich wird darüber hinaus eine »Nachmittagsbetreuung« auf freiwilliger Basis bis 17.00 Uhr mit Freizeitteilen offeriert. Zwei besondere Formen des Unterrichtens und Lernens sollen genauer erklärt werden:

Im *Offenen Lernen (OL)* sind die Hauptfächer Deutsch, Englisch und Mathematik im Teamteaching mit insgesamt 13 Wochenstunden untergebracht. Neben frontalen Sozialformen findet hier auch die Arbeit an verschiedenen Aufgabenformaten in der Struktur von Mindmaps statt. Ein Mindmap für das Unterrichtsfach Deutsch umfasst beispielsweise anhand einer übergeordneten Themen- und Aufgabenstellung die Versatzstücke »Rechtschreibung«, »Grammatik«, »Lesen«, »Sprechen« und »Texte schreiben«. Jedes Kind besitzt für jeden Hauptgegenstand einen Ordner, in dem die Aufgabenstellungen, die Ergebnisse sowie die Lernzieldiagnosen und Leistungsüberprüfungen gesammelt werden. Die Aufgaben werden auf drei Leistungsniveaustufen erstellt, die an den österreichischen Bildungsstandards und den Lehrplänen für die jeweiligen Jahrgangsstufen orientiert sind. Die unterste Niveaustufe »Lernziel geschafft« umfasst eine genügende Leistung. Mit »gut geübt« sind gute bis befriedigende Leistungen erzielt worden und Kinder, die Aufgaben auf dem »Superstar«-Niveau lösen, erbringen in dem prüfungsrelevanten Bereich sehr gute Leistungen. Die Kinder dürfen im Offenen Lernen frei am Gegenstand ihrer Wahl arbeiten. Lernzielüberprüfungen auf den genannten Niveaus finden in Mathematik, Deutsch und Englisch wöchentlich statt. Zusätzlich werden in den offenen Lernstunden die vom Gesetzgeber vorgeschriebenen Schularbeiten (Klassenarbeiten) geschrieben, auch wenn deren Einfluss auf den Leistungsstand des Kindes eine andere Gewichtung erfährt als an »traditionellen« Sekundarschulen. Die Betreuung und Unterstützung der Schüler/-innen erfolgt zur Gänze durch die Lehrpersonen selbst – es sind keine pädagogischen Hilfskräfte im Einsatz, was als wichtiger Meilenstein in der Entwicklung der Ganztagsschule angesehen wird (vgl. Vogelsaenger/Vogelsaenger 2006, 78).

Die naturwissenschaftlichen und geisteswissenschaftlichen Gegenstände werden im *Vernetzten Unterricht (VU)* angeboten, der mit dem Anspruch verbunden ist, einen ganzheitlichen Zugang zu den entsprechenden Fragestellungen und Themenbereichen herzustellen. In den Projekten des Vernetzten Unterrichts wird lebensweltorientiert und fächerübergreifend an einem Thema über einen Zeitraum von zwei bis vier Wochen gearbeitet mit dem Ziel, die Schüler/-innen mit ihrem Selbst- und Weltverhältnis sowie gesellschaftlichen Schlüsselproblemstellungen zu konfrontieren. In einem Vorhaben namens »The very Beginning« rekonstruierten die Schüler/-innen den Beginn des eigenen Lebens, befassten sich mit der Entstehung der Erde, der Planeten, der Kontinente und mit dem Leben der ersten Menschen. Im Mittelpunkt dieses Themas standen die Fächer Geografie, Geschichte und Biologie. Der ganzheitliche Zugang wurde durch Beiträge der Kreativfächer Werken, Bildnerische Erziehung und Musik realisiert, in Deutsch wurden Gedichte geschrieben und im Religionsunterricht Schöpfungsmythen behandelt. Mit der handlungsorientierten Projektarbeit in den Themenbereichen des Vernetzten Unterrichts sollen soziale und gesellschaftspolitische Kompetenzen erworben werden. Die Kurzbeschreibung der Projekte des Vernetzten Unterrichts sowie Stundenplan, Tagesablauf, Schulprogramm etc. befinden sich auf der Website http://www.klex.co.at.

Nahezu alle Lehrpersonen sind durch die fächerübergreifenden Projekte im Vernetzten Unterricht tätig. Wie an allen verschränkten Ganztagsschulen wird auch an diesem Standort der Anspruch erhoben, mit mehr zeitlichen Ressourcen in einer wertschätzenden von gegenseitigem Respekt getragenen Atmosphäre zu lernen. Gerade für die fünften Jahrgangsstufen soll der Umstieg von der Primarstufe in die Sekundarstufe I erleichtert werden. Nachhaltiges Lernen und die individuelle Förderung aller Kinder stellen für die Lehrpersonen eine besondere Herausforderung dar, denn in der Schule ist man darum bemüht, dass alle Kinder die Bildungsstandards erreichen.

Forschungsmethodische Anlage der wissenschaftlichen Begleitung und Ergebnisse

Die wissenschaftliche Begleitung der Schule ist auf vier Jahre konzipiert und als Prozessevaluation angelegt, um Entwicklungsverläufe darstellen zu können. Im Sommer 2010 erfolgte eine Dokumentenanalyse von Schulprofil und Schulprogramm sowie der bisherigen Tagungs- und Forschungsaktivitäten. Im November und Dezember 2010 wurden die ersten Erhebungen in Form von teilnehmender Beobachtung des Offenen Lernens und Vernetzten Unterrichts in den beiden ersten Klassen (fünfte Schulstufen) durchgeführt, Lernzielüberprüfungen gesichtet und vereinzelte Mindmaps der Kinder in Augenschein genommen. Im Anschluss daran erfolgten vier Gruppeninterviews mit insgesamt 16 Schülern und Schülerinnen. Darüber hinaus fanden acht Einzelinterviews mit Lehrkräften und der Schulleitung als problemzentrierte Experten-(Expertinnen-)interviews statt. Am Ende des Schuljahres 2010/2011 fand die erste Rückmeldung der Ergebnisse am Schulstandort statt und mit Hilfe fokussierter Experteninterviews wurde in Erfahrung zu bringen versucht, ob und wie die eingangs formulierten Ansprüche umgesetzt wurden und welche Maßnahmen der Veränderungen für das kommende Schuljahr geplant sind. Für diesen Beitrag werden ausgewählte Befunde der wissenschaftlichen Begleitung zusammengefasst präsentiert, die sich konkret um Antworten auf die folgenden Fragen bemühen:

- Worin besteht das Individuelle der individuellen Förderung?
- Mit Hilfe welcher Maßnahmen wird den Schülern/Schülerinnen der Übergang von der Primarstufe in die Sekundarstufe I erleichtert?
- Inwieweit gelingt es der Schule, die Kinder auf den ihnen eigenen »Intelligenzen« anzusprechen, abzuholen und damit spezifische Zugänge zu den Inhalten der Hauptgegenstände zu ermöglichen?

Maßnahmen der individuellen Förderung und Forderung

Individuelle Förderung ist eine zentrale Prämisse zur Initiierung von Lernprozessen in der Ganztagsschule und setzt ein reichhaltiges methodisches Repertoire, Differenzierung und Heterogenitätsbewältigung voraus. Wie werden solche

Ansprüche im Schulalltag des verschränkten Ganztags umgesetzt und welcher Voraussetzungen und Maßnahmen bedarf es hierfür? An der wissenschaftlich begleiteten Schule sind zwei verschiedene »Förderschienen« etabliert: eine *»unsystematische« Einzelförderung (a)* in den Stunden des Offenen Lernens und eine *»systematische«, gegenstandsbezogene Förderung (b)*, die in Mathematik und Englisch zweimal pro Woche und in Deutsch dreimal pro Woche zu definierten Zeiten offeriert wird.

Während des Offenen Lernens wählen die Kinder ihren Gegenstand und das individuelle Tempo ihres Arbeitens. Durch die Möglichkeit der Doppel- und sogar Dreifachbesetzung hat eine Lehrkraft gute Chancen, sich neben einzelne Kinder zu setzen und diese konkret zu »coachen« (vgl. Frau L2 2011, 1), während die zweite Lehrperson mit einem anderen Teil der Lerngruppe beschäftigt ist. In diesem Sinne besteht die individuelle Förderung darin, sich der Person des Schülers/der Schülerin mit ungeteilter Aufmerksamkeit zuwenden, unmittelbar auf die Lernbedürfnisse einzelner Kinder reagieren zu können und sie bei der Lösung der Aufgaben zu begleiten (vgl. Frau L2 2011, 7). In der Struktur des Offenen Lernens lassen sich Probleme und Defizite sehr gut erkennen und gezielt beheben. Es werden jedoch auch Lernwünsche der Kinder berücksichtigt. Individuelle Förderung heißt in diesem Kontext Einzelförderung (vgl. Frau K2 2011, 1), denn die anderen Kinder arbeiten in dieser Zeit selbstständig an ihren Aufgabenstellungen.

»Wenn ich sehe, es kann jemand immer noch nicht dividieren, kann ich mich im Unterricht herausnehmen und zum Kind setzen und mit dem eine Stunde dividieren lernen, das geht aber aufgrund unserer Lernform, dass die Kinder so selbstständig sind, dass wir dafür komplett freigespielt sind« (Frau K2 2011, 1).

Die wöchentlich stattfindenden Lernzielüberprüfungen geben den Lehrkräften ebenfalls genaue Auskünfte darüber, wo das Kind steht. Eine Lehrerin konkretisiert neben der fachlichen Dimension die soziale Komponente dieser individuellen Förderungsvariante beispielhaft an der Geschichte eines Schülers, bei dem im Verlauf des ersten Schulhalbjahres ein autistisches Krankheitsbild erkennbar wurde. Das eigenständig handlungsorientierte Arbeiten der Kinder in Projekten des Vernetzten Unterrichts, das reziproke Vertrauen und die Beziehungskultur machten es möglich, dass sich die Lehrkraft über eine längere Zeit intensiv dem auffälligen Kind zuwenden konnte, ohne dass bei den anderen Schülern/Schülerinnen der Eindruck entstand, zu kurz zu kommen (vgl. Frau M2 2011, 1 f.)

Die systematisch-gegenstandsbezogene »Förderschiene« besteht darin, in der für Offenen Anfang/Fördern vorgesehenen Zeit bis zu acht Kinder dreimal pro Woche für eine halbe Stunde zu bestellen. Jeden Tag zwischen 7.45 und 8.15 Uhr ist ein anderes Hauptfach an der Reihe und die Schüler/-innen werden in der Regel ein bis drei Tage zuvor entsprechend eingeteilt und informiert (vgl. Frau L2

2011, 2). Vor Schularbeiten/Klassenarbeiten und anderen Prüfungssituationen werden vorrangig Leistungsschwächere unterstützt. Es wird dafür Sorge getragen, dass alle Kinder im Verlauf eines Semesters diese Fördereinheiten konsumieren können. Dabei handelt es sich nicht nur um Gruppen leistungsschwacher, sondern auch besonders befähigter Schüler/-innen. »Nach Talenten und Leistungsstand« (vgl. Frau K 2011, 1) werden die Kinder in Kleingruppen zusammengefasst. Ganz bewusst werden für diese Fördereinheiten auch besonders Leistungsstarke ausgesucht und ihnen die Möglichkeit gegeben, sich mit Dingen zu beschäftigen, die im Unterricht keinen Platz finden (vgl. Frau B2 2011, 3). Deutlich wird, dass jede Art der individuellen Förderung mit einem starken Interesse am einzelnen Kind und der Bereitschaft, sich auf individuelle Lerngeschichten einzulassen, verbunden ist. Die Strukturen des Offenen Lernens sowie die engmaschigen Lernzielüberprüfungen auf unterschiedlichen Niveaus schärfen diagnostische Kompetenzen der Lehrkräfte und die Sicht auf sehr spezifische Bedürfnisse von Schülerseite.

Gestaltung des Übergangs in die Sekundarstufe I

Mit dem Übergang in die Sekundarstufe I werden viele Schüler/-innen in frühzeitig selektierenden Bildungssystemen abrupt mit Stofffülle und Leistungsdruck, Defiziten sowie Situationen des Scheiterns konfrontiert und erleben einen »Kulturschock«. Vor diesem Hintergrund und aufgrund der Tatsache, dass alle der befragten Lehrpersonen Erfahrungen im »traditionellen« Schulsystem haben, wird als besonders wichtig erachtet, die Kinder erst einmal in der neuen Schule »ankommen« zu lassen. Die familienähnliche Situation des verschränkten Ganztags wird als hilfreich für die Nahtstellenproblematik erachtet (vgl. Frau L2 2011, 6). Durch die hohen Stundenanteile in den Klassen, die Funktion der Lehrenden als Beziehungspartner/-innen und Bezugspersonen sowie die ganztägige Organisationsform ist es möglich, sehr viel mehr als an anderen Schulen über die Persönlichkeit und soziale Umwelt der einzelnen Kinder zu erfahren (vgl. Frau B2 2011, 5). Der Übergang wird des Weiteren zu erleichtern versucht, in dem Situationen des Versagens entschärft wurden. Dies bezieht sich vor allem auf die Relativierung der Bedeutung schriftlicher Leistungsüberprüfungen, wie Schularbeiten oder Tests (Frau K2 2011, 6 ff.).

Die ersten Projekte des Vernetzten Unterrichts haben Themen behandelt, in denen sich die Kinder mit der eigenen Person, ihrer Familie, Lebenswelt, Umwelt und dem Kosmos handelnd auseinandersetzen sollten. Bildungsziel war u.a. auch, ein Mitglied der Schulgemeinschaft, der »Familie« der Ganztagsschule zu werden. Im Gegensatz zu dem in der Ganztagsschulforschung beschriebenen Problem der »Familialisierung der Schule« (vgl. Kolbe u.a. 2009, 154) wird durchaus auf »Familienähnlichkeit« gesetzt. Die Kinder müssten sich wohl fühlen, um zu lernen und Leistungen zu erbringen (vgl. Herr R 2010). Der Morgenkreis, das Mittagessen und der Abschlusskreis knüpfen zum einen an bekannte pädagogische Gestaltungselemente der Volksschule (Primarschule) an, auf der anderen Seite ermöglichen sie den Kindern eine relativ problemlose Gewöhnung an den Schulalltag und ein angstfreieres Miteinander (vgl. Frau B2 2011, 6). Auch durch die rhythmisierte Zeitstruktur des verschränkten Ganztags, durch die Abschaffung der 45-Minutenstunden und die Kontinuität eines überschaubaren Lehrerteams in der Klasse wird den Kindern der Übergang erleichtert (vgl. Frau M2 2011, 3). Angesprochen wurden in diesem Kontext auch eine sozialökologische Gestaltung des Klassenraumes, die Beziehungsarbeit an der sich findenden Klassengemeinschaft, die Stiftung von Freundschaften und andere Dimensionen sozialen Lernens (vgl. Frau K2 2011, 4).

In der Situation des Übergangs wurde mit den Schülern/Schülerinnen die Fähigkeit des selbstständigen Arbeitens geschult. Beobachtet werden konnte, dass dies für viele Kinder eine immense Herausforderung darstellte (vgl. Frau M2 2011, 4) – auch die Organisation der Hefte und Arbeitsmaterialien gehört dazu. In dieser Hinsicht bietet die »hausaufgabenfreie« verschränkte Ganztagsschule auch einen Vorteil: Das Chaos an Unordnung, Zettelwirtschaft und vergesser Hefte ist weniger virulent, da die Dinge nicht von der Schule nach Hause und wieder zurück transportiert werden müssen. Mit den Kindern wird über Schwierigkeiten und Anforderungen der Übergangssituation gesprochen. Sie erfahren, dass Abstraktionsgrad und Bezeichnungen sich ändern, dass nicht mehr alles angesagt und mehr Mitdenken und Selbstständigkeit erwartet werden (Frau K2 2011, 8).

An dem wissenschaftlich begleiteten Schulstandort ist man darum bemüht, in Hinblick auf Sozialklima, Lern- und Beziehungskultur an das Vertraute der Volksschule anzuknüpfen: Die Lerngruppen werden von einem Team geführt, jedoch gibt es in jeder Klasse einen Klassenvorstand, der sich um allgemeine organisatorische Belange wie Klassenbuch, Entschuldigungsschreiben, Freistellungen und Elterngespräche kümmert. Zu Semesterende vergibt der Klassenvorstand das Zeugnis und trägt dafür Sorge, dass alle Noten eingetragen sind. Geburtstagsfeiern, Wochenkreise, allgemeine Streitschlichtergespräche, Organisation von sozialen Lerntagen etc. werden im Team organisiert. Klassenvorstand und Team sind mit einem hohen Stundenanteil in der Klasse vertreten. Die rhythmisierte Tagesstruktur ermöglicht schnell eine offene, vertraute Atmosphäre und ein Beziehungsklima, das von individueller Wertschätzung und Anerkennung geprägt ist.

Zugänge zu den »Intelligenzen« der Kinder

Eine Voraussetzung, spezifische Intelligenzen der Kinder zu erkennen, ist eine genaue Kenntnis ihrer Alltagsinteressen und Lernmotivationen. Über den Weg des Einlassens auf die Persönlichkeit des Schülers/der Schülerin können Lehrkräfte viel über Lerntypen und spezifische Zugänge des Lernens erfahren. Werden die Interessen des Kindes angesprochen, steigt die Motivation für Inhalt, Thema und Fach (vgl. Frau L2 2011, 10 f.). Eine andere Lehrkraft führt in diesem Kontext Merkmale einer variantenreichen »Aufgabenkultur« der Schule aus: Kinder können ihre Fertigkeiten zeigen, indem sie ein Roleplay schreiben und vorführen, indem sie einen Text verfassen, in der Gruppe ein Spiel entwickeln oder allein den Gang entlang gehen, Vokabeln rezitieren bzw. auf CD aufnehmen (vgl. Frau K2 2011, 10).

Im Vernetzten Unterricht werden unterschiedliche methodische Zugänge gewählt, wie Theaterimpulse, szenische Darstellungen, Inszenierungen, Stationenbetriebe und Lernortwechsel. Kinder müssten sich mit Thema und Inhalten verbinden können (vgl. Frau M2 2011, 2). Eine besondere Herausforderung stellt sich hinsichtlich der Wahrnehmung ungewöhnlicher intelligenter Zugänge bei Schülern/Schülerinnen, die mit dem schulbezogenen Lernen Probleme haben. Die Lehrpersonen gehen den Weg über die Erkundung spezifischer Interessen und versuchen, diese für Unterrichtsfächer kompatibel zu machen, bzw. die Unterrichtsfächer an die Schülerinteressen zu adaptieren. Den Kindern wird geholfen, Bedingungen zu erkennen, die sie brauchen, um gut lernen zu können.

»Bei einem Schüler (...) ist dann jetzt nicht irgendwie sprachliche Intelligenz, da ist es dann rein um's Interesse gegangen, um's Segeln, und mit dem Anknüpfungspunkt Segeln ist es dann bei der Sprache gegangen im Deutschen, ist es in der Mathematik gegangen und (...) auf einmal (...) war (...) Musik auch interessant, weil, haben wir sein Segelbuch mit den ganzen Liedern mitbracht (...) und (...) was ›raus gesungen‹ (Frau B2 2011, 7).

In der Freizeit, beim Mittagessen oder bei offenen Förderangeboten haben Kinder mehr Chancen, ihre Potenziale zu zeigen und Lehrkräfte mehr Möglichkeiten, diese wahrzunehmen. Die Eruierung differenzierter Intelligenzen und diesbezüglicher Lernzugänge geschieht oftmals außerhalb der Unterrichtszeiten, in der Mittagspause oder beim »Tratschen« (vgl. Frau B2 2011, 9). Je vielfältiger die methodischen Möglichkeiten, Materialien und Medien sowie der Wechsel der Lernorte, umso größere Chancen ergeben sich für die Kinder, mit ihrem spezifischen Begabungsgefüge an den Lerngegenstand »andocken« zu können (vgl. Frau M2 2011, 6 f.). Wie aus den Äußerungen der Lehrkräfte hervorgeht, gibt es Kinder mit vorrangig motorisch-bewegungsintensiven Zugängen, es gibt Tüftler, Vermessende, Beobachtende, Musizierende. Andere wiederum müssen die Dinge anfassen, darüber schreiben, erklären oder mit anderen über die zu lernenden Themen und Inhalte reden.

Fazit

Um Schüler/-innen im verschränkten Ganztag – in Kenntnis und Respekt ihrer intellektuellen Fähigkeiten – abzuholen und weiter zu fördern, bedarf es offener, wertschätzender und achtender Lehrkräfte mit einem reflektierten professionellen Selbstverständnis als Erziehende und Lernbegleiter/-innen. Eine von allen Lehrpersonen gewollte, positive »Beziehungskultur« im Kollegium wird für das an der Schule bestehende Konzept des Ganztags, für das Gelingen innovativer Unterrichtsprojekte und das Managen pädagogischer Herausforderungen als unerlässlich erachtet. Für das Unterrichten im Offenen Lernen sind »Einzelkämpfende« fehl am Platz, Teamfähigkeit ist eine unabdingbare Voraussetzung. Für die erfolgreiche Durchführung der Projekte des Vernetzten Unterrichts ist eine ausgeprägte Flexibilität und didaktische Kompetenz im Umgang mit dem eigenen Unterrichtsfach gefragt, denn das Fach muss auf die übergreifende Projektthematik zugeschnitten werden und nicht umgekehrt. Die Förderung der Selbstständigkeit der Schüler/-innen setzt voraus, dass Lehrkräfte sich selbst und ihr Wissen zurücknehmen, den Kindern Wege des Entdeckens und Aneignens zeigen und ihnen in dem Prozess Vertrauen und Zutrauen entgegen bringen. Wenn diese Voraussetzungen geschaffen sind, funktioniert die Lernkultur im erwähnten Sinne und die Lehrkräfte finden Zeit, sich im Offenen Lernen ganz den Belangen einzelner Schüler/-innen widmen zu können.

Für die pädagogische Arbeit an Ganztagsschulen bleibt festzuhalten, dass allen Intelligenzen und Teilfähigkeiten eine Sensibilität entgegengebracht werden sollte, denn Schüler/-innen weisen diesbezüglich ein sehr unterschiedliches und unverwechselbares »Mischungsverhältnis« auf. Eine stärkere Konzentration auf soziale und emotionale Lernprozesse in einer wertschätzenden, vertrauensvollen Beziehungskultur bedeuten nicht, fachbezogene Leistungsentwicklung zu vernachlässigen. Ganz im Gegenteil: Zur Stärkung des Selbst und der Selbstwirksamkeit stellen eigene Erfolgserfahrungen eine wichtige Quelle dar. Gardner hegt zumindest die Hoffnungen, dass bei anregendem und reichhaltigem Lernangebot sog. »Markierungen« als Zeichen einer Begabung freigelegt und den Individuen geholfen werden kann, »in den Bereichen fortzuschreiten, für die es begabt ist und ihm zugleich die Gelegenheit zu bieten, seine intellektuelle Ausstattung aufzubessern, wo sie vergleichsweise bescheiden erscheint« (vgl. Gardner 1991, 346). Es spricht demnach nichts dagegen, Schülern und Schülerinnen durch die Unterstützung in ihren speziellen Lernwegen und Stärkung ihrer personalen Fähigkeiten die Chance zu eröffnen, in anderen Leistungsbereichen kompetenter zu werden.

Literatur

Appel/Rutz (2009). Handbuch Ganztagsschule. Praxis, Konzepte, Handreichungen. Schwalbach am Taunus: Wochenschau.
Austin/Saklofske (2006). Viel zu viele Intelligenzen? Über die Gemeinsamkeiten und Unterschiede zwischen sozialer, praktischer und emotionaler Intelligenz. In Schulze/Freund/Roberts. (Hrsg.). Emotionale Intelligenz. Ein internationales Handbuch. Göttingen: Hogrefe, 117–137.

Bettmer (2009). Partizipation und Anerkennung. Voraussetzungen einer demokratischen Öffnung der Schule aus Sicht der Wissenschaft In Prüß et al (Hrsg.). Die Ganztagsschule: von der Theorie zur Praxis. Anforderungen und Perspektiven für Erziehungswissenschaft und Schulentwicklung. Weinheim, München: Juventa, 171–182.

bm:ukk (2007). Die Modellversuche Neue Mittelschule. Internetfundstelle: http://www.bmukk.gv.at/schulen/bw/nms/broschuere.xml [2.5.2011]. Wien, 1–8.

Gardner. (1991). Abschied vom IQ. Die Rahmen-Theorie der vielfachen Intelligenzen. Stuttgart: Klett-Cotta.

Gardner (2002). Intelligenzen. Die Vielfalt des menschlichen Geistes. Stuttgart: Klett-Cotta.

Kolbe/Reh/Idel/Fritzsche/Rabenstein (2009). Grenzverschiebungen des Schulischen im Ganztag. Einleitung zur schultheoretischen Diskussion. In dies. (Hrsg.). Ganztagsschule als symbolische Konstruktion. Fallanalysen zu Legitimationsdiskursen in schultheoretischer Perspektive. Wiesbaden: VS Verlag, 151–157.

Neubauer/Freudenthaler (2001). Emotionale Intelligenz. In Stern/Guthke (Hrsg.). Perspektiven der Intelligenzforschung. Lengerich u.a.: Pabst Science Publishers, 205–232.

Oelkers (2009). Die besondere Qualität von Ganztagsschulen. Internetfundstelle: http://www.ganztaegig-lernen.org/media/Kongress_2009/Vortrag_Oelkers_besondere%20Qualit%C3%A4t%20von%20GTS.pdf.

Popp (2008). Lehrkräfte in schulischer Tagesbetreuung. Zur Diversität der Bildungs- und Erziehungsarbeit an den Schulnachmittagen (unveröffentlichter Abschlussbericht). Klagenfurt, 1–68.

Popp/Tischler (2007). Fördern und Fordern an Schulen. München, Wien: Profil.

Prüß (2007). Förderung der Entwicklung eines jeden Schülers. In Popp/Tischler (Hrsg.). Fördern und Fordern an Schulen. München, Wien: Profil, 31–51.

Prüß (2009). Ganztägige Bildung und ihre Bedeutung für Entwicklungsprozesse. In Prüß/Kortas/Schöpa (Hrsg.). Die Ganztagsschule: von der Theorie zur Praxis. Anforderungen und Perspektiven für Erziehungswissenschaft und Schulentwicklung. Weinheim, München: Juventa, 33–58.

Radisch (2009). Qualität und Wirkung ganztägiger Schulorganisation. Theoretische und empirische Befunde. Weinheim, München: Juventa.

Tischler (2007). Multiple Intelligenzen im Unterricht an Volksschulen. In Popp/Tischler (Hrsg.). Fördern und Fordern an Schulen. München, Wien: Profil, 119–132.

Vogelsaenger, T./Vogelsaenger, W. (2006). Lernen in der Ganztagsschule. In Knauer/Durdel (Hrsg.). Die neue Ganztagsschule. Gute Lernbedingungen gestalten. Weinheim, Basel: Beltz, 74–78.

Weber/Westmeyer (2001). Die Inflation der Intelligenzen. In Stern/Guthke (Hrsg.). Perspektiven der Intelligenzforschung. Lengerich u.a.: Pabst Science Publishers, 251–266.

Wissenschaftlicher Beirat für Familienfragen (2006). Ganztagsschule. Eine Chance für Familien. Gutachten für das Bundesministerium für Familie, Senioren, Frauen und Jugend. Wiesbaden: VS Verlag.

Wittmann (2005). Das Konzept Soziale Kompetenz. In Vriedns/Margraf (Hrsg.). Soziale Kompetenz, Soziale Unsicherheit, Soziale Phobie. Baltmannsweiler: Schneider Verlag Hohengehren, 55–70.

Kind und Raum: zum Zusammenhang von Lernraumgestaltung und individueller Förderung

MAGDALENA HOLLEN-SCHULTE/EKKEHARD OSSOWSKI

Der Grundschullehrer Manfred Pollert schreibt in seinem kommentierten Tagebuch zu einer letztmaligen Übernahme eines ersten Schuljahres:

»*Man nehme etwas Comenius (1628): Helle, reine mit Bildern geschmückte Schulzimmer, eine Augenweide von innen und außen, in denen ein angenehmer Aufenthalt möglich wird, etwas Pestalozzi (1790): Die Schule soll so eingerichtet sein, dass sie eine Heimstätte, das Heiligtum der Wohnstube, gibt, etwas Peter Petersen (1927): Die Schule braucht den ›mehrfunktionalen Schulraum‹ und etwas Maria Montessori (1930): Das Kind verlangt eine vorbereitete Umgebung, der Raum muss an die elementaren kindlichen Bedürfnisse angepasst werden, er muss Bewegungsspielraum gewähren ... Als ich vor fast 40 Jahren ein kahles Klassenzimmer mit einem Schrank, einem Pult und den Bänken für jeweils vier Kinder vorfand, hat mir auch nichts gefehlt. Aber heute unterrichte ich nicht nur in diesem Zimmer, ich lebe mit 21 Kindern darin. Und für all unsere Bedürfnisse ist er ausgestattet. (...) Am Anfang, wenn die Kinder kommen, sind die Unterschränke geschlossen, auf den Schränken steht nur wenig, die Regale sind noch leer. Erst nach und nach wird die Klasse mit den Kindern lebendig*« (Pollert 2002, 21).

Die Gestaltung des Lernraums, die Ausrichtung auf die Bedürfnisse der Kinder und die Orientierung an kindgerechten Lernmethoden, dies scheint ein bekanntes, wenn auch überwiegend in Einzelaspekten beleuchtetes sowie gelegentlich vernachlässigtes Thema zu sein. Werden diese Aspekte aber als unteilbar Ganzes betrachtet, ergeben sich möglicherweise unerwartete neue Chancen für die Unterrichtsgestaltung. In welcher möglichen Wechselwirkung stehen die Art der Gestaltung von Lernräumen und die individuelle Förderung in der Grundschule? Dieser Frage soll hier unter Rückgriff auf theoretisch-wissenschaftliche Aspekte sowie Konzepte aus und für die Praxis nachgegangen werden. Zunächst erscheint es dazu notwendig, einen kurzen Blick auf psychologische und pädagogische Theorien zu werfen, die ein grundlegendes Verständnis vom Raum als »dritten Förderer« untermauern. Des Weiteren erfolgt eine Erörterung der im schulischen Kontext vernachlässigten Erkenntnis von der Notwendigkeit einer förderlichen Aneignung eines Lernraums durch das Kind selbst. Ein besonderes Augenmerk richtet sich dann auf die Raumaneignung von Kindern zur Förderung ihrer Selbstkompetenz. Dabei werden die entwicklungsrelevanten Dimensionen Körper, (Selbst-)Wahrnehmung und Bewegung unter der Perspektive von Raumaneignung in Beziehung zur Förderung von Selbstkompetenz gesetzt. Da die Perspektive der Lernraumaneignung und -gestaltung hier als wesentlicher Bestandteil von Grundschulpraxis und somit auch des Lehramtsstudiums aufgefasst wird, sollen hier zusätzlich kurz Erfahrungen aus einem universitären Projekt vorgestellt werden, in dem Studierende ihre Idealvorstellungen von Lernräumen in konkreten Modellen verwirklichen konnten. Im letzten Schritt der Ausführungen werden dann konzeptionelle Perspektiven für die Praxis individueller Förderung an Grundschulen entwickelt.

Theoretische Vorläufer, Hintergründe und Perspektiven

Es gehört zu unserem selbstverständlichen Alltagswissen, dass Räume unser Verhalten beeinflussen und dass wir wiederum Räume gestalten, damit sie unser Verhalten positiv beeinflussen, sei es unter dem Anspruch des Wohlergehens, sei es unter dem Anspruch funktionaler Angemessenheit. Der Philosoph und Pädagoge Bollnow spricht in seinem Buch »Mensch und Raum« von einer »anthropologischen Funktion des Hauses« bzw. der Wohnung, die bestimmend sei für die Existenz, für das Gefühl der Sicherheit und Selbstidentifikation. Er fordert deshalb, »die anthropologische Bedeutung des Hauses muss heute wiederentdeckt werden« (2004, 137). Kinder und auch Erwachsene entwickeln sich in und durch Räume, im Übrigen ein Aspekt, der in der Schule, auch betitelt als »Haus des Lernens«, wenig beachtet wird. Diese Perspektive spielte und spielt an der Schnittstelle von Entwicklungs- und Umweltpsychologie eine große Rolle: Piaget, Bronfenbrenner, Barker und Lewin beispielsweise haben auf diesem Gebiet bahnbrechende Arbeiten erbracht, ohne die neuere Forschungen zu diesen Fragen kaum denkbar wären. Kinder entwickeln und sozialisieren sich in permanenter Interaktion mit ihrer räumlich-physikalischen, biologischen und sozio-kulturellen Umwelt.

Bei Kurt Lewin (1946) z.B. findet Entwicklung durch die handelnde »Bewegung« (Lokomotion) eines Kindes von einem Lebensraum zum anderen statt, z.B. vom Elternhaus zur Schule. Wesentlich für diese Entwicklung ist die subjektive Bedeutung (Valenz), die ein Kind einem jeweiligen physikalischen und sozialen Raum beimisst. Diese Bedeutung ist die Energie, mit der ein Kind sich immer mehr Lebensräume handelnd erschließt. Welche Faktoren schaffen subjektive Bedeutung, schaffen positive Valenzen des Klassenraums für ein Kind? Wie wirkt sich das »Setting« Klassenraum (Barker 1968) auf Lernen, Fördern und Verhalten aus? Bevor an späterer Stelle der Erörterungen auf diese Fragen näher eingegangen wird, hier vorab ein interessanter Hinweis aus einem etwas unbekannteren Forschungsfeld der Psychologie und der Physik: Die Crowding-Theorie (Moscovici 1986) beschäftigt sich mit der Frage der Auswirkungen von Architektur auf das Verhalten von Menschen unter Dichtebedingungen, z.B. in U-Bahnschächten. Dieser Theorie nach bedrohen Fremde im »primären Territorium« (das eigene Zimmer), aber auch Menschenansammlungen (die Dichte) im »sekundären Territorium« (z.B. im Klassenzimmer) die private Distanz eines Kindes. Ist der Klassenraum aus welchen Gründen auch immer zu beengt oder zu überfrachtet gestaltet (bei in der Regel gleichzeitig 25 bis 30 Kindern), kann dies zu Lernstörungen und Stress führen (vgl. Buddensiek 2006).

Wirft man einen Blick auf die pädagogische Theorie und Praxis des Lernraums, so wird man im Vergleich zur Psychologie etwas weniger fündig, vor allem in Hinblick auf die Schulpädagogik. Die Bedeutung des Lernraums wurde bisher sehr ausgeprägt unter reformpädagogischer Perspektive diskutiert. Montessoris »Theorie« von der »vorbereiteten Umgebung« genießt hier einen besonders hohen Stellenwert, denn sie fordert eine mit Sinnesreizen angereicherte Umgebung für die Kinder, »damit sie Herr dieser Umgebung werden« (Becker-Textor 2000, 33). Im Zuge der Bildungsreformen im Elementarbereich hat vor allem die Reggio-Pädagogik und ihre Auffassung vom »Raum als dritten Erzieher«, als Bildungsraum, der Geborgenheit und Herausforderung zugleich bieten soll (vgl. Knauf 2005), den Blick auf die räumlichen Gegebenheiten von Kindergärten und Kitas in Deutschland gelenkt. Das im wahrsten Sinne des Wortes *Spiel* mit Licht, Schatten und Farben wird bereits in einer stringent auf Förderung abzielenden Architektur vorbereitet.

In Deutschland gibt es eine eher zurückhaltende Rezeption der Reggio-Pädagogik im Elementarbereich, diese zeigt sich im Primarbereich noch ausgeprägter. Natürlich kann ein solcher elementarpädagogischer Ansatz, der aus einem anderen Land (Italien) stammt, und dessen Geschichte und kultureller Hintergrund zudem sehr spezifisch sind, nicht ohne Weiteres eins zu eins auf deutsche Kindergärten oder gar Grundschulen übertragen werden. Gleichwohl bietet die Idee vom Raum als »dritten Erzieher« wertvolle Anregungen für die Ausgestaltung von Grundschulen. Das Bestreben von Grundschule, sich nach außen zu öffnen, in Kontakt mit ihrem Umfeld zu treten, findet sich in Reggio-Kindergärten, welche das Anregungspotenzial ihrer Räumlichkeiten u.a. in der Öffnung nach innen und außen sehen, beispielsweise in Form von bis auf den Boden reichender Fenster, verwirklicht. Knauf (2005, 10) macht auf die verschiedenen »pädagogischen Rollen« des Raums in Reggio-Kindergärten aufmerksam:

»Sie sollen

- eine Atmosphäre des Wohlbefindens schaffen, die sowohl Geborgenheit vermittelt als auch aktivierend wirkt;
- die Kommunikation in der Einrichtung stimulieren;
- gegenständliche Ressourcen für Spiel- und Projektaktivitäten bereitstellen sowie
- Impulse geben für die Wahl und Bereicherung von Kinderaktivitäten.«

Ein besonderer Schwerpunkt einer an den Bedürfnissen der Kinder orientierten Raumgestaltung liegt dabei auf der partizipativen Aneignung des Raumes durch die Kinder selbst. Knauf (2005, 11) bezieht sich dabei auf eine Aneignung, die über die Ausgestaltung des Raums insbesondere durch die eigenen Werke der

Kinder erfolgt und ihn somit »persönlich« und »heimatlich« für die Kinder werden lässt. So geschieht es auch in den meisten Klassenräumen in Grundschulen. Das aber greift etwas zu kurz, denn es erscheint sinnvoll und notwendig, die Kinder an der Funktionalität und Ästhetik der *gesamten* Innenarchitektur zu beteiligen, weil z.b. die Farben der Wände sowie die Formen und Anordnungen des Mobiliars durchaus bei den Kindern auf unterschiedliche Bedürfnisse und Geschmäcker treffen können. Eine Studentin aus dem Lernraumprojekt hatte Kinder einer Kindertagesstätte nach ihren räumlichen Vorstellungen befragt und es zeigte sich, dass die Kinder hinsichtlich der räumlichen und farblichen Ausgestaltung ihres Gruppenraums deutlich andere Ideen und Wünsche formulierten. Die Gefahr insbesondere an den Grundschulen ist, dass die Räume zwar mit den Produkten der Kinder schön gestaltet werden, aber dass es sich oft eher um reine Dekoration z.b. im Rhythmus der Jahreszeiten und Feste handelt, die zudem häufig der Gestaltungsmacht der Lehrkräfte sowie der Überfrachtung unterliegt. Das allein kann, wie noch zu zeigen sein wird, keine Raumaneignung im Sinne von Kompetenzentwicklung sein, denn das partizipative, gleichberechtigte Aushandeln einer Raumgestaltung fördert, so unsere These, nicht nur das Gefühl von Sicherheit und Geborgenheit, sondern weckt z.b. unterschiedliche mathematische oder ästhetische Begabungen, schafft zumindest ein Vorbewusstsein der Zusammenhänge zwischen Raum, Funktionalitäten sowie dem eigenen Befinden und legt so auch Grundzüge von Geschmacksbildung an. So erkannte Frostig (1978) Zusammenhänge zwischen Raum, Mustererkennung und der Förderung mathematisch-geometrischer Kompetenzen. Hierauf wird in der aktuellen Erforschung pränumerischer Vorläuferfähigkeiten Bezug genommen (vgl. Krajewski 2003). Nicht zu vergessen ist der Aspekt, dass eine hohe Identifikation mit einem Klassenraum dessen Valenz steigert und somit Neigungen zu Vandalismus in Grenzen hält, wie die Erfahrungen der IGS Vahrenheide-Sahlkamp exemplarisch dokumentieren (Hofmann 2011).

Ein weiterer und aktueller pädagogischer Ansatz zur Gestaltung von Lernräumen stammt von Buddensiek (z.B. 2006) Er hat eine »fraktale Schularchitektur« entwickelt und z.b. im »Herforder Schulmodell« einer Ganztagsgrundschule umgesetzt. Sein aus den Forschungsergebnissen des Projektes KOLEGE der Universität Paderborn (Buddensiek 2001) generierter Ansatz verfolgt die architektonische und innenarchitektonische Umgestaltung von Grundschulen nach Maßgabe pädagogischer Funktionalität und unter der Zielperspektive gesundheitlicher sowie kommunikativer Förderung. Buddensiek versteht »die Lernraumgestaltung nicht als architektonischen Selbstzweck, sondern als Mittel zum Zweck der Etablierung einer neuen Lernkultur. In diesem Sinne ist die Lernraumgestaltung in erster Linie eine *funktionale* Aufgabe, bei der *ästhetische* Aspekte allerdings nicht zu kurz kommen dürfen« (2006, 6). Als wesentliche Ziele dieser angestrebten neuen Lernkultur in einer Schule als ganztägigem Lebensraum definiert er (2006, 7)

- die Entwicklung von Lernkompetenz,
- den Erwerb von Teamfähigkeit,
- die Gesundheitsförderung und
- die Kommunikationsförderung.

In seinen theoretisch begründeten Handreichungen liefert Buddensiek dezidierte und mit praxisnahen Planungshilfen versehene Vorschläge zur Lernraumgestaltung nach Maßgabe der fraktalen Geometrie und nach Impulsen aus der skandinavischen Schularchitektur. Zu den Impulsgebern zählen allerdings auch deutsche Schulen, wie z.b. die Helene-Lange-Schule in Wiesbaden oder die Wartburg-Grundschule in Münster.

Der Raum als »dritter Förderer« – Raumaneignung als Bestandteil von Förderung

Betrachtet man all diese exemplarisch ausgewählten, zum Teil wissenschaftlich belegten Theorien und Konzepte, dann wird offensichtlich, dass die Art und Weise der Gestaltung des Lebens- und Bildungsraums Grundschule Auswirkungen auf das Wohlbefinden und damit auf die Lernbereitschaft und -fähigkeit der Kinder auf allen Ebenen ihrer Entwicklung, Sozialisation und Bildung haben muss. Also beeinflussen die physikalischen und ästhetischen Gegebenheiten eines Lernraums den Lernprozess jedes einzelnen Kindes sowie der gesamten Lerngruppe. Man kann an diesen wissenschaftlichen und praxisbezogenen Blickwinkeln auf das Verhältnis von Kind und Raum aber auch erkennen, dass der Fokus häufig auf die förderlichen Einwirkungen von fremd arrangierten Räumen auf das Kind und weniger auf die Einwirkungen von durch das Kind selbst gestalteten Räumen gelenkt wird. Es wird kaum eine Lehrkraft an Grundschulen geben, die, im Wissen um den Zusammenhang von Raum und Lernen, nicht auf eine gewisse Funktionalität und Ästhetik ihres Klassenraums Wert legen würde. Allerdings dürften viele Lehrkräfte sich nicht über alle Einflussfaktoren und das Ausmaß ihrer Wirkung im Klaren sein.

Hinzu kommt, dass, abgesehen von administrativen und normierten Vorgaben (siehe die DIN-Normen für Klassenräume) und der traditionellen Schularchitektur, die qua Amt definierte und als solche interpretierte Gestaltungsmacht einer Klassenlehrerin oder eines Klassenlehrers die Entscheidungen hinsichtlich räumlicher Funktionalität und Ästhetik dominiert. Natürlich trifft sie oder er solche Entscheidungen nach Maßstäben eines »guten Unterrichts« sowie in »Orientierung am Kind«. Die professionellen Entscheidungen erfolgen oft allerdings eher für die Kinder und weniger mit den Kindern. In diesem Fall wäre der Raum als »vorbereitete Umgebung« zwar sicherlich »pädagogisch wertvoll« gestaltet und hätte gewiss auch positive Einflüsse auf die Kinder, aber Raumaneignung im Sinne einer aktiven, partizipativen und explorativen Erschließung oder Gestaltung seitens der Schülerinnen und Schüler wäre weniger gegeben.

Auch Bewegungsmöglichkeiten in Räumen und zwischen Räumen machen einen wesentlichen Bestandteil von körperlich geprägten Aneignungsprozessen aus, die über die Gesundheitsförderung oder die Fortentwicklung des Raum-Lage-Schemas weit hinausgehen, indem sie z.b. das Denken beeinflussen. Denn »das Denken wird – bis in die Sprache hinein – von Denkmodellen geprägt, die aus Körper- und Raumerfahrungen abgeleitet sind« (Schäfer, o.J.). Um derartige Aneignungsprozesse anzuregen, ist auch Feedbackarbeit, eine reflexive, auf den Raum bezogene Verständigung zwischen Lehrkraft und Schülern hinsichtlich der Ausgestaltung ihres gemeinsamen Lebens- und Lernraums notwendig (siehe Bastian, Combe/ Ossowski in diesem Buch).

Soll der Klassenraum also ein »dritter Erzieher und Förderer« sein, dessen oberstes Prinzip die Unterstützung der Förderung von Lernprozessen, Begabungen, Interessen und Selbstkompetenzen ist, dann muss er nicht nur eine durch die Lehrkraft vorbereitete, angenehme Lernatmosphäre vermitteln, sondern auch zum Entwicklungsraum werden, indem er selbst zum anregenden Lernobjekt, zum Bestandteil individueller Förderung avanciert. Man könnte im Kontext speziell dieses Potenzials von einer *lokokreativen* Förderung sprechen. Selbst leere Klassenräume zu Beginn eines Schuljahrs müssen für Kinder kein Hemmschuh sein. Ein leerer Raum, das zeigen die Erfahrungen der Autoren, kann für Kinder ein hohes Maß an Anregungs- und Identifikationspotenzial beherbergen.

Individuelle Förderung setzt an der biografischen Erfahrung, der aktuellen Lebenssituation, der physischen und psychischen Verfassung sowie den anstehenden Entwicklungsaufgaben jedes Kindes an, somit an seinen Lernvoraussetzungen, Lernwegen und Lernmöglichkeiten (vgl. Kunze 2008). Zu diesen individuellen Voraussetzungen zählen sicherlich auch unterschiedliche Raumerfahrungen. Das dürfte insbesondere für das Erleben der elterlichen Wohnung, des Zuhauses gelten. Die Vielgestaltigkeit der Lebens- und damit Wohnbedingungen, beengt oder weitläufig, ärmlich oder »großbürgerlich«, bewirkt, abgesehen beispielsweise von Einflüssen auf Bewegung und Gesundheit, bei den Kindern »atmosphärisch« unterschiedliche Ausprägungen von Sicherheit und Selbstidentifikation, auf das Erleben von Vertrauen im Sinne Bollnows oder auf das Urvertrauen im Sinne der Selbstkompetenz nach Kuhl (2010). Individuelle Förderung muss Sicherheit und Identifikationsmöglichkeiten – im Rekurs auf kindliche Raumerfahrungen – auch durch Raumgestaltung und -aneignung gewährleisten, anbahnen und vermitteln, denn sonst wird sie Defizite kompensieren müssen, die sie unter Umständen selbst verursacht hat.

Im Wechselspiel vorbereiteter und aktiv aneignender Gestaltungen kann ein Lernraum im Dialog zwischen Lehrkraft und Kind zum »dritten Förderer« werden. Der Lernraum muss für die Kinder eine positive Bedeutung, eine »Valenz« im Sinne Lewins erhalten. Aber: »Raumgestaltung ersetzt nicht pädagogisches Handeln, sondern gibt ihm eine produktive Grundlage. Sie ist eine wesentliche

Voraussetzung dafür, Bildungsprozesse von Lektionen unabhängig zu machen« (Schäfer o.J.). Nach unserer Auffassung artikuliert sich Raumgestaltung sehr wohl als wesentlicher Bestandteil pädagogischen Handelns, aber sie ersetzt nicht die den Impuls gebende und Beziehung stiftende Lehrkraft.

Der Körper als Raum – ausgewählte Perspektiven für die Förderung von Selbstkompetenzen

Aus den Ausführungen zuvor kann man drei Ebenen von Faktorengruppen für eine »räumliche Intensivierung individueller Förderung« heraus definieren:

- gegebene Faktoren architektonischer, innenarchitektonischer und ästhetischer Art, die sich als eher atmosphärische Faktoren auf Lernen, Kommunikation und Gesundheit auswirken (z.B. Grundrisse, Lichtverhältnisse, Luftfeuchtigkeit, Wandfarben, Mobiliar, Formen der Arbeitstische etc.),
- geplante Faktoren, die sich aus vorbereiteten didaktischen Arrangements ergeben (z.b. Sitzordnungen, Leseecken, Werkbereiche, Experimentierflächen, Ausstellungsflächen, Bewegungsmöglichkeiten, etc.) und
- lokokreative Faktoren, die sich als integraler Bestandteil einer aneignungsorientierten Förderung aus der aktiven Beteiligung der Kinder an Gestaltung von Räumen ergeben (z.b. Anstreichen von Wänden, Umsetzen von Möbeln, Gestaltung eines Schulgartens, Bau von Regalen, Veränderung der Sitzordnung, Schaffung von Bewegungsmöglichkeiten, etc.).

Natürlich korrespondieren die genannten Faktorengruppen miteinander. Quer zu diesen Gruppierungen räumlicher Faktoren im Kontext individueller Förderung bildet der Körper die integrale Klammer, da er der primäre, basale und stets neu anzueignende Lebensraum eines Kindes ist. Ausführlich verweist Schultheis (2004, 94) darauf, dass Kinder ihre Umwelt in »körperlich-aktiven Reaktionen« erfahren und einen Großteil ihres Wissens mit den Mitteln ihres Körpers erwerben. Gerade wenn Schulkinder als Lernende individuell in den Blick genommen werden sollen, gilt es zu klären, welche Rolle der Körper mit Blick auf die kognitive Entwicklung und besonders auf die individuelle Förderung spielt. Unsere Argumentation, den Körper als Raum für die Förderung von Selbstkompetenz stärker in den Fokus zu nehmen, geht hierbei weit über das hinaus, was mit »Ganzheitlichem Lernen« expliziert oder unter der missverständlichen Wendung »Lernen mit allen Sinnen« transportiert wird.

Über den erziehungswissenschaftlichen Diskurs hinaus gilt der Körper als primärer Lern- und Erfahrungsraum: die Ausstattung mit Sinnessystemen und die Fähigkeit, mittels Bewegungs- und Wahrnehmungsaktivitäten sowie durch komplexe Explorationstätigkeiten sich Welt anzueignen, ihr einen individuellen Sinn zu geben und handelnd mit ihr in Kontakt zu treten; dies sind allgemeingültige Implikationen des aktuellen Bildungsverständnisses (Schultheis 2004; Schäfer 2005; Knauf 2009). Als ein Pionier der körperorientierten Entwicklungsförderung darf sicherlich Kiphard und seine Etablierung der Psychomotorik in Deutschland genannt werden (Fischer 2009; Zimmer 1999). Seitdem werden in diesem pädagogisch-therapeutischen Ansatz die Dimensionen von Körper, Wahrnehmung und Bewegung intensiv genutzt, um positiv auf die Persönlichkeitsentwicklung von Kindern einzuwirken. Ohne Raumaneignung und Raumerfahrung ist dies unvorstellbar (Fischer 2009). Effenberg (2007) postuliert, dass intermodale (kinästhetische, visuelle, akustische) Raumrepräsentationen die Basis für die Planung und Ausführung jeglicher Bewegungshandlungen seien. Der tiefenpsychologisch ausgerichtete französische Psychomotoriker Aucouturier deklariert den Zusammenhang von Körper, Bewegung und Raum als komplementär und dialektisch: einerseits Annäherung an die Welt und andererseits »im Raum, in der Welt ›zu sein‹ (im Sinne von existieren)« (Aucouturier/Lapierre 1998, 64). Dabei wird der zunächst leere Raum erkundet und erlebt, um ihn schrittweise zu erobern und schließlich zu besetzen. Hierin sei die Basis für jedes Bedürfnis nach Ausdruck und Kommunikation und letztendlich für Entwicklung und Lernen begründet (ebd.). Zusammenhänge, auf die bereits Dewey hinwies, indem er konstatierte, dass gerade bestimmte körperliche Betätigungen und daraus abgeleitete subjektive Erfahrungen für kognitive Prozesse erforderlich seien (1986, zitiert in Schultheis 2004, 163).

Die Querverbindung zu einem recht neuen Forschungsgebiet erscheint hier offensichtlich: dem Embodiment. Storch et al. (2006) zeigen eindrücklich die Interdependenzen von Körper (Haltung), Befindlichkeit (Emotionen) und kognitiver Entwicklung. Studien belegen z.b., dass sich eine gebeugte/gekrümmte Körperhaltung an Arbeitsmöbeln unmittelbar in korrespondierenden Emotionen niederschlägt. »Die Wechselwirkung Kognition – Körper ist zirkulär-kausal. [...] Wie in den Körper, ist Kognition auch in die weitere Umwelt eingebettet« (Storch et al. 2006, 31). Aus diesen Erkenntnissen leiten die Autoren wichtige Implikationen für erfolgreiches Selbstmanagement ab.

Diese Dimensionen von Raum und Körper sind durchaus kompatibel mit den von Kuhl (z.B. 2011, 433 ff.) formulierten Selbstkompetenzen (siehe auch Kuhl/Solzbacher in diesem Buch), was sich an einzelnen Beispielen zeigen lässt. Als Grundlage von Selbstkompetenzen gilt das *(Ur-)Vertrauen* – als Kind in sicherer Beziehung Vertrauen erleben, »Ja« zu sich und zur Welt an sich sagen können: Bollnow (a.a.O.) weist eindringlich darauf hin, dass der Raum eine Form von Grundsicherheit im Leben vermitteln kann. Die Wechselwirkung zwischen dem physischen Körper-Raum und ihrer subjektiven Wahrnehmung bildet die Grundlage für die Möglichkeiten einer kritischen Raum- und Weltaneignung sowohl für Schülerinnen und Schüler als auch für Lehrerinnen und Lehrer. Eine partizipativ angelegte Raumaneignung kann einen überaus positiven Beitrag für eine vertrauensvolle Lehrer-Schüler-Beziehung und für ein »Ja« zu Schule und Lernen leisten. Im gelingenden Fall kann sich ein positiver Zirkel für die gesamte Lern(raum)situation und damit für die Entwicklung von Selbstkompetenzen entfalten, im misslingenden Fall ein negativer mit ebensolchen negativen Konsequenzen.

Ein weiteres Kriterium ist die *Selbstwahrnehmung*, die eigene Wahrnehmung innerer emotionaler Zustände: Hier zeigen z.b. die Erkenntnisse des Embodiment, dass die Vielgestaltigkeiten und Wandelbarkeiten von Raum positive und/oder negative Empfindungen und Äußerungen bewirken können. Diese Wechselwirkung ließe sich in vielfältiger Weise für die Lernraumgestaltung – bis hin zur individuellen Förderung als Interventionsmaßnahme nutzen. Liegt die Gestaltungsmacht nicht bei den »Nutzern«, ist die Raumgestaltung also fremdbestimmt, besteht u.a. die Gefahr, dass gerade dadurch ausgelöste körperliche und psychische Reaktionen (z.b. steife oder angespannte Körperhaltung) sich überlagern oder fehlinterpretiert werden.

Ein deutlicher Zusammenhang besteht hinsichtlich des *emotionalen Selbstausdrucks*, der Befähigung zur Artikulation von Gefühlen, insbesondere anderen gegenüber: Der umgebende Lernraum kann als Konstruktion von Beziehung zwischen subjektiver Wahrnehmung von Lernkultur und dem leiblichen Ich interpretiert werden. Gestaltungsmöglichkeit, verstanden als ein Element zur Förderung von Kommunikationsfähigkeit (und Sozialkompetenz), eröffnet Raum für den vielfältigen emotionalen Selbstausdruck im Sinne von *Lokokreativität*.

Denn ein weiterer, im Kontext von Lernraumgestaltung durchaus wichtiger Aspekt ist die Farbgestaltung. Allgemein kann man Farben einen emotionalen und einen kognitiven Wert zusprechen. Heller (2004, Einband) formuliert, dass Farben unbewusste und autonome Reaktionen sowie Assoziationen evozieren. Klar hebt sie in ihrer Publikation die Zusammenhänge von Farbe und Stimmung hervor. Sie weist u.a. nach, dass Farbwirkung und -harmonie auch sozialen, gesellschaftlichen und kulturellen Prägungen gehorchen. Bekannt sind diverse symbolische Bedeutungsebenen wie z.b. rot = rote Ampel = stop oder = kommunistisch-sozialistisch. Hier zeigt sich zudem eine Schnittmenge mit der *Selbstmotivierung;* der Kompetenz, sich selbst in die entsprechende gute innere Stimmung versetzen zu können, um motiviert zu bleiben bzw. um eine schwierige Aufgabe zu beginnen. Besonders die aktive (Mit-)Gestaltung des Lernraums, die durchaus mit mehr oder weniger intensiver körperlicher Betätigung und auch entsprechenden kognitiven Anforderungen verbunden ist, kann allein schon über das unmittelbare Ergebnis der eigenen motorischen Leistung nachhaltig gute Gefühle vermitteln. Gleiches gilt für die erbrachte Ausdauer, Geduld oder Beharrlichkeit, die zielführend für den Erfolg waren. Diese Aspekte können auch zur Entwicklung und Förderung der *Selbstberuhigung*, der Kompetenz, sich selbst innerlich und äußerlich zu beruhigen und das eigene Spannungsniveau regulieren zu können, dienen. Zudem sind bekanntermaßen insbesondere motorische Anforderungen oder Anstrengungen besonders geeignet, das innere und äußere Spannungsniveau zu regulieren.

Partizipative Raumgestaltung und eine damit verbundene aktive – motorisch, sensorisch, emotional erfahrbare Raumaneignung – birgt insbesondere mit Blick auf Individuelle Förderung vielfältiges Potenzial. Denn sie berücksichtigt sowohl eine Orientierung an biographischen, als auch an aktuellen Bezügen des Kindes ebenso wie sie die physische und psychische Verfasstheit mit einbezieht. Und einen Faktor, der häufig unbenannt, jedoch implizit immer mitgedacht bleibt, bietet eine so verstandene »Lern-Raum-Gestaltung« sicherlich: ein hohes Maß an Freude bei allen Beteiligten.

Raumaneignung als instruktives Element universitärer Lehrerbildung

Die hier erörterten Aspekte von Lernraumgestaltung bildeten die inhaltlichen Schwerpunkte eines von uns durchgeführten Studienprojekts, an dem überwiegend Master-Studentinnen und Studenten des Lehramts für die Grundschule teilnahmen. Das Projekt fand im Rahmen des Seminars »Bedeutung und Gestaltung von Lernräumen in Kita und Grundschule« im Sommersemester 2011 an der Universität Osnabrück statt. Die Idee zu dieser Veranstaltung entstand aus unserer Vermutung, dass die Studierenden, trotz bereits geleisteter Schulpraktika, mit Fragen der Lern- bzw. Klassenraumgestaltung bisher kaum konfrontiert worden waren. Diese Vermutung bestätigte sich bei den Vorbesprechungen mit den Studierenden. Allerdings wussten sie z.B. von den speziellen Gestaltungsansätzen einiger Modellschulen, wie z.B. der Laborschule Bielefeld. Geht man also von der Tatsache einer nachweislich großen Bedeutung der Lernraumgestaltung aus, dann scheint vielen Lehramtsstudierenden das bisher nicht vermittelt zu werden, dann fehlt das Bewusstsein dafür und somit ein wesentliches Element von Professionalisierung. Dieses inhaltliche Defizit der Ausbildung erklärt teilweise vielleicht das Gestaltungsproblem vieler Schulen in Deutschland und beispielsweise auch die große Anerkennung, die das Konzept von Buddensiek erfährt. Klassenräume müssen nicht nur von den Schülerinnen und Schülern angeeignet werden, sondern ebenfalls von den Lehrkräften. Und das in doppelter Hinsicht: Die Gestaltung von Klassenräumen hat schlicht einer individuellen Wohlfühlqualität für die Lehrkraft Genüge zu tun und sie muss zugleich den beruflichen Ansprüchen an Unterrichtsqualität und Förderarbeit gerecht werden. Die Umsetzung eines solchen Anforderungsprofils bedarf einer bewussten und selbstreflexiven Aneignung des beruflichen Lebensraums, die nicht zuletzt auch den Raum gestaltenden Dialog mit den Kindern impliziert.

Das Projekt hatte sich also der Schaffung eines raumbezogenen Bewusstseins bei den Studierenden verschrieben. Da Aneignungsprozesse, auch und gerade in oft theoriegesättigten Universitätsveranstaltungen über aktives und veranschaulichendes Handeln geschehen, hatten die Studierenden die Aufgabe, dreidimensionale Modelle von Lernräumen nach Maßgabe zuvor erarbeiteter, wissenschaftlich fundierter Kriterien zu entwerfen. Als Planungshilfe standen ihnen u.a. die architektonischen und innenarchitektonischen Materialien nach Buddensiek (2006) zur Verfügung. Die dreidimensionalen, aus Pappe und anderen Materialien konstruierten Modelle, die dann von den Arbeitsgruppen der Studierenden im letzten Drittel des Semesters präsentiert wurden, zeigten ein sehr hohes Engagement, spiegelten die deutlich sichtbar erworbene Kompetenz wider und offenbarten ein weites Spektrum an kreativen sowie ästhetischen Einfällen. Zudem, das ergaben die Evaluationsgespräche mit den Studierenden, hatte der von uns angestrebte Bewusstmachungsprozess offenbar stattgefunden. Dieses gewachsene Bewusstsein für die Bedeutung von Lernraumgestaltung scheint eine seiner Wurzeln in der ausgeprägten Identifikation der Studierenden mit ihren Modellen gehabt zu haben. Als sehr aufschlussreich erwiesen sich darüber hinaus Interviews der Studierenden mit etablierten Lehrkräften aller Schultypen. Die so erhobenen subjektiven Theorien von Lehrkräften zur Lernraumgestaltung bestätigten unsere Hypothese, dass besonders in der Praxis der Grundschulen wohl ein (Vor-)Bewusstsein, ein (Vor-)Wissen zur Bedeutung der Lernraumgestaltung vorhanden ist, aber dieses sich überwiegend auf innenarchitektonische, ästhetische und didaktische Arrangements *für* Kinder, aber nicht auf räumliche Arrangements *mit* Kindern bezieht. Die Interviews verwiesen zusätzlich auf eine Diskrepanz zwischen Wissen und Wollen einerseits und Können oder Dürfen andererseits.

Eine mitwirkende Studentin war auf die Idee gekommen, Kinder im Vorschulalter nach ihren Vorstellungen eines geeigneten Lernraums zu befragen und hatte in Orientierung an diesen Kinderwünschen ein Modell konstruiert. Die Wünsche der Kinder entsprachen in vielerlei Hinsicht nicht unseren pädagogischen Vorstellungen von dem, was »gut« und »richtig« für sie wäre. Das heißt nicht, dass die Vorstellungen der Kinder völlig wirklichkeitsfremd gewesen wären. Im Gegenteil: Sie waren realistisch, an konkreten Gegebenheiten orientiert und umsetzbar. Sie wünschten sich beispielsweise statt Gruppentischen auch einen langen Tisch, an dem sie alle gemeinsam essen könnten oder eine im Gruppenraum installierte, »richtige« Schlaf- und Ruhehöhle, die mit dunklen sowie weichen Stoffen ausgestattet sein sollte. Es sei an dieser Stelle an das Sicherheits- und Geborgenheitsstreben von Kindern erinnert. Die Reaktionen der Kinder zeigen eindrucksvoll, wie wichtig eine Teilhabe, ein Dialog mit ihnen im Kontext einer aneignungsorientierten Raumgestaltung ist. Derartige, uns Pädagogen doch überraschende Reaktionen, liefern einen weiteren Beleg für die Notwendigkeit partizipativer und aktiver Raumaneignung als Voraussetzung und gleichzeitig Element von Unterricht bzw. individueller Förderung.

Dieses hier nur sehr kurz umrissene und noch nicht systematisch ausgewertete Projekt erbrachte zusätzlich die Erkenntnis, dass viel kreatives, universitär oft ungenutztes Potenzial in den einzelnen Studierenden »schlummert«. Schließt ausgerechnet die pädagogisch-didaktische Arbeit insbesondere im Lebensraum Universität eine individuelle Förderung von Erwachsenen aus?

Konzeptionelle Perspektiven für die Praxis der Grundschule

Beispiele aus dem Elementarbereich, wie sie u.a. die Reggio-Pädagogik liefert, dokumentieren eindrücklich, nicht nur dass, sondern *wie* die Raumgestaltung förderlich für das Lernarrangement sein kann (vgl. Knauf 2005). Auch im Grundschulbereich wird die Frage der Lernraumgestaltung, besonders mit Blick auf eine Schule der Zukunft und als Lern- und Lebensort verstärkt diskutiert und auch außerhalb von Modellschulen mit zunehmendem Interesse zur Kenntnis genommen. Bereits Anfang der 1980er-Jahre plädierte Urs Illi mit seinem Konzept der »Bewegten Schule«, das auf entwicklungs- und lerntheoretischen sowie gesundheitlichen Begründungsmustern basiert, für »Bewegtes Sitzen«, Bewegungspausen und »Bewegte Lernräume«. Dieses noch eher kompensatorisch gedachte Modell zielte darauf, durch bewegungs- und gesundheitsfördernde (Außen-)Gestaltung der Schule eine kindgerechte Balance zwischen geistiger Anforderung und körperlichen Bedürfnissen zu schaffen, um darüber beispielsweise die Konzentration oder Aufnahmefähigkeit der Kinder zu steigern (Regensburger Projektgruppe 2001). Diese Denkrichtung wurde vom BMBF 2006 im Kontext von Auf- und Ausbau von Ganztagsschulen weitergeführt und zu einer Trilogie von Bewegung, Ernährung und Raumplanung ergänzt (Zickgraf 2006). Eine veränderte Schul- und Lernkultur impliziert auch eine veränderte Raumgestaltung, um Bildungsziele wie Kommunikationsfähigkeit, Sozialkompetenz und Selbstorganisation zu realisieren, so argumentiert Buddensiek. In seinem Plädoyer für eine fraktale Schule hebt er sowohl auf handlungsorientiertes Lernen als auch auf die Beziehungsgestaltung zwischen Lehrkräften und Schülerinnen und Schülern ab (Buddensiek 2006).

Der Sitz- oder Stuhlkreis, wie ihn nahezu alle Kindergartenkinder kennen, hat mittlerweile in viele Grundschulen Einzug gehalten. Hiermit erfolgt ein Anschluss an die guten Erfahrungen aus der ersten Bildungsinstitution. Diese vertraute Sitzanordnung eignet sich nicht nur für den Tages- oder Wocheneinstieg bzw. -abschluss. Viele Beispiele belegen, dass sich diese »Sozialform« ebenso gut zum Arbeiten mit Anlauttabellen wie zur Präsentation von Arbeitsergebnissen eignet (Rollfing/Tamborini 2011). Nach dem Vorbild der schwedischen Futurum-Schulen hat beispielsweise die Bremer Grundschule Borchshöhe Wände eingerissen, aus den Klassenzimmern Lernwerkstätten gemacht und auch den »Zeit*raum*« neu definiert. »Lehrer, die in diesen Lerndörfern nun weniger lehren, haben mehr Zeit für einzelne Kinder. Sie ermuntern sie, eigene Wege zu gehen und unterstützen sie dabei (Kahl 2006, 26). Nicht nur Selbstständigkeit und Zusammenarbeit werden auf diese Weise gefördert; gerade angesichts sinkender Schülerzahlen kann dies auch ein Zukunftsmodell sein. Denn altersgemischte Konstellationen sind den Kindern aus der Elementarzeit vertraut: Es ist das ältere Kind, das hilft, den Weg zu den einzelnen Räumen zu finden, das die Regeln für das interessante Spiel erklärt, das Modell ist beim Erklimmen der Sprossenwand oder das beim Lernen der Farben und Zahlen korrigiert.

Wohlbekannt aus dieser Zeit sind auch Tischgruppen, in denen überwiegend miteinander und voneinander gelernt wird. Dieses Prinzip, das mehr als nur eine Sitzordnung ist, wird inzwischen an vielen Grundschulen angewendet. In Vierer-, Fünfer- oder Sechser-Tischgruppen, deren Zusammensetzung zwar in Absprache mit der Klassenlehrerin/dem Klassenlehrer frei zusammengestellt wird, können gemeinsame und auch differenzierte Arbeitsaufträge alleine, zu zweit oder in der Gesamtgruppe bearbeitet werden. In einer solchen Lerngemeinschaft eignen sich die Kinder quasi nebenbei eine Arbeits- und Kommunikationsstruktur sowie -kultur an. Leistungsheterogene Gruppen profitieren von dieser Lernraumgestaltung in einem besonders hohen Maß: In einem Lernteam, das aus stärkeren und schwächeren Schülerinnen und Schülern besteht, können alle Kinder gefordert und gefördert werden, zudem hat die Lehrkraft mehr Zeit sich auf die jeweils spezifischen Bedürfnisse einzelner Kinder einzulassen und individuell zu fördern (IFS:http://www.impuls-ifs.de).

Auf Dynamik statt Stuhlreihen setzt die Hannah-Höch-Grundschule in Berlin. In einem mehrstöckigen Bau aus den 1970er-Jahren entstanden weitläufige Lernetagen, gegliedert in Lern-, Ess-, Aktivitäts- und Ruhebereiche. Für 50 bis 75 Kinder auf einer Lernetage sind in jahrgangsgemischten Gruppen vier bis sechs Pädagogen zuständig. Flexible Raumarchitektur und Möblierung sowie eine mobile Tribüne ermöglichen es, dass Lernorte auch Orte zum Spielen oder zum Ruhen sein können. Im Konzept (und beim Umbau) der Schule wird zudem der Aspekt der Partizipation konsequent bedacht: Im Vorfeld einer Umgestaltung werden grundsätzlich Vorschläge der Kinder für die ersten Schritte eingeholt (Lieblings- und Schreckensräume), die Raumgestaltung sowie erforderliche Renovierungsarbeiten obliegen den Schülerinnen und Schülern; ebenso wird unter aktiver Verantwortung der Schulhof in einen Spiel-, Tobe- und Ruheraum umgestaltet und ein Schulgarten angelegt und gepflegt. Diese Art von Mitbestimmung führt zu einer hohen Identifikation aller Beteiligten mit ihrer Schule (Hofmann 2011).

Nahezu prototypische Bedeutung für Lernraumgestaltung hat die Offene Ganztagsgrundschule Herford. Nach Buddensieks Leitbildformulierung »Von der Pädagogik zum Raum – vom Raum zur Pädagogik«(http://www.adz-netzwerk.de) realisierte die Abteilung für Bildung der Stadt Herford das Projekt von der fraktalen Schule. Seit Beginn 2006 wird die Vision der sozialen Selbstorganisationsarchitektur nach und nach in den elf Herforder Grundschulen konkretisiert. Die fraktalen, multifunktionalen Aspekte durchdringen das gesamte Schulgelände; mit der Ausweitung dieses Prinzips in den gesamten Lebensraum der Kinder wäre die Zielvorstellung erreicht.

Wie sich mit Fantasie und kreativer Herangehensweise aus den gegebenen Grundformen neue Raumgestaltungsmöglichkeiten konzipieren lassen, zeigen auch die studentischen Modelle, die im Rahmen des universitären Seminars angefertigt wurden. Deren Wege zur Gestaltung ihrer Visionen von Lernraum führte über die Orientierung an traditionellen Vorgaben hin zum: »... mit den Konventionen brechen und zu einem anderen Unterricht zwingen« und es entstanden Räume, »... darin wäre ich als Kind gerne unterrichtet worden« (Zitat einer Studentin bei ihrer Präsentation).

Literatur

Barker (1968). Ecological Psychology. Concepts and methods for studying the environment of human behavior. Stanford/CA, USA: Stanford University Press.
Becker-Textor (2000). Maria Montessori. In Textor/Fthenakis (Hrsg.). Pädagogische Ansätze im Kindergarten. Weinheim, Basel: Beltz, 30–41.
Bollnow (2004). Mensch und Raum. Stuttgart: Kohlhammer.
Buddensiek (2001). Zukunftsfähiges Leben in Häusern des Lernens. Göttingen: Verlag Die Werkstatt.
Buddensiek (2006). Lernräume analysieren und gestalten. Stuttgart: Deutscher Sparkassenverlag.
Buddensiek (o.J.). Von der Pädagogik zum Raum – Vom Raum zur Pädagogik. Internetfundstelle: http://www.adz-netzwerk.de/docs/Herforder_Modelll_Praesentation_Raeume.pdf [4.4.2011].
Effenberg (2007). Wahrnehmung und Bewegung. Aktuelle Facetten der Wahrnehmungs-Handlungsforschung und Implikationen für die Bewegungspraxis. In Motorik, Zeitschrift für Motopädagogik und Mototherapie 30 (4/2007), 185–193.
Fischer (2009). Einführung in die Psychomotorik. München, Basel: Ernst Reinhardt Verlag.
Frostig (1979). Visuelle Wahrnehmungsförderung: Übungs- und Beobachtungsfolge für den Elementar- und Primarbereich. In Reinartz, A./Reinartz, E. (Hrsg.) Hannover: Schroedel.
Heller (2004). Wie Farben wirken. Farbpsychologie. Farbsymbolik. Kreative Farbgestaltung. Reinbek: Rowohlt Verlag.
Hofmann (2011). Auf-Bruch zu neuen Lernwelten. Das Raumkonzept der Hannah-Höch-Grundschule in Berlin. In Bildung Spezial 21, 2011, 4–8.
IFS (2011). Internetfundstelle: http://www.impuls-ifs.de/download/Tischgruppen.pdf [21.8.2011].
Kahl (2006). Treibhäuser der Zukunft. Wie in Deutschland Schulen gelingen. Archiv der Zukunft. Weinheim, Basel: Beltz.
Knauf (2005). Reggio-Pädagogik: kind- und bildungsorientiert. In Textor (Hrsg.). Kindergartenpädagogik – Online-Handbuch, 1–14 (http://www.kindergartenpaedagogik.de/1138.html [27.8.2011]).
Knauf (Hrsg.) (2009). Frühe Kindheit gestalten. Perspektiven zeitgemäßer Elementarbildung. Stuttgart: Kohlhammer.

Krajewski (2003). Vorhersage von Rechenschwäche in der Grundschule. Hamburg: Verlag Dr. Kovač.
Kuhl (2010). Lehrbuch der Persönlichkeitspsychologie. Motivation, Emotion und Selbststeuerung. Göttingen: Verlag Hogrefe.
Kunze (2008). Begründungen und Problembereiche individueller Förderung in der Schule. Vorüberlegungen zu einer empirischen Untersuchung. In Kunze/Solzbacher (Hrsg.). Individuelle Förderung in der Sekundarstufe I und II. Baltmannsweiler: Schneider Verlag Hohengehren, 13–25.
Lapierre/Aucouturier (1998). Die Symbolik der Bewegung. Psychomotorik und Entwicklung. München: Ernst Reinhardt Verlag.
Lewin (1946). Behavior and development as a function of the total situation. In Carmichael (Hrsg.) (1946). Manual of child psychology. New York/NY, USA: John Wiley & Sons Inc., 791–844.
Moscovici (1986). Im Zeitalter der Massen. Reinbek: Rowohlt Verlag.
Regensburger Projektgruppe (2001). Bewegte Schule – Anspruch und Wirklichkeit. Grundlagen, Untersuchungen, Empfehlungen. Schorndorf: Hofmann-Verlag.
Rollfing/Tamborini (2011). Wer hat den Keks aus der Dose geklaut. In Übergänge. Friedrich Jahresheft XXIX 2011, 18–21.
Schäfer (2005). Bildung beginnt mit der Geburt. Ein offener Bildungsplan für Kindertageseinrichtungen in Nordrhein-Westfalen. Weinheim, Basel: Beltz.
Schäfer, (o.J.). Das Bildungsverständnis in der SOAL-QE. Interview mit Ralf Schnabel. Internetfundstelle: http://www.soal.de/media/QE_bildungsverstaendnis.doc [3.6.2011]
Schultheis (2004). Leiblichkeit als Dimension kindlicher Weltaneignung. Leibphänomenologische und erfahrungstheoretische Aspekte einer Anthropologie kindlichen Lernens. In Duncker/Scheunpflug/Schultheis (Hrsg.). Schulkindheit. Anthropologie des Lernens im Schulalter. Stuttgart: Kohlhammer, 93–171.
Storch/Cantieni/Hüther/Tschacher (2006). Embodiment. Die Wechselwirkung von Körper und Psyche verstehen und nutzen. Bern: Hogrefe Verlag.
Zickgraf (2006). Die Leichtigkeit des bewegten Seins. BMBF-Tagung Ganztagsschule und Gesundheit v. 21.3.2006. Internetfundstelle: http://www.ganztagsschulen.org [4.4.2011].
Zimmer (1999). Handbuch der Psychomotorik. Theorie und Praxis der psychomotorischen Förderung von Kindern. Freiburg i.B.: Herder.

Autorenverzeichnis

Bachmann, Gerhild, Dr. phil., Mag. phil., Mag. rer.nat, Assistenzprofessorin am Institut für Erziehungs- und Bildungswissenschaft der Universität Graz. Aktuelle Tätigkeits- und Forschungsschwerpunkte: Schulentwicklung, Lebenslanges Lernen, Weiterbildung, Kreativität, Begabungsförderung, Evaluation. Kontakt: gerhild.bachmann@uni-graz.at.

Bastian, Johannes, Prof. Dr. (em.), Hochschullehrer für Erziehungswissenschaft mit dem Schwerpunkt Schulpädagogik/Schulentwicklungsforschung an der Universität Hamburg. Arbeitsschwerpunkte sind Fragen der Unterrichtsentwicklung, der Professionalisierung von Lehrerinnen und Lehrern sowie der Methodologie der Schulentwicklungsforschung. Verantwortlicher Herausgeber der Zeitschrift »Pädagogik«. Kontakt: bastian@uni-hamburg.de.

Behrensen, Birgit, Dr., Soziologin und wissenschaftliche Mitarbeiterin in der Forschungsstelle Begabungsförderung des Niedersächsischen Instituts für frühkindliche Bildung und Entwicklung (*nifbe*). Arbeitsschwerpunkte: Qualitative Forschung, Migration, Flucht und Bildung. Kontakt: birgit.behrensen@nifbe.de.

Birke-Bugiel, Franziska, Bildungsreferentin in der katholischen Bildungsstätte Haus Ohrbeck, Georgsmarienhütte-Holzhausen, Projektleitung des Transferprojektes »Selbst sicher lernen«.

Blume, Kristin, ist Grundschullehrerin. Nach ihrem Referendariat 2008 arbeitete sie vertretungsweise als Klassenlehrerin einer achten Klasse an einer Förderschule mit dem Schwerpunkt Lernen. Seit 2009 ist sie als Klassen- und Fachlehrerin an der Grundschule Eversburg in Osnabrück tätig. Sie hat u.a. beim Transferprojekt »Selbst sicher lernen« (nifbe) mitgearbeitet.

Boban, Ines, wissenschaftliche Mitarbeiterin im Arbeitsbereich Allgemeine Rehabilitations- und Integrationspädagogik, Martin-Luther-Universität Halle-Wittenberg, Philosophische Fakultät III – Erziehungswissenschaften. Aktuelle Tätigkeits- und Forschungsschwerpunkte: Inklusive Pädagogik im internationalen Kontext, Schulentwicklung mit dem Index für Inklusion, Bürgerzentrierte Zukunftsplanung mit Unterstützerkreisen, berufsbegleitender Erweiterungsstudiengang Integrationspädagogik. Kontakt: ines.boban@paedagogik.uni-halle.de, http://www.inklusionspaedagogik.de.

Bock, Jürgen, schulfachlicher Koordinator am Otto-Hahn-Gymnasium in Springe, ehemaliger Fachberater für besondere Begabungen im Beratungsteam der Niedersächsischen Landesschulbehörde. Arbeitsschwerpunkte: Unterrichtsentwicklung, Begleitung des Berufseinstiegs von Lehrkräften, Begabungsförderung – insbesondere Beratung bei Underachievement sowie Förderung mathematischer Begabung in der Grundschule. Kontakt: Bock@ohgspringe.de.

Autorenverzeichnis

Boe Nielsen, Ulla, arbeitet seit 13 Jahren als Lehrerin an der Feldborgschule. Derzeit unterrichtet sie in den Fächern Dänisch, Englisch und Werken die älteren Klassenstufen 5 und 6. Des Weiteren ist sie als Bibliothekarin an der Schule tätig. Aufgrund ihres besonderen Interesses an unternehmerischen Initiativprojekten, koordiniert sie diese Arbeit an der Schule. Über die letzten Jahre besuchte sie verschiedene Kurse, um Unternehmersinn und Innovationsfähigkeit (als Kompetenzziel) unterrichten zu können. Gemeinsam mit einem Kollegen wurde sie vom Bildungsministerium für den »Pioneer Award« nominiert. In diesem Zusammenhang gewann sie einen Fortbildungslehrgang nach San Francisco, um dort einen Einblick in den amerikanischen Umgang mit unternehmerischen Initiativen zu erlangen.

Combe, Arno, Prof. Dr. (em.), Hochschullehrer für Erziehungswissenschaft mit dem Schwerpunkt Schultheorie an der Universität Hamburg. Arbeitsschwerpunkte sind Professionalisierungsforschung, Bildungsforschung, Unterrichtsforschung sowie die Entwicklung der Methodologie der Schulentwicklungsforschung. Kontakt: arno.combe@gmx.de.

Cremer, Cornelia, Lehrerin in einer jahrgangsübergreifenden Lerngruppe 1/2 an der Grundschule am Pfälzer Weg in Bremen, langjährige Mitarbeit in der »Werkstatt für jahrgangsübergreifendes Lernen« an der Schule (JÜL-Werkstatt für Fortbildungen und Beratungen).

Doll, Inga, M.A. wissenschaftliche Mitarbeiterin in der Forschungsstelle Begabungsförderung am Niedersächsischen Institut für frühkindliche Bildung und Entwicklung (*nifbe*). Aktuelle Tätigkeits- und Forschungsschwerpunkte: Selbstkompetenz als Grundlage von Lernkompetenz; Entwicklung von Förderkonzepten, Aus- und Fortbildungsmodulen für Kindertageseinrichtungen und Grundschulen. Kontakt: inga.doll@nifbe.de.

Esser, Petra, ist Lehrerin und war bei der Karg-Stiftung als Ressortleiterin für »Schule und Bildung« für die schulischen Projekte zur Begabtenförderung tätig. Zurzeit arbeitet sie bundesweit als freie Bildungsreferentin im Auftrag von verschiedenen Stiftungen, Ministerien und Schulen zum Thema »Inklusive Begabtenförderung«. Im Auftrag des *nifbe* wirkte sie in der Forschungsstelle »Begabungsförderung« bei der Erstellung eines E-Learning-Programms für Erzieherinnen und Grundschullehrkräfte als Fachautorin für den schulischen Bereich mit. Arbeitsschwerpunkte: Standort- und Organisationsentwicklung von Bildungshäusern mit dem Ansatz der Early Excellence Centres, Prozessbegleitung von der integrativen Begabtenförderung zur Inklusion, Begabungserkennung und individuelle Entwicklungsbegleitung bei Kindern mit Migrationshintergrund, Gestaltung der Übergänge Kita – Grundschule – weiterführende Schule. Kontakt: esser-petra@gmx.de.

Autorenverzeichnis

Forslund Frykedal, Karin, Dr., hat 17 Jahre als Lehrerin an einer schwedischen Grundschule gearbeitet. Sie arbeitet momentan als Lektorin der Pädagogik an der Universität Linköping, Schweden. Ihre Unterrichtsfächer sind spezialpädagogische Tätigkeit, Konflikte sowie Gruppen und Gruppenprozesse, insbesondere Funktionsweise von Arbeitsgruppen sowie Wissenschaftstheorie und Forschungsmethodik. Dr. Forslund Frykedals Forschungsinteressen sind die Zusammenarbeit und das Lernen der Schüler, Gruppenarbeit als Arbeitsmethode und Konfliktbewältigung. Kontakt: karin.forslund.frykedal@liu.se.

Frankenberg, Heiko, Dipl.-Psych., wissenschaftlicher Mitarbeiter am Lehrstuhl für Differentielle Psychologie und Persönlichkeitsforschung. Aktuelle Tätigkeits- und Forschungsschwerpunkt: Mitarbeit in der vom Niedersächsischen Institut für frühkindliche Bildung und Entwicklung (*nifbe*) geförderten Evaluationsstudie zu den »Auswirkungen des Mentoren-Programms ›Balu und Du‹ auf die körperliche Stressregulation unter besonderer Berücksichtigung persönlicher Mentor-Kompetenzen«.

Gasse, Michael, Dr., Referent für individuelle Förderung und Begabungsförderung im Ministerium für Schule und Weiterbildung des Landes Nordrhein-Westfalen. Kontakt: michael.gasse@msw.nrw.de.

Graf, Ulrike, Prof. Dr., Universität Osnabrück, Erziehungs- und Kulturwissenschaften, Pädagogik des Grundschulalters. Arbeitsschwerpunkte: Übergang vom Elementar- in den Primarbereich, pädagogische Diagnostik, Leistungsrückmeldekultur, Persönlichkeitsförderung in der Lehrerbildung, Förderung von Sinn- und Lebensführungskompetenz, Hochschuldidaktik. Kontakt: ulrike.graf@uni-osnabrueck.de.

Halfter, Claudia, Referentin im Referat Schulentwicklung im Landesinstitut für Schule Bremen, Arbeitsschwerpunkte: Schulentwicklungsberatung; Teamentwicklung, jahrgangsübergreifendes Lernen; Begleitangebot des Teilprojektes Inklusion in Bremen; Leitung Agentur Schulentwicklung.

Hinz, Andreas, Prof. Dr., Professor für Allgemeine Rehabilitations- und Integrationspädagogik, Martin- Luther-Universität Halle-Wittenberg, Philosophische Fakultät III – Erziehungswissenschaften. Aktuelle Tätigkeits- und Forschungsschwerpunkte: Inklusive Pädagogik im internationalen Kontext, Schulentwicklung mit dem Index für Inklusion, Evaluation von Projekten zur Zukunftsplanung, Integrationspädagogische Qualifizierung für die Lehrerbildung. Kontakt: andreas.hinz@paedagogik.uni-halle.de, http://www.inklusionspaedagogik.de.

Hollen-Schulte, Magdalena, M.A. Erziehungswissenschaften und Sportwissenschaften, Erstausbildung Physiotherapeutin, selbstständig seit 1996 im Schwerpunkt Kinderheilkunde, Lehrbeauftragte an der Hochschule Osnabrück für Soziale Arbeit und Elementarpädagogik seit 2006/2009. Kontakt: m.hollen-s@web.de.

Autorenverzeichnis

Künne, Thomas, Dipl.-Psych., in Ausbildung zum Kinder- und Jugendlichentherapeuten (Verhaltenstherapie), wissenschaftlicher Mitarbeiter in der Forschungsstelle Begabungsförderung des Niedersächsischen Instituts für frühkindliche Bildung und Entwicklung (nifbe). Aktuelle Tätigkeits- und Forschungsschwerpunkte: Diagnostik von Selbstkompetenzen im Vorschulalter, Selbstkompetenzen bei Bezugspersonen und ihre Wirkung auf die fachliche Beziehungsgestaltung, Bedeutung der Beziehung im Rahmen der der Begabungsentfaltung. Kontakt: thomas.kuenne@nifbe.de

Kunze, Ingrid, Prof. Dr., ist Professorin für Schulpädagogik an der Universität Osnabrück. Arbeitsschwerpunkte: Allgemeine Didaktik, Bildungsgangdidaktik, individuelle Förderung, Lehrerprofessionalisierung und Lehrerbildung. Kontakt: ikunze@uos.de.

Kuhl, Julius, Prof. Dr., vertritt seit 1986 das Fach Differentielle Psychologie und Persönlichkeitsforschung an der Universität Osnabrück und leitet eine Forschungsgruppe im Bereich der Begabungsförderung im Niedersächsischen Institut für frühkindliche Bildung und Entwicklung (nifbe). Stationen seines wissenschaftlichen Werdegangs: Bochum, University of Michigan, Stanford University, Max-Planck-Institut für psychologische Forschung (München) und UNAM (Mexiko). Seine Forschung bildete die Grundlage für eine integrative Persönlichkeitstheorie (PSI-Theorie) und für neue Methoden zur Diagnostik persönlicher Kompetenzen (EOS). Kontakt: julius.kuhl@nifbe.de.

Kruse-Heine, Michaela, M.A., Magistra Erziehungswissenschaften und Kunstpädagogik, Erstausbildung als Erzieherin, wissenschaftliche Mitarbeiterin der Forschungsstelle Begabungsförderung des Niedersächsischen Instituts für frühkindliche Bildung und Entwicklung (nifbe). Derzeitige Arbeitsschwerpunkte sind vor allem Beobachten und Erkennen von Talenten und Selbstkompetenz in der Elementarpädagogik. Kontakt: michaela.kruse-heine@nifbe.de.

Leißing, Gabriele, Fachseminarleiterin für das Fach Sachunterricht am Studienseminar Osnabrück für das Lehramt an Grund-, Haupt- und Realschulen, Lehrerin an der Grundschule Ankum, Mitglied des Kooperationsverbundes für Begabungsförderung (Bereich Grundschulen) des KOV Osnabrück/Bersenbrück. Außerdem Dozentin im Fachbereich Sachunterricht an der Universität Osnabrück. Kontakt: gleissing@arcor.de.

Lohmann, Armin, Dr. phil., ehemaliger Schulleiter an einer hessischen Versuchsschule, Referatsleiter im Niedersächsischen Kultusministerium für Schul- und Qualitätsentwicklung, Projektleiter und Koordinator verschiedener internationaler Netzwerke, Trainer für Schulentwicklungsberatung und Schulleitungsqualifizierung, Mitherausgeber der Pädagogischen Führung, 2011 promoviert bei Prof. Dr. Michael Schratz an der Universität Innsbruck. Kontakt: armin.lohmann@web.de.

Lotze, Miriam, MA, studierte in ihrem Masterstudium Erziehungswissenschaften mit dem Schwerpunkt »Erziehung und Bildung in gesellschaftlicher Heterogenität«. Heute arbeitet sie als wissenschaftliche Mitarbeiterin am Lehrstuhl für Schulpädagogik der Universität Osnabrück und als wissenschaftliche Mitarbeiterin im Niedersächsischen Institut für frühkindliche Bildung und Entwicklung (*nifbe*) in der Forschungsstelle Begabungsförderung. Aktuelle Tätigkeits- und Arbeitsschwerpunkte: Individuelle Förderung und Bildungsübergänge.
Kontakt: miriam.lotze@nifbe.de.

Menke, Magdalena, Dipl.-Päd., Projektassistentin des Transferprojektes »Selbst sicher lernen«.

Müller-Using, Susanne, Dr. phil., wissenschaftliche Mitarbeiterin im Arbeitsgebiet Schultheorie/Schulforschung am Institut für Erziehungswissenschaft der Universität Osnabrück sowie in der Forschungsstelle Begabungsförderung am Niedersächsischen Institut für frühkindliche Bildung und Entwicklung (*nifbe*). Aktuelle Tätigkeits- und Forschungsschwerpunkte: Pädagogische Ethik im Kontext von Schulqualität und Schulentwicklung, Kreativität und Schule, pädagogische Professionalität in der Lehreraus- und -fortbildung.
Kontakt: susamuel@uos.de.

Ossowski, Ekkehard, Dr., Studium Diplompädagogik (Vorschulerziehung), Germanistik, Psychologie, Soziologie und Medizin, Hilfslehrer an einer Förderschule mit Förderkindergarten sowie Forschungen in der Hörgeschädigtenpädagogik und Pädagogik Geistigbehinderter, 1995 Fiebiger-Professur in Vorschul- und Grundschulpädagogik an der Universität Koblenz-Landau, seit 2001 wissenschaftlicher Mitarbeiter an der Universität Osnabrück.
Kontakt: eossowsk@uni-osnabrueck.de.

Popp, Ulrike, Dr. phil. habil., Diplom-Soziologin, Universitätsprofessorin für Schulpädagogik am Institut für Erziehungswissenschaft und Bildungsforschung der Alpen-Adria-Universität Klagenfurt. Arbeits- und Forschungsschwerpunkte: Schulpädagogik, schulische Sozialisationsforschung, Jugendsoziologie, Geschlechterverhältnisse im Bildungs- und Sozialbereich, Forschung zu ganztägigen Schulformen, soziale Ungleichheit im Bildungswesen, Schulversagen.
Kontakt: ulrike.popp@uni-klu.ac.at.

Sauerhering, Meike, M.A., Magistra Erziehungswissenschaften und Sportwissenschaft, Erstausbildung als Erzieherin, wissenschaftliche Mitarbeiterin in der Forschungsstelle Begabungsförderung des Niedersächsischen Instituts für frühkindliche Bildung und Entwicklung (*nifbe*).
Kontakt: meike.sauerhering@nifbe.de.

Schenz, Christina, Prof. Dr., Leitung des Lehrstuhls für Grundschulpädagogik und -didaktik und des Zentrums für Praxis-Forschung an der Universität Passau. Arbeitsschwerpunkte: Demokratisch-inklusive Schulentwicklung, Umgang mit Heterogenität, Professionalisierungsforschung. Kontakt: drschenz@me.com.

Schwer, Christina, Dr. phil., Dipl.-Päd., wissenschaftliche Mitarbeiterin in der Forschungsstelle Begabungsförderung des Niedersächsischen Instituts für frühkindliche Bildung und Entwicklung (*nifbe*). Aktueller Arbeitsschwerpunkt: Erzieher(in)-Kind-Beziehungen sowie Lehrkraft-Schüler-Beziehungen und deren Bedeutung für die Begabungsentwicklung von Kindern. Arbeitet an der Entwicklung eines Verfahrens zur Identifikation und Rekonstruktion von individuellen präsupponierten Kognitionen aus videoaufgezeichneten Interaktionen. Kontakt: christina.schwer@nifbe.de.

Solzbacher, Claudia, Prof. Dr., Lehrstuhl für Schulpädagogik an der Universität Osnabrück und Leiterin der Forschungsstelle Begabungsförderung des Niedersächsischen Instituts für frühkindliche Bildung und Entwicklung (*nifbe*). Arbeitsschwerpunkte: Begabungsförderung, Netzwerkbildung, Schulentwicklung. Kontakt: claudia.solzbacher@nifbe.de.

Søndergaard, Gerda, ist seit 2004 Leiterin der Feldborgschule und der integrierten altersübergreifenden Kindertagesstätte. Als Führungskraft ist sie für das Gesamtmanagement beider Institutionen inklusive dem Personalmanagement, zuständig. Jegliches Handeln muss sie dem Stadtrat gegenüber verantworten können. Als zuständige pädagogische Leiterin in der Kindertagesstätte Kålormen arbeitet sie eng mit den täglich wechselnden pädagogischen Hauptverantwortlichen zusammen.

Thomas, Lutz, Dr., studierte an der Freien Universität Berlin Psychologie und promovierte 1984 bei Prof. Wolfgang Klafki in Erziehungswissenschaft an der Philipps-Universität Marburg. Von 1976 bis 2008 war er als Schulpsychologe bei der Bezirksregierung bzw. Landesschulbehörde in Osnabrück beschäftigt. Seitdem ist er als Schulberater für Lernentwicklung, Diagnostik und Förderung tätig. Seine Veröffentlichungen konzentrieren sich auf die Beratung bei Unterrichtsstörungen und Leistungsproblemen, auf soziales Lernen und Konfliktbearbeitung sowie auf die pädagogische Diagnostik und Beurteilung. Kontakt: dr.lutz.thomas@gmx.de.

Thorsten, Anja ist Lehrerin für die erste bis sechste Klasse. Sie arbeitet seit 15 Jahren als Klassenlehrerin in Linköping, Schweden, wo sie hauptsächlich die Fächer Schwedisch, Theater, gesellschaftsorientierte Fächer und Englisch unterrichtet. Sie hat u.a. an Fortbildungen zur formativen Beurteilung von Schreibprozessen und Mobbingproblemen von Schülern teilgenommen und ist an ihrer Schule für die Umsetzung des neuen schwedischen Rahmenlehrplans (Lgr11) verantwortlich. Kontakt: anja.thorsten@gmail.com.

Völker, Susanne, Dr. rer. nat., Dipl.-Psych. und Kinder- und Jugendlichenpsychotherapeutin. Arbeitet als wissenschaftliche Mitarbeiterin in der Forschungsstelle Begabungsförderung des Niedersächsischen Instituts für frühkindliche Bildung und Entwicklung (*nifbe*). Aktueller Arbeitsschwerpunkt: Beziehung und Begabungsentfaltung bei Vor- und Grundschulkindern. Kontakt: susanne.voelker@nifbe.de.

Wagener, Uta, Dr. phil., Dipl.-Psych., wissenschaftliche Mitarbeiterin, Lehrstuhl für Schulpädagogik am Institut für Erziehungswissenschaft der Universität Osnabrück. Arbeitsschwerpunkte: Selbstreguliertes Lernen, Metakognition, kognitive Entwicklung, Übergang zwischen Kindergarten und Grundschule, qualitative Forschungsmethoden in der Erziehungswissenschaft. Kontakt: uwagener@uos.de.

Warnecke, Wiebke, Dipl.-Päd., wissenschaftliche Mitarbeiterin in der Forschungsstelle Begabungsförderung des Niedersächsischen Instituts für frühkindliche Bildung und Entwicklung (*nifbe*). Tätigkeits- und Forschungsschwerpunkte u.a. Diversity/Differenz in der (frühkindlichen) Bildung, Verschiedenheit/Vielfalt und Begabungsentfaltung, pädagogische Beziehungen, individuelle Förderung und frühe Bildungsbiographie. Kontakt: wiebke.warnecke@nifbe.de.

Wester, Franz, Leiter Referat Schulentwicklung im Landesinstitut für Schule Bremen. Arbeitsschwerpunkte: Unterrichtsentwicklung: Individualisierung im Unterricht, Leistungsbewertung; Teamentwicklung; Schulentwicklungsberatung. Begleitangebot »Gemeinsam lernen« für Schulen im Reformprozess in Bremen.

Wischer, Beate, Prof. Dr. phil., Professorin für Schulpädagogik mit dem Schwerpunkt Schultheorie/Schulforschung an der Universität Osnabrück. Arbeitsschwerpunkte: Schulischer Umgang mit Heterogenität unter besonderer Berücksichtigung schul- und professionstheoretischer Perspektiven. Kontakt: bwischer@uni-osnabrueck.de.